再增訂本
中國禪思想史

從6世紀到10世紀

葛兆光　著

中和出版
OPEN PAGE

目　錄

仍在胡適的延長線上
（代新版序）
—— 有關中古禪史研究之反思

　　中國學界重新開始研究禪宗史，一個新起點是在 1980 年代。那個時代中國不少學者，也包括作家，都相信禪宗史和禪文化，在某種意義上可以衝擊中國歷史上主流政治文化的一統天下，不僅瓦解傳統儒家思想的固執，還能改變中國人的實用性格，這也許是在那個時代背景中，才會出現的一種特別的文化想像。那麼，那個時代背景是甚麼呢？為甚麼那個時代會對禪宗產生異常興趣呢？這要回頭說到當時中國出現的「文化熱」[①]。

一　1980 年代中國禪宗研究的政治與文化背景

　　簡單地說，中國 1980 年代的「文化熱」，是在一種矛盾心態中形成的。**一方面**，當時的人們在理智上大都嚮往現代化，因為人們還相信這樣一些格言：「落後是要捱打的」，是要被「開除球籍」

[①]　關於文化熱，可參考林同奇《文化熱的歷史含義及其多元思想流向》（上）（下），連載於《當代》（台北，1993 年 6—7 月）八十六輯、八十七輯。亦可以參考陳奎德編《中國大陸當代文化變遷（1978—1989）》（台北：桂冠圖書公司，1991）。

的。因此，剛剛改革開放的中國，思想世界基本上仍在五四甚至晚清以來的脈絡之中。在這種被史華茲（Benjamin Schwartz，1916—1999）稱為「尋求富強」（In Search of Wealth and Power），也就是奔向現代化的心情中[①]，科學、民主、自由等價值，在經歷過「文革」的人看來，仍然是追求的理想和目標。因此，魯迅的「批判國民性」是那個時代的主旋律，批判傳統的聲音還很強。特別是，由於不好直接批判政治的弊病和追究政黨的責任，就讓文化傳統為我們「還債」，所以就像「伍子胥鞭屍」一樣，當時很多研究歷史和文化的人，會發掘傳統文化中間那些導致中國封閉、落後、蒙昧的因素，這個時候，儒家、佛教、道教就統統被翻出來，重新放在聚光燈下和手術台上。

可是還有**另一方面**。畢竟都是中國的知識人，對於自身的傳統和歷史，本來就多少有一些依戀的感情，而且傳統的天朝大國心態，也讓中國人不那麼甘心或者不那麼服帖於西方文化，總覺得中國傳統還是有現代資源的。所以，對於那種符合士大夫口味的禪宗，包括那些自由的思想、反叛的行為、怪異的公案，都很有興趣。所以，在批判的同時也不免有點兒留情，對它的好感從前門被趕出去又從後門溜進來。像我自己寫《禪宗與中國文化》那本書，在談到它造成文人士大夫心理內向封閉的時候，可能批判的意味很重，但談到它追求「幽深清遠」的審美情趣時，又往往不自覺地稱讚。特別是，當時中國一批「尋根」小說家，他們在發掘中國文化資源的時候，覺得歷來佔據正統的儒家很保守，古代主流的政治意

---

① 這是史華茲一部有關中國近代思想文化史著作的書名，即《尋求富強：嚴復與西方》（葉鳳美譯，南京：江蘇人民出版社，1990）。

識形態很沒有意思，中原的、漢族的、秩序感和道德感都很強的文化也很乏味，因此，文學家們常常去發掘那些怪異、反叛和邊緣的東西。因而佛教禪宗、道家道教、巫覡之風、西南或西北少數民族，就開始被濃墨重彩地想像和渲染。像當時韓少功《爸爸爸》、王安憶《小鮑莊》、賈平凹《臘月·正月》等等，其中多多少少都有這方面的趨向。

　　1980 年代的政治、文化和思想背景刺激了「禪宗熱」。不過這個「禪宗熱」，本質上並不是歷史學或文獻學意義上的學術研究，而是現實的社會關懷與文化反思下的政治批判。在這個時代，禪宗只是一個箭垛，就像「草船借箭」似的讓批判和反思的箭都射到這上頭來。可需要追問的是，為甚麼偏偏是禪宗當了這個箭垛呢？所以我們還應當注意，「禪宗熱」背後還有一些「洋背景」。

　　很多人都知道，那個時候中國有一套叢書非常流行，這套叢書叫作「走向未來叢書」，聽這套叢書的名字就知道，那個時代的人對於「走出中世紀」的心情多迫切。在叢書裡有一本小書，是一個叫卡普拉（Fritjof Capra，1939— ）的西方人寫的，書名叫《現代物理學與東方神秘主義》，這個卡普拉是一個很有挑戰性的物理學家，他大概學過一些東方思想，對西方科學有很多質疑①。除了這本書外，他還寫過一本叫《轉折點——科學、社會和正在興起的文化》，兩本書裡面都引用了不少中國的道家和禪宗的說法——當時

---

① 這部書流行非常廣，後來又在中央編譯出版社以《物理學之「道」：近代物理學與東方神秘主義》為題重新出版，在 2012 年第四次印刷，並且增加了新的內容。在卡普拉看來，道家、禪宗及東方的其他神秘主義學派如印度教、佛教等等之所以能像現代量子物理學一樣，對宇宙的基本統一性有深刻的認識，其原因就在於其思維形式是渾然不分的直覺思維，而不是門類分裂的理性思維。

被稱為「非理性主義」或「東方神秘主義」——對西方慣常的理性
思維和科學主義進行抨擊。《物理學之「道」》這部書當時被譯成中
文，就好像俗話說的「歪打正着」，也就像古話說的「郢書燕說」。
他的這些很「後現代」的批判性想法，對當時正在熱心追求科學的
中國人沒有形成太大的影響，但對仍然依戀傳統文化的中國人，卻
給了一個有趣的啟發：原來，我們這裡的禪宗、道家，還是比西方
哲學和科學更時髦更先進的思想呢！就像禪宗語錄講的，「自家寶
藏不肯信，整日四處尋覓」，這下可好，我們有自豪的本錢了。所
以很多人對禪宗開始另眼相看起來。

　　其實，卡普拉有關「東方神秘主義」的想法（包括西方人對於
禪宗的理解），一方面來自歐洲哲學家或東方學家對於印度的研
究，一方面來自日本鈴木大拙（1870—1966）的影響。這裡沒有篇
幅仔細展開討論，只是要說明，西方人在 19 世紀末、20 世紀初，
已經有一些對於現代性的反思，他們在反思中發現了可以用來自
我批判的東方資源，比如叔本華（Arthur Schopenhauer，1788—
1860）、尼采（Friedrich Wilhelm Nietzsche，1844—1900），一直
到海德格爾（Martin Heidegger，1889—1976）、雅斯貝斯（Karl
Theodor Jaspers，1883—1969）等，都有這樣的思想。因此，這個
時候歐洲哲學家或東方學家關於吠陀、佛教以及道家的研究，日本
學者對於佛教、禪宗的哲學詮釋，就都會成為批判資源，進入他們
的思想視野。另外，我們也應當承認，日本學界在哲學和思想的反
思性批判和自主性追求上，比中國學界要早得多，這也許是由於日
本較早進入現代國家行列，又割不斷東方文化傳統的緣故。它很
早就有所謂「近代超克」的意識，因而總是試圖從西方思想和觀念
籠罩下掙脫出來。所以，有一批如鈴木大拙、西田幾多郎（1870—

1945)、久松真一（1889—1980）、西谷啟治（1900—1990）、阿部正雄（1915—2006）這樣的學者，一直在努力發掘和宣傳自己的思想文化，其中很重要的就是「禪」。因為禪對於宇宙本質的理解，對於語言和理性的懷疑，對於社會生活的理解，對於心靈自由的另類尊重，似乎都和西方人不同。所以，從 20 世紀初期起，鈴木大拙就用英文在西方傳播禪思想和禪文化，後來他甚至被西方人稱為「世界禪者」。連「禪」這個詞，現在西方人都習慣用日文的發音叫作「Zen」而不是中文的「Chan」[①]。

這些傳統的佛教思想，在日本學者中用現代概念重新包裝出口到西方，可是，又從西方的接受者那裡穿上了洋外衣，回到了 1980年代的中國[②]。這種西方人都承認的東方智慧，給當時強調中西思想文化差異的中國學者很多啟發，也給暗中留戀本土傳統的中國知識分子，提供了一個重建傳統思想和本土文化的新契機。我記得那時對海德格爾曾經請台灣學者蕭師毅給他讀《老子》這一傳聞，大家都津津樂道，覺得其中深意令人遐想。而佛教與禪宗，就是在前面所說的那種「批判」和後面所說的這種「留戀」中，被 1980 年代的中國學界重新發現的。坦率地說，包括我自己那部《禪宗與中國文化》，現在回想起來，漸漸察覺這部書中一些思路、方法和評價的問題所在，可是，當時我卻並沒有這麼明確和自覺的意識。身處

---

① 當然，現在歐美學界研究禪宗的學者，倒是有意識地用「Chan」來標示禪宗，特別是中國禪宗。而用「Son」來標示朝鮮禪宗，而用「Zen」來標示日本禪宗。在有的著作中，還會特別採用「Chan/Zen」或「Zen/Chan」這樣的方式。
② 例如，阿部正雄《禪與西方思想》（王雷泉、張汝倫譯，上海：上海譯文出版社，1989；Masao Abe: *Zen and Western Thought*, London: MacMillan, 1985）。此書中譯本曾經在 1980 年代末出版，並且發行一萬多冊。

一個時代潮流中，往往身不由己地被裹進去，要到很晚才能自我反思。後來，我在翻譯鈴木大拙《禪への道》那部書時寫的「譯者序」中，對這個學術史過程有一些檢討，當然這可以叫「後見之明」[①]。

我的《禪宗與中國文化》，也許是當代中國大陸學界出版的第一部專門討論禪宗的著作，此後，中國陸續出現了不少有關禪宗的論著。可是應該指出，在整個 1980 年代，中國的禪宗歷史和文化研究，嚴格地檢討起來，並不能算很學術或學院式的。如果允許我簡單地說，禪宗研究大致可以分三個領域，一是作為歷史和文獻學研究領域的禪史研究，在這個領域中，研究者得先去收集史料、考察歷史、還原語境、排列時序，那是很嚴的學院式研究。二是作為哲學、心理學解釋領域的禪思想研究，在這個領域你得說明，在人的思想和智慧上，禪宗是怎樣超越傳統，給中國思想世界提供新思路、新認識，從而改變了中國人的習慣的；也得說明作為一個以救贖為目標的宗教，它通過甚麼方式使信仰者的心靈和感情得到解脫？三是作為歷史和現實批判資源的禪文化研究，這當然是根據當下的需要，藉助歷史和文化，來進行現實批判，這需要的不是歷史和文獻、哲學和心理的嚴格、細緻，而是激情和感受，應該說就比較容易。但是，對禪宗研究的這三種研究進路，在 1980 年代是被混淆的，特別是最後一個進路也就是現實批判，在那個時代是最受關注，也是最能夠引起共鳴的。應當承認，我寫《禪宗與中國文化》，就是在這個角度和立場上建立論述策略和思考基礎的，所以，嚴格說來它並不能算「學術的」或者「學院的」研究。可是，偏

---

① 鈴木大拙《通向禪學之路》（葛兆光譯，上海：上海古籍出版社，1989）「譯者序」，
   1—30 頁。

偏這一非學術或非學院式的禪宗研究，對 1980 年代學術界文化界
的「禪宗熱」，起了最大的作用。

二　胡適的意義：
中國禪的基本問題與近百年來中國的禪宗史研究之狀況

現在，讓我們從禪宗的基本常識開始，重新討論中國在禪宗研
究領域的一些學術史問題。通常，在有關中國的禪宗與禪宗史研究
裡，需要重點討論的是以下幾個方面：

第一，靜坐的方法。在漢魏六朝時期，佛教有重視義學（就
是依據經典講明道理）的一個方向，也有重視實踐（包括坐禪、苦
行、造寺）的一個方向，後面這個方向中，特別以小乘禪學的影響
最大。在小乘禪學中，靜坐的方法是很重要的，來源也很古老 ①。
可是，為甚麼後來有了「律師」「禪師」和「法師」的分工？為甚麼
裡面的「定」會逐漸獨立起來，並且在唐代中葉以後成為佛教的大

---

① 古代印度本來就有瑜伽派，它有八個重要的方法：一是禁制（特別要謹記五戒：
戒殺、戒盜、戒淫、戒妄語、戒貪慾），二是勸制（勤修五法：清淨、滿足、苦行、
學誦、念神），三是坐法（有各種坐法，包括蓮坐、勇士坐、賢坐、幸坐、杖坐、
獅子坐、牛口坐、龜坐、弓坐、孔雀坐、自在坐等等），四是調息（即呼吸法，吸
入時為滿相，呼出時為虛相，在三時調節氣息，氣滿時人在氣中為瓶相，就進入
了所謂三昧狀態），五是制感（控制自己的感覺器官，使眼耳鼻舌身意與外部世界
分離），六是執持（指精神與心靈凝聚於一境），七是禪那（包括四禪階段），八是
三昧（這是瑜伽修煉最高級最純真的解脫境界）。可是，小乘的禪，作為瑜伽八支
實修法之一，「禪那」是如何被放大並凸顯成實踐的關鍵的？本來，戒、定、慧三
學，都是佛教追求解脫和超越的整體方法。參看後藤大用《禪の近代認識》（東京：
山喜房佛書林，1935 年第三版）第七章《坐法について》。

宗？換句話説，就是禪如何由實踐方法變成了整體理論，並且涵蓋了整個佛教關於人生和宇宙的理解和認識？——這一方面的問題，涉及在中國，「禪」如何成為「宗」的大關節問題，這是屬於禪思想史必須討論的話題。

第二，關於「空」和「無」。甚麼是禪宗對於「空」的理解？它如何與道家的「無」區別和聯繫？佛教中的這一支，其核心觀念和終極追求，如何從《楞伽》的「心」轉向《般若》的「空」？所謂「佛性常清淨」，又怎樣逐漸偏向「本來無一物」，甚至「平常心是佛」？這種理論如何被詮釋和實踐為自然主義的生活？——這一方面的問題，涉及禪思想如何「中國化」，就是它怎樣和中國原有思想相結合，以及中國禪宗最終為何有這樣的理論和實踐走向的問題。

第三，甚麼是「頓悟」？如何才能「頓悟」？所謂「無念、無住、無相」究竟怎樣轉向了「平常心是道」？所謂「即心即佛」如何轉向「非心非佛」？在這些變化中，牛頭、荷澤、洪州三派各自起了甚麼作用？這種逐漸趨向輕鬆修行和自我超越的思想，對於禪宗和佛教本身的宗教性，以及對於禪宗信仰者的成分，會有甚麼影響？形成這種輕鬆修行的歷史和文化語境是甚麼？——這個問題，涉及禪宗如何，以及為甚麼能夠進入上層社會，並成為文人士大夫的精英文化。

第四，甚麼是「不立文字」？其實，佛教本來是很相信文字和經典的，「如是我聞」，記錄下來的佛陀説法成千上萬，有經典，有戒律，有解説的論。可是，甚麼時候產生對於文字的這種不信任？它的理論基礎是甚麼？它如何通過回到生活世界來實現終極境界的感悟？然後，到了禪宗的手裡，它如何經由矛盾、詩歌、誤讀、模糊表達等等方式，瓦解人們對語言的信任？它是一種所謂的「反

智論」嗎？如果不是，那麼，它是否像現代西方哲學一樣，是讓人回到「原初之思」呢？這關係到我們如何來理解各種看上去奇奇怪怪的禪宗文獻，也涉及我們今天如何來理解禪宗的現代意味。——這一方面，則關係到禪如何成為文學趣味、生活方式和藝術資源，從而成為文化，漸漸淡化了原來的宗教性。

以上這四方面，表面看都是禪宗理論和實踐的問題，但是，實際上它們涉及的，恰恰也是禪宗歷史研究的幾個重點：第一是它在中古中國，如何以及為何從實踐方法轉化為理論體系，涵蓋了對人生和宇宙的理解？第二是它在中古中國，如何以及為何從修行傾向變成了佛教派別，使得禪師變成禪宗？第三是它在中古中國，如何以及為何從草根階層轉向精英階層，從而使它的影響從南方到北方、從山林到廟堂？這些在「中古中國」發生的「如何以及為何」，恰恰就是禪宗史研究的關節點。在這些問題裡，既涉及歷史，也涉及思想，還涉及知識和信仰，甚至還要涉及整個中古中國思想、宗教和文化的轉型問題。在這樣的觀察角度下，禪宗研究就首先是禪宗史研究的問題。

可是，正如前面所說，1980 年代中國大陸的禪宗研究，主要聚焦點卻在禪宗對於中國尤其是上層知識人文化心理的影響，以及它如何影響到今天中國知識人的政治態度和社會取向。不過，從1980 年代「文化熱」以來，經歷了 1990 年代的「學術熱」，中國的禪宗研究已經有了很大變化，逐漸有了新的視野、思路和方法[①]。

---

① 有關中國學術界的這一轉變，請看葛兆光《文化史、學術史、そして思想史へ —— 中國學術界における最近三十年の変化の一側面》（土屋太佑譯），載《中國—社會と文化》（東京大學：中國社會文化學會）第二十五號（2010），100—126 頁。

關於這一方面，近年來有龔雋、陳繼東兩位合作的《中國禪學研究入門》，這是我主持編寫的「研究生學術入門系列」叢書中的一種，這部書對於目前禪宗研究的狀況，已經寫得很全面了 [①]。我這裡想要重點討論的，是胡適開創的有關禪宗史研究方向和研究方法，在當下中國是否仍然有意義的問題。所以，我應當先回顧一下現代中國有關禪宗史研究的百年學術史。

在我個人視野中所見，沈曾植（1850—1922）應當算是現代意義上中國禪宗史研究的開創者。他死於1920年代，生前並沒有專門寫過關於禪宗的著作或文章，但是，他去世後由門人後學整理出來的札記，也就是《海日樓札叢》中有好幾篇關於禪宗的短文 [②]，既具有現代意味，又富於開拓意義。比如，關於早期禪宗是「楞伽宗」的說法，就比胡適早很多年，他看到了早期禪宗奉《楞伽經》的歷史；比如，像禪宗傳法系統最重要的金石資料之一《法如行狀》，他就最先注意到了，並指出禪宗傳續過程中，並不像禪宗後來說的是東土六祖即從達摩到弘忍到惠能，甚至也不像北宗禪說的，從弘忍直接到了神秀，而是中間有一個法如；又比如從《禪門師資承襲圖》論神會的部分，他也注意到了神會的意義，這比日本的忽滑谷快天和中國的胡適更早，他說「南宗之克勝北宗，為人王崇重，實賴（神）會力」 [③]。特別應當指出的是，沈曾植是當時學界領袖式人

---

① 龔雋、陳繼東《中國禪學研究入門》（上海：復旦大學出版社，2009）。
② 沈曾植《海日樓札叢》（瀋陽：遼寧教育出版社「新世紀萬有文庫」本，1998）卷五，卷六，特別是有關禪宗的185頁、188頁、195—197頁。
③ 他的精悍短小的研究，已經很有現代意味。比如在道教方面，像關於道教五斗米教是「拜五斗」即五方星辰，就使我們聯想到道教關於五方的崇拜，這是一直到後來還有人做的課題。在佛教方面，像關於早期佛教部派問題的討論，他就已經脫離了漢傳佛教的老說法。那個時候，沈曾植可能已經接觸了歐洲的印（轉下頁）

物，民國初年寓居上海，儼然就是舊學世界的領袖，此後開一代新風的羅振玉、王國維、陳寅恪，都很受他的影響，他對古代中國和突厥之關係、西北歷史地理、蒙元史的研究，都有深刻見解，這在當時都是很前沿的學問，因此當他以學界領袖的地位來關心佛教和道教的研究，就會產生不小反響①。

沈曾植身前身後，像太虛和歐陽竟無領導的僧侶佛學和居士佛學中，也都有一些有關禪宗史的研究，學者中間也有像梁啟超、蒙文通等人的零星論述。但是，真正現代學術意義上的禪宗研究，還是要到 1920 年代中期的胡適才開始。所以現在我就轉入正題，講講胡適的禪宗史研究②。

我一直認為，真正使得中國禪宗史研究有根本性變化，使它變

（接上頁）度學，而且還有所批評，比如他討論吠陀的時候，就批評歐洲人關於佛教否定吠陀，受自由思想影響的說法，指出佛教只是「反外道」；又比如他討論《舍利弗問經》和《宗輪論》關於十八部分離的記載為何不同，討論了大眾部、上座部的分裂的三種說法，並且考證了大眾部中的大乘思想和馬鳴與婆須密迦旃延子的關係，顯然已經超越了傳統漢傳佛教的範圍。

① 晚清民初是居士佛學興起的時代，沈曾植的佛教論述，也是這個時代居士佛學論述的代表。不過，佛學對他而言畢竟還是博學之士的業餘興趣，又是用傳統札記的形式記錄和表達，所以，這些研究和論述只是偶然的成就，沒有在立場和方法上形成重要影響。

② 在中國大陸，1980 年代有關胡適禪宗研究的評論中有兩篇論文最有代表性。第一篇是樓宇烈《胡適禪宗史研究平議》（《北京大學學報》1987 年 3 期），指出「（胡適是）以非信仰者的立場，用思想史的眼光，歷史學的態度和方法研究禪宗史的人」，代表了 1980 年代改革開放之後的新評價。59—67 頁；第二篇是潘桂明《評胡適的禪宗史研究》（《安徽大學學報》[哲學社會科學版]1988 年 1 期）。他特別討論了胡適對於禪宗史文獻的發掘和考證，一方面批評胡適方法論上的根本錯誤是主觀唯心主義，說「（胡適）從『懷疑』出發，以『考證』為手段，提出了一些難以為人所接受的『武斷的結論』（柳田聖山語）」；但是，另一方面也承認「在這些著述中，胡適的某些考證還是具有一定學術價值」，說明 1980 年代政治批判的痕跡仍然存在。54—59 頁。

成現代學術研究的奠基人，當然是胡適 ①。胡適對禪宗史的興趣和動力，或許來自兩方面，一方面是由於歐洲「文藝復興」的刺激，他對現代國家語言和白話文學傳統的關注 ②，因為禪宗語錄在他看來是最好的白話文學；另一方面來自他重新撰寫中國哲學或思想史的抱負。他覺得，寫中國思想史繞不開佛教，研究中國白話文學也離不開禪語錄。所以從 1924 年起，他下定決心研究禪宗史，現在還保存了當時他試着寫禪宗史的手稿 ③。胡適對敦煌卷子的注意更早，1914 年在美國留學的時候他就給英國刊物寫文章，指出大

① 關於胡適在現代中國思想史和學術史上的意義，參看余英時先生《中國近代思想史上的胡適》（原為 1984 年為胡頌平《胡適之先生年譜長編初稿》所寫的序言）以及《〈中國哲學史大綱〉與史學革命》，均載《重尋胡適歷程：胡適生平與思想再認識》（台北：聯經出版事業公司，2004）。

② 1917 年，胡適（1891—1962）在美國留學回國途中，曾仔細閱讀薛謝爾（Edith Helen Sichel）的著作 *The Renaissance*。從胡適日記中可以看到，他極為關注歐洲文藝復興的成果，是在各國「俗語」基礎上形成「國語」，而形成「國語」則對這些現代「國家」的形成非常重要。因此，胡適把意大利語、法語等現代國家語言（國語）和中國宋代的語錄、元代的小說以及民眾口語相提並論，他認為，這就是普及國民文化，提升國民意識，形成現代國家的重要途徑。而「白話猶未成為國語」，正是他努力在中國推動「白話文學」以及「建設國語」最重要的思想來源。禪宗研究在胡適學術世界中佔有重要位置，在很大程度上來自他的這一思想。

③ 見胡頌平《胡適之先生年譜長編初稿》（台北：聯經出版事業公司，1984）第二冊。胡適在 1924 年 7—11 月間開始寫《中國禪學史稿》，他說，「寫到了慧能，我已很懷疑了；寫到了神會，我不能不擱筆了。我在《高僧傳》裡發現了神會和北宗奮鬥的記載，又在宗密的書裡發現了貞元十二年敕立神會為第七祖的記載，便決心要搜求關於神會的史料」（570 頁）。又，胡適《禪宗史草稿》有關神會一段，寫於 1925 年 3 月 4 日，批評《宋僧傳》「這書頗能徵集原料，原料雖未必都可靠，總比後人杜撰的假史料好的多多」。又說「禪宗書往往把後世機緣話頭倒裝到古先師傳記裡去……我們所以借神會一傳，給讀禪宗史者下一種警告」。見《胡適全集》（合肥：安徽教育出版社，2006）第九卷，56—57 頁；按：手稿在耿雲志編《胡適遺稿及秘藏書信》（合肥：黃山社，1994）第八冊中。

英博物館敦煌文書目錄的問題 ①。到了 1926 年，他恰好有機會到歐洲去看敦煌卷子，帶着自己的關注，便發現了禪宗史上前人很少接觸的新資料，並且使他重新恢復禪宗史的研究。據新近發現 1926 年 10 月胡適致顧頡剛信，他説由於「發見了不少的禪宗重要史料，使我數年擱筆的《禪宗史長編》又有中興的希望了」②。1927 年夏天，他在上海美國學校「中國學暑期講習會」講了四次《中國禪宗小史》③，1928 年，他寫了《禪學古史考》，同年又與湯用彤討論禪宗史 ④，可以看出，這個時候他的禪宗史基本脈絡和評價立場已經基本形成了 ⑤。於是，從 1929 年到 1934 年，他陸續發表了好幾篇關於

---

① 胡適為英國《皇家亞細亞學會會刊》（*Journal of the Royal Asiatic Society*）撰文，扎評 1914 年卷第 3 期上翟理斯（Herbert Allen Giles）編撰的《敦煌錄：關於敦煌地區的記錄》（703—728 頁），指出其錯誤。見王冀青《胡適與〈敦煌錄〉》，載《文史知識》（北京：中華書局）2010 年第 7 期。

② 《胡適致顧頡剛書》（一），原載《國立中山大學語言歷史學研究所週刊》1928 年 2 月 7 日，《胡適書信集》（北京：北京大學出版社，1995）未收。此據蔡淵迪《跋胡適致顧頡剛書信兩通》，載《敦煌學輯刊》2014 年第 1 期，159 頁。

③ 1931 年，他給朝鮮人金九經寫信，提到他有一篇英文的《禪宗小史》，曾請 Saucers 帶給鈴木大拙看，但此文我沒有看到。見耿雲志等編《胡適書信集》（北京：北京大學出版社，1996）上冊，528 頁。

④ 1928 年 7 月 21 日他和湯用彤的書信討論，即《論禪宗史的綱領》，共十三條。其中有幾個最重要的關節，一是印度禪與中國禪，中國禪受道家自然主義影響的成分最多，二是菩提達摩一派當時叫「楞伽宗」，敦煌有《楞伽師資記》，三是惠能的革命和神會的作用，四是 8 世紀下半葉出現了很多有關禪宗系譜的偽史，五是 8 世紀下半葉到 9 世紀上半葉，禪宗的分派要參考宗密的著作和敦煌的資料，六是神會一派不久衰微，馬祖道一成為正統，「中國禪至此始完全成立」。以上這些論述，基本上構成了 6 至 9 世紀禪宗史的大體框架。

⑤ 原發表在 1928 年 8 月 10 日《新月》第一卷 6 號，收入《胡適文存》三集第四卷，見《胡適文集》第四冊，221—235 頁。這篇文章一開頭就強調，「印度人是沒有歷史觀念的民族，佛教是一個『無方分（空間）無時分（時間）』的宗教。故佛教的歷史在印度就沒有可靠的記載」。他說他在上海美國學校講禪宗小史，（轉下頁）

禪宗的研究論文 ①，範圍涉及了早期禪宗系譜、中古禪宗史、南宗的神會，以及《壇經》作者、惠能與神會之後的南宗禪等等，一時引起學界極大關注。

應當説，胡適發現有關禪宗的敦煌文獻，是千年來不曾看到的新材料，他提出有關禪史的好多看法，都是石破天驚極具震撼力的。比如，關於《壇經》不是惠能的作品，而是神會的作品；比如，開元年間滑台大會，是禪宗史南宗與北宗盛衰的轉折點；比如，安史之亂中神會為朝廷籌「香水錢」，奠定了南宗的正統地位；又比如，傳統依據來寫禪宗系譜的傳燈錄，往往不可信；等等。這些研究無論結論是否正確，都使得禪宗史不得不重寫 ②。

（接上頁）對中國禪宗人物生死年代講得很清楚，這使得兩個印度聽眾很吃驚，覺得這是「中國民族特別富於歷史觀念的表現」。顯然，這已經體現了胡適對於禪宗史研究，重視時間與空間研究的現代性的方法特徵。

① 像《菩提達摩考》(1927)、《白居易時代的禪宗世系》(1928)、《荷澤大師神會傳》(1930)、《壇經考之一》(1930)、《楞伽師資記序》(1932)、《壇經考之二》(1934)、《楞伽宗考》(1935) 等等（分別收入《胡適文集》第三、第五冊），還編輯了《神會和尚遺集》（上海：亞東圖書館，1930）。

② 台灣學者江燦騰曾經質疑，胡適的神會研究，是否曾經受到日本忽滑谷快天 1923年、1925年出版的《禪學思想史》的啟發和影響，所以，並不算他的原創。江勇振在《捨我其誰：胡適》第二部《日正當中：1917—1927》（台北：聯經出版事業公司，2013）中，一方面贊成江燦騰的意見，但另一方面又指責江燦騰「只留心出版的作品，而忽略了胡適未出版的筆記和手稿」。他認為，胡適確實讀過忽滑谷快天的書，是「徵而不引的壞習慣」，但他又根據現存胡適手稿，認為胡適八年前即「潛心研讀佛學或禪宗的歷史」，因此發現神會新資料是「拜他八年來用功之所賜」，因此，「胡適對禪宗在中國佛教史上的革命的意義，以及神會在這個革命裡所扮演的角色的認識，在這時 (1925年) 就已經奠定了」。661─664 頁。按：胡適在 1924 年就開始自己思考禪宗史問題，1925 年 3 月 4 日寫神會一節，主要依據是《宋高僧傳》，對《景德傳燈錄》頗有批評，這有當時的「禪學史手稿」為證。因此我懷疑，在禪宗史研究之初，胡適未必依據了忽滑谷快天的著作。在未被收錄於《胡適書信集》（包括《胡適全集》）、寫於 1926 年 10 月 29 日（轉下頁）

胡適雖然並不是僅僅以禪宗史為自己的領域，但他一輩子都在關注禪宗研究，在 1930 年代前後專注於禪宗史研究之後，有十幾年因為第二次世界大戰，政局變化，他受命擔任駐美大使，暫時放下了禪宗研究。但是，1952 年之後，當他開始有餘暇的時候，又開始研究禪宗史。1952 年 9 月，他重新拾起《壇經》的資料，檢討他自己過去的看法。那一年他到台灣，在台灣大學講治學方法時，就舊話重提，大講他發現禪宗史料的經過，可見禪宗史的興趣始終未泯。1953 年 1 月，在紀念蔡元培八十四歲生日的會上，他又以《禪宗史的一個新看法》為題做了一次演講，這一年他還寫了《宗密的神會傳略》，這象徵着胡適再次回到他 1930 年代的禪宗史領域和問題。此後一直到去世，他仍然在不斷地就禪宗史的文獻、歷史、方法進行探索；一直到他去世前的 1961 年 5 月 23 日，他仍在病榻上認真地重讀 1928 年考察過的《傳法堂碑》，並鄭重地記下在衢州明果禪寺居然有這塊碑的原石。

在胡適的禪史研究論著出版之後，幾乎半個多世紀中，中國學術界甚至日本學術界，都深受這些資料和觀點的影響。日本的入矢

（接上頁）的一封致顧頡剛信中，胡適提到他在巴黎看伯希和帶回的敦煌卷子，說「發見了不少的禪宗重要史料，使我數年擱筆的《禪宗史長編》又有中興的希望了。前年（1924）作禪宗史，寫了八萬字，終覺得向來流行的史料，宋人偽作的居多，沒有八世紀及九世紀的原料可依據，所以擱筆了」（原載《國立中山大學語言歷史學研究所週刊》第二卷十五期，此據蔡淵迪《跋胡適致顧頡剛書信兩通》，《敦煌學輯刊》2014 年 1 期，159—169 頁）。胡適的禪宗史看法的形成，應當與忽滑谷快天關係不大。雖然 1926 年發現敦煌神會文書時，參考過讓人從中國寄來的忽滑谷快天書，受到一定的啟發，但是，胡適從敦煌文獻入手重新審視禪宗歷史，通過整體質疑禪宗系譜的書寫，來重建一個可信歷史，在方法上意義更大。所以，不必糾纏於他是否沿襲了忽滑谷快天的書。當然，江燦騰本人也並不否認胡適對禪宗史研究的開創性意義。

義高、柳田聖山，都是佛教禪宗研究中的權威，但他們在與胡適往來通信中，不僅深受影響，也很認同胡適關於禪宗史的一些説法。特別是柳田聖山還編了《胡適禪學案》一書，專門討論胡適的禪宗研究以紀念這個開創者。在中國台灣和中國香港，一直到 1960 年代，還圍繞胡適關於《壇經》的考證再次掀起爭論，包括錢穆等學者都捲進去了。中國大陸在 1950 年代重新開始禪宗研究以後，其實，大多數學院學者的研究也還是在胡適的延長線上的 ①，只是大陸當年把胡適當做「敵人」來批判，連胡適在禪宗研究上的成績也一筆抹殺 ②，所以，只好在歷史學與文獻學的角度與方法之外，新增加了兩個觀察立場和分析維度，來超越過去的研究。第一個是所謂「哲學史」，這也是由於中國大陸的宗教研究，長期設置在大學的哲學系，並推動以馬克思主義哲學觀念研究宗教，所以，禪宗研究中增加了宇宙論與知識論層面、唯心唯物觀念角度的研究，最著名的如任繼愈及其弟子們 ③；第二個是「社會史」，在有意無意中，繼承了傳統儒家對於佛教在社會、政治和經濟方面作用的批判，把禪宗放在政治、社會和經濟角度進行研究，最重要的如范文瀾《唐代佛教》及其在思想史領域的追隨者。可是應當説，一直到 1980 年代，

① 包括佛教內部的刊物《現代佛學》中，也有不少歷史學與文獻學進路的禪宗史論文。參看黃夏年《禪宗研究一百年》第三節《20 世紀中期的禪宗研究》，載《中國禪學》第一卷，北京：中華書局，2002，455—457 頁。
② 任繼愈《論胡適在禪宗史研究中的謬誤》（《歷史研究》1955 年第 5 期），説（胡適）之所以研究禪宗，是因為禪宗與胡適「都是反理性的，都是主觀唯心主義的，都是反科學的」，並且説胡適的禪宗研究「沒有任何價值」。這是 1949 年之後，胡適批判運動下的產物，代表了政治意識形態式的評價。29—48 頁。
③ 參看任繼愈《禪宗哲學思想略論》，載《哲學研究》1957 年第 4 期。此外，類似取向的論文，還可以舉出的是肖（蕭）萐父《唐代禪宗慧能學派》，載《武漢大學學報》（人文科學版）1962 年第 1 期。

中國大陸的禪宗研究並沒有多大起色，也沒有甚麼專書出版。

1980 年代以後，禪宗研究興盛起來。正如我前面所説，先是出現了「歷史與文化批判」的新角度；然後出現了不少以歷史與文獻研究為基礎的禪史研究成果；再往後，受西方現代甚至後現代禪學研究影響，出現了一些新的禪學論述，這當然是後話。今天，中國大陸的禪宗研究著作已經非常多 [①]，如果不算佛教界內部的研究，而只討論學院派的學術研究，那麼，這些論著大體可以歸納為三種：(一)「哲學史研究」的進路。主流是用馬克思主義哲學和社會發展史的分析方法，我覺得，這恰恰是一種「反西方的西方模式」。(二)「歷史學與文獻學」進路。這方面成果不少，比如發現神會碑銘，整理敦煌本《壇經》《神會語錄》等，近年來有關禪宗的碑誌文獻大量出現，可以説，以傳世文獻與出土資料為主的研究方法最有成績 [②]。(三)「文化批評」進路。這包括由於對現代性的質疑而引出的價值重估，對歐洲近代文化與哲學的質疑 [③]。但是，依我的看法，中國學者最擅長，也是最有成就的仍然是歷史學與文獻學的研究，在這種史料批判和歷史評價的進路上，禪宗史研究還是沒有走出胡適的時代，想建立新典範，恐怕沒有那麼容易。

---

① 包括楊曾文《唐五代禪宗史》(北京：中國社會科學出版社，1999)、《宋元禪宗史》(同上，2006)，杜繼文、魏道儒《中國禪宗通史》(南京：江蘇古籍出版社，1993)，以及洪修平、賴永海、麻天祥、潘桂明、蔡日新、劉果宗等人的禪宗史論述。

② 但是應當指出，在這一方面，方法仍然略嫌簡單，採用這一進路的學者，對歷史語境和社會背景即政治狀況、社會生活、禮儀風俗的重建以及普通信徒觀念和知識的關注仍然不夠，對文獻上的文本細讀、疊加層累、偽中之真、真中之偽的複雜方法運用仍有距離。

③ 但是，應當指出，這一進路中，往往過度詮釋頗多，而西方擅長的「心理學」和「語言學」方法，至今中國學界仍然並未很好把握。

我想特別強調的是，胡適的禪宗史研究的意義，不是對禪宗史具體的歷史或文獻的結論。如果要細細追究的話，可能胡適的很多說法都有疑問，比如前面說到的，（1）比如關於《壇經》不是惠能的作品而是神會的作品，這是根據不足的[①]；（2）滑台大會，他說開元年間滑台大會是禪宗史南宗與北宗盛衰的轉折點，這個說法是誇大的[②]；（3）安史之亂中神會為朝廷籌「香水錢」奠定了南宗的正統地位，也被證明很不可靠[③]。但是，我們為甚麼要說他依然是禪宗史

[①] 關於《壇經》的作者是神會，胡適的證據之一，是《壇經》和《神會語錄》裡面，很多術語和思想相近，但是這個說法並不成立，因為學生和老師之間相似是很自然的。之二，是惠能不識字，不可能講這麼深奧的思想，但是焉知惠能不識字是真是假？之三，是《興福寺內道場供奉大德大義禪師碑銘》中有說荷澤一系的「洛者曰會，得總持之印，獨曜瑩珠。習徒迷真，橘枳變體，竟成檀經傳宗」一句，胡適認為，這證明神會炮製了《壇經》，但是，這段話只能證明神會一系用《壇經》作為傳授時的憑信，不能證明神會就是自己撰寫了《壇經》。就連胡適自己後來也改變了看法，《胡適之先生年譜長編（初稿）》中，胡頌平記載說，「到了四十八年（1959）二月二十日，先生在此文（指《六祖壇經原作檀經考》）的封面上自注說『後來我看了神會的《壇經》的兩個敦煌本，我也不堅持《檀經》的說法了』」（《編者附記》，2224 頁）。胡適論據中比較有說服力的，是《壇經》裡面有惠能說的「吾滅後二十餘年，邪法撩亂，惑我宗旨，有人出來，不惜身命，定佛教是非，豎立宗旨。即是吾正法」這一條，所以，這段話一定是後來與神會有關係的人的說法，為了證明真傳嫡系在神會，所以《壇經》和神會肯定有關係。但是我們相信，更可能的是神會對《壇經》有修改補充，而不是神會自己炮製《壇經》。

[②] 滑台大雲寺並非佛教在唐帝國的中心，因而此事沒有特別大的意義；同時，類似的教義辯論會在唐代相當普及，凡是有疑義，常常就會有論戰，這一次在滑台舉行的論戰是否特別有影響？還是有疑問的。特別是，與神會辯論的「崇遠法師」不是北宗，而是義學僧人，一個法師，他敗了不等於北宗敗了，那個時代，北宗禪可能對神會很不屑，因為當時的北宗禪正如日中天。

[③] 關於香水錢，雖然贊寧在《宋高僧傳》說過這件事，但只是簡單敘述了一下，把它當作南北宗之爭的一個大關節，則是胡適《荷澤大師神會傳》才開始的，很多人都接受這個說法，但是這是不可靠的。參看葛兆光《荷澤宗考》，又見本書第四章《重估荷澤宗》。

研究的開創者呢？這是因為胡適最重要的貢獻，就是建立了中國學術界研究禪宗的典範。為甚麼是「典範」？這裡主要指的，就是這個中國禪宗研究的歷史學與文獻學範式，這個研究範式影響了和籠罩了至今的中國禪宗研究，現在中國學界研究禪宗，仍然走在胡適的延長線上。

在這個「典範」中，有三點特別要肯定──

第一，是他開拓了禪宗史研究的新資料，特別是在敦煌卷子中發現了很多有關禪宗的新資料。1935 年，他在北京師範大學演講的時候，曾經說到能夠顛覆禪宗正統派妄改的歷史的新資料，一是要從日本寺廟中找，一是從敦煌石室寫本中找 ①。前面提到，他對敦煌資料的重視是從 1916 年在美國留學的時候開始的，當時他曾寫過英文文章糾正英國敦煌編目的錯誤，後來，由於對白話文學史和中古思想史的兩方面興趣，他對佛教新資料就更加關注，這才有了1926 年他去歐洲尋找敦煌文獻中的禪宗史料的事情，這可不一定是受忽滑谷快天的影響 ②。經由他發現並且整理出來的神會和尚的幾份卷子 ③，仍然是我們現在了解禪宗史上最重要的歷史時期的基本史料，沒有這些史料，不可能擺脫燈錄系統的影響，顛覆傳統的說法，寫出新的、清晰的禪宗歷史來。

---

① 胡適《中國禪學的發展》，《胡適文集》（十二），301－302 頁。

② 江勇振《捨我其誰：胡適》第二部《日正當中：1917－1927》（台北：聯經出版事業公司，2013）認為，胡適有意識去尋找新資料，是在美國讀書時受到「高等考據學」啟發，以及赫胥黎《對觀福音書》的影響，可備一說。684－685 頁。

③ 1926 年，先後在巴黎發現《頓悟無生般若頌》（胡適認為就是《宋高僧傳》中說的《顯宗記》）、《菩提達摩南宗定是非論》（即滑台大會上與崇遠法師等的辯論）、《南陽和尚問答雜徵義：劉澄集》（陸續與眾人的問答）、《五更轉》（南宗宣傳詩歌），見於 1927 年他的《海外讀書雜記》。

第二，是他重新書寫了禪宗史的脈絡，提出了中古禪宗史研究的新方法。與古史辨派所謂「層層積累的偽史」說一樣，他有關菩提達摩見梁武帝故事為「滾雪球越滾越大」[1]，《壇經》從敦煌本到明藏本字數越來越多是「禪宗和上妄改古書」[2]，以及中唐禪宗編造系譜常常是「攀龍附鳳」的說法，給後人相當深刻的影響。雖然，他特別強調神會在禪宗史上的意義，把弘揚南宗禪的重大功績都加在神會身上，包括以為惠能的《壇經》也是神會炮製的，戰勝北宗也是神會滑台大會的功勞，在傳統禪宗史之外重新建立起來一個以神會為中心的中國禪史，可能這些說法並不可靠，我後來寫《荷澤宗考》就反對這個看法。但是，由於他的「新說」，使得禪宗史研究者一方面要拋開燈錄的敘事系統，一方面又需要在反駁胡適敘事的基礎上再建構，這就像西方哲學中的「四元素」說、化學上的「燃素」說一樣，不一定正確，卻成為一個新模式。在胡適發現神會的資料之後，他對於禪宗系譜與禪史文獻的認知越來越明晰。他反覆強調，「今日所存的禪宗資料，至少有百分之八九十是北宋和尚道原（《景德傳燈錄》）、贊寧（《宋高僧傳》）、契嵩（改編《壇經》）以後的材料，往往經過了種種妄改和偽造的手續」[3]，強調「中唐與晚唐有

---

① 胡適《菩提達摩考》，收入《胡適文存》三集卷四，《胡適文集》(四)，257 頁。
② 胡適《壇經考之二》，收入《胡適文存》四集卷二，《胡適文集》(五)，254 頁。
③ 見《神會和尚遺集》自序，收入《胡適文存》四集卷二，《胡適文集》(五)，235 頁；他在 1952 年 12 月 6 日在台大演講《治學方法》的時候，還重新提到 1926 年到歐洲發現敦煌禪宗資料的事情，指出當時可以看到的材料「尤其是十一世紀以後的，都是經過宋人竄改過的」，又以日本學者矢吹慶輝發現敦煌本《壇經》為例，說明擴張史料的重要。陳垣《中國佛教史籍概論》中評論《禪林僧寶傳》時，也說到禪宗燈錄是「以理想為故實」。

許多偽書與假歷史，都成了《景德傳燈錄》的原始材料[①]。主張對一切系譜與史料進行質疑，便成為他的禪宗史研究的出發點[②]，他也指出了禪宗史料造偽的時代，柳田聖山編《胡適禪學案》記載，胡適曾致信柳田聖山說到，「從大曆到元和（766—820），這五六十年是『南宗』成為禪門正統，而各地和尚紛紛的作第二度『攀龍附鳳』大運動的時期」[③]。另一方面，他也非常積極地尋找可以「穿越」禪宗譜系的真史料，正因為如此，不僅較早的敦煌禪籍成了他質疑禪宗譜系的重要憑據，而且唐代碑刻史料也成為他層層剝去禪宗「舊史」的原始依據。在這一點上，他比忽滑谷快天、宇井伯壽等學者要更有貢獻，因為他使得禪宗研究重新開闢了新的歷史學途徑。

第三，正是因為他自覺地質疑禪宗史料，要在禪宗自我編造的系譜之外重新敘述禪宗史，因此，他對於「教外資料」即唐人文集、碑刻資料有特別的重視。從現在留存胡適的大量筆記文稿中我們看到，胡適曾經相當詳細地做過《全唐文》中隋唐時期各種佛教道教碑銘的目錄，不僅一一記下有關隋唐佛教人物的 216 份碑銘塔

① 柳田聖山編《胡適禪學案》（台北：正中書局，1975），617 頁。

② 正因為如此，他既對已經看到敦煌文獻的鈴木大拙「過信禪宗的舊史，故終不能了解楞伽後來的歷史」有所批評，當然，對忽滑谷快天完全依賴傳統史料敘述禪學思想史，也不能認可。見胡適《覆金九經》，載耿雲志等編《胡適書信集》（北京：北京大學出版社，1996），上冊，528 頁。此外，1960 年 2 月 9 日胡適又在演講《禪宗史的假歷史與真歷史》中從鈴木九十歲紀念文集說起，認為他「是有雙重人格的人。他用英文寫的禪宗很多，是給外國的老太婆看的，全是胡說。但他用日文寫的禪宗，就兩樣了，因為日本還有許多研究禪宗的人，他不能不有顧忌了」。見胡頌平《胡適之先生年譜長編（初稿）》，3172—3183 頁。

③ 柳田聖山編《胡適禪學案》，630 頁。1959 年 12 月胡適致嚴耕望的信中，又談到「十宗之說，實無根據，南北宗之分，不過是神會鬥爭的口號，安史亂後，神會成功了，人人皆爭先『攀龍附鳳』，已無南北之分了。其實南宗史料大都是假造的……」胡頌平《胡適之先生年譜長編（初稿）》，3105—3106 頁。

銘，記錄了碑主、卷數、作者，而且標注出這些人物的卒年，以便對佛教史一一排比 [①]。我注意到，越到晚年，胡適越重視唐代禪宗石刻文獻的重要性，在他最後的歲月即 1960—1961 年中，他不僅依然特別關注各種金石文獻中的唐代禪宗碑文（在他留下的讀書筆記中有裴休的《唐故圭峰定慧禪師傳法碑》、白居易的《唐東都奉國寺禪德大師照公塔銘》、李朝正的《重建禪門第一祖菩提達摩大師碑陰文》、李華的《左溪大師碑》《潤州鶴林寺徑山大師碑》以及《嵩山（會善寺）故大德淨藏禪師身塔銘》等等）[②]，而且他還特別提醒學者，對這些載於《全唐文》的碑文、詔敕要有警惕 [③]，要注意直接查閱真正目驗過碑石原文的文獻如《金石錄》《金石萃編》等 [④]。這一點他遠遠超出了忽滑谷快天，使得中國以及日本學者開始形成以傳世的文集、碑刻、方志等「教外資料」，印證新發現的敦煌、日韓古文書，佐之以教內佛教禪宗典籍的研究傳統。要注意，由於這種歷史和文獻學的研究思路，很多唐代文集中的碑誌以及石刻文獻，都被發掘出來，這成為禪宗研究中的歷史學與文獻學結合的路數。胡適一直到晚年，還在很有興趣地討論這個碑、那個碑的史料價值，在唐代文集中到處發現可以打破傳統禪宗記載的資料，這成了一個傳統，也成了一個方法，至今中國學者也還是沿着這一條路在走，應該說，這是中國學者的特長之一。包括印順法師的《中國禪

---

① 均見《胡適全集》第九卷。

② 胡頌平編《胡適之先生年譜長編（初稿）》第十冊。

③ 見 1960 年 2 月 11 日撰寫的《全唐文裡的禪宗假史料》，《胡適全集》第九卷，441—444 頁。

④ 見 1961 年 1 月 6 日撰寫的《金石錄裡的禪宗傳法史料》。這一筆記討論了宋代趙明誠所見的《唐曹溪能大師碑》與《唐山谷寺璨大師碑》等等，《胡適全集》第九卷，539—541 頁。

宗史》、楊曾文的《唐五代禪宗史》、杜繼文等的《中國禪宗通史》，以及本書，也還是走在胡適的延長線上。

三　與日本與歐美相比：
甚麼是中國學者有關禪宗史研究的特色？

在日本與歐美的禪宗史研究這一方面，我並沒有資格做全面的介紹，以下所説的內容，只是用來觀察禪宗研究領域裡面，歐美和日本學者與中國學者的不同，探討一下中國學者的研究特長與將來出路究竟在哪裡？

日本的中國禪宗研究，比中國興盛得多，研究論著也多得多，有的著作水平相當高。關於這一方面，請大家看一本很好的入門書，即田中良昭編《禪學研究入門》，這部很細緻的入門書最近又有新的修訂本問世 ①。這裡我不想全面敍述，因為日本禪宗研究歷史很長、著作太多，這裡只是就我關心的領域和問題，重點指出兩點：

第一，應當看到，日本有關禪宗歷史和文獻的研究，至今仍然相當發達。這方面要舉出有代表性的禪宗史研究學術著作，很早期的，人們會提到大正昭和年間如松本文三郎的《達磨》（東京：國書刊行會，1911）、忽滑谷快天的《禪學思想史》上下卷（東京：玄黃社，1925）、宇井伯壽的《禪宗史研究》（第一至第三，東京：岩波

---

① 田中良昭《禪學研究入門》（第二版，東京：大東出版社，2006）。

書店，1939，1941，1943）等 ①。在這以後，日本的禪宗史研究仍然有相當深入的成果，二戰之後如阿部肇一的《中國禪宗史の研究》（東京：誠信書房，1963）、關口真大的《禪宗思想史》（東京：山喜房佛書林，1962），這裡就不一一介紹。這裡只是特別要提到柳田聖山（1922—2006），這是日本禪宗史研究的重要學者，如果要研究禪宗初期的文獻與歷史，他的《初期禪宗史書の研究》是不可不看的關鍵性著作 ②。此外，較早的，如山崎宏對神會的研究 ③、鈴木哲雄對於唐五代禪宗歷史的研究 ④，滋野井恬對於唐代佛教禪宗的地

---

① 這些都是禪宗研究的名著，奠定了現代日本有關中國禪宗歷史與文獻研究的基礎，其中，忽滑谷快天的《禪學思想史》中的中國部分，可以說是第一部完整的、系統的清理禪宗歷史的現代著作，雖然它尚未參考過敦煌新發現禪宗文書，主要依賴禪宗自己的燈錄和佛教的僧傳構建歷史系譜，但是他給後人留下了禪宗的一個基本的歷史輪廓。其中，特別是他以禪宗六祖惠能為分水嶺，區分達摩到六祖是唯傳一心、簡易明了、只此一途的「純禪時代」，六祖之後是棒喝機鋒、分宗開派、禪法分歧的「禪機時代」，這種區分背後的價值評判，很值得注意。而宇井伯壽的三冊《禪宗史研究》，則廣泛參考了更多的文獻包括新出土的敦煌文書和散見於藏外的史料，以及各種石刻資料，對禪宗史上各種宗派和人物的傳承，作出細緻的考證，非常有參考價值。

② 柳田聖山《初期禪宗史書の研究》（京都：法藏館，1967）。前面提到，柳田聖山和胡適曾經有過交往，編過《胡適禪學案》，對於了解胡適的禪宗史研究有很大的幫助。他的這一著作對於禪宗早期的史書如敦煌發現的《楞伽師資記》《傳法寶紀》等等，有很深入的研究，至今研究早期禪宗文獻特別是敦煌禪宗文書，都要參考這部著作。關於柳田聖山的中國禪宗史研究，可以參看何燕生《柳田聖山與中國禪宗史研究 —— 深切懷念柳田聖山先生》，載《普門學報》（高雄：佛光山）第 37 期（2007 年 1 月）。

③ 山崎宏《荷澤神會禪師考》，載《中國の社會と宗教》（東洋史學論集第二），東京：不昧堂書店，1954。

④ 鈴木哲雄《唐五代禪宗史》，東京：山喜房佛書林，1985。

理分佈之研究 [1]；稍晚的，如石井修道對宋代禪宗史的研究 [2]、衣川賢次對禪文獻特別是《祖堂集》的研究 [3]、野口善敬對元代禪宗史 [4]、伊吹敦對唐代禪門的研究 [5]、小川隆對神會與唐代禪語錄的研究 [6]，都相當出色。這些論著不僅仍然延續着客觀的歷史學與嚴謹的文獻學研究路數，而且還加上了對於禪語錄精細的語言學研究。特別值得佩服的是，日本學者常常以研究班的方式，針對某一文獻，數年如一日地集體討論、考證和研究，甚至一再重新討論，因此常常能夠拿出相當厚重的成果 [7]。

第二，是有關傳統禪思想的現代哲學詮釋。在這方面，中國學者常常並不在行。正如我前面所説，中國研究禪宗的學者，成績多在歷史學和文獻學方面，除了印順之外，基本上是學院學者，與寺院禪僧不同，與有信仰的居士學者也不同，一般對於禪思想並沒有

---

① 滋野井恬《唐代佛教史論》，京都：平樂寺書店，1973。

② 石井修道《宋代禪宗史の研究》，東京：大東出版社，1987。

③ 衣川賢次《祖堂集札記》（載《禪文化研究所紀要》24 號，1998 年 12 月），他與小川隆、土屋昌明、松原朗、丘山新等合作，撰有「祖堂集研究會報告」多種，發表在《東洋文化研究所紀要》各期上；又，可以參看衣川賢次與孫昌武等合作校訂整理《祖堂集》（北京：中華書局，2007）。

④ 野口善敬《元代禪宗史研究》，京都：禪文化研究所，2005。

⑤ 伊吹敦《禪の歷史》，京都：法藏館，2001。

⑥ 小川隆《語錄の思想史》（東京：岩波書店，2010）。此書的中文本：《語錄的思想史 —— 解析中國禪》（何燕生譯，上海：復旦大學出版社，2015）。此外，還可以看他的《神會 —— 敦煌文獻と初期の禪宗史》（京都：臨川書店，2007）及《語錄のことば》（京都：禪文化研究所，2007）。

⑦ 比如《碧岩錄》，就有老一輩的入矢義高、中年一代的末木文美士、年青一代的小川隆的精細研究和闡發，而唐代宗密《禪源諸詮集都序》，就有石井修道與小川隆等人對它詳細準確的注釋和翻譯，他們所採用的，基本上就是文獻學的扎實做法。

多少興趣。可是日本卻很不同，一方面很多著名禪學者來自禪門宗派，不僅對於禪思想有深入體驗與理解，而且闡發和弘揚這種禪思想的立場相當自覺；另一方面他們很早就接觸西洋哲學思想，常常有意識地在日本本土思想資源中尋找可以對抗、接納和融匯西方思想的東西。因此，禪思想常常就作為化解、接引、詮釋、對抗西方的哲學，被他們使用。在這方面，也許可以舉出鈴木大拙、西田幾多郎、久松真一和西谷啟治為代表①。

　　毫無疑問，日本禪宗研究與中國禪宗研究，無論在方向、問題和重心上都有很大的不同。前面已經說到，這種不同有兩方面的原

---

① （一）鈴木大拙的很多禪宗研究著作，是有意識回應西方古代哲學和現代思想的，多是英文著作，他的有關論述，把東方的禪思想說成是主流的東方思想，又以臨濟禪作為主流的禪思想，然後加以現代的發揮，比如「禪」超越西方 A 與非 A 的二元對立，「悟」使人們能夠反身意識自身生命意義，以綜合的肯定超越分析的否定，以非邏輯性瓦解思維的邏輯性等等。在 20 世紀，鈴木大拙與西方心理學家榮格（Carl G. Jung）和弗羅姆（Erich Fromm）互相溝通，就在心理學與宗教之間產生很大影響。其實，就是用東方思想尤其是反智（反理性）主義對抗西方理性主義和現代思維。參看鈴木大拙《禪問答と悟り》《禪と念佛の心理學的基礎》，久松真一的著作如《禪の現代的意義》。（二）西田幾多郎是日本很有西方哲學素養的學者，專門從哲學角度闡發禪宗的超越思想與有關「無」的本體論思想，試圖通過禪宗思想的參究，弘揚東方禪思想的世界意義，由於長期在京都，所以開創所謂日本哲學的「京都學派」。（三）久松真一則繼承這些思想，以存在主義的「無」與禪宗的「無」進行對比分析，認為存在主義的「無」是永遠不能克服的宿命的否定性，而禪宗的「無」則是自律的、理性的，能夠克服宿命的否定性（沒有意義的生命）和絕對二元論（生死）的積極、肯定的智慧，一旦體悟，是「從出生的歷史到出身的歷史的大轉換」。見久松真一《禪の現代的意義》（鈴木大拙、宇井伯壽監修《現代禪講座》第一卷《思想與行為》，東京：角川書店，1956，319 頁。這種禪思想的現代詮釋風氣，至今仍然在延續。可以參看前引阿部正雄《禪與西方思想》和《禪與比較研究：禪與西方思想續編》（*Zen and Comparative Studies: Part Two of a Two-Volume Sequel to Zen and Western Thought*, University of Hawaii Press, 1997）。

因：第一，是因為歷史原因，禪宗在中國和日本的發展不同，8、9 世紀禪宗由留學僧人、遣唐使傳入日本，經過日本的奈良時代的發展，到鎌倉時代發展出五山禪文化，興盛一時。雖然近代曾經有過明治時期「神佛判然」等挫折，但很快重新振作，特別是臨濟與曹洞兩家，至今禪宗不僅廟宇眾多，而且開辦不少大學[1]。而中國在宋元之後禪宗漸漸衰落，即使到了近代，也沒有回到學術世界的視野中心來[2]。第二，是近代學術背景差異。日本的佛教與禪宗研究，自從明治以來，不僅受到西方印度學、佛教學的影響，學會了西洋

---

[1] 比如京都的花園大學（臨濟）、東京的駒澤大學（曹洞）等。

[2] 這裡可以概括地從三方面講：（1）日本禪僧可以充當國家的使者、禪宗對世俗政治領域和生活世界的深刻介入，這不是中國禪宗可以想像的。佛教在奈良時代以後就是日本的政治軍事力量，在 14 世紀以後，日本武士中普遍流行禪宗，禪宗成為日本武家社會的重要思想支柱；禪僧因為通曉漢文，又常常介入政治活動。比如《善鄰國寶記》就記載過足利時代的相國承天禪寺住持絕海中津（1336—1405），1392 年為官方起草過政府給朝鮮官方的文書；而豐臣秀吉準備侵略朝鮮之前，曾經在天正二十年（1592）供奉禪宗僧人西笑、惟杏、玄圃，因為他們「通倭、漢之語路」，所以，西笑終生都給官方起草外交文書，惟杏、玄圃給豐臣秀吉征討朝鮮起草檄文，文祿二年（1593）玄圃還給豐臣秀吉起草日本和大明之間的和約文書。（2）日本禪宗經由叢林制度逐漸寺院化、宗派化，通過對漢字書寫的語錄、評唱、公案的深入體驗，漸漸形成自己的思想，比如他們對《碧岩錄》和《無門關》的重視，也與中國禪宗的風氣很不同。（3）由於宋元之際、明清之際的中國禪僧東渡和日本禪僧的西來，而刺激出新宗風，並影響社會和政治，出現了前者如大休正念（1215—1289）、無學祖元（1226—1286）、一山一寧（1247—1317），後者像榮西（1141—1215，傳臨濟宗黃龍派，並傳天台、真言，有《興禪護國論》）、道元（希玄，1200—1253，傳曹洞宗）。特別是中國禪僧隱元隆琦（1592—1673）於明清之間，在日本開創黃檗宗。這些日本禪宗史上出現的傑出人物與變化現象，都不是宋元以下中國禪宗所具有的宗教現象。因為日本禪僧對於中國文化影響很小，而中國禪僧對於日本文化影響很大，所以，要研究日本禪宗史，不能不研究有關日本的中國禪宗史，因而中國禪宗史研究在日本已經是很大的一個領域，它時時刺激着禪宗研究的變化和發展，如野川博之《明末佛教の江戶佛教に對する影響 —— 高泉性潡を中心として》就是一例。

宗教學的分析方法和歷史學的文獻訓練，還受到西方哲學的衝擊與刺激，因此，才會出現所謂關於禪宗是否真的是佛教，禪宗思想與西方思想孰優孰劣這一類充滿現代意味的問題爭論。特別是，他們中間很多是禪宗的信仰者與實踐者，因此，在西方思想衝擊下，他們試圖以禪思想來回應和抵抗的心情，就格外迫切，那種對於禪宗的超歷史的過度解釋、哲理化禪宗思想和實踐性組織活動 ①，就呈現了他們的努力方向。而這一種努力方向，是以歷史和文獻為中心的中國禪宗研究者所不具備的。

再簡單說一下歐美的禪宗史研究 ②。在這一方面，我沒有做過深入研究，只能就 1980 年代以後，也就是過去籠罩性的鈴木（大拙）禪終結之後的一些新話題和新趨向，舉一些例子 ③。

---

① 如鈴木大拙的海外傳播禪宗；久松真一與海德格爾、田立克的對談，他所創立的 F.A.S 協會，提倡三個中心觀念即「無相的自我」（Formless Self）、「全人類」（All mankind）、「超歷史」（Supra-historically），參看吳汝鈞《佛學研究方法論》，台北：台灣學生書局，1983。

② 1993 年以前的情況，可以參看馬克瑞（John McRae）的 Buddhism: State of the Field，載 *Journal of Asian Studies,* 54: 2（1985），pp.354—371；佛爾（Bernard Faure）的 Chan/Zen Studies in English: the State of the Field，法文原載《遠東亞洲叢刊》（*Cahiers d'Extreme-Asie,* 7; EFEO, Paris-Kyoto, 1993），有蔣海怒所譯中文本《英語世界的禪學研究》；近年來的研究情況，可以參看羅柏松（James Robson）《在佛教研究之邊界上》（中譯本，載復旦大學文史研究院編《佛教史研究的方法與前景》（北京：中華書局，2013），89—109 頁。

③ 2006 年以來，英文世界有關禪宗史的著作，如 Jia Jinhua（賈晉華）：*Hongzhou School of Chan Buddhism in Eighth-through-Tenth Century*（有關洪州宗）（New York: New York State University Press, 2006）；Wendi L. Adamek: *The Mystique of Transmission: On an Early Chan History and Its Contexts*（New York: Columbia University Press, 2007）；Mario Poceski: *Ordinary Mind as the Way*（有關洪州宗）（New York: Oxford University Press, 2007）；Morten Schlutter: *How Zen Become Zen*（有關宋代禪史）（University of Hawaii Press, 2008）；Albert Welter: *The*（轉下頁）

首先是關注「周邊的或邊緣的領域」。一般説來,中國學者很容易一方面把禪宗看成是漢傳佛教的一部分,另一方面則較多聚焦於禪宗精英層面的話題,關注禪宗的傳承系譜與思想脈絡 ①。可是,近幾十年來歐美學者的研究取徑卻很不一樣,一方面,他們始終對傳統的周邊地區即日本、越南、朝鮮和中國的西藏、蒙古、新疆地區的佛教禪宗有很多的關注,特別是對古代的吐蕃、西域和西夏,較早的學者中,無論是法國的戴密微(Paul Demiéville,1894—1979)還是意大利的圖齊(Giuseppe Tucci,1894—1984),都在這一方面相當用力。佛爾《英語世界的禪學研究》中提到的Whalen Lai 和 Lewis Lancaster 合編的《漢藏早期禪學》(1983)②、Jeffrey Broughton 的《西藏早期的禪學》、馬克瑞對南詔(今雲南)禪宗的研究,以及大量對日本、朝鮮禪宗的研究論著,都説明這一方向在歐美長期被堅持。這當然是由於歐美東方學對於中國「四裔」——不僅是滿蒙回藏鮮,也包括西域南海——的地理、歷史、語言、文化的一貫關注,對於他們來説,所謂「中國」與「四裔」,並不像中國學者心目中有中心與邊緣的差異,因此就像他們對中

（接上頁）*Linji Lu and the Creation of Chan Orthodoxy*（有關臨濟錄）（New York: Oxford University Press, 2008）；又,前引Alan Cole: *Fathering your Father*（University of California Press, 2009）。

① 在較早時期,中國學者中只有呂澂、陳寅恪等少數學者例外。陳寅恪1927年剛回中國不久即發表《大乘稻芊經隨聽疏跋》,運用各種文字如藏文研究了名為「法成」的吐蕃僧人往來於吐蕃、敦煌、甘州等地的講經説法情況。見《金明館叢稿二編》(陳寅恪集,北京:生活·讀書·新知三聯書店,2001),287—289頁;又,呂澂《敦煌唐代寫本〈頓悟大乘正理決〉》,率先根據敦煌文獻考證8世紀發生在西藏的中國禪宗與印度佛教之爭論,載《現代佛學》第1卷第4期(1950)。

② Whalen Lai & Lewis Lancaster: *Early Ch'an in China and Tibet*, Berkeley, Asian Humanities Press, 1983.

國「本土」抱有關注一樣，對這些「邊緣」的禪宗流傳也曾經相當用心。另一方面，他們對於禪宗本身的研究，也不像中國學者那樣，把眼光集中在著名禪師和精英階層中，真的相信「以心傳心，不立文字」的感悟體驗，或者是沉湎於語錄、公案、機鋒之類的語言文字資料，把禪宗當作玄妙與超越的思想史來研究，而是深受文化人類學等學科之影響，非常注意「眼光向下」，不僅注意到禪宗信仰的民間傳播與滲透，而且關注形而下的問題如禪宗的教團、禮儀、贊助與規矩，比如，我們看到一些有關禪宗的「Ritual」的討論，例如佛爾編的 *Chan Buddhism in Ritual Context*[1]，鮑迪福（William M. Bodiford）的 Zen in the Art of Funerals: Ritual Salvation in Japanese Buddhism[2]。他們的目的顯然是要把宗教放進具體的歷史語境，從社會學角度觀看宗教的形成與信仰的傳播，考察看似破棄戒律卻遵循清規的禪宗，觀察禪宗如何在政治、社會與寺廟中實際存在。也許，這是百多年來甚至更早的歐洲東方學就形成的傳統。正是因為歐洲有一個廣泛的東方學傳統，又有各種語言、文書、考古的工具，因此，他們一貫相當注意研究中國的邊疆地區，發掘邊邊角角的新資料加以新解釋，在禪宗史研究領域也是一樣[3]。

---

[1] 佛爾（一譯佛雷或傅瑞，Bernard Faure）：*Chan Buddhism in Ritual Context*（New York: Routledge Curzon, 2003）。

[2] 鮑迪福（William M. Bodiford）的 Zen in the Art of Funerals: Ritual Salvation in Japanese Buddhism，載 *History of Religions*, Vol.32-2, pp.146-164。

[3] 例如，法國學者戴密微的《吐蕃僧諍記》就是利用了巴黎所藏的敦煌文書（伯4646），對 8 世紀後期發生在吐蕃的印度佛教和大唐禪宗爭論的一個研究。通過對於敦煌漢文文書《頓悟大乘正理決》，尤其是一個叫王錫的人的序文的研究，把過去僅僅從藏文資料《桑耶寺志》中看到蛛絲馬跡的佛教論爭歷史，一下子搞清楚了。說明 8 世紀後期，迅速崛起的漢地禪宗，曾經影響過吐蕃，只是在與印度佛教的較量中失敗，才退出吐蕃。後來，日本學者如上山大峻、今枝由郎（轉下頁）

其次，值得中國學者注意的是，近年來歐美學者對日本禪宗研究與詮釋中隱含的對政治背景的發掘與批判 [1]。近三十年來，像 Brian Victoria、Robert H. Sharf、佛爾等人已經從日本學者如鈴木大拙敘述和構造的「禪」形象中走出來，開始追究那些看上去寧靜、空無的「禪者」的歷史背景和政治取向。他們不再把現代日本禪學研究者向西方刻意傳播的禪思想和禪藝術，放在想像的純淨的思想世界，而是努力地放回到實際的歷史世界和政治語境中去 [2]。特別是，當他們借用福柯的「知識」與「權力」的理論，以及薩義德的「東方學」思路，來反觀日本的禪學研究時，他們尖銳指出，日本禪學者形塑「日本心靈」和「日本人」的時候，強調「靈性的經

（接上頁）等，也加入了這一領域，並且取得了相當不錯的成績。

① 參看 Paul Swanson: Recent Critiques of Zen，日文本《禪批判の諸相》，載《思想》（東京：岩波書店）2004 年 4 期；126—128 頁。

② Brian Victoria: *Zen at War*, Weatherhill, New York, 1997；日文本《禪と戰爭：禪佛教は戰爭に協力したか》，東京：光人社，2001。應該指出，他對禪宗的這一批判也受到日本京都花園大學的禪宗研究教授市川白弦（1902—1986）《佛教者の戰爭責任》（東京：春秋社，1970）的啟發。Brian Victoria 是一個傳教士，1961 年也就是越南戰爭期間到日本之後，對基督教「聖戰」很有懷疑，覺得佛教的和平之道很好，於是漸漸對禪宗發生興趣，因此不僅學習參曹洞禪，而且開始進行禪宗研究。但是，當他看到二戰期間一些著名禪僧的言論後，又產生很大懷疑。這本書就從日本明治時期禪宗的動向開始，考察日俄戰爭（1904—1905）中的「護國愛教」、1913 年至 1930 年佛教與日本軍部在「大東亞共榮圈」建設中的合作，以及一直到二戰期間的各個禪僧與禪學者的表現，指出他們與「皇國」或「軍國主義」的關係。另外一個學者羅伯特・薩福（一譯沙夫，Robert H. Sharf）的一些論著，則考察鈴木、日本禪和民族主義或者帝國主義之間的複雜關係。他認為，鈴木大拙在構造一種東方人與西方人奇怪的二元對立圖像時，借用禪與現代西方思想的差異，對西方進行否定，特別是在二戰中所寫的《日本的靈性》和《禪與日本文化》等，其實與當時日本帝國主義確立日本精神價值的意義，是一致的，包括他對日本禪和中國禪的認識中，常常流露出認為中國佛教衰亡沒落，日本禪宗在宋代以後成為純粹和正宗，也是同樣帶有這種民族主義或國家主義的背景的。

驗」，會有意誇大日本禪宗和西方思想之間的對立，如果放回歷史語境之中，顯然這與日本所謂「大東亞聖戰」中所凸顯的東西方對立，是一致的，日本宣傳禪宗思想和境界的獨一無二性，多少是在西方面前凸顯着日本的優越性，其實骨子裡面是一種民族主義[①]。

再次，是通過新理論新方法，對於禪宗史加以重新認識。歐美學者近年來，往往借用一些現代理論如福柯的系譜學、利科的詮釋學等等，對有關禪宗的傳統歷史研究和文獻考證的一般原則進行重新理解[②]。比如，把禪宗歷史系譜作為後來禪宗的記憶、想像和重構，而不是把它當作信史來看待；又如，對於過去認為可信度較高的早期文獻、石刻文獻，他們並不承認史料真實程度會有不同等級和序列，甚至要從根本上質疑這些文獻，認為這也許只是想像祖師或者編造歷史的「另一個版本」。這一點，下面我們還將仔細討論[③]。

---

① 比如法裔美國學者佛爾（Bernard Faure）的 *Chan Insights and Oversights: an Epistemogical Critique of the Chan Tradition*（Princeton University Press, 1993）。此書有一章已經譯為日文《禪オリエンタリズムの興起 —— 鈴木大拙と西田幾多郎》，載《思想》（東京：岩波書店）2004 年 4 期，135—166 頁；這一點，現在並非僅僅是歐美學者，有的日本學者如末木文美士、石井公成等，也逐漸加入批判的行列。如末木文美士與辻村志《戰爭と佛教》，收入《近代國家と佛教》（「アジア佛教史 14」・日本 4；東京：佼成出版社，2013）第五章，223—240 頁。

② 有一些這方面的研究，未必非常可靠，也有從理論出發，為解構而解構的作品。例如羅柏松（James Robson）批評過的 Alan Cole: *Fathering your Father: The Zen of Fabrication in Tang Buddhism*（Berkely: University of California Press, 2009）的研究就是一例。見 James Robson: Formation and Fabrication in the History and Historiography of Chan Buddhism，載 *HJAS*, 71.2（2011），pp.311—349。

③ 這方面法裔美國學者佛爾（Bernard Faure）的《正統性的意欲：北宗禪之批判系譜》（*The Will to Orthodoxy: A Critical Genealogy of Northern Chan Buddhism*）很有代表性。原書是作者 1984 年以法文書寫的博士論文基礎上修訂成的，（轉下頁）

可是，無論是日本學者對於禪思想的哲學解説，還是歐美學者對於禪宗在當代的民族主義表現的研究，目前尚不是中國學者關注的焦點，中國學者擅長的、也是最關注的，仍然是在禪宗史的歷史學與文獻學研究領域，也就是胡適當年開拓的領域。但是，看看歐美、日本學者引入後現代理論來討論禪宗歷史與文獻的流行傾向，我們不禁要問：胡適代表的這一傳統歷史學、文獻學方法，還有用嗎？它是否要跟着新潮流一起變化呢？

四　當代新方法潮流中：
胡適的禪宗史研究方法過時了嗎？

法裔美國學者佛爾在《正統性的意欲》中，對過去相對研究不是很充分、並且評價相對較低的北宗禪 [1]，進行了一個新的研究。按照佛爾的説法，過去胡適接受了宗密的觀點，站在南宗神會一邊，以頓、漸分別南北，雖然胡適批判了後世各種禪宗文獻的「攀

（接上頁）1997 年由 Stanford University Press 出版，現在有中文本《正統性的意欲：北宗禪之批判系譜》，蔣海怒譯，上海：上海古籍出版社，2010；但是這個譯本似乎有一些問題，這裡不能詳細討論。中文世界對本書的評價，參看龔雋、陳繼東《中國禪學研究入門》（上海：復旦大學出版社，2009）；217—220 頁。Faure 還有 *The Rhetoric of Immediacy: A Cultural Critique of Chan/Zen Buddhism*（Princeton University Press, 1991）；另外，近年去世的美國學者馬克瑞（John R. McRae）的《由禪諦觀》（*Seeing Through Zen*）也很有代表性。

[1] 這裡有必要說明，我在撰寫《中國禪思想史 —— 從 6 世紀到 9 世紀》一書的時候，沒有機會看到佛爾和馬克瑞的著作。同樣，佛爾在 1997 年出版他的英文版著作的時候，也沒有看我本人在 1995 年出版的《中國禪思想史 —— 從 6 世紀到 9 世紀》對北宗禪的歷史與思想的一些新研究。

龍附鳳」，但他把南宗、北宗「誰是正統」的問題，看成是歷史的真實內容。而佛爾則不同，他把「誰是正統」這個問題，看成是禪門各個系統的「正統性意欲」，就是追求政治承認的運動，認為這一本來曖昧甚至叛逆的運動，成為後來三個世紀禪宗主導的和支配的意識，形成了禪宗的革命歷史。換句話說，就是禪門各種派別各種文獻，都在這種「正統性意欲」的支配下，在建構禪宗系譜。

他把這個追求正統性的過程分為五個階段：（一）6 世紀，禪師在北方中國宣稱達摩為祖師，試圖在中國北方立足，但是不很成功；（二）7 世紀中葉，東山禪門在南方崛起，但未曾與北方禪門建立聯繫；（三）7 世紀末，神秀逐漸接近中央政府；（四）神秀的成功與神會的崛起，在安史之亂中成功成為正統；（五）安史之亂後，中央政府的衰落和新禪宗宗派在各地的興起，正統性轉向馬祖道一 ①。對這個禪宗史系譜，我大體上可以同意。不過我的問題是，根據各種西方新理論重新建構的這個系譜，究竟與過去根據敦煌文書等新材料，由胡適以及其他人重新敘述的禪宗史有甚麼區別？似乎沒有。佛爾在書中，徵引了包括福柯、利科、海德格爾等等理論，也採用了很多新穎的術語，可是，是否禪宗這樣的歷史研究，就一定需要結構主義、詮釋學、知識考古及系譜學等等那麼複雜和時尚的理論？這些都值得深究 ②。

---

① 《正統性的意欲》中文本，6 頁；英文本，pp.4-5。但是，就是在這一段短短的禪史概述中，也有不少錯誤：第一，把法如和慧安當做神秀的弟子（His disciples），（二）神秀 700 年被召見，並非在長安，而是在洛陽；（三）神會並非在安史之亂中，因為籌措香水錢達到目的，這是受了胡適的誤導。

② 他的另一部著作 *The Rhetoric of Immediacy: A Cultural Critique of Chan/ Zen Buddhism*，是 1991 年由普林斯頓大學出版社出版的。此外，他還編有一部論文集 *Chan Buddhism in Ritual Context*, London: Routledge Curzon, 2003。

另一個近年去世的美國學者馬克瑞（John McRae，1947—2011），在佛爾的法文本博士論文之後、英文本著作出版之前，也出版過《北宗與早期禪佛教的形成》（*The Northern School and the Formation of Early Ch'an Buddhism*，1986）。這部書比起佛爾的著作來，似乎比較偏向歷史學與文獻學的風格。有趣的是，他們兩位其實都受到日本學者柳田聖山的影響，而柳田聖山則受到胡適的影響①。但是，西方知識背景和歐美學術傳統中的佛爾和馬克瑞，似乎都不太像柳田聖山那樣，恪守歷史學和文獻學的傳統邊界，對目前可以看到的初期文獻如敦煌文獻保持着尊重和敬畏，並以這些文獻為判斷標尺。馬克瑞就批評說，「來自敦煌寫本的證據，大都只被用來在原有的傳統圖像上加繪一些更美的特點，只是在前述的系譜模式上加添知識上引人矚目的細節」②。如果說馬克瑞的《北宗》一書還沒有太多的理論表述，那麼，後來出版的 *Seeing Through Zen: Encounter, Transformation and Genealogy in Chinese Chan Buddhism* 裡面，就比較明顯地借用後現代理論，並且把歷史與文獻放置在理論視野之下重新考察。這部書的一開始，他就提出了所謂的「馬克瑞禪研究四原則」（McRae's Rules of Zen Studies）③，這裡固然有他的敏銳，但也有其過度依賴「後」學而過分之處④。在這四

---

① 見《正統性的意欲》中文本，1頁；英文本 *Acknowledgment*, p.1。

② 引自馬克瑞另一篇翻譯成中文的文章《審視傳承乎：陳述禪宗的另一種方式》，作者贈送的打印本。

③ 在馬克瑞贈給本文作者的《審視傳承乎：陳述禪宗的另一種方式》文稿中，有他自己的中文翻譯，其中，第一條：「它（在歷史上）不是事實，因此它更重要」，第二條：「每一個有關傳承的主張，如果重要性越多，則其問題也就越大」。

④ John McRae: McRae's Rules of Zen Studies, *Seeing Through Zen: Encounter, Transformation, and Genealogy in Chinese Chan Buddhism*, University of California Press, 2003; p.xix.

條原則中，第一條是「它（在歷史上）不是事實，因此它更重要」（it is not true, and therefore it's more important）；第二條是「禪宗譜系的謬誤程度，正如它的確實程度」（lineage assertions are as wrong as they are strong）；第三條是「清晰則意味着不精確」（precision implies inaccuracy），據說越是有明確的時間和人物，它就越可疑；第四條是「浪漫主義孕育諷喻」（romanticism breeds cynicism），據說，說故事的人不可避免要創造英雄和壞蛋，禪史也同樣不可避免，於是歷史將在想像中隱匿不見。

也許，這一理論太過「後現代」。這些原本只是禪宗歷史上特殊的現象，在馬克瑞的筆下被放大普遍化了，當然也要承認，我們如果回到最原始的文獻中去看，唐代禪宗史中確實有這種「攀龍附鳳」的情況。

不妨舉一個例子。以我個人的淺見，近幾十年中古禪宗史研究最重大的收穫之一，也是海外學者對於中古禪宗史研究的重要成績之一，就是法裔美國學者佛爾和日本學者伊吹敦，通過一塊碑文即《侯莫陳大師壽塔銘》，證明了法藏敦煌卷子 P.3922、P.2799 的《頓悟真宗金剛般若修行達彼岸法門要訣》[①]，是智達禪師（也就是侯莫陳琰，他是北宗禪師老安和神秀的學生）在先天元年（712）撰寫的。聯繫到另外一份敦煌卷子 P.2162，即沙門大照、居士慧光集釋的《大乘開心顯性頓悟真宗論》，這篇《論》原來被誤認為是神會南宗系統的，現在被證明，其實它們都是北宗的。最令人吃驚的是，這些歸屬於北宗的人們，居然也都講「頓悟」，甚至比號稱專講「頓悟」的南宗神會要早得多。這樣一來，禪宗史就擺脫了傳統的「南

---

① 還有英藏（斯坦因編號）S.5533、日本龍谷大學藏 58 號等，共有七個抄本。

「頓北漸」的説法，也許，還是神會剽竊了北宗的思想，反而在南北之爭中倒打一耙，使得後來形成了「南頓北漸」的固定看法[①]。這是一個重大的發現。可是需要指出，這發現不是得益於後現代理論和方法，而恰恰是傳統歷史學與文獻學方法的成果。

所以，我要問的問題是，胡適當年不用後現代的理論和方法，其實也達到了這樣的認識，為甚麼今天的禪宗研究一定要弄得這麼玄虛呢？1993年，福克（T. Griffith Foulk）撰寫了《宋代禪宗：神話、儀禮以及僧侶實踐》[②]，這篇被認為是「過去的十五年關於中國禪宗史出版的最重要的著作」，據説它的意義是指出「我們對唐代禪宗史的理解在很大程度上是宋代文獻的產物」[③]，但是，這不是胡適早就指出的現象嗎？從胡適以來，學者們已經知道所謂唐代禪宗史基本上都是以禪宗自己書寫的燈錄為基本線索的，這些宋代

---

① 但是，還值得考慮的是，《頓悟真宗論》的作者署名中，沙門大照與居士慧光，是一人還是兩人？過去似乎都以為是一人，最早英國學者 L. Giles 在 1951 年針對 S.4286 殘卷，於倫敦發表的 Descriptive Catalogue of the Chinese Manuscripts from Tunhuang in the British Museum 中，就説「大照」和「慧光」是一個人，問答是自問自答。但是，從文中記載（慧光）「居士問」與「大照禪師答」的對話來看，恐怕是兩個人，因此，就要考慮大照有沒有可能是著名的普寂？而裡面提到大照「前事安闍黎，後事會和尚」中的「會」，有無可能是「秀」之誤？田中良昭已經指出，老安（傳説 582—709）和神會（670—762）（作者按，此處生卒年有誤）相差了八十多歲，似乎慧光無法既跟隨老安，又跟隨神會。那麼，姓李的長安人慧光居士是誰？此外，如果大照真的是普寂，那麼，這份文書的時代，應該在甚麼時候？

② Theodore Griffith Foulk: Myth, Ritual, and Monastic Practice in Sung Ch'an Buddhism, in *Religion and Society in T'ang and Sung China*, edited by Patricia B. Ebrey and Peter N. Gregory (University of Hawaii Press,1993), 147—208.

③ 羅柏松（James Robson）《在佛教研究之邊界上》，中文本收入復旦大學文史研究院編《佛教史研究的方法與前景》（北京：中華書局，2013），90 頁。

以後撰述的傳燈錄只是後人對禪宗史的敘述，這在中國禪宗史研究領域已經成為共識或常識。因此，胡適才會提倡，如果能夠更多地依賴「教外」資料比如文集、碑刻和其他佛教徒或非佛教徒的記述，也許就可以看到，各種燈錄和在燈錄之後的各種研究著作中，究竟禪史被增添了多少新的顏色，又羼入了多少代人的觀念和心情。

中國的禪宗史研究者理應向胡適致敬。國際禪宗研究界也許都會察覺，在禪宗研究領域中，各國學者的取向與風格有相當大的差異。在中國學界，類似西田幾多郎似的禪宗哲學分析並不很普遍，類似鈴木大拙那樣從信仰與心理角度研究禪宗的也並不發達，對於禪宗的民族主義與國家主義的分析，恐怕也還沒有太多關注，倒是歷史學與文獻學結合檢討禪宗歷史的路數，始終是中國學界的風氣與長處，而不斷從石刻碑文及各種傳世文獻中發現禪宗歷史，把佛教史放在當時複雜的政治史背景之中討論，更是中國學者擅長的路子。

這也許正是拜胡適（也包括陳寅恪、陳垣）之賜。

結語　在胡適的延長線上繼續開拓

最後，我要越出「中古」的範圍，大膽地討論一下，在敦煌文書逐漸被發掘殆盡的情況下，我們在禪宗史研究上是否還可以獲得新進展？還有甚麼地方可以讓禪宗史研究者繼續努力發掘呢？我想針對中國學界說一些不成熟的看法，這裡不限於「中古時期」，也不限於「中國禪宗」。

首先，對於禪宗在亞洲更廣大區域的傳播、變異和更新，非常值得研究。這一點，佛爾在《正統性的意欲》中已經提到，他說應當「打破流傳至今的中日（Sino-Japanese）視角所帶來的限制」，他說，要注意禪宗曾經在唐代作為一種思想（我覺得同樣重要的是，禪宗作為一種生活藝術和文學趣味），曾經傳播到了中原和日本之外，比如中亞、吐蕃、越南、朝鮮，所以，應當從更廣闊的地理空間和文化區域中「恢復它的原貌」[①]。雖然，所謂「恢復原貌」有一點兒違背了他這本書「後現代」的立場，不過，我們確實應當承認這個建議有道理，關注禪宗的傳播、影響、適應以及變化，並且更注意這背後的文化和歷史原因。像 8 世紀末北宗禪宗與印度佛教在西藏的爭論，像禪宗文獻在西域的流傳，像中國禪宗在朝鮮衍生支派，像日本禪僧對中國禪的重新認識，像明清之際中國禪宗在中國西南與越南的流傳等等。這方面，戴密微的著作《吐蕃僧諍記》就值得學習。

　　其次，禪宗在各國政治、社會、文化上的不同影響，以及它在各國現代轉型過程中的不同反應和不同命運，其實是很值得討論的。以中國和日本的歷史看，我們看到，後來的中國禪宗，雖然經過宋代的大輝煌，但是它的世俗化（從「佛法」到「道」，轉向老莊化，不遵守戒律的自然主義，自由心證下的修行）很厲害，自我瓦解傾向也很厲害。所以，它一方面成為士大夫文人的生活情趣，一方面在世俗社會只能靠「禪淨合流」以拯救自身存在，即使明代出現幾大高僧，似乎重新崛起，但仍然曇花一現，一直到清代它最終衰敗。這個歷史和日本很不一樣，日本僧侶的獨立化、寺院化與

---

① 《正統性的意欲》中文本，8 頁。

儀式化，經歷五山、室町、德川時代的昌盛，到了近代仍然可以延續。它一方面通過介入世俗生活深入民眾，一方面依靠與王權結合成為政治性很強的組織，它不僅可以與武士道、葬儀結合，禪僧也可以充當將軍的幕賓和信使，所以即使後來遭到現代性的衝擊，禪宗仍然可以華麗轉身，與現代社會結合。後來出現很多像鈴木大拙、西田幾多郎、久松真一這樣的學者，當然也出現深刻介入軍國主義的宗教現象，更出現宗教的現代大學和研究所，這與中國大不相同。所以，這些現象很值得比較研究，也許，這就是把禪放在「現代性」中重新思考的研究方式。

再次，我希望現代學者研究禪宗史，不必跟着禪宗自己的表述，被捲入自然主義的生活情趣、高蹈虛空的體驗啟悟、玄之又玄的語言表達，也不一定要把禪宗放在所謂哲學那種抽象的或邏輯的框架裡面，分析（發揮）出好多並不是禪宗的哲理。這不是現代的學術研究方式。反而不如去考察一下，禪宗除了這些虛玄的思想和義理之外，還有沒有具體的生活的制度和樣式，在寺院、朝廷（或官府）、社會（或民間）是怎樣存在的。舉一個例子，大家都知道《百丈清規》以下，有一些關於禪僧生活的規定，好像和他們說的那些高超玄妙的東西不同。如果你看《禪林象器箋》就會知道，禪宗寺院裡面有各種器物，他們還是要維持一個宗教團體的有序生活。所以，研究禪宗不要只是記得超越、高明、玄虛的義理，也要研究形式的、具體的、世俗的生活。

最後，我要引述幾句胡適關於禪宗史研究的話，來結束這篇論文。胡適曾經評論日本禪學者和自己的區別，說「他們是佛教徒，而我只是史家」；他又提到，「研究佛學史的，與真個研究佛法的，地位不同，故方法亦異」。他在 1952 年批評鈴木大拙談禪，一不講

歷史，二不求理解，他認為，研究禪宗「第一要從歷史入手，指出禪是中國思想的一個重要階段」[①]。

這些都是他的夫子自道。

① 以上，見胡適《覆柳田聖山》(1961.1.15)，《胡適書信集》(北京：北京大學出版社，1996)下冊，1580頁；胡適 (Hu Shih)：Ch'an (Zen) Buddhism in China: Its History and Method（《禪宗在中國：它的歷史和方法》），原載 *Philosophy East and West*, Vol. III, No.I, Hawaii University Press, 1953，後收入柳田聖山《胡適禪學案》(台北：正中書局，1975)，689頁；以及曹伯言編：《胡適日記全編》(合肥：安徽教育出版社，2001)，第八冊，「1952年5月15日」，230頁。

導論

關於中國禪思想史的研究

引言　20 世紀學術史中的禪思想史研究

　　20 世紀學術史的巨大轉向中，中國禪思想史的研究似乎走得忽慢忽快。

　　在最初幾十年，它並不引人注目，在各學術領域的普遍蛻變中顯得步履維艱。在我的印象中，晚清民初以來，文化人受到西洋和東洋的刺激，對於唯識學出現了異常興趣，使得人們對籠統含糊的禪學似乎失去信心。那時，禪思想的信仰性闡述雖然不少，但禪思想史的學術性研究卻並不多，少量的歷史和文獻考證，也多是採用了日本人的成果，而在一般的歷史敘述中，唐宋以來的燈錄系統文獻，始終是人們心目中禪思想史的基本依據。儘管也有沈曾植在當時寫的一些關於「楞伽宗」「保唐宣什」「中嶽法如禪師行狀」「禪門師資承襲圖」等後來收在《海日樓札叢》中的天才札記 ①，也有日本忽滑谷快天在 1923 年和 1925 年分別出版的，集傳世禪文獻而成的《禪學思想史》兩卷傳到中國 ②，可是，根本改變傳統禪宗史敘述的現代新典範，卻還沒有出現。然而，1930 年前後突然情形大變，這一年，胡適發表了《荷澤大師神會傳》和《神會和尚遺集》，日本的矢吹慶輝出版了《鳴沙餘韻》。前者用他從巴黎搜集的敦煌資料為禪思想史上那一次著名的南北宗論辯，重新勾畫了輪廓並且塗上重彩；後者則主要依據倫敦所藏的敦煌卷子，整理了一部分禪宗史料，三年後他又出版了《鳴沙餘韻解說》，雖然他並沒有對其中的

---

① 沈曾植《海日樓札叢》(瀋陽：遼寧教育出版社「新世紀萬有文庫」本，1998) 卷五，188－197 頁。

② 這部著作的主幹部分即有關中國禪宗部分，現在已經出版朱謙之的中譯本《中國禪學思想史》(上海：上海古籍出版社，2002) 上下兩冊。

禪籍作出解釋，但卻給後來的研究提供了資料。此後，以敦煌資料為中心的禪史研究蔚然成風，一些學者依據這些新資料，加上從朝鮮（如《祖堂集》）、日本（如《寶林傳》）和中國（如《寶林傳》）發現的古禪籍，對禪史重新進行了梳理。1936年，鈴木大拙發表《少室逸書及解說》，1939至1943年，宇井伯壽連續出版了他根據新資料全面清理禪史的名著《禪宗史研究》《第二禪宗史研究》和《第三禪宗史研究》，至此，禪宗史研究終於走出僧侶和居士的範圍，進入學院化的學術研究領域，也終於擺脫了傳統燈錄系統的舊框架，而中國禪思想史似乎也應該有了重寫的基礎 ①。

　　但是，20世紀三四十年代之後，雖然已經有胡適等人開創的新研究典範，但是，禪思想史研究彷彿並沒有出現預想中的新進境。新史料的開掘、歷史線索的敘述、思想脈絡的闡發，始終各走各的路，好像並沒有匯融合一，構成禪思想史的新理路。例如，在依據舊史料進行撰寫的禪思想史中，前面提到忽滑谷快天的《禪學思想史》可以稱得上是一部佳作，可是由於他沒有看到新出史料，因而導致了一些結論的錯誤（例如達摩東來時間之考證）及敘述的失當（例如對神秀思想敘述僅據張說《大通碑》而嫌簡略）。但是，在新史料大批發現之後，禪思想史的研究是否就彌補了上述缺陷、頓時面目全新了呢？表面上看，在史實敘述中有不少改觀，但是在思想史理路的闡述與解讀上，好像卻沒有多少進展，彷彿新出史料只照顧了「歷史」，而與「思想」無關。王國維曾在《最近二三十年中中國新發見之學問》中說過一句很有名的話：「古來新學問起，大都由於新發見」，也就是說，新史料的出現帶來了學術研究的新境

---

① 關於禪宗史的學術史回顧，請參看本書《仍在胡適的延長線上》（代新版序）。

界，這句話曾被人翻來倒去地徵引，卻常常忽略了對它內在普遍性的追問：新史料的發現真的一定會使學術出現新格局嗎？其實，王國維自己也沒有肯定這種「必然性」，他在列數「孔子壁中書」和「趙宋古器」後，也承認有「晉時汲塚竹簡出土後⋯⋯其結果不甚著」的例外[①]。

那麼，新的闡釋理論和解讀方法是否能使禪思想史研究開出新進境？20 世紀禪思想的闡釋和解讀中，曾出現了鈴木大拙、西田幾多郎這樣世界知名的「禪者」或「哲人」，他們的闡釋和解讀，曾使一些西方人迷上了這種東方思想，又使不少東方人深化了對這種思想解釋的哲理性。可是，他們是「禪者說禪」或「哲人解禪」，心中的讀者是現代人，解讀的目的是影響信仰者，所以，他們筆下的「禪」與其說是古代禪，還不如說是現代禪，解說中的現代意味和哲學意識，雖然使現代人領略了禪的韻味，提升了古代禪思想的哲學價值和現代意義，卻不盡合古代人心目中禪的本意。古人詩云：「談經用燕說，束棄諸儒傳」，郢書燕說固然有益於世事，但畢竟不是歷史的真實，而在我的理解中，禪思想史偏偏首先是歷史。

當然，這並不意味着在禪思想史裡取消闡釋與解讀，相反，一旦禪思想史中缺少了敘述者有意識的闡釋和解讀立場，敘述便成了支離破碎甚至語無倫次的「復述」。1942 年秋，鈴木大拙在《禪思想史研究第一》的序文中批評道：「可以稱為禪思想史的著作還沒有寫出來，已故忽滑谷快天氏的著作也罷，宇井伯壽氏的著作也

---

① 王國維《最近二三十年中中國新發見之學問》，這是 1925 年王國維給清華學校暑期學校所作學術演講，見《王國維全集》（杭州：浙江教育出版社、廣州：廣東教育出版社，2009）第十四卷，239 頁。

罷,都不是思想史。」①也許,這一批評背後潛含着的真正意思,是思想史需要敘述者自己的闡釋和解讀。但是,就是鈴木大拙自己,也未能寫出他的禪思想史,因為他又太偏重主觀的領悟,而把「禪思想史」當成「禪思想」,忘記了「史」字常常先得拋開過強的主觀介入,去冷靜尋繹歷史的本來脈絡,而闡釋與解讀應當牢記自己只是闡釋與解讀。

我並不是指責前人的研究,而是希望通過對前人的研究的檢討,來尋找禪思想史的新範型。事實上,胡適、宇井伯壽、鈴木大拙以及後來的印順等前輩的研究,都曾為這種新範型的建立提供了基石,但仍距新範型有一步之遙。現在,如果我們要邁過這一步,就不得不重新審視禪思想史研究在本世紀走過的歷程。

第一節 禪思想史研究中的文獻考證及評估

讓我們還是先從胡適說起。

無論人們對於胡適的禪宗史研究有多少批評與非議,但都要承認他在使用和研究禪文獻,以及研究禪宗史方面的廓清返本之功。除了在那個學術服從於政治的年代,可以很武斷地否定胡適的研究之外,稍稍有一點禪宗史知識的人都會知道,胡適對於禪文獻考據在當時學術史上的意義,正如《禪宗史實考辨》中《編輯旨趣》所說:「(胡適)對禪宗史所下的功夫,我們不論從甚麼角度看,

---

① 鈴木大拙《禪思想史研究》第一《盤珪禪》序,載《鈴木大拙全集》(東京:岩波書店,1968—1970)第一卷,3頁。

他都是很認真的，即使你完全否定他，你也不得不承認，他是自己一步一步探索出來的，不是人云亦云，隨便盲從附和別人的……」[1]這話說得很客觀，比如，對禪宗史有精到研究的印順法師（1906—2005），儘管並不同意胡適的一些說法，但他依然承認，「胡適所作的論斷，是應用考證的，有所依據的」，並有所指地說道：「我們不同意他的結論，但不能用禪理的如何高深，對中國文化如何貢獻（否定他的結論），更不能作人身攻訐。唯一可以糾正胡適論斷的，是考據。」[2]

印順法師在這裡所指的，並非只是那些政治化、情緒化的「人身攻訐」，政治情緒引發的攻訐，隨着時間的流逝早已失去了它的意義，似乎根本不必在學術史中再次提及。應該注意的，也許還是鈴木大拙與胡適那一次著名的辯論。這一辯論很多學者都曾提及，1953 年 4 月，夏威夷大學《東西哲學》（*Philosophy East and West*）在第三卷第一期上，同時刊出胡適尖銳批評鈴木氏的論文《禪宗在中國 —— 它的歷史和方法》（Ch'an[Zen] Buddhism in China—Its History and Method）和鈴木反唇相譏的論文《禪：答胡適博士》（Zen: A Reply to Dr. Hu Shih）。在前一篇論文中，胡適特別反對鈴木大拙對禪的闡釋方式，並強調「禪是中國佛教運動的一部分，而中國佛教是中國思想史的一部分，只有把禪宗放在歷史的確當地位中，才能確當了解」。而鈴木大拙則不同意這種歷史學的研究思路，聲稱禪是超越歷史和時間的，他覺得，歷史學家「對於歷史可能知道得很多，對於幕後的角色卻一無所知」，因而「胡適知道禪

---

[1] 張曼濤主編《現代佛教學術叢刊》（台北：大乘文化出版社，1977）第四種，卷首。

[2] 印順《神會與壇經》，載張曼濤主編《現代佛教學術叢刊》（台北：大乘文化出版社，1976）第一種《六祖壇經研究論集》，110 頁。

的歷史環境，但卻不知道禪本身，大致上說，他未能認識到禪有其獨立於歷史的生命」[①]。

鈴木大拙對胡適的批評很有趣，也代表了不少「禪內說禪」的人的立場，用來自「內在體驗」才能領悟的信仰當作「禪本身」，只是一種超越證據和檢驗的論述。但這種因人而異的「真正理解」，卻很能得到信仰禪宗或研究禪宗的信徒和學者的認同，因而後來站在鈴木氏一方的人，彷彿還多於胡適的擁護者；就連力圖公允的一些研究者，比如傅偉勳，在事後評判這場公案時都不免私心有偏，覺得「胡適的歷史考證之法無助於了解禪宗真髓，且混淆了般若知與分別知」，斷定胡適對鈴木的反擊「幾無還手之力」。而他對鈴木大拙的批評，卻只是輕描淡寫地一掠而過，僅說他「誤用『反邏輯』、『反理性』等詞，也徒增一層毫不必要的思想混淆」，卻大讚「鈴木禪學是了解禪宗真髓與現代化課題的一大關鍵」[②]。但是以我的看法，實際上這種評判並不公正，特別是站在禪思想史撰述的角度來看尤其如此。倒是鈴木氏的助手工藤澄子在《關於禪的對話》譯者附記裡還說得心平氣和：

　　禪者大拙先生與史學大師胡適博士之間的論爭，顯示著

---

① 參見 *Philosophy East and West*, Vol. III, No. I, Hawaii University Press, 1953。這兩篇論文現在亦可見柳田聖山編《胡適禪學案》（台北：正中書局，1975）中所收的影印本；又，胡適此文，現有小川隆的日文翻譯，題為《中國にぉける禪 —— その歷史と方法論》，載《駒澤大學禪研究所年報》（2001）第十一號，81—112頁。譯者加上了很多有用的注釋，可以參考。

② 傅偉勳《從西方哲學到禪佛教》（北京：生活・讀書・新知三聯書店，1989），312—313頁。

兩種學術立場之間的差異，這差異耐人尋味 ① 。

　　也就是說，鈴木大拙的立場是禪者「超越時空」「超越歷史」的，而胡適的立場是將禪宗放置在時空與歷史之中的，這是「橫看成嶺側成峰」的差異，並無對錯之別。那種三岔口摸黑打架式的辯論，不是各守壁壘就是誤認對手，用不着他人來當裁判，因為這時裁判不僅不能斷定勝負，相反只能增加混亂。現在需要的是，找到他們各自的出發點和落腳處，釐清他們各自的思考路數，因為他們本來就是兩股道上跑的車，南轅北轍並不相撞。記得有一次曾看到過胡適和鈴木大拙 1959 年在夏威夷大學的一張合影，面容清癯平和的胡適和相貌奇古慈祥的鈴木大拙並肩而立，似乎早已忘記了彼此針鋒相對的那些不快，彷彿故地重遊並沒有讓他們想起六年前的爭吵，倒使他們一笑置之。這畢竟是兩個襟懷坦蕩、性格寬厚的學者，學術立場與視角的歧異，其實並不至於使他們像人們想像的那樣，成為兩軍對壘的怒目金剛，倒是那些濫用規則的裁判，卻可能把事情搞得一塌糊塗，好像這爭吵真有個是非曲直似的 ② 。

　　不過，仔細審視照片上的兩位學者，那微笑中緊閉的嘴角又讓人感受到各自的固執，「禪者鈴木」和「史家胡適」始終堅持着超越時空和執着時空的不同視角。就在這一年夏威夷大學主辦的第三

---

① 工藤澄子語，見《禪についての對話》（東京：筑摩書房，1967）的「譯者附記」。

② 美國學者佛爾（Bernard Faure）在 *Chan Insights and Oversights: An Epistemological Critique of the Chan Tradition*（Princeton University Press, 1993）中，曾經對他們的爭論有較為公平的評價，認為他們各自都有先天難以克服的「死角」。也就是一個以客觀學術為背景，一個以佛教意識形態為立場，很難有互相的理解和融合，pp.92-95。又，參看龔雋《作為思想史的禪學寫作》，載《禪學發微》（台北：新文豐出版公司，2002）第一章，13 頁。

次東西方哲學討論會上，胡適再次以《中國哲學裡的科學精神與方法》為題，批評「中國文化只能採用直覺之概念」，再次使用「歷史的方法」強調，中國也有的「蘇格拉底傳統——獨立思想、懷疑、冷靜與求知」。立場畢竟是立場，它並不因地制宜似的可以任意變遷。其實，從思想史研究角度來看，我以為，雖然鈴木大拙代表的「內部研究」也一樣有其意義，但是胡適偏重歷史的理路，尤其應當首先考慮。在 1930 年出版有關神會和尚的論文之前，胡適就對禪史的傳統說法產生懷疑，在他晚年的回憶中，他曾說到「在 1923 和 1924 年間，我開始撰寫我自己的禪宗史初稿。愈寫我的疑惑愈大。等到我研究六祖慧能的時候，我下筆就非常猶豫」，於是，當他在巴黎發現「過去一千二百年都無人知曉」的神會資料後便欣喜萬分，斷定神會「是個大奠基者，他奠立了南派禪宗，並做了該宗的真正的開山之祖」，斷定「所謂《壇經》，事實上是神會代筆的……這位大和尚神會實在是禪宗的真正開山之祖，是《壇經》的真正作者」，他覺得這是他「發現中最精彩的部分」[1]。這些結論是否正確，我們且不必理會，因為正是這些結論導致了數不清的批評，至今依然不休。但是，我們應當體會這些結論背後所潛藏的一種方法和思路，也就是當胡適面對新發現的禪文獻時，他是用怎樣的眼光來注視它們的。

早在 1934 年，胡適在題為「中國禪學的發展」的講演中，其實已經談到了他的方法和思路，雖然他是用批評的方式來夫子自道，但意思是很明白的，他說：

---

[1] 《胡適口述自傳》，見《胡適文集》（北京：北京大學出版社，1998）（一），379—387 頁。以下引胡適論著，除特意注明之外，皆用此本。

凡是在中國或日本研究禪學的，無論是信仰禪宗，或是
信仰整個的佛教，對於禪學，大都用一種新的宗教的態度去
研究，只是相信，毫不懷疑，這是第一個缺點。其次，是缺
乏歷史的眼光，以為研究禪學，不必注意它的歷史，這是第
二個缺點。第三，就是材料問題。……從前的人，對於材料
的搜集，都不注意，這是第三個缺點[①]。

這段話裡的三個關鍵詞「懷疑」「歷史」「搜集」，其實已經濃縮了胡
適的禪文獻學的基本思路。

　　「懷疑」指的是將一切史料放在被審查的地位，絕不因任何緣
由給某種文獻以逃避檢查的「豁免特權」。據胡適自己說，他的懷
疑態度是受赫胥黎的影響，赫胥黎「教我不信任一切沒有充分證據
的東西」[②]，他的「大膽假設，小心求證」「有幾分證據說幾分話」等
名言，其前提都是這種對現成說法的懷疑。在有關禪史的論文、信
件和筆記中，胡適一再提到《全唐文》《傳燈錄》中禪文獻不可靠。
其實，和他讚揚崔東壁《考信錄》、顧頡剛《古史辨》一樣，這種懷
疑都是為了建立「科學的歷史」而設置的一個研究起點。他希望禪
宗史的研究也有這樣一個經過懷疑眼光審視過的文獻基礎，因此才
中止了禪宗史的寫作，到大洋彼岸去尋找「未經改竄」的資料，因
為他覺得唐宋的傳世禪文獻，大都被信仰禪宗的人改得面目全非，
而之所以如此，就是因為禪宗信徒各守門戶、各尊其師，而可能有
意編造「偽史」。他特別提醒道：「一切主義，一切學理，都該研究，

---

① 柳田聖山編《胡適禪學案》（台北：正中書局，1975），460—461頁。
② 胡適《介紹我自己的思想》，原載《胡適文存》四集卷五，收入《胡適文集》（五），
　　508頁。

但是只可認作一些假設的見解，不可認作天經地義的信條；只可認作參考印證的材料，不可奉為金科玉律的宗教；只可用作啟發心思的工具，切不可用作蒙蔽聰明，停止思想的絕對真理。」[①] 在他看來，中國和日本的禪史研究者中，很多人就犯了信仰主義的毛病，而「信仰」恰恰與「懷疑」相反，因為信仰的愛屋及烏而殃及文獻，便會像鈴木大拙一樣「過信禪宗的舊史，故終不能了解楞伽後來的歷史」[②]。於是，直到晚年他仍不斷提醒別人注意「他們（指鈴木大拙、宇井伯壽等——引者）是佛教徒，而我只是史家」[③]，「我不是宗教家，我只能拿歷史的眼光，用研究學術的態度，來講老實話」[④]。史家彷彿法官，聽兩造之辭而不輕信，審人證物證而揆諸法律——胡適反覆用「法律」相信證據這個比喻，來説禪宗史的文獻考據，似乎便來自這一思路[⑤]。

「歷史」即「時間」。在胡適有關禪宗的學術研究世界中，這兩者有極密切的對應關係，他曾多次説到與鈴木大拙爭論時類似的話，一直強調禪思想與禪文獻在時間中的變化。早在 1924 年所作的《古史討論的讀後感》一文中，他曾通過評論顧頡剛「層累造成的古史」一説指出，要重視歷史文獻的「經歷」，要「用歷史演進的

---

① 胡適《三論問題與主義》，原載《胡適文存》卷二，收入《胡適文集》(二)，273 頁。

② 胡適 1931 年 1 月 2 日致金九經信中對鈴木大拙的批評語，原載《薑園叢書·唐寫本楞伽師資記》附錄，收入耿雲志等編《胡適書信集》(北京：北京大學出版社，1996)，上冊，528 頁。

③ 胡適《覆柳田聖山》，見《胡適禪學案》，619 頁。亦收入《胡適書信集》，1580 頁。

④ 胡適《中國禪學的發展》，《胡適禪學案》，462 頁。收入《胡適文集》(十二)，302 頁。

⑤ 胡適《考據學的責任與方法》，一九四六年十月十六日《大公報·第八屆司法節紀念會致辭》，收入《胡適文集》(十)，193 頁。

見解來觀察歷史上的傳說」①。所謂「歷史演進」的含義，首先就是指歷史文獻中所負載的思想，是在歷史語境內演變的，隨時間而萌芽、而生長、而成形、而衰落，思想只是歷史的思想。就像他在回答湯用彤先生時，從印度禪、楞伽宗說到中國禪一樣②；其次則是指文獻本身在時間中，也會發生異變，由於各種因素的介入，而失去它原來的真實性，成為「層累造成」的「偽史」。就像他考證的「從開元時代到唐末，是許多偽史 —— 禪宗偽史 —— 陸續出現的時代」一樣。在《禪學古史考》的開頭，他曾不無輕蔑地批評「印度人是沒有歷史觀念的民族，佛教是一個『無方分（空間）無時分（時間）』的宗教」③。在與陳寅恪論佛教的信中，胡適又不無自誇地說，「於無條件（理）系統之中，建立一個條理系統……此種富有歷史性的中國民族始能為之」④。在這種軒輊褒貶的背後，潛含着的是他關於「歷史」和「時間」的科學主義思路，在胡適的思路裡，絕對不能容許那種無時間的混亂。

於是，當傳統的燈錄資料和其他文獻令人生疑，從而無法建立他心目中的禪史的「條理系統」時，「搜集」就成了當務之急。胡適在自傳中，曾回憶他早年開始研究禪宗史時「把（燈錄系統關於傳燈歷史的）這一傳統說法稍加考證，我立刻便發生了疑問。我不能相信這一傳統說法的真實性。在 1923 和 1924 年間，我開始撰寫我

---

① 胡適《古史討論的讀後感》，見《胡適文存》二集卷一，收入《胡適文集》（三），82 頁。
② 胡適《論禪宗史的綱領（答湯用彤教授書）》，寫於 1928 年 7 月 21 日，見《胡適文集》（四），261 頁。
③ 胡適《禪學古史考》，見《胡適文集》（四），221 頁。
④ 胡適《覆陳寅恪》，收入《胡適書信集》，483 頁。

自己的禪宗史初稿。愈寫我的疑惑愈大。等到我研究六祖慧能的時候，我下筆就非常猶豫……因而想乘此機會（指 1926 年赴歐洲出席『中英庚款全體委員會』）往倫敦和巴黎查一查唐代遺留下來的有關禪宗的資料，那些未經九世紀、十世紀，特別是十一世紀和尚們糟蹋過的史料。我想找出六、七世紀，尤其是八世紀，偶然地被在敦煌保留下來的有關禪宗史的史料」[①]。這正巧是「懷疑」「歷史」「搜集」三部曲中的第三部。自這一年起，直到去世，除了任駐美大使那一段時間外，他一直在搜集禪史資料，尤其是他認定極端重要的神會資料。在敦煌卷子之外，他仔細地考察了新發現的各種文獻，比如日本藏早期寫本《壇經》，中國、日本藏佚書《寶林傳》，朝鮮藏佚書《祖堂集》及日本留學僧人的各種請來書目，我們讀他在大西洋輪船上的讀書筆記、日記上的零星摘錄，以及與友人通信中的往復討論，就可以感受到他孜孜不倦的精神，儘管他最終未能寫出他「自己的禪宗史」[②]。

照理說，基礎的堅實常常能帶來研究的精確，思路的正確往往能決定結論的可靠，從思想史研究的角度來看，胡適所作的考據正是一種奠基的工作，從禪文獻學的角度來看，胡適的懷疑、歷史、搜集三部曲也是一種清楚的思路，我們從邏輯上無法否認這一思路的正確。將一切現成的史料當作一種過去人的「陳述」而懷疑，在

---

① 《胡適口述自傳》第十章，收入《胡適文集》（一），379—382 頁。

② 近年對於胡適禪宗史研究的最嚴厲評價，是來自台灣江燦騰博士的批評，他在《從大陸到台灣：近七十年來關於中國禪宗史研究的爭辯與發展（1925—1993）》一文中，指胡適關於禪宗的研究，抄襲了忽滑谷快天的《禪學思想史》，載江燦騰《新視野下的台灣近現代佛教史》（北京：中國社會科學出版社，2006），329—383 頁，尤其是 330—337 頁。但是，我覺得這一指控，證據不足。詳細的討論參看《仍在胡適的延長線上（代新版序）》。

懷疑的基礎上重新尋找「陳述」在時間流程中的排列，搜集被「歷史」遺棄的資料，以此重建思想的譜系直探思想的源頭，這都沒有錯。可是，為甚麼胡適的禪史研究卻一再遭到非議，而他的一些引以為自豪的結論，也的確令人懷疑呢？比如他最得意的《壇經》神會所撰說、神會為禪宗史大革命說等，幾乎都存在着無可爭辯的漏洞，這究竟是思路出了毛病，還是操作有了偏差？

思路和操作似乎都沒有問題，而問題卻實實在在地存在。

仔細想想，原來問題在於先在的預設和立場，由於胡適的心中早已橫梗的一個念頭在作怪，所以這個念頭成了他裁判一切資料的最高法官。他說，神會是禪宗史上的關鍵人物，乃是由於他對燈錄系統的不信任；他對燈錄系統的不信任，乃是由於他先入為主地就有一個重建禪宗新史系統的構想。於是，當他讀到神會資料時，便情不自禁興高采烈，把敦煌卷子中的記載，看作絕對可靠的史料，來裁斷其他一切史料，合則是，不合則非；以神會打倒北宗為禪宗史的中心，來觀察其他所有史實，長則截，短則續，因而斷定《壇經》為神會偽作，斷定北宗為神會所敗，斷定神會以「香水錢」贏得政治支持而奠定南宗，並被認可七祖地位，斷定燈錄系統所載禪史大都為偽，因而必須推翻。這樣，他就不知不覺地被這一念頭牽着鼻子兜了一個圈子，走向他一再批評的非科學立場，自己把自己放在了火爐上烘烤，追尋絕對的「客觀」者，竟走到了「主觀」的房間裡，反而覺得自己十分公正，卻沒有意識到已經背道而馳。我們記得，胡適曾極力推崇的一個清代考據家崔述，他的《考信錄》的確是前無古人的一部奇書，他把自先秦以來的各種文獻都放在被懷疑的位置上，提出種種問題，這使得胡適大為傾倒。1923 年，他在《國學季刊》第一卷第二期發表《科學的古史家崔述》，把當時的

桂冠「科學」加冕在崔述頭上；同時，他又作崔述的年譜，在引言中說，他「深信中國新史學應該從崔述做起，用他的《考信錄》做我們的出發點，然後逐漸謀更向上的進步」。可是，正是這個被冠以「科學」二字的崔述，其考證立場卻建立在一個「先入之見」上，這就是「折衷於聖人、考信於六經」，以儒家經典為一切史料的最終裁判①，這樣就使得他的「科學」打了一個大大的折扣。胡適是否也在步他所仰慕的先輩的後塵？我們不知道，但他以「懷疑」二字作為他文獻考證的起跑點，卻很容易把一些主觀的因素帶入思考，並作為構造歷史序列的基礎，而這種基礎恰恰可能是很脆弱的，彷彿沙上建樓一樣，樓越高越危險。

無論是以「相信」為開端，還是以「懷疑」為開端的文獻考證，都存在着偏離正軌的可能。在以「懷疑」為開端的學者中，並不是胡適一個人的禪文獻考據有這樣那樣的問題，像日本關口真大的《禪宗思想史》就比胡適走得更遠，他從達摩之有無開始，一直到牛頭禪的譜系、神會的偽纂祖師歷史甚至禪宗的成立時代，幾乎全部推翻舊說，自己重新構造了一個禪宗史的線索②；而在以「相信」為開端的學者中，由於心中先有一個「無反證，舊史即事實」或「不合舊史，即非事實」的念頭，同樣會在禪文獻考據中出現這樣那樣的錯誤，事實上，文獻浩如煙海且不說，就是新資料的發現也是很難預計的，所謂的「無反證」，只不過是此時的暫時性結論（或個人所見有限的不確定結論），所謂「不合舊史」，更只是一種故步自封、作繭自縛的說法，舊史憑甚麼擁有這種天生不容置疑的權威？

---

① 關於這一點，請參看葛兆光《略談清代文史考據之學在思想方法上的缺陷》，載《古籍整理與研究》（北京）1986 年第 1 期。

② 關口真大《禪宗思想史》（東京：山喜房佛書林，1964）。

如果説，這是因為它的來歷久遠，那麼，你怎麼知道不會有來頭更早的資料出現，怎麼能只以時間順序判斷史料的真假？如果説，是因為沒有反面的證據，那麼，誰能斷言他已經翻遍了所有相關資料，又有誰敢斷言將來不會有新的資料出現？敦煌資料的發現，曾推翻了多少過去一直以為是板上釘釘的定論，所以，單純地從「相信」出發而以舊史料為準，持「無反證即史實」或「不合即非事實」，其實也是從他人眼中看問題，被古人所束縛。

　　不妨舉一個例子。如引述傳統禪文獻資料相當豐富的忽滑谷快天《禪學思想史》，其上冊在討論《最上乘論》是否弘忍思想時，就出現過這一類的偏差。他否定《最上乘論》為弘忍所作，結論正確與否且不説，但他的否定論據卻太離譜。第一，他以其中有「依《觀無量壽經》端坐、正念、閉目、合口……守真心念念莫住」，似乎違背弘忍以《金剛經》為心要的史實，認為定非祖門正傳；第二，以其中有「看熟則了，見此心識流動，猶如水流陽焰」，絕不像禪宗直指心要式的獅子吼，所以，反如教家婆説；第三，以其中有「若乖聖理者，願懺悔除滅」，全不似一代宗師的口氣，是學道未熟的初學口吻；第四，以其中有「若我誑汝，當來墮十八地獄」，猶如發誓賭咒，可見心地卑鄙。根據這幾點，他斷定《最上乘論》絕非弘忍所述[1]。這種論據簡直是全憑臆測，弘忍時代禪門奉念佛法門，現在已被新出資料證實；而《金剛經》之成為禪門不二經典，大約要在盛唐時期[2]；弘忍時代的禪門並不像後世南宗禪那麼忌諱文字

---

① 忽滑谷快天《禪學思想史》上冊，372—374 頁。
② 唐玄宗於開元二十四年（736）將《金剛經御注》頒行天下後，《金剛經》的地位才凌駕於他經之上，可參見王重民《敦煌變文研究》，載《中華文史論叢》（上海：上海古籍出版社）1981 年第 2 期，221 頁。

經典，「藉教悟宗」始終是達摩以來禪師的入道法門，就連神秀都讓其弟子普寂讀《楞伽》《思益》，說這兩部經是「心要」①；一代宗師是否就一定要時時刻刻都口氣很大地教訓別人，發誓賭咒是否就是心地卑下，不像高僧的行徑？這更是無從說起的事情，根本不能當文獻考據的旁證。其實，忽滑谷快天氏之所以下如此判斷，心裡是有先入為主的成見。他依據傳燈錄一系資料，已經把弘忍的思想、氣度、言論，甚至於風貌都存於心中，於是合則是，不合則非，全不顧所謂「宗風」一類的印象，實際上早已經過後人種種想像和修飾。而且他依據思想直線上升的邏輯，已經在心裡建立了一個禪思想的譜系，於是，前時代人的思想一定落後於後一代人的思想，凡是被「破」的思想，就一定不再被後人所用，全不顧思想史的理路實際並不走弓弦，有可能走弓背，甚至於回頭兜圈子。

再舉一個例子。很擅長文獻考據的宇井伯壽《禪思想史研究》三巨冊，其中處處可見其深厚學術功力，但是，由於他有時堅持無反證即史實的原則，而過信禪史舊說，於是也不免出現誤判誤斷。像禪宗千數百年一直爭論不休的天皇道悟及天王道悟是一人還是二人的舊案，他的結論就過於倉促和肯定；像另一個關係到後世禪宗分脈源流的藥山惟儼的師承，他的考證也未免武斷。《全唐文》卷五三六載唐伸《澧州藥山故惟儼大師碑銘》記藥山「居寂（大寂即馬祖道一）之室，垂二十年」，是馬祖門下，這一記載與《祖堂集》《宋高僧傳》《景德錄》等禪史舊籍以藥山為石頭希遷門下都不合，究竟是非如何，這需要仔細而公平的考證。但是，宇井氏卻斷定前

---

① 《全唐文》（上海：上海古籍出版社影印本，1990）卷二六二李邕《大照禪師塔銘》；以下引用《全唐文》如無說明均為此本，不再一一注明。

者是大慧宗杲之後馬祖後人的偽造，而他論述的理由中，最主要的依據，卻一是與舊說不合，二是唐伸為烏有先生，三是禪師碑中不應有比附儒家道統的詞語。其實，與舊說不合並不能成為理由，就好像不能用被告證詞當證據，判原告有罪一樣；唐伸也並非烏有先生，《冊府元龜》《唐會要》中明明記載他是中唐寶曆元年賢良方正科入第三等的文人，唐敬宗詔書中也有其名[1]；說禪師碑銘不會牽惹儒家說法更是臆測之語，只要看一看唐扶《智藏碑銘》中「大寂於釋，若孟於孔，大覺於寂，猶孟之董」，《宋高僧傳》中「神會（於惠能）若顏子之於孔門也，勤勤付囑」[2]，就可以明白，這一論據實在站不住。至於其他一些論據，像碑文文字支離、碑中所記人名於《景德錄》中無載等等，更不成其為理由，因為文字支離與碑文可靠與否無關，《景德錄》闕載的人名也實在太多，難道非得文從字順才能當史料，而《景德錄》不載就一定沒有此人[3]？其實，原因也同樣是宇井氏心中先已將舊史所載的譜系當作裁判，對禪史截長續短，他依據的是舊史和日本僧人養存《五家辯證》的說法。但是，舊史中的譜系不也是那些心中有偏向的禪門後人寫的嗎？養存的說法不也是一己之詞嗎？為甚麼這就可信而那就不可信呢？

整個禪文獻的考證，在這裡出現了一個難以迴避的悖論，從

---

① 《冊府元龜》（北京：中華書局影印本）卷六四四，7118 頁；《唐會要》（北京：中華書局，1990）卷七十六；又可參見清人徐松《登科記考》（北京：中華書局，1984）卷二十。

② 唐扶《龔公山西堂敕諡大覺禪師重建大寶光塔碑銘》，見《同治贛縣志》卷五〇，按：此碑《全唐文》失收，現已收入陳尚君輯校《全唐文補編》（北京：中華書局，2005）卷七七，952—953 頁；又，參見《宋高僧傳》卷八（湯用彤校注本，北京：中華書局，1987），175 頁。

③ 宇井伯壽《第二禪宗史研究》（東京：岩波書店，1941）第五，427 頁。

「相信」出發或從「懷疑」出發的考證，都碰上了尷尬和麻煩，這一尷尬和麻煩，其實在中國 20 世紀二三十年代的「信古」和「疑古」兩家爭論中也一樣存在，也無法有最終的裁決，那麼，是不是這歷史和文獻考證已經沒有用了呢？這裡的回答顯然是否定的。當然，這否定卻不能過於簡單。問題在於：

首先，我們的文獻考證者是不是非得認定自己的考證是絕對的客觀史實不可？嚴格地說來，歷史已經隨着時間的流逝，把古人的所作所為所思所想都帶走了，我們無法生死而肉骨地把古人從歷史中呼喚出來，讓他們公堂對簿，而只能通過歷史的記載簿冊，去追尋古人的蹤跡。尤其是思想史，古人的精神已被記載的文字變形，成了一些抽象的哲理或形象的比喻，後人無從知道他們當時的心境或處境，只好根據這些業已成為文字的記載去揣摩和體驗，「昔人已乘黃鶴去，此地空餘黃鶴樓」，為甚麼我們要一口咬定自己的考證就是當時活生生的事實？其實，早在七十年前，貝奈戴托·克羅齊（Benedetto Croce，1866—1952）就區分過「編年史」和「歷史」。在他看來，隨時間流逝的，是無法復原的「陳跡」，用文獻史料依年代順序編輯起來的，是「編年史」，而具有歷史哲學和思想邏輯的著述才是「歷史」。他的意思可以這樣理解，真實歷史不可能從文獻之中重現，文獻提供的只是「再現歷史」，文獻考證只是為了盡可能地接近真實。但是，人們切不可以為，它就是絕對的「真實歷史」，人們可以用它來編纂近乎史實的「編年史」，但千萬不要相信「他們把歷史鎖在他們的圖書館、博物館和檔案室裡（有點像《天方夜譚》中的神怪縮成輕煙形式鎖在一隻小瓶中一樣）」。真正的歷史是在擁有某種關懷的人的心中，只有他把這種精神和思想灌注於文獻之中，才能寫出「歷史」，這裡所說的歷史用我杜撰的語詞來

説，只是「再現歷史」或「第二歷史」[①]。

　　其次，既然我們所寫的都只是個人理解視野中的「第二歷史」，那麼，我們是否應該允許每個人對文獻史料的闡釋權力？當然，這並不是隨心所欲地信口開河，而是在一般文獻閱讀者都能接受的規則中的選擇。這裡所說的「規則」，指的是文獻學的一般常識，例如文獻的時代、文獻的作者類型、文獻的流傳過程，以及文獻的完整性等；這裡所說的「選擇」則是指在文獻出現互歧之後，對之做出的公正判斷。在這時，研究者有權對歷史做解釋，因為這解釋已經申明了它是「再現歷史」或「第二歷史」，但它是研究者所認定的最接近本相的歷史。顯然，為了使閱讀者，也為了使作者自己相信，這是「最接近本相的歷史」，作者必須確定他面對的那一大堆文獻資料的譜系。一般來説，文獻的可靠性是以其時間的早晚為主，參以作者與事件或人物的關係遠近及寫作態度的認真與否，流傳過程中變異改竄的多寡，以及旁證的吻合程度等等來確認的，對於禪思想史的研究者來説，絕不能執着於某一種資料，而用它來截長續短，裁決其他一切資料。比如，胡適過於相信的敦煌資料，也必須小心。因為敦煌藏經洞封洞的時間，已經是宋仁宗時期，資料的下限是北宋至道年間（995—997），比《祖堂集》成書還晚四十多年，比胡適認為極不可靠的《景德傳燈錄》僅早七八年，而與《宋高僧傳》幾乎同時。那麼，為甚麼它們不會有改竄、偏袒、門戶之見？而特別要追問的是，敦煌資料是否能涵蓋當時思想世界的全貌？畢竟敦煌是遠離中心區域的西偏一隅，在交通通信並不那麼方

----

① 克羅齊《歷史學的理論和實際》（北京：商務印書館，1982），傅任敢譯，14—15頁。

便的時代，它的資料來源有相當大的偶然性。同樣，有的學者特別相信的燈錄、史傳，也應當慎重，除了宗派門戶的偏見之外，資料的匱乏、歷史素養的低下、信仰主義的心理等等，都會影響它們的價值。比如《祖堂集》中，在很多傳文下都有「未睹行狀，不決始終」的話，說明它來自傳聞；而《景德錄》對北宗禪師世系相當多的誤記，就是耳食之言和門戶之隔的結果。因此，對文獻應該進行細緻的梳理，為它們勒出次序，而梳理次序的前提，是對文獻史料不存偏見的公平對待，從「相信優先」或「懷疑優先」出發，都有可能導致誤解[①]。

再次，如果說在文獻考證上研究者應當儘可能「平常心」的話，那麼，在文獻基礎上進行思想研究，就是另一回事了。對於思想的意義，研究者在判斷時，實際上已經有一個「先入的定見」，借用海德格爾的話來說，就是有「前理解」。這是不可避免的定見，也是寫一部富於個性的思想史著作的必需。問題是，它會不會干擾和影響我們對文獻的判斷？換句話說，就是思想史的個人理解，怎麼樣最切近歷史的本相？儘管這裡所說的「歷史的本相」應當申明是前面所說的「再現歷史」或「第二歷史」。

1824 年，蘭克（Leopold von Ranke，1795—1886）在他第一部著作的序言中曾經宣稱，他的書「只打算做一件事 —— 完全如實地說明事情的真相」[②]。後來，人們知道，就連這一件事，也是一種奢

---

① 蘭克《拉丁與條頓民族史·序言》，轉引自薩繆爾·莫里遜《一個歷史學家的信仰》，《現代西方歷史哲學譯文集》（張文傑等編譯，上海：上海譯文出版社，1984），260 頁。

② 最近在佛教史領域可能有一些「後現代」的風氣，這個風氣雖然我未必贊同，但也不能不看到他們在文獻研究中的一些「偏見」背後的「洞見」，比如《代（轉下頁）

侈的期望。於是，在將近一百年後，克羅齊把要做的事換了一個角度，他說歷史的真相不在資料室、圖書館、博物館裡面，而在我們身上，就連資料也不在書本和遺物中，而在我們心中。「只有在我們自己的胸中才能找到那種熔爐，使確鑿的東西變為真實的東西，使語文學與哲學攜手去產生歷史。」[①] 但是，這個「熔爐」會不會把「確鑿的東西」變成主觀的不真實的東西呢？因為很多原料進入熔爐之後就會化為灰燼或面目全非，鑄成一個除了自己誰也認不得的東西。

因此，我們又面臨着一個既新且舊的難題：能否尋繹一個思想史的理路或系統，使它既切近「歷史的本相」即文獻的記載，又表現研究者個人對思想史的理解？

第二節　禪思想史的內在理路與外在走向

人文思想與科學技術、法律制度、經濟策略等不一樣，它雖然並非陳年窖酒越舊越好，但也絕不是時尚衣着越新越貴。因為人文思想所指向的，常常是人自身的存在問題，人生在世總會遇到的那些焦慮、緊張、恐懼、困惑，始終纏繞着人心。人怎麼樣生存？

（接上頁）新版序》中提及的美國學者馬克瑞（John McRae）所謂「禪研究四原則」（McRae's Rules of Zen Studies）。也許，這一理論太過「後現代」，因為這一原本只是特殊的現象，在馬克瑞的筆下被放大普遍化了，但我們也應當承認，唐代禪宗史中確實有類似的某種情況。參看 John McRae: McRae's Rules of Zen Studies, *Seeing Through Zen: Encounter, Transformation, and Genealogy in Chinese Chan Buddhism,* University of California Press, 2003, p. xix。

① 克羅齊《歷史學的理論和實際》，14 頁。

這是自古至今人們思考的老話題，古代人的思考並不一定比現代人的思考淺陋或簡單。當然，生存的環境從古代以來已經發生了很大的變化，但應付這些變化的是生存技巧，也就是科學技術、法律制度、經濟策略與生活習俗，它們無疑是應當日新日日新的，而面對宇宙和社會的焦慮、緊張、恐懼和困惑，以及應對這一切的思考，卻始終如一，沒有理由瞧不起古代人的思想，更沒有理由認定這種思想會沿着一條不斷向上的主軸，向一定的目標前行。

我一直以為，佛教尤其是禪宗是一種關注於人文的思想，它可能涉及一些外部世界的「知識」，也有一些彷彿現代意義上的「哲學」，但是，它的思想指向卻始終是注視心靈深層的。無論是早期禪宗如達摩的「如是安心」，道信的「入道安心要方便法門」，法融的「心為本」，轉型期禪宗如神秀的「極力攝心」，惠能的「但行直心」，還是成熟期禪宗如馬祖道一的「只未了之心是（佛）」、南泉普願的「平常心是道」，都不完全是對外在世界的分析，而是對內在心靈的體悟；主要不是對生存環境的適應，而是對生存意義的追問；主要不是為物質需求的滿足，而是為精神狀態的平衡。它所說的「安心」，除去了外在的意味，剩下的就只是撫慰充滿了焦慮、緊張、恐懼和困惑的心靈，古代人和現代人在這一點上，究竟有多少差異呢？

可是，當我們審視以往的思想史研究時，我們發現，思想史研究似乎被一種潛在定勢支配，相當多的思想史家相信，思想是不斷前進的，就好像思想也可以用算術上的加法，底數可以沿時間軸不斷加大，後人可以站在前人肩上疊羅漢似的登高望遠。於是，思想史敘事就出現了一個可以描述的主線，這條主線直奔某個目標而去，後來者總是比前行者高明一些。「後來居上」這句話彷彿成了

絕對真理，特別是當人們用「矛盾」「衝突」「超越」「批判」這樣的概念來觀照思想史的時候，一代又一代的思想變化理路，就在這種觀照中，真的成了「否定之否定」的過程。禪思想史研究中有一個很不幸的現象，就是它不僅受到這種思路的影響，而且這種思路又得到文獻資料中某些關於宗派和口號衝突記載的支持，看起來似乎真是如此。其實，禪宗內部的派別之爭雖然有着思想的差異，但思想的差異卻未必是導致派別之爭的原因，思想衝突也並不都是因為彼此矛盾，更多的是口號上的差異和意氣上的較量，或者是黨同伐異對正統地位的爭奪。有時候，看上去衝突的思想構成的，卻是同一種理路的延續與發展。可是，派別之爭的色調往往掩蔽了這一點，使得研究者誤以為，這就是思想史上的不斷登高，彷彿打擂台最終打出一個武功蓋世的好漢。看到禪宗南、北宗之爭的資料中南宗的勝利和北宗的失敗，就一眼認定南宗高於北宗；看到神會資料中南宗滔滔不絕地駁斥北宗，就頓時認定北宗理屈詞窮、無還手之力。他們把禪思想史按照一種淺顯的邏輯，排列出一個由低至高的路向來，並且按照這一路向的高低位置，對各種思想作價值評判，評判者始終高屋建瓴地站在制高點上，不僅因為他們位於時間軸的這一端，而且因為他們擁有邏輯和理論，用這種邏輯和理論可以做價值評估，人們在不知不覺中，依賴「後見之明」，即使用後來者的事後的判斷，對禪思想史強行進行了未必如此的解說。

由此，我又一次想到胡適與鈴木大拙。胡適是站在禪外說禪，以歷史家的眼光談禪的，雖然他沒有寫出他的禪宗史，但是他完整的關於禪思想的敘述，主要可以看 1934 年他的講演《中國禪學之發展》。在這篇講演中他一開始就亮出了他的底牌：「我不是宗教家，我只能拿歷史的眼光，用研究學術的態度，來講老實話。」按

照他的「老實話」，我們可以知道他對禪思想的發展，有一個基本估價，就是「這種禪學運動，是革命的，是反印度禪、打倒印度佛教的一種革命……解放、改造、創立了自家的禪宗。所以這四百年間禪學運動的歷史是很光榮的」[1]，當然他所謂的「光榮」二字背後有一個進化論的背景在，他所謂的「反」或「打倒」二詞背後有一個否定的意識在，用這樣的意識通過這樣的背景看去，禪思想史自然是一個「物競天擇」的過程，而思想自然層層積累不斷向上，彷彿生物從低級向高級演化的譜系。這是 20 世紀宗教史研究的一個普遍觀念，雖然我們沒有證據說明胡適曾經涉獵過西方宗教學理論著作，但是，那時候的「進化」觀念確實已經如日中天。英國學者夏普（Eric. J. Sharpe）曾說到「儘管有二十世紀二十年代的挑戰，進化論學說在兩次大戰之間整個時期的宗教研究中仍繼續居於優勢地位」，他還引了科克和尼爾遜在 1927 年、1940 年的著作為例說道，「只有沿着進化論的路線，才有可能對宗教信仰和習俗進行研究」，無怪乎有人驚歎「規律統治權的啟示遍及一切思想領域」[2]。胡適正是用了這一「歷史的眼光」，把禪思想史放置在「時間」的框架中，拿「進化」的規律來比照評判，換句話說就是他站在歷史和時間的這一端，用進化的比例尺，在勾畫古人的思想歷程，彷彿在畫一份「禪宗思想工程進度示意圖」。

這種敘述有些問題。當然，我並不是說禪思想在這一千多年中沒有變化，如果沒有變化，也就不存在禪思想的歷史了。我在這裏要說的是，禪思想並不存在「進化」的路徑與「進化」的目的地，

---

① 胡適《中國禪學的發展》，《胡適文集》（十二），302、332 頁。

② 夏普《比較宗教學史》（呂大吉、何光滬、徐大建譯，上海：上海人民出版社，1988），34 頁，正文及注釋。

把宗教思想史，尤其是禪這種不斷尋求終極意義的最後解釋的思想史，看成是一個沿着某個進化主軸發展的軌跡，這種觀念必須有以下的假設為基礎：

第一，在宗教思想的每一個表述者心中，都有自覺解決某一思想困惑的意識，他們都是有目的、而且有計劃地講述他們的思想方案的，這樣，思想史家才能夠說，思想史有一個共同的目標。

第二，宗教思想家在解說他們的思想時，事先對思想的歷史有一種明確的意識，對過往的思想家的問題和結論有充分的認識，這樣，思想家才能像疊羅漢一樣拾級而上，把思想的表述構造成一個不斷向上的邏輯階梯。

第三，思想上的那些問題在不斷地被解決着，因為，只有當思想問題像科技問題一樣，被歷代思想家不斷地解決，並且這些解決策略成為知識，可以不斷疊加並積累的時候，進化才成為可能。

但是，真的是這樣嗎？宗教家面對的問題是否能夠如此解決呢？正像我在前面所說的，人文思想尤其是宗教思想與科學技術、法律制度、經濟結構不一樣，它思索的是智慧而不是知識。知識由清晰的概念分析與嚴密的邏輯思考而來，寫在書本上，就能夠一代代相傳，智慧卻是由個人心靈的體認與感悟而來的洞見，每一代人都必須自己去體驗，它並不存在着疊加累進的問題，也沒有終點站設在遙遠的地方。正所謂「吾道一以貫之」，它只是對應於人心古今一貫的焦慮與煩惱，它的變化只是適應在變動秩序中人心變動而來的表述（語言）形式、關懷（內容）重心、信仰（情感）路徑的左右游移。如果從宗教的視點看，這裡沒有進化論意義上所謂的「落後」或「先進」，現代宗教學家杜普瑞（Louis Dupre，1925—　）在他的《另一向度：探討宗教態度的意義》中說：「宗教並非一成不變

的東西，它的伸縮性遠比我所知道的要大。它不停地變換面貌並轉移陣地」，應當注意，他所說的只是「轉移陣地」而不是向「縱深進軍」，因為宗教自古至今都只有一個作用即建立信仰，而信仰卻無等級，它超越時間而存在[1]。

那麼，鈴木大拙所謂的超越時間的禪思想觀念，是否就完全避免了胡適的弊病，切入了禪思想史的真實脈絡呢？似乎也不盡然。雖然從表面來看，他一再批評胡適的歷史方法，但是他對於禪的說解，依然是站在歷史和時間的這一端去觀照那一端的。他關於禪「超越自然與人的二元對立」的論斷、禪「超越 A 與非 A 的邏輯對立」的說法、禪是「體驗宇宙無意識的直覺」的觀念[2]，有多少是古代禪師有意識的思想呢？在他表述上面一系列充滿現代意味和哲學氣味的說解時，首先，他的心中已經把來自西方現代哲學、邏輯學、心理學的觀念，當成了觀看禪思想的「背景」和復述禪思想的「概念工具」，雖然他是用批評的態度來對待這一背景的，但這一背景的存在實際上已經背面傅粉地使禪思想染上了一層現代的色彩，而現代的「概念工具」也讓禪思想變得彷彿穿上了 20 世紀的時裝。乍聽上去，彷彿古代思想的「問題意識」針對的是現在的處境，思想史的「時間性」已經被暗地取消。其次，他過分地凸顯了禪思想中那些形而上的哲理成分，而忽略了其中形而下的實踐部

---

[1] 杜普瑞《人的宗教向度：導論》，傅佩榮譯本，載《中國文化月刊》（台北）1984 年 56 期，40 頁。

[2] 參見《鈴木大拙全集》（東京：岩波書店，1968—1970）第十二卷《禪の研究》第七章，224 頁；第十一卷《禪と日本文化》第七章，125 頁及 131 頁；第十四卷《禪學への道》第四章，240 頁等。以下引述鈴木大拙的論著，除了特別注明外，均出自此《全集》，不再一一注明。

分。作為終極的人生意義，禪思想在時間流程上並沒有多少變化，變化的倒是表現在宗教生活中的修行方法。《新約·雅各書》中聖雅各曾說，信仰者沒有行為，這信仰就是死的；我們也可以說，終極意義如果沒有通向它的途徑，也只是空中樓閣。事實上，禪宗史上的修行方法並不是那麼「超越」的，而是隨着時間流程不斷變化的，這變化就有了「歷史」與「時間」。再次，雖然鈴木大拙也提出了「悟」作為禪修行方式，但是「悟」只是一種心理體驗，各個禪師的體驗是不同的，日本學者上田閒照在《禪と世界》之二中曾經解釋鈴木大拙的「禪思想」指的是禪經驗的構造、特點、意義，而他的禪思想史則是以禪經驗為中心的歷史，但是，鈴木大拙是把古今一貫的「悟」當作思想史的路向，同時又以自己的「悟」代替了古人的「悟」，所以「他以自己的禪體驗、文本，以及文本展示的禪的自覺的歷史、這一歷史展開的自覺化」為探究路徑①。文本只是他體驗禪的憑依，它本是歷史與時間中的東西，但是，在他這裡卻是超歷史與超時間的存在，當他以他的體驗去體驗文本中的禪思想時，古代的禪就與現代的禪重疊起來了。在他眼中，彷彿古代的禪思想早已為現代人設計好了濟世良方，古代禪師那些公案機鋒中，早已蘊藏了現代人取之不盡、用之不竭的新思想，現代那些哲學二元論、生活焦灼感、科技非人化所帶來的困惑，古人也早已為我們預先設防。在這樣的理解中，各種現代思想、現代觀念、現代情狀都很容易摻進解釋與描述，把古代禪現代化，而歷史與時間也在這主體的參與中消解無跡。如果按照他的想法，古代禪思想就已經有了這麼現代的內容，古代禪師就已經有意無意地介入了現代人面對的心靈

---

① 上田閒照《禪と世界》之二，《鈴木大拙全集》第十二卷所附「月報」第十二期，2頁。

問題，今人的禪體驗豈非等於是古人禪體驗的重複？那麼，禪思想又哪裡還有甚麼時間與歷史需要敘述呢？

在鈴木與胡適之間的這些差異中，我們又看到了他們的一致，即他們都是很自覺地將自己「定位」在現代，用現代的眼光在看禪思想史。就好像看田徑比賽，胡適是站在場地之外當教練，在一旁又是記錄又是掐錶準備評頭品足，對每一次抬腿邁步的頻率幅度都清清楚楚；鈴木是站在接棒區裡焦急地等待前一棒的到來，心裡只是期待，眼中只是眺望，前一棒的頻率步幅無關緊要，要緊的只是如何接棒。雖然二者心情視點都不一樣，但是，他們都不是「當場者」本人，也不是去體驗「當場者」那一百米距離與十秒時間中的內在心情與外在體能，在禪思想史上，他們都屬於「倒着講」，也就是用現代意識講古代思想。

這是思想史的通常作法，我沒有理由指責，而且，也只有在一種先行設定的位置上，反觀禪思想的歷史，才能有效地為禪思想史勒定秩序、描述過程、解釋意義。按照馬克斯・韋伯（Max Weber，1864—1920）的說法，「任何一個個體後果的有效推斷，不運用『規則學』知識即關於回溯的因果次序的知識，一般是不可能的」。所以，他提出著名的「理想類型」（ideal type），希望用一種後設的「非實在的因果關係」來透視前在的歷史事實 [1]，這裡所説的「回溯」其實就是一種「倒着講」的方法。當然，研究者面對過去的歷史與思想時，他無法擺脱自己所站立的時空位置，只能從他的位置「回溯」過去，他無法不用一種後設的「非實在的因果關係」來處

---

[1] 馬克斯・韋伯《社會科學方法論》，79 頁，轉引自蘇國勳《理性化及其限制 —— 韋伯思想引論》（上海：上海人民出版社，1988），282、283 頁。

理歷史，否則，歷史會成為無秩序的一團朦朧，根本理不出「脈絡」和「意義」。但是，韋伯的理想類型是否能夠做到他所期望的「價值中立」，卻很讓人疑慮，特別是這個理想類型很容易摻入現代人的種種未必盡合古人的觀念，於是「價值中立」就成了一句空話。在現代人之間可能不偏不倚，但在現代人與古代人之間，天平就會傾斜，研究者可能為了現代的解釋而曲解古人的思想。胡適用「進化」和「發展」來為禪思想規範秩序，雖然使禪思想史在「歷史」「時間」「因果」的框架中顯出清晰的軌跡，但是，我始終很懷疑這軌跡是否就是古人所走過的舊路；鈴木大拙用「反邏輯」「超越的肯定」「生命的悟入」等概念來解釋古德的語錄公案，雖然使禪思想具有了古今一貫的意義，但是，我也始終很懷疑當年的禪師是否會有現代人那麼自覺而明確的批判理性意識。這兩種懷疑其實合起來是一個，即這種用現代人的「知識」作背景來「回溯」過去的理路，會尋繹出古人的心路歷程嗎？

於是，我寄希望於「順着講」，也就是儘可能地貼近古人，用古人的理路來描述古人的思路。我在這裡說「儘可能」是因為我們無法完全地還原古代思想的歷史。哲人已逝久矣，歷史已成文獻，思想已成遺跡，當年禪宗大德的心情、思慮和關懷，從根本上說，我們已無從得知。時代正如流水，環境年年不同，當年禪家高僧所處的環境和發言的語境已時過境遷。正像卡爾・貝克爾（Carl Becker）所說的那樣，消失了的歷史事實，實際上，早已經被印象與反映替代，而印象與反映殘留在記載中，「記載畢竟是些紙張，在這些紙張上用墨水按照一定格式寫了一些東西而已」，但是，歷史學家「不得不對這些感到滿足，最根本的原因是，除此之外他一

無所知」[1]。所以，我們能做到的，就只是從盡可能多的文獻資料和考古遺跡中，盡可能貼切地理解（understanding），盡可能地以「同情的理解」去推測（guessing）。

我說「用古人的理路」，意思並不是說我們可以越俎代庖地替古人發想，而是說，在研究表述中盡可能多地減去現代人的主觀設定，及其所帶來的種種現代價值觀念，盡可能避免一百年來我們業已慣熟的種種觀念框架，以及適用於此框架的一套現代概念工具，尤其是哲學概念。因為現代人的價值觀念，會使思想史研究者從一開始就為古人插上高高低低的價碼，而這種價碼的高低，又很可能來自現代人一種很功利的想法，即「它對我們有多少用」，或來自現代人一種很自大的想法，即「它與我們有多近」。自負的現代人常常以為，我們無論在哪一方面都比古人要高明得多，古人的思想是低級的、原始的、粗糙的，它只是現代思想的原料，於是，在古代思想的研究中，相當多的人會不知不覺地產生一種現代的傲慢，依照思想對今天的有用性和思想與今人的接近性，對它作出價值判斷，從而忽視了思想在其原來的歷史語境中的合理性，因此對思想史進行刻舟求劍式的曲解。同樣，現代人的哲學、心理學、倫理學的觀念框架與概念工具，乃是相當西化或現代化了的東西，用它們來為禪思想做解釋，不僅會損傷禪思想的原意，而且會使禪思想史無從措手，使得現代人在古代人面前自慚形穢，彷彿老祖宗早已替兒孫們想到了一切。

所謂「順着講」，所謂「盡可能貼切地理解」和「盡可能地以同

---

[1] 卡爾·貝克爾《什麼是歷史事實？》，載《現代西方歷史哲學譯文集》（張文傑等編譯，上海：上海譯文出版社，1984），230頁。

情的理解去推測」，並沒有多少玄虛的意思，其實，就是有意識地、盡可能地甩開先行的價值等級和預設的邏輯路徑，甩開後來的思維框架和現代的概念工具，沿着禪思想的自行演變軌跡，先嘗試以禪家的立場，體驗禪思想的意謂，再以歷史家的立場觀察禪思想的來龍去脈，這種或許可以稱之為「設身處地的移情觀照」的方法，絕不是文學或藝術的專利。科林伍德（R.G. Collingwood）所說的「歷史的想像」（historical evidence）和貝克爾所說的「歷史編纂學就是一代一代地想像過去是甚麼樣的歷史」，其實都已經指出了這一方法在歷史（尤其是思想史）中應用的可行性，因為思想史既不是一齣「有目的的按計劃上演的戲」，可以用某種機械的因果來套它的展示程序，也不是一個有先知預謀的神話，可以不必在時間流程裡考慮它的演變過程，它是「一場即席演出的戲，是由它自己的演員互相協作即席演出的」，我們想了解這一齣戲，就不得不參與進去，隨着那些演員同悲共喜地在歷史時間中走上一遭[①]。

也許，當我們在禪思想史中走上一遭時，會發現它原來與現行的各種禪史著作的描述有相當大的差異：

首先，由於我們儘可能消解了我們的立場，在當時的歷史背景中理解，用古人的思路來想像，那麼，我們或許有時可以站在宗教的立場和視角，來看禪史上那一幕又一幕的演出。我們就會感到，迄今為止的各種禪史著作可能都忽視了一點，即宗教在維護自身存在時，那種看似固執與保守的思想，實在有其不得不如此的必要，有其不得已的隱痛。比如道信、弘忍之倡念佛，神秀之重讀經，

---

① 羅賓・科林伍德《歷史哲學的性質和目的》，見前引《現代西方歷史哲學譯文集》，152 頁；參看余英時《一個人文主義的歷史觀》對科氏歷史觀念的評介，見余英時《歷史與思想》（台北：聯經出版事業公司，1976），223—246 頁。

普寂等人之講看淨，以後見之明來看，在時間流程中，彷彿屬於日漸消退的傳統思想；但是，如果設身處地為禪宗想一想，則此類思想與實踐實在是在為宗教自身存在，預留一塊田地，而那種在禪史中日漸膨脹的自然主義，雖然是事實上的勝利者，如惠能之主「頓悟」、神會之說「無念」、馬祖之論「非心非佛」，但是，它無形中造成禪宗的自我瓦解，就好像過河的人不斷拆除腳下橋板，這使得宗教的存在意義不斷淡薄以至於無。依照進化論的觀念，當然後來者先進，宗教生活化是天然合理的歸宿，是理性的勝利。但是，站在佛教的立場，依照宗教的觀念，這卻是一種終極意義和自覺意識的泯滅，是一種道德水平和人生價值的貶抑，也是對宗教團體和宗教紀律的瓦解。宗教過分生活化，其實在宗教來說，恰恰是不合理的現象；因此，馬祖之後的百丈懷海作《清規》、清涼文益作《十規論》，乃至後來的所謂禪、淨合流，從這一視角看來，都有維護禪門自身根基的意味；所以，對於這一禪思想史的進退起伏，似乎應當別有一種觀察角度和評價標準。

其次，由於我們消解了歷史上的各種後設語境，到那些層層語境尚未形成的時代，去直接體驗、想像與觀照那時的禪思想歷程，也許，我們會看到一個與後來種種說法大相徑庭的本相。禪家語錄中常有追問作「父母未生前，你的本來面目如何」，其實就是這個意思。所以，當我們小心翼翼地剝落千年來禪宗燈錄層層的渲染與文飾，直接從當時的更多資料（包括教外資料）中，重新體會當時的實際情狀時，也許會發現相當多現代禪史研究著作，其實就是無意識地延續着禪宗燈錄的現成說法，然而這些現成說法，有的只是燈錄時代的禪師為門戶之私而編就的「宣傳品」。比如，東土六祖的傳承就是一例。從《楞伽師資記》以求那跋陀羅為第一代的說

法來看，從《神會語錄》所記崇遠法師向神會質疑，有「未審禪門有相傳付囑」一語來看，從《歷代法寶記》中激烈批評那些以求那跋陀羅為第一祖的人「不知根由」來看[1]，你可以體會到，在唐代開元、天寶年間，也就是普寂、神會、處寂、玄覺等人的時代，恐怕禪門並沒有形成一種孤燈單傳的說法，那種所謂東土六代的祖系，實在是很可疑的。但是，現在各種禪史著作卻基本上沿襲這種可疑的說法，來充當撰寫早期禪史的主幹[2]，而把其他禪師以及禪門，最多作為影響因素點綴其邊緣，建立了一個禪宗史的「樹型結構」[3]，這似乎都受了禪宗燈錄的影響。其實，通過層層積累下來的資料來看早期禪史，等於透過後來禪門弟子的有色眼鏡去看歷代祖師，假如我們越過這些資料與譜系所預設的框架，從這些資料與譜系還沒有形成的原初狀態來看禪宗早期歷史和思想，也許會發現在那個時代，禪學本是相當多佛教徒共有的知識和方法，各種從禪學衍生出來的解釋與闡發，都在從單純的修行方法向系統理論化方向轉變。在理論化的過程中，不同人等又各重一經、各走一路。當時的禪師

---

[1] 《楞伽師資記》，《大正藏》（台北：新文豐出版公司影印；以下引《大正藏》皆此影印本）第 85 冊，1283 頁。又，《荷澤神會禪師語錄》，石井光雄影印，鈴木大拙校訂本，見《中國佛教思想資料選編》（北京：中華書局，1983）第二卷第四冊，99 頁；《歷代法寶記》，《大正藏》第五十一卷，180 頁。

[2] 例如呂澂《中國佛學源流略講》（北京：中華書局，1979），205 頁；周叔迦《八宗概要》第三十九節，《周叔迦佛學論著集》（北京：中華書局，1991），378 頁；正果《禪宗大意》（北京：中國佛教協會，1986），31 頁。

[3] 例如宇井伯壽《禪宗史研究》（東京：岩波書店，1939）即在敘慧可一代時，另考道育、道副、曇林，在敘僧璨一代時，另考向居士、慧布、化公、廖公、和禪師、那禪師、滿禪師；印順《中國禪宗史》（南昌：江西人民出版社，1990）也在達摩以下，除慧可之外，旁敘曇林、道育，在慧可以下除僧璨外，略述那禪師與向居士；此外，潘桂明氏所著《中國禪宗思想歷程》（北京：今日中國出版社，1992）特意在第一章中設《早期楞伽師》一節，也是這一類。

中，有依《法華》者，有依《楞伽》者，有依《般若》者，有依《無量壽經》者，因而在禪修行上形成各各不同的風格和思想①。這些禪思想在後來的傳播中互相滲透，才使得禪學由附庸而蔚為大國，並形成後世所謂禪宗。在當時，並不一定存在着以達摩、慧可、僧璨、道信、弘忍為主軸的禪家「血脈」，當時的禪門就彷彿百家蜂起，直到最後才歸於一，而不是先有一條主脈，在延伸中容納百川。我們的禪思想史究竟應該從下游逆流向上，先有一個主脈的念頭，去為這條河找源頭，還是在上游百溪並流的紛繁狀態下，看主脈的形成呢？依我看，似乎應該是後者，因為只有這樣，才不至於忽略思想史的多源，才易於解釋禪思想體系中那些複雜內涵的形成過程與變異原因。又比如，當我們「倒着講」禪史的時候，我們很容易被一些晚出的資料影響。胡適儘管採用「懷疑」的眼光來對待史料，但是，有時卻偏偏忘記了「懷疑」二字，其原因正在於文獻資料有時恰好投合研究者的「懷疑」，於是，懷疑者心中有時便殘存了一個「不疑」的死角，這死角膨脹起來，就把研究者引導到一個誤區，而這個誤區其實也是文獻在史實與研究者之間設置的一道屏障。再比如，胡適所認為的神會取勝的一個關鍵因素「香水錢」問題，其實就並不太可靠。安史之亂中，朝廷以出售度牒來籌軍費，本是一個很普通的現象，《舊唐書》卷十《肅宗本紀》、卷四十八《食貨上》、《新唐書》卷五十一《食貨一》都記載了從天寶十五載到至德二載間，幾乎是整個北部中國的度僧尼以支軍事用餉的政府行為，

---

① 參看《高僧傳》及《續高僧傳》中有關「習禪」類的記載。唐前乃至盛唐，禪師的概念比我們的想像要寬泛得多，當時文獻如碑誌中冠以「禪師」名號的，並不一定就是後世所謂的禪宗和尚，如天台、淨土、三論僧人也屬於習禪者，而早期念佛、靜坐、數息等禪法，也是一些共通的方法。

而謝和耐（Jacques Gernet，1921—2018）關於 5 至 10 世紀的寺院經濟的研究，也傾向於當時出售度牒的舉動，是從唐王朝軍事中心（今山西及甘肅）到五嶽再擴及各州的[1]。要知道，神會當時被流放在荊州，就算有幸被選為主持戒壇的大德，他為朝廷所效的力量，也只是其中並不引人注目的一小部分，為他個人洗冤大體尚可，要使朝廷放棄諸家而獨尊荷澤，恐怕絕無可能。可是，胡適卻從《宋高僧傳》的一段未必可信的記載中，找到了他所需要的話，於是，忘掉了「懷疑」而只剩下「相信」，甚至把這「相信」又變成「迷信」。從神會主持賣度牒、收香水錢，到肅宗召入內道場供養，就得出了因此而「神會建立南宗的大功告成」的結論[2]。其實，當我們「順着」當時的形勢與理路往下看的時候，我們會發現，朝廷並沒有對任何一派格外青睞，只不過是以實用的方式收斂軍費而已，當時，和神會一樣被賜尊號、被召內供奉的高僧還不少，豈能說神會就獨佔鰲頭從此風光？如果說，神會已經如此顯赫，那麼，現在所存的兩份有關其弟子的文獻中，竟然沒有絲毫沾光的味道。相反，一個要請求「陛下屏天怒、攬狂書，貧道縱死，亦為多幸」，上書乞求讓僧

---

① 謝和耐（Jacques Gernet）《中國五一十世紀的寺院經濟》（耿昇譯，蘭州：甘肅人民出版社，1987）。

② 參看胡適《荷澤大師神會傳》《神會和尚遺集序》等，《胡適文集》（五），199—236頁，特別是 225 頁。受胡適影響的這類說法相當多，如山崎宏《荷澤神會禪師考》，載其《中國の社會と宗教》（東洋史學論集第二，東京：不昧堂書店，1954），443頁；同氏《中國佛教‧文化史の研究》（京都：法藏館，1981）第十二章《安史之亂と佛教界》也稱這是南宗替代北宗的「契機」；又，李學勤《禪宗早期文物的重要發現》在評介新發現的《神會塔銘》時曾誤將「奏寺度僧，果乎先願」這一句話，誤認為是與「香水錢」有關的記載，見《文物》（北京）1992 年第 3 期；關於這一問題，可參看謝和耐《中國五一十世紀寺院經濟》73、75 頁。我將在《重估荷澤宗》一章中仔細論述。

尼交易以謀生；另一個要到大曆時代才在招聖寺立「七祖遺像」，在貞元中還得與北宗「辯佛法邪正，定南北兩宗」^①。這樣會不會使禪思想史上的一個起承轉合過程，就此被對社會政治與經濟背景的一個誤讀而淹沒，而宗派之間的思想傳承延續，就此被消解為宗派之間的勢力角逐呢？

再次，當我們消解了「倒着講」所受到的種種干擾時，那些禪思想史上看似突然的變化就不那麼突然了，很多思想的演變就會顯現出它的內在理路。例如，很多研究者以為是神會（或惠能）以《金剛經》取代了《楞伽經》，是南宗以般若宗打倒了楞伽宗。其實，這種說法顯然是受了《壇經》與《神會語錄》以下的文獻的影響。如果我們越過這類文獻，直接考察當時的情景，就可以看到在惠能與神會之前，《金剛經》以其約化簡易的形式，已經很被人們看重。隋代的智誥「年十八，講《大涅槃經》及《金剛般若》，盛匡學侶，道俗僉歸」；同樣是隋代的吉藏作《金剛般若疏》，在序中稱此經為「三觀之虛明，一實之淵致」；初唐的智朗學「《維摩》、《金剛般若》及《中觀》」，並在晚年「持《金剛般若》及《尊勝咒》等各兩萬遍」；就連北宗禪師淨藏，小時也是既持誦《金剛般若》，又持誦《楞伽》和《思益》^②。到了盛唐時代，《金剛》已成了佛教界家家奉持的經

① 無名《諷諫今上破鮮于叔明、令狐峘等請試僧尼及不許交易書》，敦煌本，P.3806、P.3620，陳英英錄文；徐岱《唐故招聖寺大德慧堅禪師碑銘並序》，碑在西安碑林，楊曾文錄文。以上兩文，現收入陳尚君輯校《全唐文補編》卷五四，650—652頁，卷五九，722—724頁。

② 以上，參見秦珠《長安發現唐智誥法師碑》，載《考古與文物》1985年第四期；吉藏《金剛般若疏·序》，《大正藏》第33冊，84頁；闕名《大周相州安陽靈泉寺故寺主大德智朗師像塔之銘並序》，《唐文拾遺》卷六十二，《全唐文》後附，308—309頁；闕名《嵩山故大德淨藏禪師身塔銘並序》，《全唐文》卷九九七，4581頁。

典，並不是惠能、神會突然抬出它來與《楞伽》對抗、與北宗爭勝的，倒有可能是他們尤其是神會和尚，在唐玄宗注了《金剛》之後，才對這一經典採取了有意攀附、藉以自重的手段。我們看《神會語錄》中闡述思想的內容部分，引《金剛經》也僅僅三處，而引《涅槃》《般若》《法華》《維摩》有十五六處，看不出《金剛經》已成為他們所依宗經的意味，倒是《神會語錄》後面論述禪宗祖系的部分，才開始大講《金剛經》。顯然，凸顯《金剛經》更多像是黨同伐異的一塊招牌，或挾以自重的一面旗幟，而未必是建立思想體系的理論經典。如果我們相信《壇經》和《神會語錄》的說法，而誤以為南宗與北宗之間，有一個所依經典的突然轉換，那麼，我們就把他們的宣傳廣告當了真實貨品，以他們的有色眼鏡「倒着看」禪思想史了。如果我們拋開這種宗派之說來看禪宗所依經典的變化，我們就會看到，其實，禪宗的思想中早就滲入了《般若》(也包括《金剛》)的內容。因此，神會引入《金剛經》，一方面是禪思想史的趨勢所向，另一方面則更多的意圖，也許在迎合盛唐的時代時尚，當然也為了與恪守早期禪宗傳統的北宗劃清界線，另立山頭樹起一面旗幟。而在思想上，他們卻還沒有真正轉移到《般若》那種徹底的立場上來，在《楞伽》到《般若》的思想轉向中，他們與北宗只是五十步與百步。

在這個意義上，我覺得福柯(Michel Foucault，1926—1984)的說法很有啟發。他認為，過去的歷史研究過分孜孜以求「規律」，因此，總是希望在時間上把散亂無序的史料重新歸納梳理使之有序，並在其中從邏輯上建立「意義」，所以，特別重視「體系」或「發展」，這在研究中容易陷入削足適履的主觀。由於過分凸顯那些「事先認定」的思想或人物，過分重視那些「邏輯規定」的思想路線，

使得歷史成了思維主體的歷史，這種歷史未必盡合實存史實，卻倒吻合克羅齊的「一切歷史都是當代史」。但是，克羅齊的這種說法很容易成為某種不負責任的遁詞，使人滿足於一種後人的現成結論或今人的主觀臆說。因此福柯主張，拋開所謂歷史的「主軸」，用他所稱為「知識考古學」的方法，探究「四散分立的歷史過程中的各種思想、現象」，他認為，這樣才可以真正做到中立和客觀[①]。

當然，這種過分輕視「理性」或「關係」的說法，肯定有些偏激，不免走向矯枉過正。不過他提醒我們，「權力」與「話語」之間的衝突，的確能構成一種「主觀的歷史」，不斷積累的文獻並不是默默不語的資料，而是挾裹了一代又一代人的理解而來的；不斷闌入的觀念，並不只是朝着精確方面發展的邏輯，而是包容了時代特點的需要而來的。這些理解與需要對於研究者來說，就是一種「權力」，它一方面制約作者的思想，一方面通過作者的思想制約他對文獻的解釋。由於這種解釋的「權力」，作為「話語」的歷史資料就不斷地被扭曲，所謂「歷史中軸」就逐漸向主體偏斜，而另一些本來可能也應當是歷史中軸的事件、思想、制度就被「權力」逐出了歷史伊甸園。這種說法有點兒道理，像禪思想史中神會在古代燈錄中的地位貶值和在現代著作中的身價顯赫，都是很明顯的例子。其實，在業已消失的歷史中，他的地位本來如何就是如何，何曾會在時間流程中有絲毫變動，這些變動恰恰都只是主體的問題。

當然，歷史學家往往忌諱沒有秩序，缺乏系統。把思想史看成一個四散分立的圖景，在孤立地研究某一人物或著作時也許可以成

---

① 福柯（Michel Foucault）《知識考古學》，日文本《知の考古學》（中村雄二郎譯，河出書房，1994）。參見王德威《「知識考掘學」與「探源研究學」》，《中外文學》（台北）第 12 卷 12 期，1984。

立，但在稍稍大一些的範圍內則並不可行，因為研究不等於描述，它不可能無選擇地一一描寫，只要有所選擇，就有主體的介入，只要勒出章節，就將無序變為有序。畢竟思想是在時間中演變的，時間本身就為思想設定了歷史的框架，畢竟思想史是現代人在寫作，現代人無法徹底甩開自己的觀念，於是，撰寫者的立場和角度，就為思想史設定了一些經緯坐標。福柯自己在寫《癲狂與文明》時宣稱要寫「癲狂的另一種形式的歷史」時，儘管他認為他是在「運動軌跡的起點來描寫」，可以不受「純粹理性」干擾，但是他把癲狂與理性分開並小心地繞開理性所描寫的歷史，其實已經落入了癲狂與理性二元分立的「理性」。所以我只能説，對歷史儘可能地「貼近」，儘可能地「順着講」，只是意味着，要有一種對古人的思想同情而理解的態度，對古代的背景公正而全面地觀察，從而將古代思想的內在理路，細緻而真切地放置在以時間為軸的歷史線索上。為了使禪思想史有一個吻合其內在理路的清晰脈絡，我們應當仔細體驗禪宗在它那個時代的所思所慮，然後剔理出一些他們所共同關注的焦點，以此為橫坐標，順着禪宗的歷史，梳理這些思想焦點在時間的縱坐標上的演變，這樣就能夠織出禪思想史的經緯來。我以為，這些焦點大致上應當是：

第一，人性與佛性的關係如何？這是中國佛教一直關注的中心問題，關係到人能否真正和徹底解脱與超越，儘管《大般涅槃經》譯出之後，人們都承認「一闡提皆有佛性」的説法，但是人性與佛性的關係依然沒有解決（或者永遠不可能解決）。承認人性中雖有佛性，但總是與佛性有差異，就為教團之存在留了一塊地盤，為戒律之恪守、修行之堅持存下了一個正當性支點，更為終極意義之信仰保住了最後一道防線。但是，若是認為人性即為佛性，就為宗

教世俗化大開方便之門，也為宗教自我瓦解預埋了伏筆，而戒律也隨之鬆弛，修行也可以免去，信仰也當然崩潰，因為心靈的絕對自由，是以終極意義的完全喪失為代價的。從早期禪學到晚期禪宗，其實好多思想的嬗變，似乎都與此息息相關。

第二，在從人性到佛性的趨近過程中，修行的方式是很重要的。所謂「頓」「漸」、所謂「坐禪」與「不坐禪」、所謂「凝住壁觀」與「自然無為」的差異，其實涉及的都是一個修行還是不修行的大問題。當然，在禪宗還要存在的前提下，實際上都是要修行的。儘管理論上極端的南宗禪說無須修行，當下便是，吃飯睡覺，都可成佛，但意識到自然而然即是解脫，也是一種心理修行，畢竟還需要「悟」。於是在禪思想史上，如何修行就關係到人性與佛性的實踐功夫，它依據人性與佛性的理論變化而變化。而它的變化又反映思想的演變，是堅守外在的戒律、禪定、讀經，還是只重內在的禪定、靜心，還是外內均無須看重，只管「平常心」，甚或是放任人性、一切不拘？其實，這始終是禪思想史上的大關節。

第三，人性如果真的趨近了佛性，那麼這是一種甚麼樣的境界？達到這一境界又對信仰者有怎麼樣的好處？這是修行的結果，也是佛教必須給予修行者的許諾，因為一種宗教不能沒有回應信仰者的終極境界，否則信仰者會掉頭而去。禪宗是一種沒有「上帝」或「天堂」等終極實在的宗教信仰，它對信仰者的許諾只是「安心」「自然」「適意」等純粹個人的和心理的人生境界，但是，這種境界怎麼樣能使信仰者體驗其魅力，從而獲得安身立命之感呢？早期禪宗依據人心與佛性有大差異的思想，目的是使信仰者在修行中，不斷提升自己的心靈境界，獲得心理平靜而得到滿足；但晚期禪宗則依據人心即佛性的思想，目的是使信仰者在不斷自我肯定中獲得

心理放鬆並得到自由。因而，有的禪師強調這種心理境界的不可言說，有的禪師則重視這種心理境界的絕對澄靜，有的禪師則認定這種心理境界是自然適意的感覺，有的禪師則否定這種心理境界與平常心有差異。整個中古中國禪思想史中，這一問題始終在糾纏論辯之中。

因此，當我們順着禪思想史的內在思路走上一遭的時候，當我們用禪宗自身的視角來看它的歷史責任的時候，我們就會想到，這仍然是一個以拯救人類心靈為宗旨的宗教。它所要關心的不是形而上學層面的哲學問題，不是法律制度層面的社會問題，不是衣食住行層面的生活問題，而是一個超越生命的終極意義問題。它高懸一個充滿了光輝與永恆的終極境界，把這個境界稱為佛的境界，無非是為了引導信仰者，讓他們從現實的、短暫的、苦難的世界中解脫出來，因此它不能不始終圍繞着成佛的可能（人心與佛性之距離如何）、成佛的路徑（修行方式如何）、成佛的效應（終極境界如何）這三個彼此相關又彼此循環的問題，展開無窮無盡的討論，進行各種各樣的實踐。如果我們不把現代的、外在的各種哲學、社會、生活觀念強加在它的思想上，對它加以概括、提升和評價，那麼，我們應當以這三個它所關注的焦點問題為坐標，看看它在那一千多年時間中，是怎麼樣處理它所要處理的問題的，這就是禪思想的歷史。

第三節　禪思想的歷史闡釋

現在，我們又要回過頭來，討論一個很棘手的難題，這就是禪

思想史研究中，是不是允許現代意義上的所謂闡釋？

其實，正像我們前面說過的，闡釋從一開始就已經存在於我們關於禪思想史的描述中，雖然我們說韋伯（Max Weber）所提倡的「理想類型」（ideal type）不免先入為主，有些主觀的成分在內，但實際上研究者無法在資料閱讀、文獻選擇、結構安排、歷史敘述這一系列智力活動中，做到完全中立、客觀與超脫。正如前引科林伍德《歷史哲學的性質與目的》中所說的那樣，一方面固然可以抨擊「刪去歷史的任何一部分，割斷歷史的過程，或抽去其某些細節」，是肢解歷史情節，歪曲歷史意義，但是另一方面又不能不承認，「這種支解和歪曲是不可避免的」，因為「每個歷史學家都企圖把歷史看作是一個整體，所以他就必然常常形成關於歷史骨骼的特點的某種觀點，這是某種有用的假設，即關於那些特別值得注意的、在揭示它們發生過程的本質方面特別關鍵的事情的假設」[①]。就是說，當人們試圖在他的著述（而不是漫不經心的摘錄）中使用這一「假設」時，闡釋就已經開始了。顯然，問題並不在允許還是不允許有闡釋，而在於如何闡釋，換句話說，就是當研究者處理禪思想資料時，眼中用一個甚麼樣的「尺度」來取捨揀擇、斷其真偽？當研究者分析禪思想表述時，心中會有一個甚麼樣的「標準」來領悟意味、說明是非？當研究者評價禪思想影響時，手中用一個甚麼樣的「價值」來為它定位，論說功過？這是沒有辦法的，因為「（科學）唯一不能而且也不應該容忍的就是無秩序，理論科學的整個目的就是盡最大可能自覺地減少知覺的混亂」，就連研究原始人類思

[①] 羅賓·科林伍德《歷史哲學的性質與目的》，見前引《現代西方歷史哲學譯文集》，154頁。

維的人類學家也説，擁有一套文化符號的人的最基本知識中，首先就是「將知覺世界——人、物、事、過程、系絡（contexts）——中的模式加以歸類的原則」[①]，特別是對於研究那些業已消失，並且沒有給後人留下足夠資料的古代思想史的人來説，運用「假設」使資料呈現出可以理解可以説明的脈絡，這幾乎是別無選擇的方法。正像伽達默爾在論述哲學解釋學時所説，「只有理解者順利地帶進了他自己的假設，理解才是可能的」[②]。當研究者開始「研究」思想史（而不是漫不經心地瀏覽）之初，闡釋就已在其中。前面我們為梳理禪思想所設立的「人性與佛性之距離如何」「從世俗之人到超越之佛的修行方式如何」「成佛的終極境界如何」這三點，它們構成的一個框架，其實就是我們的一種闡釋，只不過這種闡釋是把禪思想界定在「宗教」的位置上，順藤摸瓜地梳理它在「歷史」過程中的演變軌跡。

但是，在相當多的禪思想研究者特別是懷有信仰的研究者心中，闡釋是指對禪思想的現代意義的發掘。他們心中始終關注的是現代世界種種令人困惑的難題，諸如人與自然的疏離、人與人的冷漠、人與自我的分裂等，他們期望有一種思想來拯救這一心靈的危機。從這種心情回顧禪宗的歷史，他們驚喜地發現，原來「自家屋內有寶藏，不肯信，卻在外面討乞」。於是，禪思想一下子從彷彿多年堆積無用的舊物，變成了時下可以賣大價錢的古董或陳酒。在

[①] 列維 - 斯特勞斯《野性的思維》（李幼蒸譯，北京：商務印書館，1987）第 14 頁；基辛（R. Keesing）《當代文化人類學》（于嘉雲、張恭啟譯，台北：巨流出版社，1981）第十章《文化的結構》，第 263 頁。

[②] 伽達默爾（Hans-Georg Gadamer）為 J. 理特爾《哲學歷史辭典》所寫的《解釋學》一文，見洪漢鼎中譯文，載《哲學譯叢》（北京）1986 年第 3 期。

他們看來，科學已經使人類的精神陷入了無所依附的困境，而古代的禪思想卻正好是解決這一精神困境的靈丹妙藥，那些禪思想中，諸如超越二元對立的「絕對肯定」，批評語言局限性的「非思量」，追求自由自然的「平常心」，似乎都是為今天困頓的人類所設。於是，在敘述禪思想的時候，他們懷着最真誠的好感，把當今人類的困惑帶進去，因此古人的思想便處處閃爍着現代的光輝，彷彿古代禪師早已考慮過了現代的問題，並給了現代人現成的答案。這樣，禪思想史就不是一段過去的歷史，而是活躍在今天的現實。他們說，禪宗在現代有着極其偉大的意義，因為現代人的心靈世界，在科學技術時代冷酷無情的實用主義中，已經喪失了家園，在心、物二元分化的對峙狀態中，生活已經忘記了自己的目標，在語言概念組合的觀念世界裡，存在已經失去了自我的感覺。所以，禪思想具有極其時尚的意義，因為它超越了語言與思量，超越了哲學與理性，超越了物與我的分立，使人與自然、人與自心、人與他人，都達到了無隔無障的和諧境界，而這境界就是現代人擺脫困境的唯一出路。因此，他們認定禪思想史正是一脈不絕為人類保存人生真諦的歷史，如鈴木大拙、久松真一、阿部正雄筆下的禪就是如此[1]。

　　這種關於禪思想的觀念也許十分偉大，卻並不適用於禪思想史的研究與闡釋，因為禪思想史基本上是一種描述性的歷史研究，它雖然應當承認上述闡釋的偉大，但是，它又不得不指出這種闡釋

---

[1]　這一類論述，可參見鈴木大拙《禪學への道》，《鈴木大拙全集》第十四卷，中譯文參看鈴木大拙《通向禪學之路》（葛兆光譯，上海：上海古籍出版社，1989）；又，可以參看久松真一、西谷啟治《禪の本質と人間の真理》（東京：創文社，1959）；阿部正雄《禪與西方思想》（王雷泉、張汝倫譯，上海：上海譯文出版社，1989）等。

只是一種現代的觀念，而不是古代的史實。無論我們如何尊重禪者的智慧與精神，但是，對歷史的尊重與對文獻的忠實，使我們不得不說，在禪思想起源、流行、發展的那個中古時期，並不一定存在這些現代甚至後現代的困惑。禪文獻呈現的是古人對古代精神生活的記錄，禪思想表達的是禪師們對當時現實環境的判斷，它們不可能未卜先知地為現代人預設信仰，更不可能來一張《推背圖》為現代人預留錦囊妙計，現在那些充滿先知先覺意味的禪解說，不是從古人那裡拿出來的，而是今人往禪那個口袋裡塞進去，然後再自己從那裡掏出來的。

所以，現在的某些禪思想闡釋者，雖然給禪思想賦予了極崇高的現代意義，但也給古代的禪思想加上了太重的現代責任。他們期望禪思想不僅能拯救現代人的心靈，還期望通過拯救心靈來整頓社會，並期望以此達到宇宙與人類的和諧。可是，這個時候禪思想就不僅是一種單純的宗教智慧，而幾乎成了無所不包的意識形態了。這並不吻合禪思想的本義與實相，所以，禪思想史的闡釋，絕不能依據對當下有用無用的價值判斷，來指導它對過去歷史的評判；也不能超出禪應有的定位，來對它進行現代意味的意義闡釋；更不能依據一種終極性的永恆價值判斷，來取消它在歷史中的意義變遷之描述。如果我們用實用態度來談論歷史思想，那麼我們將無法理解一種宗教思想的產生、發展、滲透的合理性，如果我們超出禪思想的定位來對它作現代意味的意義闡釋，那麼就無法說明禪思想在它自己那個時代的地位，如果我們用永恆的終極價值來看待思想的歷史，那麼我們將無法區分思想在各個歷史時間中的意味和影響。就彷彿西諺所說，在夜色中所有的貓一律灰色，然而，時代與環境卻是常常變化的，思想的意味與影響，也因此在不斷變化，禪思想史

本質上是歷史，歷史學如果不能描述與說明當時的語境，不能描述與說明歷史的變化，那麼，禪思想史也就不能稱為「思想史」了。

因此，我以為禪思想史的闡釋，應當重視兩方面。

一方面應該注意到，禪思想在歷史上只是中古中國特有的一種宗教思想，所以，絕不能將禪思想看作是一種意識形態，來要求它完成解決社會問題的任務，特別是在中國這樣一個皇權絕對化，宗教缺乏權力的政治環境中。禪宗文獻中呈現的禪思想，主要對少量知識階層的人生態度與生活方式發生影響，使這批我們稱之為「文人士大夫」的人，在其人生觀念與生活行為上發生轉變，因為文獻中的那種禪思想，完全心靈化的內在自覺、徹底無功利的精神超越，在古代幾乎只能是文人士大夫的專利。所以，在討論禪思想的意義的時候，我們應當把自己限制在宗教，特別是文人士大夫的精神世界中，切不可用政治意識形態的尺碼截長續短，要求它對社會進步有甚麼具體作用，為知識積累做甚麼有形貢獻，對認識自然、認識社會有甚麼特別的意義。

另一方面，我們又應當意識到禪思想史是一種思想史，因此，它絕不把禪思想看成是一成不變的，信仰宗教的人也生活在一個變動不居的歷史世界中，雖然終極意義是永恆的，但宗教畢竟不能單憑終極理想應付那些流轉遷移的政治和生活環境，當科學技術、法律制度、生活樣式都在向近代現代這個方向轉化的時候，這一宗教思想是否能夠在它既保持終極關懷與理想境界的同時，又有助於人類適應各種外在環境的變化？這是一個歷時性的問題。因此，思想史把禪放置在變動的歷史背景中考察，就會看到它在各個歷史時期的不同意義。實際上，宗教除了它所堅守的終極關懷和理想境界外，還有它所設計的種種方法和路徑。這些各不相同的方法和路徑

直接影響人們的行為模式，卻並不一定存在着永恆不變的價值。更何況，禪思想本身也在歷史中不斷變化它的形式。如果我們可以把它看作是歷史的思想，又把它看成是思想的歷史，我們就能夠既擺脫以社會形態為標準的歷史進化論的簡單線索，理解宗教的特殊歷史，又能夠跳出信仰主義的窠臼，擺脫宗教家們那種畫地為牢的價值觀的束縛。

若干年前，我在寫《禪宗與中國文化》時曾說到過：

> 不知從甚麼時候起，像小孩子看電影以長相俊醜區分好人壞人，像商店裡拿起一件商品從實用角度判斷買與不買的方法，卻成了我們文史哲研究中一種司空見慣的套數。這種簡單評價的方法，尤其是拿某種先驗的原則去評價的方法卻使我們的研究陷入一種窘境，因為歷史現象是一個流動的過程，並不像那些蹩腳電影中好人俊壞人醜那麼簡單，況且人們持以評價歷史的標準也未必那麼正確與永恆。正因為這種評價，使我們的研究不得不根據某種未必科學與歷史的標準去剪裁歷史，選擇史料，使歷史像恭順的婢女那樣隨人打扮，像一塊布料那樣被東剪西裁 [①]。

儘管這本小書早已過時，這部初版完成於 1995 年的《中國禪思想史》在某種意義上說就是為了修正此書的影響而寫的，但是，上面這段話我以為並沒有錯。因為當我們儘可能順着禪思想的起源、成形及傳播的歷史走上一遭的時候，的確可以看到，雖然作為一種

---

① 葛兆光《禪宗與中國文化》（上海：上海人民出版社，1986），207—208 頁。

宗教，它的精神與智慧為中國人尤其是士大夫們提供了一種人生的自然態度，一種簡截的解脫方式，一種澄明的心靈境界，但是當它進入歷史的時候，它的內容與形式仍然在不斷地變化，它對於歷史的影響和作用也在時間流逝中不斷地變化。

比如「即心即佛」就是一例。

從梁慧皎《高僧傳》卷十一「習禪篇」中記載的三十二個習禪者可以看出 ①，在禪宗形成之前，「禪」只是一種修行方法，禪者獨處山林、靜坐守心，無非為了對抗外界世俗的紛紜現象對心靈的干擾，它與念佛、誦經、造像、齋僧，以及精研佛理、因果分析、恪守戒律、苦修懺悔處在同一層級，對於佛教來說都只是路徑，而不是目的。但是，禪思想的逐漸形成，卻把「心」本身提升到終極地位，提出清淨心就是修行目標，這樣，它就改變了原始佛教的路向。首先，把自心清淨當作終極目標，消解了鬼神與來世的觀念，使宗教的信仰變成了自覺的事情；其次，把自心體驗當作實現路徑，就消解了經典與理論的束縛，使修行的形式變成了內在的感悟；再次，把自心澄明當作佛陀境界，就消解了戒律與道德的桎梏，使人生的超越變成了感覺的空明。這是對中古宗教的反撥，所謂「即心即佛」，就是把宗教定位在純精神純智慧的心靈感悟，在某種意義上恰恰是通過去神聖化的神聖化。正像保羅‧蒂利希（Paul Tillich，一譯田立克，1886—1965）所說的那樣，它「展示了人類精神生活的深層，使之從日常生活的塵囂和世俗瑣事的嘈雜中顯露出來」，按照他的說法，「這是宗教的光榮」，因為它「向我們提供了對一種神聖之物的體驗，這種神聖之物是觸摸不到的，令人

---

① 釋慧皎《高僧傳》（湯用彤校注，北京：中華書局，1992；以下引用《高僧傳》均同，不一一注明）卷十一，401—427 頁。

敬畏的，是終極的意義和最後勇氣的源泉」①。

　　但是，如果説早期禪思想的這一歷史性演變有如此的「光榮」，那麼這種「光榮」只能局限在它產生的那個時代。當這種「光榮」的時代背景已經消失，也就是新的政治、社會和生活已經不再是信仰者的原有苦惱，這種「即心即佛」的禪思想也許就開始發生變化。神聖化有時候變成它的反面世俗化，因為它把一切外在的約束都統統取消，使禪信仰在因人而異的體驗中成為各式各樣的東西。也正如蒂利希所説，宗教雖然到處受歡迎，卻好像沒有家園，時而叩擊道德的大門，被道德收留而成為道德的「窮親戚」，時而又被人牽入審美範疇，甚至説藝術就是宗教，但宗教依然處在四處漂泊之中，在各種闡釋中反而喪失了它的本相，「這樣一來，宗教也就喪失了它的嚴肅性、真理性和終極意義」。例如，禪宗關於「即心即佛」的「心」，本是一種自然的靜謐的超越的精神境界，但是，當它被程頤用思孟之術語解説時，它彷彿可以理解為「心則性也，在天為命，在人為性，所主為心，實一道也。通乎道，則何限量之有？必曰有限量，是性外有物乎？」於是，這個佛家的「心」就通了那個理學的「性」。佛教徒契嵩曾為之分疏説，「韓子（愈）徒守人倫之近事，而不見乎人生之遠理」；理學家朱熹則為之進一步分疏，説佛家之心與儒家之心有差異，是「吾以心與理為一，彼以心與理為二 …… 彼見得心空而無理，此見得心雖空而萬理咸備也」②。但是，

① 保羅・蒂利希 (Paul Tillich)《文化神學》(「人人叢書」，陳新權、王平譯，北京：工人出版社，1988)，9 頁。
② 《河南程氏粹言》卷二載其答劉安節語，載《二程集》(北京：中華書局，1981) 1252 頁；契嵩《鐔津文集》卷十四《非韓上》第一，《大正藏》五十二卷，726 頁；《朱子語類》(北京：中華書局，1986)，3015—3016 頁。

在相當多的人心目中，禪思與儒學卻仍然相似。儒者胡居仁《居業錄》卷七說得相當詳細，「他（禪宗）坐禪入定工夫，與儒家存心工夫相似，他門『心空』與儒家『虛心』相似，他門『靜坐』與儒家『主靜』相似，他門『快樂』與儒家『悅樂』相似……儒家說從身心上做工夫，他亦專要身心上做工夫」①。於是，這就使得很多人從儒家的實踐上來理解禪宗的思想，「即心」就被闡釋為回歸道德自覺的心靈，「即佛」就被誤解為「成堯舜」的聖人氣象。但是，從捍衛宗教的立場上看來，把超越的精神理解為世俗的道德，實在是一種精神的貶值，因為宗教應當「使自身成為終極領域，並且鄙視世俗領域」。

可是，當時代再次進入一個需要解脫與自由的思想的時候，「即心即佛」的說法又很可能成為一種放縱的理由，那種沒有鬼神與來世制約、沒有邏輯與因果推理、沒有戒律與倫理束縛的信仰，很可能變成不信仰的契機。也許明代的情況最為典型，像紫柏和尚所謂「心悟，則情可化而為理」，「皆憑我說雌說黃，皆自然與修多羅合」，「飲食男女，人之大慾，於此四者之中果然立得腳根定，何必避城市居山林乎」，就把尋求自然推向放縱慾望②。他的堅定盟友湯顯祖也說「直心是道場，道人成道，全是一片心耳」③，可是，這樣一來可能使得心靈全無約束。這正如陳汝錡《甘露園短書》卷十所說，「迨頓悟說倡而末流滋弊：以苦行為儈父面目，以圓通為遊戲三昧，門楔節烈而帳有私夫，官評嚙冰而田連阡陌」。一切可以

---

① 胡居仁《居業錄》（影印《文淵閣四庫全書》本，上海：上海古籍出版社）卷七，9—10頁。

② 《紫柏老人集》（北京大學圖書館藏明刻本）卷一《法語》。

③ 《湯顯祖全集》（徐朔方校本，北京：北京古籍出版社，1999）詩文卷四十七《答諸景陽》，1439頁。

由「心」而放縱，「即心」成了「隨心」，「即佛」成了「就我」。從捍衛宗教的立場來看，它實在是「播下龍種而收穫跳蚤」[①]。

百丈懷海（720—814）在禪史上的意義也是一例。

如果我們順着時間線索看禪的歷史，那麼，我們會看到當禪宗真正大盛的中唐時代，百丈懷海未必是最有影響的禪師，他在後世禪史上的隆盛地位，基本是由於他的弟子眾多而贏來的，即所謂「師以徒顯」。無論是當年在馬祖門下的地位也罷，為南宗禪打下一片江山的功績也罷，在當時朝野的信仰者數量也罷，似乎都算不到他。特別是，如果我們順着時間線索看禪思想，那麼，我們會看到在禪思想史中，他是屬於當時比較陳舊、不算紅火的一類。當禪思想已經發展到以內外無別的自然為超越的馬祖道一時代，他依然堅持「先歇諸緣，休息萬事……但歇一切攀緣，貪嗔愛取，垢淨情盡」式的修行法，所以，當馬祖月夜問他「正這麼時如何」時，他答「正好修行」；當長慶大安問他如何保持修行境界時，他答「如牧牛人執杖視之，不令犯人苗稼」[②]。這句話出自《佛遺教經》，而《佛遺教經》是一部講戒律規範的早期經典，懷海用此來表示持戒靜修，無疑是要求修行者不可隨心所欲地放棄自我約束，走上狂禪之路。這種注重修行次第、追求清淨心境的禪思想，不像是中唐時代禪思想的主流，倒像前期禪思想的回潮，影響後世很大的《清規》之作，也正是他這一思想的結果。

---

① 陳汝錡《甘露園短書》卷十，《四庫存目叢書》（濟南：齊魯書社影印本，1995）子部 87 冊，143 頁。

② 分別見於《五燈會元》（蘇淵雷點校本，北京：中華書局，1984；以下引《五燈會元》皆此本，不一一注明）卷三《百丈懷海禪師》，129 頁；卷四《長慶大安禪師》，191 頁。

依照一些禪思想史研究者的觀念，它與提倡「一悟即至佛地」的惠能、神會之「頓悟」、提倡「起心動念彈指磬咳揚眉，因所作所為，皆是佛性全體之用」之「自然」相比，從思想史譜系來說，恰恰是後退了一步。依照另一些現代禪思想闡釋者的邏輯，它未必值得高度評價。為甚麼？因為追根究底的話，它依然是以心、物二元，垢、淨兩分的世界觀為基礎的一種修行論。但是，偏偏是這個百丈懷海，在幾乎所有的禪史研究著作中都佔了重要位置，在幾乎所有的禪思想譜系中都得到了崇高評價，這究竟是為甚麼？

　　如果是站在宗教定位以及當時禪宗處境來看百丈懷海，他的確應當得到很高評價，因為他從思想上雖然從馬祖禪的位置後退了一步，但這一步卻保證了禪宗自身的存在田地。因為過分的「自然」，給信仰者過多的「自由」，過多的「頓悟」，使宗教徒放棄了「漸修」。於是，禪成了一種來自個人的感悟，卻瓦解了理性的約束，隨心所欲的自然一旦衝破宗教的規範，自然適意就可能變成自出放縱，從而導致「狂禪」。百丈懷海的《百丈清規》、清涼文益（885—958）的《宗門十規論》在這一方面的確有其維護宗教根據地的意義。但有意思的是，現代禪思想的研究與闡釋者卻並非從這一角度來肯定百丈懷海，大多數是依照禪宗燈錄的舊說給他顯要位置的，於是，對百丈思想的闡釋也各出心裁。有人說這是「把中國古代小農經濟的生產方式和生活方式，緊密地結合到僧眾的生產方式和生活方式上來……與中國的封建社會的結構得到進一步的協調，從而獲得生命力」[①]。如果真是這樣，那麼，這種把僧團蛻化為世俗莊園的做法，是否會損壞其宗教嚴肅性？這種把僧眾降低為普通農人的行為，是

①　任繼愈《禪宗與中國文化》，載《世界宗教研究》（北京）1988 年第一期。

否會貶抑其思想超越性？從宗教史的角度看，自給自足的經濟能力並不是宗教存在的絕對要素，更重要的是維持信仰的戒律和組織；從思想史的角度來看，宗教的生命力不只是一種團體的生存能力，還應當是一種思想的延續潛力；又有人說，這是修行的一環，從心理學來看「筋肉的活動是對由冥想而產生的沉滯的最有效療法」，從倫理學來看「不惜體力的勞作給獨立思維的健全提供了保證」，這是一種知行合一的普通觀念 [1]。但是，當我們既承認禪是「活潑潑的」，又肯定禪是自然的日常生活境界，而且還推崇這種境界是人生的超越時，我們又該如何評價這種看上去既艱苦又漫長的修行方式呢？是頓悟的禪好呢，還是漸修的禪高呢？

這裡我也要提到余英時先生的長篇論文《中國近世宗教倫理與商人精神》，他在論述「新禪宗的入世轉向」時，特別提出百丈懷海，認為「在惠能死後一個世紀，禪宗的南嶽一派終於在佛教經濟倫理方面有了突破性發展，這便是百丈懷海的《百丈清規》和他所正式建立的叢林制度」。余英時先生的論述相當精彩，對叢林制度的論述也相當重要。但此處或有可疑，且不說這一結論是否正確（佛教建立合生產與生活為一體的寺院早已有之，百丈懷海只是為四處漂泊散落的禪門建立了宗門基地），他把百丈的思想與禪宗尤其是惠能一派的思想算成是一脈理路，又把百丈的思想看成是新禪宗的主流，再將禪宗思想中那點相對微弱的「入世苦行」「治生置業」內容放大，並挪移推衍到世俗世界，說明禪宗思想也能刺激商人精神。這一說法中當然有余英時先生自己的獨特思考，也相當深刻，但我總覺得這一論述恐怕有些需要補充和修正。特別是，這篇

---

[1] 鈴木大拙《禪學への道》，315—316 頁。

論文在批評韋伯的時候，依然在使用着韋伯的「理念」，韋伯所謂加爾文新教「入世苦行」與「勤儉習慣」是資本主義發展的精神動力的理念，在這裡被余先生挪用和推廣於中國，因此他在禪宗與百丈懷海那裡，試圖發掘出與加爾文新教同樣的因素，並通過釋道儒的融匯，來説明中國近世的宗教倫理，也能形成新的商人精神。但是他也許沒有考慮到的是，禪思想作為宗教的主要取向，是化解內心世界與外在世界的緊張，使外在世俗性現象轉化為一種內在心理性感受，並不一定能刺激商人的增殖慾望與精細精神，倒有可能把積累與算計的心思，在「平常」與「自然」的心態中化為烏有①。

　　顯而易見，在百丈懷海的禪史意義上出現的闡釋分歧，是不可能簡單彌合的，因為這些闡釋者各有各的立場，又各有各的視角，難免「橫看成嶺側成峰，遠近高低各不同」。

　　也許，我們應當採取禪家「截斷眾流，單刀直入」的方式。因為思想史不是簡單的「思想」加上「歷史」，它用不着像在兩堆草中間無所適從的驢一樣餓死，它自有它的闡釋立場，這個立場就是「宗教」和「歷史」，這是禪思想史研究的兩個基本語詞。因為我們研究的是「宗教」，所以我們要承認它是關於人的精神世界的信仰，宗教雖然有時總想越俎代庖地充當政治意識形態的角色，但是，在中國卻幾乎很少有宗教壟斷世俗意識形態大權的時候。禪思想雖然在中國文人士大夫心中扎根極深，但也只是在其人生終極境界與生活情趣上產生影響，它化解了人們心中此岸與彼岸、世俗與神聖的緊張，使中國文人士大夫擁有一個極其特殊的人生態度，也為中

---

① 余英時《中國近世宗教倫理與商人精神》，載余英時《中國思想傳統的現代詮釋》（台北：聯經出版事業公司，1987）。

國的思想世界保存了一個極其超越的精神境界。但是,「歷史」很重要,因為禪思想處在變動不居的「歷史」之中,信仰者又不能不面對外在思想環境的挑戰,所以,儘管這種信仰本身擁有智慧,但它畢竟無法規範它的信仰者的各種理解與應用。於是,在這種信仰一旦外化為它所無法規範的行為方式,一旦進入不屬於它處理的非宗教領域時,那種捉襟見肘的窘境,就使得它無能為力了。因而我想,禪思想史的闡釋任務有二,首先,是回到歷史「語境」,將禪定位於「宗教」。這裡所謂回到歷史「語境」,是指順着時間線索,清理各種禪思想,把它們各自放回到當時的歷史環境中去理解;這裡所謂定位於「宗教」,是指我們把禪思想首先當作宗教來理解,而不是用宗教立場來闡釋禪。換句話說,就是在時間線索中弄清禪思想的來龍去脈,「儘可能」地在歷史語境中描述這種宗教信仰的意義和影響;其次,是說明後來各種各樣對於禪思想的「解說」,並將它回歸到各自的「歷史」。這是指我們要梳理和歸還關於禪思想的各種「後見之明」,把這些不斷出現的後設解說,放回各自產生的時代和社會,使「歷史」和「解說」儘可能少地帶有現代觀念的偏向,儘可能忠實當時的歷史。

當然我明白,歷史家的態度和立場,對於宗教信仰總是一種威脅。因為歷史學特別重視歷史語境與觀念變化,這常常會使宗教所依靠的「心理證據」與「實際效應」,失去誘人的光澤與不證自明的性質,使人感到他們內心最深處的精神源泉受到否定。歷史學那種冷靜理性的實證、大比例尺的因果、不斷演化的觀念,使人們那些溫馨感情、永恆嚮往和依戀精神家園的心情被摧毀,那種以理性與證據為基礎的歷史方法,使人的內在靈魂的秘密被根本說破,那種似乎能說明這些秘密的來源的口氣,又像一把太過鋒利的刀子或

一面太過清晰的鏡子。但是，正如威廉・詹姆斯（William James，1842—1910）在其《宗教經驗之種種》一開始就指出的，宗教研究中有兩種闡釋，一種是 existential judgment，一種是 judgment of value，前者是「關於這個事物的性質如何，它怎麼來的，它的構造、起源和歷史怎麼樣」，後者是「它的重要、含義和義蘊如何」[①]。這是兩種不同的闡釋，前者屬於歷史而後者屬於意義。歷史闡釋的路向是順時性的，它的目的是儘可能說明思想史的過程與真相，而意義闡釋的路向是逆時性的，它的目的是在古代思想中發現它的現代意義。思想史的闡釋應當是歷史闡釋，前面我們所說一開始就潛含在歷史敘述中的闡釋就是它，無論它如何過於強調歷史學的冷峻與客觀，無論它是否難以徹底擺脫某些歷史學對秩序的渴求，我們都應當承認它也是一種合理的闡釋，因為它有它的證據，證據優先，這就是歷史。它的「尺度」「理論」「標準」來自歷史文獻，而不是像意義闡釋那樣，出白當下的需要。

我們知道，思想每往時間的這一端邁出一步，它身後的一切就成為歷史，也成為它自己的背景，思想就是在這種不斷變厚的背景烘托下，一步步地向今天走來的。我始終非常警惕地自我提醒，思想史研究不必過分心急地用今天所看到的歷史背景來批評古代思想，因為那背景在時間的一重重皴染下，也可能已經面目全非。現在與過去的距離太遠，一下子把現在與過去重疊起來，去批評或讚揚古代思想在現在的意義，未免有一種隔霧看花的感覺，也許朦朧得讓你叫好，也許模糊得讓你着惱。思想史研究者也不必過分急

[①] 參看威廉・詹姆斯《宗教經驗之種種》（唐鉞譯，上海：商務印書館，1947；第 2 版，北京：商務印書館，2002）。

迫地用現代觀念來套古代思想，因為那些觀念是從現代人的情狀加上現代人的焦慮再加上現代人的思維那裡來的，現代與古代並不一樣，試圖從觀念出發去回顧歷史，其結果只能是刻舟求劍，要麼是「醫家只販古時方」，要麼是「按圖索驥覓跨灶」。

因此，禪思想史的歷史闡釋，不應該像意義闡釋那樣，超越時空直接從古代意義跳到現代意義。而是應該儘可能地尋找證據，努力順着古人的足跡，一重重地清理那些層層積累的意義，把那些所謂的背景像考古學家區分地層關係那樣，按時間順序一一陳列，這樣就可以看到今天的思想是如何從大前天、前天、昨天那裡逐漸走來的，至於走得是快是慢是曲是直，自然一目了然，這就是思想史的歷史闡釋，而意義闡釋，那是另一碼事。

第一章

從達摩到弘忍的時代

引 言

　　前期禪史彷彿在濃雲密霧中籠罩着，讓人不能輕易看破它的真相。

　　關於前期禪思想史研究所需要了解的種種歷史問題，例如，6—7 世紀的禪門史實、南北禪學的思想差異、各家禪師的交往滲透，似乎都不那麼清楚。當然，禪宗的燈錄系統早就給我們提供了一些現成説法，像東土六祖的血脈傳承，自達摩、慧可、僧璨、道信、弘忍，一直到惠能，但這種一脈單傳的説法中究竟有多少事實，有多少虛構，實在還難説得很。就説中華禪門第一代祖師菩提達摩，雖然有松本文三郎作《達摩之研究》（1911），胡適作《菩提達摩考》（1927），關口真大再作《達摩之研究》（1957），加上黃懺華、湯用彤等人種種考證與研究，但誰能説達摩的經歷與思想，就此已經真相大白？又像三祖僧璨，雖然也有人已經用很肯定的語氣説禪宗的思想轉變就出現在他的時代 [①]，但我們對他究竟了解多少？那一點少得不成片斷的史料，罨着真假難辨的傳説，晚了幾十年甚至於幾百年的記載，夾着後人耳食來的傳聞，其實足以使我們的研究陷入困境。雖然敦煌出土的資料使我們有了一些自信，但就是加上這些資料，也未必能細筆重彩地勾勒出前期禪史，所以，在這裡與其沿着舊説的路子再趟一道渾水，還不如另想角度開出一條生路。

　　並不是説我們要拋開前人研究的基礎。我在這裡想説的是：

---

① 例如日本學者增永靈鳳《中國禪の形成》（鈴木大拙、宇井伯壽監修《現代禪講座》第二卷，東京：角川書店，1956）就將僧璨置於第二節《中國禪の形成過程》之首，並稱「無論南北任何一系統都不能離開他，所以是一個歷史性的人物」。35 頁。

第一，擴展我們禪思想史研究的視野，不必被禪宗燈錄所限定的那一脈單傳所局限。其實，這只不過是禪宗大盛之後「逆流而上」追溯出來的祖系。這種後世追認的祖系有可能並不吻合歷史上禪門的實情，因為南北朝至初唐，禪門的正統宗系並沒有建立起來，奉禪的僧徒遠遠比燈錄裡記載的要多，這在《高僧傳》《續高僧傳》的「習禪篇」裡，可以看得很明白；第二，在這些門派不同、師傳各異的禪師之間，思想差異要比我們想像的複雜得多，所奉經典、所持理論、所行方法，並不見得能硬找出幾條一致之例來。雖然我們依然要以達摩禪為考察的重點，但我們並不必膠柱鼓瑟地沿着燈錄的説法，把他們看成是嚴守門戶的嫡系真傳。其實，這些禪師的思想都以「禪」為中心，而路數各有不同，在後來禪宗史裡，這種種不同禪思想都會留下痕跡，如果我們不對他們做一些了解，也許會使某些禪思想內容如無源之水，找不到它們的來歷；第三，在描述這些禪思想的進展時，也不必刻舟求劍式地硬性劃分階段，劃分階段的好處當然是理路清晰，點劃分明，但在資料匱乏的情況下，這一劃分有時候不免有些抽刀斷水，反而顯得生硬。

我在這裡用不多的篇幅，論考前期禪宗史線索，用較廣的視野，來擴大前期禪思想輪廓，採取的是一種相對模糊的方式。我想，也許在資料不足的情況下，有時候充分的模糊比勉強的精細倒更來得可信，就好像有時候霧裡看花，比顯微鏡裡看花還來得真切一樣。

第一節　6—7世紀的禪史考察

前期禪史研究中，最難以繞開的就是關於菩提達摩。他是何時來華的？他是何處人？他傳的是何法？他的影響如何？這些問題一直困擾着研究者，但是，資料的匱乏卻是一個不可逾越的難關，研究者儘管心細如髮，殫精竭思，也依然是巧婦難為無米炊。

當然並不是一點進展都沒有。例如達摩來華時間，就日漸明晰。學者們發現北魏人楊衒之《洛陽伽藍記》卷一記載，熙平元年（516）魏孝明帝的母親靈太后建永寧寺，「時有西域沙門菩提達摩者，波斯國胡人也。起自荒裔，來遊中土，見金盤炫日，光照雲表；寶鐸含風，響出天外。歌詠讚歎，實是神功。自云：『年一百五十歲，歷涉諸國，靡不周遍。而此寺精麗，閻浮所無也。極佛境界，亦未有此。』口唱南無，合掌連日」[①]。這是關於傳說中禪宗東土第一祖達摩最早的文字材料，由於永寧寺建於熙平元年而毀於孝昌二年（526），從楊衒之的記載來看，達摩是在其損毀之前遊覽此寺的，所以他應當在6世紀20年代就到了中國。那麼，禪宗傳說中達摩於梁普通七年（526）到達廣州，次年（527）在金陵見梁武帝，因話不投機而渡江北上的說法，就不攻自破。那麼，達摩是在6世紀20年代才到中國北方的嗎？學者們又發現，初唐僧人道宣《續高僧傳》卷十六《梁鍾山定林寺釋僧副傳》記載，太原人僧副（460—524）好遊學參訪，當時「有達摩禪師，善明觀行，循擾巖穴，言問

---

① 《洛陽伽藍記校注》（范祥雍校注本，上海：上海古籍出版社，1978）卷一，5頁；又，同書卷一還有一處與達摩有關，今錄如下，「修梵寺有金剛，鳩鴿不入，鳥雀不棲，菩提達摩云：得其真相也」。

深博，遂從而出家，義無再問，一貫懷抱，尋端極緒，為定學宗焉」，後來在「齊建武年南遊揚，輦止於鍾山定林下寺」[1]。可見，僧副從達摩學禪定之學，應當是在齊建武年（494—498）之前，而遊覽永寧寺時的達摩，已經在好多年前到了中國的北方。

20 世紀以來的禪宗史研究就是這樣一步一步地在史料的蛛絲馬跡中，考證出了達摩的身世、年代、活動，證明了《續高僧傳》「初達宋境南越，末又北度至魏」，才是唯一可靠的記載，而達摩來華的時間，應該是南朝劉宋明帝末年或元魏孝文帝初年，也就是公元 5 世紀 70 年代[2]。但是，依然有許多問題沒有答案，他是波斯胡人還是南天竺人，他叫達摩菩提還是菩提達摩，一百五十歲是他信口開河還是甚麼？他死於哪一年，是病老而死還是被人毒死？這些依然是難解的謎。但是，我覺得這些還不是禪思想史研究的當務之急，思想史關心的除了思想家的生平一類問題外，還要關心思想家所處的思想世界及歷史背景問題。後者也許對思想史來說更為重要，它關係到思想的形成與定位。如果沒有新的史料出現，現存資料也許永遠無法給我們提供一個達摩的精確年譜。但是，憑藉現存文獻卻有可能讓我們勾勒一幅當時禪思想史的大體輪廓。

那麼，為甚麼我們不先從這思想背景開始，探測達摩禪在其中的位置，而非得糾纏在達摩本人的生平事跡之中呢？

---

① 《續高僧傳》(《大正新修大藏經》第 50 冊，以下引用《續高僧傳》均同此本，不一一注明) 卷十六，550 頁。

② 這些考證結果，可以參見胡適《菩提達摩考》，《胡適文集》第四冊，250 頁以下；宇井伯壽《禪宗史研究》(東京：岩波書店，1939) 第一卷《達摩と慧可及び其諸弟子》，10—12 頁；以及湯用彤《菩提達摩》、黃懺華《禪宗初祖菩提達摩考》，兩文均收入張曼濤主編《現代佛教學術叢刊》(台北：大乘文化出版社，1977) 四《禪宗史實考辨》。

一、6 世紀北方的禪師與禪學

禪學傳入中國並不始於達摩，這一點無須多説，各種佛教史都早已有所論述。但是，達摩的時代又的確是禪學在中國開始真正成熟的時代。從梁慧皎《高僧傳》的「習禪篇」所記的若干早期禪者中可以看出，齊建武年也就是公元 5 世紀末以前，禪者大體只是把禪作為一種普通的佛教修行手段，與持戒、誦經並無區別。《高僧傳》中所載的三十二習禪者中，僧顯是「屬想西方，心甚苦至」，僧光是「每入定輒七日不起」，慧嵬是「戒行澄潔，多棲處山谷」，法緒是「德行清謹，蔬食修禪」，僧周是「韜光晦跡……頭陀坐禪」，淨度是「獨處山澤，坐禪習誦」，僧從是「精修五門，不服五穀」。直到傳中所記最後一個齊赤城山的釋慧明，依然只是「棲心禪誦，畢命枯槁」[①]。大體上，這些禪者奉行的是傳統禪法，以念佛、冥想、苦行為手段，求得心理上的寧靜而已。但是，就在達摩之後，中國南北方的禪思想突然有了一個大的變化，而這一變化中最引人注目的是：第一，過去僅僅是作為方法的「禪定」，竟然由附庸而蔚為大國，與佛教大乘理論相結合，形成了從佛性理論、修行方式到終極境界自我完足的思想；第二，出現了雖不明顯但已具雛形的禪師群體，也逐漸有了傳承的明確記載。

在 5、6 世紀之間，北方的禪師群體中，最有影響的有三支。

第一支是勒那摩提及其弟子僧實、僧達。據《續高僧傳》卷一、《歷代三寶記》卷九記載，勒那摩提於北魏正始五年（508）到洛陽，這似乎有誤。《續高僧傳》卷十六《僧實傳》說，僧實是大（太）和

---

① 《高僧傳》卷十一，401—427 頁。

末年（499 年左右）「從原至洛，因遇勒那三藏」，可見早在十年以前，勒那摩提就已經到達洛陽。他的弟子有僧實（476—563）和僧達（475—565），可能還有曇相（? —582）。

其中，僧達似乎頗得勒那摩提的義理之學，他講《華嚴》《四分》《十地》《地持》，「雖無疏記，而敷揚有據，特善議論，知名南北」。這裡所謂「知名南北」，指的是他不僅在北方弘法，而且還到過江南①。《續高僧傳》卷十六說，他到了南方，「（梁武帝）敕駙馬殷均引入重雲殿。自晝通夜，傳所未聞。連席七宵，帝歡嘉瑞。因從受戒，誓為弟子」。並且讓他住錫於著名的同泰寺，經常到宮中講法。他大概把北方的禪法傳到了南方，所以，梁武帝才會說「北方鸞法師達禪師，肉身菩薩」，並且一直向北遙遙敬禮。後來他想回北方，七次上奏才得到同意，他回到北方後，曾在鄴都為末帝時的僕射高隆授菩薩戒，到了齊文宣帝時代，他仍然很受推崇。據說，齊文宣帝「特加殊禮，前後六度」，並且為他在林慮山黃華嶺下立洪谷寺，又捐出神武帝的舊廟為他造定寇寺。

而僧實和曇相，則可能更多傳承了勒那的禪定之學。勒那曾稱讚僧實，「自道流東夏，味靜乃斯人乎」。僧實在大和末見到勒那摩提，向他學習禪法，史載其「三學通覽，偏以九次調心，故得定水清澄」。從這一記載來看，他顯然是一個比較重在實踐的僧人，因而大統、保定年間（535—565），他在京、洛大大有名，也曾受到北周太祖的褒獎。《續高僧傳》卷十八《釋僧淵傳》說，當時都說他

---

① 《佛祖統記》卷三十記載齊建元元年（479），齊高帝蕭道成曾聽僧達講《維摩經》，從年代上看，這個僧達似乎不是北方勒那的弟子僧達。《大正藏》第四十九卷，346 頁。這個僧達甚麼時候到南方？《續高僧傳》的記載比較可信，大概是南朝梁代。

「禪道幽深，帝王所重」^①，並且在北周平定荊州後，還參與主持了與南方和益州的僧人共同討論「真諦妙宗」的活動。然而，另一個曇相似乎比僧實更偏重禪定的實踐，僧實曾經稱讚曇相是「福德人，我不及也」。據說，僧實與曇相夜中習禪，「相對無言，目陳道合，私有聽者，了無音問，常以為軌」。我想，他們大概是以靜坐調心為方法的一流禪者。而曇相與僧實共同的弟子靜端，先從僧實處「受治心法」，「以靜操知名」，後歸於曇相，「習行定業」。他們大概都是偏重實踐的傳統禪者，只是可惜，《續高僧傳》中所說僧實能使「定水清澄」的九次調心之法，其具體內容已不得而知了。

第二支是佛陀跋陀（約 430 年生）及其弟子道房（生卒年不詳）和僧稠（480—560）。佛陀跋陀是少林寺的開山祖師，也是北方重視禪定之方法和實踐的「外來和尚」，所以《續高僧傳》說他「學務靜攝，志在觀方」。據說，他讓弟子道房度沙門僧稠，「教其定業」，並曾經說，他「自化行東夏，唯此二賢得道」。據說他又曾在洛陽度慧光，那麼，他的門下應當有三個重要的弟子。這三個弟子中，道房無傳，《續高僧傳》也只是在記僧稠時說到道房一句，「（僧稠）初從道房禪師受行止觀，房即跋陀之神足也」。可見，道房與僧稠在半師半友之間。慧光是著名的律師，為北道地論師的領袖，但於禪學似乎並無多少建樹。在這三人中，只有僧稠禪學在當時大大有名，所以，佛陀跋陀曾稱讚他是「自蔥嶺以東，禪學之最，汝其人矣」^②。

據《續高僧傳》卷十六記載，僧稠俗姓孫，昌黎（今河北昌黎）

---

① 《續高僧傳》卷十八《釋僧淵傳》，574 頁。
② 《續高僧傳》卷十六《釋僧淵傳》，553 頁。

人，生於北魏太和四年（480），曾經是一個學習世俗儒家經典的士人，按照《續高僧傳》卷十六的說法，他是二十八歲時（507）才在鉅鹿景法師門下出家，此後又從道房禪師受行止觀，五年後，又跟隨趙州道明禪師學十六特勝法①。稍後在隨道房禪師學止觀的時候，他入了佛陀跋陀的門下。但是，他學成之後究竟做了一些甚麼，我們不是很清楚，我們只是知道，天保元年（550）已經年近七十的僧稠，被剛剛即位的齊文宣帝高洋從定州招至鄴都，第二年，齊帝又親自迎接他於郊外，文獻中說他「神宇清曠，動發人心，敬揖情物，乘機無墜」，他勸皇帝令斷酒禁肉，並傳「四念處法」，第三年，朝廷又專門為他在鄴城西南八十里龍山修建雲門寺。

　　但是，看起來這種世俗政權與佛教信仰之間的蜜月一開始可能並不很牢固，中間還曾經有過波折。中國的世俗皇權與宗教之間，始終有一種根深蒂固的不信任感，宗教勢力的膨脹始終是皇權的心腹之患。傳說，當時的齊文宣帝曾經因為聽說「黑人次膺天位」而「惶怖欲誅稠禪師」②。所謂「黑人」是一個很有名的故事，由於佛教徒著黑衣，所以那時傳說的「黑人」，往往讓人聯想到佛教徒③，這一佛教徒要繼承皇位的傳說，似乎在南北朝後期始終存在和流行。幸而在這一場政治與宗教之間的危機中，僧稠表現得相當機警。按

---

① 《續高僧傳》卷十六，551 頁。而據《釋氏稽古略》卷二說，這是北魏孝文帝太和二十一年（497）的事情，但當時他大約不到二十歲，《大正藏》第四十九卷，794頁。這一說法恐怕不如上引《續高僧傳》的記載可靠。

② 《廣弘明集》卷六。又卷八記載，「昔者高洋之開齊運，流俗亦有此謠（指有『黑人』當得天下），洋言黑者稠禪師，黑衣天子也，將欲誅之。會稠遠識，悟而得免」，見《大正藏》第 50 冊，124、136 頁。

③ 正如梁武帝《斷酒肉文》中所說，「匡正佛法是黑衣人事」，《廣弘明集》卷二十六，《大正藏》第 52 冊，294 頁。

照一種説法，天保三年他在雲門寺住錫時，曾經「宴坐一室，未嘗送迎（齊文宣帝）。弟子或以為諫」，據説，當時齊文宣帝聽了左右之言，認為他大不敬，第二年，更因為止不住心中對「黑衣」的疑惑，準備親自前去懲罰，但是恰恰這時「峰巒振響飛走悲鳴，如是者三日而止」，使稠禪師預知齊文宣帝的意圖，所以，早上就乘牛車，往谷口二十里，「拱立道旁」。這使皇帝很吃驚，就問其原因，他説，如果想殺我，我擔心自己「身血不淨，恐污伽藍」。齊文宣帝又驚異又慚愧，就對侍臣楊遵彥説，「若此真人，何可毀謗？」於是自稱弟子，與他同輦回到宮中，並且終於請受菩薩戒，推行了後來對中國很有意味的政策，即「斷酒禁肉，放捨鷹鷂，去官佃漁。又敕天下，三月六日民間斷屠殺，勸令齋戒，官園私菜葷辛悉除」，成了佛教的虔誠信仰者。而且，也許正是因為僧稠的緣故，他也篤信禪學，據説「（高）洋專務禪學，敕諸州別置禪肆，令達定慧者居之」，這使得禪學在北方中國越發興盛[1]。

很明顯，僧稠是佛陀禪師一系在北方傳禪法的最重要人物之一，所以，《續高僧傳》卷二十「習禪篇・論」中，在一一記載了「習禪」一系佛教徒之後，就總結説：

　　高齊河北，獨盛僧稠，周氏關中，尊登僧實……致令宣帝擔負，傾府藏於雲門，塚宰降階，展歸心於福寺，誠有圖矣。故使中原定苑，剖開綱領，惟此二賢[2]。

------

[1]　關於僧稠的詳細研究，參看葛兆光《記憶、神話以及歷史的消失 —— 以北齊僧稠禪師的資料為例》，載《東嶽論叢》2005 年 4 期。
[2]　《續高僧傳》卷二十「習禪篇・論」，596 頁。

這段話很重要，其中讓齊宣帝傾國之財而供養的「雲門」即雲門寺，就是僧稠的住錫地。可見，在比較早的記載中，除了我們後來雖然比較熟悉，但當時卻未必很盛的菩提達摩一系之外，佛教禪門在北方最重要的實際上是兩支，關中的一支中心人物是前面所説的勒那摩提系統的僧實，而河北的一支中心人物就是佛陀跋陀系統的僧稠。

　　那麼，河北禪門為甚麼會「獨盛僧稠」呢？現在資料不是很多。我們猜想，一方面的原因，當然是他得到政治權力的大力支持，得到齊文宣帝的庇護；另一方面，可能是因為他的禪法傑出而且有名，據《續高僧傳》卷十六記載，佛陀跋陀曾經稱讚他説，「自蔥嶺以東，禪學之最，汝其人矣」。因此在北齊時代，僧稠當時「兼為石窟大寺主，兩任綱位」[1]，可以説是盛極一時。據記載，僧稠原有《禪法》二卷，也許就是文獻上説的《止觀法》兩卷，但因為已經亡佚，只好存而不論[2]。而現存於法國巴黎的敦煌卷子（P.3559，P.3664）中，據學者研究有僧稠的作品。在這一卷裡，有《大乘安心入道法》，一名《稠禪師意》，因為一開始就是「稠禪師意，問大乘安心入道之法云何」，大概確實是僧稠的遺意[3]；接着又有《稠禪師藥方療有漏》，以「信受」「精勤」「空門」「息緣」「觀空」「無我」「逆流」「離慾」八種方法，當作療救心靈的藥方，這也是當時佛教的通

---

① 以上參看《續高僧傳》卷十六，554 頁；又《釋氏稽古略》卷二，《大正藏》第 49 冊，801 頁。

② 據《續高僧傳》本傳説，當時黃門侍郎李奬，曾經和一些佛教僧人一道請僧稠寫出禪要，所以有「止觀法兩卷」。553 頁。

③ 見冉雲華《〈稠禪師意〉的研究》，收入《中國禪學研究論集》（台北：東初出版社，1990），90—104 頁。

行方法；再接下來的是《大乘心行論》，這一長文被王重民認為是僧稠的作品，而日本學者篠原壽雄則認定為北宗禪的作品[①]。可是，冉雲華似乎反對王重民的看法，我覺得，冉雲華表示慎重的意見有些道理[②]。因此，這裡把巴黎敦煌本先放置一邊，只根據一般傳世文獻來討論僧稠的禪法。

在《續高僧傳》卷十六《僧稠傳》說，他曾「詣趙州障供山道明禪師，受十六特勝法」，又據《佛祖統紀》卷二十二說，他早年是「從景明寺道房禪師受行止觀攝心，旬日即得入定。復修涅槃聖行四念處法，安居五夏，日唯一食。嘗九日修死想觀」。從字面上看來，這裡提到的種種禪法，大概都是非常普通、兼融大小乘佛教的禪法，這在當時北方中國的佛教中很流行。**首先，「十六特勝法」**又名「十六行」，是早期小乘大乘佛典如《增一阿含》《大安般守意經》《成實論》都記載的「數息心觀」。西晉竺法護譯《修習道地經・數息品》稱，「數息長則知，息短亦知。息動身則知，息和釋則知」。實際上，就是在禪定過程中體驗自己內心感受的方法，「是為數息十六特勝」[③]。所以，靜影慧遠（523—592）曾經「隨學數息，止心於境」，還得到僧稠的稱讚，說這是「住利根之境界也，若善調攝，

---

① 此據篠原壽雄《初期の禪語錄》，《講座敦煌》（東京：大東出版社，1980）8，172—178 頁。
② 王重民當年在《敦煌遺書總目》中說，《大乘心行論》是「稠禪師傳」。但冉雲華《敦煌文獻與僧稠的禪法》指出，「本篇內容，還有待作進一步的分析，才有希望得到結論。這篇文章自稱作者為『稠禪師』，這三個字本身，又表示它不是稠公作的。它為後人假託之作，似乎不容置疑」。載前引《中國禪學研究論集》，73 頁。
③ 《大正藏》第 15 冊，216 頁。

070　再增訂本中國禪思想史：從 6 世紀到 10 世紀

堪得觀行」①。**其次**，「**止觀攝心**」是一般禪定者的共通方法②，因為這是早期印度佛教，不分小乘大乘的習禪者的常用入定途徑。東漢安世高譯《陰持入經》卷上就説，「止觀為二藥，癡愛為二病，佛以二藥治二病」③；《雜阿含經》卷四十三中引世尊偈説，「龜蟲畏野乾，藏六於殼內，比丘善攝心，密藏諸覺想」④。就是説這種「止觀攝心」在保持內心寧靜與克制慾望上的意義。所以，《別譯雜阿含經》卷十六中也有「塵垢來染心，正念能除捨。愛慾即塵垢，非謂外埃土。慾覺及嗔癡，謂之為塵勞。攝心有智者，爾乃能除去」。現在已經亡佚了的僧稠兩卷著作，就叫作《止觀法》；**再次**，「**四念處**」本來就是小乘禪學的法門之一，《雜阿含經》中説，「云何修四念處？……精勤方便，正念正知，調伏世間憂悲，是名比丘修四念處」。但是，這也是大乘佛教尤其是《涅槃經》的方法，所以，僧稠的四念處叫作「涅槃聖行四念處法」⑤。**最後**，「**修死想觀**」也是佛教的一個普通方法，《翻譯名義集》卷六記載具體方法，就是「修於死想觀，是壽命常為無量怨仇所繞，念念損減，無有增長，猶山瀑水，不得停住。亦如朝露，勢不久停。如囚趣死，步步近死。如牽

---

① 《續高僧傳》卷八《隋京師淨影寺釋慧遠傳》，491 頁。

② 見《大正藏》第 2 冊，490 頁。大乘佛教同樣對攝心相當重視，《注維摩詰經》引鳩摩羅什說：「一心，梵本云和合。道品心中有三相。一發動二攝心三名捨。若發動過則心散，散則攝之，攝之過則沒。沒則精進，令心發動。若動靜得適，則任之令進，容豫處中，是名為捨。捨即調御，調御即和合也。」

③ 《大正藏》第 33 冊，18 頁。

④ 《大正藏》第 2 冊，311 頁。

⑤ 前引冉雲華《敦煌文獻與僧稠的禪法》認為，僧稠的四念處的理論基礎，來自《大般涅槃經·聖行品》第七之四，其中心「是超越世俗分別，近到不可分別的統一境界」。60 頁。

牛羊，詣於屠所」①。這種在觀念世界中深思生死因果的「觀法」，是一種很普遍的禪法，在這種習禪的方法中，關鍵並不是這種觀想有多麼特別，而是修行實踐的深入程度，決定了一個禪者的道行和結果。然而要知道，普通的往往也是普遍的，普遍流行的常常就是普通的。我的意思是說，僧稠這種看上去很普通的禪法，在當時並不一定很具有革命性，也許，他恪守的還是一種原本來自印度的傳統方法，不分大小乘。不過，歷史上得到廣大信仰者普遍信仰的，常常就是這種看上去很平常的宗教方法②。

無論如何，僧稠在北齊時代的影響和聲勢，絕對不是同時代的達摩、慧可一系所可以比擬的，後來文獻中盛極一時的禪宗正統，其實在那個時候大概還只是旁門支脈。根據現存的資料，我們知道，僧稠於乾明元年（560）四月圓寂，年八十一，當時文宣帝已死，齊廢帝下詔，送千僧供於雲門寺以崇追福，並由著名的學者魏收為

---

① 參看《大正藏》第 54 冊，1165 頁。又，《大般涅槃經》卷三十八中，列有種種使信仰者可以超越的「想」，比如無常想、苦想、世間不可樂想以及死想，見《大正藏》第 12 冊，589 頁，又可以看《瑜珈論記》卷十二，《大正藏》第 42 冊，438 頁。

② 順便可以提到的是，後來天台系的《佛祖統紀》曾經認為，道房的「止觀攝心」法，是從天台系的慧文禪師那裡學去的，因為「天保已前，當東魏孝靜之世。時（慧）文禪師，始以己悟一心三智之道以授思禪師，則知（道）房師所受止觀，亦應稟自文師。蓋文師悟由《中論》，獨步河淮，時無競化，非小乘禪師之所能知。然則房師上受文師，下傳稠師，上下推之為可信矣」。但是，這種硬把他人拉入自己系譜的做法，似乎並無更多的證據。唯一的論據只是說，「稠禪師行道，於北齊天保中，與思禪師為同時。逆而推之，則知受止觀於房禪師，當天保之初」。但是，正如我們前面所說，「止觀攝心」之類是很普遍的共享知識和技術，僧稠完全可以從道房或者佛陀禪師那裡學來，並由他繼續闡發，他所處的佛教知識背景，與慧文、慧思基本一樣，他們之間未必有明確的師承譜系關係。而且，他在天保年間向齊高帝和僧邕所傳授的五停四念，即「五停心」「四念處」，在禪門中其實是一種相當傳統、同樣也曾經是相當流行的習禪方法。

他撰碑，第二年即皇建二年（561），孝昭帝又下詔為他起塔。大約在 6 世紀中葉到 7 世紀初，也就是後來「達摩一系」的禪宗漸漸崛起的關鍵時期，其實真正籠罩性的禪門是來自佛陀跋陀的僧稠系與僧實系。僧稠的弟子相當多，氣勢也相當盛，他的後人中，著名的有釋智舜（533—604）、曇詢、智旻、釋僧邕等，仍然籠罩着北方佛教世界[①]。

第三支就是後世大盛的菩提達摩及其弟子慧可、林法師、僧副、道育。據説，當達摩在北方傳授禪法時，「合國盛弘講授，乍聞定法，多生譏謗」。也就是説，當時流行的還是義理講論和苦行實踐，對於達摩那種強調禪定的修行方法，多少有些輕視，但據

---

① 僧稠門下各弟子的大體情況如下。（一）釋智舜，史載其「事雲門稠公居於白鹿，始末十載……嘗與沙門曇詢同修（念）定經於四年」，在隋仁壽四年去世，年七十二。傳説「自舜入道，精屬其誠，昔處儒宗，頗自矜伐，忽因旬假，得不淨觀……乃就稠師，具蒙印旨，為雲門官供，當擬是難，因就靜山，曉夕通業，不隸公名，不行公寺」，北周法難以後，他漸漸出山，隋開皇十年（590），隋文帝曾下詔並讓盧元壽去宣旨送物。據説，他後來到了廬山大林寺，並修觀門，在豫章講法，可見他在世的時候，甚至影響南方。（二）釋僧邕，據《續高僧傳》卷十九《釋僧邕傳》記載，天保六年（555）年十三時，他便「違親入道，於鄴西雲門寺依僧稠而出家焉。稠公禪慧通靈，戒行標異，即授禪法，數日便詣。稠撫（僧）邕謂諸門人曰：五停四念，將盡此生矣。仍往林慮山中，棲托定門，遊逸心計。屬周武平齊，像法墜壞，又入白鹿山深林之下，避時削跡，餌飯松术」，後來，他與三階教信行禪師同修，又同在隋代進京，貞觀五年（631）滅於化度寺，年八十九，唐太宗親自追悼，並由李百藥撰文，歐陽詢書碑，他的塔就在信行禪師之左。（三）智旻，據《續高僧傳·智首傳》記載，智旻在雲門寺，是僧稠系的正宗傳人。（四）曇詢（約 516—600），俗姓楊，弘農華陰人，二十二歲時學佛，在白鹿山北霖落泉寺的曇準禪師下剃髮，先後學戒律和《法華》，後到雲門寺稠禪師處，與智舜一道問學習禪。在所有稠禪師的弟子中，他的神奇故事最多，據説「自爾化流河朔，盛聞禪門」。他也得到隋文帝的禮遇，「敕儀同三司元壽親送璽書，兼以香供」。以上分別參看《續高僧傳》卷十七，556 頁；《佛祖歷代通載》卷十，《大正藏》第 10 冊，561 頁；《淨土往生傳》卷二，《大正藏》第 51 冊，115—116 頁。

説，經過他若干年的傳授和推廣，「識真之士，從奉歸悟」，看來也頗有成效。

不過從目前的資料看，他的勢力遠不如前兩支，思想也與前兩支大有不同。前引《續高僧傳》卷二十一「習禪篇・論」中說，「高齊河北，獨盛僧稠，周氏關中，尊登僧實。……宣帝擔負，傾府藏於雲門（僧稠居雲門），塚宰降階，展歸心於福寺（僧實遺像置大福田寺）」。前兩支大概早已站穩了腳跟，臥榻之側，難容他人鼾睡，所以，達摩的弟子慧可曾與其他禪師發生衝突。在那個時代，佛教內部為了爭奪正統的爭鬥，也是相當殘酷的，不妨舉兩個佛教史上的例子。第一個，《高僧傳》卷二《晉京師道場寺佛馱跋陀羅》記載較早的僧人佛馱跋陀羅（359—429），他曾經預言「我昨見本鄉，有五舶俱發」。但是，這個帶有預言性質的話傳出去後，「關中舊僧，咸以為顯異惑眾」。為甚麼呢？也許因為他的新系統在長安很盛，但畢竟門下「染學有淺深，得法有濃淡，澆偽之徒，因而詭滑」。其中，他有一弟子誇張地宣稱自己已經得到阿那含果，這種吹牛神話很譁眾取寵，所以導致「舊僧」相當緊張，以至於引發種種流言。「（佛馱跋陀羅）大被謗瀆，將有不測之禍。於是，徒眾或藏名潛去，或逾牆夜走，半日之中，眾散殆盡。」而舊僧道恆、僧䂮便攻擊「於律有違，理不同止，宜可時去，勿得停留」，他只好帶了弟子慧觀等四十餘人逃離，就連當時的統治者姚興試圖挽回都不行，他們只好南下廬山 ①。第二個，《高僧傳》卷十一《宋偽魏平城釋玄高》記載，乞佛熾盤佔據涼州的時候，「時河南有二僧，雖形為沙門，而

---

① 《高僧傳》卷二《晉京師道場寺佛馱跋陀羅》，71—72 頁。又，《出三藏記集》卷十四《佛大（一作馱）跋陀傳》：「外人關中舊僧道恆等，以為顯異惑眾，（佛大跋陀）乃與三千僧擯遣。」見《大正藏》第 55 冊，103 頁。

權倖偽相。恣情乖律，頗忌學僧，疊無毗既西返舍夷，二僧乃向河南王世子曼讒構玄高，云蓄聚徒眾，將為國災。曼信讒便欲加害，其父不許，乃擯（玄）高往河北林楊堂山」。直到長安疊弘法師到河南王之處說項，王與太子才幡然悔悟[①]。

這種互相爭鬥的激烈情況，可能貫穿中古佛教史。直到達摩一系崛起後，情況仍是如此，達摩可能就是在這樣的艱難環境中生存並傳法的，佛門各系之間的激烈競爭是免不了的，據《寶林傳》卷八記載，當時「魏法侶崇雋數人，豪壯英姿，流支、光統，睹達摩興化，傑出眾倫。二師心有所謀，竟陳煽論，特至師所，廣召宗由。達摩乃雷辯一聲，蟄戶俱啟，是時難問往返過從，言發三千，回人萬意。諸宗異學，咸伏賓崇。光統、流支，猶生偃蹇」。所以，傳說他們不惜採取極端手段，用下毒的方法，使「（達摩）六度中毒」[②]。這個傳說是真是假，還很難說，但當時佛教爭奪正統地位和吸引信仰者，必然會有門戶之爭，這種門戶之爭有時相當殘酷。到了慧可的時代，這種狀況並沒有改變，《續高僧傳》記載，北齊時代政治中心鄴都的道恆禪師，就屢次派人向慧可挑釁，並稱慧可的禪法「情事無寄，謂是魔語」。據說，慧可到鄴都傳法，「滯文之徒，是非紛舉」，最終被迫害致死（詳參下文）。因而，達摩另一弟子僧副，便不得不南下梁國，止於鍾山定林寺，又西至蜀地開法，終究在南方了其一生。這裡面是否有佛教內部的黨同伐異原因在，雖然不是很清楚，不過在資料中可以看到，這一支禪師對其他禪門的批評的確比較多，似乎不能見容，也是理所當然。而相當多不屬

---

① 《高僧傳》卷十一《宋偽魏平城釋玄高》，410 頁。
② 《雙峰山曹溪寶林傳》（影印本）卷八，136 頁；又，144 頁也記載達摩亦訴流支、光統曾六度下毒事。

於上述所謂正宗的禪師們，也常常自北而南，如法常、慧初等，其中，也許就有北方禪門的鬥爭緣故在內。後來，達摩一系漸漸轉移到了南方，可能不僅僅是北周滅佛的緣故，也可能有黨同伐異這一原因。

北方的禪門雖然三足鼎立，但在思想上卻是二水分流。道宣在上引《續高僧傳》之「習禪篇‧論」中，也說到僧稠系與達摩系是兩路，「觀彼二宗，即乘之二軌也」。勒那摩提與佛陀跋陀雖說也是大乘禪法，但在心目中多少是把禪法看作「味靜」的實踐，偏於追索內在心靈的寧靜，所以在他們那裡，「禪」之一字的內在含意，與傳統禪法差異不大。像僧實的「九次調心」、僧稠的「四念處法」，就都是傳統禪法，它作為三學之一或六度之一[①]，與持戒、讀經、造寺、度僧的功德並行不悖。所以，禪雖然在傳統佛法系統中被他們凸顯出來，但也還是一種調攝心靈的方法而已，並不能形成一個自我完足的思想體系。毫無疑問，「禪」本來就是來自瑜伽八支實修方法[②]，但作為方法，它不能不與某種理論背景相關。在中國最早被譯出的禪經《安般守意經》中，禪就並不僅僅是一種修煉身心的技巧，「安為清，般為靜，守為無，意名為，是清靜無為也」。這裡的語詞當然是比附老莊道論，但「安般守意」被解釋為「清靜無為」，卻說明它從一開始就不只是一種自我心理調整的技巧，而與一種對人生、對心靈、對解脫、對超越的整體思考密切相關。

---

① 佛教「三學」即戒、定、慧，「六度」即佈施、持戒、忍辱、精進、禪定、智慧。

② 參見後藤大用《禪の近代的認識》(第二版，東京：山喜房佛書林，1935) 第一章《禪とは何ぞや》中對「禪」這一概念的早期內容的詳細闡釋；又，可參見中村元所撰《ヨーガ》論「瑜伽八步實修法」，收入鈴木大拙、宇井伯壽監修《現代禪講座》第二卷《歷史と人間》，1—17 頁。

如果它要成為一種自我完足的思想體系，而不僅僅是一種具體行為的實踐方法，那麼，它必須有一系列的理論假定：假定人生的一切煩惱痛苦來自心靈，假定人有可能通過某種方法使心靈寧靜，假定這種寧靜能導致人生的解脫，假定這種解脫就是對生命的超越。否則，這種方法就只能使人在心理體驗時得到一時愉悅，而不能成為宗教拯救人心也就是「由凡趨聖」的途徑。所以，從「禪」傳入中國起，它就潛含了三重含義：第一，它已經肯定世俗世界是一種令人煩惱、給人帶來苦難的虛假幻象，之所以會使人痛苦，是因為人的心靈中，有認虛為實的「無明」；第二，它是一種以數息等方式，使人「攝心還念」「其心無想」的修行方法，通過這種方法人們可以「斷生死道」；第三，當人們用這種禪定的方法使自己的心靈寧靜之後，會進入某種神奇而不可思議的境界，這種境界就是佛教所給予信仰者的承諾。也就是說，「禪」之一字中，其實有可能產生一種自我完足的思想體系，它可以包容佛性或人性理論，可以設定人性通向佛性的實踐方法，也可以兼有達到佛性的終極境界感受。

不過，我說它「潛含」了三重含義，只是說它的內在理路中，有這三重內涵的資源，而不是說它一開始就顯現出來。至少在前期的北方禪者身上，這一套從佛性、修行到境界的內涵，還只是彷彿種子未發時的潛伏狀態。而在6世紀的大多數禪者中，也還只是把禪當作一種修行的實踐方法。但是，方法總是要有思想對它的解釋作為依託背景的，所以，這時也有一些禪師已經意識到其中的問題，並開始探索二者之間的溝通。如達摩一系的慧可所謂「理事兼融，苦樂無滯，而解非方便，慧出神心」，就已經有些把「理」與「事」，即「慧」與「定」合歸於一心所悟的意味；又如僧副，一方面「戒行精苦……禪寂無怠」；一方面深通經旨，《出三藏記集》卷七

王僧孺《慧印三昧及濟方等學二經序贊》中提到胡翼山中長者讓人
向他請教《慧印三昧經》，就是講「無相為體，理出百非……有若恆
印，心照凝寂」，把義理與體驗合為一體的。當然，也有人並不見
得贊成這種做法，像同是達摩一系的慧滿，就批評禪師們說，佛說
心相虛妄，而禪者修心「重加心相，深違佛意，又增論議，殊乖大
理」，雖說看上去頗反對講義理，但細細分析他的話，卻可以看出
他的話中也已有了極深的理論背景，也有着以慧歸定、同泯於空的
趨向。在這種定慧兼修，以理解禪的思想中，其實，已經有以「禪」
取代其他佛教修行之法的意味。

　　不過，我以為，「禪」之一字要想籠罩一切，成為一個自我完
足的體系，還必須以「禪」為中心開掘出它潛在的「三重意義」來構
築自己的思想世界。

二、南方禪學的東西兩支及其特點

　　北方的禪學似乎是傳統的天下，僧副、僧璨等達摩的二、三
代弟子都到南方來求發展，那麼南方的禪學又如何呢？

　　和北方同時或稍晚，至少從梁代起，作為佛教修行實踐的禪學
在僧俗兩界逐漸很有信眾。據道宣《續高僧傳》卷二十說，梁武帝
時代（502—549），南方就「廣闢定門，搜揚寓內有心學者，總集揚
都」。又在鍾山修了上下定林禪寺，「使夫息心之侶，棲閒綜業」，
這使得南方的佛教逐漸從單講義理轉向兼修定業[①]。不過，禪學的
真正興盛，卻與從北方來的禪師的闡揚更有關係。前面說到北方

[①]《續高僧傳》卷二十，595 頁。

禪師中，如僧達「曾遊梁境」，南方著名僧人寶志就對他大為稱讚，說他是「大福德人」，而梁帝亦常對左右說僧達是「肉身菩薩」。又如慧初（457—524）曾在晚年自北而南，住錫著名的興皇寺，梁武帝就對他格外欽重，「為立禪房於淨名寺以處之，四時資給」，而文人也對他十分推重，「禪學道俗，雲趨請法」。而法常則到衡嶽荊峽，史載其傳授僧法隱以心觀，使法隱學到了北方禪法，「方知其趣……繫念日新，深悟寂定，不思議也」。特別是達摩系的僧副（460—524），在齊建武年間（494—498）到南方，先住鍾山定林寺，中間闡化於蜀，後又回金陵開善寺，曾得到上下崇敬。梁武帝蕭衍、西昌侯蕭淵藻、永興公主、湘東王蕭繹似乎都與他有交往，史載其應世有方，「王侯請道，頹然不怍（作）」，但「咫尺宮闈，未嘗謁覲」，所以人皆欽服，當然其禪法也會隨之傳播於江南 ①。

並不是說，南方的禪法完全是北方禪法的延續，其實，在稍晚於北方禪法昌明的梁、陳之間，南方也已有禪師群體的崛起，南方禪師從地理上來看似乎可分為兩支。

第一支是以金陵為中心，以棲霞諸寺為據點的禪師集團。這一支禪師大都兼習慧業，偏於空宗。比如，慧布（518—578）本依僧詮法師學三論，但「於《大品·善達章》中悟解大乘，煩惱調順，攝心奉律，威儀無玷，常樂坐禪，遠離囂擾，誓不講說」，這就很偏於禪定而離於義理了。他更北上鄴都，向達摩系的慧可禪師請教，打破了語、默之間的障礙。他還西至荊楚，與慧思討論大義所在，據說慧思也激動得以鐵如意擊案，稱「萬里空矣，無此智者」。陳至德年間（583—586），在他晚年時，更推薦恭禪師來主持棲霞

---

① 以上參見《續高僧傳》卷十六，553、550、556、550頁。

寺，把後事囑託給他，而他自己則「端坐如木，見者懍然」，似乎更偏向定業了①。又如，恭禪師（542—621）即《續高僧傳》卷十一所記之保恭，他曾隨著名的慧曉禪師習禪，慧曉不知是否在北方學禪的禪師，《續高僧傳》卷十七所記那個「文才亞於慧命」，曾在北方學禪的慧曉，不知是否就是這個慧曉，但卷十八《隋西京禪定道場曇遷傳》中所記南朝陳的「沙門慧曉」則肯定是他。傳說他「學兼孔釋，妙善定業」，與智璀「並陳朝領袖，江表僧望」，保恭從他「綜習定業，深明觀行，頻受印可」②，而慧布晚年請他到棲霞主持，他「樹立綱位，引接禪宗，故得棲霞一寺，道風不墜，至今稱之」③，使棲霞禪風延綿唐代。此外，棲霞寺又有不少其他禪師，如鳳禪師及其弟子僧瑋（513—572），傳稱僧瑋先學律學，後入攝山棲霞寺從鳳禪師學觀息想，「味此情空，究檢因緣，乘持念慧，頻蒙印指」。看來，除慧布與保恭外，棲霞寺習禪者尚多，無怪乎江總《攝山棲霞寺碑》稱此山為「四禪之境」，而稱山僧為「八定之侶」④。

第二支是以荊州、衡嶽為中心的禪師集團。如荊州天皇寺的法懍、法忍，長沙寺的法京、智遠，襄陽景空寺的法聰，廬山法充等。當然，最重要的是先在光州大蘇山，後至衡嶽，開後來天台一脈的慧思（515—577）。這一僧人集團看上去似乎十分散亂，並無明顯的師承關係，但在思想上卻頗有相當一致的趨勢，大都尊奉《法華》《維摩》《大品》等經，而不以頭陀行為意。如法忍「受持

---

① 《續高僧傳》卷七，480 頁。
② 《續高僧傳》卷十八《曇遷傳》，571 頁。
③ 《續高僧傳》卷十一《保恭傳》，512 頁。
④ 江總《攝山棲霞寺碑》，《全上古三代秦漢三國六朝文》（北京：中華書局影印本，1958；以下所引均此本，不一一注明），4076 頁。

《法華》《維摩》」，法懍「禪念為本依，閒誦《法華》《維摩》及《大論鈔》，普皆無昧，不着繒纊」，法隱「誦《法華》《維摩》《思益》以為常業」，法充「常誦《法華》，並讀《大品》」，與北方禪師之習禪數學大相異趣，與南方義學之崇尚講論也頗有不同。其中，特別是慧思，雖從北方來南，對南方義學頗有不滿，但又頗不同於北方僧實、僧稠只講禪數之法。一方面，他的老師北齊禪師慧文是從般若之學入禪的，《止觀輔行傳弘決》卷一之一稱天台九師中，前六師似都與傳統差異不大，而慧文則「多用覺心，重觀三昧」之外，又有「滅盡三昧，無間三昧，於一切法心無分別」這種翻過一層的思想[1]。據《佛祖統紀》說，慧文是讀《大智度論》中「當學般若」一段而修「心觀」，「證一心三智，雙照雙亡」；又讀《中論》而恍然大悟，「頓了諸法無非因緣所生，而此因緣有不定有，空不定空，空有不二，名為中道」[2]。這與南方義學說般若空觀是很接近的，故而慧思南來，很能與南方佛教風氣投合。但是另一方面，他又頗不滿於南方義學僧人的空談之習，便以實踐性的禪定匡救其失，他的《諸法無諍三昧法門》卷上，曾極力強調禪的意義，說「三乘一切智慧皆從禪生」，並說如果有人不以禪證心而專門讀經，哪怕他讀了無數經典，也「不如一念思維入定」，因為這才是真正對人心有益的修行。當他發心習禪時，就不再是外在的義理研讀而是內在的心性調攝了。因而《續高僧傳》卷十七記載他對南方佛門的改造時說：

　　江東佛法，弘重義門，至於禪法，蓋蔑如也。而（慧）

---

① 湛然《止觀輔行傳弘決》卷一之一，《大正藏》第 46 冊，149 頁。

② 志磐《佛祖統記》卷六，《大正藏》第 49 冊，178 頁。

思慨斯南服，定慧雙開，晝談理義，夜便思擇。故所發言，無非致遠。便驗因定發慧，此旨不虛。南北禪宗，罕不承緒……①

在慧思之外，還有一個也是自北而南的著名禪師慧命（529—568），他似乎與慧思在半師半友之間，從現存的資料看來，他比慧思更偏重義理之學，曾著有《詳玄賦》《融心論》《還源鏡》《行路難》及《大品義章》，前四種都是文學意味很濃的通俗宣傳品，在後來禪思想史上影響頗深。如《楞伽師資記》就把《詳玄賦》當作三祖僧璨的作品，收在禪宗祖師思想名下，變成了達摩禪的內容。所以，《續高僧傳》卷十七說他「與慧思定業是同，贊激衡楚」，但「詞采高掞，（慧）命實過之，深味禪心，慧聲遐被」②。而他還有一個同門師弟慧意，在北周滅佛時也到了南方，住荊州景空寺法聰舊地，他「聽大乘經論，專習定行」，看來和慧命大同小異。在慧思、慧命的時代之後，天才的禪者智顗就開創了以《法華》為宗經的天台禪門，並在隋代達到全盛時期③。

比起北方的禪學來，南方禪師更注重義理，這是因為南方本來就是義學的重鎮，南方盛行的大乘義學就像水銀瀉地，無孔不入地滲透到禪法之中，這給本來是實踐性方法的禪學提供了相當有力的理論，使禪學向一個完整的思想體系發展，改變了北方禪數學的面貌。在這些禪師中，《法華》《維摩》《三論》《大品》是常習的經典，

---

① 《續高僧傳》卷十一《釋慧思傳》，562 頁。
② 《續高僧傳》卷十七《釋慧命傳》，561 頁。
③ 通常，寫中國禪宗史的學者，是把後世所謂天台一系排除在禪門之外的。但是，這種做法是否合適，尚需仔細討論。

如慧命之於《法華》，智鍇之於《三論》，慧成之於《法華》《維摩》《勝天王》，法隱之於《法華》《維摩》《思益》，法充之於《法華》《大品》，法忍之於《法華》《維摩》，法懔之於《法華》《維摩》《大論》，法聰之於《般若》等，這些大乘經典多數對艱澀而煩瑣的禪數學，是一種很強的腐蝕劑，在這些思想經典中，更注重的是人的智慧對終極境界的追想，與人的直覺對寂靜虛玄的體驗。後世的湛然在回顧天台九師思想演變時就說，在傳承之中，思想有了一個很大的轉換，「慧文已來，既依大論，則知是前非所承也」[①]，所謂「大論」，即前面所說的《大智度論》，這本是大乘空宗般若系的著作，是講性空的「論中之王」；所謂「前非所承」，就是指北方禪學重視修心實踐方法的那一條路子，乃是走了彎路。按他的說法，從慧文、慧思起，才算走上正軌，而這個正軌無非是依照《大論》《法華》等經典，重新界定禪學[②]。而在「禪」這一字中，實踐方法的意味，逐漸向思想義理的方向轉軌。當南方禪門逐漸自立門戶羽翼豐滿，他們就不再把從北方學來的數息調心坐禪觀靜等，放在最重要的位置上，而是要探討實用禪法之前的佛性思想，與應用禪法之後的終極境界了。隋灌頂《天台八教大意》所記的判教論，已經明明白白地說出了這種不甘於傳統禪學束縛的意思，他說，戒、定、慧三者是最早的佛說，但屬於小乘；《大集》《寶積》《楞伽》《思益》《淨名》《金光明》是方等，雖屬於大乘，不過尚未臻完善；《般若》已經思過半，但還未到終極境界；只有《法華》與《涅槃》才是最後的真理。所以，「二經

---

① 湛然《止觀輔行傳弘決》卷一之一，《大正藏》第 46 冊，149 頁。
② 如《續高僧傳》卷十七《智顗傳》記載智顗，既「誦《法華經》」，又「講《智度論》」便是一例。564 頁。

同醍醐味」[1]，這當然是宗派門戶既成之後的宗經之説。不過，既然要判教，那麼就必然要琢磨義理，把思想與實踐匯成一個自給自足的體系。

這是後話，在本章的後面再詳細討論，這裡只是説明，南方之禪學逐漸脱離了印度禪學及其直系傳者北方禪學的牢籠，開始在另一種思想語境之中成長。當本來相對獨立的傳統禪學方法，被這種思想所融匯所解釋，而成為這種思想的有機部分時，這種方法就會發生根本的變化。我們應該記住，6世紀北方禪學的兩個源頭傳人都是西來的胡僧，而南方禪學雖然多從北方而來，畢竟是在華人的思想氛圍中，是由漢族僧人來理解和闡釋的。

三、達摩一系的自北而南

我們這裡説「自北而南」，是指達摩之後的弟子而言。本來，達摩是從南而北傳授禪法的，從他看重南方所譯的《楞伽阿跋多羅寶經》一點，就可以猜測他曾經受到南方思想的影響。雖然他依然十分重視「四行」這種「行入」即實踐入道之法，但是，似乎他在北地並沒有像勒那摩提和佛陀跋陀那樣聲名顯赫，就連他的弟子也在北方難以立足。

北魏末年，達摩去世[2]。天平元年(534)，他的弟子慧可到鄴都傳達摩之禪法時，僧副已到了南方，道育、曇林似潛修不顯，達摩

---

① 灌頂《天台八教大意》，《大正藏》第46冊，769頁。
② 關於達摩的卒年有種種推測，但大都無確鑿證據，這裡是據《續高僧傳》卷十六《慧可傳》裡「後以天平之初，北就鄴都」一語推斷，因為，慧可在達摩去世後才隻身傳法，那麼，達摩當在天平之前圓寂。

門下在北方似乎只有慧可在孤軍奮戰。這時，僧達六十歲，僧實五十九歲，僧稠五十五歲，都正在全盛時期，僧達受北齊文宣帝禮遇，僧稠曾為文宣帝授戒說法，僧實則受北周太祖信任，慧可大概在這些背靠帝室的僧人集團籠罩下，很難有所發展，甚至在傳法中處處受挫，所以與北方禪學僧團頗有矛盾。前面我們曾引《續高僧傳》卷十六《慧可傳》說他到鄴都後：

> 滯文之徒，是非紛舉，時有道恆禪師，先有定學，王宗鄴下，徒侶千計，承可說法，情事無寄，謂是魔語[①]。

這個道恆禪師據敦煌本《歷代法寶記》說，是菩提流支和光統律師的黨徒，菩提流支和勒那摩提一樣，是外來的譯經三藏，大概禪法也比較一致，都是北方禪法正宗。而道恆在佛教資料中好像是一個專門與人過不去的專橫跋扈的角色，《出三藏記集》卷十四《佛大跋陀傳》也記載，他認為佛大跋陀「顯異惑眾」，所以使佛大跋陀「與三千僧擯遣」。作為北方禪學正統，他這一次又扮演了守護神的角色，與達摩一系頗不投機，其弟子之間也矛盾重重。當道恆的弟子轉而相信慧可之法時，道恆「遂深恨謗惱於（慧）可」，逼得慧可不得不「從容順俗」。《續高僧傳》卷二十七《法沖傳》也記載，慧可從達摩處學《楞伽》心法，「創得綱紐」，但「魏境文學，多不齒之」。在敦煌發現的《神會語錄》中，甚至記載了一個傳說，說他晚年從南方避周武滅佛之後重回北方，北方依然「競起煽亂，遞相誹謗」，最後竟被成安縣令翟仲品迫害，「打煞慧可，死經一宿重

---

① 《續高僧傳》卷十六《慧可傳》，551頁。

活，又被毒藥而終」。所以，宗密《圓覺經大疏鈔》卷十三之上說，二祖可大師是以身殉法，「故往鄴都受仲倫（《神會語錄》『仲倫』作『仲品』，《歷代法寶記》『仲倫』作『沖侃』）之斃」。《歷代法寶記》在記載慧可生命最後一刻時，文字頗有些悲涼：

> 菩提流支徒黨，告可大師云妖異，奏敕，敕令所司推問可大師，大師答：「承實妖。」所司知眾疾，令可大師審，大師確答：「我實妖。」敕令成安縣令翟沖侃依法處刑[①]。

《歷代法寶記》的記載當然有些誇張與渲染，但無論如何從他悲憤地自認「妖異」這一點看來，慧可的一生事業的確是鬱鬱不得志，最終竟死於非命。

慧可的弟子中，有不少事跡不明的人物。《續高僧傳》曾說，他「流離鄴衛……道竟幽而且玄，故末緒卒無榮嗣」，在另一處又說，慧可之楞伽禪學，「以人（世）代轉遠，紕繆後學」[②]。這大概有兩個原因：一是慧可在北方不是禪學的主流，二是慧可所傳達摩之學，比起傳統禪學重方法輕義理的路子更難領悟，所以學者不多，顯者更少。但是，畢竟慧可身後也有傳人，同書卷十六《慧可傳》記載，有在相州與學士十人同時跟隨慧可學禪法的那禪師；有「專務無著」的慧滿禪師；卷二十七《法沖傳》末記載有粲禪師、惠禪師、盛禪師等十多人，一半是「口說玄理，不出文記」的學禪僧人，一半是著有文字，講《楞伽經》的學理僧人，但這些人中大部分事

---

① 《歷代法寶記》，見《大正藏》第 51 冊，181 頁。
② 《續高僧傳》卷十六、卷二十五，551、666 頁。

跡已經不可考①。其中，我們只知道那、滿二人奉行傳統的禪法持頭陀行，如那禪師「唯服一衣一鉢，一坐一食。以（慧）可常行，兼奉頭陀。故其所住，不參邑落」；慧滿則「一衣一食，但畜二針。冬則乞補，夏便通捨，覆赤而已，自述一生無有怯怖」。似乎走的都是苦行漸修的傳統路子，唯有曾在慧可處請教過禪法的南方人慧布，是學《三論》出身，到慧可處學禪後，主要是「常樂坐禪，遠離囂擾，誓不講說」，似乎也學習了北方禪不僅修心，而且修身的傳統，走上了外尋義理、內悟心境的新路。

這裡最難說清的，是後來被稱為三祖的僧璨（？—606）。由於《續高僧傳》沒有僧璨的傳記，所以，後來學者多從百餘年後禪宗大盛之後再造的碑銘燈錄等資料來推測僧璨的生平，以至於有人甚至懷疑僧璨是否實有其人。關於僧璨是否實有其人應該是不成問題的，雖然道宣沒有為他作傳，但實際上曾提到過他。宇井伯壽《禪宗史研究》曾指出，《續高僧傳》之《法沖傳》所說的慧可弟子粲禪師，《辯義傳》所說的廬州獨山「有一泉乃是僧粲禪師燒香求水，因即奔注，至粲亡後泉涸積年」中的僧粲，就是這個後世聲名大振的三祖②。但是，為何道宣不為他作傳呢？這始終是一個難解的謎，大概是這個後世赫赫有名的三祖，在當時其實並無顯赫的名氣和驚人的業績。

但是，百餘年之後，他的地位隨禪宗的興盛而水漲船高。從盛

---

① 《雙峰山曹侯溪寶林傳》卷八則說除三祖僧璨外，還有神定、寶月、花閒居士、化公、向居士、和公、廖居士七人；《歷代法寶記》也記載有㤙禪師、月禪師、定禪師、岩禪師等，但除了神定、寶月可以肯定外，其他人也不知是真是假，只能姑且存疑。

② 前引宇井伯壽《禪宗史研究》，63頁。

唐時起，有了四件碑銘資料，它們是：

房綰所撰碑，見《雙峰山曹侯溪寶林傳》卷八。

獨孤及《舒州山谷寺覺寂塔隋故鏡智禪師碑銘》，見《文苑英華》卷八六四。

郭少聿《黃山三祖塔銘並序》，見《全唐文》卷四四〇。

張彥遠《三祖大師碑陰記》，見《全唐文》卷七九〇。

同時也有了六種可資比較的佛教傳記資料，它們是：

《楞伽師資記》，見《大正藏》卷八五。

《傳法寶記》，見敦煌卷子 P.2634、 P.3559、 P.3858[1]。

《南陽和尚問答雜徵義》第五十二則，見《神會和尚禪話錄》[2]。

《歷代法寶記》，見《大正藏》第五十一卷。

《圓覺經大疏鈔》，見《續藏經》第十四冊。

《雙峰山曹侯溪寶林傳》卷八《第三十三祖僧璨大師章卻歸示化品第四十一》。

這裡最值得注意的是房綰的碑文，如果它不是中唐南宗禪師偽造的，那麼，也許其中就有一些僧璨的生平實情了。以房碑為主，綜合上述資料，剔除不可靠的傳聞，我們知道以下幾點：第一，僧璨應該是北齊天保十年(559)在鄴都參訪慧可，並入其門的[3]；第二，

---

① 《傳法寶紀》有柳田聖山根據敦煌本 P.2634、 P.3559 的校注本，見柳田聖山《初期禪宗史書の研究》(「禪文化研究所研究報告第一冊」；京都：禪文化研究所，1966)「資料六：傳法寶紀」，559—593 頁。

② 楊曾文編校《神會和尚禪話錄》(北京：中華書局，1996)，106 頁。

③ 《寶林傳》卷八說僧璨見慧可，是在天平三年(536)己卯之歲，但天平三年並非己卯。按：以僧璨卒於 606 年計，似乎天平三年就去參訪慧可不大可靠，因為即使他二十歲參訪慧可，亦需活至九十以上，令人懷疑。又，他如果天平三年見慧可，那麼到北周滅佛(574)時，已與慧可相伴三十餘年，也似不大可靠。（轉下頁）

周武帝滅法（574），他奉慧可之命，與慧可一道隱居舒州皖公山，五年後慧可回鄴都，他留在山中，活動範圍始終在皖公山、司空山、獨山（今安徽岳西、潛山、六安）一帶，直到隋代；第三，他在隱居時收了道信為弟子，時間大概是隋開皇十二年（592）；第四，他曾南下羅浮等地，但最終又回到了舒州，圓寂於大業二年（606）。

關於僧璨的思想，現在已經很難確考了。相傳是他所作的《信心銘》六百二十四字，流傳極廣[1]。例如後來《景德傳燈錄》和《百丈大智禪師廣語》就都屢次引用到「三祖云：不識玄旨，徒勞念靜」，及「三祖云：兀爾忘緣」等。但它是否真的是僧璨的作品？卻大有疑問。較早的資料中如《楞伽師資記》《傳法寶記》《神會語錄》均未記載《信心銘》，只是在中唐以後才陸續有人徵引。所以，有的學者認為它大概是牛頭宗一系禪師的偽託。又如傳說是他所作的《詳玄賦》，雖然《楞伽師資記》已經記載，但這應當是慧命的作品，見於《廣弘明集》卷三十七。《楞伽師資記》只是抄了這篇作品的前四句、中間幾節以及注文而已。

不過，有一段對話似乎很可注意。《楞伽師資記》載僧璨對道信說：

　　《法華經》云：唯此一事，實無二，亦無三，故知聖道幽

（接上頁）其實，「天平三年」疑是「天保十年」之誤，北齊天保十年即公元559年，正是己卯。此外，有一個證據可以確鑿地證明僧璨參訪慧可是在天保十年，《寶林傳》說，僧璨於隋開皇十二年壬子之歲，收道信為傳人，並對他說：「昔可大師付吾法後，又於鄴洛二都而自化導，經乎三十四年……」從開皇十二年（592）逆推三十四年，正是天保十年（559）。

[1] 《信心銘》現在有英譯本（On Believing in Mind），有德譯本（Stempels des Glaubeus），流傳甚廣。

通，言詮之所不逮，法身空寂，見聞之所不及。即文字語言，
徒勞施設也 [1]。

這當然是南朝末隋朝初許多禪師的流行話語。但是，我從這段話
裡卻生出另外一種疑問來：他引《法華》說一非三，是否他到了南
方，受到尊奉《法華》的禪師影響？《法華經》的一個很重要的思
想就是說「無有餘乘，唯一佛乘」，「十方世界中，尚無二乘，何況
有三」。所謂「三乘」只不過是權宜方便的做法，真正有「利根」的
人像龍女，是可以「須臾頃便成正覺」的 [2]。他說，這最終極的境界
幽深而空寂，語言與感覺都不能達到，這是否受到了南方般若思想
的影響？因為《般若》中的一個很重要的思想就是說「空」，而這個
「空」就是不可思議的幽通境界，只有「菩薩行般若波羅蜜，不見諸
法文字，以無所見，故無所入」時，才能彷彿領悟一二的 [3]。在其他
一些關於僧璨思想的資料中，如《神會語錄》的「言下便證無有眾
生得滅度者」、獨孤及《鏡智禪師碑銘》的「其教大略以寂照妙用，
攝流注生滅，觀四維上下，不見法不見身不見心，乃至心離名字，
身等空界，法同夢幻，亦無得無證，然後謂之解脫」。以及那個傳
得紛紛揚揚的「誰縛汝，誰解汝」的故事中，都透露出一種消解修
證、追索虛空、依賴體驗的意味。就像《歷代法寶記》所說「定慧
齊用，深不思議」，如果以上記載還有一點歷史影子的話，那麼，

---

[1] 《大正藏》第 85 冊，1286 頁。
[2] 《妙法蓮華經·方便品》。又，渥德爾《印度佛教史》（王世安譯，北京：商務印書
館，1987）也曾指出，《法華經》用了很多篇幅論證的，就是佛陀為了聽眾似乎講
不只一乘，實際卻只有一乘。364 頁。
[3] 《放光般若經》卷一《無見品第二》，《大正藏》第 8 冊，4 頁。

這個三祖僧璨與他的老師慧可，似乎都與北方禪法越來越遠，而與南方禪學越來越近了，這與他們在地理上「自北而南」是否也有着某種必然聯繫呢？

四、7 世紀的東山法門與禪宗的崛起

當隋開皇十二年（592）道信（580—651）初從僧璨習禪時，他還只是一個十三歲的孩子。大業二年（606）僧璨圓寂，不久，道信離開皖公山南下（《景德傳燈錄》卷三說是大業十三年即 617 年，不知何據，恐在此前），在吉州、江州即今江西一帶傳法十年，最後住錫於與江州隔江相望的蘄州黃梅雙峰山（《景德錄》說是唐代武德甲申，即 624 年）。這時，他已是四十餘歲的著名禪師了，而隋末大亂也已結束，新的統一的唐王朝也已出現。

對於禪宗史來說，道信的意義是雙重的。

一方面，他是達摩、慧可、僧璨之後，真正使這一系禪門開始有了一個教派組織形式的領袖人物。達摩雖居嵩嶽，但從學者不多；慧可四處奔走，卻無一立足之寺；僧璨長期隱於山中，與世實際隔離。一直到了道信的時代，由於戰亂的平息，達摩一系才算是有了一個開宗說法的地盤，所以，在他的周圍很快聚集起一大批信徒，也很快在世俗社會中形成了影響。《歷代法寶記》《神會語錄》《傳法寶記》都特意提到他的這一份功德，《歷代法寶記》中說：「信大師大作佛事，廣開法門，接引群品，四方龍象盡受歸依，經三十餘年。」[①] 如《續高僧傳》卷二十一中所記載的玄爽（？—652）、法顯

---

① 《歷代法寶記》，《大正藏》第 51 冊，181—182 頁。

（577—653）、善伏（？—660），都曾來向他請教禪法。傳說中他的著名弟子牛頭法融和真正的傳法弟子東山弘忍，更是繼承這一傳統，各自佔山開法，開出後世禪門兩大支脈。

另一方面，在達摩一系逐漸從黃河流域向長江流域轉移的過程中，禪法也在逐漸地從偏於實踐，向禪智合一的方向轉化。在這一轉化中，南方色彩逐漸滲透到了禪法之中，使這一系禪法有了一個比較清晰的理論輪廓。相傳道信有《菩薩戒法》《禪宗論》和《入道安心要方便法門》等著作，但前兩種現已不存，只有《楞伽師資記》所引的那三千多字，學者相信它就是《入道安心要方便法門》的節錄 [1]。從這篇文字中可以看到，道信擁有相當高的理論素養，他廣徵博引，滔滔不休，論述了他的思想，從他所引述的經典來看，有《般若》《華嚴》《法華》《涅槃》《維摩》等經，正好是南方流行的幾部大乘經典。這大概可以説明，他在南方接受了南方義學主流的思想，並把這些思想作為禪法的理論背景，使禪思想有了大乘佛教經典的支持而形成體系。

我們知道，一個宗教流派的形成與自立，組織與思想是必不可少的兩大因素，沒有組織也無所謂流派，充其量是一種思想潮流，沒有思想則組織也無所謂組織，充其量是一群烏合之眾。思想史上一個宗派的崛起，彷彿是在造一座思想的塑像，沒有組織彷彿沒有建塑像的材料，誰也無法在這裡無中生有地憑空塑造；沒有思想彷彿沒有固定形象，那材料再多也不過是一堆材料。道信在禪宗史與思想史上的意義，就在於他建立了禪宗的組織與思想的雛形，雖然

---

[1] 《楞伽師資記》，《大正藏》第 85 冊，1286—1289 頁；參見印順《中國禪宗史》52 頁以下對此所作的精彩的分析。本文所引道信的話，除專門注出以外均出自此，不一一注明。

禪門的真正崛起，還要等到若干年之後，禪思想的完全獨立，也要等到若干年之後。

關於道信思想中相當多的南方色彩究竟來自何方？這些思想在禪思想史上有何意義，我們將在後面詳細討論。這裡接下去沿着時間順序看禪門的歷史。道信在雙峰山開法說禪大概很有影響，唐太宗貞觀十七年（643）曾下詔徵他赴京師。這次下詔意味着，達摩一系終於得到了朝廷的認可，至少使它在地方上的傳法活動有了政治上的保護，對於禪宗來說這並不是一樁無可無不可的事情。不過，道信卻始終保持着不與政治聯姻的禪門宗風，所以並沒有應詔前往。八年以後的唐高宗永徽二年（651），他以七十二歲高齡圓寂於雙峰山中。他的弟子弘忍（602—674）接替了他的位置，在今皖、鄂、贛三省交界處繼續傳法。傳說中，他的另一個弟子法融到了金陵即今南京牛頭山傳法，另開了禪門的一支。

關於弘忍的事跡，我們知道的也不多。例如，他是何時到道信那裡學禪的這一問題，就有很多疑問。《傳法寶記》說他「童真出家，年十二事信禪師」[1]；但《楞伽師資記》引《楞伽人法志》則說他「父早棄背，養母孝彰，七歲奉事道信禪師」[2]。其實恐怕都靠不住，按照他隋仁壽二年（602）出生這一確鑿的事實來算，七歲正是大業四年（608）。當時，道信剛出山，在吉州，尚未到黃梅即弘忍的家鄉。弘忍十二歲正是大業九年（613），當時道信大約還在廬山，也還沒有到黃梅雙峰山去。值得注意的是《五燈會元》卷一曾說，弘

---

① 《傳法寶記》，柳田聖山《初期禪宗史書の研究》校注本，566 頁；又敦煌本 P.3858，見黃永武《敦煌寶藏》（台北：新文豐出版公司影印本）131 冊，315 頁。以下所引《傳法寶記》均出柳田聖山校注本，不一一注出。

② 《楞伽師資記》，《大正藏》第 85 冊，1289 頁。

忍本是「破頭山中栽松道者」^①，破頭山就是雙峰山。可見，弘忍應該是在道信到達雙峰山之後，作為一個栽松樹幹雜活的沙彌而投入道信門下的，並非像《宋高僧傳》卷八所說的那樣，從小就被道信挑中當接班人^②。其實，他那時的年紀大約不小了，如果《景德傳燈錄》卷一的記載可靠的話，道信是武德甲申（624）才到破頭山的，那麼，他已經二十三歲了，而且他也並不是從小聰慧，《傳法寶記》有一段記載，可能倒還是實錄，說弘忍「性木訥沉厚，同學頗輕戲之，然眾無所對，常勤作，以體下人，（道）信特器之」。

由於這種勤奮與沉着，他在實踐禪定與義理研習上，都顯示了他的出色，傳中說他「晝則混跡驅給，夜便坐禪，未嘗懈怠」，又說他「諸經論間皆心契」，而且對於道信「常以意道」的禪經驗，也多能「洞然自覺」，所以眾望所歸，在道信之後成了雙峰山的掌門人。特別是，在他把宗門基地遷到雙峰山東面的憑墓山（又作馮茂山）之後，影響更遠及京洛。《楞伽師資記》載，「緣京洛道俗稱歎蘄州東山多有得果人，故曰東山法門也」。從此，「東山法門」的名聲極為鼎盛，與早在隋代就已經得到朝廷褒獎的天台法門，幾乎可以平起平坐，直到中唐初李華作《揚州龍興寺經律院和尚碑》時還說，「天台止觀是一切經義，東山法門是一切佛乘」^③。因為和道信一樣，弘忍也是一個能在組織與思想兩方面下功夫的人，《傳法寶

---

① 在其他一些燈錄中，這種說法又有些不同，例如《建中靖國續燈錄》卷一說他是「童兒得道，乃栽松道者後身」，《嘉泰普燈錄》卷一則說他「出周氏處女，以栽松道者假陰而生」，這就近乎神話了。

② 《宋高僧傳》（范祥雍點校本，北京：中華書局，1987；以下引用《宋高僧傳》皆此本，不一一注明）卷八《唐蘄州東山弘忍傳》，171頁。

③ 《全唐文》卷三二〇，1434頁。

記》説他：

> 令望所歸……十餘年間，道俗投學者，天下十八九。

《楞伽人法志》説他：

> 時四方請益，九眾師橫，虛往實歸，月俞千計。

《歷代法寶記》説他：

> 後四十餘年，接引道俗，四方龍象，歸依奔湊。

就看他身後「各堪為一方師」的十大弟子散佈南北，就可以知道他
在弘闡禪門中的作用了。同時，他又在禪者的修行實踐方法與心性
理論上繼承慧可、道信的路數，特別是在對禪思想的廣泛適應性
上，下了很大的工夫。使得禪法一方面以念佛、調息、觀心等外在
的行為適應下層百姓，另一方面以「本來清淨，不生不滅，無有分
別」的心性理論及「守本真心」等內在的自心體驗適應上層士人，
做到所謂的「法門大啟，根機不擇」。所謂「根機不擇」，就是有教
無類，廣泛適應，關於這套理論與方法，在傳為他思想文本的《修
心要論》中可以看得很清楚 [1]。

---

[1] 《修心要論》，一為敦煌卷子本，P.3599，現藏巴黎；一為《續藏經》第 110 冊所
收，題作《最上乘論》，乃明隆慶四年（1570）朝鮮安心寺所刻本。兩本大同小異。
前者在中國本已佚失，20 世紀才又在敦煌重新發現，後鈴木大拙曾經有校訂本，
收在其《禪思想史研究第二》（1951）；田中良昭也有校注與日文譯本（轉下頁）

和道信一樣，弘忍也沒有接受唐高宗的徵召，這樣他就失去了一次使禪宗進入宮廷的機會，他只是在民間不斷地傳法授徒，默默地擴散着達摩一系禪思想的影響，在下層組織着自己的禪師隊伍。到咸亨年間（670—674），這個東山法門早已是遠近聞名，聲勢頗大了。據説，當武則天接見他的弟子神秀時曾讚歎道：「若論修道，更不過東山法門。」[1] 從達摩的自南而北，慧可的死於非命，僧璨的埋名深山，到道信與弘忍的大開法門，經過一百五十年以上的慘淡經營，這一系禪門終於開始崛起了，它的組織形式已初具規模，出現了一批出類拔萃的禪師，它的思想體系也大體形成，佛性理論、修行方法、終極境界也開始互相交融，在這個意義上，説四祖道信與五祖弘忍是禪宗的歷史與思想史上轉折時代的人物，大概是不容懷疑的。

第二節　南北文化交融與禪思想的成立

從魏晉以來的南北分離，到隋唐時代的南北統一，地理上的分合與文化上的分合始終同步，這是一個常識性的事實，研究這一分合的論著很多，這裡無須一一列舉，而佛教思想在這一時期的分化

（接上頁）（1991）。忽滑谷快天《禪學思想史》上冊根據後來南宗禪的思想發展，斷定朝鮮古傳弘忍的《最上乘論》（即《修心要論》）是偽書，並以其思想與惠能相比落後，不依《金剛經》，非一代宗師語氣等為理由。372 頁。但是，忽滑谷快天的說法是不對的，這些後見之明，都不應成為否定的理由，參見本書導論《關於中國禪思想史的研究》。印順《中國禪宗史》曾說，它應當是弘忍後人所記師說，這是很正確的。

[1] 《楞伽師資記》，《大正藏》第 85 冊，1290 頁。

與交融也是極為明顯的。早在五十多年以前，湯用彤先生在西南聯大的一次講演中，就對這個問題做了精確的闡述，他說，「南方的文化思想以魏晉以來的玄學最佔優勢；北方則仍多承漢朝陰陽、讖緯的學問。玄學本比漢代思想超拔進步，所以南方比較新，北方比較舊。佛學當時在南北兩方，因受所在地文化環境的影響，也表現同樣的情形。北方佛教重行為，修行，坐禪，造像……南方佛教則不如此，着重它的玄理」[①]。如果不把「新」和「舊」、「超拔進步」這些詞看成是一種價值上的褒貶，我們應當同意湯用彤先生的看法。

南北分裂不意味着南北隔絕，南人北逃與北人南遷的事時有發生，使這兩種文化不斷地處在互相交換的過程中，也同樣如湯用彤先生前文所說的，「北朝對佛學深有研究者，多為逃亡的南方人，周武帝毀法，北方和尚因此頗多逃入南方，及毀法之事過去，乃學得南方佛學理論以歸」。那麼，對於達摩一系的禪師來說，這個南、北文化，特別是南、北佛教的交流，究竟意味了甚麼？或者換句話說，在中國禪思想史上，6—7 世紀的南北佛學之分化與交融，究竟對它有甚麼意義？這一點湯用彤先生沒有細說，許多禪宗史論著也將它輕輕放過。

但在我看來，它卻是中國禪思想之形成的關鍵所在。

---

① 湯用彤《隋唐佛教之特點》，見《湯用彤學術論文集》（北京：中華書局，1983），6頁。

一、從「婆羅門外道」到「大乘佛法」

　　菩提達摩的戶籍出身簡直是一團亂麻、雲山霧罩的傳説，實在都不可當真，要推測他的師承法脈，絕不可相信所謂「西天二十八祖」的神話。所以，相當多的研究者只好從他的思想中，探測他在天竺的「學歷」。呂澂先生説，他的「二入四行」論與上座禪法之通於大乘者有關[①]，這大概是一種直覺的推測；而湯用彤先生説，他是南天竺人，與《楞伽》本有關係，又説他的南天竺一乘宗，就是「上承《般若》法性之義」的大乘空宗[②]。其實，證據尚不充分，倒是湯用彤先生早年寫給胡適的一封信中説得有趣，「達摩『四行』非大小乘各種禪觀之説，語氣似婆羅門外道，又似《奧義書》中所説。達摩學説果源於印度何派，甚難斷言也」[③]。

　　乍一看，説達摩是「婆羅門外道」當然過分，不過説他的淵源「實難斷言」卻是謹慎。從達摩現存的唯一相對可信的資料《二入四行》來看，他雖然講了「理入」即「藉教悟宗，深信含生凡聖同一真性」等理性理解式的入道方法，但是，他主要還是講「行入」，即「報怨行」「隨緣行」「無所求行」「稱法行」等，屬於實踐修行式的入道方法。這與當時北方流行的禪學，畢竟有相當多的一致性。也就是説，他一方面接受了竺道生以來，南北都普遍承認的《涅槃經》的佛性論，及南北方都普遍奉行的禪實踐方式，但是，另一方面則是把禪法視為一種入道途徑，而不是終極境界。他希望修行者無怨

---

① 呂澂《禪學考原》，張曼濤主編《現代佛教學術叢刊》（台北：大乘文化出版社，1977）第四種《禪宗史實考辨》，25 頁。
② 湯用彤《漢魏兩晉南北朝佛教史》（北京：中華書局，1983）下冊，562—563 頁。
③ 湯用彤《與胡適論禪宗史書》，見《湯用彤學術論文集》，35 頁。

無悔、甘心忍受（報怨行），希望修行者無得無失、心無增減（隨緣行），希望修行者無求無為、形隨運轉（無所求行），希望修行者攝化眾生、自利利他（稱法行）。所以，在他的禪思想中，更注重的是一種自我心靈與行為控制的實踐方法，那些義理，比如「含生凡聖同一真性」的佛性理論，和「眾相斯空，無染無著」的本體理論，都只是為這些實踐方法墊底的。在這一點上，他和他的弟子們在現世所示的禪法，是與勒那摩提、佛陀跋陀兩支相仿的實踐性修心方法。

其實，在北方並不是他一家有此思想，像比他晚一些的道正，就有所謂《六行》。據《續高僧傳》卷十六記載，《六行》是「初曰凡夫罪行，二曰凡夫福行，三小乘人行，四小菩薩行，五大菩薩行，六佛果證行」，似乎比達摩的《二入四行》還完整些。看來，尋找各種入道之途，接引各色人等，是北方禪門的特色。他們都要修行者在身、心兩面都為成佛付出代價，所以，修行並不只是一種心識的轉化，而且還是肉體的苦行。很多研究者都看到了他們的苦修苦行，如慧可「兼奉頭陀」，那禪師「手不執筆及俗書，唯服一衣一鉢一坐一食」，慧滿「破柴造履，常行乞食」，而那個傳佈天下的達摩面壁九年的故事，也許正好算是他這種實踐性禪法的一個象徵，因為在他的《二入四行》中就說道「捨妄歸真，凝住壁觀」。

用肉身與精神的雙重苦修，來換取心靈的寧靜，的確是印度古老的方法，古老到佛教還沒有產生時就已有之。所以，湯用彤先生說他像「婆羅門外道」與《奧義書》，也不是一點影子都沒有。不過，依我看，他的這一套修行方式更像當時北方中國盛傳的佛教傳統禪法，這也許是北方盛傳的「四念處」「調心法」籠罩了佛教徒的緣故，達摩禪在這種文化氛圍中不能不順應主流禪法。但是，這裡也應該說，在北方各種禪法中，達摩禪又是最容易與各種義理結合，

並為士大夫即所謂「上根人」相信的一種。原因是甚麼？主要是第一，因為它理路最駁雜，唯其駁雜，所以它的兼容性最強；第二，因為它的方法最直接，唯其直接，所以它的適應性最廣。

這裡略做一點解釋。所謂它的「理路駁雜」，是說它既有符合《涅槃》的說法，即人皆有佛性，「含生凡聖同一真性」；又有來自小乘的人人皆有無明論，即「是我宿殃惡業果熟」；既有傳統解脫理論中的「捨妄歸真」，又有新的解脫理論中的「無染無著」。這就給各種義理的滲透和綜合，提供了可資融入的縫隙。所謂它的「方法直接」，是說它基本不提禪數學中的種種具體方法步驟，如數息，如不淨、僧實、僧稠所倡的「四念處」和「九調心」，而是更多地提到心靈中的感覺，像「寂然無名」「冥順於道」「不倚不着」，這就給早就受到玄學薰染、深明「得魚忘筌」之理、習慣於靠自心體驗的文人士大夫找着了一個契合點。正因為如此，當達摩禪「自北而南」進入南朝文化圈所籠罩的氛圍，它就很快融入了新的義理，形成了自己的思想系統。

在慧可、僧璨到南方避難的時候，南方的佛教思想早已發生了相當大的變化，不僅過去只重義學、不重禪定的傳統已經不復存在，就是與禪法可以兼容的義學，也已經出現了日漸玄虛化的轉軌。這時，《涅槃》的佛性思想已經不再成為問題，而是幾乎所有人的共識，竺道生倡「一闡提皆得成佛」而引起軒然大波的時代，也早已成為過去。南、北兩方佛教徒似乎都已經承認了人皆能成佛的可能性，如後魏靈辯的《華嚴經論》中就說，「法性涅槃中，一切法平等，佛與眾生入實相門」[1]，而梁法雲《法華經義記》卷四

---

[1] 《續藏經》第 93 冊，936 頁；僧稠雖行「四念處」，但也依《涅槃》，見《續高僧傳》卷十六，551 頁。

也説,「有心識者,同歸於佛,然理唯一致,無三差別」①。一切眾生在成佛的起點上,都是處在同一個位置,問題只是在於,入佛之道究竟是甚麼?按梁代寶亮《涅槃經集解》所引竺道生的話説,「夫體法者,冥合自然,一切諸佛,莫不皆然」。那麼,如何「冥合自然」就是學佛者面對的大問題了。在這一大問題上,便各有各的理路,而禪法正當其津要,因為所謂「冥合自然」對於中國文人士大夫來説,往往就是一種沉浸於內在體驗時,心靈中的超越感與適意感。

要「冥合自然」,就不可能靠「四念處」「九調心」之類複雜煩瑣又枯燥的禪法。因為超越適意是文人士大夫們追求高雅脱俗的終極目標。禪學在中國的一大變化,就在於它從芸芸眾生被動地抵禦外在誘惑的安頓心靈方法,逐漸成為所謂上根人主動適應自然的自心感悟方法。其實,早在東晉時,謝敷有一段話就已經很清楚地表明了這種思想取向。他在《安般守意經·序》中説道:

乘慧入禪,亦有三輩。

哪三輩呢?他説:一種是「無著」,「畏苦滅色,樂宿泥洹,志存自利,不務兼利」,這和達摩的「報怨行」「隨緣行」,道正的「凡夫罪行」「凡夫福行」其實相當。一種是「緣覺」,「仰希妙相,仍有遣無,不建大悲,練盡緣縛」,這與達摩的「無所求行」,道正的「小菩薩行」似乎相似。一種是「菩薩」,「深達有本,暢因緣無,達本者有有自空,暢無者因緣常寂,自空故不出有以入無,常寂故不盡緣以

---

① 《續藏經》第 42 冊,277 頁。

歸空」，也就是説，這種禪法是完全領悟了宇宙本原與人生真諦的上根人，在有無兩端都無所執着時，人所達到的心靈境界。據説，這種禪境界與達摩的「稱法行」、道正的「佛果證行」大概相應。按他的理解，如果有人能在現象世界中領悟這種思想，就可以不必死死坐禪，不必依賴外在行跡，「不假外以靜內，不因禪而生慧，故曰阿惟越致，不隨四禪也」，只有那些「慾塵翳心，慧常不立」的下根人，才需要「假以安般息其馳想」。所以，他的看法是：

開士行禪，非為守寂，在遊心於玄冥矣……①

如果説「守寂」是傳統的坐禪安心排除雜念，那麼這「遊心於玄冥」，就是一種「冥合自然」的精神漫遊。我們只要將他的這段話，和安世高、釋道安、僧康會同為《安般守意經》所作的序文比較，就可以看出，在文人士大夫這裡，禪法的內涵已經大大變化了。

　　士大夫的這種禪觀，與宗教徒的禪觀不同，當然是出自他們的內心需要與文化取向，更是他們對終極意義無止境追索的結果。對於一般人來説，宗教解決的只是人生具體問題，但對於文人士大夫來説，宗教探究的卻是人生終極意義。這終極意義並不是具體的、有形的東西，而是玄虛的、無形的本原。正如《莊子·秋水》所説的，它是「言之所不能論，意之所不能察致者」，也正如《妙法蓮華經·方便品第二》中佛陀所説的「止止不須説，我法妙難思」。這種不可言説、不可思議的終極境界，又怎麼可能只憑有形的方法來

---

① 《出三藏記集》卷六，《大正藏》第 55 冊，43 頁；謝敷的傳記見《晉書》（中華書局點校本，1982）卷九十四，2456 頁。

得到呢？從東晉到宋、齊、梁、陳，大乘佛教的許多經典越來越支持着他們的偏好，特別是大乘空宗的經典，這種偏好曾引起過禪師尤其是傳統禪師的不滿。道正就批評道：

> 東夏釋種，多沉名教。歸宗罕附，流滯忘返。普欲捨筌檢理，抱一知宗[①]。

但是，從他這段話裡也可以看出，禪法如果不能讓人「捨筌檢理，抱一知宗」，去吻合文人士大夫那種得魚忘筌、直探靈明的感悟式、約化式習慣，那麼，它就可能永遠沉淪在民間或局促於寺院，絕不可能依傍士大夫而進入殿堂。所以，即使他們對此不滿，也只好隨順思想世界主流一道前行，與文人士大夫一起探討「理」，也就是當時流行於南方的各種大乘空宗的經典。前面我們說到的慧思，就一面感慨「江東佛法，弘重義門，至於禪法，蓋蔑如也」，一面鑽研義理經典，「大乘經論鎮長講悟」。所以，才說他是「定慧雙開，晝談義理，夜便思擇……便驗因定發慧，此旨不虛」。而慧意也是一面「聽大乘經論」一面「專習定行」。法懍也是一面「禪念為本依」，一面「閑誦《法華》《維摩》及《大論鈔》，普皆無昧，不着繒纊」。我想，達摩禪門自北而南，也勢必受到這一風氣熏染，傳說中，慧可悲歎「此經四世之後，變成名相，一何可悲」，不知是否就是對這種「定慧雙修」或「禪理兼重」的「懸記」（預言）。

從僧人傳記中，我們明顯地感覺到南方禪師的經典研習集中在《般若》《法華》《維摩》等幾部經論上，如慧成「誦《法華》《維摩》《勝

---

① 《續高僧傳》卷十六，558 頁。

天王》等大乘經」，智顗誦《法華》為業，又講《智度論》，智鍇先聽
與皇法朗講「三論」，又隨智顗學《法華》。其實，這些就是南朝自
齊、梁以來上層社會所流行的佛教經典。睿法師《喻疑》曰：

> 三藏袪其染滯：《般若》除其虛妄，《法華》開一究竟，《泥
> 洹》闡其實化。此三津開照，照無遺矣[1]。

梁代以後，《涅槃》保持着它的崇高地位，《般若》越發得到推重，
這似乎與梁武帝有關。雖然我們不必對皇帝的佛學修養作過高估
計，但我們也不可低估皇帝對佛學取向的影響。他不僅在佛誕日
行即位禮，大量建造寺院，聘請家僧，稱菩薩皇帝，試圖建立佛教
國家，而且自己對於經典有種種詮釋[2]。南朝所流行的經典顯然與
梁武帝的偏好有關，而梁武帝的偏好恰恰是與玄學絲絲入扣的《涅
槃》與《般若》。隋費長房《歷代三寶記》卷十二載有梁武帝《大般
涅槃子注經》七十二卷、《摩訶般若波羅蜜子注經》五十卷。下云：
「以八部般若是十方三世諸佛之母，能消除災障，蕩滌煩勞，故採
眾經躬（一作窮）述注解，又親講讀。」[3]《出三藏記集》卷八引梁武
帝的《注解大品序》，也很能表現他對經典的看法。他説，《般若》
「洞達無底，虛豁無邊，心行處滅，言語道斷」，是「菩薩之正行，
道場之直路，還源之真法，出要之上首」。就是説，般若的「空」正
與玄學之「無」一樣，能使人直探宇宙與人生的終極本質，而且能

---

① 《出三藏記集》卷五，《大正藏》第 55 冊，41 頁。
② 參看顏尚文《梁武帝》（台北：東大圖書公司，1999）一書對此的討論，尤其是第
　三章和第四章。
③ 《歷代三寶記》卷十二，《大正藏》第 49 冊，99 頁。

令意識達到極深處的無思無想境界，那是一切言語都不能達到的超越境界，所以它才是佛法的真諦，修行的正路。接下去，他又談到《涅槃》與《般若》的關係，説「涅槃是顯其果德，般若是明其因行。顯果則以常住佛性為本，明因則以無生中道為宗」。就是説，涅槃是指達到終極處後所顯現的境界，這境界即人本心中就有的清淨佛性，而般若是指使人達到終極境界前所必有的條件，這條件就是人必須用般若無生的空觀與實現般若的中道，來處理自己的心靈與意識。在他看來，這兩者並無二致，因為實行般若就是達到涅槃。在這篇序文中，他還激烈地批評了世俗思想世界對經典的糊塗觀念，歎息般若學説「唱愈高，和愈寡，知愈希，道愈貴，致使正經沉匱於世，實由虛己情少，懷疑者多」。他也含蓄地批評了一些僧人看重《法華》而不知《般若》的偏向，説「《法華》會三以歸一，則三遣而一存，一存未免乎相，故以萬善為乘體」，這還沒有達到佛法的極致。可是「《般若》即三而不三，則三遣而一亡，然無法之可得，故以無生為乘體」。比起着相的《法華》來，梁武帝似乎更推崇直達空無的《般若》。所以，後面他又説「所謂百花異色共成一陰，萬法殊相同入般若」，這一説法彷彿越俎代庖替佛門判教，給經典與學説硬分出了高下等級 ①。

　　在宗教始終沒有贏得世俗權力的古代中國，皇帝的話語所擁有的權力是很難想像的。當時佛教中人曾很清楚地談到過宗教對世俗政權的依賴性，《歷代三寶記》卷十二在評述相州大慈寺釋靈裕《安民論》《陶神論》時，曾引靈裕的意思説，「法大寶重，光實難顯，末代住持，由乎釋種」。但是他明白單憑佛門的力量是不

① 《出三藏記集》卷八，《大正藏》第 55 冊，53 頁。

夠的，「象運建立，寄在帝王，所以驥尾之蠅，能馳千里，修松之葛，遂聳萬尋」。這種把佛教比作蠅、葛的卑微說法，其實已經表明了一切。正因為如此，在梁武帝之後，攝山以三論為中心講《般若》的一派迅速崛起，而其他各種義學僧人也紛紛起而研習空觀，直到隋代依然如此。當時《般若》的魅力超過了所有的經典，我們只要看一看隋代著名僧人吉藏的《涅槃經遊意序》和《大品經玄意序》就可以明白這一點[①]。在這種風氣中，文人對般若思想的興趣日漸增長，到了陳代，著名文人中，如孫瑒與興皇法朗討論三論，「法侶莫不傾心」；徐陵在宮廷為僧俗講《大品經》，「四座莫能與抗」；徐孝克善論玄理，與僧人討論釋典，「遂通三論」[②]。禪門也不能不在它所依憑的經典上出現轉向，《續高僧傳》卷十七記載著名的法華僧人智顗在文人學士、義學僧人中不講《法華》，而「綿歷八周講《智度論》，肅諸來學」，然後才「次說禪門，用清心海」就是一例。而《楞伽師資記》又載，禪宗所謂的「四祖」道信，一面堅持「依《楞伽經》諸佛心第一」，一面改宗說「又依《文殊說般若經》一行三昧」也是一例。而《般若》及《維摩》《法華》等經，在南方的廣泛流行與深入研習，就給過去義理比較單一陳舊的實踐性禪法，帶來了精深而完整的理論基石，使它迅速地發掘了自己原有的內涵，在大乘經典的外力推動下，從傳統禪法的內在理路中，衍生出一套

---

① 吉藏《涅槃經遊意序》見《大正藏》第 38 冊，230 頁；《大品經玄意序》，見《續藏經》第 38 冊，1 頁。兩處都引興皇法朗語，說「諸人今解《般若》，那復欲講《涅槃》耶」。可見，連專講般若的僧人，都對當時人對《般若》的異常興趣，感到有些詫異。
② 孫瑒，「朗法師該通釋典，瑒每造講筵，時有抗論」，見《南史》卷六十七，1639 頁；徐陵「經論多所精解」，見《南史》卷六十二，1525 頁，《陳書》卷二十六，334 頁；徐孝克通《三論》，「旦講佛經，晚講禮傳」，見《陳書》卷二十六，337 頁。

思想體系。

那麼，南方的佛教大乘義理究竟給達摩一系的禪法帶來了甚麼呢？

二、道信、弘忍時代的禪方法

雖然我們說禪學從方法到思想的演進，是中國禪形成的關鍵所在，但這並不是說方法對於禪思想來說無足輕重，當後人以自己的偏好和立場來反觀禪思想史的時候，常常把注意力放在它討論終極境界的虛玄思想上，這實際上是一種誤解。作為一個佛教宗派，作為一種修行法門，它不僅要對信眾懸置一個最終境界，作出一套解釋理論，也要為信眾提供一套能實現理想的方法，因為理想是一種存在於主觀思想中的東西，它只有依附於客觀行為才有真實的意義。理論只是對這種理想的說明，沒有實踐方法等於是紙上談兵。同樣，客觀行為也只有附着於主觀理想，才有明確的意義指向。作為一種宗教，它只有把行為、路徑和理想三方面結合，才能引導信眾的思想與實踐趨向一個明確的中心，而有這個中心，才能使自身有存在的基礎，這是宗教思想與哲學思想的差異。

從現存的資料來看，達摩並沒有留下多少具體的習禪方法，《二入四行》的「四行」雖然頗為高超，但實際上更多的只是指示路徑，而不是指示如何走上路徑。北方的「四念處」「九調心」雖然指示了具體的做法，卻過於着相拘泥，並不適於上根人的口味。當道信和弘忍在南方開始弘傳禪法的時候，他們面對着各種各樣的修行者，就必須給人們一個易於落實的方便法門，否則，師門對於信眾的指導意義就不復存在。所以，他們在建構禪思想理路的時候，也在建

構禪方法路徑，在這一方面，南北方的禪法都起了相當大的作用。

首先是「念佛淨心」。在《入道安心要方便法門》中^①，道信一開始就提出修學「一行三昧」，他說，「應處空閑，捨諸亂意。不取相貌，繫心一佛。專稱名字，隨佛方所，端身正向。能於一佛，念念相續，即是念中。能見過去未來現在諸佛」。在他看來，念佛是功德無量無邊的，只要能堅持念佛，就能使躁動的心靈安定下來，去除一切旁騖的雜念即攀緣心，最終達到一種與佛同體的平等不二的心理境界。這就叫正法，也叫佛性，也叫淨土，也叫菩提金剛三昧本覺，當然也就是涅槃界般若。當然，這明顯是人們所熟悉的「淨土三昧」或「念佛三昧」，早在漢末支讖譯《般舟三昧經》時，它已傳入中國，相當多的禪經中都有這種以念佛入定的方法。例如《坐禪三昧經》的《第五治等分法門》中，就說到人「將至佛像所，或教令自往諦觀佛像相好，相相明了，一心取持，還至靜處」^②。而在東晉慧遠法師時代，這種方便法門就已在南方流行，《廣弘明集》卷三十九載慧遠《念佛三昧詩序》中就說到過，人要達到「思專寂想」這種與自然冥符的三昧境界，雖然有很多種途徑，但「諸三昧其名甚眾」，其中「功高易進，念佛為先」。因為在不斷專心念佛的過程中，人的心思能在念佛聲中，逐漸進入一種昧然忘知的出神狀態，而在意識中形成「塵累每消，滯情融朗」的靈根湛一。

所以，上根人也罷，下根人也罷，都應當「洗心法堂，整襟清向，夜分忘寢，夙興唯勤」地一心念佛^③。在慧遠以後，這種「念佛三昧」是南方相當多人奉行的法門，天台智顗大師《修習止觀坐禪

---

① 《楞伽師資記》所引，見《大正藏》第 85 冊，1284 頁。

② 《坐禪三昧經》，《大正藏》第 15 冊，276 頁。

③ 《廣弘明集》（《四部備要》本，中華書局）卷三十九，324 頁。

法要》卷下，就把念佛三昧作為發善根的一種途徑，説它可以使人「發愛敬心生，三昧開發，身心快樂，清淨安穩，無諸惡相」[1]，尤其廬山更是念佛一門的重鎮，如廬山僧人法充，為了往生淨土自山上倒行而下，等人去尋找時，他還在「口誦如故」，可見定力之深。值得注意的是，道信恰恰是在廬山住錫十年，此中大概是有微妙的關聯的[2]。在道信之後，弘忍亦步亦趨，繼續倡導念佛，《傳法寶記》稱其教人的方法之一就是「念佛名，令淨心」，弘忍的後裔如四川淨眾一脈，依然「先教引聲念佛，盡一氣」，宣什一脈依然「令一字念佛……念念存想有佛恆在心中」[3]，説明這種方便入三昧的法門，實在源遠流長，並不僅僅是一時興會的權宜之計。

其次是「坐禪攝心」。按照道信的説法，這也是初學禪的人的入道要門。其方法是包括了身心兩方面的。從身體訓練上説，是「獨坐一處，先端身正坐，寬衣解帶，放身縱體，自按摩七八翻，令心腹中嗌氣出盡，即滔然得性，清虛恬靜」。從心理訓練上説，是「於一靜處，直觀身心，四大五陰，眼耳鼻舌身意，及貪嗔癡，若善若惡若怨若親若凡若聖，及至一切諸狀，應當觀察從本以來空寂，不生不滅，平等無二，從本以來無所有，究竟寂滅」[4]。這是很普通的禪法，像《續高僧傳》卷九所載的亡名就有《息心銘》（敦煌本又名《絕學箴》），提到「無多慮，無多知……關爾七竅，閉爾六

① 《大正藏》第 46 冊，469 頁。

② 《續高僧傳》卷十六，559 頁；南方念佛門與北方曇鸞淨土門不同，這一點將另行論述，道信的念佛與南方風格一致，而與北方風格不同。

③ 分別見於《歷代法寶記》，《大正藏》第 51 冊，185 頁；《圓覺經大疏鈔》卷三之下，《續藏經》第 14 冊，279 頁。

④ 《入道安心要方便法門》，載《楞伽師資記》，《大正藏》第 85 冊，1286 頁。本節引用道信之説，皆出自此文，不一一注明。

情，莫視於色，莫聽於聲……心想若滅，生死長絕，不死不生，無相無名，一道虛寂，萬物齊平」，大概也是這一類的禪定之術。在方法上，它更與慧思、智顗等尊奉《法華》的禪師十分近似。智顗《修習止觀坐禪法要》中講五種調和，除調食、調眠之外，後三種是調身、調息、調心。按他的說法，這三種應當合起來，不能分別，其實就與道信的說法一樣。首先，是調整氣息，要「安坐處每令安穩」，然後有一套很嚴格的坐禪姿勢與規矩，當人坐好後，就開始「作七八反如似按摩法」。再後，則「口吐濁氣」，吐氣的方法主要是不聲不結不粗，有些類似於道教的吐納之法，當人處在身體調和狀態時，就需要對意識中的雜念進行清除了，這種使心靈清淨的方法，就是「離世間一切顛倒妄想」。智顗說，這就是止觀，「止」是使心繫於一處，不讓心猿意馬四處奔逸，進而達到「知從因緣生，無有自性，則心不取，若心不取，則妄念心息」的「體真止」；「觀」是對應於人心的種種弊病，採取內心觀照的方法。如心中有貪念，則反觀其不淨，內心有嗔念，則反思心中的慈悲，如心中雜念思尋過盛，則用數息的方法平息思慮，如執着於種種名相，則用分別觀來體驗其無自性。但是，這並不是終極境界，要達到終極境界又要用「正觀」，在內心反照中體驗「所觀之境一切皆空」。這也就是道信所說的「平等無二」和「究竟寂滅」[1]，當然也是禪者的基本入門方法。

在道信的時代，這種方法是南北方禪者的流行法門，道信取這一套法門也是理所當然的。他承認，這種「諦看自心」的方法，是一個艱難的甚至是漫長的過程，「或可一年，心更明淨，或可三五

---

① 智顗《修習止觀坐禪法要》卷上，《大正藏》第 46 冊，465—466 頁。

年，心更明淨」，顯然還是漸修的路徑。在道信之後，弘忍接着講這種方法，恪守舊規，幾乎沒有多少改變。《楞伽師資記》記弘忍的說法是：

> 爾坐時，平面端身正坐，寬放身心，盡空際遠看一字。

《導凡趣聖悟解真宗修心要論》中弘忍的說法是：

> 若有初心學坐禪者……端坐正念，閉目合口，心前平視，隨意近遠，作一日想，守真心念念莫住，即善調氣息，莫使乍粗乍細……會是妄念不生，我所心滅，一切萬法不出於心……若能自識本心，念念磨煉莫住者，即自見佛性也。[1]

就是後世那些口說天花亂墜、玄理不可思議的南宗禪師，大概也還是要用這種方法。止觀坐禪以求定心的途徑，並不像他們說的那麼瀟灑和輕鬆。像天皇道悟禪師「多閉禪房靜坐而已」，洞山良價禪師「行腳時到寺裡……坐禪」，雪峰義存禪師「只管坐禪」，汾陽無業禪師「行必直視，坐則跏趺」[2]。作為禪家必修功課，它在南北朝隋及初唐，仍是禪門要道。

再次是「發心自悟」。正像當時許多禪師都追求的那樣，他們

---

[1] 《導凡趣聖悟解真宗修心要論》有敦煌本，亦即傳世之《最上乘論》，見《續藏經》第 110 冊，829—833 頁；本節中所引弘忍的話除專門注出外均出自此，不一一注明。

[2] 均見《祖堂集》(孫昌武等點校本，北京：中華書局，2007；以下引用《祖堂集》均此本，不一一注明) 卷五、卷六、卷七、卷十五。

認為，對於上根人來說，最上乘的入道法門不是調息，不是念佛，甚至不是心中各種意識的寂滅與現象的消失，而是一種自然而然的意識中的無差別無執着境界。道信在《入道安心要方便法門》中特別說到「學者有四種人」，一種是靠行為求解脫但不能用智慧求解悟，也不能自己得證明的「下下人」；一種是有行為有智慧但不能自心證明的「中下人」；再一種是沒有行為只有智慧，也能自心自證的「中上人」；最後一種是有行為有智慧有自證能力的「上上人」。他認為，那種念佛向西方的方法，「不為利根人説也」。而那種「直觀身心」「身心調適」「心自安靜」的方法是「初學坐禪人」的看心法門。真正有大慧根的人，是不需要這些煩瑣步驟的，他們所要達到的境界也不是這種一般化的心淨意定，而是理智與直覺相結合的心性空明，換句話説就是「定慧一體」的「悟」。所以道信説，「新學之人，直見空者，此是見空，非真空也，修道得真空者，不見空與不空，無有諸見也，善須解色空義」，就是説，真正能夠達到最高境界的人，對色空的義理有透闢的認識，對心靈中的無差別境界有直覺感悟的體證，在這種人的身上體現了禪的真諦，作為禪師，道信説要對學者「善須識別」。

應該承認，這是一種相當玄妙的修行路徑。也許，那種真摯地進入禪境的文化人，在深明佛理尤其是般若空觀的時候，反身向內體驗，是可以進入一種無此無彼非此非彼的無差別境界的，這在當時的大乘禪師心目中，是一種最迅捷也是最高超的入道要門。和前兩種法門不同，它有一個首要前提是，這種禪法的修行者必須是對自心本來明淨的前提確信不疑，對佛教的大乘思想有理性而深刻的了解，而前兩種法門則是靠念佛、坐禪來擺脫自己對心性的疑慮。因為有的人「不悟心性本來常清淨」，他就只能藉助外在行為來驅

逐黑雲；而那些一開始就自信心靈本來清淨，現象本來空幻的上根人，在理解了般若色空思想之後，就可以一通百通、一悟百悟。道信曾引智敏禪師的話說「學道之法，必須解、行相扶，先知心之根源及諸體用，見理明淨，了了分明無惑，然後功業可成。一解千從，一迷萬惑」，就是這個意思。智敏不知是甚麼人，現在無從考證，但想來也是一個高明的禪師。印順《中國禪宗史》懷疑是智顗，並引《宗鏡錄》卷一○○智顗與陳宣帝書中與道信上述所引話相似的句子為證。但是我略有懷疑，因為智顗與道信年代相去不遠，不應把他稱為「古時某某禪師」，印順的猜測未必可靠。但是，他引的智顗與陳宣帝書，卻證明了當時南方各禪門大體都有類似的思想，而道信正是在這種文化氛圍中，提出他的這種禪觀的，後來弘忍所說的「修道之本，體須識當，自心本來清淨，不生不滅，無有分別，自性圓滿」，大體上也與這種禪思想相當，都暗示了一種更直接更超絕的解脫之道。

三、從方法到思想

從表面上看，這些方法並沒有超出傳統的禪學，上述三種修習法，看上去不過就是謝敷的「三輩」，達摩的「四行」。但是，應該特別注意的是，當道信與弘忍在使用這些看似傳統的禪方法時，在這些方法背後，卻開始孕育了一整套與傳統禪學相當不同的深邃思想，當這些思想與方法逐漸融為一體的時候，方法就在思想的牽引下，有了一個明確的中心趨向。

讓我們先簡單地回顧一下達摩一系所依經典的變化。

達摩奉宋譯四卷《楞伽》，這是得到文獻資料支持的事實。據

《楞伽師資記》説，達摩曾著有《釋楞伽要義》一卷，「有十二三紙，亦名《達摩論》……文理圓滿，天下流通」。而在達摩思想中，如「含生同一真性」，「為客塵妄覆，不能顯了」，以及「凝住壁觀，無自無他，凡聖等一，堅住不移」，這可稱之為「捨妄歸真」的三部曲，都能在《楞伽經》裡找到對應的文句。所以，沈曾植、胡適當年稱其為「楞伽宗」，並不是沒有道理的。但是，《楞伽經》本身就是一部內容十分混雜的經典，這種混雜使得奉習它的僧人，可以對它作種種不同解説，也使得它不具有嚴格的排他性。同時，達摩一系雖説是以《楞伽》為傳宗心要，但這並不意味着達摩等人像其他的宗派掌門人一樣，死守一經，以經判教。其實，他們也牽用其他經典。宇井伯壽曾經考證，達摩所依經典，其實並不局限《楞伽》，還有《維摩》《涅槃》，當然還有很可疑的《金剛三昧經》，他的《二入四行》中的「理入」部分基本上就是來自《金剛三昧經》[1]。

奉《楞伽》而不專用《楞伽》，這就使達摩一系對經典的態度極為靈活。

我們知道，《楞伽經》雜糅了「如來藏」緣起説與「阿賴耶識」緣起説，它的基本解脱理路是接近唯識的「五法三性八識二無我」，這是一套極其煩瑣的、以意識分析為路線的方法[2]。按照它的「五

---

① 宇井伯壽《禪宗史研究》第一《達摩と慧可及び其諸弟子》，23頁；但《金剛三昧經》的「出身」很可疑，所以，也有人認為，可能是《金剛三昧經》抄襲達摩。

② 《楞伽阿跋多羅寶經》卷四《一切佛語心品第四》：「三種自性及八識、二種無我，悉入五法」，三種自性是「彼名及相是妄想自性」「分別持是名緣起自性」「正智如如不可壞故名成自性」，八識是「識藏、意、意識及五識」，二無我是「人無我」及「法無我」，五法是「相、名、妄想、如如、正智」。不過，很多人都指出過《楞伽》並不等於名相分析的唯識經典，這一套東西在宋譯四卷《楞伽》與達摩禪門中，並不是思想主流。參見印順《宋譯楞伽與達摩禪》，載張曼濤主編《現代佛教學術叢刊》（台北：大乘文化出版社，1977）第十二種《禪宗典籍研究》。

法」之說，修行者首先要認識到宇宙間一切處所、形相、色相，都不過是顯現的「相」，這些「相」因為有相而得「名」，但是，這些相與名，在人的意識中必須被認識為「妄想」，通過對八識的分析，了解到這些妄想終究是虛幻，這就達到了「如如」。但是，如如雖是虛幻，人的意識中又不能對它採取閉目塞聽、拒斥迴避的方法，躲到「無」中，而應當「隨順入處，普為眾生」「不斷不常，妄想不起」，這就是「正智」。從執着名相妄想，到獲得正智，按《楞伽經》的説法，有很多很複雜的路要走，有很多規矩要守，像「莫著言説」「自覺觀察」「無取境界」「莫墮二邊」等。這樣，在《楞伽》中雖然也有極其超絕的禪法，但總的説來《楞伽》禪是比較傳統的。比如，《楞伽經》卷二所説的「如來禪」，聽起來很玄妙，「謂入如來地，得自覺聖智相三種樂住，成辦眾生不思議事」。但是按它的説法，入如來地卻需經過「獨一靜處，自覺觀察，不由於他，離見妄想，上上升進」的修行，所以，它的主要傾向還是「漸進非頓」的。它説，修行的過程就像菴羅果的成熟、製陶者的造器、大地生萬物、人學音樂書畫，「如來淨除一切眾生自心現流，亦復如是」。奉楞伽禪的人，依然要首先學習那些具體的禪定之法，來尋找清淨心靈，儘管它也承認有像明鏡頓現一切的「頓悟」。

但是，正如湯用彤先生《中國佛史零篇》中所説，《楞伽》思想頗為混雜，「雖亦稱為法相有宗之典籍，但其説法處處着眼破除妄想，顯示實相」[1]。奉《楞伽》的達摩一系，從一開始就存在着另一種傾向。特別是從現存達摩、慧可、僧副、曇林、法沖等人的資料來看，似乎他們並沒有拘泥於《楞伽》的理論，倒只是從《楞伽》中

---

[1] 湯用彤《中國佛史零篇》，載《燕京學報》1937 年第二十二期。

挪用了一些他們需要的思想。比如，用《楞伽》的「一切佛語心」也就是重視「心」的思想，把禪定之觀念與方法，向純粹內在化轉了一步；又比如，用《楞伽》「破名相」「莫執着」也就是破除語言文字對思維的束縛的思想，使禪定之學向純粹體驗化轉了一步；再比如，用《楞伽》的「自覺聖智」之「如來禪」，即自力超越的最高境界，説明心靈的最高境界應是無分別、無執着、無中邊，把禪定之學向純粹自然化轉了一步。同樣，達摩《二入四行》雖然有與《金剛三昧經‧入實際品》相似的關於「理入」的説法，當他説「行入」的時候，卻與《金剛三昧經》頗不一致。《金剛三昧經》中所謂「行入」，並不是達摩的四行，而主要是「心不傾倚，影無流易，於所有處，靜念無求，風鼓不動，猶如大地，捐離心我，救度眾生，無生無相，不取不捨」[①]。可見，在達摩及其弟子這一系中，對經典有相當自由的闡釋，這就為建立禪思想體系預留了田地，也為他們的後人吸收各種經典，特別是《般若》一系經典的思想埋下了伏筆。

也許，當達摩的弟子們開始建立禪思想理論基礎時，在般若學方面曾經比較多地引入了《思益梵天所問經》。據智顗《妙法蓮華經玄義》卷十之上説，北方的禪師分為兩種，其中一種是説無相大乘的禪師，奉的經典除了《楞伽》之外，就是《思益》，後來沿襲傳統的禪者們，的確就是以這兩部經典為宗要的，這説明兼奉《楞伽》與《思益》，乃是前期達摩禪門的舊路數。關於這一點我將在《北宗禪再認識》一章中專門論述，這裡要説的是，《思益》的思想本來與《楞伽》相當不同，但是，在前期禪師的手中，它們竟可以合而為

---

① 《金剛三昧經》，見《大正藏》第 9 冊，369 頁。

一，這就是因為他們對經典的靈活態度，而這種渾沌一團的靈活態度，又恰好導致了禪思想後來的轉向。因為《思益經》的理路，並不是《楞伽》那種分析名相的路數，《思益經》的終極境界也不是《楞伽》那種清淨心靈。

當然，《思益》與《楞伽》都與「禪」有一致處，這就是「守心」。《出三藏記集》卷八引僧睿《思益經序》說，《思益》的天竺舊名，意為「當是持意，非思益也」，鳩摩羅什譯經時沒有考慮到「秦言名實之變」，所以誤譯為「思益」。其實，「舊名持心，最得其實」[1]；它們都承認人的本性是清淨的，所以人都有成佛的可能；它們都認定人要成佛需要艱苦的努力，《思益》的「四法」也罷，《楞伽》的「五法」也罷，都不是一蹴而就的，雖然有頓有漸，但終究要運用情感與理智，要憑藉信仰與精神；它們都相信終極境界是一種存在於內心中的感覺，而不是存在於現象中的實在，它是不能用語言文字來表達的。

但值得注意的，不是這些一致處，而是從《楞伽》到《思益》那種越來越偏向於大乘空宗的趨向。這種趨向中包含了：（一）解脫過程的「簡約」，（二）解脫動力的「自覺」，以及（三）解脫境界的「超越」。所以，「守心」也罷，「持心」也罷，關鍵這個「心」是甚麼。《楞伽經》一切佛語心的「心」，頗有些像充滿智慧的真知與無比清淨的真性，它作為人的根本，是追索的終極目標。很多學者都感到，它與《大乘起信論》中的「一心開二種門」的「心」很相似，這是有道理的。但是在《思益》中，這個「心」卻有些被「虛空」二字瓦解，比起《楞伽經》來，它似乎更強調對「心」這一目標的超越與自由。

---

① 《出三藏記集》卷八，《大正藏》第 55 冊，53 頁。

比如，關於人心在世俗世界的污染，《楞伽經》卷一說是「猶如猛風，吹大海水，外境界風，飄蕩心海，識浪不斷」，所以，那首有名的偈語就說是「譬如巨海浪，斯由猛風起。洪波鼓冥壑，無有斷絕時」。給人的印象是，「外境界風」與「心海識浪」，在生活中都是實在的現象，它們使心靈受到遮蔽，人只有通過名相分析，不斷破妄，獨一靜處和自覺觀察，才能背妄趨真。而背妄趨真的「真」，就是懸在修行者眼前既遙遠又明確的理想。為了這一理想，人需要運用他的虔誠、他的理智、他的情感，把精神集中在這個唯一真實的理想之上，以「定」「慧」為雙翼，向着理想的境界，也就是「真心」回歸。

但是，在《思益經》卷一《解諸法品第四》裡，卻一下子推翻傳統的「四聖諦」即苦、集、滅、道的教義，大講所謂「空」。它說，苦、集、滅、道都不是真實，真實的「四聖諦」應當是「知苦無生」「知集無和合」「知無生無滅」「與一切法平等，以不二法得道」。所以，苦無所謂苦，集無所謂集，滅無所謂滅，道無所謂道，真正的超越不是背離甚麼和趨向甚麼，而是「不憶念一切諸法」。在同卷中又說，「如來坐道場時，惟得虛妄顛倒所起煩惱，畢竟空性，以無所得故得，以無所知故知。所以者何？我所得法，不可見不可聞，不可覺不可識，不可取不可着，不可說不可難，出過一切法相，無語無說，無有文字」[①]，為甚麼？因為一切的本原是「空」，「此法如是，猶如虛空」。這種對污染心性的看法，比起《楞伽》來更容易轉向修行的內在化，也就是更容易導致修行的意念化。當一個人意識到這一切污染塵垢不過是虛妄時，他無須對這虛妄有所警

---

① 《思益經》卷一《解諸法品第四》，《大正藏》第 15 冊，39 頁。

惕與拒斥，因為這清淨無垢的心靈，歸根到底也是虛妄。所以，人只要放鬆隨順，不憶念一切，就是解脫，這解脫就是心境的超越與自由。

這樣一來，修行本身就瓦解了修行。《思益》的奉行，是否為達摩一系禪師從《楞伽》到《般若》的轉向製造了契機？由於資料的緣故，我們無法確認。但是，如果我們從道信、弘忍之後的禪師，普遍兼奉《楞伽》與《思益》這一事實，以及達摩禪的確出現了思想轉向這一歷史來看，《思益經》在禪思想史上的意義是值得考慮的，作為一部持大乘空宗觀點的經典，它被達摩禪引入他們的禪思想中，勢必對般若思想的全面滲透有着先導作用。我們看到，在道信與弘忍的時代，那些看似傳統的禪方法背後，初步建立起了一套來自般若學的思想體系，這些思想體系支持着各種方法，但又在般若空的否定性中，不斷地超越着實踐方法，而進入一個只能靠體驗才能領略的思想世界。

比如「念佛」。這本來是一種相當簡單的定心觀想手段，《觀無量壽經》十六觀中的「第八觀」就是想佛，「諸佛如來，是法界身，入一切眾生心想中，是故汝等心想佛時，是心即是三十二相八十隨形好，是心作佛，是心是佛」。《阿彌陀經》中則說，眾生持念佛的名號，堅持一日乃至七日，「一心不亂」，就能在最後見佛，往生極樂淨土。而《般舟三昧經》所說的般舟三昧，就是一種靠念佛的意念，使心靈聚集到一處的禪定法門，也就是所謂「觀佛三昧」。在這種方法中，「佛」是一個信仰者所諦念的實在對象，往生「佛國」是一個信仰者所追求的實在理想，念佛就是感動佛陀，並使自己往生理想世界的手段。但是，在道信與弘忍的時代，這種「念佛三昧」卻有着翻過一層的意味。道信引述《大品經》說，真正的念

佛，是一無所念，「無所念者，是名念佛」①。般若系經典中並不一概反對念佛，像禪師後來常引用的《文殊師利所説摩訶般若波羅蜜經》卷下，就有「應處空閒捨諸亂意，不取相貌繫心一佛，專稱名字，隨佛方所端身正向」的説法。但是要注意的是，般若系經典卻在這「念佛三昧」與「一行三昧」之間畫了一個等式，要念佛的人們最終應該進入無差別的「一行三昧」境界，而在這一境界中，「盡知恆沙諸佛、法界無差別相」。按照道信的説法，佛不是一個心外的實在對象，而是心內的一種自覺意念，「離心無別有佛，離佛無別有心，念佛即是念心，求心即是求佛」。為甚麼？他説，因為「識無形，佛無形，佛無相貌，若也知此道理，即是安心」②。弘忍也説，專念佛名是初學者的入道之門，但是如果上根人對此已有覺悟，那麼，發現本心是更重要的修行，「清淨之心，此是本師，乃勝念十方諸佛」，並且很明確地告訴弟子説，「常念彼佛，不免生死，守我真心，則到彼岸」③。《楞伽師資記》中又引他的話説，「虛空無中邊，諸佛身亦然」④。這樣，念佛法門不僅向念心法門轉化，它的理路也與大乘空觀接軌，它的終極境界也不再是彼岸的極樂淨土，而是此岸的空明心境。因為，如果佛是無名無形的虛空，如果「念佛」就是「念心」，那麼，人就不必向外馳求，用種種具體的方法約束自己，只要反身內省，在意識深處去觸摸那無思無別的空境，就是使自己與佛同在。

又比如「坐禪」。這也是一種歷史悠久的定心內省手段，早期

---

① 《楞伽師資記》引《入道安心要法門》，《大正藏》第 85 冊，1286 頁。

② 《入道安心要法門》，《大正藏》第 85 冊，1286 頁。

③ 傳弘忍撰《最上乘論》，《大正藏》第 48 冊，377 頁。

④ 《楞伽師資記》引，《大正藏》第 85 冊，1289 頁。

禪學雖然方法甚多，但大體都是從身體再到心靈的路數，即藉助某種意念轉移或意念集中的方法，硬性排除各種思慮，使精神處於或專一或平靜狀態，這叫作「守心之法」。所作所為一心一意，都為了這個心靈的清淨。但是，在道信與弘忍的思想中，「守心」固然重要，但這守的「心」卻不僅僅是一無所有、絕對清淨的狀態，而是要通過這種反觀內省，來發現自己本始就有的「佛性」。這佛性不是那種絕對的「無」，當然更不是絕對的「有」，而是一種超越了有、無之上的「空」，是道信所謂「無作無願無相」的佛性，是「幽靈不竭，常存朗然」的聖心，也是弘忍所謂「寂照智生」而「窮達法性」的涅槃法，是「自識本心，念念磨煉莫住」的本真心。這與《維摩詰所說經·弟子品第三》中所說的「不於三界現身意」「不起滅定而現威儀」「不捨道法而現凡夫事」「心不住內亦不住外」「不斷煩惱而入涅槃」的「宴坐」是極相似的。但是，這與傳統佛教那種為了與外在世界隔離，回歸內在心靈，一味追求絕對清淨無垢的禪法，卻遠遠地拉開了距離。

再如「發心自悟」。這當然是一種極高明的解脫與超越方法，但是發心自悟，悟個甚麼？卻是一個很關鍵的指向性問題。悟世間諸苦是小乘悟，悟一切皆幻是大乘悟，但是，若能悟到人自身的佛性是無差別、無苦樂、無生死、無內外的心靈境界，則是最高明的如來之悟。所以，道信說，「悟佛性者，是名菩薩人，亦名悟道人，亦名識理人，亦名達士，亦名得性人」[1]。這裡所謂「悟道」與「識理」，就是要透徹地洞察宇宙與人生的本原，在這種洞察的基礎上，獲得並保持着輕鬆平靜但又不是一潭死水的心靈境界，恬淡無

---

[1] 《入道安心要法門》，《大正藏》第 85 冊，1289 頁。

慾但又不是苦苦自虐的生活狀態、精深領悟而又不是析理酌義的思想認識。

按照弘忍的説法，修道之本是認識「自心之本來清淨，不生不滅，無有分別，自性圓滿」，而這個「悟道識理」的道理和「不生不滅，無有分別」的境界，卻必須依賴般若思想才能理解。在南朝後期所流行的般若思想中，有一個很突出的説法，就是思維的不斷超越。《弘明集》卷六周顒《重答張長史書》中就對張融説，般若學精義在老莊學理之上，就是因為老氏「署『有』題『無』……未有能越其度者也」，而佛教般若的超越有、無，才真的是「擅絕於群家」①。也就是説，當一個人只認識到「有」與「無」的對立時，這種思想還只是很低級的，雖然從「有」到「無」，意味着從俗入真、捨凡趨聖，但是他畢竟只知一而不知二；當一個人從「有」與「無」中看到了虛妄，而理解了「有」與「無」不二時，他又超越了一層障礙，但畢竟還未到達真正的解脱境界；只有到一個人從心靈中感悟到「有」和「無」既是一又是二、既不是一也不是二的時候，他才真正地進入了超越和自由的天地②，因為這時，他可以在生活中真正達到「不疑不犯不嗔不忍不進不怠不定不亂不智不愚……不有為不無為」③。站在般若思想的理路上一路分析下去，引起煩惱的「五陰」是空無自性的虛假相，而「空」也是虛假相，所以有無染淨本來並無差別。人只要在理智上洞察這種本原，就可以明白那些引人煩惱的塵世俗緣，都不過是虛假的，「亦不生亦不滅」，而人的心靈對這一切，也

① 《大正藏》第 52 冊，40 頁。
② 參見吉藏《二諦章》卷上引興皇法朗論三種二諦，《大正藏》第 45 冊，90 頁。
③ 《放光般若經》卷二《五神通品第五》，《大正藏》第 8 冊，10 頁。

不必驚慌失措地拒斥與歡迎，只要平常地「亦無著亦無斷」[1]，這就是「般若智慧」。就是這種般若智慧，既不背有趨無，也不捨染求淨，而是超越染、淨而籠罩有、無。它正是道信所說的「修道得真空者，不見空與不空，無有諸見也」的「道理」；也正是弘忍所說的「了生即是無生法，非離生法有無生」的「禪法」[2]。

至此，在道信與弘忍的時代，達摩一系禪師終於從「禪」的傳統範圍中超越了出來[3]，宗密在《禪源諸詮集都序》卷一所說的「達摩未到，古來諸家所解，皆是前四禪八定，諸高僧修之，皆得功用，南嶽天台，令依三諦之理修三止三觀，教義雖最圓妙，然其趣入門戶次第，亦只是前之諸禪行相，唯達摩所傳者，頓同佛體，迥異諸門」[4]。這段話雖然有些誇張，把禪學之變都歸之於達摩，但是如果我們不把功勞都算在達摩一人身上的話，說達摩一系使「禪」

---

① 《放光般若經》卷一《無見品第二》，《大正藏》第 8 冊，4 頁。
② 《楞伽師資記》引，《大正藏》第 85 冊，1286、1290 頁。
③ 當然，達摩禪門的這種思想轉化，其背景是為了適應上根人也就是文人士大夫的興趣，中國尤其是南北朝時代的文人士大夫沒有苦修苦行的傳統，也沒有理智分析的習慣，從老莊道家那裡發展起來的體驗與感悟能力，使他們對宇宙多採取一種玄思的方法，從玄學論辯那裡積澱下來的觀念與思想傳統使他們對人生多偏向一種自然的態度。王坦之《沙門不得為高士論》一文中「高士必在於縱心調暢，沙門雖云俗外，反更束於教，非情性自得之謂也」這段話，就很清楚地說明了他們的人生取向與宗教興致。一種宗教如果不能把修行的途徑變得簡捷方便，如果不能把終極的境界變得超越玄妙，他們是不會把自己投入到這種宗教中去的。達摩一系在這一方面已經邁出了一大步，但是這一步畢竟磕磕絆絆、步履維艱，因為他們仍然在傳統與維新、方法與思想、《楞伽》與《般若》之間左右徘徊。這種徘徊一直延續了很長時間，在後面的禪思想史中，我們將不斷地面對這種徘徊，在眾生本性的「真實」與「真如」之間，在修行途徑的「漸悟」與「頓悟」之間，在終極境界的「清淨」與「自然」之間。
④ 宗密《禪源諸詮集都序》，《大正藏》第 48 冊，339 頁。

發生了根本改變是無可置疑的。

很早以前，僧睿在《關中出禪經序》中曾說過，雖然漢地早就譯出了「修行大小十二門大小安般」，但「雖是其事，既不根悉，又無受法」，所以並不流行。他很感歎地說，要禪智雙行，因為「無禪不智，無智不禪，禪非智不照，照非禪不成」。慧遠在《廬山出修行方便禪經統序》中，也非常感歎「禪非智無以窮其寂，智非禪無以窮其照」，所以，他回顧達摩多羅與佛大先的時候，特別講到了他們禪思想的異致[①]。這說明禪定之學，並非不需要「智」而只是一種「禪」。所以，雖然北地禪師已有人開始「授法傳禪」，但這時的禪學尚未脫離印度禪的樊籬，也缺乏精深的義理支持，並不能形成禪思想的完整理路。道信有一句話很值得玩味，他說他的入道安心方法，「並是大乘正理，皆依經文所陳，非是理外妄說」。也就是說，他們的禪方法，已經不再是單純的傳統的具體的方法傳授，而是在對大量經典的研習之後的理性總結。我們從他的論述中看到，他引述的經典中有《文殊般若》《大品》《普賢觀經》《華嚴》《法華》《涅槃》《金剛般若》《無量壽經》《維摩》《遺教經》《法句》，他們在這些經典裡取其所需，開始為禪的實踐方法提供新的思想基礎——

第一，他們預設了人的本性就是佛性，規定了人的解脫狀態就是超越有無的心靈境界。這樣，禪的方法就只是使人回歸內心的反思內省，以心靈去體驗意識本原中那種無思無慮的恬淡平靜，用心靈對這種恬淡平靜的感悟在人生中落實樸素自然的境界，在人生的樸素自然境界中，回味自己的精神對世俗的超越與解脫。

第二，在他們的禪思想中已經出現了初具雛形的意義中心，這

---

① 僧睿及慧遠二文均見《出三藏記集》卷九，《大正藏》第 55 冊，65 頁。

彷彿般若學説所拈出的「空」：他們所説的人與佛等無二之佛性就是「空」，即本始未經污染的原初之心。它彷彿銅鏡之銅本有照性，但未曾普照一切時的那種狀態；他們所持的修行之法也許形式多樣，但都指向一個終極境界，也是般若思想所要求的「空」，即不生不滅不有不無的真諦實相；所有的外在禪修行，在這裡都只是登岸之筏，一旦進入禪境就應該捨筏忘筌。當然，如果能在意念上一悟而入，發三藐三菩提心而永不退轉，那更是上根人的自覺聖智。

第三，他們所追求的終極境界，就是般若智慧，這種智慧不是解決問題的知識，也不是撫慰心靈的感情，甚至不是寂寥靜謐與世塵隔絕的心境，而是一種平靜地旁觀大化流轉，自然地隨流遷化，但又深深地洞見這一切之虛幻的「空」境，這種「空」境是人心原來本性，又是修行之後回歸本原的真性，它是起點，也是終點。

第三節　從印度禪到中國禪

人類總是需要一種超越實用意味的精神撫慰。這裡説的不是哲學，哲學是一種對現象的深刻思維，但它不能逸出人的理智範圍，也不能逃避思想的檢驗，所以，它只能是少數思想深邃的學者的精神產品與精神消費品，更多的人需要那種無需論證的思想權威，來為他提供無須檢驗的精神指導，以尋找自己心靈的歸宿。因為，人們除了那些看得見的生活之外，總在追尋一個問題的答案，即人活着是為甚麼？怎麼樣才是最好的活着？活着的人能否達成更高境界？這才是人之為「人」的獨特之處。除了一些蠅營狗苟的平庸之輩，大多數人都有這種經驗，人們靠對這種精神世界的追

尋，形成一種信仰，在這種信仰的規範下，做自己應該做的事，過自己應該過的生活。至於人們究竟為甚麼要遵循這一信仰的指導，大多數人未必清楚，但在意識中，卻知道這就是「道」就是「理」。而這種「道理」無須經過論證與檢驗，因為它是「天啟」或「神諭」，這就是宗教。即使是現代那些以理智與知識為職業的科學家、哲學家、史學家，也常常覺得需要一種宗教，因為在理性穿透一切的科學、哲學、史學之中，已經沒有任何可以無條件信仰的了。過度的理智雖然會使人心變得冷靜，但是也可能變得冷酷，沒有任何的溫馨與友愛，也會使一切變得流轉不居，沒有永恆與安寧。於是，在哪怕是最出類拔萃的人那裡，宗教信仰也有着生存的土壤。

漢末魏晉以來的中國思想世界，是一個適於宗教滋生的環境[1]。漢代「罷黜百家獨尊儒術」後逐漸定於一尊的政治意識形態開始鬆動，唐代中期以後那種重新權威化的政治意識形態又沒有形成。這個時代，對於人的心靈與存在的關心，超過了對外在的自然與社會的熱情，而對心靈與存在的體驗，又隨着文人士大夫階層的社會角色轉換，而越加細緻入微。對於文人士大夫來説，「木猶如此，人何以堪」的感歎隨着時間的流逝，逐漸從對外在生命的悲傷，轉向對內在心靈的追尋；永存不死的奢望逐漸幻滅之後，人們重視的是對精神永恆的希望。這種精神永恆，不是一種現實的實在，而是一種心靈的感受，當人能夠在生活中體驗到人生的終極境界時，那一剎那間也就成了永恆。因為他在這一剎那間，彷彿觸摸

---

[1] 日本學者吉川忠夫有以下論文專門討論這一時代的宗教氣氛，參見《六朝隋唐時代における宗教の風景》，載《中國史學》（東京）第二卷，1992 年 10 月；《中國六朝時代にぉける宗教の問題》，載《思想》（東京：岩波書店）1994 年 4 月號；《社會與思想》，載《魏晉南北朝隋唐時代史の諸問題》（東京：汲古書院，1997）。

到了自己的生命根本，領悟到了人之為人的依據。所以，探索宇宙與人生的終極意義的宗教，就在這時成了文人士大夫的興趣。

但是應該指出，如果一種宗教信仰只是在一般意義上給人指示解脫之道，只是在具體方法上給人傳授避禍之術，只是在虛擬世界裡面向人們許諾某種信仰之果，那麼，這種宗教只能獲得下層平民的信仰，卻不大可能在中國的精英世界佔有一席之地。特別是，如果一種宗教還要以種種責任、義務、規矩來限制人的自由，以自由的限制為代價與神的承諾作交易，來換取某種實在的利益，或者以思想的苦思冥想和理智的探索辨析為手段，來解釋自己生活的意義，那麼它也不能成為中國文人士大夫的精神興趣。所以，當佛教進入中國之後，就很快因接受者的追求取向分為兩路：那些因果業報、三世輪迴的思想以及用「實際功德」為底價的種種方法，成了下層民眾的宗教信仰與實踐；而那些關於宇宙與人生本原的理論，以及通過「心靈體驗」來贏得精神超越的種種方法，就成了上層文人士大夫的宗教信仰與實踐，這豐富了古已有之的「小傳統」與「大傳統」。

不過，就是在佛教關於宇宙與人生的理解和領悟中，也還有種種分別，究竟甚麼樣的思想與實踐，對中國士大夫來說是最適合的？這種宗教與宗教信仰者之間的遇合，就好像在暗中摸索大門的鑰匙孔一樣，既是宗教傳播者的思考，也是宗教信仰者的找尋。在互相摸索中二者逐漸接近，最終選擇一種最契合的宗教思想和實踐模式。

我想，6—7世紀在中國南北方發生的，可以稱為從印度禪到中國禪的演進過程，就是中國上層思想世界與外來佛教思想資源之間的一次精神姻緣。

一、宗教救贖的生活化與心靈化

在回顧中國禪思想的前期歷史時，我們常常會想到那個被宗教史家稱為「革新者」的馬丁·路德（Martin Luther，1483—1546）。在西方宗教史上，大凡提到馬丁·路德都會說到他的「因信稱義」論。據說，由於基督在十字架上的救贖奇功，人與神之間已經沒有阻隔，人們可以憑藉自己的信仰與上帝直接交往，人的心靈可以體驗到上帝的精神，所以，「基督徒是最自由的」，儘管他也是眾生的「最恭順的僕人」，但那些拘泥於教堂中種種儀式規章的做法，其實是對自由的限制。沃爾克在《基督教會史》中說，「這是他（路德）對新教思想的最重大的貢獻之一，也是他擺脫古代和中世紀基督教思想束縛的最重要的標誌之一」。因為這一「因信稱義」論，推倒了教廷保護宗教權力的護牆，把救贖的權力從教皇和祭司那裡，拿回來轉交到了信仰者自己的手中[①]。

用馬丁·路德來比擬前期禪思想，當然有些不倫不類。但是，這種讓人不由自主地產生聯想的原因卻令人深思。的確，在把救贖的鑰匙從宗教權力那裡轉移到信仰者手中這一點上，前期禪思想倒是與馬丁·路德有異曲同工之處。如果按照某種通常的觀點，「宗教是對信仰的理解」，那麼，前期禪思想則彷彿是在轉向「對理解的信仰」。為甚麼？因為它把對外在神靈、外在秩序、外在實踐的崇敬，變成了對內在心靈、內在感受、內在直覺的體驗，如果按照「宗教是一種（精神的）轉變過程」的說法[②]，那麼，前期禪思想就是

[①] 沃爾克（Williston Walker）《基督教會史》（*A History of the Christian Church*，孫善玲、段琦、朱代強譯，北京：中國社會科學出版社，1991），389 頁。

[②] 斯特倫（F. J. Streng）《人與神：宗教生活的理解》（*Understanding*（轉下頁）

把這種轉變過程的鑰匙，從宗教手中轉到了信仰者手中，它使信仰者自己的感悟，成了解脫與超越的唯一途徑，從而改變了人的宗教生活的整個路向。

我們知道，對於人的生活，世俗思想與宗教思想有過各種各樣的設計，但是，在古代中國思想世界裡，無論是在儒學、道家還是在佛教，原本都只是以下三種路向：

第一種，是道德與倫理的路向。這種路向預設倫理與道德是一種「善」，這種「善」建造社會「秩序」，而這種「秩序」是天經地義的，每個人都應當生活在這種秩序中，才能成為一個真正的「人」。《禮記·曲禮上》說了一段很耐人尋味的話：「鸚鵡能言，不離飛鳥，猩猩能言，不離禽獸，今人而無禮，雖能言，不亦禽獸之心乎？……是故聖人作為禮以教人，使人而有禮，知自別於禽獸。」這是儒家的觀念，它是要人在一個依照道德理性確定的社會秩序中生活，以尋找「人」之為人的意義。而《佛遺教經》則說了一段也很嚴肅正經的話，「比丘當持淨戒，勿令毀缺，若人能持淨戒，是則能有善法，若無淨戒，諸善功德皆不得生，是以當知戒為第一安隱功德住處」。這是佛教的觀念，它是要人在一個遠離世俗生活的清淨環境中，去回歸「人」之為人的根本；《抱朴子》卷三《對俗》也說了一段流傳久遠的話，「欲求仙者，要當以忠孝和順仁信為本，若德行不修，而但務方術，皆不得長生也」，這是道教的觀念，它是要人在自覺遵循世俗道德的規定中，求得「人」之為人的永恆 ①。

（接上頁）*Religious Life*，金澤、何其敏譯，上海：上海人民出版社，1991），4 頁。

① 《禮記·曲禮上》，《十三經注疏》（北京：中華書局影印本，1980；以下引用《十三經注疏》均此本，不再一一注明），1231 頁。《佛遺教經》，《大正藏》第 40 冊，848 頁。《抱朴子》（王明校釋本，北京：中華書局，1985）卷三《對俗》，53 頁。

儒家也罷，佛教也罷，道教也罷，都對人提出了這種要求，要求人對自己的思想和行為有所約束，按照某種不言自明的原則（或者天理）生活，當人們依照這一原則（或者天理）生活時，他會得到宗教的承諾，而他的心中也會獲得某種滿足與安定。

第二種，是邏輯與理性的路向。這種路向預設人是有理智分析能力並有向善之心的，通過一種邏輯與理智的推論，人們會意識到「人」的最終極歸宿，也會在實際中沿着這一邏輯理路，憑人的理性去生活。《禮記·禮運》中是從人的心理開始推論的，它說「飲食男女，人之大慾存焉，死亡貧苦，人之大惡存焉，故慾、惡者，心之大端也」；但是人心難測，「慾」和「惡」藏在心裡，所以，只能靠「禮」來節制，用「父慈、子孝、兄良、弟悌、夫義、婦聽、長惠、幼順、君仁、臣忠」這種規定來「尚辭讓，去爭奪」。或者按照《禮記·中庸》的邏輯，從正心、修身，到齊家，到治國，到平天下的理路，來培養「人」的道德自覺，從而使人類生活合理合情。佛教也是從心理方面入手的，和儒家一樣，它也認定心靈是一切的根本，因為人有無明，眼、耳、鼻、舌、身、意，將外在因緣和合的假象在感覺中弄假成真，所以使人的心中雜念頓生，這充滿慾念的心靈，又使人流轉於生死苦難煩惱之中，不能解脫，正如康僧會《安般守意經序》所說的那樣①，所以要想得到解脫，就必須運用理智對因果進行反思。無論從「三界唯心」的起點出發，還是從「四大皆空」的起點出發，人們都需要從理智上，透視這宇宙與人生的本質，在邏輯與理性的分析中得到一種澄明的智慧。當人擁有

---

① 《禮記·禮運》，《十三經注疏》，1422 頁；康僧會《安般守意經序》，《出三藏記集》卷六，《大正藏》第 55 冊，43 頁。

這種智慧能力，並且憑着這一能力自我分析和努力實踐時，人就得到了心理上的解脫。

第三種，是神學或宗教的路向。儒家雖然說「敬鬼神而遠之」，但「神道設教」卻也不可少。《周易》所謂「積善餘慶，積不善餘殃」的說法，其實已給宗教預留了相當大的縫隙，三國時康僧會在答吳主孫皓「佛教所明，善惡報應，何者是耶」一問時，就引《易》《詩》為據說，「善既有瑞，惡亦如之，故為惡於隱，鬼得而誅之，為惡於顯，人得而誅之，《易》稱『積善餘慶』，《詩》詠『求福不回』，雖儒典之格言，即佛教之明訓」。可見，這種用外在神靈來安頓人間生活的神學路向，在儒、佛之間並無多大矛盾。不過在這一方面，自然是宗教性的佛教更為明顯而有效，前引孫皓與康僧會對話中，孫皓聽了康僧會的話後，又問道：「若然，則周孔已明，何用佛教？」對這一問，康僧會說了一段話很有意思：「周孔所言，略示近跡，至於釋教，則備極幽微，故行惡則有地獄長苦，修善則有天宮永樂，舉茲以明勸沮，不亦大哉？」[1] 換句話來說，就是人的生活以及他的命運，是由自己是否遵循宗教道德所規定的軌道，以及鬼神如何來眷顧他而決定的。佛教的「因果報應」和「三世輪迴」，實際上已經把救贖的希望一半交給了佛陀，人們自己只有管好自己，至於自己的生活與命運，則只能由佛陀來決定。所以，人們不但要戰戰兢兢如履薄冰，而且要對宗教所崇奉的神靈頂禮膜拜，因為贏得神的眷顧，也是獲得解脫的途徑。當人們相信自己已經做到了這一切的時候，他也會感覺到生活有了希望，人生有了意義，由此而得到了解脫與安全的感覺。

---

[1] 《高僧傳》卷一《魏吳建業建初寺康僧會》，17 頁。

中國原有的儒學、土生土長的道教，以及印度傳來的佛教，在最初為中國人提供的路向都是這幾種。特別是傳統的佛教，它的戒律，它的義理，它的神學，無非是要求信徒朝着道德的、理性的、虔誠的道路走下去。但是，對於中國尤其是中古時代的文人士大夫們來說，佛教的戒律、義理、神學所開出的這三種路向，都不那麼生活化，在實際人生中，它們不是太難就是太玄，很難簡單地在他們的日常生活中進行操作。

應該注意到，在前期禪思想史的歷程中，有一個十分明顯的現象，即在它的終極境界越來越趨於玄虛的時候，它的方法卻越來越趨於簡易。宇井伯壽《禪宗史研究》曾指出，四祖道信、五祖弘忍之後，把純粹精神性修習的禪在生活上加以發揚，這是一大變化，因為禪「在一般生活上加以發揚，發展了一切皆禪的觀念」，因而禪「不再是特定之人所可行者，眾生都可以習禪」[1]。這使得禪門有了極大的發展，這當然是很對的。但是，這只是看到了問題的一面，其實在四祖、五祖時代，一面用簡截方便的修習廣開禪門，使禪法出現了生活化的走向；一面也用不斷玄虛化的義理，使終極境界變得極為深邃玄遠。由於只能靠深厚的文化素養與敏銳的內在心靈去體驗，故而又有着極明顯的心靈化走向，這後一面則導致了禪思想逐漸脫離了下層民眾而轉向上層社會，這一點我們後面還將論述。

生活化與世俗化是有些近似的兩個概念，但是，「世俗化」這個詞在西方宗教史上是指脫離教會權力控制回歸世俗世界。這一意指有其特殊背景，那就是在西方，宗教曾經擁有極大的權力，社

---

① 宇井伯壽《禪宗史研究》，84—85、88 頁。

會、知識和文化都在宗教籠罩之下，當社會、知識與文化由於宗教權力與世俗權力的分離、宗教教育與世俗教育的分離、宗教經濟與世俗經濟的分離，從而產生一種對宗教的離心力的時候，宗教不得不順應這種趨勢，改變自己的策略。這是西方宗教的「世俗化」，也是馬丁‧路德宗教改革的原動力所在。但是需要指出的是，中國宗教始終不曾有過西方宗教式的世俗權力，因此，也不曾出現過上面我們說的那些「分離」。這是中國不同於歐洲為代表的「西方」的地方。所以，在中國古代宗教思想史上，更多出現的，是宗教信仰世界向世俗思想世界靠攏，佛教徒們在傳播宗教思想和宗教實踐的過程中，一直十分注意如何使宗教與世俗的生活習慣、心理習慣相適應。所以，中國宗教並不僅僅是在外在背景的刺激下向世俗趨近，也是在內在理路上，逐漸發掘適合於生活的因子。為了區分這兩種不同的宗教變化，我在這裡用「生活化」而不用「世俗化」來界定前期禪思想史的這一走向。

宗教的生活化幾乎是一個必然性的趨勢。道理很簡單，沒有一個宗教是不想以它的思想影響民眾的。在古代中國，如果一個宗教只是少數教士的壟斷專利，那麼它的氣數必定有限；如果一個宗教把它的思想與方法弄得極為深奧，好像屠龍之技不能介入生活，那它必然前途不遠。宗教不是少數天才把玩的哲學，它是民眾生活的需要，這就使它不能不開出一套適用於生活世界的思想與方法。中國佛教各宗派中，最深奧和最深刻的唯識宗壽命最短，義理分析見長的三論宗、華嚴宗信眾不多，方法直截而義理簡明的天台宗、禪宗較為盛行，方法最為樸素、義理最為簡單的淨土宗則信徒眾多，就證明了宗教生活化的意義。在前期禪思想史尤其是四祖、五祖的時代，這種生活化的努力，突出地表現在他們的「方便法門」

上。念佛、持戒、入定等傳統佛教的方法，在他們這裡都相當地簡化，宇宙理論、心性理論、境界理論在他們這裡也被大大地約化，神靈與救贖的奇跡在他們這裡則極度地淡化。人的救贖在於人們自己的心靈調適，當人們能夠按照禪門的方便法門進行修煉時，外在於人的那一些道德、義理、神靈，都可以暫且放置一旁。所以，在這個時代，禪門有了前所未有的發展。前面我們所說道信與弘忍的念佛、坐禪、自悟，對於每一個普通信仰者來說，都是一條可以實行的修行之路。他們對初學者「攀緣心多」而設計的「常憶念佛」「向心中看一字」「身心調適看一字」等方法，就是一些有效的接引手段，弘忍《最上乘論》中有一段：

　　若有初心學坐禪者，依《觀無量壽經》，端坐正念，閉目合口，心前平視，隨意近遠，作一日想，守真心念念莫住。

然後，他又講到如何調息，如何觀想。他說，只要「攝心莫著，並皆是空」，即使不能入定，「亦不須怪，但於行住坐臥中，常了然守本真心，會是妄念不生，我所心滅」。最後「若能自識本心，念念磨煉莫住者，即自見佛性也」。這種修行的方法去除了早期艱苦的頭陀行中那種精嚴的僧侶生活樣式，換成一種較為方便隨意的普通生活方式，使信仰者在可能範圍內進行修行，在可見視野內達到目的，當然比較吻合普通信仰者的心理。

　　這才使四祖和五祖的時代「四方請益，九眾師橫，虛往實歸，月逾千計」，開創了禪門的興盛時代。

二、宗教救贖與心靈超越

　　但是，這種修行方式對於所謂「上根人」來說，依然不夠灑脫與高雅，因為在這種修行過程中，他們並沒有體驗到宗教滿足與心靈超越，因為在這種畢竟還要通過念佛淨心的漫長過程中，他們並沒有感受到冥合自然與自由適意。

　　對於那個時代的文人士大夫來説，儘管儒家學説仍是主流，但過於嚴格的倫理道德也是束縛，義務與責任有時成為沉重的負擔，清規與戒律有時成了身上緊縛的繩索。在他們看來，就是聖人的人生道路，都有可非議之處。《周易·繫辭上》「顯諸仁，藏諸用，鼓萬物而不與聖人同憂」一句下面，王弼注釋説，「聖人雖體道以為用，未能至無以為體，故順通天下，則有經營之跡也」。就是説，聖人仍然不能達到那種超越的「無」的境界，他們由於有世俗的經營，所以被這些經營的成敗牽惹了喜憂，使得心靈有了負擔。用唐代孔穎達的話説，就是「內則雖是無心，外則有經營之跡，則有憂也」。這是因為他們「無心有跡」，所以真正的超越境界應該是「無心無跡」，只有這樣才能拋開一切外在的行為和牽掛，直探那種至深至幽的「無」的境界，達到心靈的虛豁，從而觸摸到絕對自由的境界①。《世説新語·輕詆》記載，著名文人王坦之著有《沙門不得為高士論》。為甚麼佛教僧人不能是高士？因為他們「雖云俗外，反更束於教，非情性自得之謂也」。這正像劉宋時代周朗《上書獻讜言》中所諷刺的，佛教中人「習慧者日替其修，束誡者月繁其

---

① 《周易正義》卷七，《十三經注疏》，66頁。

過」①。對於世俗道德行為與一般倫理準則，他們雖然並不反感，但是畢竟這不意味着思入幽冥的超越境界，更不意味着天人一體的自然境界。在文人士大夫心中，那些清規戒律只是維持世俗世界的秩序，那些道德與倫理只是針對下層百姓的教條，而他們需要的，卻是超越世俗的人生與冥合自然的生活。

理性的認知對於文人士大夫來說，有時也是負擔。過分繁複的心理分析和細密的邏輯推理，有時把信仰者的注意力全都吸引到與實際生活脫節的理論研習中，以至於把分析當作了目的。人們陷在煩瑣抽象的義理中把玩，而全然無關於心靈的超越和拯救。在魏晉南北朝時期，玄學的風氣大盛，對這種傾向於直覺與體驗的習慣是一種支持。一般來說，邏輯通過語言和概念來運算，可是，語言只是外在的敘述，而外在的敘述卻並不能真正表達內在的思緒，特別是對於那些至深至幽的、直覺體驗中的人生真諦與自然境界，更是「言不盡意」。《莊子·秋水》所謂「言之所不能論，意之所不能察致者」，就是道家所謂「不可道」、佛教所謂「不可思議」的那種終極境界。《妙法蓮華經·方便品第二》中說，「止止不須說，我法妙難思」②，當文人士大夫從玄學與佛教兩方面都接受了這種蔑視語言、邏輯與分析的思想的時候，他們就更不願接受那種被視為「外在之粗跡」的義理研習，更不要說把它當作自己安頓心靈的途徑。

當然，外在的神靈崇拜和具體的果報方式，對於上層文人來說，就更是宗教中的低級和粗鄙之處。把希望寄託在鬼神眷顧，把命運置放在宗教救贖，以種種功德如造寺、塑像、念佛、度僧等，

---

① 《世說新語校箋》（北京：中華書局，1984）下冊，452 頁；《宋書》卷八十二，2100 頁。

② 《妙法蓮華經》卷一《方便品第二》，《大正藏》第 9 冊，6 頁。

來與外在的神秘力量做交易，那是文人士大夫所不相信也不能接受的。古代中國的文人士大夫雖然希望得到宗教式的滿足和心靈的安慰，但他們並不很相信外在的那些行跡可以拯救自己。傳說中，達摩與梁武帝關於「有無功德」和「廓然無聖」的對話，雖然並不可靠[①]，但終究反映了一種蔑視外在行跡而重視內在感悟、不重神靈崇拜而重心靈空寂的傾向。忽滑谷快天《禪學思想史》上冊中曾考證了傳說中達摩與梁武帝的對話的來源，指出它很可能出自僧肇給秦主姚興的上表和姚興與姚嵩的論法要書，在這兩份資料中都提到當時「諸家通第一義者，皆云廓然空寂，無有聖人」[②]，可見當時已有一種與傳統宗教非常不同的趨勢。尤其是在文化水平較高的精英中，他們更容易傾向於一種自力的救贖方式，這種救贖的原動力，不是外在的神靈，而是內在的心靈，這種救贖的最終境界，不是與佛陀合一，而是與自然冥符。

6 至 7 世紀前期禪思想史，正是在這種普遍潮流中展開的，在「一闡提皆有佛性」的思想在南北朝被普遍承認的背景下，佛教中

---

① 傳說達摩與梁武帝見面，梁武帝問：「朕一生造寺度僧，佈施設齋，有何功德？」達摩說：「實無功德。」梁武帝又問：「如何是聖諦第一義？」達摩答：「廓然無聖。」然後，梁武帝又問：「對朕者誰？」達摩答：「不識。」這段頗像後世禪師鬥機鋒的對話，在幾乎所有禪宗燈史中都有，如《祖堂集》《景德傳燈錄》《五燈會元》等。據考證，關於「有無功德」一段，大約形成於 8、9 世紀之間，因為此前的《續高僧傳》中雖不記載，但 8、9 世紀之間的一些資料中已有此說，如敦煌本《壇經》、日本最澄《內證佛法相承血脈譜》引《傳法記》《歷代法寶記》等。但「廓然無聖」一段，問世要相對晚些，要在 10 世紀中葉的《祖堂集》中才出現，不過，這一思想的淵源也早已有之。

② 忽滑谷快天《禪學思想史》上冊，307 頁；僧肇語見《涅槃無名論》卷首《奏秦王表》，引自《中國佛教思想資料選編》（北京：中華書局，1981）第一卷，156 頁；姚興語，見《廣弘明集》卷二十一《答安成侯姚嵩》，175 頁。

的禪學就贏得了一個極有利的理論支持，也同時贏得了上流社會的廣泛歡迎。

首先，因為人本身具有佛性，所以，可以憑藉這種自覺來自己解脫，而不必依賴外在的道德約束，不必依賴外在的神靈救贖，不必依賴外在的言語分析。達摩一系所憑依的《楞伽經》中就有「自覺不由它悟，離分別見，上上升入如來地」的說法。這種「自覺」的原因在於「含生同一真性」即人人都有佛性，這種佛性就在每個人的自心之中，所以，一切佛教修行的焦點都聚集到了「心」這一字上。前期達摩禪門奉四卷《楞伽》的一個很重要之處，就在於它凸顯了「諸佛心第一」或「一切佛語心」。《楞伽師資記》在以求那跋陀羅為第一祖時，也引他的話說，「擬作佛者，先學安心」[①]。達摩的「如是安心，如是發行，如是順物，如是方便」四句，也叫作「大乘安心之法」。而道信的《入道安心要方便法門》也在一開頭就說道「要依《楞伽經》『諸佛心第一』」。於是，佛教修行就在這一從外向內的轉化中，發生了極大的變化。

其次，安心的法門當然就是「禪」，無論是求那跋陀羅說的「默心自知，無心養神，無念安身，閑居淨坐」還是達摩所說的「凝住壁觀」，都是讓修行者反身面對內心進行體驗，這種體驗不涉及道德、不涉及義理、不涉及神靈，同時也無關前世來世因果報應，無關數息念佛身體訓練，只是一種純粹的精神活動。所以「何用更多廣學知見，涉歷文字語言」，只要心靈中體驗到了「無有分別，寂

---

① 另一個與禪宗有極密切關係的先驅性人物求那跋摩，也強調「道在心，不在事，法由己，非由人」，見《高僧傳》卷三，108 頁。日本學者石井公成認為他是「禪宗的先驅」，見其《禪宗の先驅 —— 求那跋摩三藏の傳記と遺偈》，載《田中良昭博士古稀紀念論集‧禪學研究の諸相》(東京：大東出版社，2003)，63—84 頁。

然無名」，人就真正地「與真理冥狀」①。這樣，禪修行就顯得既高深又簡捷，既方便又艱難。說它高深，是因為它所要達到的，絕不是任何人用邏輯和文字可以達到的境界，而是只能用自己沉潛於幽冥的體驗才能領悟；說它簡捷，是因為這種直達佛教最深層的精神訓練，並不需要煩瑣的程式、複雜的義理、艱深的知識、高尚的道德，甚至也不需要早期禪定之學的四禪八定九調心等過程；說它方便，是因為它從理論上來說可以適用於一切人，對於具有佛性的人來說，他不必用種種精力去持戒、修定、習理，不必用很多財力修廟、禮僧、拜佛，只要反身體驗自心就一了百了；說它艱難，是說它對於普通的佛教信仰者來說，可能是過於深奧與抽象，因為它並非僅僅是傳統意義上的排除雜念，而且要體會一種與自然冥符、與空無一體，超越了名相是非的終極境界。

再次，當這種習禪的方法與老莊玄學、大乘空觀逐漸結合，形成中國禪思想的體系，它所追尋的終極境界，就不再是有形的淨土、佛陀，而是自己內心的超越；它所希冀的宗教奇跡，就不再是想像的神異、再生，而是一種極幽極玄，只能在心中體驗的寧靜，以及洞察宇宙與人生的智慧；它所說的解脫，也不再靠神靈而靠自己，是在自己的心中找到的那一片寧靜與溫馨的天地。這就是中國文人士大夫一直在追尋的超越世俗的空無境界。《楞伽師資記》中記載，有人問道信如何作觀行，道信回答是「直須任運」，人又問是否要向西方觀想追思，道信回答是「若知心本來不生不滅，究竟清淨，即是淨佛國土」。道信提醒信仰者說，他並不鼓勵總是向西方尋找解脫，因為「向西方不為利根人說也」。在「利根人」也就是

---

① 以上所引，均見《楞伽師資記》，《大正藏》第 85 冊。

上層文化人中，那種以神意與奇跡為主的宗教救贖，就轉化成以理解與感悟為主的心靈超越。

這種心靈超越，正是士大夫禪興趣所在，也導致了禪思想史的一大轉向①。這一轉向的意義需要深入研究，不過至少有一點，它在中國上層社會宗教生活中的意義，是逐漸瓦解束縛於外在戒律的生活路向，使之轉向內在自覺；逐漸瓦解束縛於神靈救贖的路向，使之轉向自心超越；逐漸瓦解束縛於義理分析的路向，使之轉向內在感悟。在這一意義上，它與馬丁‧路德的宗教改革，似乎有着十分近似的精神。正如彼得‧貝格爾（Peter L. Berger）所説的那樣，「新教冒着某種簡單化的危險，盡可能地使自己擺脱了神聖者的三個最古老和最有力量的伴隨物 —— 神秘、奇跡和魔力」②。同樣，在禪思想史的這一轉化中，倫理被消解為「審美」，神跡被轉化為「生活」，義理被改造為「感受」。宗教色彩也在這一轉化過程中漸漸淡化，因為在這裡，崇拜對象與彼岸世界逐漸消失，修行方法與救贖程式逐漸簡略，神學邏輯與經典意義逐漸瓦解。

當然，我們也要問，在禪思想日益生活化、內在化、日常化的未來，這一趨向是否會導致佛教自身的無形瓦解呢？這當然是後話。

---

① 有人認為中國禪的成立，受過玄學影響的惠可作用很大，但直接證據尚不足。我們仍然相信，是道信和弘忍時代的作用更大，見石井公成《アジア禪宗史という視點》，載福井文雅編《東方學の新視點》（東京：五曜書房，2003），25 頁。

② 彼得‧貝格爾《神聖的帷幕 —— 宗教社會學理論之要素》（*The Sacred Canopy: Elements of a Sociological Theory of Religion*），高師寧譯，上海：上海人民出版社，1991，133 頁。

三、前期禪思想的未完成使命

　　儘管我們對前期禪思想史的描述中，對達摩至弘忍的幾代禪師應該有足夠的敬意，但是仍然應該看到，在整個前期禪思想史中，他們的理路還不夠清晰貫通。這不僅僅是因為史料匱乏的緣故，在現在能夠看到的有限資料中，我們能發現他們在自北而南、從方法到思想、從印度禪到中國禪的轉軌中，仍然步履維艱，在他們之後的禪宗思想中，我們能感到他們那種思想矛盾與理路障格，對後世禪思想的深刻影響。在早期禪門的時代，這也許並不成為問題，但在禪思想向越來越完善的方向延伸時，這些矛盾就像潛伏期很長的後遺症一樣，引來了種種糾葛與紛爭。

　　當禪思想向上流社會滲透的時候，它所面對的一個中心問題是「自然」。「自然」這個詞並不是印度佛教的發明，而是中國思想的產物。《老子》第二十五章說：「人法地，地法天，天法道，道法自然」，這裡的「自然」有着雙重含義：一是「自然而然」，重點在表示宇宙、萬物、人生的過程；一是「宇宙本原」，重點在顯示一切的根源。在古代詞語中，這兩重含義是疊合在一起的，在古人看來，天地宇宙無言無思，但它四時運轉卻周流復始，這就是大化流行的「道」。王弼在《老子注》中對此做了進一步的闡釋，他說，「自然，無義之言，窮極之辭也」。所謂「無義之言，窮極之辭」是說，自然是不可說不可道的終極之詞，它是一切的根本。所以，阮籍在《通老子論》中又說，「道者自然，《易》謂之『太極』，《春秋》謂之『元』，《老子》謂之『道』也」[①]。在中國的中古時代，這個「自然」

---

① 關於「自然」，參見小尾郊一《中國文學中所表現的自然與自然觀》（邵毅平譯，上海：上海古籍出版社，1989），27 頁。

既作為宇宙的本原，又作為社會的秩序，被文人士大夫所尊奉，同時也作為人生的態度，被上層文化人所看重。在他們心目中，這個「自然」，就是一個上根人應當追尋的終極境界。

但是，當自然而然意味上的「自然」，被當作人生的終極境界時，它就與傳統的儒家、道家與佛教，產生了相當大的差異。雖然儒道佛之間人生取向不同，但有一點是相似的，就是不承認人在現實生活中自然本性的流露是完全合理的，儘管他們可能承認人的本性為「善」為「靜」，但他們都認為由於人進入了社會生活，就有了種種與「善」與「靜」相違背的慾念與情感。儒道佛都用過同一個相當精彩而簡明的比喻，來説明這一點，《文子‧道原》中説，「水之性欲清，沙石穢之，人之性欲平，嗜慾害之」[1]，就是説人的本性應該如淨水無垢，止水無波；《禮記‧樂記》則説「人生而靜，天之性也，感於物而動，性之欲也」[2]，如果用水來比喻的話，就是外感於世俗事物，使那一潭靜水起了波瀾，所以《禮記‧中庸》「天命之謂性」下孔穎達《正義》引梁五經博士賀瑒語曰：

> 性之與情，猶波之與水，靜時是水，動則是波，靜時是性，動則是情[3]。

而前期禪門所奉行的《楞伽經》，更有一首著名的偈語道：「譬如巨海浪，斯由猛風起。洪波鼓冥壑，無有斷絕時。藏識海常住，境界

---

[1] 見《文子要詮》（李定生、徐慧君校注本，上海：復旦大學出版社，1988），40頁。
[2] 《禮記‧樂記》，《十三經注疏》，1529頁。
[3] 《禮記‧中庸》，《十三經注疏》，1625頁。

風所動。種種諸識浪，騰躍而轉生。」[1] 就是説本來心如平靜海面，但外在的色相塵緣就「猶如猛風，吹大海水，外境界風，飄蕩心海」，於是人在這種誘惑鼓盪下，性海失去了平靜。顯然，儒道佛都把「性」與「情」打成了兩截。本來一個完整的心靈，就在這裡變成了分裂的兩半，他們只需要這一半，而不需要那一半。按照他們的思路，人應當放棄充滿情感和慾望的那一半，而用道德、義理、信仰去尋找安靜無波的這一半。

這種把心靈分裂為兩半的思想，不符合中國的自然觀，更不符合中國文人士大夫的人生情懷與生活態度。自從王弼對《周易》《老子》的解釋成為人們普遍接受的思想，郭象對《莊子》的注解引起了文人對道家的興趣，玄學討論中一個重要的話題，就是人的性情自然流露的合理性。何晏是持「聖人無喜怒哀樂」也就是有性無情傳統觀念的，但是王弼則不同，《全晉文》卷十八何劭《王弼傳》引王弼的話説：

聖人茂於人者神明也，同於人者五情也。神明茂，故能體沖和以通無；五情同，故不能無哀樂以應物。然則聖人之情，應物而無累於物者也[2]。

稍後的郭象在《莊子注》中又進一步論證，如果絕對分割人心的「性」與「情」，是對天性的一種傷害，這就像硬要把駢拇和贅瘤從人身上割下去一樣，「是都棄萬物之性也」。所以，只有「物各任性，

① 《楞伽阿跋多羅寶經》卷一，《大正藏》第 16 冊，483 頁。
② 嚴可均輯《全上古三代秦漢三國六朝文》，1557—1558 頁。

乃正正也」，這「任性」就是讓人的情感與慾念自己流露，不加以任何人為的干涉，這才是自然而然的「自然」。他說，「天地以萬物為體，而萬物必以自然為正，自然者，不為而自然者也……不為而自能，所以為正也。故乘天地之正者，即是順萬物之性也」，人心中本來有性有情，如果非得把人拘束在這一半而封鎖那一半，這就是違背了人的自然天性。儒家也罷，佛教也罷，似乎都希望人心處於一種古井無波的狀態，但是如果人是在充滿了紛爭、佈滿了荊棘的世界上生活，那麼到哪裡去尋找一個無風無雨的地方，使人心這個水池永不起波瀾呢？難道人能永世與社會隔離，去過僧侶式的生活嗎？中國上流社會中的文人對生活遠不到絕望的地步，他們也不可能接受那種讓人拘束到不能真情流露的修行路徑，更不認為那種自然天性扭曲割裂的境界，會是人所追求的終極境界。他們要的是「自然」，「所不能者，不能強能也……能與不能，制不由我也，當付之自然耳」[1]。

從達摩到弘忍，禪思想雖然有了許多變化，就像我們前面所說的那樣，但是，傳統佛教思想中那個此岸與彼岸、清淨與污染、佛性與人性，也就是「性」與「情」的分裂，依然未能徹底消除。他們從一開始就尊奉的《楞伽經》中那種「雖自性淨，客塵復故，猶見不淨」的基本觀念，始終纏繞着他們的思想。因為人本來具有的佛性「為客塵妄覆，不能顯了」，所以，他們仍然要用種種方法來清除污染，從此岸向彼岸苦苦掙扎而去，把情感和慾念拋開一旁。就連道信，也還是要人「常憶念佛」，使「攀緣不起」，讓心靈絕對處於一種寂靜的狀態，使「一切諸緣不能干亂」。到了弘忍，也還是

---

① 以上，均見郭慶藩《莊子集釋》（北京：中華書局，1961），312、317、20、768頁。

堅持「眾生身中有金剛佛性」，但被「五陰黑雲之所覆」，故而還要「凝然守心，妄念不生」[①]。於是，他們還要在傳統佛教的方法與思想中，保留一個很長的尾巴，就是守護各種清除精神污染的修行法門和清規戒律，在通往西天的道路上，還有漫長的艱苦的歷程。說到底，他們的終極境界還不是「自然」而是「清淨」，他們的心靈歸宿還不是「自由」而是「寂靜」。

不過，人總有一種不斷追尋超越的習慣，特別是思入幽冥的佛教徒與善於玄想的士大夫。在南北朝時代，那種「翻過一層」的玄思，總是在促使思想世界朝「不可言說」的境界前行，這本來也是印度的思維習慣。《奧義書》(*Upanisad*)中關於「實我」「梵神」「梵界」等不斷超越的神秘教義中，就有這種不斷否定和超越的意味，而魏晉南北朝時代流傳的各種大乘經典和各種大乘宗派，又特別愛好這種翻過一層的辨析。如《解深密經·無自性相品》中的「三時判教」，就把佛教思想從低到高，分為「小乘說有」「大乘空宗」「有宗」三等；《楞伽阿跋多羅寶經》卷二《一切佛語心品第二》，則把禪從低到高分成「愚夫所行禪」「觀察義禪」「攀緣如禪」「如來禪」四等；再稍後的吉藏《二諦章》卷上，更在世諦與真諦中，分出「有」「無」「說有說無」「非有非無不二」「說二說不二」「非二非不二」諸等；唯識學從根性與次第上，也分出「遍計所執性」「依他起性」「圓成實性」以及「資糧」「加行」「通達」「修習」「究竟」等三性五位等。雖然這些區分，本意在黨同伐異，確立自身的正統性，但它畢竟逼迫思想者不斷超越習慣與固定的觀念，儘可能地不斷否定，逼迫自

---

① 道信《入道安心要方便法門》，見前引《楞伽師資記》，《大正藏》第 85 冊，1287 頁；弘忍《最上乘論》，《續藏經》110 冊，830 頁；關於這一問題，我們在《北宗禪再認識》《重估荷澤宗》《禪思想史的大變局》等幾章中，還將要反覆討論。

己的思想趨近終極境界。當達摩一系禪門較多地接受了南方流行的般若思想，他們就不能不考慮他們過去所持有的染、淨二分觀，究竟是否對人心的一種終極解釋。

佛教這種不斷「過河拆橋」式的思維方式，最後所到達的，就只能是「空空」。只有到這時，人的思索才到了退無可退的絕境，人的一切習慣性執着才被完全瓦解。般若的「空」對於任何分別與差異都是一種厲害的銷蝕劑，它不承認任何實在的確定性，無論是傳統佛教所肯認的清淨境界，還是世俗世界所依戀的情感慾念。它那有名的論斷「五陰則是空，空則是五陰……其實亦不生亦不滅，亦無著亦無斷」，消泯了染、淨二分的實在性，把它們歸結於一個更玄虛神秘的本原。從佛教的邏輯序列上來說，它是更上一層的思想，照般若思想看來，把世界、人心歸屬於「實有」，是最粗淺的世俗之見，因為這不過是幻象。把世界、人心歸屬於「無」，從而分出有、無，希望捨有趨無、背妄向真、由凡入聖，這也還沒有到達終極境界，因為有、無的分別也還是幻相。把世界、人心看成既非有又非無，既是有又是無，是否就到達終極境界了呢？還是沒有，因為持這種看法的人心中，還有一個是非、有無在。按照「般若」的說法，思想不能有任何落腳處，有落腳處就叫有「執」，一有「執」就有「着」，有執着就不能達到「空」的終極處。就好比有一個立錐之地，就不是一無所有，要達到這種般若思想所謂「空亦是空，空空如也」的徹底處，在語言的表述上，只有用不斷的否定句式瓦解意義的存在。如《放光般若經》卷二《五神通品第五》中的「不疑不犯不瞋不怒不進不怠不定不亂不智不愚……」它把二元分立的一切都用「不」字瓦解，但是，除了那一個玄虛的「空」字外，沒有給人以任何確定的立足之地。要達到般若思想所謂「空亦是空」的境

界，在生活實踐上則只有採取「無可無不可」，以「隨順自然」的方式，來避免落入任何執着和揀擇。只要你想從污染到清淨、從此岸到彼岸、從世俗到神聖，那麼，這就有了理念，有了分別，有了執着，就不能直探般若最終極的境界。

正是在這一點上，般若對於人生終極境界的設想，與玄學對人生自然境界的設想不謀而合。關於這一問題，很多著作都有了極好的說明，僧徒中這類具體的例證也不勝枚舉，如道安、如慧遠、如支道林、如道立等，這裡不必再多說。文人士大夫中這類的論述也不在少數，這裡舉一個例子，《全宋文》卷二〇宗炳《答何衡陽書》、卷二一宗炳《明佛論》中，就以佛教的「空」來創造性地（也是歪曲地）解釋顏淵的「庶乎屢空」，借用儒門聖人的榜樣，來證明生活的境界應該是「有若無，實若虛」，「處有若無，撫實若虛」[1]。因為在「空」之一字中，有無、染淨、虛實，其實都沒有分別。只有隨順自然，泰然處之，才能夠不落入任何執着與拘泥，用支道林《大小品對比要鈔序》的話說：

是以諸佛因般若之無始，明萬物之自然[2]。

這很讓我們想到傳為三祖僧璨所作的《信心銘》的開頭「至道無難，唯嫌揀擇」與結尾「信心不二，不二信心」。當人心中把一切都看成無差別的時候，他又何必揀東挑西，說妄道聖呢？當人心中把一切都當成無所謂的空幻假象的時候，他又有甚麼放不下捨不得，有

---

① 嚴可均輯《全上古三代秦漢三國六朝文》，2543、2549 頁。
② 《出三藏記集》卷八，《大正藏》第 55 冊，55 頁。

甚麼顧慮與忌諱的呢？《五燈會元》卷十三有一段公案，僧問龍牙居遁禪師説，「古人得個甚麼，便休去？」龍牙道：「如賊入空室。」[①]當人把世界看成是「空」，把萬物都視為空相，就連自家都是「空室」，那麼，又有甚麼可牽掛難捨，糾纏難解的？如果五陰是空，黑雲是空，又何必苦苦去對影驅影，何必久久地掃空除空？

1936 年，湯用彤先生在一次哲學年會上，説到過他對漢魏佛學的一個判斷，他説，那時代中佛學有兩大系統，一為禪學，一為般若[②]。那麼，6—7 世紀的禪思想史歷程，是否可以看成是這兩大系統的融合呢？據説，《楞伽經》中本來就有「無相之虛宗」的潛在因子，達摩所代表的「南天竺一乘宗」，本來就上承《般若》法性之義，這一説法不一定有根據，但也道出了前期禪思想的一種取向[③]。從達摩到弘忍，這一系禪師一直在不斷追尋超越的路上向前行進，他們的思想理路已經為中國禪思想史預示了一個不斷顛覆一般性知識、直探終極境界的趨向，他們的修行方式也已經為中國上層社會的文人指示了這一不斷尋求自然適意狀態的法門。

但是需要説明的是，在他們的時代，這一融合也只是初步的。他們在傳統禪學所關注的「心」與《般若》思想所追索的「空」之間，在追求徹底的「清淨」與追求完全的「自然」之間，在維持修行規則、信仰態度與放棄清規戒律、宗教虔誠之間，還在左右搖擺。特別是，思辨中的義理與實踐中的方法，在變化中常常不能同步，有時候思想已經走到了相當遠的地方，而習慣的宗教方式還在實行，這種方法與思想之間的矛盾就在一個宗教思想體系中製造了矛盾。

---

① 《五燈會元》卷十三，806 頁。

② 湯用彤《理學‧佛學‧玄學》(北京：北京大學出版社，1991)，211 頁。

③ 湯用彤《漢魏兩晉南北朝佛教史》第十九章，563、564、568—569 頁。

方法有時拖着思想的腳跟，思想有時拽着方法的領子，於是，就導致了後來禪思想的分化；思想的分化與禪門的分裂，又互相重疊在一起，給後世禪宗的興盛帶來了相當大的影響，也給後世禪思想的發展留下了相當大的空隙。

在後面對南能北秀、對北宗禪、對荷澤宗、對牛頭宗、對洪州宗的分析中，我們將不斷地看到這一點。

第二章

7世紀末8世紀初禪宗的分化

引　言

　　有時候，某一事件過於引人注目，它就會成為一段歷史的象徵。有時候，某一事件本來並不夠引人注目，但是隨着時間推移，這個事件被渲染、被凸顯、被誇大，於是，它在傳說的過程中日益引人注目，也會成為一段歷史的標誌。禪宗史上的南（惠）能、北（神）秀之爭，在相當大的程度上就是這樣一個事件。盧行者聞誦經而悟，踏碓八月，一首天下傳誦的偈語，半夜傳法，以及風動幡動心動，這一連串帶有神異色彩的故事，在後代的反覆傳頌，就使南能、北秀之爭成了中國禪宗史甚至是中國佛教史的分水嶺，似乎標誌着一個舊時代的結束和一個新時代的開始。

　　其實，舊時代與新時代的分界，遠遠不像後人想像的那樣清晰和簡明，思想史要用一種較大的時間尺度來丈量它的演進步幅。時過境遷，年代久遠，後人反身回顧思想的歷程時，常常容易在心裡把歷史簡約化，彷彿歷史是被壓縮在書冊中的文字，隨便翻一頁就是幾個年頭。於是，有些象徵性的事件就在後人的歷史書冊中，被賦予了過於重大的意義，至今有人認為南能、北秀的時代，就是印度禪向中國禪轉化的樞軸時代，彷彿那一次腦筋急轉彎，印度禪就成了中國禪。

　　我不是在否定南能、北秀之爭的特殊意義，我只是在強調思想史的時代劃分，似乎應該有一個過渡期。在過渡期中，舊的和新的、半舊半新的、不舊不新的各種思想在分化、闡釋、篩選中共存，各種思想派別也在重新清理自己的武庫，在不斷衝突中，最終形成一個新的時代思潮。這一思想的「磨合」期有時會很長很長，根本無法用一個事件來充當標誌，清清楚楚地給它一個分水

嶺式的界線。

所以，我把整個南能、北秀時代，也就是從 7 世紀末到 8 世紀初，精確地說，是從唐高宗咸亨五年（674）弘忍圓寂，到唐玄宗先天二年（713）惠能圓寂，看成是一個禪思想分化與清理的過渡時代。

第一節　7 世紀末 8 世紀初禪門的分佈

7 世紀末 8 世紀初，禪思想史上值得注意的事情，是禪門的分化與思想的分流。與前期禪師不同，道信與弘忍並不那麼拘泥於禪體驗的個人領悟，而是很看重禪方法的大眾實踐。前一章中我們曾引《楞伽師資記》提及他們門下的盛況，另一文獻《歷代法寶記》也說到，道信「廣開法門，接引群品，四方龍象，盡受歸依」，弘忍「四十餘年接引道俗，四方龍象，歸依奔湊」[1]，於是，在初唐形成了較大的禪宗僧侶集團。

但是，就像早年儒家弟子在孔子身後分為八派一樣，弟子眾多的結果也是要眾水分流的，更何況，這裡有一直在祖師身邊服勤的嫡傳弟子，有半路出家帶藝投師的半截弟子，有出身高貴、水準頗高的上流人弟子，有出身低微單憑口傳的下根人弟子。思想史上的一個常見的現象就彷彿中國古代小說裡說的「分久必合，合久必分」，當一種思想逐漸成熟，到了要開花結果的時候，思想的繼承者就不能不通過闡釋另起爐灶，前期禪門將禪學從實踐性的宗教修

---

[1] 《歷代法寶記》，《大正藏》第 51 冊，181—182 頁。

行方法，擴展成了一個融佛性理論、修行方法、終極境界為一體的龐大體系，把各種彼此不同的內容收束在一道，這就使後來的禪師不得不對它重新進行選擇與整合。而選擇與整合，就導致了禪思想的分流。特別是在禪門逐漸站穩了腳跟，不再受上層的意識形態與政治權力歧視的時候，本來那種小心翼翼的心境，就變化為躍躍欲試的動力，爭奪正宗血脈、競說自家理解的風氣，很快就會取代那種墨守成規、謹遵師說的習慣，造成禪門的迅速分化。

咸亨五年（674）弘忍圓寂後 [1]，東山門下就處在這種分化的前夕。

一、東山門下十大弟子

關於弘忍身後的禪門，有所謂東山門下「十大弟子」之說。但是，敦煌卷子中的《楞伽師資記》《歷代法寶記》與傳世文獻中較早的《圓覺經大疏鈔》《中華傳心地禪門師資承襲圖》這兩類資料中，關於這「十大弟子」的說法卻出入很大。第一類中的《楞伽師資記》引了玄賾《楞伽人法志》的說法，《楞伽人法志》成書很早，大約撰於 8 世紀初，據玄賾說，弘忍臨終前對弟子說：

---

[1] 關於弘忍的卒年，《楞伽師資記》說是咸亨五年 (674)，《歷代法寶記》《法如行狀》同，《神會語錄》說是上元年，元字後面可能少寫了一個「元」字，上元元年即咸亨五年，早期這幾種敦煌本應該是可信的。稍後，公元 10 世紀中葉成書的《祖堂集》卷二，既說弘忍圓寂於「高宗在位二十四年壬申之歲」即咸亨三年 (672)，後面又說是「自上元壬申歲遷化」，上元年號始於 674 年，可見有自相矛盾處。再後面的《景德傳燈錄》卷三說是「上元二年乙亥歲」即 675 年，不知何據。此處依較早的敦煌資料及有存碑可證的《法如行狀》，定弘忍卒年為 674 年。

如吾一生，教人無數，好者並亡，後傳吾道者，只可十耳。①

他數出來的是神秀、智詵、劉主簿、惠（慧）藏、玄約、老安、法如、惠能、智德、義方。此外，當然還有記述者玄賾本人。作為《楞伽人法志》的撰人，他是把自己當作弘忍的正宗傳人而不算在「十大弟子」之內的，於是，弘忍門下就有了十一個傳法弟子。與此相同的是《歷代法寶記》的說法，據學者考證，《歷代法寶記》撰於中唐大曆九年（774）到建中二年（781）年間②，它可能參考和抄襲了《楞伽師資記》的一些文字，所以記載大同小異，只是把「十大弟子」中的惠能和「十大弟子」外的玄賾調了個位置，表明正宗血脈傳人是惠能而不是玄賾。此外，又漏掉了一個義方，這大概是抄寫的時候疏忽大意所致，於是只剩下了九個弟子加一個惠能。不過，它在另一處再次提到弘忍門下各弟子的時候，卻沒有漏掉義方：

忍大師當在黃梅憑墓山日，廣開法門……唯有十人，並是升堂入室，智詵、神秀、玄賾（賾）、義方、智德、慧藏、法如、老安、玄約、劉主簿等③。

十個人之外，就是《歷代法寶記》撰者心目中傳弘忍正法及袈裟的惠能了。如果我們不計較這兩種禪史在門戶上的差異，那麼，可以

---

① 《楞伽師資記》，《大正藏》第 85 冊，1289 頁。
② 此據柳田聖山《初期禪宗史書の研究》第四章第六節《歷代法寶記の登場》，279 頁。
③ 《歷代法寶記》，《大正藏》第 51 冊，182—183 頁。

説，這兩種資料所提供的「十大弟子」（應該說十一大弟子）的名單是一致的，也是可以相信的。

可是，半個多世紀之後的圭峰宗密（780—841），在《圓覺經大疏鈔》卷三之下和《中華傳心地禪門師資承襲圖》中，又提出了兩份很不一樣的名單。在《圓覺經大疏鈔》中，他說在弘忍弟子中「久在左右升堂入室者」，有「荊州神秀、潞州法如、襄州通、資州智詵、越州義方、華州慧藏、蘄州顯、揚州覺、嵩山老安」，另外加上惠能，請注意，這裡多出了通、顯、覺三人，但少了玄賾、智德、玄約、劉主簿四人，算來還比《楞伽人法志》和《歷代法寶記》少了一個 [①]；而在《中華傳心地禪門師資承襲圖》中，他又用列表的形式，在弘忍的下邊開列出襄州通、潞州法如、北宗神秀、越州方、業州法、資州詵、江寧持、老安、揚州覺，當然還有直承弘忍的惠能，這次又多出來了事跡不明的業州法、兼有東山與牛頭傳承的江寧法持，仍少了玄賾、智德、玄約、劉主簿四人及慧藏，連《圓覺經大疏鈔》裡新添的通、顯、覺三人也漏掉了一個，雖然還是十大弟子，不過這十個已不是那十個，裡面早已掉了好幾個包了 [②]，我以為這份名單並不可信。

但說它不可信，只是說這裡開列的人並不是當時的或者是盛唐的所謂「東山十大弟子」，而不是說宗密的名單是無中生有胡編

---

① 《圓覺經大疏鈔》卷三之下，《續藏經》第 14 冊，553 頁；又見於《圓覺經略疏鈔》卷四，《續藏經》第 15 冊，261 頁。

② 《中華傳心地禪門師資承襲圖》，《續藏經》第 110 冊，867 頁；《中國佛教思想資料選編》第二卷第二冊所收宗密此圖，在弘忍之下，還有果閬宣什等，是書據稱也是用日本藏經書院本《續藏經》，不知為何有此差異。見《中國佛教思想資料選編》（北京：中華書局，1983）第二卷第二冊，462 頁。

亂造的。其實，這裡邊確實有弘忍的弟子在，比如說蘄州顯，就是李適之《大唐蘄州龍興寺故法現大禪師碑銘》中所記的法現（643—720），他「本名法顯，避中宗廟諱，於是改焉，即雙峰忍禪師門人也」[①]；又比如說江寧持，就是《宋高僧傳》卷八中所記的金陵延祚寺釋法持（635—702），據說他「年十三，聞黃梅忍大師，特往禮謁，蒙示法要」[②]。也就是說，在唐太宗貞觀二十一年（647）時，法持已經是弘忍的弟子，比神秀、法如、惠能入門都要早[③]，僅次於武德九年（626）入門的老安[④]。雖然他後來承襲慧方（629—695）為牛頭禪傳人，但他的確是在弘忍門下學習過的。所以，《圓覺經大疏鈔》說弘忍臨終付囑時提到法持，也不是沒有可能的事。

不過，如果說是搜集一份弘忍門下的「全家福」名錄，它又並不完整。即使宗密這樣苦心孤詣地搜尋和拼湊，依然沒有把弘忍門下有名有姓的弟子一網打盡，在他自己的記載中，就有雖未列

① 李適之《大唐蘄州龍興寺故法現大禪師碑銘》，《全唐文》卷三〇四，1366 頁。

② 《宋高僧傳》卷八《唐金陵延祚寺法持傳》，182 頁。

③ 神秀入弘忍之門，約在他五十歲時，《文苑英華》卷八五六張說《荊州玉泉寺大通禪師碑》稱，「逮知天命之年，自拔人間之世，企聞蘄州有忍禪師，禪門之法澂也……」，4521 頁。這裡用柳田聖山校訂本，載柳田聖山《初期禪宗史書の研究》後附根據拓本校勘過的「資料二」《荊州玉泉寺大通禪師碑》，498 頁。按：神秀生年不詳，依張說碑，大約生於隋末，至神龍二年（706）圓寂是百餘歲，故有人定其生年在 607 年前後。如果這一說法不錯，那麼，他入弘忍之門在 7 世紀 50 年代，比法持要晚；法如入弘忍之門更要晚些，《唐文拾遺》卷六七闕名《唐中嶽沙門釋法如禪師行狀》證明他生於貞觀十一年（637），十九歲出家，出家前隨著名的青布明學習，又說他到咸亨五年（674）弘忍圓寂，一共侍奉弘忍十六年，始終沒有離開，可見，他是顯慶四年（659）才到弘忍門下，也比法持要晚；惠能入門就更晚了，大約是在弘忍的晚年即咸亨年間（670—674）。

④ 宋儋《大唐會善寺故大德道安禪師碑》，見《全唐文》後附《唐文續拾》卷三，12 頁。

入「十大弟子」但又獨開一派的宣什①，在他身後的資料裡，還陸陸續續地出現了一些關於弘忍弟子的零星記載。例如《宋高僧傳》卷四有傳的印宗，在《宋高僧傳》中，他似乎曾經於上元年中想去蘄州東山弘忍門下「諮受禪法」而沒有去成，因為弘忍在此前已經去世；但在《景德傳燈錄》卷五的記載中，他倒是在弘忍門下參拜過的。按它的記載，他在咸亨元年「抵京師，敕居大敬愛寺，固辭，往蘄春謁忍大師」。咸亨元年弘忍還在世，他應該是可以見到弘忍的。儘管傳說中，他後來對六祖惠能佩服得五體投地，但畢竟還是五祖的學生。又如《宋高僧傳》卷八有傳的道俊，曾在武則天、中宗時期有很大的名聲，據說，他是在枝江「修東山無生法門，即（道）信、（弘）忍二祖號其所化之法」，似乎也應該算是弘忍的門下。再如《宋高僧傳》卷二十九有傳的僧達（638—719），據說他在四處遊方時，「見黃梅忍禪師，若枯苗得雨，隨順修禪，罔有休懈」，又遇到印宗禪師，「重磨心鏡」，看來也可以算是弘忍的傳人②。至於《景德傳燈錄》卷四中所記的就更多了，據說是弘忍門下有名有姓的弟子達一百○七人，不過，它只收錄了十三個，有事跡記載的，除惠能外只有三個。其中，袁州蒙山道明是前面幾種資料都未曾記載的，他就是相傳去追惠能所攜袈裟，後來又皈依了惠能的那個惠明。此外，只有名字而無事實的禪師中，如揚州奉法寺曇光、隨州禪糙、舒州法照等，也是前面的各種資料中所未曾記載的，不過，晚出的《景德傳燈錄》的記載常常不那麼可信。

---

① 宗密《圓覺經大疏鈔》卷三之下疏「有藉傳香而存佛者」時，說到南山念佛宗的開創者是「五祖下分出」的宣什，《續藏經》第 14 冊，558 頁。

② 以上，分見贊寧《宋高僧傳》（范祥雍校點本，北京：中華書局，1987；以下引《宋高僧傳》皆此本，不一一注明），82、183、719 頁。

以上各種資料所提到的弘忍弟子，總共是二十餘人，分佈的區域相當廣，北至潞州（今山西長治），南至韶州（今廣東韶關），東至越州（今浙江紹興），西至資州（今四川資陽），這就是東山門下當時的傳弘範圍。不過，弘忍的這些弟子並不一定就能使東山禪法弘傳開來，「各為一方師」的畢竟只是十人，而就是這十人中，也還有好幾個聲名不彰或血脈不純，像玄約、智德、慧藏、劉主簿，就沒有留下多少可資參考的資料，也許他們生前並不顯赫。而義方則可能有些義學僧人的習氣，所以《楞伽人法志》在數前九人時還說「此並堪為人師，但一方人物」，而在其後數到義方時就說了一句「越州義方，仍便講説」，似乎有些另眼相看的意思。

所以，真正值得注意並能傳弘東山禪法的，就是以下六人：

法如（637—689），主要活動在嵩山少林寺。

神秀（約607—707），主要活動在荆州玉泉寺。

老安（傳說中，約582—708之間），主要活動在嵩山會善寺。

玄賾（生卒年不詳），主要活動在安州壽山寺。

智詵（609—702），主要活動在資州德純寺。

惠能（638—713），主要活動在韶州大梵寺等。

可以看出，東山法門在弘忍身後，其傳播的重心，已經由蘄州（今湖北、安徽、江西三省交界處）向三個地區轉移：第一個是以荆州與洛陽為中心的地區，這是稍後東山門下最活躍的地帶。其中法如、老安在嵩山，即今河南洛陽周邊；神秀、玄賾在荆、安兩州，在今湖北北部，這是當時唐王朝的中心地區。這一系禪師大體上繼

承了道信、弘忍的禪法，應該説，是東山禪門的主流，無論在僧界還是在俗界，他們都擁有極大的影響。第二個是西面的資州（今四川資陽），智詵在這裡慘淡經營，其後人開創後來的「淨眾」一派，倡「無憶、無念、莫妄」法門，但由於地處西偏，聲勢遠不如中原的一派。第三個就是韶州（今廣東韶關），惠能在這裡聚眾開法，開創後來的南宗一派，但應當説在惠能生前，影響也不是很大，只是在他身後，由其弟子神會、本淨、懷讓、行思及再傳弟子馬祖道一等開南宗禪一派，另倡「無念頓悟」及「無心是道」宗風，才漸漸興盛起來，成為禪宗的主流。

在此之外，在金陵即今江蘇南京一帶，還活躍着以法持、智威為首的牛頭宗一系禪師，但傳説他們是四祖道信門下的「旁出一枝」，與五祖弘忍也有一些關係。他們以般若之「空」與老莊之「無」，構築自己的禪思想體系，成為當時禪門中最近於「玄」的一支，在法持、智威之後的盛唐時代，牛頭宗迅速崛起，與上面出自弘忍門下的那三支，各自分據東西南北，在7世紀末8世紀初，成為並立的四大禪門。

二、法如、老安、玄賾、神秀及其周邊禪門

法如、老安、玄賾、神秀這一批禪師，其實都可以算是廣義的「北宗」。宇井伯壽在《北宗禪の人人と教説》中曾提出 [1]，「北宗」一名，乃是開元二十二年（734）滑台無遮大會上，神會給「師承是傍，法門是漸」的神秀、普寂一系安上的名稱。因此，北宗禪只是

---

[1] 宇井伯壽《禪宗史研究》（東京：岩波書店，1939）第六《北宗禪の人人と教説》。

指這一系而言。這種說法也許有文獻上的依據，卻未免膠柱鼓瑟，因為從思想史角度來看，「北宗」早已成了一種禪思想流派的代稱，從《祖堂集》以下，「北宗」便泛指與惠能一系對峙的弘忍門下其他弟子。敦煌本《傳法寶紀》也以法如與神秀為一脈相承，《楞伽人法志》中，玄賾也把自己和神秀並列，說弘忍臨終囑託中有「汝與神秀，當以佛日再暉，心燈重照」[①]。從禪門宗系角度來看，法如、老安、玄賾、神秀之間，也距離較近。據《傳法寶記》說，法如臨遷化時，曾命門下參訪神秀，而他的弟子李元圭（龐塢圭）在法如逝世後，的確曾到荊州參拜神秀[②]。神秀的掌門兩大弟子，即義福和普寂則先擬參拜法如，只是「未至而聞其遷化」，才南下改參神秀的[③]。老安門下的陳居士（陳琰，法號智達）「在嵩山廿餘年，初事（老）安闍黎，後事（神）秀和尚，皆親承口訣，密受教旨」[④]。就是老安本人，也極其推崇神秀，當朝廷徵召禮聘時，他「順退避位，推美於玉泉大通」[⑤]。正因為如此，京兆的文人杜朏撰《傳法寶記》時，才會自然而然地將法如放在神秀之前，尊為正宗傳人；玄賾門

①《傳法寶紀》的系譜，是從達摩、惠可、僧璨、道信、弘忍、法如，一直續到神秀的，見《大正藏》第 85 冊，1291 頁。《楞伽人法志》，見《楞伽師資記》，《大正藏》第 85 冊，1289 頁。

②智嚴《大唐中嶽東閒居寺故大德圭和尚紀德幢》，原載《八瓊室金石補正》卷五三，現已收入陳尚君輯校《全唐文補編》（北京：中華書局，2005）卷三十，360 頁。

③《全唐文》卷二八〇嚴挺之《大智禪師碑銘並序》、卷二六二李邕《大照禪師塔銘》，分別見於《全唐文》1256、1174 頁。

④敦煌卷子本 P.2799，劉無得《頓悟真宗金剛般若修行達彼岸法門要訣序》，現收入陳尚君輯校《全唐文補編》卷二六，321 頁。

⑤《唐文續拾》（上海古籍出版社影印本《全唐文》第五冊後附）卷三宋儋《大唐嵩山會善寺故大德道安禪師碑》，12 頁。

下的淨覺撰《楞伽師資記》時，才會坦然地把神秀當作七代祖師；而中唐僧人清晝（即著名的皎然）才會將老安和普寂（神秀的弟子）算在一道，作《二宗禪師讚》，稱「安（老安）讚天后，寂（普寂）佐玄宗」，並說：

> 邈邈安公，行越常致。高天無言，九有咸庇。大海無心，百川同味。瞳瞳大照，有跡可睹。不異六宗，無慚七祖。禪岡一傾，人天何怙[①]。

7世紀後期8世紀前期，可以說是北宗禪的時代。咸亨五年（674）弘忍寂滅之後，雖然曾一度出現群龍無首、門下十餘弟子各在一方、解禪說法紛紜歧異的局面，不過，這種禪門一盤散沙的局面很快就結束了。垂拱二年（686），各地禪僧首領齊集禪宗發源地嵩山少林寺，請求法如開示禪法，「咸曰：始自後魏，爰降於唐，帝代有五，年將二百，而命世之德，時時間出，咸以無上大寶，貽諸後昆，今若再振玄綱，使朝聞者，光復正化」，法如在「謙退三讓」之後，終於接受了這一「用隆先勝之道」的使命[②]。

這一次有些類似古代「加九錫勸進」或者現代社會派代表選舉式的嵩山之會，實際上已經確立了五祖弘忍的繼承人，這在當時並無異議。所以，在法如圓寂後即建立的《法如行狀》碑，便明明白白地宣佈了這種傳法譜系：「（達摩）入魏傳可，可傳璨，璨傳信，

---

① 《全唐文》卷九一七清晝《二宗禪師讚》，4236頁。
② 《唐文拾遺》（《全唐文》第五冊後附）卷六七闕名《唐中嶽沙門釋法如禪師行狀》，334頁。此處參用柳田聖山《初期禪宗史書の研究》後附根據拓本校勘過的「資料一」《唐中嶽沙門釋法如禪師行狀》，488—489頁。

信傳忍，忍傳如。」稍後，開元十三年（725）所立《大唐中嶽東閒居寺故大德圭和尚紀德幢》、開元十六年（728）所立《皇唐嵩嶽少林寺碑》也都重複了這種説法。聯繫到後來成為神秀掌門弟子的義福和普寂，他們一開始都準備投奔法如這一現象，似乎可以明白，以法如接續弘忍，以神秀接續法如，其實可能是當時禪門弟子的共識。因此，裴璀《皇唐嵩嶽少林寺碑》説，法如是「貞觀之後……為定門之首」[①]。

敦煌資料證明了這一事實，現存巴黎的敦煌卷子中（P.3559）有一部完整的《傳法寶紀》[②]，在《弘忍傳》中，它不僅以法如直承弘忍，而且明確記載：

（上元二年八月十八日，弘忍）因弟子法如，密有傳宣，明一如所承。

《法如傳》中又一次説到法如「既而密傳法印，隨方行道，屬高宗升遐度人，僧眾共薦於官，名住嵩山少林寺」。可見，他和惠能一樣，先承法印，後受具戒，在嗣聖元年（684）才正式名列僧錄，這時上距弘忍圓寂已近十年，下至法如嵩山開法僅僅兩年。法如在嵩山少林寺開法維繫了禪門，可惜的是，這種一統天下禪門的局面僅僅維持了三年，永昌元年（689）法如便去世了，享年僅五十二歲。這時，

---

① 《金石萃編》卷七七，又見《全唐文》卷二七九，1252 頁。
② 據柳田聖山《初期禪宗史書の研究》第二章《北宗における燈史の成立》説，《傳法寶紀》是與法如有關係，而與神秀稍稍不同的一系禪師的作品，所以，對法如的地位相當強調，而與神秀比較接近的一系禪師如玄賾和淨覺等等，以及來自這一系統的《楞伽師資記》，則是恪守《楞伽》，突顯神秀而淡化法如的。47—87 頁。

禪宗又一次處於群龍無首的狀態，雖然這一年正好是武則天大興佛教，令天下置大雲寺，並「令釋教在道法之上，僧尼處道士女冠之前」的前夕。

十一年後，武則天在嵩山召見了老安，在老安的薦舉下，同樣是弘忍的弟子、也是法如的同門荊州玉泉寺的神秀被召至東都[1]，據説神秀「身長八尺，龐眉秀耳」[2]，張説《大通碑》説，當時神秀年事已高：

> 趺坐觀君，肩輿上殿，屈萬乘而稽首，灑九重而宴居。
> 傳聖道者不北面，有盛德者無臣禮。

和法如不同，年已九旬開外的神秀似乎非常懂得政治力量的意義和宗門團體的作用，他一面與武則天、唐中宗打得火熱，一面不斷接納門人形成宗門系統，《宋高僧傳》卷八載，武后「親加跪禮，內道場豐其供施，時時問道……時王公以下，京邑士庶競至禮謁，望塵拜伏，日有萬計。洎中宗孝和帝即位，尤加寵重」[3]。

雖然神秀與法如同出一門，可以算在廣義的北宗禪門，但是似乎立場稍稍有些不同。比如法如對於傳統禪門的路數還是有所質疑的，出自他這一系統的《傳法寶記》曾經對「壁觀」「四行」等有所批評，覺得它是「權化一隅之説」，也就是説，只是權宜方便，不

---

① 張説《荊州玉泉寺大通禪師碑》記在「久視年中」，《宋高僧傳》卷九《普寂傳》同，198頁；敦煌本《楞伽師資記》則記在「大足元年」，《大正藏》第85冊，1290頁。
② 《舊唐書》卷一九一《神秀傳》，5110頁。相比之下，惠能似乎身材矮小，所以在朝廷徵召的時候，他就以自己身材矮小和相貌醜陋為由推辭。同上書，5110頁。
③ 《宋高僧傳》卷八《唐荊州當陽山度門寺神秀傳》，177頁。

是根本大法。但是，神秀似乎更加維護傳統一些，在神秀系的《楞伽師資記》中，說這就是達摩親口所說之法。但神秀此人相當有謀略，他與朝廷高官廣泛交納，又把他的門弟子普寂帶到洛陽。《宋高僧傳》卷九《唐京師興唐寺普寂傳》曾載：「久視中，則天召神秀至東都論道，（神秀）因薦寂，乃度為僧。及（神）秀之卒，天下好釋氏者，咸師事之。中宗聞（神）秀高年，特下制令普寂代本師統其法眾。」[1] 等於是他預先安排了坐鎮兩京的接班人，特別是重新佔據了洛陽、嵩山這種禪門傳統的中心地區，自然成為當時禪門的主流，連法如系統也不得不承認他的正統地位 [2]。同時，他在荊州、洛陽、長安廣開法門，據說座下「升堂七十，味道三千」，這當然是形容神秀如同孔子的誇飾之詞，但他的門下的確人才眾多，如義福、普寂、景賢、巨方、降魔藏、辭朗、大福等。

所以，儘管可能他並沒有像法如那樣得到禪門的一致推舉，但憑着「國師」的威望和僧俗兩方眾多弟子的擁戴，自然成為法如之後無可爭議的禪門祖師 [3]。當唐中宗神龍二年（706）他以傳說中的百餘歲高齡圓寂後，那身後哀榮可以說幾乎是無與倫比：

　　　　宸駕臨訣至午橋，王公悲送至伊水，羽儀陳設至山
　　　　龕……太常卿鼓吹導引，城門郎護監送喪。是日天子出龍

---

① 《宋高僧傳》卷九《唐京師興唐寺普寂傳》，198 頁。

② 關於這一點，請參看小川隆《初期禪宗形成史の一側面 —— 普寂と「嵩山法門」》，載《駒澤大學佛教學部論集》（東京，1989）第二十號，310—325 頁。

③ 佛爾（Bernard Faure）的 *The Will to Orthodoxy: A Critical Genealogy of Northern Chan Buddhism*（Stanford University Press, 1997）在討論北宗禪如何尋求正統性的歷史敘述和思想分析上，相當值得關注，尤其是第一章《神秀和他的時代》，請看 p.13 以下。

門，泫金槭，登高停躅，目盡回輿，自伊及江，扶道哀候……

也許，是為了填補神秀之後的空缺，在二月神秀圓寂之後，九月，唐中宗曾把百歲老僧老安召到長安。但是，可能是因為年老體衰，也可能是在長安難以生根的緣故，第二年即神龍三年（707），老安就「辭歸少林寺」，並於景龍三年（709）逝世。唐中宗又於景龍二年（708）徵召安州的玄賾，玄賾在東都洛陽傳法，似乎影響並不太大，還不如神秀門下的義福和普寂，以至於他的門人在修《楞伽師資記》時不得不以神秀、普寂為正宗傳承血脈。這時，除了遠在南方的惠能之外，弘忍門下在北方的第一代弟子大都辭世，不過，法如、老安、玄賾、神秀畢竟把達摩、慧可、僧璨、道信、弘忍一脈的香火接續下來。其中，特別是神秀，以他的努力使禪思想進入了世俗上層，並且使禪門真正地在中國北方的宗教思想世界佔據了中心位置。

過去，禪宗史研究者很少注意到弘忍身後的法如、老安、玄賾、神秀之間的關係 ①，往往過信舊說，以為神秀、惠能之間的衣缽之爭，在弘忍身後便立即開始，於是，對禪宗的歷史就出現了一些誤解。

第一個誤解，就是以為當時禪門有一線單傳的規矩，好像武俠小說中立「掌門人」一樣。其實，弘忍開「東山法門」廣收弟子，雖

---

① 關於這一點，很早沈曾植就已經指出了《法如行狀》的意義，見其《海日樓札叢》（中華書局上海編輯所，1961）；近年來，由於柳田聖山等人對《法如行狀》的解讀和重視，情況已有改變，如溫玉成《讀「禪宗大師法如碑」書後》及《禪宗北宗初探》，已討論了法如在禪史上的地位，載《世界宗教研究》（北京）1981 年第一期、1983 年第二期。

然與過去達摩、慧可、僧璨、道信諸祖師不同，但並未改變「以心傳心」的習慣，也未新立衣缽為信的法規。所以，他圓寂之後才出現群龍無首的局面，以至於禪門不得不在嵩山聚會，推舉法如為領袖，真正的爭奪可能是法如身後的事情。

第二個誤解，就是以為神秀直承弘忍，彷彿武俠小説中那個陰謀篡位的不肖弟子趕跑了正宗自封為「掌門人」一樣。其實，按照張説《大通碑》的記載，神秀於「知天命之年」到五祖門下，大約是唐太宗貞觀二十年（646）前後的事，而他在五祖門下僅「服勤六年」，也就是説在六年後就離開了東山法門。宇井伯壽氏考察張説碑中「涕辭而去，退藏於密」八字時認為，這大概指的是神秀龍朔元年到儀鳳元年（661—676）隸荊州玉泉寺這一段時間，而弘忍正是在此期間逝世，神秀當時並不在弘忍身邊，也沒有資格自任「掌門人」，倒是法如「至咸亨五年，祖師滅度，始終奉侍，經十六載」[①]，自然順理成章地被禪眾推為「掌門」大師。

第三個誤解，就是以為神秀的宗門領袖地位，尚有作為思想領袖的身份支撐。就如同武俠小説中那個篡位弟子，儘管名不正但畢竟繼承了正宗功夫，總是有師資血脈關係一樣。其實，當時禪門並不是一個組織嚴密、思想整齊的宗派，雖然東山門下人才眾多，但十大弟子各自為政，並不聽統一指揮，雖然法如被推為精神領袖，但未必是組織首腦，天下凡修禪定的僧人均是「定門」，皆稱禪師，以神秀一系的思想一統禪眾，使天下禪師奉其為宗主也是不可能的。像法持（635—702）先從弘忍、後事惠方，既信念佛，又

---

① 《唐文拾遺》卷六七闕名《唐中嶽沙門釋法如禪師行狀》，《全唐文》第五冊後附，334頁。

修禪定，成為牛頭四祖。《宋高僧傳》卷八記載他重事方禪師「傳燈繼明，紹述山門，大宣道化」後，便說「是知兩處禪宗，重代相襲」，並沒有把恪守祖師門牆看得那麼嚴重。又如，智詵（609—702）自立門戶，並由其弟子在四川開「淨眾」一派，在萬歲通天二年（697），他曾一度被召入京，當時自稱得受五祖衣鉢。可見，他也不承認有甚麼「天下共主」的六祖，就連第二代弟子中的李元圭（龐塢圭，644—716）一系後人，也在《大唐中嶽東閑居寺故大德圭和尚紀德幢》裡無視當時神秀的權威，公然稱「如來在昔，密授阿難。自達摩入魏，首傳慧可，可傳粲，粲傳信，信傳忍，忍傳（法）如，至和尚（龐塢圭）凡歷七代，皆為法主」[1]。而老安門下的淨藏（675—746）則在老安圓寂後（709）去了韶州惠能門下；懷讓（677—744）則在老安的啟發下，成了惠能的大弟子；淨藏滅度後，弟子所撰塔銘居然還有「可、粲、信、忍，宗□密傳，七祖流通，起自中嶽」的字句，其中「七祖」二字，絕不是指神秀、普寂這一支的禪師[2]。

新發現的梁肅《唐常州天興寺二大德比丘尼碑》中曾經記載了一件事情，其中說到，先天初年，「大照寂公（即神秀的弟子普寂）禪門方熾，二德（即碑主黃氏姐妹）謁問」，但是相當失望，「退而告人曰：彼之所論，未盡善也。其勢且盛，吾焉能辨之」。可是這

---

① 《八瓊室金石補正》卷五三智儼《大唐中嶽東閑居寺故大德圭和尚紀德幢》，收入《全唐文補編》（北京：中華書局，2005），卷三十，360—361 頁。
② 淨藏事，見《唐文拾遺》卷五〇慧雲《嵩山故大德淨藏禪師身塔銘並序》，《全唐文》第五冊後附，252 頁。懷讓事，見《宋高僧傳》卷九《唐南嶽觀音台懷讓傳》，200 頁。

種不贊成的態度卻受到打壓,「大照之徒,聞而惡焉……」[1]可見,在神秀的時代,儘管他這一支已經成了禪門中最大的一派,他本人也成了禪門中最重要的領袖,但是,這只是因為他背靠着朝廷,培養了大批弟子,重新佔據了洛陽和嵩山這個禪門的傳統中心,有了很大的勢力,卻並不是因為他的禪思想征服了禪眾,或是他的禪思想得到了五祖真傳,當然,更不是因為他是法定繼承人,就連他自己,恐怕也沒有這個自我意識。

他作為五祖之後的禪宗正統「掌門」,倒可能是他的弟子時代的事情了。

三、西蜀與東吳

南、北分宗,當然是禪思想史上最引人注目的事情,不過東、西二脈也是不容忽視的歷史,因為東、西二脈分別是禪門在思想與方法上各持一端的兩支,只有把東西與南北合觀,才是 7 世紀末 8 世紀初的中國禪宗的全景。

在西蜀弘傳東山禪法的,當然首推智詵。不過,他在弘忍的門人中,屬於半路出家的一個。據《歷代法寶記》的記載,他先曾在玄奘那裡學過經論,後來才到弘忍這裡學習禪法。在 8 世紀下半葉撰成的《歷代法寶記》中,看不出他有甚麼特別的思想,在晚唐段成式《酉陽雜俎》續集卷四所引的《詵禪師本傳》中所記載的他與日照三藏的對話中,也看不出他有甚麼特異的禪法,相傳「淨

---

[1] 此碑見於高麗僧義天《釋苑詞林》卷一九三,此承陳尚君教授抄示,特此致謝;後收入《全唐文補編》(北京:中華書局,2005),《又再補》卷四,2295 頁。

眾」一派用以開法授徒的「無憶、無念、莫忘」，也似乎不是他的發明而是之後金和尚（無相）的專利。只是《歷代法寶記》中關於「傳衣」的故事，卻頗為重要。據說，武則天於萬歲通天元年（696）曾召惠能入京，但惠能堅不應詔，只是把作為傳法憑證的袈裟交了出去。第二年，武則天派張昌期到資州（今四川資中）請來了智詵，於內道場供養，大約不久智詵就辭歸資州。臨行時，武則天把袈裟賜給了他，讓他「將歸故鄉永為供養」，同時又令內侍將軍薛簡通知惠能，說「將上代信袈裟奉上詵禪師，將受持供養，今別將摩納袈裟一領，及絹五百匹充乳藥供養」[①]。但是，這個傳說出自半個多世紀之後，可靠與否很難說。且不說五祖傳法是否真的用袈裟為憑據，如果袈裟真的是五祖弘忍傳法的憑據，惠能是否能那麼輕而易舉地交出來還是疑問。如果袈裟真的如此重要，神秀等人及其弟子又何至於一聲不吭，讓西蜀智詵順利地收入囊中？就算這件袈裟很重要，《歷代法寶記》的這一傳說也只有兩種可能：一是真有此事，那麼有可能是武則天故意在禪宗內部挑起釁端；二是本無此事，那麼這是後來逐漸靠向南宗惠能系的智詵後人，為了證明他們是南宗正宗傳人而有意編造，想用這一莫須有的憑證，既說自家出身名門，又說自家與南宗有血脈緣分。

　　與智詵同在西蜀的東山門下，大概還有一個被稱為「南山念佛宗」的宣什，不過宣什的資料極少，只是由於宗密《圓覺經大疏鈔》的記載，我們才得以知道有這麼一個東山門下的弟子存在。據說，他之後又有「果州未和上、閬州蘊玉、相如縣尼一乘」[②]，都在今四

① 《歷代法寶記》，《大正藏》第 51 冊，184 頁。
② 《圓覺經大疏鈔》卷三之下，《續藏經》第 14 冊，558 頁。

川境內活動。但是，就連宗密也弄不太清楚他們的具體情況，只好說「餘不的知稟承師資昭穆」。

在智詵身後，還是他自己的弟子處寂較為有名，但有關這個處寂的資料很混亂，《宋高僧傳》卷二十記資州的處寂（646—734）[1]，俗姓周，「師事寶修禪師」，似乎與智詵門下的處寂不是同一個人，但他既在資州，又好像與智詵有關係，又記載他收納無相（金和尚）為弟子，為其取號並授與摩納衣[2]，顯然又應當是智詵門下的處寂。但是，據《歷代法寶記》所說，處寂俗姓唐，故稱「唐和上」，卒於開元二十年（732）五月，年六十八。無論姓氏、生卒年都大為不同，宗密《圓覺經大疏鈔》的記載和《歷代法寶記》大體相同，《宋高僧傳》的記載從何而來，其中的錯亂究竟是怎麼回事，現在也無從清理了。

處寂即唐和尚曾是後來著名的淨土僧人承遠（712—802）和著名的淨眾禪奠基人無相（金和尚）的老師[3]。真正使這一系開始興盛的功臣，就是這個從海東新羅來的無相（684—762）和他的弟子無住（714—774）。無相以「引聲念佛」的外修方便，與「無憶、無念、莫忘」的內修法門，加上《歷代法寶記》所謂「此（袈裟）是則天皇后與詵和上，詵和上與唐和上，唐和上與吾」的護身法符，使得這一系禪法重新贏得信眾，《菩提寺置立記》稱他「傳繼七祖，於坐得

---

① 《宋高僧傳》卷二十，507—508頁，此處生卒年是按「（處）寂以開元二十二年正月示寂，享年八十七」算出。
② 《宋高僧傳》卷十九，486—487頁。
③ 承遠的生平事跡，見《柳宗元集》（北京：中華書局，1979）卷六《南嶽彌陀和尚碑》；無相即金和尚，見神清《北山錄》卷六「蜀淨眾寺金和尚，號無相禪師。本新羅王第三太子，於本國月生郡南寺出家。開元十六年至京，後入蜀至資中，謁詵公學禪定，入蜀止淨眾（寺）」。《大正藏》第51冊，611頁。

三昧，以不思議之知見，破群心之蒙惑」。開元二十七年（739），又因為他得到益州長史章仇兼瓊的禮請，而到成都淨眾寺住錫，逐漸擴大了這一系的影響。章仇兼瓊在開元、天寶之間，在四川先後任益州長史、劍南節度使，是一方的軍政長官，可能無相就是在他的崇信下，才聲譽日隆的[①]。不過，他似乎已經與他的祖師有點分道揚鑣的意思，他公然宣稱智詵和處寂「不說了教」，所以，他不引師說，還揚言要「許弟子有勝師之義」，也就是說他要在祖師禪法之外另立一套。而這另一套「勝師之義」，可能就是從開元、天寶間聲名鵲起的荷澤神會那裡轉手而來的南宗思想。但是，不知為甚麼，對禪宗素無好感的中唐和尚神清，卻在《北山錄》卷六《譏異說第十》中稱讚他的淨眾禪門，「崇而不僭，博而不佞」，是否他這裡還有一些傳統的色彩呢？我們不太清楚。

　　無住則是無相選中的傳人，他似乎比無相走得更遠。他與無相一樣很善於利用世俗地方政權的支持，據《歷代法寶記》記載，永泰元年（765），副元帥兼劍南西川節度使，「酷好浮屠」的杜鴻漸，在平定安撫了蜀亂之後[②]，親自去請無住禪師主持佛法。當時的儀式十分隆重，「和上（無住）到州，州吏躬迎，至縣，縣令引路，家家懸幡，戶戶焚香」。以杜鴻漸為首，各等官員如楊炎、杜亞、岑參等都出來迎接，據說當時「和上容儀不動，儼然安祥，相公頓身下階，禮拜合掌」。無住也和無相一樣不恪守傳統的禪法，他曾參

[①]　無相的弟子除無住外還有惠超，見《全唐文》卷六一七段文昌《菩提寺置立記》，2762頁；有荊州明月山融禪師、漢州雲頂山王頭陀、淨眾寺神會禪師等，見《景德傳燈錄》卷四。

[②]　《舊唐書》卷一〇八《杜鴻漸傳》，3283頁，北京：中華書局，1975；據《景德傳燈錄》卷四，杜鴻漸迎請無住是在大曆元年（766），此據《歷代法寶記》。

訪惠能門下的自在和尚和老安門下的陳楚章，大概思想和方法的血脈比無相更雜，所以他很大膽地公然改動老師宣稱是「總持門」的箴言，引入了南宗禪的種種思想，與弘揚北宗禪的體無禪師公開翻臉，使得淨眾一派，後來逐漸融入了南宗禪系[1]。也就是説，當淨眾一系在無住時代達到最盛的頂點時，它也到了最後消融自身的關頭，在無住之後，淨眾一系就逐漸湮沒在南宗禪的主流中了。像無相的弟子中那個與惠能門下荷澤神會同名的神會，他的後人就把自己的血脈，將錯就錯地移花接木，轉到荷澤神會名下，算是南宗後人[2]。而無住的身後人記自己的祖師時，也順水推舟，半遮半掩地承認荷澤神會了不起，在《歷代法寶記》中，全盤接受了荷澤系以惠能承弘忍的祖系排序，以及神會在惠能圓寂二十年後的中興懸記[3]。

當然，那都是中唐以後的事情了。

下面再看在東方的一支。

在東吳最盛的禪門是所謂牛頭宗，這時牛頭宗的著名人物是法持與智威，不過，牛頭宗開創者法融（594—657）並不是五祖弘忍的弟子，而相傳是出自四祖道信門下。因此，我們在這裡敘述牛頭宗，不是把他們當作五祖門下來為東山法門寫血脈譜系，而是把他們當作 7 世紀末 8 世紀初廣義禪宗的一支，來描述那個時代的禪門大勢。其實，如果從狹義的禪宗（即達摩禪系）來看，法融是否可

---

[1] 此外，據前引段文昌《菩提寺置立記》，無相還有弟子彭州天飾山惠悟，曾在大曆初被節度使崔寧請到菩提寺主持，見《全唐文》卷六一七，2761—2762 頁。

[2] 關於這一點，請參見胡適《跋裴休的唐故圭峰定慧禪師傳法碑》，《歷史語言研究所集刊》（台北，1962）三十四本上冊。

[3] 《歷代法寶記》，《大正藏》第 51 冊，179 頁。

以列入門牆，還是個疑問。他師承出自四祖道信的傳說，最早也是在盛唐末中唐初才流傳起來的。像李華《潤州鶴林寺故徑山大師碑銘》中說，「（道）信門人達者曰融大師，居牛頭山，得自然智慧」①；李吉甫《杭州徑山寺大覺禪師碑銘並序》也說，「達摩三世傳法於信禪師，信傳牛頭融禪師」②。於是，此後有了宗密《圓覺經大疏鈔》卷三之下所說的那個故事：

> 四祖（道信）委囑（弘）忍大師繼代之後，方與（法）融相見，（法）融通性高簡，神慧靈利。久精般若空宗，於一切法已無所執。後遇四祖，於方空無相體顯出絕待靈心本覺，故不俟久學便悟解洞明。四祖語曰：此法從上一代，只委一人，吾已有嗣，汝可自建立。融遂於牛頭山，息緣忘情，修無相理，當第一祖③。

這個說起來對五祖弘忍頗為不恭敬的故事，很可能是來自牛頭禪門自己的說辭。幾乎同時，劉禹錫為法融新塔撰記時，又有了一個更神奇的故事：

> 貞觀中，雙峰（道信）過江，望牛頭頓錫曰：「此山有道氣，宜有得之者。」乃來，果與大師相遇。性合神授，至於

---

① 見《文苑英華》卷八六二，4550 頁。
② 見《文苑英華》卷八六五，下面說到「融傳鶴林馬素禪師，素傳於徑山，山傳國一禪師，二宗之外，又別門也」，4563 頁。
③ 見《續藏經》第 14 冊，557 頁；又《中華傳心地禪門師資承襲圖》中所記大同小異，《續藏經》第 110 冊，866 頁。

無言，同躋智地，密付真印 ①。

　這個比宗密更進一步，把「真印」都傳給法融的故事，更可能是牛
頭禪門的文學創作。但是，很多學者都對此不以為然，因為與法融
同時代，又專門為法融寫過傳記的道宣，在《續高僧傳》卷二十一
的《法融傳》中，竟然根本沒有提到法融與道信有任何關係 ②！
　　早期牛頭宗的傳法故事中，有很多這一類的疑問，像法融傳智
岩，智岩傳惠方，看起來都不那麼可靠 ③。不過，這並不影響我們對
7 世紀末 8 世紀初禪門分佈問題的研究，因為在這時，牛頭宗已經
進入法持（635—702）、智威（653—729）的時代，傳承的脈絡已經
開始逐漸清晰，思想傾向也開始逐漸明晰。
　　傳說中的牛頭宗祖師，與奉《楞伽》的禪門和奉《般若》的論
師，大都交往甚密，除傳說中法融與道信的故事外，在僧傳中所見
的有，法融的弟子僧瑗（639—689）就「聽常樂寺聰法師《三論》」④；

---

① 《劉禹錫集》（北京：中華書局，1990）卷四，55 頁。
② 丘山新、衣川賢次、小川隆在 2000 年出版的《祖堂集牛頭法融章疏證 —— 祖堂
　集研究報告之一》一文中，進一步指出，牛頭宗的法統傳說，形成於神秀、普寂
　大盛的 8 世紀中葉，因此，要把牛頭法融上溯到比北宗所承繼的五祖更早的四
　祖道信，在現存有關牛頭宗的著作中，最早的是李華（大曆間去世）為天寶十一
　載（752）圓寂的鶴林玄素（馬素）禪師所寫的《潤州鶴林寺故徑山大師碑銘》，其
　中提到了法融承道信這一譜系，接着是李吉甫為貞元八年（792）去世的法欽禪
　師所寫的《杭州徑山寺大覺禪師碑》。而後來所見各種牛頭法融的傳記，則形成
　於 9 世紀，劉禹錫在太和三年（829）作《牛頭山第一祖融大師新塔記》，便基本
　完成了這一輪廓。載《東洋文化研究所紀要》（東京大學東洋文化研究所，2000）
　第百三九冊，70—78 頁。
③ 關於牛頭禪，印順《中國禪宗史》第三章的考證最為詳盡，這一章是他此書最精彩
　的一章，可以參看。
④ 《宋高僧傳》卷四，81 頁。

另一弟子曇璀（631—692）就與「廣陵覺禪師」來往，而這個覺禪師很可能就是五祖門下的「揚州覺」[①]。被後人尊奉為牛頭四祖的法持，也曾經先後參拜過達摩一系的五祖弘忍和牛頭一系的惠方禪師，據《宋高僧傳》卷八《唐金陵延祚寺法持傳》說，當惠方禪師出山後，是由他率領牛頭宗的信徒。「凡是學眾，咸悉從其諮稟心要，聲價騰遠，海內聞知，數年之中，四部依慕。」看來在他的時代，牛頭禪影響日益擴大；而他的弟子智威，似乎比他更偏重經論的研習，也更有文人氣息。《宋高僧傳》卷八《唐金陵天保寺智威傳》說，他「淡然閒放，形容溫潤，面如滿月，言辭清雅，慧德蘭芳」。也許是這種個人魅力使他門下聚起了一批出色的禪者，也吸引了不少世俗的文人，所以，他「望重一時，聲聞遠近，江左定學往往造焉」[②]。

　　應該注意的是，法持和智威在山中弘法之後，都曾經出山到過當時江東文化中心金陵。這一行動的意義很可能和神秀、普寂入長安一樣，帶有一種利用世俗權力推動禪法普及的目的。從法融到智威，這批江左的禪師大都出身於上層士族家庭，文化水平較高，對佛教經論頗有研究。自從南朝滅亡後，南方文化表面是處於在政治上被貶斥的地位，例如唐王朝建立之後，李世民雖對南方文人加以任用，對南方文風也心有所好，但他對南方文化在政治和理智上還是有所警惕的。正如牟潤孫《唐初南北學人論學之異趣及其影響》所說，李世民時代實際上是「崇實避虛」，他說，「舉凡渡江以來南朝之風習，其不合於古而視為亂亡之階者，悉應在廢棄之

---

①　《宋高僧傳》卷八，181 頁。
②　《宋高僧傳》卷八，182、185 頁。

列，為其時之天經地義」①。同樣，江左義學尤其是説空近玄的般若系的學問，也每下愈況，唯識之類的義理之學十分昌盛，長安成了佛教的中心。但是在實際上，江左文化與學術，卻隨着文化重心的轉移順勢進入了長安，出現了政治上貶抑的，在文化上捲土重來的現象，歷史學者甚至有所謂「南朝化」的説法。特別是在江南，這一文化風氣沒有消失而仍然延續，牛頭一系便是繼承江左義學的傳統，如法融在牛頭山讀「七藏經書」，為道俗講《大品》、講《大集》，僧瑗從常樂寺法聰學《三論》，曇璀「金經密藏，一日萬言」，他們是否一直就有在義學大本營江左復興的願望呢？我們現在不很清楚。

但是，在法持與智威之後，牛頭宗由於出現了慧忠、玄素以及他們的弟子佛窟遺則、徑山法欽等出色的人物，的確在 8 世紀中葉造成了江左禪學與義學的重興，使牛頭宗成了與北宗、淨眾宗、荷澤宗並立的一大門派，並在中唐時期極深地影響了後起的洪州宗。

四、惠能及其在大梵寺的開法

關於後世尊奉為六祖的惠能，一直是禪宗史研究者的關注重點。作為南宗禪的開創者，那一首傳遍天下的偈語廣為人知，數以百計的論著都在研究他的生平與思想，在這裡似乎沒有必要再重複前人的研究結論。但是，需要分析的，是有關惠能離開蘄州回到嶺南之後的行為及影響，因為這才是全面了解 7 世紀末 8 世紀初禪門分佈的關鍵。

---

① 載牟潤孫《注史齋叢稿》（北京：中華書局，1987），398 頁。

這裡的一個關鍵，是王維《能禪師碑》中所說隱遁「十六載」的問題。王維碑中說：

> （弘忍）臨終，遂密授以祖師袈裟，而謂之曰：物忌獨賢，人惡出己，吾且死矣，汝其行乎。禪師遂懷寶迷邦，銷聲異域。眾生為淨土，雜居止於編人；世事是度門，混農商於勞侶。如此積十六載[①]。

按照這一說法，從弘忍圓寂的咸亨五年（674）到永昌元年（689），惠能一直埋名隱姓在嶺南民間，並不曾開法收徒，這就是後來《壇經·行由品第一》中所說的，「避難獵人隊中，凡經一十五載」故事的由來。在各種版本的《壇經》中，這一故事的時間長短不太一樣，敦煌本引弘忍對惠能的叮囑說，「努力將法向南，三年勿弘此法，難去，在後弘化」[②]。但敦煌本並沒有具體關於惠能隱遁一事的記載。日本興聖寺本（即惠昕本）引這段話時，「三年」變成了「五年」，後邊又多了惠能避難「經五年在獵人中」的故事；到了契嵩本和後來依據契嵩本而來的《壇經》各通行本的時候，「三年」或「五年」的話都沒有了，但後邊關於惠能隱遁的時間，卻變成了「凡經一十五載」，倒與王維碑文大體接上了頭[③]。

---

① 《王右丞集箋注》（上海：上海古籍出版社，1984）卷二十五，447 頁。

② 《壇經校釋》（郭朋校釋本，北京：中華書局，1983；以下引《壇經》均此本，不一一注明），20 頁。

③ 《壇經》的版本演變很複雜，但大體上說來，是敦煌本、惠昕本、契嵩本三本之間的差異，重要的改變基本上出在這三種本子中間，可以參見楊曾文《六祖壇經諸本的演變與惠能的禪法思想》，《中國文化》（香港：中華書局，1992）第六期；關於惠能隱遁時間的不同說法，這一點早就有人注意到了，如日本學者（轉下頁）

應該説，王維《能禪師碑》的説法是比較可信的。第一，王維於開元二十八年（740）在南陽見到神會，應神會的請求而寫這篇碑文，在可以考知的惠能資料中，它是最早的；第二，王維既應神會之請撰碑，想來惠能的資料，也是神會提供的，這時據惠能圓寂不過二十多年，與惠能有過往來的人，還有很多仍然在世，神會不大可能編一個新奇故事來公之於眾而自討沒趣；第三，王維所撰碑文是宗門之外的作品，不會因為宗門之內的興衰起落而被篡改修正。相反，《壇經》則是宗門內的記錄，許多學者都曾指出，它肯定經過後人增刪改篡。

這裡我想補充説明一點，這種增刪改篡不是在神會，而是在荷澤宗弟子的時代出現的。韋處厚《興福寺內道場供奉大德大義禪師碑銘》裡曾説，神會後人「竟成檀（壇）經傳宗」，南陽慧忠也説，很多自稱南方宗旨的人，「把他《壇經》改換，添糅鄙譚，削除聖意，惑亂後徒」[1]。韋處厚和南陽慧忠這兩段話，和現存各種《壇經》中惠能關於「吾滅後二十餘年，邪法撩亂，惑我宗旨，有人出來，不惜身命，定佛教是非，豎立宗旨，即是吾正法」這一段話，合起來就説明今本雜糅了神會後人的私貨。當年，胡適考證《壇經》是神會的作品，他的結論當然有些武斷過激，但後來一些學者把胡適的考證倒過來，説《壇經》與神會一系毫無關係，這就是意氣用事

（接上頁）松本文三郎《佛教史雜考》（大阪：創元社，1944）中的《六祖壇經の研究》中就列出了三者的差異，並作了一些分析，但他的分析不夠細緻和深入，115—118 頁。

[1] 韋處厚《興福寺內道場供奉大德大義禪師碑銘》，見《全唐文》卷七一五，3258頁；南陽慧忠關於《壇經》的話，見《景德傳燈錄》卷二十八，《大正藏》第 51 冊，438 頁。

了。上面那幾段話語是一個歷史存在，無論如何要對這些事實給予一個合情合理的解釋①。

　　回到惠能的話題。惠能在弘忍圓寂後即回到嶺南，隱遁幾乎十六年，我認為，實際上換個說法就是惠能一系在當時，並沒有甚麼影響。除了被神會後人改纂的資料而外，不少材料在這一點上都是一致的。如《歷代法寶記》雖然也受了神會一系的影響，但還是記載了惠能「常隱在山林，或在新州，或在韶州，十七年在俗，亦不說法」②；柳宗元《曹溪第六祖賜諡大鑒禪師碑》也說他「遁隱南海上，人無聞知，又十六年，度其可行，乃居曹溪，為人師」③；就是自承是神會一系後人的宗密，在《圓覺經大疏鈔》卷三之下裡面，也說惠能得弘忍傳法後，「在始興、南海二郡，得來十六年，竟未開法」④。也就是說，在唐高宗咸亨五年（674）到永昌元年（689）之間，後來所謂的南宗禪一系，還無聲無息，幾乎沒有半點動作與影響。

　　這應當是事實。有一些禪門中人曾試圖接受惠能隱遁十六年這一普遍說法，而同時又希望抹去惠能在弘忍之後，多年悄無聲息的確鑿事實，於是，就用一種時間錯位的辦法對它進行彌補縫合。他們承認惠能隱遁十六年是實有其事，但又把惠能得到弘忍衣法離開蘄州的時間，提前到龍朔元年（661）。像託名法海的《六祖大師

---

① 參見胡適《荷澤大師神會傳》《壇經考之一》《壇經考之二》等，原載《胡適論學近著》（上海：商務印書館，1935）卷二，後收入《胡適文集》（北京：北京大學出版社，1998）第五冊，158—259 頁。

② 《歷代法寶記》，《大正藏》第 51 冊，128 頁。

③ 《柳宗元集》卷六，150 頁。

④ 《圓覺經大疏鈔》卷三之下，《續藏經》第 14 冊，277 頁。

法寶壇經略序》中就是這麼寫的：「五祖器之，付衣法，令嗣祖位，時龍朔元年辛酉歲也，南海隱遁一十六年，至儀鳳元年丙子正月八日，會印宗法師⋯⋯」[1] 這是說，惠能離開東山，是弘忍去世（674）前十四年（661），而出山是弘忍去世後的第三年（676）。但這種講法，有很多疑點無法解決：第一，龍朔元年時，弘忍弟子眾多，自己年歲未老，他為甚麼要匆匆忙忙找一個文化水平不高，到東山不久的年青俗家弟子為接班人？通常，臨終囑咐或年老尋嗣，才是僧人中的常事，半路委託或轉交外人，卻不太合佛教的常情。第二，如果說惠能隱遁時，弘忍還在世，那麼，他有弘忍的庇護何必東躲西藏？如果說，東山法門因為傳衣缽而有爭論甚至於爭鬥，那麼，弘忍還能在他的祖師座位上安穩地坐十幾年嗎？第三，神會曾說，惠能「過嶺至韶州居曹溪，來往四十年」[2]，從弘忍圓寂（674）到惠能圓寂（713）正好是四十年，如果惠能是龍朔元年（661）離開蘄州的，那麼就不是四十年而是五十多年了，這又如何解釋？

我懷疑，很可能改竄者的意圖是，既要接上「隱遁十六年」的史實，又要證明惠能繼弘忍直接承襲血脈。他們把惠能離開弘忍的時間提前到龍朔元年，是為了把惠能出山開法的時間提前到儀鳳元年（676），抹掉從弘忍去世到惠能出山這一段空白（因為這一段時間裡有法如和神秀接替弘忍，作為禪門領袖）。按一種說法，弘忍圓寂於上元二年（675），那麼，這時正是弘忍圓寂之後的第二年，惠能毅然現身，這樣一來，惠能「受命於危難之際」的形象就圓滿

---

① 見《全唐文》卷九一五，4226 頁。

② 《南陽和尚問答雜徵義》，載楊曾文編校《神會和尚禪話錄》，110 頁；《歷代法寶記》也說「能禪師至韶州曹溪，四十餘年開化」，與神會的說法相近，可見早期的記載差異不大。

了。這一點印順《中國禪宗史》也已經看出來了，正如印順法師所說，「弘忍於上元二年（675）去世，惠能於儀鳳元年（676）出家開法，這是符合（荷澤神會所說）一代一人主持佛法的觀念」①。其實，這種做法並沒有多大的意義，倒是按照最早的說法，惠能隱遁十六年，於永昌元年（689）出山，還可能有其深意。因為這一年中，承繼弘忍的法如，以五十二歲的年紀圓寂，禪門又一次出現了群龍無首的真空局面，這時，惠能的現身才有着「受命於危難之際」的意義。

惠能於永昌元年（689）出山並受具戒，很快引起了世人的曯目。不久，他先後住錫於韶州曹溪的寶林寺以及廣果寺，並被當時韶州行政長官韋據（璩）請到韶州城內的大梵寺說法，敦煌本《壇經》一開始就記載：

> 惠能大師於大梵寺講堂中，升高座，說摩訶般若波羅蜜法，授無相戒。其時座下僧尼道俗一萬餘人，韶州刺史韋璩及諸官僚三十餘人，儒士三十餘人，同請大師說摩訶般若波羅蜜法。刺史遂令門人法海集記。

這次在大梵寺開講「摩訶般若波羅蜜法」，由法海記錄，給後人留下了中國禪宗史上最重要的文獻《壇經》，而且直接引出了對惠能一系禪門至關重要的兩個結果。

第一，由於他與世俗政權中的官員發生聯繫，得到韋據等人的推崇，他的聲名逐漸傳播開來，使得朝廷開始對他重視，這給惠能

---

① 印順《中國禪宗史》，154 頁。

一系即所謂「南宗禪」日後的興盛埋下了伏筆。這主要是指朝廷對他的徵召一事，關於此事，王維《能禪師碑》中記了這麼一筆，「九重延想，萬里馳誠……則天太后、孝和皇帝，並敕書勸諭，徵赴京城」。這裡說的「徵赴京城」一事有些含糊，和傳世的宗寶本《壇經》中《護法品第九》所說的「則天中宗詔云」一樣，讓人弄不清是武則天下的詔，還是唐中宗下的詔，不過，稍加分析還是可以搞清楚的。

《歷代法寶記》曾說長壽元年（692）和萬歲通天元年（696），武則天曾派張昌期和薛簡兩次到曹溪來敦請惠能，但這似乎靠不住，因為那時連老安、神秀、玄賾都沒有被詔請入京，惠能似乎不大可能先被禮請。那時，惠能剛出山不久，名聲也不大可能超過那幾個老禪師。按《壇經》的說法，是神秀和老安向武則天推薦的惠能。那麼，我相信徵召的事確實是在神龍元年（705）。《壇經》和日本存唐抄本《六祖惠能傳》[①] 都說是這一年，注明是本年正月十五日，而這一年正月，恰恰是武則天退位，唐中宗復位之時。所以，王維《能禪師碑》和《壇經》都把武則天和唐中宗一道列出，這時神秀已經在朝廷被尊崇了。這次詔請，雖然惠能託病推辭不赴，但無疑更抬高了他的身份，很可能就是這一次詔請不赴的清高表現，反使人對他另眼相看。似乎此後唐中宗也曾對他加以關顧，於神龍三年（707）再次下詔，賜給他磨衲袈裟等物，並為他專門翻修了寺院，賜額「法泉寺」[②]。據說，還把他的故居改為國恩寺以表彰他的功德。

---

① 日本存唐抄本《六祖惠能傳》載《召曹溪惠能入京敕》，陳尚君輯校《全唐文補編》卷二十二，261 頁。

② 參見《六祖惠能傳》《壇經·護法品第九》及《宋高僧傳》卷八等文獻的記載，關於法泉寺一事，是比較可靠的，因為《唐大和尚東征傳》記天寶九載（750）鑒真在韶州時曾到過法泉寺，稱「乃是則天為惠能禪師造寺也，禪師影像今見在」，《大正藏》第 51 冊，991 頁。

這時，惠能得到朝廷恩寵，雖還不如神秀，但也已是非同小可了。

　　第二，由於他的聲響日隆，他的門下聚集了一些出色的弟子。佛教史尤其是禪宗史上常有的一個現象是「師以徒顯」，一個禪師生前的活動，無論如何緊鑼密鼓有聲有色，但是一旦圓寂，就可能煙消雲散；一個禪師生前無論如何不顯赫也不活躍，但如果他有一大批出色的弟子，他就有可能在身後獲得意想不到的榮耀。禪宗講究血脈傳承的譜系，所以，顯赫的學生總要使自己的前輩也成為顯赫的先生。禪宗講「以心傳心」的領悟，所以，出色的學生不一定就是出色的先生教的。有沒有出色的弟子，有時候竟是一脈香煙能否大盛的關鍵。惠能在 7 世紀末的聲名鵲起，使他有了不少出色的弟子，而這些出色的弟子，又使他身後地位水漲船高。現在的各種資料如《壇經》《祖堂集》《景德傳燈錄》《五燈會元》中所記載的惠能弟子有數十人之多，而敦煌本《壇經》提到的，則只有十人，即法海、志誠、法達、智常、志通、志徹、志道、法珍、法汝（一作如）、神會，此外還有法海的同學道漈，這大概是法海所記的原本和神會一系在中唐之初對《壇經》略加修正之後的說法的混合。通行本《壇經》則可能是吸取了中晚唐禪宗中另一派的說法，加上了行思、懷讓、玄覺、智隍等四人。而《祖堂集》的撰者似乎並沒有看到或看到而沒有理會《壇經》的說法，在卷三中只提到八人，即靖居行思、荷澤神會、南陽慧忠、崛多三藏、婺州智策、司空山本淨、永嘉玄覺、南嶽懷讓。到了北宋的《景德傳燈錄》，撰者就把這種種說法所提到的人統統收錄在內，其卷五中惠能弟子共有四十三人，幾乎把上述幾種資料中的人囊括殆盡，而且增加了守曹溪惠能塔的令韜、北宗忽雷澄撰碑的曉了、傳說中與惠能出山有關的印宗、法系不明而又影響很大的慧忠等等。當然，它的記載有

很多令人懷疑之處,但除了《歷代法寶記》所提到的范陽到次山明和尚外,可以説已經幾無遺漏了。其中,與神會先後到唐王朝中心地帶弘傳南宗禪思想的本淨、撰有《禪宗永嘉集》的玄覺、傳惠能説法實錄《壇經》的法海,以及後來出入於天子王侯間,一直活動到中唐之初的慧忠,這幾人都是在禪思想史上很有影響的人物[1]。

當然,相比之下,光大惠能一脈的最重要的弟子還是神會[2],如果沒有神會在唐王朝中心地區的弘傳,偏於一隅的惠能禪在 8 世紀是否能與北宗並駕齊驅都是一個疑問。

第二節　禪思想的分化與轉型

如果説從咸亨五年(674)弘忍圓寂,到先天二年(713)惠能圓寂,這四十年中禪宗史上的最大變化,是逐漸從不事王侯的在野教派,轉變為依附權力的正統宗門,並分化為若干支脈的話,那麼,禪思想的最大變化,則是逐漸從未經整合的禪學方法與理論中,辨析出了各有其思路的好幾套體系,並引起了禪思想的分化與轉型。這裡我要討論的,就是這一時期中,北方法如、神秀、老安、玄賾一系,南方惠能一系,西蜀智詵一系,與東吳法持、智威一系之間,在方法與思想上的差異。

---

[1]　後來在禪宗燈錄系統中佔有最顯赫地位的靖居(青原)行思、南嶽懷讓,其實在當時並不見得有多大影響,在禪思想的表述方面也並不見得有多少建樹,多半是他們那些出色的弟子或弟子的弟子,在發達之後把他們也弄得顯赫起來,這就是「師以徒顯」的結果。

[2]　關於神會,我將在《重估荷澤宗》一章中詳細論述,這裡從略。

不過，先要説明的是下面三點。

第一，這個時代正是佛教義學極盛的時代，經典研習之風幾乎使一種以心靈拯救為目標的宗教，蜕化成了以思維辨析為目的的學術。且不説譯經三藏的義理探究，就是一些並不知名的佛教僧人，也以對經典稔熟為自豪，不妨看幾份常被人忽略的碑文中的記載，例如，智朗擅長「《維摩》《金剛般若》並《中觀》等三經二論」，嘉運深通於「《解深密》《法華》」及「《梵網》《成唯識》……三性一乘之妙旨」，康藏「前後講《華嚴經》三十餘遍，《楞伽》《密嚴經》《起信論》《菩薩戒經》凡十部，為之義疏」[①]。雖然這種義學之風有其思想史上的深刻意義，但是，它畢竟與宗教本來應當放在首位的救贖目標相去甚遠，正像宗密《圓覺經大疏》所説，「爰及貞觀，名相繁興，展轉澆訛，以權為實，致使真趣屈於異端」[②]。東山門下禪師，無論是東西南北哪一家，都恰好是對治這一弊病的佛教力量，因為，禪的實踐性修行，就是對這種流於名相的偏向的補救，禪的終極性體驗，就是對這種沉湎於分析的毛病的修正。所以，禪思想雖然在這一個時代是佛教的邊緣，而在下一個時代則勢必從邊緣成為佛教的中心。

第二，雖然我們説，這時禪門的分化顯示了思想與方法的差異，但這些差異並不意味着東山門下各支之間，在方法與思想上已經到了涇渭分明的地步。其實，宗派的分立與思想的歧異，常常並

---

① 智朗見《唐文拾遺》卷六二闕名《大周相州安陽靈泉寺故寺主大德智朗師像塔之銘並序》，嘉運見同上書卷六二闕名《大唐相州安陽縣大雲寺故大德靈慧法師影塔之銘》，均見《全唐文》第五冊後附，308—309頁；康藏見《大正藏》五十卷，280頁。

② 宗密《圓覺經大疏》卷上之一，《續藏經》第14冊，227頁。

不是平行發生的事情，總是有人誤認為宗派不同就一定思想不同，思想分化就一定引起宗派分裂。南能、北秀之分，被過多地渲染上了思想路線鬥爭的色彩，彷彿他們之間見解不同，就必然得有一場你死我活的拚殺。禪宗自己就在一開始，便不斷重彩濃墨地渲染差異和分歧，從王維應神會之請而作的《能禪師碑》中所記五祖那段「物忌獨賢，人惡出己」箴言開始，《壇經》所記載五祖關於「自古傳法，氣如懸絲，若住此間，有人害汝，汝即須速去」那段富有預見性的話語，以及慧明在大庾嶺向惠能追討衣缽，特別是神會在滑台大會關於北宗「傳承是傍」的聲明，使得這種宗派爭鬥與思想爭鬥疊影在了一起，害得後來的學者也誤以為，這不同宗派之間，從一開始就有真理與謬誤的分別。其實，在那個時代，他們的思想雖然有分歧，只不過是各取了弘忍的一端而有所發展，並沒有到水火不容的地步 [1]。

第三，當禪宗作為主流，成為「顯學」，它就擁有了一定的話語權力。它一方面背靠政治力量，一方面面對世俗聽眾，這時，不同路數的禪方法與禪思想，就需要證明自己的意義，供信仰者選擇。這個時候的禪門分化與思想差異，才真正開始尖銳起來，成為生死攸關之事。而在這之前，禪門內部宗派與思想的不同，並不像後人想像的那樣，會導致「不惜身命」的拚死相爭。後來各派之間

---

[1] 像神秀和老安都向武則天推薦惠能，也都曾讓自己的弟子去向惠能學習。《楞伽師資記》也不諱言惠能在弘忍門下的地位，普寂及其門下最初並不對神會的挑釁認真看待。這一系列事實似乎說明，當時北宗由於有比較穩固的正宗地位，因而態度相對寬容和大度，《壇經》詳說弘忍傳法之事、神會激烈攻擊北宗，以及本淨尖銳批評長安禪師，這些事實則說明，當時南宗由於地位偏低而態度比較偏激，但這也並不意味着他們早已自覺意識到在思想學說上有明確的對立。

的尖銳衝突，恐怕更多的是一種基於門戶利害的互相傾軋，而在這種彼此攻擊中，思想很容易各持一偏，朝自己所強調的那一方向傾斜，於是，思想才開始真的南轅北轍、各奔東西。

一、念佛禪法

弘忍時代，禪者們在方法與思想上通常有兩套方法，即念佛與守心[①]。本來，這兩種方法都是禪學中的常用法門，但有時二者卻會引出相當不同的思想和理論。

「念佛」是一種用專心念佛使精神聚焦於一點，用想像在心中引起對神聖境界嚮往的方法。在這種方法中，信仰者逐漸排除各種其他的雜想，從而進入精神的忘我狀態，在念誦中使心靈產生一種近乎幻覺的光輝感受與崇敬心情。在佛教的方法體系中，它是靠「外力」，也就是藉助「念誦」的方式強迫心靈專一，用佛陀的形象誘導精神專注。所以，它還是「入門初階」而不是「甚深般若」，彷彿是後來禪者所說的「空拳黃葉」或《法華經》所說的「三車化城」，只不過是權宜方便。

「守心」則是一種用心理暗示的方法，使心靈自覺進入無我無他境界，達到精神的空寂安詳、無憂無喜，最終得到超越與自由的感受。雖然在佛教的方法體系中，它本來也與念佛一樣，是靠外在行為來完成的，但在中國禪門中，它已經逐漸內化為一種自覺的反思與內心的體驗，常常並不靠甚麼具體的和規定的方法，而只是心靈的自覺與意識的轉換。所以，它漸漸脫離了傳統的禪修行而

[①] 關於弘忍的方法與思想，請參見前面的討論。

成了禪體驗，這種越來越心靈化、玄虛化的禪體驗，由於它追索的是不可思議的終極境界，所以常常要辨析終極境界的所在，很容易越追越遠越析越玄，最終脫離具體的身體力行，而成為抽象的玄想體驗。

弘忍時代的禪法，是把這兩種內容一股腦兒都合併在了自己的大口袋中，至於其中的矛盾，弘忍只是希望用調和的方法，把它們捏在一道，或用次第先後的方法把它們連在一起。《最上乘論》中說的「初心學坐禪者，依《觀無量壽經》，端念正坐，閉目合口，心前平視，隨意近遠，作一日想」，就是想像神聖引發崇敬，「或見身出大光明，或見如來身相」。但是，他又進一層希望人們「攝心莫著」，能自覺意識到這也是「空」，最終達到「妄念不生，我所心滅」，在那一片空寂清淨之中，心靈體驗到自身的佛性[1]。

《傳法寶記》曾說，「自（弘）忍、（法）如、大通（神秀）之世，則法門大啟，根機不擇，齊速念佛名，令淨心」，這是事實。其實，在隋唐之間，「念佛」是一個非常普遍的淨心法門，並不只是東山門下的特色。隋唐時代三論宗大師吉藏（549—623）雖然倡「諸法性空」，但也曾撰《無量壽經義疏》二卷，指出「感機不同，化不一揆」，所以，也要用權宜方便，讓下根人得到一個「十念願成，命終則往」的「偏方」。隋代僧人慧遠（523—592）雖然撰《大乘義章》討論大乘般若之旨，但也曾撰《觀無量壽經義疏》二卷，承認人有兩種，教有頓漸，經有不同，宗趣各異，因此，這種「為凡夫說」的經典和「大從小入」的方法，也是入道的一種方便。天台宗的大師

---

[1] 《最上乘論》，《續藏經》第 110 冊，參看 829—833 頁；又，參見本書第二章關於這方面的詳細論述。

智顗（538—597）雖然主要提倡「摩訶止觀」，但也曾撰《阿彌陀經義記》一卷，開首就說這是佛陀「善權攝誘，引趣菩提」的一種方法，在「執持名號若一日」句注中，又承認只要一心不亂，「用心懇切」「心不顛倒」，佛就會迎接他往生淨土[①]。所以，他在《修習止觀坐禪法要》卷下《善根發第七》中又將念佛列為使善根開發的方法，說人在念佛時「即發愛敬心生，三昧開發，身心快樂，清淨安隱，無諸惡相」[②]。而道綽（562—645）則更是勸人「念彌陀佛名，或用麻豆等物而為數量，每一稱名，便度一粒」[③]；其弟子善導（613—681）於貞觀十五年（641）至西河「見（道）綽禪師九品道場，講誦《觀經》，喜曰：『此入道之津要也，修餘行業，迂闊難成，唯此觀門，速超生死。』」據《佛祖統紀》卷三十九《法運通塞志》記載，善導後來到了長安：

　　　　造《彌陀經》十萬餘卷，畫淨土變相三百餘壁，滿長安中，並從其化，有終身誦《彌陀經》十萬至三五十萬卷，日誦佛名一萬至十萬聲者[④]。

在這種普遍的念佛習氣之中，弘忍及其門下提倡「念佛名，令淨心」，其實是很自然的。《大乘無生方便門》相傳是北宗的著作，

---

① 以上均見《無量壽經、觀無量壽佛經、阿彌陀經》（上海：上海古籍出版社影印本，1990）。

② 智顗《修習止觀坐禪法要》，引自《中國佛教思想資料選編》（北京：中華書局，1983）第二卷第一冊，103頁。

③ 《續高僧傳》卷二十《道綽傳》，593頁。

④ 《佛祖統紀》卷三十九，《大正藏》第49冊，365頁。

其中記載他們的傳禪儀式中，就有一個節目是「和（尚）擊木，一時念佛」[①]。

　　不過，在弘忍東山門下，堅持這一念佛法門最為徹底的，不是北宗，而是西蜀智詵與宣什。宗密《圓覺經大疏鈔》卷三之下曾說，宣什的特點是「藉傳香而存佛」，所謂「傳香」是禮懺時師徒互相傳遞香火，象徵禪法的脈脈不絕，意思與禪宗常說的「傳燈」即一燈燃千百燈差不多；所謂「存佛」，就是心中存想佛的形象，為了使心思專一地存佛，而且要「一字念佛」，念佛的聲調還要有抑揚輕重的變化。「初引聲由念，後漸漸沒聲，微聲，乃至無聲」，在從重到輕從粗到細的誦佛聲裡，心中有一種與佛同化的感受。按宗密的記載，這裡更重要的是心理上的體驗，他們要求信仰者的，首先是以自己的心意與佛遇合，其次是念念存想使佛永在心中與心合為一體，最後又必須把這一切都忘掉達到無念，「乃至無想蓋得道」。「念佛」是入門之徑，「無想」是終極之境，這與五祖弘忍的禪法還是合拍的。智詵及其弟子處寂的念佛方法，大概與此彷彿，據《歷代法寶記》和《圓覺經大疏鈔》的記載，金和尚（無相）開法的程序是：

　　一、先教引聲念佛，盡一氣，念絕聲停。

　　二、說禪法總綱：「無憶、無念、莫忘」，其中無憶是戒，無念是定，莫忘是慧。

　　三、授法了，便令言下息念坐禪。

　　其中，「引聲念佛」和宣什的「一字念佛」可能是一回事，也許，都是從東山門下學來的方法。在人們用心念佛，並在悠長的佛

_____

① 《大乘無生方便門》，《大正藏》第 85 冊，1273 頁。

號聲中，人們心裡所思念、所嚮往的光輝境界與神聖人格隨着那一聲莊嚴的佛號掠過心靈，人們心中所存有的雜念妄想，隨着越去越遠的縹緲聲音消泯無跡。周圍的環境有時很能影響人的心境，置身於這樣一種莊嚴神聖的聲色之中的人，很容易進入禪境。所以，在智詵、處寂之後的無相那裡，就是靠這種念佛來收束人心，然後才讓他們進一步坐禪息心。據宗密的記載，這種修行常在夜間，「意在絕外，屏喧亂也」[①]。

說起來，念佛淨心是一種比較保守的禪法。我們這裡用「保守」一詞並不帶有通常理解中的貶義，如果我們不以某種簡單的進化論來評判思想與方法的價值，那麼「保守」只是意味着它在保持傳統，恪守舊規，而並不一定破棄傳統就比墨守成規要好。作為一個拯救人心的宗教，應該有另一種思想評判的標準。對禪門來說，有這樣一個簡單易學而又收效迅速的「學禪初階」是有必要的。過去，傳統的說法總是推崇「自覺」而排斥「外力」，其實對於普通信仰者來說，完全靠自己內在的自覺來體驗佛性境界是不那麼現實的。大千世界中的人，都有種種思慮與慾望，說觀心自省很容易，但真正做到是很難的。沒有一種環境的制約，就有可能意馬心猿，倒是念佛一法，還能使人精神集中，使心緒收束到存想的佛陀境界上來。「存想佛陀」也許對有的人來說是一種偶像崇拜式的約束，對後世禪宗來說是一種黏皮帶骨的滯着，但對於大多數人來說，卻是一種指示方向的有效心理引導。

但是，這種念佛法門在後世禪宗那裡，卻被當作「着相」而輕蔑地看待。因為它看上去比較簡單和實在，所以，它並不吻合越來

---

① 《圓覺經大疏鈔》卷三之下，《續藏經》第 14 冊，556 頁。

越虛玄和超越的思想，就連西蜀智詵一系中的傳人，也在這種普遍的思想大潮中轉了向。處寂的弟子無相雖然還沿用這一套方法，但似乎已經有所懷疑。《歷代法寶記》中說道，「緣詵、唐二和尚（智詵、處寂）不說了教，曲承信衣，金和上（無相）所以不引詵、唐二和尚說處」，這可能是受到了當時荷澤一系的影響。荷澤神會一系對此總是有一種輕蔑的批評，就因為這些方法只要是方法，就一定會引出「拂拭灰塵」「漸修漸悟」的理路來。而這一套理路，按南宗禪師的看法，就是否定得不夠徹底，不是真「了」。據說，神會曾批評說：「汝劍南詵禪師是法師，不說了教，唐禪師是詵禪師弟子，亦不說了教。」這裡所謂「法師」，是唐代的通常稱呼，指佛教中說義理的僧侶，在後來的禪師看來，他們只能依靠苦苦琢磨理論，來促使自己覺悟，無論如何仍是不能超塵脫俗，所以神會頗有鄙夷之意。但是，他對無相卻網開一面，說「益州金（金和尚即無相）是禪師，說了教亦不得，雖然不說了教，佛法只在彼處」[1]。這個記載當然不一定可信，但也可以知道，無相對傳統並不是完全接受，而是有所改變的。可能，他的重點是所謂「總持門」三句，即「無憶」「無念」和「莫忘」。這三句從《歷代法寶記》引無相的話來看，「不言是詵和上、唐和上所說」，是他自己的發明，可是，這三句的內容已經與神會以後的南宗禪很接近了[2]。無相之後，到了更轉向南宗禪的無住，則乾脆連無相依然保留的傳統儀式也不再使用，《歷代法寶記》載：

---

① 《歷代法寶記》，《大正藏》第 51 冊，185 頁。以下引此書，不一一詳注。
② 印順《中國禪宗史》已經指出這三句與《壇經》的一致，見 132 頁的論述。

諸郎官因此問（無住）和尚：「緣何不教人讀經念佛禮
拜？弟子不解。」和尚云：「自證究竟涅槃。」

所謂「自證究竟涅槃」，就是完全地轉向內心自覺體驗，而摒棄一
切外在形象執着，這樣一來，念佛是沒有必要了，甚至坐禪也即將
失去意義。

我們知道，無住曾先跟隨「教行不拘」的老安弟子陳楚章學
禪，大概已經頗有些偏向於「自然無礙」的思想，後來又參拜南宗
禪師自在，學得一句「淨中無淨相，即是真淨佛性」，可能就更接
近追求自由超越的南宗風氣，對依靠外在方式追求清淨無垢心靈
的傳統禪法更不在意。所以，他對無相「總持門」的三句箴言中末
一句「莫忘」，也作了大膽篡改。永泰元年（765），當官僚杜鴻漸請
他到成都來接替無相主持淨眾寺時，他把「亡下心」的「忘」，改成
了「亡下女」的「妄」，這樣一來，西蜀禪門就比過去自由奔放得多
了。我們看無住門下弟子撰《歷代法寶記》，批評僧尼軌範違背《楞
伽經》，「乃至有所立，一切皆錯亂」；批評小乘禪及各種三昧門，
「不是達摩祖師宗旨……皆是自心顛倒，繫著磨網」；讚揚神會「為
人說法，破清淨禪，立如來禪」，已經把惠能當成傳法正宗。這一
系列現象是否已經宣佈了他們的轉向[1]？宗密《圓覺經大疏鈔》卷
三之下在談到無住時，就已經很清楚地指出，無住與無相「指示法
意大同，其傳授儀式與金（和尚）門下全異，異者，謂釋門事相一
切不行，剃髮了便掛七條，不受禁戒，至於禮懺、轉讀、畫佛、寫

---

[1] 《歷代法寶記》，《大正藏》第 51 冊，182、183、185 頁。

經，一切毀之，皆為妄想，所住之院不置佛事」①。在偏向自然隨意的理路上，似乎比荷澤一系還要走得更遠。

可是，也正是因此，西蜀的禪門失去了約束人心的規範和誘導人心的理想，也失去了自己特別的方法與思想，在南宗席捲而來的時候，終於無形地淹沒在南宗禪的口號之中，而不再有自己的特色了。

二、心為根本

和西蜀智詵、處寂一樣，廣義上的北宗禪也保留了念佛法門的傳統。不過，他們修行的重心，已經很明顯地從外在的「念佛」，偏向了內在的「攝心」。在弘忍的禪方法體系中，本來就是「攝心」重於「念佛」的，而且在「攝心」中，特別重視「守心」，即守護自己原本那個清淨無垢的「本心」。在他看來，心靈是唯一實在的本原，而其他一切都是虛妄，人之所以把虛妄當真實，是心靈有「無明」，即「五陰黑雲」的遮蔽。「譬如世間雲霧，八方俱起，天下陰暗，日豈爛也？」但是，人本來具有一個先天的「真如心」，就好像陰雲密佈之中，太陽並不因此不發光一樣，「何故無光，光元不壞，只為雲霧所覆」。所以，他的重心主要就集中在如何調攝不泯的靈明和永恆的真如，以及如何清除心靈中的世俗塵垢污染。相傳為他的思想文本的《最上乘論》中，反覆說到「凝然守心，妄念不生」「了然守心，則妄念不起」。他關於「心」的說法，大體上是「自性圓滿清淨之心」「自心本來不生不滅」「自心為本師」「守本真心是入道之

---

① 見《續藏經》第 14 冊，556 頁。

要門」。所以，整理者説是「此論從首至末，皆顯自心是道」[①]。只不過這個「自心」是本真心，而不是生滅心。《宗鏡錄》卷九十七曾引弘忍的話説，「但守一心，即心真如門」。這一方面可以證明上述的話，的確體現的是弘忍思想；一方面也透露了弘忍思想與《大乘起信論》「一心生二門」理論的關係。

法如、老安、玄賾和神秀，大體沿襲了弘忍的思想。關於法如的思想資料，現在只剩下殘片零簡，很難窺其全豹。不過，《傳法寶記》中記載法如在急流覆舟時，依然「心用弗動，無所撓失」，説明「守心」與「不動」是他的特點。前引《法如行狀》及《龐塢圭紀德幢》中有幾句話倒還明白，《法如行狀》云：

> 世界不現，則是法界。此法如空中月影，出現應度者心，子勤行之，道在其中矣。

可見，「世界不現」的清淨心，就是他所追尋的境界。不過，世界和法界、眾生和佛陀，還是不一樣的，要消除心中的人性而趨向佛性，還需要「子勤行之」，所以説，「故知迷為幻海，悟即妙門」。「迷」和「悟」不同，要做到心中纖塵不染、微瀾不動，絕不是一樁輕而易舉的事情。

老安的思想資料同樣不多，有的學者根據其弟子淨藏先後參訪老安和惠能，另一弟子破灶墮行為怪誕，及他本人曾指點過南宗禪懷讓等傳説中的事跡，懷疑他這一系與南宗接近，因而他的「禪

---

① 《最上乘論》，《續藏經》第 110 冊，829—833 頁。

196　再增訂本中國禪思想史：從 6 世紀到 10 世紀

法中的直覺神秘主義因素，就是通向南宗的津樑」[1]。其實未必，《唐文續拾》卷三宋儋所撰《大唐嵩山會善寺故大德道安禪師碑》可能是最可靠的第一手資料，其中特意拈出的是老安和神秀的關係，說弘忍曾歎道，「唯秀與安，惜其才難也，將吾傳之不至歟？今法要當付，付此二子，吾無憂哉」。又記載說，朝廷徵請時，老安「順退避位，推美於玉泉大通（神秀）」[2]，並沒有提到後來禪籍中說的他同時推薦神秀和惠能一事，顯然他更親近神秀。同一碑文中，前面引述了他一段似偈非偈的話：

> 嘗語如性，因觀我心。即照皆空，真空無我。即談其妙，是妙恆如。

此碑之後，又有一段讚歎老安的話：

> 水實精鑒，激風而擾；心實澄恬，觸境而撓。渾回者理定以之清，澐澐者心慧以之明。定復伊何？清照萬有；慧復伊何，明徹重垢。

我們無法細細地解析其中義理精微之處，但是可以從中看到，老安雖然提倡「心性本淨，無我即真」這種思想，但依然是恪守從《楞伽》到《起信》的理路，把心靈的本原之「淨」，和心靈的涉外之「染」，判然劃為兩種境界，因而提倡「攝心」。因為要使心靈從「染」

---

① 見前引溫玉成《禪宗北宗初探》。
② 《唐文續拾》卷三，《全唐文》第五冊後附，12—13 頁。

到「淨」，既需「定之以清」，又需「慧之以明」，並不像南宗禪那麼簡截明了、輕鬆方便。特別是這段話和《楞伽經》中以猛風吹大海水、明鏡現眾色像的比喻，有着明顯的淵源關係，和神秀「時時勤拂拭，莫使惹塵埃」的偈語，也有着清晰的思想聯繫。所以，他並不像後人從《景德傳燈錄》等南宗禪籍裡看到的那樣，思想和南宗禪一致，倒是和神秀一系更為靠近。也許，有人會懷疑這一點，但是這塊碑碣，正是後人認為最接近南宗的破灶墮禪師為老安立的，弟子為其師立碑，總不至於去其師太遠，也不至於自己做違心之論。

法如和老安、玄賾的思想，由於史料有闕而不能得窺全貌，所以我們只好詳說神秀一系。

神秀的思想資料中，最可靠的無疑是張說《荊州玉泉寺大通禪師碑》裡那一段話：

爾其開法大略，則專念以息想，極力以攝心。其入也，品均凡聖，其到也，行無前後。趣定之前，萬緣盡閉，發慧之後，一切皆如。持奉《楞伽》，遞為心要①。

這段話裡，有三層意思應當注意：第一，神秀的「專念息想，極力攝心」，顯然恪守了禪門一貫的實踐方式，並沒有割斷四禪八定途徑和品均凡聖境界的因果關係，所以後來神會才說他們的宗旨是「凝心入定，住心看淨，起心外照，攝心內證」。其中，「息想攝心」是因，「品均凡聖」是果，沒有這個「本真心」是不行的，這是一切

_____

① 《文苑英華》卷八五六，4521 頁。

的根本。可見，在神秀一系的思想中，是包含了傳統禪學內涵的，至少是與傳統禪學彼此兼容的；第二，趣定之前和發慧之後，心靈是有差距的，在還沒有趣定發慧的時候，心靈中的佛性並不能顯現出來，就像陰雲翳障青天、灰塵覆蓋明鏡一樣，而修行則是蕩滌陰雲，拂拭灰塵，使人性趨向佛性的途徑，所以，要「入」要「到」；第三，修行所達到的境界，是一切皆如、品均凡聖的無差別境界，用《思益梵天所問經》卷一《分別品第三》的話來說，就是「其心堅不動，譬如須彌山，利衰及毀譽，稱譏與苦樂，於此世八法，其心常平等」[①]。據信為神秀一系所作的《大乘無生方便門》《大乘五方便》，也據《思益經》說「諸法正性」是「心不起，離自性，識不生，離慾際」[②]。

　　無論《壇經》所載神秀那首著名偈語是真是假，「身是菩提樹，心如明鏡台。時時勤拂拭，莫使惹塵埃」，這二十字確實濃縮了神秀一系的基本思想。《大乘無生方便門》有「心色俱離，即無一物，是大菩提樹」，《大乘五方便》有「淨心體，猶如明鏡」，似乎都證明這首偈語並非無據。「菩提樹」也罷，「明鏡台」也罷，無非就是說，人心的本來面目是清淨無垢、未經污染的，但是，人生在世從一開始就落在紅塵之中，心靈會被種種污垢所覆蓋。沒有人能像佛陀一樣自覺、覺他、覺行圓滿，所以，為了從人性趨向佛性，必須時時刻刻通過禪定的方式，揮除灰塵、清除污垢，使人心遠離種種分別以消解執着，去除色色慾望以破掉妄想。圭峰宗密在《圓覺經大疏鈔》卷三之下中說，北宗「意云：眾生本有覺性，如鏡有明性，

---

① 《大正藏》第 15 冊，38 頁。
② 《大正藏》第 85 冊，1273 頁。

煩惱覆之，如鏡之塵，息滅妄念，念盡即本性圓明，如磨拂塵盡鏡明」①，確實是非常準確的。在他們的思路中，「心」是唯一的落腳處，守住那個清淨無垢的本真心，就是修行的根本。

和南宗惠能一系不同的是，在他們的禪修行歷程中，有一個時間、等級或者次第的差異，在《大乘無生方便門》中，神秀一系分別了「根本」與「後得」。在他們看來，「離」和「觀」是獲得根本的前提條件，「先證離身心相為根本」，而達到身心自在境界是結果，「知見自在，不染六塵，見聞覺知為後得」。接下來，還說了一連串這種先後因果的話語：

眼見色，心不起，是根本智，見自在是後得智。
耳聞聲，心不起，是根本智，聞自在是後得智。
鼻覺香，心不起，是根本智，覺自在是後得智。
⋯⋯

這就是張說《大通碑》中總結的「趣定之前，萬緣盡閉，發慧之後，一切皆如」，也就是後來神會所攻擊的「法門是漸」。的確，這種「定」「慧」不等的說法，與惠能、神會所提倡的「定慧等」不太一樣，但這卻是修行經驗。其實，南宗禪那種說悟就悟，定即是慧，慧即是定的說法，在般若理路上，也許很能成立，但在修行實踐上卻是虛無。神會對北宗禪的攻擊，有相當大的意氣成分，更有相當大的門戶之見，實際上，沒有一個先驗標準可以判決「頓」比「漸」

---

① 《續藏經》第 14 冊，555 頁。

好,尤其是在實際的宗教修行實踐中,這種好壞還可能恰恰相反 ①。

其實,如果我們不把神會那種偏激之詞當作事實的話,我們可以看到,在佛教史的意義上,神秀一系的禪思想與惠能的禪思想一樣,也是對傳統禪法的改良甚至是改革。

首先,他們以「心」為根本的禪思想,已經使禪修的方法逐漸由外在的形式,向內在的感悟傾斜,小乘禪數學的痕跡,在他們這裡已越來越淡。這種以內在理念與直覺體驗為手段直探心靈,而不是用外在規範與具體行為收束心靈的禪法,更趨近文人士大夫的趣味,也與古代中國思想中那種重視內在道德良知(儒家思孟一系)和內在超越境界(道家莊子一系)的思路遙遙相應,為禪思想的非宗教化,開啟了一個並不狹窄的通道。

其次,他們雖然依照《楞伽經》「如來藏」及《起信論》「一心二門」的說法,為終極境界留下了一個最後的「清淨本心」,但因為他們一方面保留佛教強調的「心靈」和「清淨」,一方面又接受了般若學中關於「空」的瓦解性思想,這樣就留下了一個需要後人去消解的理論矛盾。例如《大乘無生方便門》中就說到,連「心不動」也不是終極境界,而只是方便權宜,因為一切有求有念,都是着相,都是繫縛,真正的解脫應該是依照般若空觀,一切都無有自性。可是,如果真是這樣,還需要分辨有與無、淨與染的差別麼?

① 其實學界逐漸認識到,神秀北宗一系並不是不講「頓悟」的,神會攻擊北宗「法門是漸」,也許是一種策略。1920 年代,日本學者矢吹慶輝在巴黎發現法藏敦煌卷子 P.2162,題為「沙門大照居士慧光集釋」的《大乘開心顯性頓悟真宗論》,過去因為其中有「頓悟」說法,都以為是南宗禪的文獻,但是近年來學者的考證證明,這份卷子其實是北宗的作品。稍後,又發現法藏敦煌卷子 P.3922《頓悟真宗金剛般若修行達彼岸法門要訣》,作者智達確定無疑是北宗禪系統,因此,這證明北宗也在某種意義上在提倡「頓悟」,和南宗禪沒有太大的區別。

再次,如果不分辨差別,那麼,因與果就沒有差別。而無因無果,無差無別,那麼,在這一理路的盡頭,就是極端的「如」,一切皆如,就是徹底的「空」,一切皆空。既然如此,似乎就不必修也不必證。假如説,「有智有慧名曰生死,無智無慧名曰涅槃」,「有為有作名曰生死,無為無作名曰涅槃」[1],那麼,這便把一切都放在否定的位置上了。

最後,當他們把一切都放在否定的位置上,甚至連他們的根本「心」也放到了被不斷否定的位置上,當他們用這種方式來表述自己終極境界的玄遠幽深時,他們就很容易走到瓦解「心為根本」的理路上去。所以,當他們與南宗禪直面相對,需要明確地凸顯自己的個性的時候,就出現了兩個可能,弄不好就向前滑到「一切皆空」的理路之中,要不然就向後退回到「三界唯心」的理路之中,因為他們的思路本身就有矛盾,而南宗則在這一思路上比他們多走了一步。

三、本來無事

下面再説牛頭宗。

早期牛頭宗的思想資料已經流傳不多,據《宋高僧傳》卷十説,牛頭宗禪師佛窟遺則(713—770)曾輯有《融祖師文集》三卷[2],但今已不存。現存可以基本確定為早期牛頭宗作品的,只有《絕觀論》和《心銘》。關於《絕觀論》的發現過程是這樣的,1935 年,鈴

---

① 《大乘北宗論》,《大正藏》第 85 冊,1281—1282 頁。
② 《宋高僧傳》卷十《唐天台山佛窟岩遺則傳》,229 頁。

木大拙所刊行的《少室逸書》中，首次發表了北京國立圖書館所藏的題為《觀行法為有緣無名上士集》的敦煌卷子本，當時他並沒有注意到這就是《絕觀論》；1937 年，久野芳隆以《富有流動性的唐代禪宗典籍》為題介紹了巴黎所藏三種敦煌寫本《絕觀論》，這時，鈴木大拙也注意到了這些異本，於是撰寫了《關於敦煌出土的達摩和尚絕觀論》一文，把他在北京所發現的《觀行法為有緣無名上士集》重新確定為《絕觀論》的異本。稍後，經過久野芳隆、關口真大等人的研究，發現《絕觀論》中有相當多的語句與《宗鏡錄》《萬善同歸集》《祖堂集》所引的牛頭法融的話相同，而《圓覺經大疏鈔》《宗鏡錄》都提到過，「牛頭融大師有《絕觀論》」。於是，這部《絕觀論》為牛頭法融的作品，就基本成為禪思想史研究者的共識。雖然也有學者如鈴木大拙等並不承認這一結論，而以為《達摩和尚絕觀論》應是神會一系的作品，但他們的證據並不能讓人信服[①]。而另一篇《心銘》則一直保存在《景德傳燈錄》卷三十中，但由於《宗鏡錄》引用它的時候，有時也把它叫作《信心銘》，所以，有人如印順法師就懷疑傳為僧璨所作的《信心銘》也是牛頭一系的作品，並推論《信心銘》可能是法融《心銘》的「精治本」，這種說法似乎猜測多於考證，在沒有更多證據前，還不能看成是事實[②]。

---

① 關於《絕觀論》的問題，參見平井俊榮《牛頭宗と保唐宗》第一節《絕觀論の諸本》，載《敦煌佛典と禪》（東京：大東出版社，1980），199—204 頁；也可以參見印順《中國禪宗史》，96—97 頁；貞元二十一年（805）日僧最澄《傳教大師將來越州錄》中，記載有《絕觀論》一卷，大中八年（854）日僧圓珍《福州溫州台州求得經律論疏記外書等目錄》中有《牛頭山融大師維摩經記》一卷，可能法融的著作在中唐以後，至少在東南一帶還很流行，見《大正藏》第五十五卷，1059、1094 頁。
② 印順《中國禪宗史》，99 頁。

我們把《絕觀論》與《心銘》作為牛頭宗思想的重要資料，但是，稍晚的文獻《祖堂集》和《景德傳燈錄》也不應忽視。《景德傳燈錄》卷四記載四祖道信與法融之間有一段重要的對話：

> 祖（道信）問：在此作甚麼？
> 師（法融）曰：觀心。
> 祖曰：觀是何人，心是何物？
> 師無對，便起作禮。

傳說，在這一番對話之後，法融對道信極為傾倒。於是，道信給他講了一通禪的玄理：「夫百千法門，同歸方寸，河沙妙德，總在心源，一切戒門、定門、慧門，神通變化，悉自具足，不離汝心，一切煩惱業障，本來空寂，一切因果，皆如夢幻，無三界可出，無菩提可求，人與非人，性相平等，大道虛曠，絕思絕慮，如是之法，汝今已得，更無缺少，與佛何殊？更無別法，汝但任心自在，莫作觀行，亦莫澄心，莫起貪嗔，莫懷愁慮，蕩蕩無礙，任意縱橫，不作諸善，不作諸惡，行住坐臥，觸目遇緣，總是佛之妙用，快樂無憂，故名為佛。」[①]

這段話當然未必真是道信所說，但是，卻大體上可以當作牛頭宗的思想資料，其中，值得注意的是，從一切都是汝心，到本來空寂；從無三界無菩提，故而不必澄心觀行，只須任心而行，最後到心理輕鬆的快樂境界就是佛的境界。這樣的一個環環相續的理路，

---

① 《景德傳燈錄》卷四，《大正藏》第 51 冊，226 頁。《祖堂集》卷三有相同記載，但文字上略有些差異。

換句話說，即從「心源」到「空寂」，從「空寂」到「無礙」，從「無礙」到「快樂」這樣一個理路，就與弘忍東山門下大不一樣了。因為弘忍東山法門是以「心」為根本，「守本真心」還是他們的終極目標。心是清淨無垢的，但是，世俗塵埃總會污染它，於是要用種種方法清除污染，使心靈回歸原初的清淨狀態，才能達到佛的境界。這也是北宗神秀一系的思路。然而，牛頭宗卻把終極目標更向深處推進了一步，心並不是終極所在，因為它的本原是空，所以，停留在「修心」上，依然是為山九仞而功虧一簣。因為「一切煩惱業障，本來空寂」，修心者用盡心思，清除煩惱，正好比水中撈月、鏡中覓頭一樣，是枉費心機，枉費心機其實正是墜入塵網，憑空給自己套上了煩惱。因而只須蕩蕩無礙，任意縱橫，就能快樂無憂地到達佛陀境界。

這二者之間最大的分別就是以「心」為根本，還是以「空」為根本，以「心」為根本，當然要修心守心，使「心」得到安寧；以「空」為根本，當然並不關注修心守心，因為在「空」即一切是幻象的背景中，心靈也只是一個「空」，塵世也只是一個「空」。《絕觀論》第一組問答就是：

> 問曰：云何名心？云何安心？
> 答曰：汝不須立心，亦不須強安，可謂安矣。

《心銘》一開始也說道：「心性不生，何須知見，本無一法，誰論熏煉」，下面更批評「將心守靜，猶未離病」，因為對本質是「空」的任何「分別」，在這裡都是「虛妄」，都是墮入「有」「無」兩邊。因此，「煩惱本無，不須用除」，「心無異心，不斷貪淫」，就是所謂

的心空無念，也不須尋覓，「心處無境，境處無心」，「不用證空，自然明澈」。如果說，過去好比用藥治病，把藥與病打作兩截，那麼在「一切皆空」的無差別境界之中，藥與病也只是一回事，所以應該是「無病無藥」。《絕觀論》中說，「虛空為道本」，這虛空對於弘忍一系的「修心」，真可以說是強烈的腐蝕和消解，在「虛空」中，一切落腳根基都不存在，一切追尋目標都被取消，於是，只剩下了隨順漂泊的自由自在。最後反而是處處時時，都可以棲息，這就是《絕觀論》的「森羅為法用」。

在他們的思想世界中，佛理中的真空境界就好像成了物理中的宇宙真空，甚麼也沒有但又處處都有，當這種「空」觀用於實際人生時，就成了牛頭的禪法，「一切莫顧，安心無處，無處安心，虛明自露」。《心銘》裡這幾句繞口的話語，其實底蘊就是說，修行者應該處於自由無礙、輕鬆自在的境界。一旦苦苦追蹤虛靜、乞求清淨，就是自尋煩惱。於是，下面幾句就是「寂靜不生，放曠縱橫，所作無滯，去住皆平」。《祖堂集》卷三《牛頭和尚》記載法融與人的對話：

> 問師：「夫言聖人者，當斷何法，當得何法，而言聖人？」
> 答：「一法不斷，一法不得，此謂聖人。」進曰：「不斷不得，
> 與凡夫有何異？」師曰：「有異。何以故？一切凡夫，皆有
> 所斷，妄計所得真心；聖人則本無所斷，亦無所得，故曰有
> 異。」[1]

---

① 《祖堂集》卷三《牛頭和尚》，137 頁。

看來，他們與弘忍東山門下尤其是北宗一系，思路真是判若雲泥。在他們這裡，東山門下千方百計對「真心」的「攝」和「守」、對「妄心」的「斷」和「除」，都成了畫蛇添足，不是導凡趣聖反而成了導聖趣凡。倒是老莊那種「無心是道」，一切都無所記掛的自由心境，還真是使人由妄返真。

宗密在《圓覺經大疏鈔》及《中華傳心地禪門師資承襲圖》中，都總結過牛頭宗思想的特徵。他説，牛頭宗的宗旨是「體諸法如夢，本來無事，心境本寂，非今始空」。又説，他們是「以一切皆無」，所以，「本無事為悟，忘情為修」[①]。這個觀察正如他自己所説的，由於他「性好勘會，一一曾參」，所以很是敏鋭深刻。顯然，牛頭宗禪師是擔心修行者被種種分別所惑，而忽略了對終極之空的體驗；擔心信仰者為了一種固執的追尋目標，而喪失了自由的心境。這種思想，細細追究的話，一方面來自般若一系經典，法融精通《般若》是史有明文的，久野芳隆早就指出，所謂「絕觀」一詞與三論宗大師吉藏《大乘玄論》中説般若的話語有密切關係[②]，宗密《圓覺經大疏鈔》卷三之下也説，他「久精般若空宗，於一切法已無計執」；另一方面則來自江南根深蒂固的玄學傳統，他的思想明顯與中國老莊一系關係甚深，他的《絕觀論》與《心銘》中都有許多來自道家的語言，如「大道沖虛幽寂」「道無所不遍」「無心合道」之類，似乎都與他早年精讀俗書墳典，以及後來在佛窟寺讀包括道書在內的七藏有關。在這兩方面的影響下，在唐初禪門各系裡，牛頭一系可能與傳統禪學離得最遠，因為依着他們的思路走下去，傳統禪學

① 見《續藏經》第 110 冊，817 頁。
② 參見久野芳隆《牛頭法融に及ぼせる三論宗の影響 ── 敦煌出土本を中心として》，載《佛教研究》（東京：1939）三號至六號。

的修行方法將被遺棄殆盡。顯然，「自由」是他們追尋的終極目標，任何「分別」對他們來說都是一種思想的束縛，任何修行對他們來說也是負擔。

這本來並沒有錯，但是，這種「自由」理念似乎走過了頭。當「自由」建立在否定一切的理路上，就使「自由」成了意識玄想的境界，而不是人生實在的經驗。特別是對一種要在現實社會中收拾人心、拯救靈魂的宗教來說，這種虛玄和高超的思想，有可能只能成為少數思想傑出、悟性頗高的人的心靈體驗，而在多數修行者那裡卻只能成為逃避約束的遁詞。當一切「分別」都泯滅在所謂「空」之中的時候，還有甚麼來成為人的安身立命處？當那一點實在的心性也被說成是無須約束的時候，還有甚麼能成為人的行為與思想的最後限度？而當「一切否定」的理路走到盡頭處時，這一理路就會大轉身，成了「一切肯定」。既然一切是無差別的「空」，那麼一切都無所謂染或淨，於是般若學說中的「一切無礙」和老莊學說中的「無心是道」，就引出了「觸目是道」和「道在屎溺」的極端自然主義。

《絕觀論》中說，行道是「高臥放任，不作一個物」，是「不知一個物」，「不見一個物」，「不行一個物」。也就是說在他們這裡，宗教就是自由自在、無拘無束。可是，宗教一旦不再有任何使人敬畏、崇拜、嚮往的光輝處，不再自覺承擔人心的拯救者的責任，那麼，它還有甚麼存在的理由？信仰就是不信仰，牛頭宗思想的自我瓦解因素，恰恰就潛藏在自己的思想理路中。儘管從理路上說，「萬法歸一，一歸何處」的思想追索，總會使思想者追到那終極的「空」那裡去，但是作為宗教徒來說，他們必須守住宗教的最後界限。

7 世紀末 8 世紀初，牛頭宗並沒有達到它的全盛時期。法融的後人如法持、智威雖然步履艱難地使牛頭禪在江東逐漸成了氣候，

但牛頭禪真正有較大影響，則是在智威的弟子慧忠、玄素、玄挺及他們的弟子的時代。在這個時代，法融的思想才逐漸通過這些後人的弘傳，對禪門產生了較大的影響，其中，被稱為牛頭六祖的慧忠（683—769）相當重要。據《景德傳燈錄》卷四所記，慧忠撰有《安心偈》，此偈雖然也以「安心」為名，但實際上卻是與上引《絕觀論》「不須強安可謂安矣」大同小異。他說，「人法雙淨，善惡兩忘，直心真實，菩提道場」，這裡所謂的「直心」就是《維摩詰經》和《壇經》中都說到的「直心」，就是不加掩飾，不加限制，隨順本性，自在輕鬆的真實之心。《宗鏡錄》卷九十八引他答學人問「如何用心」時曾說：「一切諸法，本自不生，今則無滅，汝但任心自在，不須制止，直見直聞，直來直去，須行即行，須住即住，此即是真道。」當學人問到「作何方便而得解脫」時他又說：

> 求佛之人，不作方便，頓了心源，明見佛性，即心是佛，非妄非真。

這種簡截明了的說法，一面讓人「任心自在」、隨心直行，一面把這種不受限制的心說成是佛性，與法融的思想可以說是一脈相承，即所謂「汝莫揀擇法，莫存取捨心」[1]。只有玄素（668—752）的行為方式，似乎與慧忠不太一樣，他是晚年才到智威那裡參拜的弟子，在修行上有些苦行的味道。《宋高僧傳》卷九《唐潤州幽棲寺玄素傳》曾說，他「伏形苦節，交養恬和，敗納襯身，寒暑不易，貴賤

---

① 《宗鏡錄》卷九十八，《大正藏》第 48 冊，945 頁。

怨親，曾無喜慍」①。但是，他在思想表述上，和慧忠並沒有太大的差別，李華《潤州鶴林寺故徑山大師碑銘》曾説到，他教眾人時，一面「教習大乘戒妄，調伏自性還源」，不是漸也不是頓，一面又高倡「無修無得」的牛頭禪思想。「問禪定耶吾無修，問智慧耶吾無得」，看來與法融、慧忠畢竟還是一個路數，只不過他的説法，好像不那麼明確，「無修無得」是他的定慧，而似乎這種不修不得就是「自性還源」。如果是這樣的話，人其實也就不需要「凝心入定，住心看淨，起心外照，攝心內證」了，因為「還源」就是保持平常無事的心境。

玄素在當時聲名很大，潤州刺史韋銑、禮部尚書李憕等人，都對他極為崇敬，一個「來仰真範，忽自感悟」，一個親去拜訪，「齋心跪謁」②。就是遠在長沙的龍安如海禪師（728—808），在對南北宗之爭感到困惑時，也「南求於馬素（即玄素）」③。而他的弟子徑山國一禪師，則與慧忠門下的佛窟遺則禪師一道，開創了牛頭禪的鼎盛時代，不過，那已是另一個時代了④。

第三節　惠能禪思想的成立及其意味

思想的一統時代，有時候是好事，它使思想保持着一定的穩

---

① 《宋高僧傳》卷九《唐潤州幽棲寺玄素傳》，202 頁。

② 《文苑英華》卷八六二，4550—4551 頁。

③ 《柳宗元集》卷六《龍安海禪師碑》，159 頁。

④ 關於中唐時代的牛頭禪，請參看本書第五章《禪思想史的大變局》第一節中的《洪州宗與牛頭宗》。

定性，使人們可以細細體會思想的內涵，成為思想的實踐者；有時候又是壞事，它使思想故步自封在一個相對局促的圈子中，使人們失去選擇的自由，成為被動的承受者。思想的分化時代也同樣如此，它可能使信仰者在眾多的說法中目迷五色而無所適從，也可能使信仰者在不同的說法中比較鑒別而有所選擇。不過，對於當時的佛教來說，分化也許是更有意味的歷史現象，因為一統時代中，時間彷彿凝固而停滯，不存在任何歷史與變化，對於中國思想世界來說，可能分化和選擇更為重要，因為禪學畢竟是一種自西而東的舶來品，全盤接受是不大可能的，總要挑挑揀揀，而沒有分化就好像把各種貨色囫圇一團裝入了一個大口袋，人們無法看清也無法選擇。

當禪門逐漸從方法到思想形成一個組織、理論、實踐都日臻成熟的佛教大宗派時，思想的一統是使它們脫穎而出的必要環節；但是，它那匆匆裝就的思想大口袋裡，卻囊括了彼此矛盾的許多貨色，彷彿雜貨倉庫還沒有開張成為專業公司，使得想在裡面精心挑選的顧客無法更好地購得自己想要的東西，也使賣主自己沒有辦法很好地清理自己的貨架。但是，當禪宗日益成熟並獲得反身思索契機的時候，那些更為深刻的禪門弟子，就要在其中尋源溯流、順藤摸瓜，把自己的思想武庫清理一番。當 7 世紀末 8 世紀初禪門處在相對平靜的環境中對自己的思想深思熟慮時，各個宗派的思想差異，就逐漸由隱而顯地凸顯出來了；而當這些思想的差異，又恰好與宗派的世俗教權之爭疊合在一起時，思想的差異就不僅是思想的差異，漸漸也就成了門戶的差異，於是，分化日漸明朗。

南方惠能禪思想的成立，就是這一思想分化中最引人注目、在後世影響最深遠的一個現象。

一、《壇經》的問題

說到惠能的禪思想，就不能不說到《壇經》，但禪思想史上紛爭最多的，偏偏就是這部《壇經》的真偽。

本來，自從南宗禪成為中國禪宗的主流，《壇經》便是禪宗第一要籍。它是惠能弟子所記師說，當然就是惠能思想的記錄。這在一千多年來本不是問題。但是，20世紀30年代初，胡適在一番考證後，卻提出了一個驚天動地的疑問，《壇經》真的是惠能的思想嗎？在搜集了各種資料特別是敦煌出土的禪宗資料對《壇經》進行比勘後，他下了一個同樣驚人的結論，《壇經》是惠能弟子神會所作！在他的《荷澤大師神會傳》裡說道：

> ……後世所奉為禪宗唯一經典的《六祖壇經》，便是神會的傑作。《壇經》存在一日，便是神會的思想勢力存在一日[①]。

此論一出，頓時大嘩。從20世紀30年代起，圍繞《壇經》著作權的爭論，就一直沒有停息過，不僅是中國學者，日本、法國的學者也捲了進來，直到胡適已作古的1969年，還又一次掀起了爭論的熱潮。錢穆、印順、澹思、柳田聖山、山崎宏等著名學者都紛紛撰文，對《壇經》及其撰人進行考證，對胡適的說法進行辯論。這種爭論至今彷彿尚未有窮期，到了20世紀90年代，依然有學者著

---

① 《神會和尚遺集》(台北：胡適紀念館，1970) 卷首，74頁。

文對這一懸案進行考辨[1]。

　　看起來，大多數學者對胡適的說法都持否定態度，那麼，胡適的說法是憑空虛構嗎？顯然不是，他有他的證據。首先，他認為，敦煌本中有惠能關於「吾滅後二十餘年……有人出來，不惜身命，定佛教是非，豎立宗旨」的話，這是暗示開元二十二年神會在滑台定南北宗宗旨的事情。他認為這不是惠能神異的預見，而是神會後來的偽造，當然偽造的最大受益者，只能是想藉機自我抬高的神會；何況敦煌本《壇經》中特意提到神會得道而餘者不得，更坐實了這一點。其次，他在《全唐文》中發現韋處厚的《興福寺內道場供奉大德大義禪師碑銘》裡提到，神會雖「得總持之印」，但他的弟子卻「習徒迷真，橘枳變體，竟成檀經傳宗」。他認為，「檀經」就是《壇經》，「竟成」二字，就是神會一系造《壇經》的證據。再次，他在敦煌發現的《神會語錄》和《壇經》之間，找到了不少二者一致的思想，如「定慧等」，「念不起為坐，見本性為禪」，又如批評當時禪學，用《金剛經》，提倡「無念」等等，這些是《壇經》中最重要的幾個部分，而它們與神會的說法「不僅內容相同，並且文字也都很相同」。他覺得，這就是「很重要的證據」。有了這些內證與外證，胡適才宣佈，「南宗的急先鋒，北宗的毀滅者，新禪學的建立者，《壇經》的作者，── 這是我們的神會。在中國佛教史上，沒有第二個人有這樣偉大的功勳，永久的影響」[2]。

---

[1] 關於《壇經》的辯論文章，過去的，可參看張曼濤主編《現代佛教學術叢刊》之一《六祖壇經研究論集》（台北：大乘文化出版社，1976）；此書收集了錢穆、印順、楊鴻飛、澹思等人的論文。1990 年以來，有關這方面最近的論文，如潘重規《敦煌六祖壇經讀後管見》，載《中國文化》（香港：中華書局，1992）第七期。

[2] 前引《神會和尚遺集》卷首，90 頁。

也許，胡適確實有急於標新立異的心理，他為神會疾呼，為改寫禪思想史奠基的心情太迫切，以至於有的證據並不十分可靠，所以，他的説法遭到了有力的反駁。第一，是《興福寺內道場供奉大德大義禪師碑銘》那段「習徒迷真，橘枳變體，竟成檀經傳宗」，有人認為「習徒」並非指神會的弟子，而是作為神會的對立面出現的，也就是説神會「得總持之印，獨耀瑩珠」，符合以心傳心之旨，而有的人卻死守《壇經》，以這種方式作為血脈傳宗之憑據；有人則認為「習徒」是指神會的弟子，但這段話只能證明是神會的弟子用《壇經》作為傳宗憑證，並不能證明《壇經》是神會或神會弟子的偽造，因為敦煌本《壇經》中已經説道「若不得《壇經》，即無稟受」，「無《壇經》稟承，非南宗弟子也」。所以用《壇經》傳宗，可能已是南宗的規矩，更何況過去傳宗的憑證袈裟已經不在惠能一系手中，為傳遞其血脈正宗只有用祖師開法語錄來作憑據。這兩種反駁，後一説似較有説服力。第二，是關於胡適所説《神會語錄》與《壇經》思想一致、文字相近的問題。很多學者也指出，這更不能證明《壇經》為神會所偽造，因為學生（神會）繼承老師（惠能）是很正常的，繼承者沿用先生的話，自然有很多一致之處，為甚麼就一定是《壇經》為神會所造的證據，而不能是神會在老師身後亦步亦趨的證據？更何況，胡適所指出的那些思想中有一些是早已有之的，為甚麼惠能時代不能説，而非要到神會時代才能説？顯然胡適的證據有些不大站得住腳跟。

不過，胡適的考證並非一無是處，他的證據也並非一推就倒的。儘管他過分心急地把《壇經》整個兒地都算在了神會的身上，造成了結論的武斷，但他卻提醒了研究者注意神會與《壇經》的關係。應當説，至今還沒有人能完全否定現存諸本《壇經》與神會有

關，也沒有人能徹底反駁胡適的全部證據。在胡適的考證中，有一個地方是至今難以反駁的，就是上面我們所列舉的《壇經》中關於二十年後有人出來定南北宗旨那一個預言。它說明，儘管胡適說《壇經》全是神會所作並不成立，但《壇經》經過神會一系的改篡，則是不可否定的。何況，除了韋處厚《興福寺內道場供奉大德大義禪師碑銘》之外，《景德傳燈錄》卷二十八記南陽慧忠的話也說到，「吾比遊方，多見此色，近尤盛矣。聚卻三五百眾，目視雲漢」，自稱是「南方宗旨」，並「把它《壇經》改換，添糅鄙譚，削除聖意，惑亂後徒」[①]。這裡所說改換《壇經》的，從敦煌本《壇經》較凸顯神會這一點來看，很可能就是神會的後人。

　　當然，這裡也應該說明，這種改篡並不是神會一系獨有的惡習，從敦煌本、惠昕本、契嵩本《壇經》從一萬二千字到一萬四千字，再到兩萬多字這一現象，我們就可以知道，典籍流傳中的改篡與添加，實在是一直在進行中的，並不是神會一家的怪癖。所以應該說，雖然《壇經》不是神會所作，但今存各本《壇經》與神會一系確有關係[②]。

二、惠能禪思想的內在理路

　　可是，惠能思想與神會思想雜糅的現象，卻給我們敘述惠能思想帶來了麻煩，究竟《壇經》中，哪些是惠能在大梵寺開法時所表述的「真諦」，哪些是神會及後人所添加的「鄙譚」？現在確實很難

---

① 《景德傳燈錄》卷二十八，《大正藏》第 51 冊，437 頁。
② 在各家的說法中，印順《神會與壇經》的說法最為公允平實，見前引《六祖壇經研究論集》，136—137 頁。

剔理清楚了。所以，我們只有參照一些其他資料，借用一些前人考證，從《壇經》與《神會語錄》的細小差異中尋找蛛絲馬跡，為惠能禪思想的基本立場和內在理路，勾勒一個籠統的輪廓。

從人心與佛性的關係來看，和弘忍時代的禪門一樣，惠能也肯定人本身擁有自我拯救的能力，這是因為人人自有佛性。敦煌本《壇經》第十二則就說到：「菩提般若之知，世人本自有之」，而且他也和弘忍一樣，儘管也承認人人心中有佛性，但人們不一定就能夠安住於佛境，因為他們的心靈常常處在迷惑之中。「即緣心迷，不能自悟，須求大善知識示道見性。」[①] 所以，畢竟還要有一個由「迷」而「悟」的契機與過程。我們知道，自從劉宋時代竺道生倡「一闡提有佛性」論以來，雖然有所爭論，但很快南北佛教都接受了《大般涅槃經》的思想，而且把它作為佛教解脫與救贖理論的基礎。前期禪門自達摩的「含生同一真性」開始，在這一點上也沒有異議，因為他們所奉的《楞伽經》也承認「如來藏自性清淨……入於一切眾生身中」[②]。惠能在佛性理論上與他的前輩是一脈相承的，所不同的在於如何使人們由迷而悟，回歸到自己本來就有的、與佛陀相同的境界中。

傳統的說法，都是因「定」發「慧」，通過「念佛淨心」或「攝念修心」等禪學早已有之的路數，來收束散逸奔縱的心識，以內省與體驗的功夫，使意識無思無慮，從而進入清淨境界。

正是從這裡開始，惠能顯示出了他與傳統禪學的差異。在敦煌本《壇經》涉及思想的部分中，除了肯定人有般若智慧的第十二

---

① 《壇經校釋》，24 頁。
② 《楞伽阿跋多羅寶經》卷二，《大正藏》第 16 冊，489 頁。

則之外，最先說到的是「以定惠為本」。這是一個關鍵。「定惠」是禪門中常見的說法，但惠能所說的「定惠」，實際上與傳統說法有了很大的差異。傳統的說法是「由定發慧」，禪定是手段或過程，智慧是目的或終點，所以從前期禪門到弘忍都要保持一定的修行，如坐禪、念佛等。在他們看來，定和慧是有次第之差的，就連神秀一系都主張「從定發慧」[①]，這就是我們前面說到的傳統禪門的方法。然而，惠能批評這種說法，「莫言先定發慧，先慧發定，定慧各別」，強調說，「若諍先後，即是迷人」。按他的說法，應該是「定慧等」，這就像燈與光的關係，「有燈即有光，無燈即無光」，也就是說，定就有慧，慧就是定，並不是說靠了入定來得到智慧。

　　這是禪思想史上的一大關節。為甚麼惠能有這樣的思想？因為傳統禪學在佛性論中儘管也說物是心造，但在修行論中「心」與「物」是一種對峙狀態。由於承認外在的俗塵不斷來污染心靈，就像黑雲蔽日一樣，所以「定」就彷彿是用一塊抹布在擦拭鏡子，只有擦乾淨了，鏡子才會明亮。這就是神秀所說的「時時勤拂拭，莫使惹塵埃」。也就是說，只有在雜念徹底清除之後，清淨心靈才能湧出「智」，才得到般若智慧來洞燭一切。但是，惠能卻真正地在修行論中也貫徹了「空」的思路，污染心靈的塵緣都是虛幻，都是人的妄念所造，因為人自有靈明覺性，所以，這種「清除」並不是用抹布把鏡子擦乾淨，而是在意識中感悟到鏡子本來就是乾淨的，塵埃卻是虛幻假象，即「佛性常清淨，何處惹塵埃」。於是，「悟」與「迷」就只是心靈中的一念之轉，這就叫「悟人頓修，自識本心，

---

① 《大乘無生方便門》中第二門「開智慧門」中多次提到這一點，《大正藏》第 85 冊，1274 頁。

自見本性，悟即元無差別，不悟即長劫輪迴」。只要人做到「於一切法不取不捨，即見性成佛道」[①]，由於人的本性就是「空」就是「淨」，那麼當他「定」時也就是「慧」時，一剎那間意識便進入無差別的自然狀態，這就是「定慧」了。

如果說，傳統「拂塵看淨」的禪門，一直是在尋求一種「絕對清淨境界」，那麼，惠能的「不取不捨」則在追求一種「絕無差別境界」。如果說追求清淨境界，恪守的是「心物二分」觀念，與般若空觀還有差距，而無差別境界則是進入了「心物皆空」的邊緣，基本上吻合般若「八不（不生不滅不常不斷不一不異不來不去）中道」的思想。

但是，究竟怎樣才能進入這種「無差別」的境界？惠能提出的方法是：

以無念為宗，無相為體，無住為本。

所謂「無念」，不是清除意念，而是既不取善不取惡，不作清淨想，不作成佛夢，但也絕不千方百計去排除各種念頭。按惠能的解釋，就是「於念而不念」，因為，一旦有所繫念就有所執着，就會被各種思慮所糾纏，而心中如果有一個「排除雜念」的想法，同樣也會有「排除雜念」的念頭橫梗在心上。同樣是有所執着，而有所執着，就使得虛妄成真實，引起了種種焦慮與不安。

所謂「無相」，也不是把現象世界看作一片白茫茫大地真乾淨，對一切森羅於眼前的諸相都視而不見，而是惠能所說的「於相而離

_____

① 《壇經校釋》，53 頁。

相」。也就是説，根本不把這些「相」當「相」來對待，如果面對諸相，非得把它們看成是一無所有，那麼，心中就有了一個「清除諸相」的念頭，有了這個念頭，就是心中有所執着，對相而落入相中不能自拔，則又使心靈被種種相所包圍，被種種分別相環繞的心，就不能「絕無差別」。

所謂「無住」，就是心靈不滯着於任何思想。雖然在經驗上，人會有各種想法，紛至沓來的情感、慾念、焦灼、喜悦，在生活中是不可避免的，人無法迴避種種的心靈波動，但是，禪宗相信人可以對它們不掛於心，彷彿風過耳、影過眼一樣。所以惠能説，「念念時中，於一切法上無住，一念若住，念念即住，名繫縛，於一切上，念念不住，即無縛也」[①]。

有了這「無念」「無住」和「無相」，心靈中就沒有甚麼分別與執着，就好像一個很常見的比喻所説的，「鏡對萬相，終不住相」，那面心鏡就永遠是清淨無垢，甚至於無影無像的了。正如後來丹霞子淳禪師所説，「寶月流輝，澄潭佈影，水無蘸月之心，月無分照之意」。人心彷彿澄潭之水，對境而不起心，無論是污染還是月光，都不必拒斥與接納，最終達到「水月兩忘，方可稱斷」的境界[②]。

「心量廣大，猶如虛空」，這一「虛空」能容納一切，又不執着於一切。所以，只要人們能夠使自己的心靈處於這種「無念無相無住」的「空」中，那些使人焦慮、使人不安、使人激動、使人沮喪的分別諸相，就可以蕩然無存。在惠能看來，這就是「般若智慧」，當人們心靈歸於「空」時，他就已經與佛無異了，這就叫「一念修

---

① 《壇經校釋》，32 頁。
② 《五燈會元》卷十四《丹霞子淳禪師》，890 頁。

行，法身等佛」。由於這種「無念」「無相」「無住」完全是內在的心理體驗與觀念轉化，它不涉及許多具體而微的思想、慾念、知識的染、淨分別，也無須結跏趺坐、苦苦修行，不須要反省過去的罪孽，也不需要追思未來的光明，不需要外力的約束或指引，也不需要神靈的救贖與保護，於是，過去所有的念佛、修心、坐禪，在這裡就只剩下了一念之轉，「前念迷即凡，後念悟即佛」。

　　正是在這個理路基礎上，後世禪宗高倡的「頓悟說」，就順理成章地出現了。他們說，若是有大慧根的人，對一切都不應該起念動心執着，而是應該「不假外修，但於自心，令自本性常起正見」，這樣，就能使「煩惱塵勞眾生，當時盡悟」，所以——

　　　　當起般若觀照，剎那間，妄念俱滅，即是自真正善知識，一悟即知佛也。

據惠能說，這就是從弘忍那裡傳下來的禪法，「我於忍和尚處，一聞言下大悟，頓見真如本性。是故將此教法流行後代，令學道者頓悟菩提」[1]。

　　以上，從「自心即佛性」「無念無相無住」之「頓悟」，到「空」的絕無差別境界這三部曲，就是惠能禪法思路的主脈，也是他較多地偏向了《般若》思想之後，對傳統禪法的重要改造。其中，「無念無相無住」之「頓悟」是關鍵，它一方面承續「自心即佛」的佛性思想，一方面追蹤「空」的終極境界，這與《般若》大有關聯。「無念」在《摩訶般若波羅蜜經》卷二十七《法尚品第八十九》中也叫「無念

----

① 《壇經校釋》，49、56、59、60頁。

三昧」,「無相」在《摩訶般若波羅蜜經》卷一《序品第一》中也叫「無相三昧」,「無住」在《摩訶般若波羅蜜經》卷五《問乘品第十八》也叫「無住三昧」。所謂「三昧」也就是「定」,而禪宗的修行中心也就是「定」。《摩訶般若》中的思想核心是說「空」,而它說「空」的邏輯理路,就是如下幾個環節:首先,一步步否定外在一切的實在性和自在性,把現象世界的一切都歸結為感覺,為意識。其次,追溯到意識主體的虛幻性,最終連意識主體也否定;當這一切都被超越和否定之後,就出現了一個無差別的「空」的世界。再次,既然這一切都是「空無自性」的虛幻,所以一切都無差別,也無所謂「空」與「不空」。最後,沿着這一理路,在它的理路終極處是更廣闊的絕無差別。由於追求這種絕無差別的境界,因而它最忌諱的就是「分別」與「執着」,這種看似抽象的思想,落實到具體的修行中,就是「定即是慧,慧即是定」,就是「不修即修,修即不修」。《壇經》中所說的「起心看淨,卻生淨妄」,在理路上也是由此而來的。

這一理論的轉向對實踐的影響太大了。因為傳統禪學中的「坐禪」,在這時就不再是數息、念佛、觀心、清除雜念、收斂意念,而是「一切無礙,外於一切境界上念不起為『坐』,見本性不亂為『禪』」[1]。換句話說,只要在意識中不理會那種種分別,在心靈中不執着於某個念頭,就可以「於一切時中,行、住、坐、臥,常行直心」。

我揣測,《般若》的影響或許就是使惠能一系與傳統禪門有了相當不同的一大原因。我們知道,惠能奉《摩訶般若》是很明顯的,

---

[1] 《壇經校釋》,37 頁。

這在敦煌本《壇經》題為《南宗頓教最上大乘摩訶般若波羅蜜經六祖惠能大師於韶州大梵寺施法壇經》上就能看出，在敦煌本的開頭就是一句：「惠能大師於大梵寺講堂中升高座，説摩訶般若波羅蜜法」，在後面又多次提到，「淨心念摩訶般若波羅蜜法」，第二十六則中曾説：

> 摩訶般若波羅蜜，最尊、最上、第一，無住、無去、無來，三世諸佛從中出[①]。

可見，惠能奉《摩訶般若》是不容懷疑的。不過，後來各種資料中，惠能卻改奉了《金剛經》，上面這段話也在神會那裡，變成了「金剛般若波羅蜜，最尊最勝最第一，無生無滅無去來，一切諸佛從中出」[②]。我們猜測，這或許是由於唐玄宗御注《金剛經》而導致《金剛經》盛行，故神會及其後人為了迎合風氣而着意修改的説法[③]。神會一系對《壇經》的改纂之一可能就在這裡，但惠能本來是依憑《摩訶般若》的。

---

① 《壇經校釋》，51 頁。

② 獨孤沛編《菩提達摩南宗定是非論》，此為神會與崇遠法師的論辯記錄，載《神會和尚遺集》，297 頁。胡適原稱此卷為《神會語錄第三殘卷》，鈴木大拙原曾稱此卷為《南陽和尚頓教解脫禪門直了性壇語》。現據楊曾文《神會和尚禪話錄》，34—35 頁。

③ 開元二十二年（734），唐玄宗頒佈了他注釋的《金剛經》，他把《金剛經》與《道德經》《孝經》並稱，説這是「不壞之法，真常之性，實在此經」，參看《全唐文》卷三十七唐玄宗《答張九齡賀御注金剛經批》，173 頁。

三、終極境界與宗教生活

惠能的思路向他的後人們指示了一個方向，這就是與牛頭禪很接近的「不修為修」的自然主義。

在惠能的弟子中，有不少人都在很激烈地批評傳統的禪學方法，像崛多三藏的「兀然空坐，於道何益」，志誠禪師的「住心觀靜，是病非禪，長坐拘身，於理何益」，南嶽懷讓的「磨磚既不成鏡，坐禪豈得成佛」，司空山本淨的「若了無心，自然契道」等等[①]。在敦煌出土的一些南宗禪詩歌偈語中，更是有不少這類的話語，如S.4173《南宗贊》中的「行住坐臥常作意，則知四大是佛堂」；P.2629等《南宗定邪正五更轉》中的「有作有求非解脫，無作無求是空虛」；S.646《揚州顗禪師遊山遇石室見一女子贈答詩》中的「離縛還成縛，除迷卻被迷」等，都與傳統禪學所提倡的宗教修行和宗教實踐格格不入，似乎他們更看重的是一種自由的心境與自然的生活。

但是，更應該說明的是以下三點：

第一，惠能一系的禪法雖然特殊，但與前期禪門包括北宗禪門的差異並沒有到水火不容、勢不兩立的地步。其實，當時各禪門都有一些彼此相近的地方，從《楞伽》而《般若》，是當時禪門的普遍趨勢。像神秀奉《文殊般若》一行三昧，淨覺注《般若心經》，北宗禪也在向《般若》靠攏。智詵倡「念佛」的同時，也注釋了《般若心經》，並稱《心經》為「五乘之寶運」[②]。牛頭禪更是早就以《般若》為主要經典。在玄理思辨也就是在終極意義的探尋上，他們都彼此爭

① 參見《景德傳燈錄》卷五，《五燈會元》卷二、卷三、卷五等，此處不一一注出。
② 淨覺《般若波羅蜜多心經注》，敦煌卷子，S.4556；智詵《般若波羅蜜多心經疏》，敦煌卷子，P.4940、S.554。

先恐後地追尋着更本原更超越處。「萬法歸一，一歸何處」的追問，
在他們那裡都在向「心」的背後延伸。只不過，在北宗禪與淨眾禪
那裡，這種對本原和超越的追尋，並沒有與修行的實踐貫通，理路
的思考只在理論的表述上，而實踐的修行卻仍在原來的軌道上，因
此與惠能以及後來的南宗顯出了差異。

　　第二，就是在惠能這裡，《楞伽》以「心」為根本的思路，與《般
若》以「空」為根本的思路，也沒有徹底地融會貫通。「清淨境界」
即為終極境界的思路，與「無差別境界」即為終極境界的思路，也
常常雙雙出現。他時而強調一切都是空相，「煩惱即善菩提」；時
而又轉回傳統說法，強調「自性常清淨，日月常明，只為雲覆蓋，
上明下暗」；時而引入《般若》講「空」；時而不得不講種種修行方
法以嚴防「有」[1]。於是在惠能時代，禪思想仍在一種難以解開的思
路糾纏之中。

　　第三，惠能思想並不像後人想像中那樣，極端地破棄經論、
自然放任。在王維為惠能所撰碑文中，有一句話很值得注意，這就
是「乃教人以忍，曰：忍者無生，方得無我，始成於初發心，以為
教首」。這種「忍為教首」的思想，似乎與痛快簡截的「頓悟」格格
不入，但這確實也是惠能的思想。敦煌本《壇經》之末，曾記載惠
能「凡度誓，修修行行，遭難不退，遇苦能忍，福德深厚，方授此
法」[2]，說的正是這種「忍苦」品質，因為這是佛教所有各門的傳統。
惠能向弟子所傳授的「無相戒」，也與北宗禪《大乘無生方便門》的
「菩薩戒是持心戒，以佛性為戒性」同樣，都是出自《梵網經·菩薩

---

[1] 《壇經校釋》，51、39 頁等，關於惠能及神會內在理路中的矛盾，我將在後面幾章
　　詳述，因為這是一個從禪宗一開始就存在的大問題，這裡從略。

[2] 《壇經校釋》，114 頁。

心地品》的大乘戒法,《梵網經》所謂「無受無打無刀杖瞋,心皆如如」的「忍」[1],就是對信仰者心靈的約束。在授「無相戒」時,惠能率弟子所進行的儀式,比如唱「歸依自三身佛」,發「四弘誓願」,行「無相懺悔」等等,其實與西蜀智詵一系的「念佛」又有多大差別呢?不都是為了使弟子們心念凝聚,產生敬畏之心嗎[2]?所以,頓教祖師的思想,本來並不像後人所描畫的那麼瀟灑,真正瀟灑的時代還沒有到來。

這裡有一個終極境界與宗教生活的關係的問題。一個宗教要追尋的,始終是人生超越的終極境界,它作為最神聖的精神本原與心靈目標,在宗教看來,毫無疑問是決定信仰者提升還是墮落的關鍵。但是,這種超越的終極境界很深奧也很困難,常常只是少數思想最深刻精神最敏感的人,才能得到的心靈感悟,才能進行的理智探究。然而,一個宗教更多面對與處理的,通常是信仰者的具體生活,它作為宗教日常的事務,是宗教進入生活世界的必要途徑,沒有處理人們生活的能力,宗教就失去了存在的意義。但是,這種宗教生活又常常要落實在瑣碎而具體的儀式、規範和活動上。這兩種內容,也就是超越的和世俗的東西,如何互相協調並得到一個一以貫之的理論解釋?往往是宗教面臨的一個難題。中國禪思想史上有一個始終糾纏不清的思想癥結,也就是怎樣一方面通過越追越深的思索,體驗那個形而上的終極境界,一方面通過越來越簡截的樣式,使這種思索中的境界轉化為生活實踐。當前期禪門把「心」

---

[1] 《大正藏》第 24 冊,998 頁。經文中還說,「若佛子忍心者,有無相慧體性。一切空空忍一切處忍,名無生行,忍一切處得名如苦忍」。

[2] 參見楊曾文《〈六祖壇經〉諸本的演變和慧能的禪法思想》,《中國文化》(香港:中華書局,1992) 第六期。

當作一種終極實在來追尋的時候，由於心靈的清淨境界，畢竟還是經驗中可以體驗或想像的，生活中可以把摸與找尋的，佛教傳統遺留下來的種種儀式與規範，與這種心靈境界的關係是明確的，所以這二者的分裂並不明顯，也不成為嚴重的問題。可是，到了下一個時代，佛教尤其是禪宗內部的這種超越與世俗、理論與實踐之間的分裂，就會使他們的思索和行為轉型，開出一個新的方向來。

這裡只是要說明，在惠能的時代，這一切還只是潛在的趨勢，惠能和神秀，或者說南宗和北宗之間的衝突，還沒有深刻和彰顯到「分裂」這樣的程度。

當我們簡單地回顧 7—8 世紀中國佛教史時，我們看到，在此前，隋代曾經有過佛門的短暫興盛[①]，但是，初唐以來，佛教卻受到政治的貶抑，高祖、太宗兩朝，佛教雖然得到一定的保護，但總體上說地位是在下降。《舊唐書》卷六三《蕭瑀傳》中記載唐太宗李世民手詔，裡面有所謂「至於佛教，非意所遵，雖有國之常經，固弊俗之虛術」[②]。《法琳別傳》記載當時社會風氣，有所謂「禿丁之

---

① 《隋書》卷三十五《經籍志》稱：「開皇元年 (581)，高祖普詔天下，任聽出家，仍令計口出錢，營造經像。而京師及并州、相州、洛州等諸大都邑之處，並官寫一切經，置於寺內；而又別寫，藏於秘閣。天下之人，從風而靡，競相景慕，民間佛經，多於六經數十百倍。」其中，禪師似乎在佛教中得到格外的恩榮，智顗為帝傳戒，曇遷與帝同榻，所以，《續高僧傳》卷二十一「習禪篇·論」說：「隋祖創業，偏宗定門……京邑西南置禪定寺，四海徵引，百司供給」；又同書卷十九《僧邕傳》也說，「開皇之初，弘闡禪門，重敘玄宗」。按道宣的說法，達摩一系與慧思、智顗一系一樣，都是屬於「虛宗玄旨」一流，應該是受到世俗權力的青睞的。關於隋代崇尚佛教之事，可參見湯用彤《隋唐佛教史稿》(北京：中華書局，1982) 第一章第一節，4—10 頁；陳寅恪《武曌與佛教》一文推測隋朝崇佛之原因甚有趣，可以參看，載《金明館叢稿二編》(上海：上海古籍出版社，1980)，142 頁。

② 《舊唐書》卷六十三，2403 頁。

誚，闆里盛傳，胡鬼之謠，倡言酒席」的説法①。從最上層到最下層的反應，都表明唐代佛教並不像隋代那樣受到那麼普遍的尊崇和敬仰，只有武則天時代是個例外。

宗教遠離政治權力中心，對它未必是一椿壞事，在中國這個宗教始終不可能成為政治意識形態的國度中，宗教只能在人的精神領域和生活領域指導人生。這種被政治權力暫時疏離的現象，雖然阻絕了佛教試圖充當政治意識形態的熱情，但是也有可能促成它的思想理論的總結與深化。在相對平靜的 7 世紀中葉，一大批天竺佛教典籍被準確譯出，一些總集彙編式的大書被逐漸編成，一段佛教歷史得到了系統記述，這似乎與儒家經典有了總結性的《五經正義》，近期歷史有了新修的南北各史一樣，理論和經典的完成，使得佛教也進入了一個思辨深入的時期。

這一思辨時期的情況不是我們要討論的內容。這裡只是要説明，這一思辨時期對於禪門來説，是加快了它向上層文化靠近的趨勢。前面我們説過，禪門有一種逐漸向上層社會滲透與向文化階層靠攏的趨勢，這種文人化的禪思想，常常對具體的宗教儀式與世俗生活如神話、禮儀、戒律、懺悔甚至於一般教義採取鄙夷的態度，把它們看成是形而下的、瑣碎的、着相的東西而貶斥，而對於抽象的、玄虛的、空靈的終極境界，卻總是有一種特別愛好，他們不斷地追問一切的最終本原，並把這種本原視為拯救人生的唯一實在。可是，這種追求形上而鄙棄形下的趨勢，從宗教的立場上來看，並不見得完全是一件值得稱道的事情。為甚麼？道理非常簡單，宗教如果是大多數人的宗教而不是少數人的思想，那麼，它不能沒有儀

① 《唐護法沙門法琳別傳》卷上，《大正藏》第 50 冊，199 頁。

式、方法與信仰，正像基督教需要有犧牲、懺悔、祈禱（Sacrifice, Confession and Prayer）一樣，因為這是引起信仰、維持信心、獲得解脫，或者說是聯繫信仰者與絕對存在者的具體途徑。如果絕對存在者只存在於少數人的心靈體驗與感悟中，那麼，這種追尋就失去了大多數信仰者所能理解的具體和明確的途徑，成了少數人壟斷的專利。

隨着般若思想的影響在禪門日漸深入，對於終極境界的追尋，也向着越來越遠的玄虛處深入，與日常宗教生活似乎脫節得很遠，「空」的思想把一切都放在了否定的位置，同時又把被否定的一切放在肯定的位置，無差別的境界消解了一切儀式與規範，又容忍了一切世俗的行為與思想，上面所說的理論思辨與修行方式、「空為根本」與「心為根本」、輕鬆的感悟體驗與艱難的持戒忍辱之間的矛盾，都可以看作是終極境界與宗教生活在脫節，處於傳統與變革之間的禪思想，在追尋終極境界與恪守宗教生活之間有些左右為難了。

這個時代，無論是西蜀智詵一系、北宗神秀一系、東吳牛頭一系還是南方惠能一系，都在試圖建立這種溝通宇宙本原、終極境界與宗教生活之間的貫通之路。但是，直到 8 世紀初，這一條貫通之路仍在建立之中，禪門宗派的分化與思想的分化，它最大的意義，就在於給後來尋找路徑的人們提供了幾種選擇，讓他們在不同的選擇中，各自建立一個從宇宙本原、宗教生活到終極境界都彼此貫通的禪思想體系。

但是，這是下一個時代的事情了。

第三章

北宗禪再認識

人們很容易接受一些史書上的既成説法，而忽略「歷史總是勝利者的歷史」這句格言，除非這「勝利者」本身也成了「歷史」。如果這些史書上的既成説法，又剛好被後來人所看到的新資料再次復述，那麼這種「歷史」就可能成為三堂會審後的判決定案。於是，勝利者的敘述語言、評價原則，連同他們撰述的「歷史」，就會一而再再而三地被反覆強調，使後來者不得不隔着這一層「過濾鏡」來理解過去的一切。

　　北宗禪似乎就遭到了這樣的厄運。北宗禪在長距離的競賽中沒有戰勝南宗禪，反而逐漸被南宗禪消化，各種出自南宗禪的文獻資料，不僅把它放在「旁出」的位置，而且只給予相對簡略的記載，這使得後人以為，它真的在南宗禪摧枯拉朽般的打擊下，很快就土崩瓦解。而敦煌新出的資料又恰恰證實，南、北宗在盛唐時期的確有過一些辯論，出自神會一系的幾種文獻當然把神會説得十分雄辯，於是，神會革命推翻北宗王朝的説法，在胡適之後立即成了定論。按照歷史因果論的原則和歷史前進論的觀念，勝利者和存在者是當然的「進步思想代表」。所以，北宗禪思想在遭受了南宗千餘年的譏諷之後，又遭受了哲學史家、思想史家幾十年的貶斥。

　　顯而易見，一旦我們不再憑依「勝利者歷史」的視角，而另尋其歷史線索、內在理路、闡釋立場，那麼北宗禪的歷史與思想也許應當重寫。不過，這種重寫並非通常理解中的「翻案」，那種白的翻成黑的、壞的説成好的似的「摔跤」，如果不是意氣用事，就是不負責任的有意立異，或者心目中有簡約化的「二元對立」框架在作怪。我們所説的「重寫」，只是消解某種習以為常的褊狹視角和偏頗見解，以儘可能「無偏無黨」的原初眼光、「入乎其中」的尋繹方式和「同情理解」的解釋態度來考證歷史、敘述思想及闡釋意

義。對於北宗禪來說，歷史考證、思想敘述、意義闡釋都同樣需要。第一，應該考證它是否在南宗禪的一擊之下就煙消雲散；第二，應該尋繹它的理論源流與全景是否那麼單調和保守；第三，應該對它在禪思想史上的意義重新進行解釋，看看這種歷來被貶抑的思想，是否在當時恰恰是禪宗符合歷史環境和宗教生存的策略，在後世恰恰是一種值得現代人重新發掘的宗教資源[1]。

第一節　北宗禪史實的重新梳理

思想史上，失敗者的命運有兩種：一是作為勝利者的對立面遭受貶斥，一是被當作可有可無的事實在歷史中消失。如果說，神秀及其主要的繼承者義福、普寂是前者，那麼，他們之後的北宗禪師就是後者。在南宗禪撰寫的各種燈錄中，彷彿 8 世紀中葉以後北宗禪一下子就銷聲匿跡，以至於更後來的研究者也把這種並非歷史真相的記載，當成了禪思想史上的事實。在我所看到的禪宗史或佛教史著作中，有相當一批著作就對 8 世紀中葉之後的北宗禪，採取了「淡化」處理，儘管這並不符合當時禪宗史與禪思想史的「形勢圖」。

當然，也有一些禪宗史研究者注意到了這一點，比如宇井伯壽。他在 20 世紀三四十年代出版的三卷《禪宗史研究》就已經用

---

① 本書初版於 1995 年出版，兩年後（1997）在台北見到美國馬克瑞（John McRae）教授，並且得到他贈送的有關北宗禪研究的著作：*The Northern School and the Formation of Early Ch'an Buddhism*（University of Hawaii Press, Honolulu, 1986），他對北宗禪的一些見解頗有價值，可以參考。

碑傳、僧傳等資料，為我們勾勒了北宗禪的後期歷史輪廓[1]。也有一些敦煌新出土的禪宗史料，在一些專家的精心考證下，逐漸辨明了它們的宗脈歸屬與思想內涵，比如柳田聖山《初期禪宗史書の研究》、田中良昭《敦煌禪宗文獻研究》，使我們有了更多的北宗禪資料來推測它的後期思想面貌[2]。在這些學者的研究成果基礎上，我們已經能夠擺脫南宗燈錄系統單方面的門戶偏見，大略地了解北宗禪的歷史與思想，就彷彿從一隻眼睛看世界總是平面影像，而從兩隻眼睛看歷史終於看到了立體的圖像一樣，當北宗禪的後期史實逐漸顯現在我們視野中時，我們才算看到了當時中國禪宗的全貌[3]。

上一章中我們已經敘述了「南（惠）能北（神）秀」時代的禪宗概況，下面我們從「南能北秀」之後說起。

一、盛、中唐之間南、北之爭的延續

神秀於神龍二年（706）去世。在他之前，法如、法持、智詵已

---

[1] 宇井伯壽《禪宗史研究》（東京：岩波書店，1939）、《第二禪宗史研究》（東京：岩波書店，1941）、《第三禪宗史研究》（東京：岩波書店，1943）。

[2] 柳田聖山《初期禪宗史書の研究》（京都：花園大學禪文化研究所，1967）。田中良昭《敦煌禪宗文獻研究》（東京：大東出版社，1983）。另外可以參見：田中良昭等編《敦煌佛教と禪》（東京：大東出版社「敦煌講座」之八，1980），這部由多人合作的著作對敦煌禪文獻，作了公允而全面的評介。

[3] 現在關於北宗禪的歷史有了較多的著作，除了前面提及的馬克瑞（John McRae）的 *The Northern School and the Formation of Early Ch'an Buddhism* 在第一部分《歷史》中討論了北宗禪史和禪僧在長安、洛陽的活動，以及降魔藏、普寂、義福和燈錄形成史之外，佛爾（Bernard Faure）則在 *The Will to Orthodoxy: A Critical Genealogy of Northern Chan Buddhism*（Stanford University Press, 1997）的前兩三章中，也討論了神秀及其時代、神秀之後的北宗以及有關北宗的禪思想。

相繼辭世，在他之後，老安、惠能也先後圓寂。當先天二年（713）遠在南方的惠能離開人世之後，禪宗史便進入了普寂、義福、神會、本淨及智威、玄素的時代。

這一時代中，禪門有四支最為重要。第一支是今四川一帶的「淨眾禪」，以智詵門下的處寂（即唐和尚）、無相（即金和尚）為首，承襲五祖念佛法門，並倡「無憶無念莫忘」；第二支是今江蘇一帶的牛頭禪，則以牛頭慧忠、鶴林玄素（即馬素）為首，倡「諸法本空……於空處顯不空妙性」，並逐漸轉向自然主義；第三支是今廣東、湖南、浙江、江西一帶的南方禪，有惠能的若干弟子為首，這一宗大有逐漸向中原逐鹿的勢頭。其中，司空山本淨、荷澤神會都在東都洛陽、西京長安活動。最後，第四支當然是風頭最盛的北宗禪，以義福（658—736）、普寂（651—739）為首，佔據了當時僧俗兩界的中心，包括西京長安、東京洛陽和嵩山的少林寺、會善寺、嵩嶽寺等。其中，義福「道望高峙，傾動物心，開元十一年，從駕往東都……所在途路充塞，拜禮紛紛，瞻望無厭」，普寂則「及（神）秀之卒，天下好釋氏者，咸師事之」[①]。顯而易見，其盛況遠遠不是以上三家可以望其項背的。

神秀門下眾弟子是廣義的北宗禪中，勢力最大的一支，除普寂、義福在兩京之外，景賢（660—723）在嵩山，巨方（646—727）在上黨，智封（生卒年不詳）在河中，香育（生卒年不詳）在郢州，惠秀（生卒年不詳）在洛陽，降魔藏（生卒年不詳）在兗州，大福（655—734）在荊州。此外還有事跡不明的崇慎、半律半禪的思恆等，禪風所被，幾乎籠罩了整個中國北方。反觀法如、老安及玄賾

---

① 《宋高僧傳》卷九，197—198頁。

等人，則門庭冷落、車馬稀少。像法如繼承弘忍之位，佔據了禪門的中心少林寺，本來應當興盛發達，但因為他很快去世，門下又只有龐塢圭及惠超①，所以，被神秀尤其是其後的普寂等禪師迅速取代。而老安門下只有義琬、圓寂、淨藏和破灶等，玄賾門下只有淨覺等寥寥數人②，無法與神秀一系爭鋒。於是北宗禪之名，逐漸成了神秀一系的專稱，當然這是在南宗禪興起之後的事。

開元二十二年（734）正月，惠能的弟子神會在滑台大雲寺無遮大會上向神秀一系發出挑戰③，這當然是北宗禪史上的大事。胡適在《荷澤大師神會傳》中說，它「是北宗消滅的先聲，也是中國佛教史上的一大革命」④。儘管有相當多人對胡適的禪宗史研究總是抱着一種半帶鄙夷、半懷嘲諷的偏見，但是私下裡卻都接受了這個事關重大的絕對判斷。但我覺得，這一判斷似乎過於誇張，過於誇張則未免近乎戲劇，其效果當然可觀，但於事實本相則不免偏離。如果說，一場辯論便掀起一次「革命」，一次沒有裁判也沒有結果的辯駁，就能使勢頭如滾油沃火的北宗「消滅」，那麼，這「革命」也

---

① 《金石萃編》卷七七裴璀《皇唐嵩嶽少林寺碑》，又見《全唐文》卷二八〇，1252 頁。但溫玉成氏《禪宗北宗初探》引此碑時將「弟子惠超，妙思奇拔，遠契元縱」一語的後半，讀成「惠超、妙思、奇拔、遠契、元縱」，似乎法如有五弟子，這是不對的。文載《世界宗教研究》（北京）1983 年第二期。

② 參見《八瓊室金石補正》卷五三智嚴《圭和尚紀德幢》、《全唐文》卷九九七闕名《唐故張禪師墓誌銘》、《宋高僧傳》卷十以及《王右丞集箋注》（上海：上海古籍出版社，1961）卷二四《大唐大安國寺故大德淨覺禪師碑銘並序》等。

③ 關於滑台辯論的年代，敦煌本獨孤沛編《菩提達摩南宗定是非論》有四個寫本，其中一作「開元廿二年」，胡適先據此定為開元二十二年，1958 年又根據巴黎藏本 P.2045 重新校定時，改為「開元二十年」。現據前者，另一說姑存之以備考。

④ 胡適《荷澤大師神會傳》，原載《胡適論學近著》第一集，收入《胡適文集》第五冊，207 頁。

太過兒戲，這「消滅」也太過容易。如果說，單以神會一系的資料就可下此判斷，僅僅靠後來南宗盛而北宗衰的結果就可作出推論，那麼，這可能成為沒有「兩造之辭」而單憑「一家之言」作出的誤判。

其實，這次「革命」的直接效果，遠遠沒有胡適所描繪的那樣大。宇井伯壽在《禪宗史研究》第六《北宗禪の人人と教說》中已經指出，「滑台大會並沒有對北宗產生直接影響……雖然應該說，神會的排斥有一定作用，但北宗真正的衰落卻還遠在此後」。關於這一問題，我們將在《重估荷澤宗》一章中，以詳盡資料來進行討論，在這裡我們只列舉南北宗之間長達數十年的爭論中的幾個事實來證明，神會在滑台大會那看似雷霆萬鈞的一擊，是很難撼倒北宗禪先天佔有的正宗地位和苦心經營幾十年的堅實基礎的。更不能想像，一次辯論就會使信仰了北宗幾十年的中國北方信徒倒戈相向。

如果《祖堂集》卷三的記載靠得住的話，那麼，早在開元二十二年（734）神會崛起之前，崛多三藏在太原、智策和尚在北方，就已經針對「觀心看靜」「入定」等頗具關鍵性的命題，與北宗禪師辯論過了[1]。在開元二十二年之後，辯論仍在繼續，南宗禪對北宗禪的攻擊也仍在繼續。《宋高僧傳》卷八《唐金陵天保寺智威傳附本淨傳》記六祖惠能另一弟子司空山本淨：

> 天寶中，因楊庭光採藥，邂逅相逢，論道終日。（楊）回奏，詔赴京，於白蓮華亭安置。帝知佛法幽深，孰堪商榷，敕召太平寺遠法師及兩街三學碩德，發問鋒起，若百矢之逐

---

[1] 《祖堂集》卷三《崛多三藏》及《智策和尚》，176—177頁。

一兔焉。淨舉揩容與，四面枝梧，譬墨翟之解九攻機械矣。
既而辯若建瓴，酬抗之餘，乃引了義教援證。復說伽陀，一
無留滯。皇情懌悅，觀者歎嗟①。

據《祖堂集》卷三、《景德傳燈錄》卷五的記載，這次辯論是在天寶
四載（745）正月十五日舉行的，前來質問駁難的，除了主角太平寺
遠法師（《祖堂集》《景德傳燈錄》均作「遠禪師」，請注意，在唐代
被稱作法師和被稱作禪師的佛教徒，是很不一樣的）外，還有慧明
（《祖堂集》作「香山僧慧明」，《景德錄》作「志明禪師」）、惠真（《祖
堂集》作「白馬寺惠真」，《景德錄》作「真禪師」）、法空、安禪師
（《祖堂集》作「福先寺安禪師」）、達性（《祖堂集》作「照成寺達性
禪師」），及士人孫體虛（《景德錄》作「近臣」，不詳姓名），辯論的
中心是「無心是道」「真妄皆如」這兩個相當重要的命題。看來，司
空山本淨在禪宗向老莊思想和般若思想轉向的路途上，可能比神會
走得還遠，所以這次辯論的激烈程度，絕不亞於滑台大會，何況這
次辯論的地點，是在雙方必爭之地，即唐王朝的中心京城，更何況
辯論的參與者是御選的所謂「兩街三學碩德」，而主持者則是手握
生殺予奪大權的當今天子。

　　從《宋高僧傳》《祖堂集》所記載的資料來看，司空山本淨和神
會一樣，也是理論上的勝利者，最後也得了一個「敕諡大曉禪師」
以盡死後哀榮。可是，南北宗之間依然遠未分出勝負。顯然，這是
一次長距離的馬拉松式的較量，而不是生死立判、高下頓現的肉
搏，決定最後勝者的關鍵，不僅在於思想的魅力，也在於宗門的後

---

① 《宋高僧傳》卷八，186 頁。

勁。於是，在後來的幾十年裡，這一較量始終時起時伏地延續着。雖然這類資料現在已經所剩無幾，但零零星星依然可以窺見蛛絲馬跡。《文苑英華》卷八六八盧肇《宣州新興寺碑》載：

> 吾聞之新興寺，大曆初，有禪師巨偉，南宗之上士也，與北宗昭禪師論大慧綱明實相際於此，始作此山道場①。

「巨偉」及「昭禪師」均不詳其人，所謂「論大慧綱明實相際」究竟指甚麼，也不很清楚。但是，我們從中可以知道，在滑台大會三十年後、長安辯論二十年後，南北宗的較量還在持續。緊接着，又二十年後的貞元初（約 785 年前後），神會一系的弟子慧堅（719—792）再一次與北宗禪師在天子面前進行了辯論。西安碑林現存唐人徐岱所撰《唐故招聖寺大德慧堅禪師碑銘並序》，碑文記載：

> （慧堅）又奉詔與諸長老辯佛法邪正，定南北兩宗。禪師以為開示之時，頓受非漸，修行之地，漸淨非頓，知法空則法無邪正，悟宗通則宗無南北，孰為分別而假名哉？②

這一次較量究竟結果如何，不得而知。雖然他當時頗受提倡「三教合一」（以玄聖沖妙之旨，素王中和之教，稽合內典）的皇帝的重視，也被允許供奉神會畫像作為「七祖」，不過在理論上，這個神會弟子的鋒芒，顯然比起他的老師要收斂得多，那種調和南北頓漸

---

① 此文又見《全唐文》卷七六八，3546—3547 頁。
② 徐岱《唐故招聖寺大德慧堅禪師碑銘並序》，載陳尚君輯校《全唐文補編》卷五九，723 頁。

的語氣，實際上已經使他在北宗面前先輸了一招。倒是南宗新崛起的馬祖一系的傳人，在與北宗禪的對抗中顯得咄咄逼人，取代了神會一系的主角地位，這又是二十年以後的事情了。

《全唐文》卷七一五載有一篇韋處厚《興福寺內道場供奉大德大義禪師碑銘》，在這篇碑文中記載，馬祖道一的弟子鵝湖大義於貞元中（785—805）到長安，深得尚未登基的唐順宗李誦崇敬，曾以佛性「不離殿下所問」一語，令李誦「默契玄關」，後來，又於永貞年間（805）入內神龍寺法會，與湛然法師等有一場激烈的駁難。碑銘中記載，湛然法師首先發難，攻擊大義禪師：

> 佛道遐險，經劫無量，南鄙之人，欺紿後學。

大義禪師則反唇相譏：

> 彼自迷性，盲者何咎白日耶？

早已偏向於大義禪師的順宗當即裁斷，「彼（湛然）不喻至道，其傳叱下」，以至於羞憤交加的湛然竟因此而「數旬而卒」。緊接着，大義又與其他駁難者進行了關於「道」的論辯，這次的南宗禪師不再扮演被質問者的角色，而是主動出擊充當質問者，碑載：

> （大義）大師曰：「行止偃息，畢竟以何為道？」對曰：「知者是道。」大師云：「經云：不可以不識識，不可以不知知。安得知者乎？」覆曰：「無分別是道。」大師曰：「經云：善能分別諸法相，於第一義而不動。安得無分別乎？」覆曰：

「四禪八定是道。」大師曰:「佛身無為,不墮諸眾。安在四禪八定者乎?」問者辭窮,眾皆愕眙 [①]。

從這幾則對答來看,似乎大義禪師的對手不僅僅是北宗禪,大概還有南宗禪神會一系的後人。宗密《中華傳心地禪門師資承襲圖》和《圓覺經略疏鈔》卷四在述荷澤神會思想時,都提到荷澤系的思想中有強調「知」的一面,所以是「知之一字,眾妙之門(一作『源』)」。《禪源諸詮集都序》卷下之一也說「今時學禪人多疑云:達摩但說『心』,荷澤何以說『知』」;而延壽《宗鏡錄》卷二在論述各家宗旨時也提到「荷澤直指知見」,因此這裡回答「知者為道」的,大概是已經獲官方認可的神會後人,而答「四禪八定是道」的,則可能就是北宗後學了。

　　從碑銘記載來看,大義禪師是這次論辯的獲勝者。不過,他所代表的洪州宗馬祖一系的最終崛起,還是元和年間章敬懷暉、興善惟寬入長安之後,這是別一話題,在後面《禪思想史的大變局》一章中,我會作詳細敘述。這裡之所以一一羅列從開元到貞元長達六七十年間南北宗之間的爭論,無非是說明,南宗禪的興盛和北宗禪的衰微,絕非荷澤神會在滑台一番唇槍舌劍和安史之亂中一次「香水錢」之捐可以成功的,胡適所謂神會是「南宗的急先鋒,北宗的毀滅者」,恐怕多少有些過甚其辭。

　　事實上,如果我們再仔細地考察北宗禪在滑台大會之後的二十餘年中依然繼續昌盛的情狀,這一點就會更加清楚。

---

① 《全唐文》卷七一五韋處厚《興福寺內道場供奉大德大義禪師碑銘》,3258頁。

二、北宗禪的全盛期

義福（大智禪師）圓寂於滑台大會的六年之後，三年後普寂（大照禪師）也辭世而去。

義福門下弟子不多，《景德傳燈錄》雖記有大雄猛等八人之名，但都有名無錄，《宋高僧傳》卷二四有思睿其人，傳云：「開元中杖錫嵩少問道，時義福禪師禪林密致，造難其人，一言相入，若石投水，既飲甘露，五載而還。」① 但似乎並非嫡傳弟子。《文苑英華》卷八六一李華《故左溪大師碑》曾載「達摩六世至大通禪師，大通又授大智禪師，降及長安山北寺融禪師，蓋北宗之一源也」，但融禪師又事跡不詳 ②；大概只有《山右石刻叢編》卷七所載復珪《大唐棲岩寺故大禪師塔銘》中所記智通（683—751）可算一個，塔銘載：「師諱智通，姓張氏……請益於大智尊者，晚節當付囑之。」他曾受刺史裴寬、太守韓朝宗之請，於棲岩寺傳法，但畢竟偏於一隅，名聲不大。可見，《宋高僧傳》記義福「未嘗聚徒開法」，似乎頗有根據 ③。

可是普寂卻截然不同，《宋高僧傳》卷九在談及義福之後馬上就說，「洎乎普寂，始於都城傳教二十餘載，人皆仰之」。同卷本傳又說，「天下好釋氏者，咸師事之」④。他是一個廣開門庭的禪門領袖，因而他的弟子極多，《文苑英華》卷八六四獨孤及《舒州山谷寺

---

① 《宋高僧傳》卷二四《唐太原府崇福寺思睿傳》，613 頁。

② 《文苑英華》卷八六一李華《故左溪大師碑》，4545 頁；又，此文亦載《全唐文》卷三二〇，1433 頁。

③ 胡聘之《山右石刻叢編》卷七載復珪《大唐棲岩寺故大禪師塔銘》後編者按語，碑銘記載他於天寶十載（751）十一月圓寂，春秋六十九，當生於永淳二年（683），見《續修四庫全書》（上海：上海古籍出版社影印本）史部 907 冊，134 頁。

④ 《宋高僧傳》卷九《唐京兆慈恩寺義福傳》《唐京師興唐寺普寂傳》，197—199 頁。

覺寂塔隋故鏡智禪師碑銘》曾説：

> ……秀公傳普寂，寂公之門徒萬，升堂者六十有三[①]。

其中，除宇井伯壽《禪宗史研究》中所考的同光（700—770）、法玩（715—790）、法雲（？—766）、靈著（691—746）、景空（669—773）、真亮（701—788）、恆月（702—780）、思公（701—784）、曇真（？—791）、石藏（718—800）、明瓚（生卒年不詳）、道睿（生卒年不詳）、丁居士（？—725）等之外，宇井氏未曾提及者依然有不少，如《全唐文》卷三一六李華《故中嶽越禪師塔記》裡「發定光於大照大師」的常超（按：似應是常越，705—763），卷六八七皇甫湜《護國寺威師碣》裡「從照師問佛法」的承威（？—770），以及在《東京大敬愛寺大證禪師碑》中自稱「學於大照」的王縉，《（民國）聞喜縣志》卷二十下所載于兆《唐絳州聞喜縣大興國寺故智旻禪師塔銘》中「於東都同（中闕二字）大照和尚」的智旻（710—785）[②]，《文苑英華》卷八六四顧況《廣陵白沙大雲寺碑》中稱為「大照大師之上照足」的靈辯（生卒年不詳）[③]，後來成為不空的弟子，並被《廣付法傳》卷二稱為「第七祖」的惠果[④]，以及《蕭和尚靈塔碑》中記載的乘如

---

① 獨孤及《舒州山谷寺覺寂塔隋故鏡智禪師碑銘》；又載《全唐文》卷三九〇，1758 頁。

② 于兆《唐絳州聞喜縣大興國寺故智旻禪師塔銘》，《全唐文補編》卷五三，640 頁。

③ 顧況《廣陵白沙大雲寺碑》，《文苑英華》卷八六四，4558 頁；又載《全唐文》卷五三〇，2382 頁。

④ 《大唐青龍寺三朝供奉大德行狀》，見《大正藏》第五十卷，294 頁。又，參看《弘法大師全集》卷八《性靈集》卷二《大唐神都青龍寺故三朝國師灌頂阿闍黎惠果和尚之碑》等。

（698—778）等 ①。

其中，對於普寂和義福以後的北宗禪來説，尤其重要的，是宏正（生卒年不詳）和廣德（生卒年不詳）兩人。可是，偏偏這兩位禪師在《傳燈錄》和《高僧傳》中都無記載，我們只能在各種碑誌中鉤輯一些零星資料。《全唐文》卷三一六李華《故中嶽越禪師塔記》中曾提到：

　　……七葉至大照大師，門人承囑累者，曰聖善和上 ②。

這個「聖善和上」即宏正。李華《故左溪大師碑》中説「……菩提達摩禪師傳楞伽法，八世至東京聖善寺宏正禪師，今北宗是也」③。《全唐文》卷五〇一權德輿《唐故東京安國寺契微和尚塔銘》在談及契微師承時，也説到其「因初心而住實智，離有相而證空法，乃通四部經於宏正大師」④。而獨孤及《鏡智禪師碑銘》也在神秀、普寂之後，特別提到普寂門下「得自在慧者，一曰宏正」⑤。敦煌本《歷代法寶記》中所記載的與淨眾寺第四代祖師無住辯論的、號稱「僧中俊哲」的東京體無禪師，也是宏正的弟子 ⑥。可見，他應當是普寂之後北宗禪的一個重要人物。

至於廣德，《文苑英華》卷八六二王縉《東京大敬愛寺大證禪

---

① 參看內田誠一《〈蕭和尚靈塔銘〉の碑文について》，載《日本中國學會報》（東京：日本中國學會，2006）第五十八輯。
② 《全唐文》卷三一六，1419 頁。
③ 《全唐文》卷三二〇，1433 頁。
④ 《全唐文》卷五〇一，2261 頁。
⑤ 《全唐文》卷三九〇《舒州山谷寺覺寂塔隋故鏡智禪師碑銘》，1758 頁。
⑥ 《大正藏》第五十一卷，190 頁。

師碑》記載：

> 夫修行之有宗旨，如水木之有本源。始自達摩，傳付慧
> 可，可傳僧璨，璨傳道信，信傳弘忍，忍傳大通，大通傳大
> 照，大照傳廣德……①

同碑又記，大證（曇真）禪師在普寂去世後，「又尋廣德大師」。《全
唐文》卷六八七皇甫湜《護國寺威師碣》則記承威年輕時「奮其獨
知，從照師（普寂）問佛法，次從光師受僧律竟，依同學廣師（廣
德）、證師（曇真）講習其傳」。可見，廣德也是普寂之後北宗禪的
一個重要人物。可是，後來的禪宗史上卻很少記載這兩個至關重要
北宗禪師，不知是有意還是無意的遺漏。

開元、天寶時期，這本是佛教的黃金時代，北宗禪依然如花團
錦簇似的昌盛，並沒有因為神會等人的攻擊而煙消雲散，神秀之後
的第一代如義福、普寂自不必說，就是第二代弟子即普寂的門下，
也一樣在僧俗兩界穩執牛耳。除上面提到的宏正和廣德外，《金石
續編》卷八郭湜《唐少林寺同光禪師塔銘》記同光（700—770）：

> 演大法義，開大法門，二十餘年，振動中外，從師授業，
> 不可勝言，三十餘禪僧，盡了心地②。

---

① 王縉《東京大敬愛寺大證禪師碑》，《文苑英華》卷八六二，4552 頁；亦載《全唐文》
  卷三七○，1662 頁。
② 《金石續編》卷八郭湜《唐少林寺同光禪師塔銘》；亦載《全唐文》卷四四一，
  1990 頁。

前引王縉《大證禪師碑》則記曇真（？—791）：

> 聲稱浸遠，歸向如林。

《文苑英華》卷八六一李華《潤州天鄉寺故大德雲禪師碑》則記法雲在東南弘法，力持大照（普寂）是禪宗七祖，北宗禪是七祖心法的立場：

> 由是江景禪教，有大照之宗焉[①]。

前引李華《故中嶽越禪師塔記》則記常超（當作常越）：

> 沿漢至黃鶴磯，州長候途，四輦瞻繞[②]。

即使是在安史之亂中，「狂虜逆天，兩京淪翳」，也有北宗禪師「奉持心印，散在群方，大怖之中，人獲依怙」。所以，前引獨孤及《鏡智禪師碑》說：「（弘）忍公傳惠能、神秀，能公退而老曹溪，其嗣無聞焉。秀公傳普寂，寂公之門徒萬人，升堂者六十有三，得自在慧者，一曰宏（弘）正，正公之廊廡，龍象又倍焉，或化嵩洛，或之荊吳，自是心教之被於世也。」[③]

這就是北宗禪 8 世紀中葉興盛歷史的寫照，也是南宗禪 8 世

---

① 李華《潤州天鄉寺故大德雲禪師碑》，《文苑英華》卷八六一，4546 頁；此文又載《全唐文》卷三二○，1433 頁。「景」，一作「表」。

② 《全唐文》卷三一六李華《故中嶽越禪師塔記》，1419 頁。

③ 《全唐文》卷三九○，《舒州山谷寺覺寂塔隋故鏡智禪師碑銘》，1758 頁。

紀前半蟄伏狀態的實錄。

三、北宗禪的逐漸衰退

但是，在北宗禪於盛唐時代的發展中，也潛藏了衰退的根由。
這根由有內在理路的問題，也有外部走向的問題，這兩方面的問題
共同導致了北宗禪在 8 世紀中葉以後的逐漸衰退。它內在理路中
的問題，我們將在後面詳細分疏，這裡只考證其外部走向中所凸顯
出來的自我瓦解的跡象。

北宗禪自我瓦解的一個重要原因，也許是內部紛爭，敦煌博物
院藏唐獨孤沛撰《南宗定是非論》敦煌本殘卷中有一段胡適校本所
缺的文字：

> 從秀禪師已下出，將有二十餘人說禪教人，並無傳授付
> 囑，得說只沒說；從二十餘人已下，近有數百餘人說禪教
> 人，並無大小，無師資情，共爭名利……[①]

這可能並非神會一系的無中生有，當時神秀門下，普寂雖然盛極一
時，但義福、大福、景賢、巨方等人，卻未必奉他為宗主。李華《故
左溪大師碑》中就以普寂、弘正和義福、融禪師為北宗的兩源，普
寂門下更是宗師各立門戶，弘正、廣德都儼然自居正宗，以禪宗第

---

① 現在，這段文字已經錄入楊曾文編校《神會和尚禪話錄》28 頁，北京：中華書局，
1996；又，參楊曾文氏《中日的敦煌禪籍研究和敦博本〈壇經〉、〈南宗定是非論〉
等文獻的學術價值》，見《中日佛教研究》（北京：中國社會科學出版社，1989），
115 頁。

八代傳人身份教授弟子。在《(民國)聞喜縣志》卷二十載有各書所闕的一份資料，是貞元初絳州聞喜縣丞于兆所撰《唐絳州聞喜縣大興國寺故智旻禪師塔銘並序》，其中有：

> 首自達摩，終於八祖[1]。

這「八祖」雖不知所指為何人，但塔銘有「師於東都同□□大照和尚」云云，恐怕應當是普寂門下。《全唐文》卷七九〇張彥遠《三祖大師碑陰記》也記載，嵩山澄沼在安史之亂後，住東京大聖善寺，「行為禪宗，德為帝師，化滅，詔謚大嵩，即東山第十祖也」。可見，至少在普寂之後，北宗禪就已各樹標幟，自開山門，稱宗道祖，這一方面造成了自家內部的分崩離析，一方面樹大招風，引來了各方的同仇敵愾。例如神會滑台大會的發難，憤憤然針對的，就是普寂一系的「妄稱七祖」[2]。

北宗禪由盛而衰的另一原因，則恰恰是它在政治勢力的支持下過於興盛。前述北宗禪這種毫無顧忌的稱宗道祖之風，在相當大程度上是由於其背靠政治勢力，他們大都佔據了當時最重要的寺院佛刹。以普寂門下為例，除靈著在西京長安大安國寺外，法玩在東都敬愛寺，承威在東都護國寺，同光在嵩山少林寺，曇真在東都敬愛寺，真亮在東都廣愛寺，這是以東都洛陽和嵩山少林寺為中心的

---

① 于兆《唐絳州聞喜縣大興國寺故智旻禪師塔銘並序》，《全唐文補編》卷五三，640 頁。

② 楊曾文編《神會和尚禪話錄》，28 頁。其中，記載遠法師問：「普寂禪師口稱第七代，復如何？」針對這個問題，神會便滔滔不絕地批判「今 (神) 秀禪師實非的的相傳，尚不許充為第六代，何況普寂禪師是秀禪師門徒，有何承稟充為第七代？」

北宗禪群體。其中，當然以東都大敬愛寺和大聖善寺的弘正、廣德最為顯赫，這使他們自然而然地成為禪門正宗。不過，或許這也使他們在安史之亂中，首當其衝地成了戰亂的受害者。

天寶十四載（755）十一月，安史之亂爆發，僅一個月後，洛陽便失陷。半年後，長安也落入叛軍之手。我們對安祿山如何對待佛教的情況不甚清楚，但叛軍入洛時曾「縱兵殺掠」。李白《古風》之十九云：「俯視洛陽川，茫茫走胡兵。流血塗野草，豺狼盡冠纓。」叛軍入長安時則曾「大索三日……連引搜捕，支蔓無窮」；杜甫《述懷》之一云：「比聞同罹禍，殺戮到雞狗。」佛門顯然也未能免此大難，今西安碑林存徐岱《唐故招聖寺大德慧堅禪師碑銘並序》載：

幽陵肇亂，伊川為戎，憑凌我王城，蕩焚我佛剎[1]。

《全唐文》卷三一六李華《故中嶽越禪師塔記》就說，當時「狂虜逆天，兩京淪翳，諸長老奉持心印，散在群方」。不僅叛軍肆意擄掠，就是官軍也同樣殺劫。法藏敦煌卷子（P.3608）無名《諷諫今上破鮮于叔明、令狐峘等請試僧尼及不許交易書》載：

天下寺舍，翻作軍營；所在伽藍，例無僧飯[2]。

雖然寫的是後來的事情，但是安史之亂中的叛軍和官軍，對佛教想來也是一種摧殘的力量。這時，在戰亂中心的北宗禪，無疑要比遠

---

[1] 徐岱《唐故招聖寺大德慧堅禪師碑銘並序》，《全唐文補編》卷五九，723 頁。

[2] 陳英英錄文，原載《敦煌吐魯番文獻研究論集》第一輯，後收入《全唐文補編》卷五四，651 頁。

離戰爭的南宗禪蒙受更大的打擊；依賴政治力量的佛門正宗，當然要比散在民間的南宗禪遭受更多的損失。因為這時朝廷除了賣度牒籌集費用而外，已經顧不上分辨佛教各派的是非，而只是根據實用的目的來對各派施恩賜寵。於是，這一現實改變了佛教各宗的力量對比，使得以往的恩寵一律失效，各宗不得不重新在同一起跑線上開始競爭。日本學者滋野井恬曾以唐宋兩部《高僧傳》為基本材料，對雍州地區佛教各種勢力消長進行統計，他的研究表明，在 7 世紀後半期到 8 世紀初（668—713），在長安義解、譯經僧最多，而禪僧基本是個空白。但是，8 世紀初到安史之亂（714—755）之間，以北宗為主的禪宗僧人進入長安，和義解、明律幾乎三足鼎立，有普寂、義福、靈著等著名禪師，這表明了北宗禪的崛起和興盛。可是，8 世紀的後半個五十年（756—800）中，在長安的佛教僧人中，著名譯經僧四人、義解僧五人、明律僧六人，竟無一個禪師。直到 9 世紀初馬祖門下章敬懷暉、興善惟寬在西京大闡頓門，禪師才又在京城立足生根，但這已不是北宗，也不是南宗荷澤一系，而是南宗新崛起的洪州馬祖道一的一系了[①]。這一統計也從一個側面證明了安史之亂後，北宗禪遭到的重創。

　　不過，這並不意味着北宗禪從此就一敗塗地，畢竟它在開元、天寶之間是禪門第一大宗。所謂「瘦死的駱駝比馬大」，在安史之亂後它雖失去第一把交椅，但依然是禪宗在當時最大的四派之一。前引中唐人韋處厚《興福寺內道場供奉大德大義禪師碑銘》在敘述禪宗時曾說到：

---

① 滋野井恬《唐代佛教教線の檢討》，載其《唐代佛教史論》（東京：平樂寺書店，1973）。

或遁秦,或居洛,或之吳,或在楚。秦者曰(神)秀,以
　方便顯,普寂其允也;洛者曰(神)會,得總持之印……吳
　者曰(道)融,以牛頭聞,徑山其裔也;楚者曰(馬祖)道一,
　以大乘攝……①

《白居易集》卷四十一《傳法堂碑》引興善惟寬的話,敘述禪宗時也
說到:

　　以世族譬之,即師(惟寬)與西堂藏、甘泉賢、泐潭海、
　百岩暉,俱父事大寂(馬祖),若兄弟然;章敬澄,若從父兄
　弟;徑山欽,若從祖兄弟;鶴林素、華嚴寂,若伯叔然;當
　山忠、東京會,若伯叔祖;嵩山秀、牛頭融,若曾伯叔祖。
　推而序之,其道屬可知矣。②

以上兩碑提到的禪門,都是荷澤、牛頭、馬祖和北宗四家。
　　當然,這時的北宗禪已經不再有半個世紀以前那樣聳動天下、
一統禪林的權勢聲威,甚至在民間也開始比不過馬祖門下。但是,
在 8 世紀後半葉,普寂門下也就是神秀第二代弟子中,還有不少活
躍的人物。例如,慧空不僅在壽春(在今安徽)頗受地方官禮遇,
而且「代宗皇帝聞其有道,下詔俾居京師廣福寺,朝廷公卿罔不傾
信」;疊真為中丞李諷所重,「時聚風亭月觀,談道達旦」,李諷後
入京為京尹,還向唐德宗推薦,德宗下詔召其入京,但疊真堅不奉

---

① 《全唐文》卷七一五《興福寺內道場供奉大德大義禪師碑銘》,3258 頁。
② 《白居易集》卷四十一,911 頁。

詔；石藏在定州（今河北），「同好者望風而至，蔚成叢眾，陶化博陵，人咸欣戴」，州帥李卓也「登山訪問，款密交談，深開昏昧」①。顯而易見，北宗禪並沒有一下子一蹶不振，直到 9 世紀前半葉，他們依然在禪史上留下了行跡。像神秀下第三代，也就是普寂的再傳弟子中，就有在壽春結茅而居的道樹（734—825）、受李德裕崇信在北宗故地洛陽「宗（神）秀之提唱」的崇圭（756—841）、在淮南都梁山建立茅舍的全植（752—844）、在揚州化導眾生，「同聲相應近於千眾」的崇演（754—837），以及活到咸通年間，弘傳被天下稱為「昂頭照」禪學的衡山昂頭峰日照禪師（755—862）等。也許，正因為北宗禪在 9 世紀上半葉，仍然是禪門中有影響的一支，所以當時評述禪源的宗密，在《中華傳心地禪門師資承襲圖》中才說它「子孫承嗣，至今不絕」②。

宇井伯壽《禪宗史研究》曾指出，北宗禪並不像一般人所想像的那樣，只存在了短短一個時期，其實，從神秀 706 年於洛陽示寂，到日照在 862 年去世，算來也有一百五十多年之久。更何況，9 世紀中葉之後還應該有正順、寶藏、如泉等北宗弟子在活動。儘管史料匱乏，使我們無法詳考他們的事跡，但這並不等於北宗禪已經消失。我想，宇井伯壽的說法應該是對的，儘管他關於北宗禪在 10 世紀初與唐王朝同時衰亡的結論，還只是一個尚待證實的推想。

---

① 以上均見於《宋高僧傳》卷九，213 頁；卷十，238—239 頁。
② 《續藏經》第 110 冊，870 頁。

第二節　北宗禪思想的重新審視

　　給思想定位常常是一個很困難的事情，這並不是説對它本身的思路做清晰的描述很困難，而是説如何把它與前後左右的思想繫連起來，給它一個恰當的位置，以確定它在思想史上的意義很困難。在這種「定位」中，後人不免要受到前人各種各樣的影響。資料留存的不完整，使研究者不得不去艱苦地拼接思想的碎片，就像考古學家用殘缺的碎片復原一個年代久遠的古物一樣，復原的希望固然有，但復原的結果也可能會走樣變形；可是你又無法「生死而肉骨」地叫古人從歷史中回來為這種復原作證。資料記述的片面性，使研究者不得不小心翼翼地剔除歷史的主觀，就像法院的法官面對着沒有被告的原告陳述，來判斷是非一樣，一不留神就有可能成了一面之詞的受騙者。當然，研究者更應避免個人情感的偏執，這就像法官斷案如果有個人偏私就不可能公正一樣，無論是崇拜勝利者的還是同情失敗者的感情，雖然它也許十分純潔偉大，但是一旦進入研究，就有可能造成視角偏移和立場傾斜。

　　於是，當一個研究者試圖確定某一種思想在歷史上的位置時，必須時時注意它與前後左右各種思想的繫連和比較；而且在這種繫連和比較中，最好能把研究者自己放在稍遠一些的地方，從一個較超脱的角度去觀察自己的研究對象，這就像物理學中的空間定位不能不藉用三維坐標，天文觀測不能不依靠望遠鏡一樣，近距離的觀看雖然親切，但「只緣身在此山中」的親切，往往結果也是「不識廬山真面目」。

　　對於北宗禪思想的重新審視同樣如此。

一、佛性與人心的懸隔

在佛教思想中,「佛性與人心的關係如何」這一命題,始終處於一個中心位置。它可以用許多種不同方式來表達:比如彼岸和此岸,這是一種形象通俗的比喻;又比如淨和染,這是一種對心靈境界的説法;又比如超越和沉淪,這是一種現代意味的陳述。佛性可以和上述的彼岸、淨和超越互相畫等號,人心當然只能與此岸、染和沉淪彼此掛鈎。這些彼此對立的語詞背後,隱含着的是佛教對人類心靈世界的一個絕大判斷,即人與佛、人心與佛性之間,有着巨大的差異。而佛教作為宗教存在的意義,就在於為「人」與「佛」之間的鴻溝架設一道橋樑,讓芸芸眾生從此岸到彼岸,讓世人之心從染而淨,讓整個人類從沉淪的泥沼中解脱出來,到達超越的境界。

這是佛教得以立足最重要的基石。我們不能想像這塊基石被抽去後,佛教將如何建築其信仰大廈。道理很簡單,假如佛性和人心沒有差異,此岸與彼岸完全重疊,那麼,人類還要佛教做甚麼?所以,從早期佛教到大乘佛教,在這一點上並無異議,大體上都認定「佛性與人性的懸隔」是一個天經地義的事實。儘管有的認為,「但佛一人有佛性,餘一切人皆不説有」[1],覺得眾人與佛陀之間,有不可逾越的障礙;有的認為,「一切眾生,無性得佛性,但有修得佛性」[2],覺得眾人可以通過苦修到達佛陀境界;也有的認為,「一

---

[1] 法藏《華嚴一乘教義分齊章》卷二,見《續藏經》第 103 冊,道亭《華嚴經一乘分齊章義苑疏》。

[2] 《佛性論》,《大正藏》第 31 冊,787 頁。

切眾生皆有佛性……得見如來,常樂我淨」①,覺得佛陀境界就在眾
生心中。但是一般說來,不會把此岸和彼岸、染和淨、沉淪和超
越,也就是眾生和佛陀畫等號。

在人們十分熟悉的《大般涅槃經》中也是這樣。雖然它一再
說,「一切眾生悉有佛性」②,但也不能不同時強調眾生、聲聞緣覺、
菩薩和佛陀的差異。當時儘管人們都接受竺道生「一闡提有佛性」
說法,以及《大般涅槃經》對這一點的證明,但也絕沒有人錯會這
層意思。如長安釋慧叡《喻疑》在解釋此經時,便先說,「一切眾
生,皆有佛性,皆有佛性,學得成佛」;再說「別有真性,為不變之
本,所以陶練既精,真性乃發。恆以大慧之明,除其虛妄。虛妄既
盡,法身獨存」。既要「學得」,又須「陶練」,眾生與佛陀之間,自
然總有距離,真性只是眾生心中的良知種子③。《世說新語・文學》
中說,「佛經以為袪練神明,則聖人可致」,這裡所說的「佛經」據
劉孝標注說,就是提倡「一切眾生皆有佛性」的《大般涅槃經》。
然而簡文帝仍然強調「不知便可登峰造極不?然陶練之功,尚不可
誣」。可見不陶練就不能登峰造極成聖人,當然眾生和佛陀就有差
別。人必須「修智慧,斷煩惱」,這和早期佛教經典所說「邪見者非
彼岸,正見者是彼岸」④,並沒有太大的歧異。渡過這道懸隔人與佛
的河流,還是需要艱苦的修行,還是需要佛門的接引。

毫無疑問,大乘佛教在佛性與人心的關係這一問題上,比起早
期佛教來,是大大進了一步。它提出佛性與人性的相通,有助於建

---

① 《大方等無想經》,《大正藏》第 12 冊,1082 頁。
② 如《大般涅槃經》卷六《如來性品》第四之三、卷十七《梵行品》第八之三等等。
③ 僧祐《出三藏記集》卷五,《大正藏》第 55 冊,41 頁。
④ 《雜阿含經》卷二十八之七七一,《大正藏》第 2 冊,201 頁。

立佛教徒的信心，使人們看到超越凡俗、登上彼岸、成佛了道的希望。除《大般涅槃經》之外，其他的一些著名大乘經典如《華嚴經》《維摩詰經》《楞伽經》《思益經》，也都宣稱「無一眾生而不具如來智慧」「心淨即佛土淨」「如來藏自性清淨具三十二相在於一切眾生心中」等。如果說，那種把佛陀境界遠遠安置在縹緲鷲峰，有如海市蜃樓的做法，使得眾生望而卻步，那麼這種把佛國淨土就近安放在每個信仰者心中的說法，都會使眾生滿懷期望。不過，仍然應當說明的是，大乘佛教無論何種經典何種派別，都並沒有把佛性和人性等同為一。東晉法顯譯六卷本《佛說大般泥洹經》卷四雖說「一切眾生皆有佛性在於身中」，但卷三則說：

> 如一闡提懈怠懶惰，屍臥終日，言當成佛，若成佛者，無有是處①。

北涼曇無讖譯《大般涅槃經》卷七《如來品》第四之四雖說，「一切眾生皆有佛性，以是性故，斷無量億諸煩惱結，即得成於阿耨多羅三藐三菩提」，但當王大臣問比丘，「汝當作佛不作佛耶？有佛性不？」比丘卻說：

> 我今身中定有佛性，成以不成，未能審之。……是人雖言定有佛性，亦復不犯波羅夷也。

可見，人「有」佛性，並不意味着人心「是」佛性。從人心到佛性，

---

① 《佛說大般泥洹經》卷四，《大正藏》第 12 冊，871 頁。

還有很遙遠的修行之路要走。正如經中所說，人心中的佛性都被無量罪垢纏繞覆蓋着，不能凸顯充溢，「是故應當勤修方便，斷壞煩惱」，只有這樣，人心才能漸漸地趨近佛性①。

　　這是早期佛教，也包括禪宗的一個理論支點。正是因為有這個支點，所以禪者都特別重視使心性清淨的方法。我們知道，達摩思想中，雖然有「含生同一真性」的一面，但也有「凝住壁觀」的一面，它與可疑的《金剛三昧經》與達摩一系遵奉的《楞伽經》可以互相參照。前者說，雖然「眾生不異真性……但以客塵之所翳障」，故而需要「凝住覺觀，諦觀佛性……金剛心地，堅住不移，寂靜無為，無有分別」，才能從人性「理入」佛性②；後者說，如來藏雖在眾生心中，但「如無價寶，垢衣所纏」，故而需要「獨處閒靜，觀察自覺，不由他悟，離分別見」，才能從凡俗「上上升進，入如來地」③。同樣，這也是早期禪門的一個思想基礎，傳為弘忍所撰《最上乘論》中就說，「眾生身中有金剛佛性……只為五陰黑雲之所覆……但能凝然守心，妄念不生，涅槃法自然顯現」④。弘忍門下當然也沿襲這一思路，無論是法如、老安、玄賾、神秀，還是北宗禪的後人。

　　法如、神秀、老安和玄賾這一系禪師，正是在這一點上沿襲了弘忍的思路，他們都對心靈的清淨給予最大的關注，認為這是修行者由人性而趨向佛性的根本。不過，在他們這裡更強調心靈的清

---

① 《大般涅槃經》卷七《如來品》第四之四，北涼曇無讖譯本，《大正藏》第 12 冊，404 頁。
② 《金剛三昧經‧入實際品第五》，《大正藏》第 9 冊，369 頁。
③ 《楞伽阿跋多羅寶經》卷二，《大正藏》第 16 冊，489 頁；《大乘入楞伽經》卷三，《大正藏》第 16 冊，607 頁。
④ 《續藏經》第 110 冊，829 頁。

淨，乃是由心靈的自覺來實現的，而並不是更多地依賴於外在的約束、影響與感染。所以，一切數息、念佛、打坐等實踐性的禪法，在他們這裡只是輔助手段，更重要的還是心靈中的自覺。當一個人真的能夠運用自己的理性來清除雜念，凝守真心，那麼，他已經能夠得到禪的真諦而超越凡塵了。神秀曾對大眾說：

> 一切佛法，自心本有，將心外求，捨父逃走[1]。

但問題是，人的心靈又是很容易滋生雜念的，如果放縱心靈，那麼很可能到了不可收拾的地步。據說，神秀曾對他的弟子大福說過一句話：「萌乃花，花乃實，可不勉矣？」說得大福當下「愓息」[2]。因為這意思就是說，心之散逸奔縱，就可能招致五陰覆蓋真如，五陰覆蓋真如，則淪落於生死途中不得解脫。當然，如果能回歸清淨之心，則可能獲得理性自覺，有理性自覺，則人心復歸佛性。正好比「千里之堤潰於蟻穴」或「千里江流始於濫觴」，從人心到佛性或從佛性到人心，都在於一念之間，就看修行者是否能自覺趨向清淨。著名的官僚文人張說在為神秀撰碑時，也總結過他的思想是「專念以息想，極力以攝心」[3]，這相當準確。「息想」是因為「想」能想入非非，能「假作真時真亦假」，使人捨真逐妄，墜入幻境，最終迷失自己的本性，而在虛幻的寰塵中追逐奔競；而「心」則是人的立身之本，只要它回歸到原初那種不染不垢的清淨狀態中去，它就能使

---

① 《釋氏稽古略》卷三，《大正藏》第 49 冊，822 頁。

② 陸海《大唐空寂寺大福和上碑》，載《唐文續拾》卷三，《全唐文》後附，12 頁。

③ 張說《荊州玉泉寺大通禪師碑》，載《文苑英華》卷八五六，4521 頁；此文亦收入《全唐文》卷二三一，1031 頁。

人無思無慮，保持一種恬靜的心態而體驗到永恆。所以，宗密《圓覺經大疏鈔》卷三之下說，他們的基本思路是「眾生本有覺性，如鏡有明性，煩惱覆之，如鏡之塵，息滅妄念，念盡即本性圓明，如磨拂塵盡鏡明」。不管《壇經》中所記載神秀的那首著名偈語是真是假，「身是菩提樹，心如明鏡台。時時勤拂拭，莫使惹塵埃」，倒真的是很準確地概括了他們的思想。

關於北宗禪的思想，我已在《7世紀末8世紀初禪宗的分化》一章裡有所論述，這裡只是要補充說明兩點：

第一，北宗禪尤其是神秀一系，對弘忍的思想並不是照貓畫虎一成不變，在從人性到佛性的轉換中，他們特別凸顯了弘忍思想中重視「觀心」的一面，而淡化了弘忍思想中恪守外在行跡如「念佛」「坐禪」的一面。敦煌卷子中有《觀心論》一卷，傳為神秀一系的作品，其主旨就在於分析一切諸惡的心理來源，是「貪、嗔、癡三毒」，而斷三毒之法即「六根清淨不染世塵」，不染世塵的根本還是在於有自覺回歸真如的心靈，所以是「若能制得三種毒心，三聚淨戒自然成就」。在這篇作品中，也討論了各種外在行跡，如「修伽藍，鑄形相，燒香散花，燃長明燈，晝夜六時繞塔行道，持齋禮拜」。有人問道，如果是「觀心」為總持諸行，那麼，這些外在的行跡豈不都是虛妄？他們的說法是，「若不內行，唯只外求，希望獲福，無有是處」。但要知道佛開度眾生，不得不行種種方便，所以也設立這些外在方法誘導眾人。按照他們的說法，「修伽藍」應是在心中修「清淨處地」使「身心湛然內外清淨」；「鑄形相」應是「以身為爐以法為火（以）智慧為工匠」來「鎔練身心真如佛性」；「念佛」也不是通常意義上的念佛，而是「念在於心不在於言」：

因筌求魚，得魚忘筌；因言求言，得意忘言；既稱念佛，云名須行念佛之體，若心無實，口誦空言，徒念虛功，有何成益？[1]

並引《金剛經》的話說，「若以色見我，以聲音求我，是人行邪道，不能見如來」，最終的結論還是「觀心」。所以，他們雖然不完全排除種種戒律、儀式、方法，但從根本上來說，是把禪引向更偏向內在心靈的自覺自悟。應該說，這一點與南宗禪是大體一致的，可見，把北宗和南宗區分得那麼清楚，其實也許是受到南北宗對立印象的影響。

第二，北宗禪尤其是神秀一系在奉持經典上，也比他們的前輩更雜更廣，《楞伽師資記》裡曾記載弘忍的話，說到神秀時是：

我與神秀，論《楞伽經》，玄理通快，必多利益[2]。

這一段記載與張說《荊州玉泉寺大通禪師碑》中所說的神秀「持奉《楞伽》，遞為心要」似乎很一致，都說明神秀是傳統以《楞伽》為宗經的禪師。但是，這種表面現象並不完全可靠，前一章中我們說過，禪門很早就並不那麼單純地只依一經，而是兼收並蓄地雜採眾經。特別是道信以來，更是將《般若》思想引入禪門之中，使禪修行逐漸由身而心，向心靈化發展，使禪方法漸漸成了一種內向的心靈體驗。雖然他們依然恪守傳統禪法中的種種套數，也相對於其

---

① 《觀心論》，《大正藏》第 85 冊，1273 頁。
② 《楞伽師資記》，《大正藏》第 85 冊，1289 頁。

他禪門更恪守《楞伽》，但總的趨勢是在思想上從身體到心靈，在經典上則是從《楞伽》而《般若》。到了神秀的時代，似乎並不大可能退回到專守《楞伽》的舊格局。其實，在《楞伽師資記》中記載武則天與神秀的對話中，當武則天問及他「依何典誥」時，神秀就說他「依《文殊說般若經》『一行三昧』」。而在他與大弟子普寂的談話中，他也力說《楞伽》與《思益》的意義，可見他也是廣採眾經的禪師，而不是專攻一經的經師。我們看宗密《圓覺經大疏鈔》卷三之下所引北宗「方便通經」的所謂「五方便」[①]，以及從敦煌發現的《大乘無生方便門》中的「五門」[②]，就是依了五種經典。總彰佛體一門依據的是《大乘起信論》，開智慧一門依的是《法華經》，顯不思議一門依的是《維摩詰經》，明諸法正性一門依的是《思益經》，自然無礙解脫一門，敦煌本《大乘無生方便門》缺失，按宗密的記載叫「了無異門」，依的是《華嚴經》。這裡除了《大乘起信論》外，幾乎都是與《般若》相近的大乘經典，和前期禪門過度依賴《楞伽》有很大的差異。

神秀之後的弟子們，基本上延續着神秀的思想，他們特別看重的是「離」和「觀」。

所謂「離」，有分離、隔離、疏離之意，就是說，修行者的心靈本原與五陰黑雲所象徵的塵垢雜念分離，保持一種純粹清淨的心理狀態，彷彿把內在心靈與外在虛幻隔離開來，放在一個安全的真空罩中一樣，通過這種疏離的方式，使自己得到安寧的感受。這就是《大乘無生方便門》中所說的「總彰佛體門」的「離念」。在他們

---

① 《圓覺經大疏鈔》卷三之下，《續藏經》第 14 冊，553 頁。
② 《大乘無生方便門》，《大正藏》第 85 冊，1274 頁。

的心目中，佛體是一種絕對清淨的心靈境界，而人的心體之所以不能是佛體，就在於人心中有種種因為五陰而引發的虛幻假象。這虛幻假象通過人心中的三毒與六入，在意識中變假為真，使得人追逐這些妄想、癡想，從而心中不能清淨。要想使人心回歸佛心即歸還本心，就只有「離」，這就叫「離心心如，離色色如，心色具如，即是覺滿，覺滿即是如來」[①]。而這裡所說的「離」是非常徹底的，不僅要與色界塵緣隔離，還要與心念意識隔離。除了「心」之外，一切都是虛幻假象，所以都要「離」。在佛教的術語中，「離」也可以叫「斷」，當這一切有可能引發人心混亂的意念，都被信仰者用智慧劍一揮而斷的時候，人就可以得到湛然純淨的心靈境界了。

所謂「觀」，其實與天台一系的「觀」很相似，就是觀察之意。觀察甚麼？觀察的是自心本原。敦煌本《南天竺國菩提達摩禪師觀門》很可能是禪門北宗甚至更早的作品，其中就說到，禪是「心神澄淨」，觀是「照理分明」。其實不必分得那麼清，在北宗禪那裡，禪與觀是一體兩面，就是使人向內直覺觀照一種心靈的澄淨狀態，這種觀照是對澄明境界的體驗和感受，它有明確的指向性即指向心靈，它也有明確的暗示性即暗示清淨。人在這種禪觀中，只能向心靈的清淨去體驗和尋找。所以上引《達摩觀門》中所說的七種觀門，都是與「心」「無」相連的：「住心門」是使意念凝住於內心而不旁騖；「空心門」是使意念自己體驗空寂而無所憑依；「心無相門」是使意念「澄淨無有相貌」，不停滯於具體的聲色觸味臭而「湛然不動」；「心解脫門」是使意念中感受心靈自由，覺悟本無繫縛而心靈解脫；「禪定門」是寂靜而無思無慮地體驗；「真如門」則是體驗到

---

① 《大乘無生方便門》，《大正藏》第 85 冊，1274 頁。

一切虛空平等無二的無差別境界；最後，「智慧門」則是了知一切分別，只不過是「名」，洞察一切本原，究竟是「空」，於是得到超越凡俗的終極智慧 [1]。這七種「門」雖然名目複雜，但歸根到底，無非是向內體驗空寂，而使心靈清淨。

由「離」即離念，到「觀」即觀心，這似乎是北宗禪的法門。可見，荷澤神會對他們的十六字總結「凝心入定，住心看淨，起心外照，攝心內證」，大體還是不錯的。據考證為神秀再傳弟子寂滿所作的《了性句·序》，就有這樣一段說得十分明白的話：

> 性雖無暗，妄想雲遮。猶如明鏡居塵，豈能損污明性？暫時覆障，揩拭還明。明是本明，不由安著，法性亦爾。只緣虛幻塵埃，所以暗來大久。暗因何物？只是無明。無明即是貪根，貪根還同愛本，貪愛久習，生死長時。若欲出離三途，先須割斷根本，根本若盡，即見心源……生死即謝，妄想雲消，還同舊明，元來朗照。是故《楞伽經》云：不識心及緣，起二妄想，了心及境界，妄想即不生 [2]。

應該說，神秀一系的思想中，早期佛教那種苦苦修行的路徑，已經被壓縮到了最簡截的程度。《瑜珈經》的八支實修法（制戒、內制、坐法、調息、制感、總持、禪定、三昧），在早期達摩禪門那裡已去除其前四，在神秀這裡後四又合而為一，通向佛性的路徑，現在只是一步之遙。如果說，過去佛陀境界是在西天靈山，需要步步叩

---

① 《南天竺國菩提達摩禪師觀門》，《大正藏》第 85 冊，1270 頁。

② 敦煌卷子本，P.3777，參陳祚龍《敦煌學園零拾》（台北：台灣商務印書館，1986）上冊。

首、處處小心，走個十萬八千里，那麼，現在佛陀只在我心頭，唯需驀然回首，就可以進入佛的世界。為甚麼？因為神秀一系已經把「眾生本有佛性」的思想闡發到了它可以闡發的極限，這極限就是《大乘起信論》所謂的「一心具真如、生滅二門」，因為這二門之間只是一道門檻，所以從這一門到那一門，已經是非常近了。

但是，我以為特別應該注意的是，畢竟神秀一系還是沒有超過這個極限。他們依然要求人們，不可打通這道門檻，使二門合而為一門。因為「生滅心」畢竟不是「真如心」，俗人終究不等於佛陀，世間生活還不是涅槃境界，人心離佛性雖然很近，但總是隔了一道門檻，要邁過這道門檻雖然容易，但總是要先找到鑰匙開鎖，還得推門抬腿。所以作為佛教徒，他們還有一個使命，即時時刻刻提醒人們該走哪一個門；他們還有一個責任，即時時刻刻告訴人們怎樣開這一個門。

於是，由於人性與佛性的懸隔，他們使人心依然有所追求，也使佛教自身的存在依然有其意義，當他們守住了這一道最後防線時，他們就守住了佛教的營壘。

二、漸修與頓悟

以漸、頓為北宗和南宗的別名，雖然來歷久遠，卻實在是很容易造成誤會的。

開元年間，荷澤神會與北宗爭正統時，說神秀一系「師承是傍，法門是漸」[①]，前一句已不夠公平，後一句就更易誤解。其實，

---

① 《中華傳心地禪門師資承襲圖》，《續藏經》第 110 冊，870 頁。

前引《法如行狀》中說法如，就有「眾皆屈申臂頃，便得本心」；張說《大通碑》中說神秀，也有「趣定之前，萬緣皆閉，發慧之後，一切皆如」。其實，都已隱隱有「頓悟」之意，而《大乘無生方便門》中，更有「諸佛如來有入道大方便，一念淨心，頓超佛地」的說法。敦煌卷子本（P.2799）中，有唐玄宗時劉無得為「初事安闍黎，後事秀和尚」的智達所撰書寫的序文，其書名即為《頓悟真宗金剛般若修行達彼岸法門要訣》。而敦煌卷子 P.3717、P.2125，即題為《歷代法寶記》的作品，雖是西蜀淨眾寺一派所作，但卷末所題則為「頓悟大乘禪門門人寫真贊並序」。所以，儘管後人以為頓、漸似乎是南、北宗由來已久的別名，但北宗和南宗，尤其是和馬祖道一之後的南宗的區分，不在漸悟和頓悟，而在於漸修和不修。也就是說，它們之間的分界，在於修行的方式與途徑，而修行的差異，則來源於他們對人性與佛性的觀念分歧。

前面說到，在中國佛教史上，自南北朝以來對人心和佛性的看法，總的趨向是承認人心與佛性的相通。但自從「一闡提有佛性」的說法被人們普遍認可之後，對於人、佛溝通的途徑，依然有着兩種互相歧異的看法。

以《楞伽》為代表的經典，大體有一種漸修頓悟的趨向，宋譯《楞伽阿跋多羅寶經》卷二說，「獨一靜處，自覺觀察，不由於他，離見妄想，上上升進，入如來地，是名自覺聖智相」，便屬漸修之論。所以，卷一記載佛答大慧問頓、漸時說：

　　漸淨非頓，如菴羅果，漸熟非頓，如來淨除一切眾生自心現流，亦復如是。

下面，又一連用了「陶家作器」「大地生物」「人學書畫」等幾個譬喻，來說「漸淨非頓」的道理①。但是，在《楞伽》中也承認了「頓」的可能，因為它覺得，「漸」是眾生在修行中，逐漸回歸本心的過程，而「頓」則是眾生在漸修後，心靈中顯現自心本有清淨境界的方式。所以，它又隱隱地承認了「頓」的意義，如它也說「頓為顯示不思議智最勝境界」②。

　　但是，以《般若》為代表的經典，則潛藏了瓦解漸次修行的理論趨向。《般若》的中心語詞是「空」，它有消解一切的意味。《放光般若經》卷一《無見品第二》云：「五陰則是空，空則是五陰，何以故？但字耳。以字故名為道，以字故名為菩薩，以字故名為空，以字故名為五陰，其實亦不生亦不滅，亦無著亦無斷。」這意思就是說，一切都是空幻假象，就連道、菩薩也是子虛烏有，空、五陰也是鏡花水月，滿世界宛如一個充滿夢幻的真空境界。因而修行也罷，不修行也罷，染也罷，淨也罷，此岸也罷，彼岸也罷，人性也罷，佛性也罷，都在「空」中。一個「空」字，把一切必要性和確定性都通通瓦解，所以在「空」中虛幻地存在的人，也沒有一定要執着的行為，而應當「不疑不犯，不嗔不忍，不進不怠，不定不亂，

---

① 宋譯《楞伽阿跋多羅寶經》卷一，《大正藏》第 16 冊，485 頁。這一段在《大乘入楞伽經》卷二完全一樣，《大正藏》第 16 冊，596 頁。

② 在魏譯《入楞伽經》卷二《集一切佛法品第三之一》中，一面說「漸次清淨，非為一時」，一面說，開悟時則如明鏡現一切色相，無有分別，「一時清淨，非漸次淨」。見《大正藏》第 16 冊，525 頁。另一部《妙法蓮華經》也認為，雖然有一些天生慧根的人，例如八歲龍女可以「於剎那頃，發菩提心，得不退轉……須臾頃便成正覺」，但大部分人依然要「經無量劫，勤苦積行，具修諸度，然後乃成」，所以是「應以是法漸入佛道」。見《妙法蓮華經》卷四《提婆達多品第十二》，卷三《化城喻品第七》，《大正藏》第 9 冊，35、25 頁。

不智不愚，亦不施與，亦不有貪」①。另一部影響至深的《維摩詰所說經·弟子品第三》中也說，「不斷煩惱而入涅槃，是為宴坐，若能如是坐者，佛所印可」。並且說，根本不必於林中獨處靜坐以修禪定，因為一切皆空。所以，羅睺羅的「出家」也好，優婆離的「戒律」也好，光嚴童子的「道場」也好，舍利弗的「宴坐」也好，大目犍連的「說法」也好，都是一些粗淺皮毛的東西，而心靈的澄靜和感悟才是一種更高的佛陀境界，這就是「隨其心淨，則佛土淨」②。

　　前期禪宗諸禪師大體遵循的，是前一種理路，達摩以四卷《楞伽》傳心，以「二入四行」教人，「漸修」是必經的途徑。雖然說，慧可的「豁然自覺是真珠」已初露「頓悟」端倪，道信奉「一行三昧」已顯示《般若》滲透，但是，一直到弘忍時代，包括戒、定、慧三學在內的種種實踐，依然是從「人」到「佛」必不可少的途徑。道信有「菩薩戒法一本」，雖然沒有傳下來，但他重視戒律是毫無疑問的。而他倡導「念佛心心相續」的念佛法門，更是一種憑藉外力修心的方式。《楞伽師資記》引其《入道安心要方便法門》中說：

　　　　並除三毒心、攀緣心、覺觀心，念佛心心相續，忽然澄寂，更無所緣念③。

顯然是漸修（念佛）加頓悟（澄寂）的路數；弘忍則繼承師說，一方面強調「守心」，要「凝然守心，妄念不生」，一方面教人「坐禪」。《最上乘論》中說：

---

① 《五神通品第五》，《大正藏》第 8 冊，10 頁。
② 《維摩詰所說經》之《弟子品第三》及《佛國品第一》，《大正藏》第 14 冊，538 頁。
③ 《楞伽師資記》引《入道安心要方便法門》，《大正藏》第 85 冊，1286 頁。

若有初心學坐禪者，依《觀無量壽經》，端坐正念，閉目合口，心前平視，隨意近遠，作一日想，守真心念念莫住[1]。

雖然他也很寬容地說，若不能入定，也可以「於行住坐臥中常了然守本真心」，但是，坐禪入定，畢竟是禪宗到達彼岸的正路。

北宗禪究竟還是禪門正脈，它和南宗禪尤其是馬祖道一以後的禪思想的最大差異就在於，它始終堅守佛教最後一道界限，即人與佛、此岸與彼岸、染與淨、生滅與永恆之間，有一道雖然很窄，但依然存在的壕溝。所以，你要達到佛的境界，要超越世俗人生，要解脫苦難煩惱，仍然要經歷一個艱難的修行過程。《楞伽師資記》記載一個傳說，說神秀的臨終遺囑是「屈、曲、直」。這三個字的意思，正是指修行中人心的逐漸伸展，就好像一棵在岩縫中艱難生長的小樹，先是在夾縫裡尋覓生路，幾經曲折，屈身而長，最終破土而出，見到天日，由漸修而得頓悟[2]。

當然如前所說，弘忍之後的北宗禪，在修行中越發凸顯了「心」的意義，許多外在的戒律威儀、坐禪入定、經典研習在他們這裡漸漸淡化。神秀在回答武則天問「依何典誥」時所說「依《文殊說般若經》『一行三昧』」，其實已經向道信開始的偏重心靈的般若修行方向轉化，因而那種靠內在感悟而來的無差別境界，在他們這裡比在他們前輩那裡，就更顯出重要性。《圓覺經大疏鈔》卷三之下引神秀一系「五方便」中的「第一總彰佛體」一節，即把「如來平等法身」，說成是離念相等虛空界的清淨心境，佛陀是覺者，「所謂覺義

---

[1] 《最上乘論》又名《導凡趣聖道悟解真宗修心要論》，《續藏經》第 110 冊，829—832 頁。

[2] 《楞伽師資記》，《大正藏》第 85 冊，1290 頁。

者，謂心體離念」，佛陀有自覺覺他覺行圓滿，而「離心名自覺（原
注：覺心無心，為離心也），離色名覺他（原注：覺身無身，為離
色也），俱離為覺滿（原注：覺自他離身心，離自在知見）」。也就
是說，只要心靈達到澄澈空明，千差萬別的現象世界在心中已沒有
分別，就是「與虛空合體」，就是「法界一相」的三昧境界。這是早
期禪門到北宗禪的共同處，《法如行狀》中記載，法如奉青布明之
命到弘忍處學「不動真際，而知萬象」的「頓入一乘」禪法，以及他
自己所倡「世界不現，則是法界」的禪法，《龐塢圭記德幢》記「餘
諸禪觀並心想不忘，入此門者妄想永息」的所謂「此門」，以及《靈
運禪師碑》中所謂「空山蒼然，窮歲默坐⋯⋯嶺雲無心即我心矣，
澗水無性即我性矣」的「凝而不生，澹爾常寂」，追求的就是這種三
昧境界。

即使神秀的弟子或再傳弟子，也仍然把這種境界視為終極目
標，《文苑英華》卷八六一李華所撰《潤州天鄉寺故大德雲禪師碑》
引大照（普寂）語云：

> 菩提為寶哉，無知無德，涅槃為空耶，常樂我淨[1]。

《唐文續拾》卷三陸海《大唐空寂寺大福和上碑》也載大福：

> 以為不生者生，起心即安，無說是說，對境皆空[2]。

---

[1] 李華《潤州天鄉寺故大德雲禪師碑》，《文苑英華》卷八六一，4547 頁；此文又載
《全唐文》卷三二〇，1433 頁。
[2] 陸海《大唐空寂寺大福和上碑》，載《唐文續拾》卷三，《全唐文》後附，12 頁。

而同書卷四李充《大唐東都敬愛寺故開法臨壇大德法玩禪師塔銘》又記法玩對門人語：

> 正法無著，真性不起，苟能睹眾色、聽眾聲、辯眾香、味眾味、受眾觸、演眾法，而心恆湛然，道斯得矣[1]。

所以，北宗禪在重視「心」的這一點上，和南宗禪並無二致。所不同的只是，心靈境界是世俗的自然活潑，還是佛陀的湛然澄明，世俗之心究竟是否就等於佛陀之心？如果不等於佛心，那麼就需要修行禪定，使蒙在它上面的灰塵掃清，而回復澹然澄澈的原初本相，達到纖塵不染的空明境界。如果等於佛心，那麼，當然無須修行禪定，更不須甚麼嚴守戒條、研讀經典等等，一悟之下，立即成佛。

顯而易見，這就是南北之差異。後來的南宗禪——我在這裡說的是中唐馬祖道一之後的南宗禪，盛唐時代惠能及神會時代的南宗禪，實際上和神秀一系的思想一樣，都處在印度早期禪學向中國式禪宗過渡的階段。關於這一點，我在前面《7 世紀末 8 世紀初禪宗的分化》一章中已有提及，在下面《重估荷澤宗》和《禪思想史的大變局》兩章中還將論述——以《般若》的「空」和道家的「無」，雙劍合璧，消解了人性與佛性之間的分界線，凸顯人性的合理及人心的自然，解除了修行之苦，使得俗人在佛陀面前，恢復了尊嚴和自信，也使得眾生在生活之中，得到了愉悅和滿足。所謂砍柴擔

---

① 李充《大唐東都敬愛寺故開法臨壇大德法玩禪師塔銘》，《唐文續拾》卷四，《全唐文》後附，18 頁。

水、吃飯穿衣、屙屎送尿、揚眉瞬目，都成了佛性的顯現，這種以「平常心是道」為口號的禪思想，當然有其深刻的意義，但是，特別要提醒注意的是，它抹去人心與佛性的差異，使人心無所附麗，很容易一下子失去了追尋的目標而陷入迷茫，或者一下子解開了思想的約束而流於狂放，同時也自動放棄了佛教制約和指引眾生的權力。所以，它雖然使得世俗世界都變成了佛陀境界，但也使得佛陀境界化為世俗世界。

然而，正如前面所説，北宗禪雖然也承認「自心」之中就有「佛性」存在，但是，它畢竟堅守住了最後一道防線，人心中的灰塵遮蔽，終究需要種種自我限制和修行實踐才能清除。因而在《大乘無生方便門》中，他們一面説人心中的佛性猶如明珠，一面説人心於世塵之中就如明珠沒於濁水裡。雖然明珠能以自力使濁水變清，但珠力的顯現又必須有種種維護之法。所以，戒、定、慧三學仍是不可或缺的。當然，這裡的戒、定、慧，與舊時的三學並不相同，戒是——

> 以佛性為戒，性心瞥起，即違佛性，是破菩薩戒。護持心不起，即順佛性，是持菩薩戒。

定是——

> 令結跏趺坐，同佛子心，湛然不動……六根清淨，六根離障，一切無礙，是即解脫。

而慧則是——

> 以音聲為佛事……以光明為佛事……以眾香為佛事……
> 以甘露味為佛事……以眾花為佛事……以知一切法不動為
> 佛事。

這樣，眼、耳、鼻、舌、身、意六根，不但不是使人淪於六慾、陷入生死的感官，反而是可能獲得解脫的慧門，這種「慧」，據《大乘無生方便門》說是一種方便法門，「此方便非但能發慧，亦能正定」①。

這其實已經頗接近惠能「定惠等」的思路，它使得北宗禪在修行方式上，已經擁有了很大的兼容性。一般來說，北宗禪對於戒律、禪定、研經，並不像馬祖道一以下的南宗禪那樣，似乎唯恐避之不及。如王維的《大唐大安國寺故大德淨覺師塔銘》說，玄賾的弟子淨覺「律儀細行，周密護持，經典深宗，毫釐剖析，窮其二翼，即入佛乘」②，就是說，「持戒」和「讀經」也是達到佛陀境界的必由之路。郭湜《唐少林寺同光禪師塔銘》說，普寂的弟子同光「以修行之本，莫大於律儀，究竟之心，需終於禪寂」③，就是說持戒是修行的基礎，而禪寂是超越的終極。而李華《杭州餘杭縣龍泉寺故大律師（道一）碑》則說，禪、律二宗「更相為用」，因為「律行嚴用奉，則淨無瑕缺，戒定光深照，則測見本源，次修定門，而自調伏」④。楊葉《唐故禪大德演公塔銘》更記載，天寶間北宗僧人明演

---

① 《大正藏》第 85 冊，1274—1275 頁。
② 王維《大唐大安國寺故大德淨覺師塔銘》，《全唐文》卷三二七，1466 頁。
③ 郭湜《唐少林寺同光禪師塔銘》，《全唐文》卷四四一，1990 頁。
④ 李華《杭州餘杭縣龍泉寺故大律師碑》，《文苑英華》卷八六〇，4539 頁；此文亦收入《全唐文》卷三一九，1429 頁。

的禪法，是「洞達五方便，探賾修多羅」①，因為戒律可以將躁動不安的心靈收束起來，經典可以讓人從理性中理解意識的本原，而禪定則可以在萬籟俱寂的心境中感悟永恆與自由。正如李邕《嵩嶽寺碑》所説：

> （從達摩到普寂）莫不佛前受記，法中出家，湛然觀心，了然見性……開頓、漸者，欲依其根，設戒律者，將攝乎亂，然後微妙之意深入一如，廣大之功遍滿三界②。

所以，神秀才鄭重地教普寂看《思益》《楞伽》，並説「此兩部經，禪學所宗要者」。而普寂臨終時，又囑咐門人説，「尸波羅蜜（持戒）是汝之師，奢摩他門（禪定）是汝依處」③。當然，在戒、定、慧三者中，他們最重視的還是定，「拂塵看淨」的主要途徑還是「凝心入定，住心看淨，起心外照，攝心內證」④，畢竟他們是追求心靈清淨無垢的禪師。

---

① 楊葉《唐故禪大德演公塔銘》，載《唐文續拾》卷四，《全唐文》後附，17 頁。

② 李邕《嵩嶽寺碑》，《全唐文》卷二六三，1182 頁。

③ 李邕《大照禪師塔銘》，《全唐文》卷二六二，1175 頁；可能在這一點上，北宗禪很能得到其他佛教徒的支持，參見《全唐文》卷九一八清畫所寫的《唐蘇州東武丘寺律師塔銘》和卷九一七清畫所寫的《報應傳序》，其中都提到「陷於偏空，妄撥無耳」，「朋溺妄空，謂無因果」的弊病，很可能就是批評不重戒律儀規的禪者，而北宗禪師大多都沒有走到那一步，對於戒律還是很看重的。

④ 這是神會批評北宗的時候，給北宗禪師總結的思想概要。見獨孤沛撰《菩提達摩南宗定是非論》，載楊曾文《神會和尚禪話錄》，29 頁。又，參見胡適校本《神會語錄第三殘卷》，《大正藏》第 85 冊末附，175 頁。

三、清淨與自然

　　心靈的清淨，是禪宗一以貫之的追尋目標。達摩所謂的「無自無他，凡聖等一」，僧璨提倡的「心離名字，身等空界，法同夢幻，亦無得無證」，道信所謂的「內外空淨，即心性寂滅，如其寂滅，則聖心顯」，弘忍提倡的「此識滅已，其心即虛，凝寂淡泊，皎潔泰然」，乃至北宗禪所堅持的「湛然觀心，了然見性，學無學自有證明，因非因本來清淨」[1]，大體上都是把得到靜如止水的「清淨心」，作為修行之終極境界的。因為在大千世界中生活的芸芸眾生，被種種幻象所迷惑，被種種慾望所支配，結果流轉於生死之中，就如同《楞伽經》所說的心海被猛風所鼓蕩，「洪波鼓冥壑，無有斷絕時」，「種種諸識浪，騰躍而轉生」[2]。所以，只有消除這心中的妄想，驅散眼前的幻象，才能使心靈得到寧靜。而消除妄想驅散幻相的辦法中最徹底的一種，就是釜底抽薪，通過修行禪定，「專念以息想，極力以攝心」，讓人的意識回到名、相尚未發生的原初狀態。這就是《楞伽經》中那首著名的偈語所說的：

> 如水大流盡，波浪則不起，如是意識滅，種種識不生[3]。

我們知道，心靈中的妄念也罷，幻相也罷，雖然是佛教要求摒棄

---

① 參見前引《楞伽師資記》中的《二入四行》、《文苑英華》卷八六四獨孤及《舒州山谷寺覺寂塔隋故鏡智禪師碑銘》、《續藏經》第 110 冊（傳）弘忍撰《最上乘論》以及《全唐文》卷二六三李邕《嵩嶽寺碑》等，此處不一一注出。
② 宋譯《楞伽阿跋多羅寶經》卷一《一切佛語心品第一》，《大正藏》第 16 冊，483 頁。
③ 宋譯《楞伽阿跋多羅寶經》卷二《一切佛語心品第二》，《大正藏》第 16 冊，496 頁。

的，但這些人人都具備的心理現象，是不言而喻的存在。生活在大千世界的每一個人，自一降生便進入一種生存狀態，生存中的人不可能不產生種種念頭，不可能不面對外在世界。所以，說人有佛性，說人應該清淨，這只是理想境界。雖然它是「應有之境」，但並非「實有之心」。佛教設立這樣的理想境界，是宗教提升人性的需要，這種境界也許是玄而又玄的眾妙之門，修行必須入門，但是，這門卻永遠與人若即若離，你進一步它退一步。它的意義也許就好比《妙法蓮華經》中的「化城」，幻化出清淨無塵的澄澈境界，只是為了使你堅定人性提升和心靈寧靜的意志。

北宗禪繼承早期禪宗的傳統，恪守心性本淨和陰雲翳蔽兩面兼說的方法，因此，它提倡人們漸修息心攝念之法，以追求「清淨」的終極境界，這正如宗密在《圓覺經大疏鈔》卷三之下所說，「意云眾生本有覺性，如鏡有明性，煩惱覆之，如鏡之塵，息滅妄念，念盡即本性圓明」[①]。而到達「清淨」之境，就可能解脫生死煩惱的糾纏，敦煌寫本（P.3777）《了性句》說得明白：

> 終日奔波向外走，不知佛性在心源。
>
> 精進苦行恆安住，一念不起本來無。
>
> 心性如空無一物，豈容更被生死羅。

這裡的理路是非常清楚的，它一方面和早期佛教「無我無慾心則休息，自然清淨而得解脫」的傳統銜接[②]，一方面突出禪門「息心攝念」

---

① 《續藏經》第 14 冊，554 頁。

② 《佛說聖法印經》，《大正藏》第 2 冊，500 頁。

的路數，試圖教人通過漸修而悟入佛境，從此建立宗教的信仰。

但是，北宗禪的這一理路卻遭到了不少禪者的批評，除了神會等少數禪師的資料之外，禪門內部的批評大多隱藏在正面的理論表述中。其中，南宗禪從佛教《般若》經典和中國老莊思想裡，尋找到一種適合於中國文人士大夫的人生哲理，它不再把「清淨」作為心靈的終極境界，而是以一種推到極致的「自然」當作人生的最高理想。前面我們說過，《般若》思想對於禪實踐的解釋，至少在四祖道信時代已經融入禪宗，所謂「空」實在是非常厲害的腐蝕劑。就以神秀和惠能都信奉的「一行三昧」為例，《放光般若經》卷四《問摩訶衍品第十九》說，「住是三昧者，不見諸法有二」，為甚麼不見有「二」，因為一切法即現象都是空幻假象，人心中的妄念自然是虛幻，但是，要摒除妄念的思想也只是虛幻。早在《增一阿含經‧馬王品第四十三》裡就說過，空是「觀一切法，皆悉空虛」，這種空觀又叫「空三昧」；得空三昧者又得「無相三昧」，一切現象在這裡都沒有實相；不存在分別，因而又得「無願三昧」；而無願就是「不求死此生彼，都無想念」。《般若》中稱這「三三昧」就「是為菩薩摩訶薩摩訶衍」[1]。

按照這一理路，妄想和清淨是虛幻，不必硬去分別染、淨，任何慾念和想法都是空，只能順其自然而然，不必硬求解脫。因為分別等於自投羅網，而求解脫就彷彿自尋煩惱。後來南宗禪有一句話頭「佛頭着糞」就是這個意思。老莊思想中最重要的一點，即後來禪宗特別喜愛的「無心」，也是對修行功夫及清淨境界的溶蝕。雖然《老子》非常重視「復歸於虛靜」（第十六章），但他又把「自然」

---

[1]　《放光般若經》卷四《陀鄰尼品第二十》，《大正藏》第 8 冊，25 頁。

看作是最高本原，即所謂「道法自然」（二十五章）；《莊子》所說的渾沌七竅、庖丁解牛、佝僂承蜩、郢匠揮斤等比喻，似乎都指向這種自然無心的人生。到了魏晉時代的王弼、郭象，對於這種傾向的推崇和追求就更加明顯。王弼認為，真正的聖人境界是「應物而無累於物」，也就是順其自然的境界①；而郭象的《莊子注》更明白地說聖人境界是：

　　　　常遊外以冥內，無心以順有，故雖終日見形，而神氣無變，俯仰萬機而淡然自若②。

雖然無心，但並不一味回歸封閉的內心，排斥與萬物的接觸；雖然揮形，但總是淡然自若地彷彿無所事事，內心的恬靜始終如一。這就好像《維摩詰經》裡的那個維摩詰居士一樣，既瀟灑又通脫。所以東晉支道林解《莊子・逍遙遊》時說，「至人乘天正而高興，遊無窮於放浪，物物而不物於物」，使得名士佩服得五體投地，「遂用支（道林）理」③。

　　按照這一思路推下去，任何人為都是「偽」，原來宗教要求的克制、壓抑、追索，都屬於矯情和做作，只能使自然之心變成不自然。因而有人問神會，你說人性中的「無明」是「自然」，豈不是等於外道的自然了嗎？神會就說，這「自然」和道家的「自然」相同，雖然見解略有不同。當有人再追問，這「自然」二字是道家話語，僧家的「自然」是如何時，神會則辯解道「僧家自然者，眾生本性

---

① 《三國志》卷二八《鍾會傳》注引何劭《王弼傳》，795 頁。

② 郭慶藩《莊子集釋》（北京：中華書局，1961）卷三上《大宗師》引，268 頁。

③ 《世說新語・文學》引，徐震堮《世說新語校箋》（北京：中華書局，1984）120 頁。

也」①。既然眾生本性就是佛性，而眾生本性又是自然，那麼，順其自然就是順從佛性，何必苦苦持戒禪定讀經？「修定住定被定縛，修靜住靜被靜縛，修寂住寂被寂縛」，只需對境而無心便可，所以南宗禪說，「無心是道」，這「無心」不是波瀾不起如古井的純粹清淨之心，而是對任何外在現象都不執着的自然之心。

關於這一點，有一個故事很說明問題，當唐王朝中使楊光庭問惠能弟子司空山本淨（667—761）「如何成佛」時，本淨道：「若欲求佛，即心是佛，佛因心得。若悟無心，佛亦無佛。若欲會道，無心是道。」這使得楊氏頓時大悟，說：「京城大德皆令佈施、持戒、忍辱、苦行等求佛，今和尚曰，無漏智性，本自具足，本來清淨，不假修行，故知前虛用功耳。」② 之所以說過去那些「佈施、持戒、忍辱、苦行」是「虛用功」，就是因為他們提倡「不須用功」。因為人性就是佛性，自然的人生就是最好的生活，自然的心靈無須任何矯正，它直面大千世界，而不被大千世界所誘惑。在他們看來，這就是心靈的超越境界，在這種境界中的人，才是絕對自由的。所以，南宗禪批評坐禪觀心是「兀然空坐，於道何益」，住心觀靜是「長坐拘身，於理何益」③。惠能在《壇經》第十八則中，一而再再而三地強調：「起心看淨，卻生淨妄」「淨無形相，卻立淨相，言是功夫……卻被淨縛」「起心看淨，卻是障道因緣」④，就是擔心修行者沉

---

① 《南陽和尚問答雜徵義》，楊曾文《神會和尚禪話錄》，117 頁；又見胡適校本《神會語錄第一殘卷》，143 頁，《大正藏》第 85 冊末附。

② 《祖堂集》卷三《司空山本淨和尚》，179 頁。又，《五燈會元》卷二所記略有不同。94 頁。

③ 前一句出自《五燈會元》卷二《西域崛多三藏》，83 頁；後一句出自同上書卷二《吉州志誠禪師》，84 頁。

④ 郭朋《壇經校釋》，36 頁。

溺於住心看淨的專注之中，反而被自己的執着所糾纏，不能得到活潑潑的自然和自由。

南宗禪依據《般若》和老莊的理路對北宗乃至整個佛教的批評，當然有其意義。第一，它使禪宗信仰者從艱難的宗教修行中解放出來，似乎找到了一種簡截明快的入道途徑，從而吸引了更多的信仰者，尤其是文人士大夫信仰者。第二，它把存在於禪思想內部來自《楞伽》和《般若》不同理路的矛盾徹底解決，使禪宗擺脫了其早期思想的籠罩和限制，進入中國思想世界的天地。第三，它以「自然」為終極境界的思想，消解了此岸與彼岸的界限，也溝通了世俗世界和宗教世界的通道，使得般若生活化，宗教人間化。這當然是非常重要的。的確，由於北宗禪門基本上仍然恪守傳統佛教立場，把人性和佛性清楚地劃出一道界線，讓信仰者通過苦修苦行去追求解脫，又把那種在心理經驗上並非實有的絕對清淨當作終極境界，這使得生活在世俗世界的人們，常常會對它感到失望，容易挫傷信仰者的信心。尤其是古代中國的文人士大夫，一般來說，他們對宗教並沒有絕對的信仰，對於信仰又沒有絕對的服從，他們對於宗教信仰多是來自一種興趣，採取很實際的態度。在信仰中，他們需要得到的是適意與輕鬆的心境，以緩解人生中難以承受的心理重負。所以，北宗禪這種宗教色彩嚴格的思想與實踐方式，儘管是來自印度的佛教正宗傳統，卻未必是對症下藥滿足中國文人需要的好處方。

人們也許會追問，既然俗人永遠做不到聖人的無情，既然佛陀那種無喜無怒心如止水的心靈是鏡花水月般永無希望的境界，那麼人們為甚麼還要在這沒有盡頭的漫漫長路上耗費精力？佛教初至中國，帶來種種清規戒律，就有人對此頗不以為然，因為這與中國

士大夫理想中的人生境界相去太遠。世俗生活本來就很累，倫理負擔本來就很重，還要用繩索捆幾道，這無疑等於作繭自縛。正因為如此，使人不拘律儀，不必修定，甚至不需要讀經明理的南宗禪，比需要苦苦修行和嚴守規矩的北宗禪更容易受到文人士大夫的青睞，因為他們喜歡的是追求「縱心調暢」「性情自得」。也正因為如此，追尋絕對清淨的北宗禪，終於在長時段的競爭中，逐漸敗給了隨順人心自然的南宗禪。

但是，我個人覺得應該指出的是，北宗禪追求的「清淨之心」畢竟是人們意識中最能理解的一種超越狀態。雖然它是實際經驗中幾乎不存在的，但不存在的境界恰恰最適宜充當宗教修行的終極境界。它也許很虛幻，但它又非常合理，因為在人們的想像中，只有精神本原處於絕對清淨之中，它才能免於外在世界的種種干擾，使人的心靈得到平靜。因而，它儘管虛幻，但在信仰者的眼前，它始終像一個一伸手就可以拿到的佛果。當然，無論信仰者如何伸長手臂，它總是失之毫釐。於是，就彷彿摘果人不斷需要伸長手臂一樣，信仰者為了這實際上也許並不可能得到的清淨心靈，就會長時間地保持修行熱情，而在不斷地修行和不斷地追尋的過程中，信仰者才能得到一切，即人生的信念、澹泊的心靈、平靜的生活。煩惱和焦慮在這種自覺的克制和調整中被逐漸消解，信仰者就在這一過程中，逐漸趨近了佛陀的境界，儘管也許他永遠不可能真正達到佛陀的境界。同樣，在這種永無止境的修行過程中，佛教禪宗也就贏得了信仰者的崇敬，因為這漫漫路途中，他們還需要引路人的指點提攜。傳為神秀一系作品的《觀心論》就說：

　　一切求解脫者，常以身為燈台，心為燈盞，信為燈炷，

増諸戒行，以為添油，智慧明達，喻燈火常然，如是真如正
覺燈明，破一切無明癡暗，能以此法轉相開悟，即是一燈然
千百燈，以燈續明，明終不盡[1]。

這是一個很有趣的比喻，燈要想點亮，就不能不豎起燈芯，燈要想
長明，就需要不斷地添油，人要求得解脫，就不能不堅定對佛教的
信心，人要尋求超越，就需要不斷地在佛教規則中自覺提升，而佛
教中人就是點亮你心中明燈、提醒你不斷添油的護燈使者。沒有
他們，燈無法點燃。進一步說，雖然燈永遠也無法與日月同輝，但
燈總是在燃，這燭火微明的持續，便是它存在的明證，人也許永遠
達不到像佛陀那樣自覺覺他覺行圓滿，但不斷的修行過程，就顯示
着人性向佛性的回歸。這由俗歸真的心靈，就是揚濁返清的心靈。
相反，南宗禪提倡的「自然」，雖然一時使信仰者們感到了輕鬆和
愉快，但是，它只能使人在原地安坐，除了剎那間的通脫感和永恆
感，如電石火花般地閃過之外，它還可能真正地得到甚麼呢？

　　人類畢竟需要有某種不斷的超越，來慰藉自己的心靈。

第三節　北宗禪意義的重新評價

　　從達摩到南宗禪的二百多年，是印度禪學逐漸讓位和中國禪
宗逐漸自立的時期，而這一時期有一條若隱若現的思想脈絡貫穿其
中。這一思想脈絡從所依經典來看，是《般若》憑藉老莊的影響力，

---

[1] 《觀心論》，見《大正藏》第 85 冊，1272 頁。

逐漸取代《楞伽》為主的思想支配地位；從思想關鍵詞來看，是以瓦解力極強的「空」，逐漸取代了始終恪守本體的「心」；從修行方式來看，是簡截方便的領悟，逐漸取代了艱難辛苦的修煉；而從終極境界來看，則是人心與佛性了無差別的「平常心」，逐漸取代了人心與佛性彼此懸隔的「清淨心」。

這當然是一種來自「後見之明」的概括說法，禪宗史的實際演進過程要複雜得多。因為，古人思想表述所用的語詞並不那麼明朗，有時候甚至會和它的本意迴然異趣；古代思想的內涵和外延並不那麼確定，有時候甚至會難以自圓其說；古代禪師的思想立場並不那麼自覺清晰，有時候甚至會游移搖擺。這並不奇怪，如果思想都由那麼精確的概念排列成行，都由那麼自覺的人物進行表達，思想史就無須研究而自然成立。思想史寫作的意義，就在於通過紛紜雜亂的歷史和撲朔迷離的語言，表述和尋繹思想的外部走向和內在理路，並為處在這歷史過程中的思想，重新確定它的位置。

對於上述達摩以來禪思想的演進軌跡，我們在《從達摩到弘忍的時代》一章已經有所論述，這裡需要討論的，是北宗禪在禪思想史中的意義。

一、從禪思想的歷史脈絡中看北宗禪

相當於傳說中的達摩、慧可、僧璨三祖的時代，通常被視為禪思想史的早期階段。有人認為，從四祖道信起，《般若》才滲入禪思想。這一說法雖然有文獻依據，但也容易引起誤會，使人以為禪思想的轉型完全是由於《般若》之力。其實，《般若》之所以得以滲入禪門，一方面是藉助了中國思想世界中老莊的影響推波助

瀾，一方面則是由於禪思想從一開始就有趨近「空」的因素在。前面說過，達摩雖然以「二入四行」教人，以《楞伽》四卷傳心，但他的禪觀中已有很濃重的純心理色彩。他的「大乘安心之法」，首先凸顯了「含生同一真性」。而這「真性」，一方面是在「凝住壁觀，無自無他，凡聖等一」的反思中，呈現出來的無差別境界；一方面是在四種從情感克制到思想領悟的修行過程中，心靈獲得的純清淨狀態。無論是前者還是後者，它都指向一個繞不開的終極，就是「空」。這就是《金剛三昧經・入實際品第五》所說的佛性：

> 不有不無，無己無他，凡聖不二，金剛心地，堅住不移，寂靜無為，無有分別[1]。

這種佛性境界，實在是很難說它屬於「心」還是「空」。佛教各宗之間的差異，其實遠沒有互相辯論時所說的那麼大，何況早期禪宗並不像其他宗派，死死守住一部經典進行闡釋。達摩一系依據的經典，除了《楞伽》，實際還有《涅槃》甚至《維摩》，這些經典要嚴格按佛教各家立場分疏，則旨趣往往不同。然而，在達摩這裡，卻並無大異。所以，他既說悟真的智者是「安心無為，形隨運轉」，又是「萬有斯空，無所願樂」；是「行檀捨施，心無吝惜」，又是「達解三空，不倚不著」；全不管「空」這一思想如果普遍化和極端化，是否會造成對「心」的瓦解和否定[2]。在他這裡，「三界唯心」可以引出「心本空無」的結論，「一切皆空」的思想似乎也可以與「金剛心地」

① 《金剛三昧經・入實際品第五》，《大正藏》第 9 冊，369 頁。
② 傳達摩語，見《景德傳燈錄》卷三十引《菩提達磨略辨大乘入道四行》，《大正藏》第 51 冊，458 頁。又，參見《續高僧傳》卷十六，551 頁。

的觀念互相融通。所謂「無自無他、凡聖等一」的無差別，可以在清淨無垢的心靈體驗中實現，也可以在萬法皆空的思路延伸中解釋，佛性所有的清淨境界，可以和如來藏、阿賴耶識、心真如門掛鈎，也可以和「空三昧」之類的般若境界相比附。而所謂無差別和清淨心，恰恰又可以和莊子思想水乳相融，《莊子·齊物論》云：

> 物無非彼，物無非是。自彼則不見，自知則知之。故曰彼出於是，是亦因彼……雖然，方生方死，方死方生；方可方不可，方不可方可；因是因非，因非因是。是以聖人不由，而照之於天，亦因是也[1]。

就是説，萬事萬物都沒有永恆的性質，始終處在流轉變化的過程中，彼此沒有區分，由於常人沉溺於外在差異上，所以，是非彼此、愛憎喜惡的偏執心理，便使人不能以人（心）御物，反而為物所御。然而聖人卻不同，他洞察和把握的，是一種無差別的永恆境界，守住「道樞」，以一統萬，以不變應萬變，這樣就不會為物所御，而可以得其環中，超其象外。這種説法和達摩的「無自無他」、《般若》的「空無有人我」，以及佛教「照物心空」，追求超越差別的更高境界，顯然可以形成互相闡釋的循環圈。

但是，在南宗禪即馬祖道一時代以前，禪宗卻始終在「有心」和「無心」、求「清淨」和順「自然」的矛盾中搖擺。例如，四祖道信既引用《文殊般若》倡「一行三昧」，但又牽惹《觀無量壽經》倡「念佛修行」。他藉《華嚴經》倡「一塵具無量世界」的住清淨心，

---

[1] 《莊子·齊物論》，郭慶藩《莊子集釋》（北京：中華書局，1961）卷一下，66頁。

既説「是心作佛」，又要人心「守一不移，動靜常住」，既説解悟就是「亦不念佛，亦不捉心，亦不看心，亦不計心，亦不思維，亦不觀行」的「任運」，但又教人「諦觀心，即得明淨，心如明鏡」[①]。就是六祖惠能，其《壇經》中也一面説「自性常清淨」，一面説人「妄念浮雲蓋覆，自性不能明」；一面説「何處惹塵埃」，一面説人要奉「無相懺悔」。那段關於「頓悟」的著名語錄「起正真般若觀照，一剎那間妄念俱滅，若識自性，一悟即至佛地」，如果仔細分析，其實也隱含了理路上的矛盾。既然「自性」本來與「佛性」無別，那麼何必起正真般若觀照？既然人心本來清淨，又何來妄念俱滅？「若識自性，一悟即至佛地」的背面，顯然隱含了另一命題，即若不識自性，則永遠不能到達佛地[②]。所以，在六祖惠能這裡，依然需要「授無相三歸依戒」。王維《六祖惠能碑》説他「以『忍』為教首」，很多人把這一句輕輕放過，其實，這一句正包含了他思想的另一方面內涵，雖然説頓悟，卻依然沒有忘記苦修。而他的弟子、北宗禪的批評者神會，同樣是把「無明」和「佛性」分得很清楚的，儘管他説「無明依佛性，佛性依無明，兩相依，有則一時有」，但他還是把「知解久薰習」的「攀緣妄想」，和「無念體」中的「智命」打成兩橛分別看待的。他叫人「不作意」，而不作意即是「無念」，其實也是一種修行，世俗之人豈能説無念就無念？因而，依然需要運用理智的力量來產生定力掃清妄念，故而神會一系説，「知之一字，眾妙之門」。從無知的那扇門到知的這扇門，就是再近，也還要走上一

---

① 參看《楞伽師資記》有關道信部分，《大正藏》第 85 冊，1286 頁。

② 敦煌本作「當起般若觀照，剎那間，妄念俱滅，即是自真正善知識，一悟即知佛也」，參看郭朋《壇經校釋》，59—60 頁。

走，總不可能兩扇門疊成一扇，讓你不出門就到另一家①。

如果我們把北宗禪放入這一禪思想史過程中來考察，那麼，我們可以看到北宗禪正是這一思想演進路程中的一環。

前面曾經說到，在人性與佛性的關係上，北宗禪已經使人性與佛性的懸隔距離，縮到最短；在從人性到佛性的途徑上，北宗禪已經使修行方式更多地集中在純粹心理轉化，也就是心理自覺平衡，達到極簡截的地步。除了始終還要追求和恪守內在心靈的清淨之外，早期禪宗如僧稠的「四念處」、達摩的「四行」，甚至弘忍的「念佛」等外在實踐，其實已經被消解得差不多了。他們說，「性心瞥起，即違佛性，是破菩薩戒；護持心不起，即順佛性，是持菩薩戒」。持戒已經不再是外在的行為約束，而是內在的心性自覺。「離有離無，身心不起，常守真心……心色俱離，即無一物，是大菩提樹」，修定已經不再是實踐性的克制慾念，而是內在的理念領悟②。至於各種經典，他們也不是死守字義，也不是專守一經，而是「方便通經」，《思益》《楞伽》《般若》《華嚴》《維摩》《起信》都可以依憑，卻都可以斷章取義自出新解③。在這些問題上，他們和南宗禪尤其是惠能、神會的思想已經頗為接近，特別是「一行三昧」的心靈修行，和「心色俱離即無一物」的境界追求上，與惠能、神會的「一行三昧」及「無念為宗、無相為體、無住為本」，其間相去又有多遠呢？

在前面曾說過，我一直懷疑，這種理路上的進境除了與《般若》、老莊有關外，與他們兼奉《楞伽》和《思益》也有一定關係。

① 參看下一章《重估荷澤宗》中關於荷澤和神會一系的討論。
② 通常被認為是北宗禪作品的《大乘無生方便門》，《大正藏》第 85 冊，1273 頁。
③ 同上《大乘無生方便門》，《大正藏》第 85 冊，1274—1276 頁。

在早期禪宗的資料中，好像基本上沒有關於《思益》的痕跡，南北朝隋唐之際的僧人所依經典，其犖犖大者為《涅槃》《維摩》《般若》《華嚴》及《三論》等[①]，《思益》的影響只是在漸漸滲透之中。但是，到了陳、隋之間的智者大師，他撰《法華玄義》，其卷十已説道，北地禪師中奉「無相」者以《楞伽》《思益》為經典，倡「真法無詮次，一切眾生即涅槃相」[②]。可見，此時《思益》已與《楞伽》並駕齊驅，而且已經影響到北方禪思想向「眾生即佛陀」，以及「無詮次」的頓悟理路發展。

從現存資料看，北宗禪確實非常重視《思益》。《全唐文》卷九九七闕名撰《淨藏塔銘》記老安門下淨藏，從小「持誦《金剛》《般若》《楞伽》《思益》等經」；同書卷七二一胡的撰《太白禪師塔銘》亦記太白「初受《楞伽》《思益》等經，便入禪宗性海」；《白居易集》卷六九《智如幢記》也記智如「通《楞伽》《思益》心要於法凝大師」。而前面引用過的李邕《大照塔銘》更引神秀語説，《思益》《楞伽》「此兩部經，禪學所宗要者」，他把《思益》放在禪門傳心的傳統經典《楞伽》之前，似乎並不是無意之失。

《思益經》是鳩摩羅什所譯，其實，它和《楞伽》不太一樣。一方面，它強調修行之必要，需要持戒、多聞、佈施、出家，也需要教人令信罪福、佈施不求果報、守護正法、以智慧教諸菩薩，需要久植善根、離諸過咎、善知方便回向、勤行精進等。尤其

---

① 比如明睿《大唐靈化寺故大德智該法師碑》中，引述的就是這些經典，見《考古與文物》1985 年第四期所載拓本；又，闕名《大周相州安陽靈泉寺故寺主大德智朗師像塔之銘並序》描述他所習經典，就提到「《（維）摩》《金剛》《般若》並《中觀》等三經二論」，載《唐文拾遺》卷六二，《全唐文》後附，308 頁。

② 智者大師《妙法蓮華經玄義》卷十，《大正藏》第 33 冊，801 頁。

是「四法」：

> 一者於諸眾生起大悲心，二者精進不懈，三者信解生死
> 如夢，四者正思量佛之智慧，菩薩有此四法，堅固其心而不
> 疲倦[①]。

但是另一方面，在《思益經》中又有非常濃厚的否定傳統傾向。它
解釋四諦時說，苦、集、滅、道，並非聖諦，「聖諦者，知苦無生
是名苦聖諦，知集無和合是名集聖諦，於畢竟滅法中知無生無滅是
名滅聖諦，於一切法平等以不二法得道是名道聖諦」[②]。這樣，傳統
的路數就開始發生變化，「知」也就是自覺理念被凸顯了，自心的
理解成了上升一路的關鍵，而「無」也就是無生無滅無差別的「平
等不二」境界被突出了，執着外在差異包括心性染淨也成了虛妄的
想法。所以說「真聖諦者無有虛妄，虛妄者，所謂著我、著眾生、
著人、著壽命者、著養育者、著有著無、著生著滅著生死涅槃」。
因此，要把這些外在着相的修行統統拋棄，「我知見苦是虛妄，我
斷集是虛妄，我證滅是虛妄，我修道是虛妄」。那麼，究竟怎樣才
是正解正念？它的答案很簡單，就是「不憶念一切諸法」。甚麼是
不念諸法？就是「安住於空」，不生眾生想，不生法想，不生我想，
不生彼我想，「其心常平等」。因為「虛妄顛倒所起煩惱畢竟空性」，
那些過去以為是障蔽人心的煙塵，其實並不能染污心性，它只是空
幻假象；而心性也如虛空，虛空是不可能被染污的。所以說，「心

---

① 《思益梵天所問經》卷一《四法品第二》，《大正藏》第 15 冊，35 頁。
② 《思益梵天所問經》卷一《解諸法品第四》，《大正藏》第 15 冊，38 頁。

相實不垢污，性常明淨」①。

　　我不能斷定《思益》在前期禪思想史的進程中，究竟起了多大的作用。但是，可以推測的是，北宗禪很可能由於《思益》的影響，在理路上比起早期禪宗來，已經更靠近它之後的惠能、神會。過去太過看重所謂南北頓漸差異，其實未必如此。北宗禪師所強調的清淨無垢之心、不憶念諸法的自覺修行方式，以及在它理路上逐漸明晰起來的「空」或無差別意識，以及對人性與佛性之間差異的消解，其實和惠能及神會等南宗禪師相去並不遠。因為，無論是法如、神秀、老安，還是惠能、神會，他們實在都還沒有擺脫人性和佛性、染和淨的二元分別，他們都還是與馬祖道一之後宣揚絕對自然的南宗禪有着根本差別的「清淨」禪。

　　中唐時代，圭峰宗密曾煞費苦心地為北宗禪和南宗禪劃出界線，在《圓覺經大疏鈔》卷十二之上他説，靜慮是禪定，但不是終極，而涅槃則是寂滅之樂，因而「荷澤（神會）云：空寂是心，不云空靜也」②。但空寂和空靜的境界，究竟能有多大差異呢？充其量它們之間就是一切都歸於消泯和一切都歸於清淨的分別。故而神會一系南宗禪所說的「萬法既空，心體本寂，寂即法身，即寂而知，知即真智，亦名菩提涅槃」，其實與北宗禪並未完全脫節，在人性與佛性之間，依然有一個體驗空寂和未體驗空寂的差異，即「分別是妄心，不分別是自心」的二元對立③，關於修行理論依然不能完全

———————

① 《思益梵天所問經》卷三《論寂品第八》，《大正藏》第 15 冊，51—52 頁。

② 《續藏經》第 15 冊，5 頁。

③ 《大乘開心顯性頓悟真宗論》，巴黎藏敦煌卷子本（P.2162），見《大正藏》第八十五卷，1278 頁。按：關於這部作品究竟是神會一系的還是北宗一系的，有種種說法，過去都以為是神會弟子的作品，但日本學者柳田聖山、田中良昭已（轉下頁）

擺脫漸修的理路。神會所說的「一切善惡都不思量,言下自絕念相」雖然說來很容易,實際上仍然要經歷長久的修煉。所以,後來的神會一系反而漸漸與北宗靠近,而與取消人佛差異、取消苦修苦煉、完全順其自然化的馬祖一系拉開了距離。其弟子輩的慧堅、乘廣,及摩訶衍,都逐漸走上了頓漸合流的路頭。比如,慧堅說的「開示之時,頓受非漸,修行之地,漸淨非頓」,乘廣說的「機有深淺,法無高下,分二宗者,眾生存頓漸之見,說三乘者,如來開方便之門」,你看上去是寬容或博採,就像宗密說荷澤「總判七家,皆有收揀」,其實是理路的內在矛盾未得解決而左右搖擺,所以,在用「頓悟」痛擊了北宗之後,又悄悄地繞回來主張「漸修」,這正如宗密說的「荷澤則必先頓悟,依悟而修」[1]。

從這些跡象來看,雖然惠能與神會在思想上,可能比北宗禪更向前走了一步,但是,我們怎麼能用五十步笑百步的方法,否定北宗禪在禪思想史上是環環相扣中的一環?我們又怎麼能用保守和進步這樣的詞語,來給這兩個思想史上重疊相續的宗派作蓋棺定論呢?如果我們依然用圭峰宗密《中華傳心地禪門師資承襲圖》中「摩尼珠」的比喻來描述禪思想史的歷程的話,那麼,從早期禪宗的「離黑覓珠」到馬祖禪門的「黑亦是珠」,其實有一個相當長的過

（接上頁）指出,它實際上是北宗禪的作品,田中良昭《敦煌禪宗文獻研究》,255—256頁。但是,這裡要指出的是,正是這種混雜難辨的現象,使我們意識到,傳說中這不共戴天的兩派,在思想上其實相去並不太遠。

[1] 以上可參見宗密《圓覺經大疏鈔》卷三之下,《續藏經》第14冊,560頁;徐岱《唐故招聖寺大德慧堅禪師碑銘並序》,載陳尚君輯校《全唐文補編》卷五九,723頁;《劉禹錫集》(北京:中華書局,1990)卷四《袁州萍鄉縣楊岐山故廣禪師碑》;《頓悟大乘正理決》,巴黎藏敦煌卷子本(P.4646),見饒宗頤《選堂集林》(香港:中華書局,1981)中冊,705頁。

渡期。其中，北宗禪是這過渡期的第一階段，它把「離黑」的動力、過程、結果全都壓縮到了「心」，使禪修行變成了純粹心性自覺；而惠能、神會則是這轉換期的第二階段，它把這種心性自覺，又提升為自心自悟式的剎那間自我肯認。這給後來的馬祖禪取消修行轉向自然，開啟了一道門徑。

從這個意義上，我們又應該如何評價北宗禪在禪思想史上的地位呢？

二、從中國思想史中看北宗禪

思想史上的各種命題，雖然有種種互相歧異的表述方式，但是，你仔細看去卻常常大同小異。自古至今的哲人彷彿各有各的關注焦點，但透過一層卻發現他們的關懷大體都以「人」為中心。人與自然、人與他人、人與自我，這些總是思想史的中心話題。在古代中國思想世界中，這三個話題似乎被交織在以「人」為支點的主軸上：人與自然要趨向合一，人與他人要追求融洽，人與自我要達到和諧，自然、社會與人的三位一體，似乎是不必討論的前提。因而，哲人之思多集中在心性本原的檢討上，因為心性本原是自然、社會與人能否融洽和諧的根本所在，心靈明淨則上達於天，心靈平和則融通於人，心靈淡泊則使肉體的人和心靈的我，最終化而為一。於是，作為心靈內在的「性」與「情」，就成了古代哲人思考的焦點。

我們知道，魏晉玄學就熱衷討論「聖人」與「俗人」境界的異同，其實更早些從孟子和荀子關於性善、性惡的說法中，這種討論就已經開始了。性惡的理路必然得出俗人之性與聖人之性相異的

結論，而性善的理路自然延續，則通向俗人與聖人相同的思想。然而，無論是孟子還是荀子，都恪守着一道堅定的理性界線，即俗人要想成為聖人，必須經過外在禮法的規範或內在心靈的自覺，這不是一個一蹴而就的過程，而是一個脫胎換骨的轉換。只有老莊一流的極端自然主義思想家，才會把聖人境界打作世俗境界，把完全無為的隨順自然，看作天人合一的路徑、社會安寧的方式和完成自我的唯一通道。在大多數思想家的心目中，就是無為無心的自然境界，也是需要昇華和肯認的，「生而知之」的聖人與「學而知之」的俗人，畢竟不能混為一談。所以，魏晉之際的王弼一方面說聖人和俗人同，一方面說聖人與俗人依然有差別，因為聖人比起俗人來，天生地有自覺意識存在於心，所以說是「茂於神明者也」。

　　魏晉南北朝時代，思想世界中的玄學與佛學曾經沿着自然主義趨向發展，放浪形骸、毀棄禮法、飲酒裸裎、躲避責任的士風，也曾經為這種趨向推波助瀾。在這一文化氛圍中，儒家似乎成了堅守理性的一方，而莊老玄學加上佛教，彷彿成了破棄理性的另一方。表面看這個分野並不錯，但實際上卻並非如此。雖然郭象注《逍遙遊》時說，「聖人雖在廟堂之上，然其心無異於山林之中」，注《在宥》時說，無為境界就是「直各任其自為，則性命安矣」，但是玄學名士心目中的聖人，還是與俗人不同，真正的超越境界，還是和自然狀態有異。雖然，佛教在當時確實有着一定的自然化、世俗化趨向 [1]，但實際上無論是玄學還是佛教，在思想理路方面基本上還是

---

[1] 如佛陀跋陀羅於東晉末譯《華嚴》中有「法身常住」，鳩摩羅什於姚秦譯《法華》有「十界皆成佛」、曇無讖於北涼譯《大涅槃》有「法性常住」等，使相當多士大夫都接受了「見性成佛」「即心是佛」「頓悟心源」一類的思想，把眾生與佛陀看得一般，當時這些說法比比皆是。參見後魏靈辯《華嚴經論》，《續藏經》（轉下頁）

堅守了那一道最後防線的。徹底的自然，絕非人的超越境界，完全的放縱人性，也絕不等於佛陀之性。所以，融佛、老於一爐、匯般若與莊玄為一體的支道林雖於《大小品對比要鈔》大講「齊物」「無心」，但是終歸在末了又說，要：

　　　　設玄德以廣教，守谷神以存虛，齊眾首於玄同，還群靈乎本無[①]。

而《全晉文》卷一三四習鑿齒《又與謝安書稱釋道安》也說道，釋道安「統以大無，不肯稍齊物等智，在方中馳騁也」。要守谷神、還本無，不肯齊物於世俗之中，自然還是染、淨二元化，要求俗人提升自己的境界，以求超越與解脫[②]。

　　這是古代中國思想世界始終恪守的一道理性防線。儒、道、佛三家在各種問題上可能有很多差異，但在這一理性防線上卻是同一的。而中唐之後，三家能夠融匯的基礎也正在於此。儘管南宗禪尤其是馬祖之後的南宗禪以呵佛罵祖、毀棄經論、棒打口喝的方式，弄出一副瀟灑的面目，開啟了純任自然、追求平常的風氣，表面上贏得了文人士大夫的喝彩，但是當一個新時代來臨，要求思想和信仰真正負擔起人生和社會的重任時，它卻無能為力，還得把

（接上頁）第 93 冊；梁法雲《法華經義記》卷四，《續藏經》第 42 冊；梁寶亮《涅槃經集解》引竺道生，《續藏經》第 94 冊；參看忽滑谷快天《禪學思想史》上冊，352—353 頁。

① 見《出三藏記集》卷八，《大正藏》第 55 冊，55 頁。

② 習鑿齒《又與謝安書稱釋道安》，《全晉文》卷一三四，嚴可均編《全上古三代秦漢三國六朝文》，2229 頁。

道德倫理和意識形態的權力拱手相讓。為甚麼？因為它只能解決個人心靈暫時的寧靜適意，甚至只能在純粹心理層面撫慰自己。作為一種人生的藝術化生存方式，它也許不可替代，但是作為一種現實世界中的人生手段，它也許會使人流於平庸或放縱；在人格提升上，它也無法做到讓人自覺向上。所以，在中國古典思想大轉型的中唐時期，儒道佛全面融匯建設一個新型思想體系時，以儒家思想定位並吸取道釋思想的那一批人，表面上看來，由於他們多與當時興盛的南宗禪師交往，而常常被認為是從南宗禪那裡得到思想資源的，但事實上當這些資源匯入新時代的新思想時，卻往往會剝落一層，由於要恪守道德和倫理的底線，由於要追尋心靈和精神的超越，所以，常常會還原為近乎北宗禪的理路。

關於這一點，我們可以看以下常被人提及的例子。據說與大顛禪師交好的韓愈，在《原性》裡分性、情為二，把「性」視為「與生俱生」的仁禮信義智本原，把「情」視為「接於物而生」的喜怒哀懼愛惡慾[1]；與藥山惟儼禪師交好的李翱，也在《復性書》中將「情」與「性」分出等差，認為「人之所以為聖人者，性也，人之所以惑其性者，情也。喜怒哀懼愛惡慾七者，皆情之所為也，情既昏，性斯匿矣」[2]。後來沿韓、李而開宋明理學的那批思想家，他們的「無慾故靜」（周敦頤）、「寂然不動」（周敦頤）、「內外兩忘則澄然無事」（程顥）的心靈境界，其實，與南宗禪所謂活潑潑自然之心並不相似，倒與北宗禪那種明朗如鏡的清淨心如出一轍。《宋高僧傳》卷十七《唐朗州藥山惟儼傳》在轉述李翱《復性書》時，說它「大抵謂

---

[1] 《韓昌黎文集校注》（上海：上海古籍出版社，1986）卷一，20頁。

[2] 李翱《復性書上》，《全唐文》卷六三七，2849頁。

本性明白，為六情玷污，迷而不返，今牽復之⋯⋯即內教之返本還源也」①，這裡所說的「六情玷染」「返本還源」不正是北宗禪甚至是傳統佛教的思想嗎？至於他們反覆討論的《偽古文尚書》的「道心」「人心」之分，更和北宗禪依據《大乘起信論》而來的「真如心」「生滅心」之分，有隱隱約約的淵源糾葛。這一點連晚清的康有為都已經看出來了，《萬木草堂口說》裡就指出，宋儒中所說的「不睹不聞是本體，戒慎恐懼是工夫，即佛氏所謂時時勤拂拭，莫使惹塵埃也」②。

也許，有的學者注重文獻證據，會對這一點提出疑問。固然，從中唐以下，思想家與禪宗中人的交往資料，多出自南宗一系，但這可能是南宗禪文獻留存較多，容易形成印象所致，也許是南宗確實風靡，文人多與往來的緣故。不過，似乎不必過於看重這一點，因為思想的傳播和接受的多寡，並不一定與人物交往的多寡成正比，思想的資源經過重新解釋，未必再是過去的原汁原味，反倒有可能走岔了路，串錯了味。中唐之後的儒家思想家，在融匯道、釋二家時，他們心底裡是有「先入之見」的，在這「先入之見」的過濾下，南宗禪思想脫去了過分自然化的一層外衣，還原了針對人心的那種本色，彷彿思想「退轉」了一步似的，他們從南宗那裡轉手，卻挪借到了北宗的其實也是禪宗一貫的思想武器。張載《正蒙・有德》中的「晝有為，宵有得，息有養，瞬有存」，程頤《遺書》第十五中的「視而不見，聽而不聞，主於一也」，雖說與禪宗之間，有

---

① 《宋高僧傳》卷十七《唐朗州藥山惟儼傳》，424 頁。此傳中指出李翱的論述，雖然不引用佛教文字，風格像儒家的《易》和《庸》，但是實際上「其理則從真捨妄，彰而乃顯自心」。

② 康有為《萬木草堂口說》（北京：中華書局，1988），153 頁。

一個重道德本原、一個重精神本原的差異，但是在修養方式上，卻並無太大不同。它絕不是南宗禪所偏向的順其自然，而是北宗禪所主張的拂塵淨心，絕不是南宗禪的刹那頓悟，而是北宗禪的漸修漸悟。且不說程頤教人靜坐，就是最接近南宗禪的陸九淵，也主張「學者能常閉目亦佳」，《陸九淵集》卷三十五《語錄下》曾記他教學生「安坐瞑目，用力操存，夜以繼日」，要「無思無為，寂然不動」[1]，這豈非北宗坐禪功夫？而朱熹論心性主敬時，也曾說到：

> 收斂身心，整齊純一，不恁地放縱，便是敬。
>
> 敬不是萬事休置之謂，只是隨事專一，謹畏，不放逸耳。
>
> 敬只是……所謂靜中有個覺處[2]。

如果把這些話放回禪宗文獻中，人們會認為它是南宗禪語錄呢，還是北宗禪思想呢？據說，朱熹曾一再稱讚釋氏為學精專，「吾儒這邊難得如此，看他下工夫，直是自日至夜，無一念走作別處去，學者一時一日之間是多少閒雜念慮，如何得似他」，又說佛家「大要只是把定一心，不令散亂，久後光明自發。所以不識字底人，才悟後便作得頌偈」。還讚揚佛家尊宿為了得道，「便入深山中，草衣木食，養數十年。及其出來，是甚次第！自然光明俊偉，世上人所以只得叉手看他自動」[3]。這裡所說的，顯然只能是佛教一以貫之的傳統工夫，而這種功夫在南宗禪中早被嗤之以鼻，只在北宗禪中被

---

① 《陸九淵集》(北京：中華書局，1980) 卷三十五《語錄下》，471 頁。

② 《朱子語類》(北京：中華書局，1986) 卷十二，208、211 頁；又，卷六十二，1503 頁。

③ 《朱子語類》卷一二六，3029、3018、3019 頁。

看作修行正宗。

這裡並不是説北宗禪在思想史上由宋代理學而借屍還魂，捲土重來。從歷史事實上來看，北宗禪在唐代以後，確實在思想一線上永遠消失，但是，北宗禪和馬祖之後的南宗禪所提出的關於人心的思想衝突卻始終存在，它並不只是禪宗所討論的命題，在它們之前，在它們之後，這個有關如何提升人類心靈境界的永恆話題，一直在用各種語詞花樣翻新地被熱烈辯論着。只要這一話題依然存在，北宗禪的這一思想就會不斷地被有意或無意地拈出來，因為對於中國人尤其是文化人來説，那種使人心有所敬畏、有所追求、有所約束的思想，總是比那種使人心甘居平庸，甚至流於放縱的思想，更吻合一貫遵循的理性原則。雖然自然適意的禪風總是有人從心底裡豔羨，雖然偏向狂放的思想總是不時地衝擊着中國思想世界的防線，但是，它們始終不曾佔據思想的主流。

從這個意義上説，北宗禪不僅在禪思想史，就是在整個中國思想史中，也構成主流思潮的一個支流，就好像融入了巨大主旋律的嗡嗡背景，正是因為有了這些來自異域或流自上古的樂聲加入，這主旋律才表現得如此聲勢宏大，也正因為有了這些來自佛教、道家的思想資源不斷滲入，中國思想史的這一主流，才如此綿綿不絕，在每個中國文人士大夫心中留下深深的印跡。

三、北宗禪思想的重新闡釋

重新闡釋並不是把古代思想「古為今用」，而是放在歷史語境中重新審視古代思想的意義。對於北宗禪的闡釋，首先應該超越的是一種簡約化的歷史因果論，這種歷史因果論把思想史看成是一道

直線，各種思想按時間順序被理解，並分出等級高下，前面的思想必然是後面的思想的墊腳石，後面的思想取代前面的思想，一定就是思想的進步，整個思想史沿着時間軸延伸，於是生物界可以通用的「進化」，在這裡也成了「規律」。不少思想史著作因為有了這一「規律」而顯得「理路」清晰、「條理」分明。可是，這種歷史因果論雖然在思想史研究中，可能有其操作上的便利，在思想史長時段的價值判斷中，可能有其邏輯上的正確，但是它往往忽略了思想史的具體語境。思想史所討論的，不是可以積累疊加的知識，而是無法計量的智慧；思想史所關心的，也許是一些永遠不可能有確切結論的精神問題，古代人和現代人的討論，也許有概念的、邏輯的差異，但卻沒有價值的、等級的分別，有些永恆的話題會反覆出現，因果在這裡，只有時間前後相續，而沒有任何進化的意味。

可是，北宗禪的厄運就在於它被放置在這樣一個因果鏈中進行闡釋與評價。正如我們一開始就說到的，由於它在與南宗禪的長距離競爭中是一個失敗者，後出的文獻資料對它大都採取了一種蔑視的態度，於是，這更給思想史家提供了貶斥的證據。「成者王侯敗者寇」常常是一種心理定勢，因此理論、證據與心理糾結成了一個難以逃避的大網，把諸如「保守」「陳舊」「落後」之類的語詞，罩在北宗禪的頭上。人們或許根本沒有注意到，這種評價的尺度和眼光，實際上是透過《壇經》《神會語錄》《禪源諸詮集都序》《景德傳燈錄》，也就是透過惠能、神會、宗密以及馬祖以後南宗禪的濾鏡來看北宗禪的。其實，如果我們能夠使自己的眼光超越歷史，也就是擺脫來自「後見之明」的固定視角，也許闡釋就會發生極大的變化，當然，這絕不是簡單的頭足顛倒或左右互易式的「翻案」。

首先，我們應該為北宗禪在思想史上「定位」。當我們意識到

它是一個宗教派別，而不是一個通常意義上的思想流派時，我們就要明白，它的首要責任是建立信仰者對終極人生境界的信心。一個禪宗信徒，該由甚麼來堅定信仰？一方面是可能到達彼岸的希望，大乘佛教把人性與佛性互相溝通，就是為了使信仰者看到這一希望。但是，另一方面也要說明人從此岸到達彼岸的路途遙遠，表面上看來，這彷彿會動搖信仰者的信心，但實際上卻是維繫信仰的必要一環。道理很簡單，如果此岸與彼岸之間並沒有甚麼距離，人心自然就等於佛陀境界，那麼對於佛教的信仰也就會自動終止。任何宗教，如果它的終極象徵與世俗世界沒有距離，信徒可以輕而易舉地達到終極目標，那麼就不存在對宗教的敬畏、崇拜和追求。南宗禪的思想之所以容易導致「狂禪」，而最後不得不回過頭來，強調「保任」，制定「清規」，其原因就在於它過於放大了人性與佛性的同一性，以至於無法約束人性中實際存在的種種情慾，無法維繫信仰者對宗教的敬畏、崇拜和追求，最終危及宗教自身存在的基石即「信仰」。

　　正因為如此，著名的南宗禪僧百丈懷海在中唐馬祖禪極其風靡的時候，就要求人坐禪，達到「心如木石，無所辨別……對一切境，心無靜亂，不攝不散」[①]，並制定《禪門規式》以約束僧人的外在行為，其實就是對南宗禪理路的一種逆挽。當長慶大安禪師問懷海怎樣保任心性自覺的時候，回答是，「如牧牛人執杖視之，不令犯人苗稼」。這種出自佛教最重要的戒經《佛遺教經》的成語和戰戰兢兢地保護心性的方式，和「時時勤拂拭，莫使惹塵埃」已經沒有甚

---

① 《五燈會元》卷三《百丈懷海禪師》，133—134 頁。

麼不一樣，等於是變相重回北宗禪漸修的路數[1]。著名的南宗禪者清涼文益在南宗禪昌盛的五代時作《宗門十規論》，回頭肯定「雖理在頓明，事須漸證」，並批評「近代之人，多所慢易，叢林雖入，懶慕參求」，其實等於已經承認「即心即佛」說在實際修行中的偏差，而公然向北宗路數靠近[2]。

有人曾以為，南宗禪是否定修行坐禪的，似乎凡是坐禪就落入北宗漸門。但坐禪作為禪修行的一個主要實踐，在禪僧中是不可省略的，如果覺得人佛一如、我心即佛，從而完全省略坐禪，禪宗將不再是禪宗，禪修行也無法收拾一片人心。我們不能僅僅從南宗禪的口號，來判斷南宗禪的真實思想。前面我們曾提到，在《祖堂集》中可以看到百丈懷海「法堂裡坐，直到四更」、汾陽無業「行必直視，坐必跏趺」、長慶大安「或坐房廊，凝如株杌，或入靈洞，月十不歸」及「洞山（良價）坐禪」「雪峰（義存）只管坐禪」「（天皇道悟）多閉禪房靜坐」的記載，而懷海、無業、大安、良價、義存、道悟等人，卻都是南宗禪最著名的禪師。所以，北宗禪的拂塵看淨、方便通經，雖然是不如南宗禪「即心即佛」「無心是道」來得瀟灑痛快，但它畢竟比南宗禪的自然方便，更能夠維繫信仰者的人心。因為人的心靈在現實中始終被外在現象所擾亂，人們難以單憑自己的一悟就得到解脫，只有在邈遠的彼岸設置一個永恆的理想境界，來激勵自己的勇氣。在宗教信仰的支持下，通過艱辛努力來追尋它，才能排除紛至沓來的干擾，贏得解脫的感覺。而那種自然適意的心境雖然是經驗實有，但不具備使人超越世俗的力量；相反，清淨無

---

① 《五燈會元》卷四《長慶大安禪師》，191 頁。
② 《刊行法眼禪師十規論敘》，《續藏經》第 63 冊，37 頁。

為的心境雖然是經驗所無，卻是一種可以永久追尋的境界。所以，建立一個超驗的境界以維持人生的信念，設立一個普遍認同的終極以堅定人生的理想，這是宗教的需要，宗教也許只能在這個基礎上，贏得信仰者的信仰，人類也許只能在這個理想中，獲得生命的意義。

其次，人生終極意義的獲得，並非像田徑競賽的優勝者奪取錦標，最後一刹那的勝利和領取獎牌時的喜悅是一切艱辛的最好補償。人生終極意義是在人格境界不斷提升的過程中實現的，「終極」也許永遠不能到達，只能逐漸「趨近」。宗教也罷，道德也罷，一種充分考慮到人生的思想，從來就不會把人生終極境界畫地為牢地限定在某個地界，它只是使人不斷地追求。正如宗教心理學所說的，宗教的意義並不在於使信仰者得到甚麼，而在於使信仰者做到甚麼，在不斷追求與終極境界趨近的過程中所產生的情感和經驗，就是給信仰者的宗教承諾，因為宗教的目的就是「引動情緒，激勵行動，增強人對信仰的獻身精神，引發人嚮往『光輝層』(order of Splendor)的感情」[①]。因此，頓悟漸修也好，漸修頓悟也好，漸修的過程就是人性趨近佛性或回歸本心，就是以人類理性的力量使人類不斷地完善自己。宗密在《禪源諸詮集都序》卷二中評述北宗思想時說：

> 眾生雖本有佛性，而無始無明，覆之不見，故輪迴生死。諸佛已斷妄想，故見性了了，出離生死，神通自在。當

---

① 參見威廉・詹姆斯《宗教經驗之種種》(唐鉞譯，上海：商務印書館，1947) 引蘭道爾：*The Role of Knowledge in Western Religion*《西方宗教中的知識角色》，30 頁。

知凡聖功用不同，外境內心，各有分限，故須依師言教，背
境觀心，息滅妄念。念盡即覺悟，無所不知。如鏡昏塵，須
勤勤拂拭，塵盡明現，即無所不照 ①。

這裡正是勸人時時勤修的意思。諸佛是覺行圓滿的智者，心性明
了，那是人們修行的理想境界，但人佛畢竟懸隔，凡聖各有不同，
所以尚須苦苦修行，修行的方法就是擯棄外在世俗世界（境）的蠱
惑，體驗自己心性未被塵緣污染時的寧靜，以清淨平和的心境使各
種妄想雜念息滅，從而進到從大千世界解脫的感覺中去。這就像鏡
子拂淨灰塵而復明一樣，在不斷地「專念息想，極力攝心」的拂拭
過程中，鏡體總是保持着無所不照的明亮，心靈總是處在平靜淡然
的狀態。於是，信仰者在這個心理經驗中體會到了解脫與超越的喜
悅，這顯然是消解修行求證、完全追求自然的南宗禪無法給予信仰
者的。

　　最後，我應該指出的是，北宗禪思想是一種宗教理性主義。一
方面，它極力使信仰者意識到自己所生活的現實世界，和自己所嚮
往的理想世界之間的差距，以保持一種知善知惡的基本能力。因
此，它不像後來走向極端的南宗禪那樣，把一切是非善惡在「空」
之一字中統統消解，而流於和光同塵的隨順；也不像馬祖道一以後
的南宗禪那樣，放棄對自己感情的約束而流於放縱或平庸。它對
於信仰者來説，仍然具有規範和引導的力量。另一方面，它又努力
消除佛教中那些自我折磨、自我虐待的苦行或永無止境、充滿絕
望的苦求，把解脫和超越的基點，從外在力量挪移到自己內心，於

---

① 宗密《禪源諸詮集都序》卷二，《大正藏》第 48 冊，402 頁。

是，它又不像傳統佛教那樣，把善惡二元化推到極端，而使人陷入一種無法自拔的困境，也不像民眾佛教那樣，把一切奢望寄託在外在功德的救贖上，而放棄了內心理性的自覺。

我覺得，從某種意義上說，北宗禪倒是保持了平衡與中庸，它對於人性的理解、對於信仰者的約束、對於心靈意義的充分重視都充滿了理性，這樣，它就既維持了宗教信仰的存在與作用，又給予信仰者心靈以自由權與主動權；既守衛了佛教思想的最後防線，又溝通了老莊道家思想甚至儒家思想。這種理性主義的心性論、修行法及境界觀，實際上，與中國古代思想世界普遍認可的一般觀念有相當的兼容性，也極容易為上層文人士大夫所接受。所以，這種思想儘管可能不如南宗禪那麼有鮮明風格，也可能不如南宗禪那樣會風靡一時，但是，它卻極易在不知不覺中滲入主流思潮之中，成為人們行為的指南。而那些令人一時新鮮得瞠目結舌的思想，卻有可能如風過耳或成為異端，反不易影響實際人生。

因此，如果我們超越歷史因果論和歷史直線論的觀念，來重新看北宗禪思想，我們是否應該比前人對它多一些肯定和理解呢？

第四章

重估荷澤宗

引　言

　　在傳統的禪宗燈錄文獻中，神會的地位並不高。儘管有中唐佛教大師圭峰宗密以荷澤後裔身份為之揄揚，但是，終究比不過門徒人多勢眾的洪州宗。尤其是，後來師以徒顯的洪州後人逐漸形塑出所謂青原（行思）、南嶽（懷讓）兩系，製造出了青原、南嶽兩大宗主（參看下一章的討論），並以他們來分派溯源，因此在他們所編寫的禪宗燈史中，更將神會一筆帶過，彷彿他在禪思想史系列中無足輕重。而依燈錄資料撰禪宗史或禪思想史的學者們又受其影響，自然也沒有把神會及其門下看成是禪史中的重要角色。

　　回顧有關禪宗研究的學術史，應當說，最早指出神會在禪宗史上的地位的人，是清末民初的沈曾植（1850—1922），他在《海日樓札叢》卷五中就說過，「南宗克定北宗，為人主崇重，實賴（神）會力」[1]。不過，他的意見好像在當時並沒有甚麼反響。日本同樣如此，像忽滑谷快天氏在 1923 年出版的《禪學思想史》裡，雖然也為他設立了《荷澤の神會と南北二宗の諍》一章，但大體是從《顯宗記》中摘錄了一些資料，加上《宋高僧傳》與《圓覺經大疏鈔》拼合而成。儘管他也注意到了宗密對神會崇高的評價，但是，依然沒有給予神會那麼特別和那麼崇高的地位。直到 1929 年胡適發表《荷澤大師神會傳》，提出神會是「南宗的急先鋒，北宗的毀滅者，新禪學的建立者，《壇經》的作者」之後[2]，雖然不少人並不同意胡適的

---

[1]　沈曾植《海日樓札叢》（瀋陽：遼寧教育出版社「新世紀萬有文庫」本，1998）卷五《禪門師資承襲圖》，195 頁。

[2]　胡適《荷澤大師神會傳》，《胡適文集》第五冊，199—234 頁；引語見 234 頁。

具體結論，但是，幾乎所有的禪宗史研究者都接受了胡適對神會的特殊重視。除了阿部肇一那部《中國禪宗史の研究》在講南宗禪時不知為甚麼略過了神會之外 ①，大多數禪史著作和禪思想史著作，幾乎無一例外都對神會格外重視。比如，神會與北宗的論辯、神會與《壇經》的關係、神會與唐王朝政治的瓜葛，都是研究者注目的焦點，彷彿禪宗史上神會已經是最關鍵的人物，滑台大會也已經是第一等重大事件，荷澤宗思想已經是南宗禪史上最重要的思想了。

這顯然是由於胡適的影響。一個學術話題確立之後，除非你有特別堅實的證據推翻它，大多數人都不得不在後面追隨。就算是批判和反駁，也還是落在這一話題中間。過去，不少學者對胡適的歷史和文獻考證提出過質疑，如錢穆和印順 ②，然而，除了宇井伯壽等人外，很少有人對神會的禪思想史地位與荷澤宗的盛衰歷史正面提出詰問 ③。近來，也有些學者試圖對胡適關於神會的結論提出詰問 ④，但似乎又沒有能力對胡適的考證進行全面清理，因而，這種詰問就只是來自敏感的直覺，而不是出自客觀的研究。

應當説，胡適的神會研究有相當堅實的文獻，特別是敦煌文書的基礎，也有一個極其清晰的思路，尤其是「辨偽」的方法。我們不妨簡單地重複一下他的理路：首先，在新發現的敦煌資料中，關於滑台大會論辯的那一部分説明，神會確實與當時鼎盛的北宗進行

---

① 《中國禪宗史の研究》（東京：誠信書房，1963）；其 1986 年增訂本有中譯本，即關世謙譯《中國禪宗史 —— 南宗禪成立以後的政治社會史的考證》（台北：東大圖書公司，1988）。

② 錢穆《神會與壇經》、印順《神會與壇經》，見《六祖壇經研究論集》（台北：大乘文化出版社《現代佛教學術叢刊》之一，1976）。

③ 宇井伯壽《禪宗史研究》第五《荷澤宗の盛衰》，195—268 頁。

④ 如郭朋《神會思想簡論》，載《世界宗教研究》（北京）1989 年第一期。

過抗爭；其次，是《宋高僧傳》中關於「香水錢」的記載，說明神會後來確實得到了朝廷的支持；再次，是禪宗史在當時確實出現了南宗壓倒北宗的大轉折；最後，是神會的思想與六祖惠能相當接近，的確與傳統以《楞伽》為依據的禪思想不同，而是後來以《般若》為核心的南宗禪思想的基礎。這裡邏輯很清楚，要對胡適這一結論進行修正，就必須對這一理路一一回應，而不能以一種籠統而簡單的否定來對付。

因此，下面我們將要沿着胡適當年研究神會的理路走上一遭，看看神會在禪思想史上的意義是不是傳統燈錄中所說的那麼輕，又是不是胡適所說的那麼重。

第一節　神會與荷澤宗的史實疏證

神會本人的早期履歷還有很多不甚明了的地方。近年出土的《大唐東都荷澤寺歿故第七祖國師大德於龍門寶應寺龍首腹建身塔銘並序》雖然解決了他的生年問題，即他生於唐中宗嗣聖元年（684）[1]，但仍有一些與思想史研究有關的疑點。第一個疑問是，他早年學禪經歷中，參訪神秀與惠能的時間究竟是何時？據中唐圭峰宗密《圓覺經大疏鈔》和《中華傳心地禪門師資承襲圖》的記載，他「先事北宗（神）秀三年，秀奉敕追入，和上（神會）遂往嶺南和

---

[1] 碑文見於洛陽市文物工作隊《洛陽唐神會和尚身塔塔基清理》，《文物》1992 年第三期，67 頁，北京：文物出版社。以下簡稱《神會塔銘》。這一碑銘證明了《宋高僧傳》等文獻，以及山崎宏《荷澤神會禪師考》等論著，對神會的生卒年之判定都不正確。

尚（惠能）」。又說他「十四歲來謁和尚（惠能）」①。但是，神秀奉敕入京，據張說《大通碑》《宋高僧傳》是久視（700—701）年後，這時，神會已經不是十四歲的少年，而是十八歲的青年了。第二個疑問是，敦煌本《南宗定是非論》中神會自己說，久視年神秀奉武則天之命入長安，臨行前曾對眾人說「韶州有大善知識，元是東山弘忍大師付囑，佛法盡在彼處，汝等諸人如有不能自決了者，向彼決疑，必是可思議，即知佛法宗旨」②，似乎他正是聽了神秀這一番話才到惠能處參訪的。但是，與神會交往密切的王維在《能禪師碑》中又說，神會「遇師（惠能）於晚景，聞道於中年」③，好像神會參訪惠能不是在青年時代而是中年時代。如果他是久視年後聽了神秀的話來訪惠能決疑的，那麼，他不可能「聞道於中年」，如果王維說的是他第二次到曹溪之事，那麼倒是可能的。因為《圓覺經大疏鈔》記載神會在見了惠能後，曾又一次「北遊，廣其見聞，於西京受戒。景龍年中，卻歸曹溪」。惠能圓寂於先天二年（713），那時神會差不多已三十歲，勉強可以說是「中年」。但是，這裡又來了疑問，為甚麼敦煌本《壇經》說，神會至曹溪蒙惠能開悟，「神會作禮，便為門人，不離漕溪山中，常在左右」④，而不提他曾來了復去的事實？為甚麼請王維寫《能禪師碑》的神會，在王維那裡不提第一次「問道」，而只提第二次「問道」？是不是神會在第一次參訪惠能時，根本就不像後來所說的那樣「作禮未訖，已悟師言」，「兩心既契，師

① 見《續藏經》第 14 冊，553 頁，一一〇冊，866 頁。
② 《菩提達摩南宗定是非論》，載楊曾文編《神會和尚禪話錄》，32 頁；又見於《神會和尚遺集》，291 頁。
③ 《王右丞集箋注》（上海：上海古籍出版社，1984）卷二十五，第 449 頁。
④ 《壇經校釋》，90 頁。

資道合」，而是依然以神秀一系為正宗呢？第三個疑問是，他第一次到曹溪後又回西京長安受戒，《神會塔銘》說，神會「僧臘五十四夏」[①]，也就是說，他的「西京受戒」應在唐中宗神龍元年（705），這前後正是神秀及其弟子普寂在長安的極盛時期，是不是神會還有試圖在神秀門下分潤聖澤的意思？而神秀於神龍二年（706）圓寂後，他為甚麼又離開長安回轉曹溪惠能處？是不是與普寂等年長同門難以相處的緣故呢？這裡實在疑問很多。幸好，這些疑問並不影響禪思想史的大關節，所以，我們可以暫時用括號把它們懸置在一旁。

可是，下面的幾個問題卻是無論如何繞不過去的。

一、關於滑台大會

開元二十年（732）在滑台（今河南滑縣東）大雲寺舉行的無遮大會上，神會與崇遠法師進行了一次關於禪宗正脈、禪宗思想、禪家經典的論辯，這就是胡適所說的「北宗消滅的先聲，也是中國佛教史上的一大革命」。但是，關於這次大會，禪宗文獻中除了神會一系的《南宗定是非論》外，只有《壇經》中有一點隱隱約約的暗示，敦煌本《壇經》第四十九則載惠能圓寂前，曾說到：

> 吾滅後二十餘年，邪法撩亂，惑我宗旨。有人出來，不惜身命，定佛教是非，豎立宗旨，即是吾正法[②]。

---

① 《神會塔銘》，《文物》1992 年第三期，67 頁。
② 《壇經校釋》103 頁。

從惠能圓寂的先天二年（713）到神會在滑台與崇遠論辯的開元二十年（732），正好是二十年，我們不妨把它看成是一種以「預言」形式寫下的「歷史」。此外，就只有宗密《圓覺經大疏鈔》卷三之下和敦煌本《歷代法寶記》中一筆帶過的兩句話了。可是在《神會塔銘》《祖堂集》《宋高僧傳》及各種碑銘文獻中，滑台大會卻從未見提及，倒是天寶四載（745）在洛陽弘法之事卻屢見記載。如：

> 有皇唐兵部侍郎宋公諱鼎，迎請洛城，廣開法眼。樹碑立影，道俗歸心[1]。
>
> 天寶四載，兵部侍郎宋鼎請入東都，然正道易中，謬理難固，於是曹溪了義大播於洛陽，荷澤頓門派流於天下[2]。
>
> （神）會於洛陽荷澤寺崇樹（惠）能之真堂，兵部侍郎宋鼎為碑焉。會序宗脈，從如來下西域諸祖外，震旦凡六祖，盡圖繢其影，太尉房琯作《六葉圖序》[3]。
>
> （神會）乃入京（洛陽），天寶四年，方定兩宗，乃著《顯宗記》盛行於世[4]。

這樣，我們就不免要懷疑被神會一系文獻，以及格外看重這些文獻的胡適所大力渲染的「滑台大會」的重要性了。

---

[1] 《神會塔銘》，《文物》1992 年第三期，67 頁。

[2] 宗密《圓覺經大疏鈔》，見《續藏經》第 14 冊，553 頁。

[3] 《宋高僧傳》卷八《唐韶州今南華寺慧能碑》，173 頁。宇井伯壽認為，此事即確立惠能為六祖，建六祖真堂、序宗脈，才是神會攻擊北宗最重要的旨趣，山崎宏也同意這一看法，見山崎宏《荷澤神會禪師考》，同氏編《中國の社會と宗教》（東洋史學論集第二，東京：不昧堂書店，1954），436 頁。

[4] 《景德傳燈錄》卷五，24 頁；《五燈會元》卷二同此。

很多人讀《神會語錄》，會產生一種誤解，以為神會語錄裡那麼多的言説，都是辯論會的精彩演説，就好像《三國演義》裡諸葛亮舌戰群儒一樣。其實，《神會語錄》中的大多數言説，是他在各地與人談話的記錄，歷時相當長。比如，圭峰宗密《圓覺經大疏鈔》卷三下所説「因南陽答（王趙）公三車義，名漸聞於名賢」那一段對話，是在開元初年。因為王琚拜戶部尚書在先天二年（713）至開元初年，而《語錄》中正是稱王為「戶部尚書」的[①]。這時，神會剛從惠能處北上，不過三十歲，從「名漸聞於名賢」這一句也可以看出，當時他尚為一無名之輩。又如，下一段與崔日用的對話，則是在開元十年（722）之前，因為崔日用（齊公）據《舊唐書》卷九九卒於此年。再如，接下去的與侍郎蘇晉的對話，也大約在開元三年至十四年之內，因為蘇晉任侍郎，據《舊唐書》卷一百大約是在此期之中。再如，與王維在南陽的對話，據陳鐵民《王維年譜》是在開元二十八年（740）王維以殿中侍御史知南選途經南陽臨湍驛時。而與給事中房琯的對話，則應在天寶五載（746）之後，因為據《舊唐書》卷一百十一，房琯是此年正月才任給事中的，這時上距神會初出道已經是三十幾年，離滑台大會已經是十幾年了。

　　其實，與神會在滑台大會當面辯論的人只有一個，即《菩提達摩南宗定是非論》中的崇遠法師。

　　在滑台大會上作為神會對手的辯論者是崇遠，但相當多的研究者都把他誤當作北宗神秀一系的禪師，因為這樣一來，就順理成章地使這一次僧諍事件具有了南北分宗的意義，從胡適開始，人們就

---

① 見《舊唐書》卷一〇六《王琚傳》，3250 頁。

有這一來自直覺的印象。可是，崇遠的真實身份實在是一個謎①。按照唐代的習慣，凡是以參禪為修行主旨的大都稱「禪師」，以持律為修行主旨的大都稱「律師」，以講論為修行主旨的大都稱「法師」②。而有限的關於崇遠的資料中，都是把他叫作「法師」的，說他「解義聰明，講大乘經論更無過者」。可見，宇井伯壽《禪宗史研究》歷考北宗禪第一代至第四代弟子，而不將崇遠列入，實在不是一時疏忽，而是有道理的謹慎。而印順《中國禪宗史》說崇遠是講經法師而不是北宗禪師，的確是有根據的說法，而不是有意立異的自出機杼③。

如果崇遠與北宗禪沒有瓜葛，那麼，神會在滑台大會上的表演就彷彿是在上演與風車大戰的獨角戲，或在對手不在的時候作缺席審判。而崇遠就彷彿是一個旁邊打邊鼓的幫腔或當事人不在場的辯護律師。其實，北宗禪高掛免戰牌並不是膽怯，而可能只是不屑。當時的北宗禪正如日中天，神秀下面第一代弟子中，義福、普寂、降魔藏等都還在世，第二代弟子也已門庭廣大。加上背靠朝

---

① 《南宗定是非論》中的一段話，是目前唯一有關崇遠的資料：「當寺崇遠法師者，先兩京名播，海外知聞。處於法會，詞若湧泉，所有問語，實窮其原。提婆之後，蓋乃有一。時人號之『山東遠』。」這裡也看不出他與北宗有何瓜葛，雖然他在與神會論辯時有站在北宗立場上的問話，也只能視為一種代人立論的慣常作法，並不能說明他是北宗禪師。

② 日本圓仁著，白化文、李鼎霞校注《入唐求法巡禮行記校注》(石家莊：花山文藝出版社，1992) 71頁，「說世間無常苦空之理，化導男弟子、女弟子，呼道化俗法師也，講經論律記疏等，名為座主和尚大德，若納衣收心，呼為禪師，亦為道者，持律偏多，名律大德，講為律座主。餘皆準爾也」。

③ 前引宇井伯壽《禪宗史研究》第六《北宗禪人人教說》；又，印順《中國禪宗史》(南昌：江西人民出版社，1990)，262頁。可是，仍有不少學者沿襲那種來自印象的說法，以為崇遠是北宗禪師，如潘桂明《中國禪宗思想歷程》(北京：今日中國出版社，1992) 就說，崇遠為「神秀一系」，不知有何根據。156頁。

廷，又如何會把一個神會放在眼裡，更不會為兩京之外的一個異端之會而大動干戈。倒是神會，卻必須以石破天驚的話頭和驚世駭俗的語氣，向勢大位高的北宗挑戰，以引起僧俗兩界聳動。所以，他對崇遠這個並不是真正對手的法師，也進行了極尖刻的嘲諷，並以他為「假想敵」對「天下知聞，眾口共傳」的北宗進行了極猛烈的抨擊[1]。也許，正是這種出人意表的激烈態度，讓崇遠感到大惑不解，便問道：「如此相非斥，豈不與身命有仇？」「修此論者，不為求名利乎？」神會立刻表演了一個捨生取義的角色，說「身命尚不惜，豈以名利關心」。但是，雖然當時有乾光法師、福先寺師、荷澤寺法師等四十多人在，卻不見有真正的北宗禪師在場，神會的這些表演，多少有一些落空的味道。儘管神會也許在論辯中贏了崇遠（這還只是神會一系的說法，真情如何還很難說），但正如印順所說，並不意味着神會就贏了北宗，因為北宗禪師根本還沒有正面回應。

不過，滑台大會雖然並沒有形成石破天驚的效應，卻可能給了神會一次歷練的機會。按照獨孤沛為《南宗定是非論》卷首所寫的題詞，神會與崇遠的辯論從開元十八年起，每年都在不斷地進行着[2]，在這些持續的辯論中，神會逐漸形成並宣佈了自己與北宗禪對抗的理論綱領，即：（一）以「念不起，見本性」為坐禪的思想；（二）以般若系《金剛經》為「一切諸佛母經」的經典的立場；（三）以惠能及自己為正脈的傳法系統之說。這一系列新提法，可能使北

---

[1] 胡適在 1958 年重新校訂神會遺著時，也許已經發現了這一問題，對崇遠的身份的舊說法作了修正。但同時他又提出了一個極富想像力的猜想，說崇遠有可能是神會和尚請來的一位有訓練的「配角」，但這一說法卻沒有堅實的根據。見前引《神會和尚遺集》，369 頁。

[2] 獨孤沛《菩提達摩南宗定是非論》，楊曾文編校《神會和尚禪話錄》，17 頁。

宗不能不認真應對，所以當天寶四載（745）也就是滑台大會十一年之後，神會到了北宗禪大本營洛陽時，北宗禪師就開始運用各種手段對神會進行回擊了。

二、洛陽之行及天寶十二載的被逐

天寶四載，神會應侍郎宋鼎之約到洛陽，開始了與北宗的正面對抗。

由於這一次的論辯沒有流傳下來，使得人們無法窺見其中的內容，也使得一些學者忽略了它的意義，彷彿這一次的對抗還不如滑台大會似的。其實，從我們上引《宋僧傳》《圓覺經大疏鈔》《神會塔銘》及《歷代法寶記》都提及這一次洛陽之行，而未必提及滑台之會，從神會滑台大會之後風平浪靜，而洛陽爭辯之後屢遭迫害等蛛絲馬跡中，就可以知道這一次在北宗老巢、政治中心長達八年的面對面抗衡，實在比那幾次在地方寺院的背對背論爭要重要、也激烈得多。用《圓覺經大疏鈔》《中華傳心地禪門師資承襲圖》與《神會塔銘》互相參照，大概可以知道，神會與北宗禪師在洛陽的較量中，最主要的大約是「直入東都，面抗北祖」。據説，普寂曾「在嵩山樹碑銘，立七祖堂，修《法寶紀》，排七代數」，所以神會也在洛陽荷澤寺立惠能的真堂，請宋鼎寫碑，自己「序宗脈」，並請房琯作《六葉圖序》[1]。這完全是針鋒相對的做法，而這種做法，又恰恰觸犯了北宗的忌諱，於是神會也遭到了極嚴厲的貶斥。

---

[1] 《宋高僧傳》卷八《唐韶州今南華寺慧能傳》，173—175 頁；又參《唐洛京荷澤寺神會傳》，179—180 頁。

但是，神會在洛陽的振臂一呼，無疑吸引了一大批佛門弟子，他那種「不惜身命」的激烈言論，也會使一些人感到新穎和刺激。在神會的弟子中，像黃龍山惟忠是「遊嵩嶽，見神會禪師」而入門下的；靈湯泉志滿是先在潁州，後「聞洛下神會禪師法席繁盛，得了心要」的；廣敷「登戒畢，遊嵩、少、兩京，遇神會禪師，大明玄旨」；進平在「洛下遇荷澤會師了悟」；行覺原在鉅鹿永泰寺受業納戒，「後於洛都遇（神）會禪師開悟玄理」；雲坦「隨父至洛陽，聞荷澤寺有神會大師，即決然蟬蛻萬緣，誓究心法」；乘廣十三歲先依衡嶽天柱想公「以啟初地」，後至洛陽投荷澤神會「以契真乘」[①]。可見，洛陽的八年傳教生活，對於神會來說，實在是一個極重要的時期，荷澤系正是在這樣的情況下逐漸形成，並作為禪門的異端力量，在神會生前身後開始產生了影響。特別是，一些不屬於神秀系統的禪門宗派，也漸漸地匯聚到了神會的旗幟與思想之下。

很可能神會的活動頗有成效，許多達官貴人及平民百姓都對這種新鮮的禪說很感興趣。雖然《宋高僧傳》所謂「致普寂之門盈而後虛」，《圓覺經大疏鈔》所謂「曹溪了義大播於洛陽，荷澤頓門派流於天下」是過甚其詞，但他的勢力威脅到北宗的根基，倒是無可懷疑的。《神會塔銘》說的「樹碑立影，道俗歸心」，對於在東都經營許久的北宗禪來說，實在是臥榻之側的肘腋之患。不過，當時的北宗畢竟「勢力連天」，於是在天寶十二載（753），神會被御史盧弈以「聚眾」的罪名貶出洛陽。據《祖堂集》卷三、《宋高僧傳》卷八說，盧弈是普寂的門下或與普寂有私交，所以，黨同伐異給神會

---

① 以上見《宋高僧傳》卷九、卷十、卷二十、卷二十九，208、223、514、725、731 頁。又《全唐文》卷七三一賈餗《揚州華林寺大悲禪師碑銘並序》，3344 頁；《文苑英華》卷八六七劉禹錫《袁州萍鄉縣楊岐山故廣禪師碑》，4574 頁。

安了這種罪名。當然，以上這些是神會或南宗一脈的說法，不一定是事實真相[1]。據《舊唐書》卷一八七下及《新唐書》卷一九一記載，盧奕是一個有「清節」，性「剛毅」的官員，由於他在安史亂中的堅貞立場，贏得當時及後世的一致讚揚，被史家列入《忠義傳》。所以他是否「阿比於（普）寂」實在很難說，也許，其中別有一番隱情也未可知[2]。正因為如此，《宋高僧傳》的繫詞才極鄭重地總結道，神會「旁無力輪，人之多僻，欲無放逐，其可得乎」。同時，又批評他「犯時之忌」「失其所適」。這裡所說的「犯忌」和「失適」，大概正是前面所指的「自異」（標新立異）和缺乏「外護」（政治保護）。因為對於「聚眾」的新興宗教門派，傳統中國的官方歷來是心懷戒懼的，尤其是在當時兩大政治中心之一的東都洛陽，而《圓覺經大疏鈔》中恰恰說道，神會被控的罪名就是「聚眾」。

不管事實真相究竟如何，神會是被趕出了洛陽。《祖堂集》《宋高僧傳》等沿襲南宗說法的文獻，都記載了一個極不可信的故事，說當神會被逐時，唐玄宗曾召見他，由於他的陳述「言理允愜」，所以「聖情鄭重」，把他「敕移往均部」（《祖堂集》作「有司量移均

---

[1] 《祖堂集》卷三，159 頁；《宋高僧傳》卷八，180 頁。

[2] 大膽地作一個猜想。我懷疑神會之貶，也許與天寶年間政壇風雲有某種關係。作為神會的支持者並為之撰寫爭正宗的《六葉圖序》的房琯，據《舊唐書》卷一一一本傳稱，他平時就好「高談虛論，說釋氏因果，老子虛無」，又從《太平廣記》（北京：中華書局，1961）卷一四八「房琯」條、卷九七「義福」條、卷二一五「邢和璞」條可以看出，他對道教、北宗禪同樣有濃厚的興趣，所以，並不一定是神會禪法的堅定信仰者，但是，由於他對神會的支持鼓吹，他被當作南宗荷澤的靠山，天寶五載至六載間（746—747），由於李適之與韋堅被李林甫排擠，他受牽連而罷官，貶為宜春太守，於是，神會失去了朝廷中的支柱，而一直試圖將神會逐出洛陽的北宗禪則少了一分顧慮，也許就是這一契機，造成了神會的被逐。當然，這只是一種猜想。又，對於召神會來洛陽的宋鼎，我至今未能查到有關的史料。

州」)。可是，如果唐玄宗對神會有如此關照，又為甚麼依然要把他放逐在外，而不顧神會在洛陽的數年慘淡經營呢？顯然，這是神會一系自我解嘲的粉飾之詞，不過是為神會挽回面子而已。倒是宗密《圓覺經大疏鈔》說得直率一些，他根本不提此事，直截了當地寫道：

> 天寶十二年，被譖「聚眾」，敕黜弋陽郡，又移武當郡，至十三載，恩命量移襄州，至七月，又敕移荊州開元寺，皆北宗門下之所（譖）也。

可見，根本不存在唐玄宗恩寵有加的事情，就是這連續四次的「量移」，看來也是一次比一次令神會沮喪，否則他們不會認為這都是「北宗門下」的陰謀。對於神會來說，這真是一次災難，用宗密的話說，神會當時是經歷了「百種艱難」的①。《全唐文》卷七三一保存了一篇關於神會弟子雲坦的《揚州華林寺大悲禪師碑銘》，其中也恰恰記載了天寶十二載（753）神會被逐時的情況：

> 後十五日，而荷澤被遷於弋陽，臨行謂門人曰：吾大法弗墜矣。遂東西南北，夫亦何恆？

---

① 宗密在《圓覺經大疏鈔》卷三之下（《續藏經》第 14 冊，553 頁）、《中華傳心地禪門師資承襲圖》（《續藏經》第 110 冊，867 頁）曾說到：「大師遭百種艱難等事，皆如先所呈略傳，廣在本傳，他日具呈」，可見宗密另有《神會傳》，可惜已不能見到了，但新出《神會塔銘》證明宗密的史料來源相當可靠，所以，宗密沒有說到唐玄宗的恩寵，一定有其道理。

從中可以看得出來的是，他的心境是一種失敗的悲涼與苦撐的悲壯，而不是一種蒙恩的欣喜與勝利的驕傲。事實也證明，在神會被逐之後，洛陽依然是北宗禪極其興隆的局面。

　　這種局面一直到安史之亂的鐵蹄踏破洛陽才宣告結束 [①]。

三、「香水錢」的問題

　　相當多的禪宗史研究者都相信，神會一系這種被壓制的情況的改變，其契機是神會利用為朝廷募「香水錢」資助軍餉，從而獲得了政治的支持。這一說法最早是在宋代贊寧《宋高僧傳》中出現

---

① 參看前一章《北宗禪再認識》。這裡附帶地說明一點，惠能的弟子中，並不是只有神會一人向北宗禪提出挑戰，《歷代法寶記》中曾說道，天寶年間，范陽有明和上、東京有神會和上、太原有自在和上，「並是第六祖師弟子，說頓教法」。特別是，當神會在唐王朝兩大中心之一洛陽與普寂一系爭正宗鬧得沸沸揚揚的時候，惠能的另一弟子司空山本淨在另一中心長安與北宗禪進行了激烈的辯論，本淨 (667—761) 比神會年紀大，入惠能之門也較神會早，據《祖堂集》《宋高僧傳》《景德傳燈錄》各書的《本淨傳》的記載，天寶三載 (744) 也就是神會入洛的前一年，他就被召到了長安。第二年的正月十五日，他就在皇帝的主持下與「京城內大師大德」於內道場展開了辯論，與他辯論的有「泰平寺遠禪師」「香山僧慧明」(《景德錄》作志明禪師)、「白馬寺惠真」(《景德錄》作真禪師)、「法空禪師」「福先寺安禪師」「照成寺達性禪師」「士人孫體虛」(《景德錄》作近臣)，辯論的主題是「無心無相不一不異」。從本淨的話中可以看出，他在禪思想上比神會更加偏向《般若》而疏離《楞伽》，與北宗禪的分歧更大。《宋高僧傳》卷八形容這次內道場之爭中的本淨，「舉措容與，四面枝梧，譬墨翟之解九攻機械矣。既而辯若建瓴，酬抗之餘，乃引了義教援證。復說伽陀，一無留滯。皇情懌悅，觀者歡嗟」，186 頁。彷彿本淨在此也是大獲全勝似的，但是，禪宗燈錄都沒有這種勝利的記載，只是說了一句「敕謚大曉師」。可能本淨的結局，也並不比神會強多少，他的勝利並沒有改變北宗禪在長安的統治地位，也許他的勝利就像神會一樣，只是使南宗禪思想在北宗老巢打進了一個楔子。所以，南宗後來的成功，並不能說是神會一人荷澤一系的功勞。

的，但把它當作南北宗之爭的一個大關節，則是 20 世紀 20 年代末 30 年代初，胡適《荷澤大師神會傳》提出來的。後來，幾乎所有的禪史著作都接受了這一判斷，就連印順《中國禪宗史》也不例外。當然，贊寧此書有不少極有價值之處，撰述態度也頗為嚴謹，又不大有禪宗內部的黨同伐異習慣，想必這一記載自有來源。但從現在的資料看，這一記載很可能是贊寧誤信了某種不實之詞。

《宋高僧傳》關於此事的記載如下：

> ……兩京版蕩，駕幸巴蜀，副元帥郭子儀率兵平殄，然於飛挽索然。用右僕射裴冕權計，大府各置戒壇度僧，僧稅緡謂之香水錢，聚是以助軍須。初洛都先陷，（神）會越在草莽，時盧弈為賊所戮，群議乃請（神）會主其壇度。於時寺宇宮觀，鞠為灰燼，乃權創一院，悉資苫蓋，而中築方壇，所獲財帛頓支軍費。代宗、郭子儀收復兩京，（神）會之濟用頗有力焉 [1]。

表面上看來，這是順理成章的。但是仔細追究下去，問題就出來了。第一，這一記載為甚麼既不見於《神會塔銘》，又不見於唐五代對神會作詳細介紹的《圓覺經大疏鈔》和《祖堂集》，而出現在宋代的《宋高僧傳》中？按照慣例，這種榮耀的歷史總是會被禪門弟子們搜集到燈錄中的。作為一個自認荷澤傳人的後學弟子，宗密寫過神會傳記，也不至於把這等大事忘在一邊，但是，他卻一字未提。第二，就算這段記載淵源有自，它也不可全信，神會當時究

---

① 《宋高僧傳》卷八，180 頁。

竟是在洛陽還是在荊州?《宋高僧傳》很含糊地說了一句「越在草莽」,草莽顯然不是洛陽。據《圓覺經大疏鈔》說,自天寶十三載(754)七月神會量移至荊州開元寺,至乾元元年(758)五月他去世仍在荊州開元寺;出土的《神會塔銘》也說神會「行邁江表之際,方有羯胡亂常」,「乾元元年五月十三日,荊府開元寺奄然坐化」。可見安史之亂中神會一直在荊州而不可能在洛陽。那麼,他會不會有一次短暫的洛陽之行呢?當然有可能,但是,至今沒有證據可以表明高僧薈萃的東都,要到荊州去請一個被貶的和尚來主持大計。退一步說,就算如此,在安史亂軍佔領洛陽之時,他又如何進入洛陽為盧弈主其壇度,又開壇度僧,再把籌集的款項送到郭子儀處,以支持他收復洛陽與長安呢?難道他在洛陽有過一段類似間諜做地下工作的歷史不成?而盧弈,則是當年迫害神會的首要人物,為甚麼人們偏偏要請被害者來主持其壇度?是表示佛門的寬宏大量,還是為這兩個冤家在生死歧路上結一個歡喜緣?第三,也是最重要的一點是,即使有神會的那點香水錢,它是否真的能使朝廷對南宗給予特殊的恩遇?

關於這第三點,我們不妨分三層來看。

首先,度僧籌款是唐代一個常用的經濟手段,據法國學者謝和耐(Jacques Gernet)的研究[1],從安史之亂一開始(755年年底),唐王朝就為籌集軍費而採取了這一策略,最早實施這種賣度牒以收錢緡的是太原地區。《舊唐書》卷四十八《食貨志上》、《新唐書》卷五十一《食貨志一》都記載安史之亂初期,楊國忠「遣侍御史崔眾至太原納錢度僧尼道士,旬日得百萬緡而已」。唐肅宗即位(756

---

[1] 謝和耐《中國五—十世紀的寺院經濟》,耿昇譯,蘭州:甘肅人民出版社,1987。

年年底）後，又有御史鄭叔清與宰相裴冕建議，諸道賣「空名告身」和「官勳邑號」，結果是「度道士僧尼不可勝計」。到了安史之亂即將結束，兩京收復時（約 758 年年初），又在「關輔諸州，納錢度道士僧尼萬人」[①]。那麼，神會在這種普遍開壇度僧以換錢緡的風氣中，是否又佔了甚麼重要的位置呢？顯然不能這麼說，因為據我們考證，當時度僧收「香水錢」的州郡至少有二十處，不僅河東（太原等地）、關輔（關中諸州）及神會所在的荊州，就連遠在西北的敦煌，都有資料表明曾度僧收錢[②]。所以，神會在「香水錢」一事中取得朝廷決定性的支持，並以此獲得壓倒北宗的契機這一說法顯然是成問題的。況且就佛教的規矩來說，一般開壇度人的主持者應當是律師，而不應是禪師，就連法如、惠能等禪家領袖雖然得五祖弘忍的印可，他們正式受具戒，都要另請律僧開壇。神會的弟子中，慧堅是在洛陽跟隨神會後又到汾州受具戒的，如果神會能臨壇授戒，又何必捨近求遠？就算神會是被當作「高行」而被推舉出來的人選，他也只是參與者之一，為甚麼朝廷要對他格外青睞？

其次，《宋高僧傳》所謂肅宗詔入內供養一事也是極其可疑的。前引《神會塔銘》等資料已證明神會在被逐出洛陽後一直在荊州，最後圓寂在荊州開元寺，是死後才遷葬於洛陽龍門寶應寺之塔的，並不是由於神會用「香水錢」支持了朝廷，唐肅宗就感念報恩，把他供養起來。這一想當然的邏輯，是建立在神會在支持朝廷上拔了頭籌的基礎上的，如果神會在香水錢上只是作了一些普通的事，那麼，朝廷又有何必要一定讓他在佛教中獨佔鰲頭？

---

① 《舊唐書》卷四十八，2087 頁；《新唐書》卷五十一，1347 頁。
② 法藏敦煌卷子本 P.4072、P.3952，後一份文件中引述了乾元元年（758）的敕令，說明唐肅宗的確曾頒令各州郡度僧納錢。

最後，退一步説，就算朝廷召神會入東都供養，是不是就意味着神會一系得到了絕對的支持？也未必如此，在當時的資料中，我們還可以看到，其他得到朝廷恩寵的僧人不少，比如，被認為是神會後台的郭子儀，就舉薦過北宗普寂、廣德的弟子常超為「東京（洛陽）大德」；表奏過北宗另一支老安的弟子義琬「禪行素高為智海舟航」，使代宗賜謚「大演禪師」；肅宗時，曾從北宗「大照禪師所習定宴坐」的法津禪師，更得到皇帝的恩寵，在收復兩京後立即「飛錫上國，權住荷恩寺，奏免常住兩税，至今不易，又還官收地廿二項」，並屢次下詔表彰，賜給紫袈裟及金鈎①。稍後，代宗又曾召牛頭宗徑山國一，「授以肩輿，迎於內殿，既而幢幡設以龍象圖繞……於章敬寺安置」②。是否可以説北宗、牛頭宗也都得到了朝廷的絕對支持呢？如果佛門幾家都可以得到如此的恩榮，那麼，這種恩榮除了表示得到官方認可的合法性外，又有甚麼特殊的意義？

顯而易見，「香水錢」之捐的意義遠不像有的學者所説的那麼顯著。

四、荷澤門下的地理分佈及其影響的評估

神會於天寶十二載（753）被逐出東都洛陽後，再也沒有能重返唐王朝的中心。雖然如此，正如我們前面所説的，他所提出的驚世

---

① 《大唐荷恩寺故大德法津禪師塔銘》，載《唐代墓誌彙編》1596頁，上海：上海古籍出版社，1992。
② 《文苑英華》卷八六五李吉甫《杭州徑山寺大覺禪師碑銘並序》，4564頁。又參《全唐文》卷三一六李華《故中嶽越禪師塔記》，1419頁；《全唐文》卷九九七闕名《唐故張禪師墓誌銘並序》，4580頁（參校《唐代墓誌彙編》1764頁）。

駭俗的禪思想、禪世系的新說，畢竟已經發生了影響，而他在洛陽以其個人魅力所吸引的弟子，也逐漸形成了門派。儘管他在天寶十二載之後的活動以及安史之亂中的努力，並不能改變當時北宗獨盛的局面，但是，已經沒有人能無視他與荷澤宗的存在了。特別是安史之亂佛門遭到浩劫後，北宗禪勢力漸衰，神會弟子的影響就逐漸凸顯起來，成了與北宗、牛頭宗以及後來的馬祖系鼎足而立的荷澤一宗，使惠能南宗禪系迅速崛起。

現存神會門下諸弟子的傳記，有無名（722—793）、行覺（708—799）、皓玉（生卒年不詳，約 700—784）、光瑤（716—807）、進平（699—779）、福琳（704—785）、志滿（715—805）、廣敷（695—785）、圓震（705—790）、神英（693—767）、道隱（707—778）、慧演（718—796）、雲坦（一作靈坦，709—816）、乘廣（後為馬祖門下，717—798）、惟忠（705—782）、慧堅（719—792）等。值得注意的是，這些荷澤門下的禪師的地理分佈幾乎與北宗禪重疊，如志滿在宣城黃山（今安徽）、雲坦在揚州（今江蘇）、光瑤在沂蒙（今山東）、無名在洛陽（今河南）、廣敷和乘廣在宜春（今江西）、神英在五台（今山西）、進平在唐州（今山西）、道隱在寧州（今甘肅）、福琳在黃陂（今湖北）、行覺在荊州（今湖北）、皓玉在衡山（今湖南）、慧演在澧陽（今湖南）、慧堅在長安（今陝西）。如果再加上《中華傳心地禪門師資承襲圖》所記的河陽空、涪州朗、潞州弘濟、鳳翔解脫、西京法海等，可以說，神會的門下覆蓋了當時唐王朝的中心大部分地區。

這裡順便討論摩訶衍的師承，自從敦煌文書尤其是《頓悟大乘正理決》公佈之後，很多人都認為神會的禪思想，由於摩訶衍的活動，佔領了西域，傳到了吐蕃，因為據宗密《中華傳心地禪門師資

承襲圖》的記載，神會門下有一個弟子就叫摩訶衍。但是，這一巧合有些讓人感到疑惑，因為這個影響吐蕃的摩訶衍在幾道表章中，並沒有提到神會，倒是屢屢提到幾位北宗禪師。他自己說，「摩訶衍依正法和上，法號降魔、小福、張和上，準仰大福六和上，自從聞法以來，經五六十年……」[①] 這段話雖然有些難解之處，但大體上可以明白，這個摩訶衍是師承了神秀門下第一代弟子的，降魔即泰山降魔藏，小福即《景德傳燈錄》卷四有名無傳的京兆小福，張和上可能就是後面所說的大福，《八瓊室金石補正》卷六十七有其碑。總而言之，從這一點上來看，這個摩訶衍不像是神會門下，倒肯定是北宗神秀第二代後學。如果從他的思想上來看，他一再引述《楞伽》和《思益》，讓人想起李邕《大照塔銘》中神秀對普寂所說的，《楞伽》與《思益》「此兩部經，禪學所宗要者」的話[②]；而他特別強調的「坐禪看心」，也讓人想起北宗禪「凝心入定，住心看淨」的宗旨。按《南宗定是非論》中崇遠法師的引述，這正是普寂和降魔藏教人的「教門」，那麼，這個摩訶衍會是與北宗鬧得沸沸揚揚的神會的學生麼[③]？

---

① 《頓悟大乘正理決》，轉引自戴密微《吐蕃僧諍記》，耿昇譯，203—204頁，蘭州：甘肅人民出版社，1984。

② 《全唐文》卷二六二《大照禪師塔銘》，1174頁。

③ 關於摩訶衍的問題，可以參看前引法國漢學家戴密微那本功力深厚的著作《吐蕃僧諍記》，但是，戴密微對他的門派問題採取了模棱兩可的敘述方法，也沒有考出他所提及的幾位北宗禪師，在1970年《通報》第六十一卷一至三期（中文譯本載《敦煌譯叢》第一期，蘭州：甘肅人民出版社，1985）評述上山大峻及柳田聖山兩部著作時，雖然已經看到了問題，但是，依然沒有對他的師承做進一步的分析。日本學者對此的態度也大體如此，見《敦煌佛典と禪》，402、423頁，東京：大東出版社，《敦煌講座》第八種，1980。關於小福，不少人都以為指的是義福，其實《景德傳燈錄》中已經有「京兆小福」之名，與赫赫有名的義福不（轉下頁）

當然，我們說摩訶衍不是神會門下，只是說明北宗禪並沒有在神會的一擊之後土崩瓦解，而是依然實力雄厚，在前面《北宗禪再認識》一章中，我曾以「瘦死的駱駝比馬大」來比喻北宗禪在安史之亂後的情況，北宗禪在安史亂後雖然不再獨享朝廷的恩寵，但也不曾受到政府當局的迫害。雖然經營已久的兩京禪門受到了戰亂衝擊，但「散在群方」的高僧依然很多。尤其是它一直以政治權力為倚仗，以禪門正宗為支柱，早已將門庭廊廡建得廣大。所以應該說，8 世紀後半即中唐之初的禪門大勢是，北宗依然維持着它第一大派的局面。當然，也應該看到北宗正在逐漸失去它獨領風騷的優勢，而荷澤宗雖然不能在一時間很快將北宗摧垮並取而代之，但力量的對比卻在悄悄變化。

這裡有一個對荷澤宗，特別是其第二代弟子的影響進行評估的問題。我們前面說，神會的影響並不足以改變南北宗地位，而南宗與北宗真正分庭抗禮的現象，實際上出現在荷澤第二代弟子的時代，也就是中唐之初，這是一個漸變的過程。其原因不僅僅在於神會一系的努力，神會的弟子還不足以產生這麼大的影響，也不僅僅是由於安史之亂後北宗禪的衰退，因為從現存資料來看，北宗尤其是普寂門下眾弟子在中唐之初仍十分活躍。北宗地位相對下降，恐怕和中唐時代，禪門各宗重新在一個起跑線上競爭，重新爭取政權的支持有關，也與其思想是否吻合中唐時代的需要，是否能重建一個從思想到實踐都適合士大夫的體系有關。這一問題我們將在第二節裡詳細討論，讓我們先來看神會門下第二代弟子在這一禪史轉

（接上頁）是一回事，宇井伯壽《禪宗史研究》懷疑他就是《楞伽師資記》中所說的神秀弟子「藍田玉山惠福禪師」，可備一說。

折期中的作用與影響。

在現存的史料中，還可以看到十幾個神會弟子的傳記與碑銘。這些弟子大體可分三部分：第一部分的弟子走的是傳統禪門隱居山林靜修的路子，如惟忠是在黃龍山「獨居禪寂，澗飲木食」，志滿是在「黃山靈湯泉所，結茅茨而止」，廣敷是在楊岐山「終日瞑目，木食度辰」，圓震是在南陽烏牙山隱居[1]。這些弟子雖然禪行高潔，但並不能將南宗禪法廣為弘揚，也不能使荷澤宗廊廡變得更大。第二部分弟子，他們走的是四處掛單訪學的路子，像神英遠走五台，無名「周遊五嶽、羅浮、廬阜、雙峰、皖公、爐嶺、牛頭、剡溪、若耶、天台、四明，罔不詢問」，他們可能在四處訪學的過程中將神會的禪思想傳播開來，但這種流動性很大的遊學，並不能使思想影響與宗教組織合二為一，結成一個禪門宗派與當時的各種宗派對抗。特別是還應該考慮到另一面的可能，在四處訪學的過程中，他們也會受到其他宗派的影響而淡化了荷澤宗那種性格極為突出的思想特徵[2]。最後第三部分弟子，則走的是通常開壇傳法的路子，如進平在唐州應刺史鄭文簡之邀，進城「闡揚宗旨」；道隱在寧州「道聲洋洋」，使「檀施豐洽，鬱成精舍」；慧演在澧陽傳道，據說「江南得道者多矣」；行覺於江陵得節度使崔尚書重視；皓玉於衡山受太守王展禮遇；光瑤在沂蒙先後受大夫知重和節度王僚禮請，在當地弘化，傳載「學侶憧憧，多沾大利」。特別是雲坦，則應丞相趙氏之約，在揚州華林寺九年，據碑銘說，其「門人遍天下」。這類荷澤弟子在各個地方的傳法活動，才使得神會的影響有所擴大，成

---

① 惟忠、志滿、廣敷、圓震分別見於《宋高僧傳》卷九，208 頁；卷十，223 頁；卷二十，514、515 頁。

② 神英、無名分別見於《宋高僧傳》卷二十一，535 頁；卷十七，427 頁。

了中唐之初的禪門一大宗派①。

不過，儘管中唐以後，地方的實力增強而中央的控制削弱，但對於一個不能不背靠朝廷來贏得正統地位的佛教門派來說，在地方的勝利，依然不能算是最後的勝利。所以，在這些弟子中最重要的，我以為可能是在唐王朝中心長安活動的慧堅（719—792）。宗密的《中華傳心地禪門師資承襲圖》雖然記了「西京堅」的名字，但《祖堂集》《景德錄》《五燈會元》《宋高僧傳》這些常見的文獻中，卻都沒有他的絲毫事跡語錄。所以，從胡適到宇井伯壽、山崎宏等都不曾注意到他在中唐之初禪史上的意義。所幸的是，西安碑林保留了一塊徐岱所撰的《唐故招聖寺大德慧堅禪師碑銘並序》，從這塊碑銘中，可以看到我們過去不曾注意到的一些歷史——

首先，我們看到，在神會天寶十二載（753）被逐出洛陽之後，是三十五歲的慧堅毅然「去山居，遊洛下」，繼承了神會的衣鉢和理想，在東都傳弘禪法。據說，當時嗣虢王李巨「以宗室之重」，正在洛陽，因仰慕慧堅之道，便以門人的身份執弟子禮，並奏請朝廷，令慧堅住東都大寺院聖善寺。

其次，在安史之亂中，當佛門眾人紛紛逃離長安時，他卻「以菩薩有遘難之戒，聖人存遊方之旨」。反倒逆流而上，西至長安，住在化度寺和慧日寺。據說，在安史亂軍中感到驚恐的人，都在他那裡得到安慰，於是「秦人奉之，如望歲者之仰膏雨」，因此，他在當時贏得了極高的聲響。

再次，也許是他的人格與行為的緣故，中唐之初唐代宗李豫把

---

① 進平、道隱、慧演、行覺、皓玉、光瑤分別見於《宋高僧傳》卷二十九，725、726、731、732頁；卷十，224頁。雲坦見於《全唐文》卷七三一《揚州華林寺大悲禪師碑銘》。

這位差不多四十歲的中年禪師請入長安招聖寺。據碑銘記載,「大曆中……(代宗)聞禪師僧臘之高,法門之秀,特降詔命,移居招聖,俾領學者,且為宗師」,顯然他已經獲得了他的師傅神會夢寐以求的恩寵與地位。可是,最重要的還不是這些,而是下面兩句:

　　　　遂命造觀音堂,並續七祖遺像。

這就是宗密《圓覺經大疏鈔》卷三之下中,特意提到的「大曆五年,敕賜祖堂額,號真宗般若傳法之堂」一事[1]。這一特別恩寵,表明神會荷澤一系終於得到了朝廷的正式承認,儘管確認神會的七祖身份,還要過若干年[2]。

　　最後,碑銘中還記載,慧堅在貞元初(785?)曾被唐德宗李适召入宮中,不僅回答了皇帝與太子關於「見性」的問題,而且「奉詔與諸長老辯佛法邪正,定南北兩宗」。雖然碑銘資料中沒有顯示這次辯論的直接結果,但無疑對貞元十二年(796)最後「楷定禪門宗旨,搜求傳法傍正」,立神會為七祖的事件,產生了間接的影響,因為那一次主持定南北兩宗的正是這個皇太子[3]。

---

[1] 《圓覺經大疏鈔》(《續藏經》第 14 冊),553 頁。又,《中華傳心地禪門師資承襲圖》(《續藏經》第 110 冊)867 頁中記載是在貞元十二年(796)由皇太子召集禪師楷定禪門時確立神會為第七祖的。

[2] 慧堅碑銘現存西安碑林,撰碑者徐岱乃中唐代宗、德宗時人,《舊唐書》卷一八九有傳,碑文原載《佛學研究》第七輯楊曾文校錄文,此引自陳尚君輯校《全唐文補編》卷五九,722—724 頁,北京:中華書局,2005。

[3] 小川隆《神會沒後の南北兩宗》認為,在安史之亂後的長安,禪宗史是從北宗到洪州宗的轉換,但是從禪思想的形成和展開上討論,在北宗和洪州宗之間,不能無視荷澤一系的存在,如果僅僅從禪宗在京師是否活躍這一點上看,似乎很難看到神會一系的人的活動。但是,其實他自己也提到了慧堅的活動,(轉下頁)

五、荷澤宗的盛衰

在中唐之初也就是代宗、德宗兩朝的四十年間，是北宗漸漸衰微，荷澤步步昌盛的時期，很可能同時的牛頭、洪州兩系都難以與其爭鋒，就連遠在四川的淨眾一派，都在悄悄地向它靠近。但是，這種勢頭很快就戛然而止，在洪州宗迅速崛起，特別是元和年間也就是 9 世紀初，章敬懷暉、興善惟寬在長安大弘馬祖禪法之後，荷澤系似乎一下子就衰落了，連神會的再傳弟子，乘廣門下的甄叔(？—820)都改弦更張，轉投了馬祖道一。宇井伯壽《禪宗史研究》第五《荷澤宗の盛衰》曾詳細地考證了神會一系的幾代弟子，他的考證也説明，神會一系的時代與北宗禪大體相彷彿，在 9 世紀初即進入了衰退期。此後，其第三代、第四代都不曾有出色的人物，841 年之後，就只有一個圓紹(811—895)尚存記載。雖然還有圭峰宗密闡揚神會荷澤宗，但還是比不了北宗禪的血脈綿長，也比不上洪州馬祖道一門下如滾油沃火。中國禪宗史從此進入了馬祖的時代。

這一變化的原因很複雜，洪州馬祖一派對荷澤神會一派的擠壓，當然會是一個因素，我在下一章《禪思想史的大變局》中將專設一節來討論洪州宗與荷澤宗的緊張關係。簡單地説，從宗密《禪源諸詮集都序》中「何以南能北秀水火之嫌，荷澤、洪州參商之隙」一語中，就可以看出端倪。但是，洪州宗的擠壓和爭鋒，畢竟還是外在因素，更深一層的內在因素，恐怕不是在宗派之間而是在思想之間。

（接上頁）而慧堅恰恰就表現了荷澤系在京師的存在。見《宗學研究》第三十三號，東京，1991。

神會及其弟子爭正宗的心思似乎格外重，對「七祖」頭銜的爭奪也看得過於重，從神會到慧堅，從慧堅到宗密，總在這一問題上糾纏不清，投入了過多的精力。他們對北宗普寂一系尊普寂為七祖，幾乎是抵死相爭，在朝廷未承認時就自稱「七祖」，朝廷承認了就急忙建七祖堂立七祖碑。其原因是甚麼呢？是他們心目中對七祖之「七」有一種迷信。圭峰宗密在《圓覺經大疏鈔》《中華傳心地禪門師資承襲圖》中，至少四五次提到：

> 今約俗諦，師資相傳，順世之法，有其所表。如國立七廟，七月而葬，喪服七代，福資七祖，經說七佛，持念遍數，壇場物色，作法方便，禮佛遶佛，請僧之限，皆止於七……古來皆目七祖禪印為心地法門。
>
> 從第七代後不局一人……初且局者，順世規矩。世諦之法，多止於七，經教亦然[1]。

本來，是「七祖」還是「八祖」在本質上並沒有差異，關鍵是這祖師的稱號是否能得到朝廷的肯認。在古代中國這種宗教沒有世俗權力的社會中，一個宗教門派要想取得正統的地位，在各門派中獨領風騷，必須得到皇室的認可。可是，他們偏偏覺得得到皇權承認必須在關鍵的第七代，這可能並不是神會一家的看法，中唐人沈亞之在《靈光寺僧靈祐塔銘》中就說，當時佛教徒「必祖自佛，派分諸系於七祖，各承其師之傳，以為重望」[2]。正因為如此，從神會起，

---

① 分別見於宗密《中華傳心地禪門師資承襲圖》，《續藏經》第 110 冊，867 頁；《圓覺經大疏鈔》，《續藏經》第 14 冊，445 頁，又，第 15 冊，262 頁。

② 《全唐文》卷七三八，3377 頁。

荷澤宗就在「爭七祖」方面花了太多的精力。

但是，注意到世俗權力的荷澤宗禪師，卻忽略了宗教思想的個性與魅力，在他們爭奪「七祖」稱號的時候，他們原來與北宗禪針鋒相對的、驚世駭俗的新思想，卻在逐漸蛻化之中。本來，神會的思想中就有着一定的矛盾，他從舊禪法到新禪法的轉換，就不是那麼徹底乾淨，楞伽系思想與般若系思想在他那裡就有糾纏不清之處。到了他的弟子輩，這種現象就越發凸顯。我們不妨看一個例子，「頓悟」「漸悟」是神會劃分南、北宗的一道界線，高倡「頓悟」的簡截方便法門，不僅是吸引信徒的方法，也是依據《般若》之「空」與道家之「無」，理順禪思想的捷徑，它是神會南宗思想的標誌之一。可是，從神會時代這一思想就有些吞吞吐吐，而在慧堅得到唐代宗的肯認之後，也許是為了消解其他門派的批評，也許是為了表示自家門徑的寬廣，他更從神會原來的立場上後撤一步。在與北宗及其他宗派的長老「辯佛法邪正，定南北兩宗」時，來了一個和稀泥的説法：

> 開示之時，頓受非漸，修行之地，漸淨非頓。知法空則法無邪正，悟宗通則宗無南北，孰為分別而假名哉[①]？

也就是説，他現在承認啟示的時候雖然是頓悟，但修行過程是一個漸進的過程，那麼，神會當年拚死攻擊北宗「法門是漸」，豈不是有一半落了空？而南、北之分豈不是有大半白費氣力？如果一個信徒能在意識中自覺地知法空、悟宗通，即使是奉北宗漸修之旨，

---

① 前引《慧堅碑銘》。

也屬於禪門正宗，那麼，當年又何必南北相爭自命「七祖」？似乎神會一系在站穩了腳跟之後，有相當多的弟子都在作這種高瞻遠矚式的姿態，像乘廣也曾表示，「機有深淺，法無高下，分二宗者，眾生存頓漸之見，說三乘者，如來開方便之門，名自外得，故生分別，道由內證，則無異同」[①]。宗密也曾明確承認「荷澤則必先頓悟，依悟而修」[②]。這種看似公允的說法，固然十分合理與正確，但是，它往往不能對人產生吸引力，就好像說今天可能下雨也可能不下雨一樣，正確雖然不容置疑，但沒有人願意總聽這種正確的廢話。據宗密說，神會當年之所以採取激烈的態度提倡「無念」，是因為「當時漸教大興，頓宗沉廢，務在對治之說，故唯宗無念，不立諸緣」。而現在呢？則應當回到「圓融為一」的立場上來，不應當「執各一宗，不通餘宗」，否則，就會像盲人摸象一樣，只知其一不知其二了[③]。

　　贏得正宗地位後的荷澤宗，它表現的那種寬容包含了在思想上一統禪門的急切慾望，這種慾望在圭峰宗密筆下表現得非常清楚。他的《禪源諸詮集都序》《圓覺經大疏鈔》《中華傳心地禪門師資承襲圖》中，反覆論證荷澤思想的「會通」意味。他曾一一列舉北宗、牛頭、洪州等派的思想，並分別進行批評，批評的尺度是荷澤宗的觀念，批評的歸宿是納入荷澤宗的大口袋。他把荷澤神會的思想說成是「遍離前非，統收俱是」，並解釋說，在禪宗各家中，北宗等「滯於染淨緣相，失天真本淨性德」，洪州宗等則「闕於方便事行，而乃盡於有為」，而荷澤宗是「以寂知為本，而隨緣修前方便之

① 《文苑英華》卷八六七，劉禹錫《袁州萍鄉縣楊岐山故廣禪師碑》。
② 《中華傳心地禪門師資承襲圖》，《續藏經》第 110 冊，874 頁。
③ 《圓覺經大疏鈔》卷三之下，《續藏經》第 14 冊，559 頁。

行……此乃所（有）其所通，無其所病也」。還解釋説，人們不應該
用荷澤宗的「後人局見」來看待它，荷澤與其他禪門各宗不同，不
是諸家之「一」，而是統攝各家的宗師。它之所以有與諸家辯論的
偏激之説，那也是不得已而為之的方便權宜，「如對未識鏡體之人，
唯云淨明是鏡，不言青黃是鏡」，其實，它説法與各家都可以兼容，
都可以涵蓋，當然更可以超越①。

　　兼容也罷，涵蓋也罷，超越也罷，都意味着它要修正或調整它
的原來立場，與原先抵死相爭的對手互相靠近，磨去自家思想的棱
角與鋒芒，用一種無所不包的姿態去握手言和。但是，同時也意味
着它要容納種種矛盾。可是，當人們尤其是深入其中的信仰者在進
一步梳理其中理路時，這裡的問題就會凸顯起來，使人產生懷疑：
佛性究竟是實有還是空無？修行究竟是見性之頓悟還是拂塵之漸
悟？終極境界究竟是寂知之沉靜還是自然之凸顯？

　　請注意，這三個問題之間，是有一種極嚴密的理路串連起來
的。表面上的頓、漸之爭背後，其實有相當大的理論歧異，不可能
説兼容就兼容，説涵蓋就涵蓋，更談不上簡單的超越。對於一種人
生的理論來説，那種大而無當的思想儘管有不容置疑的合理性與
公正性，卻不具有任何可行性與可信性。也許，正是因為神會的弟
子們逐漸失去了昔日的鋒芒與鋭氣，消解了過去的激烈與個性，所
以，也泯滅了他們與舊禪宗的界限，反而不如把思想推到極端的洪
州馬祖禪，來得痛快淋漓。乘廣的弟子甄叔，棄荷澤而轉投洪州，
不知是否出於這個原因。不管如何，荷澤宗在 9 世紀初，已經失去
了它的思想衝擊力，也失去了它的思想吸引力。

———————

① 《圓覺經大疏鈔》卷三之下，《續藏經》第 14 冊，558—559 頁。

第二節　荷澤宗思想理路中的新與舊

　　南宗與北宗的名稱，很容易使人以為派別之差，就意味着思想之異。其實，「顧名思義」有時候並不對，宗教門派之爭未必一定產生於思想分歧。雖然南北宗的時代轉換，的確有着思想變化的內涵，但是，新與舊的交替卻不是一朝一夕的事情。從禪思想史的角度來看，南北宗的思想轉換可以認為是傳統印度禪到近世中國禪的嬗變：第一，在所依經典上，是《般若》取代了《楞伽》；第二，在佛性理論上，人的本性就是佛性的說法，取代了人的本性中有佛性的說法；第三，在修行實踐上，順隨本性一切無礙的做法，取代了恪守本性清除塵垢的做法；第四，在終極理想上，是自然適意的境界取代了清淨空寂的境界。但是，這種意義深遠的巨大思想轉換，是一個相當長的時期才完成的，從惠能到神會的半個世紀，甚至更長的時期，只是一個過渡期而已，真正的大變局要到 8 世紀初才到來。所以，儘管神會在與北宗的較量中總是使用激烈的詞語表示南、北不同，可在實際上，這種不同遠不是「南轅北轍」，甚至沒有門戶不同來得大。

　　思想史上一個習慣的做法，是以「人」或以「派」的變化來排列時間順序。這種以「人」或「派」來分章的權宜寫法，又常常使人們誤解，以為別屬另家的一人或一派崛起，就意味着一個思想時代的開始，於是前後的思想世界就頓時判然兩途。這種彷彿很乾脆的方式固然有其清楚利索的優點，但無奈思想史卻彷彿一條河流，前後相續，很難以刀斷水。河流在地圖上可以用岸邊的都市來劃分段落，但是，上游、中游、下游之間，實際並不曾有任何突然的變異。思想史中也有着相當重要的、充滿了矛盾的過渡環節，這些過渡環

節雖然不是剎那間開新立異，但它卻是「舊」與「新」逐漸交替的時代，對於思想史研究來說，這種思想的過渡時代似乎更需要清理。

一、依何經典？

中國佛教的分宗開派，往往以經典為表識，如三論，如華嚴，如法華，這不是隨意拉大旗當虎皮，而是實實在在有思想的依傍關係。所以，經名便是宗稱，不僅方便而且明晰。胡適把前期禪宗稱作「楞伽宗」，就是因為他們所依經典是《楞伽經》。

前期禪宗所依據的經典自然有《楞伽經》，這在傳為達摩與慧可的對話中就有說明。《續高僧傳》卷一六《齊鄴中釋僧可傳》中記載，「達摩禪師以四卷《楞伽》授（慧）可，曰：我觀漢地，唯有此經，仁者依行，自得度世」①。這段話現在很難說是真是偽，但其影響非同小可，所以，奉達摩為祖師的禪門一系，都至少在口頭上要以《楞伽》為首選經典，而記載傳承的史書也要命名為《楞伽人法志》《楞伽師資記》等。

不過，有時候口號與內容也常常乖異。前期禪宗，如果我們不是沿襲傳統的燈史的說法，把禪宗看成是達摩到弘忍的一線單傳的話，那麼可以肯定，早期習禪者其實有一個與當時其他佛教宗派不同的地方，即並不局限於一經。他們修行定位的中心，在於心靈的安定，即傳為達摩所說的「安心」，就是以「禪定」來包容實踐性的戒行與理論性的慧行。《續高僧傳》中「習禪篇」所記載的禪師，有的奉《楞伽》，有的奉《涅槃》，也有的奉《法華》《華嚴》《阿彌陀

---

① 《續高僧傳》卷一六《齊鄴中釋僧可傳》，《大正藏》第 50 冊，551 頁。

經》。這是因為對於以「禪定」為中心的禪師來説，經也罷，論也罷，都是「言説」；理入也罷，行入也罷，都為「安心」。故而在經典研習和引用上，不像有的門派那樣，有強烈的排他性和堅定的邏輯性。這在《從傳説中的達摩到歷史中的弘忍》一節中，我已有些論述，像現存的各種達摩思想資料中，雖然有很多與《楞伽經》可以互相參證，説明達摩的確頗重《楞伽》，但實際上達摩思想資料中還引述或借用了其他經典的不少文句，比如《維摩》《般若》《涅槃》等，當然還有《金剛三昧經》。

如果嚴格從經典系統來看，這幾種經典似乎涇渭分明地不可相混，但在前期禪門這裡並無絲毫問題。因為「禪定」原本就是各種佛教流派都需修行的法門，用這一法門統觀各種經典，無需在邏輯理路上單線行駛。雖然通觀早期禪師的傳記資料，我們可以隱約感覺到一些不很清晰的差異，似乎南方禪師有一支專重《法華》，如慧勝、法忍、法隱、法充、法懍、智越，以及慧命、慧思、智顗，後來天台一脈即從此而來。而北方禪師，則有的偏重《華嚴》，如曇遷、法純、僧達；有的偏重《涅槃》，如僧稠、法常；有的偏重《楞伽》，如達摩、那禪師、滿禪師。按照智者大師《妙法蓮華經玄義》卷十之上的説法，北地禪師是分「有相大乘」與「無相大乘」兩種，有相大乘教依《華嚴》《瓔珞》《大品》，無相大乘教依《楞伽》《思益》[1]。但實際上當時分別並不嚴格，門戶並不狹窄，家法也沒有那麼整齊劃一。比如，林法師雖與慧可同學，但兼講《勝鬘》；玄景從和禪師學，而精於《大品》《維摩》；曇遷精研《華嚴》之外，又擅長《維摩》《楞伽》《地持》《起信》，並習《唯識》；法純誦《華嚴》系

---

[1] 智者大師《妙法蓮華經玄義》卷十之上，《大正藏》第 33 冊，801 頁。

的《十地經論》外，又學《金剛般若論》《金光明諸法無行》。正如宗密所説，「一切妙用，萬德萬行，乃至神通光明，皆由定發」[①]。前期禪師並不拘泥於某種經典而可以廣泛靈活地牽用各種經典[②]。

許多前輩學者也都看到，就是達摩一支，也並不是死守《楞伽》一經，他們在幾代傳承中，早已牽用了《涅槃》《般若》甚至《阿彌陀》《無量壽》等，越到後來這種兼採眾經的色彩越濃。像神秀這樣恪守傳統的禪師，其實也在《楞伽》之外，兼用《思益》《文殊説般若經》，這使得禪門教説早已是雜糅眾家。

專奉一經的説法並不可靠。所謂「專用一經」倒有可能是為了樹一面佔山為王的旗幟，神會奉《金剛經》大約就是如此。當然，神會已經不怎麼直接引用《楞伽經》了，但在現存神會資料中，除了敘述他自己的祖系世代時，總不忘提上一筆「依《金剛經》」；除了為竪旗開派專門講一節《金剛經》之外，神會在論述禪思想時並沒有真的恪守《金剛經》而不越雷池。在《神會語錄》直接涉及經典的近二十條中，《法華》三條、《涅槃》五條、《般若》五條、《維摩》二條、《華嚴》一條，涉及《金剛經》的主要是三條。其中，第一條是神會與眾人説道，「若欲得了達甚深法界」，應當「直入一行三昧」，而要入一行三昧，就要先「誦持《金剛般若波羅蜜經》」；第二條是答苗晉卿問「若為修道得解脱」時，神會説應當依《金剛經》

---

① 《禪源諸詮集都序》卷上之一，《大正藏》第 48 冊，399 頁。
② 宇井伯壽《禪宗史研究》第一《達摩と慧可及び其諸弟子》曾指出這一點，他說，《楞伽經》的要領是所謂「五法三性八識二無我」，但是說法頗為雜亂，「五三八二」本來是唯識學說，在此經中卻與如來藏說相混，但是達摩、慧可及其後學並不拘泥於《楞伽》的「五三八二」瑣談，主要突出了諸佛心第一、三界唯心、諸佛不説一字、親證方為如來禪等説法。

「無所住而生其心」一語，得無住心即得解脫；第三條是乾光法師問到《金剛經》說人持誦此經，若受人輕賤，反可使人先世罪業消滅一段，神會為其解釋大意，用因果對消的說法證明其意義。

其實，這三段涉及《金剛經》的語錄，都未必是《金剛經》最根本的要義。第一段雖然把誦持《金剛經》說成「修學般若波羅蜜」的前提，但這裡《金剛經》也只不過是念誦的課本，其落腳處卻是《文殊說般若經》的「一行三昧」，這是前期各系禪師共同的修行法門。比如《楞伽師資記》裡說道信除堅持依《楞伽》強調「心」之外，「又依《文殊說般若經》一行三昧」[①]；《摩訶止觀》卷一之上智顗也說，南嶽慧思即天台一系也行「常坐常行半坐半行非坐非行」的「一行三昧」[②]；神會激烈批評的北宗魁首神秀，在武則天問「依何典誥」時，也回答「依《文殊說般若經》一行三昧」。顯然這不是《金剛經》的特別之處，更不能顯示神會一系向《金剛經》轉化的思想軌跡。第二段雖然凸顯了《金剛經》所謂「應無所住而生其心」的思想，但他最終又加上一句「但得無住心，即得解脫」，反而破壞了《金剛經》的理路，因為《金剛經》是說「空」的經典，而無住心儘管「無住」，依然是「有」，執着於「無住」，依然是「有住」，更何況神會在後面再一次畫蛇添足，「無住體上，自有本智，以本智能知，常令本智，而生其心」，把「無住」安在了「本智」基礎上。於是，那種空靈的體驗，就很容易變成實在的理念，不黏不着的「無相」，就很容易滑向有執有着的「有相」，與《金剛》理路似乎相悖。第三段中神會對誦持《金剛經》的感應做的解釋似乎似是而非，與《金剛經》的思

---

① 《楞伽師資記》，《大正藏》第 85 冊，1286 頁。

② 《摩訶止觀》卷一之上，《大正藏》第 46 冊，11 頁。

想無關，更不能說明神會思想的主要依據是《金剛經》。他在敘述祖系時反覆強調，達摩到惠能都依《金剛》，大約只是一種頗工心計的政治策略。為甚麼？因為開元二十二年（734），唐玄宗親自注釋《金剛經》，把這部短短的經典與儒家的《孝經》、道家的《道德經》相提並論，稱「不壞之法，真常之性，實在此經」[①]。

這不能說神會對《金剛經》的理解不深，敬意不誠。可能神會實在有不得已。特別是在禪思想史的理路上，他正處在一個轉換環節，前期禪思想的慣性傳遞，與後期禪思想的生發崛起，正好衝撞在他這個時代，他不能不前瞻，所以要從時尚引入新說，他也不能不後顧，於是要從傳統接續舊說。先前為了與北宗禪爭奪正宗，他不能不打出新旗幟，引進別一種經典，正像宗密《圓覺經大疏鈔》卷三之下所說，「當時漸教大興，頓宗沉廢，務在對治之說」；後來為與南宗同門劃清界限，他的弟子不能不自清門戶，掛出老字號招牌，正像宗密《中華傳心地禪門師資承襲圖》所說的「荷澤宗者，全是曹溪之法，無別教旨，為對洪州傍出，故復標其宗號」。

所以，他們引經據典，往往有權宜方便之處，一十八般武器，三十六套招數，多是兵來將擋水來土掩，故而神會一系依何經典，似乎不能從他的口號上看，倒應該從他的思想中來分析。

二、「知之一字，眾妙之門」

在神會的禪辭典中，「知」似乎是一個引人注目的字，宗密

---

① 《全唐文》卷三十七《答張九齡賀御注金剛經批》，173 頁；參看《御注金剛般若經序》，載《房山雲居寺石經》，北京：文物出版社，1978。

《禪源諸詮集都序》卷下之一記載：「今時學禪人多疑云：達摩但說『心』，荷澤何以說『知』。」[1] 可見，這個「知」字與前期禪思想的「心」字一樣，在神會禪思想中佔據了中心位置，故而引起禪門疑竇叢生、議論紛紛。而這一個「知」字，也成了荷澤一系與其他宗系分別的標誌，故而《宗鏡錄》卷二在簡述各家時，也用這一字眼稱「天台專勤三觀，江西舉體全真，馬祖即佛是心，荷澤直指知見」[2]。其實，這個「知」字與達摩以來的「心」字是一非二，都是代指禪師所尋覓的那個「佛性」。我想，神會之所以用「知」字，大約是為了與「般若智」相應。在回答禮部侍郎蘇晉之問時，他曾說：

本空寂體上，自有般若智能知，不假緣起[3]。

在答潤州司馬王幼琳問時，他又說：

般若波羅蜜體自有智，照見不可得體，湛然常寂，而有恆沙之用[4]。

在他的話中，彷彿「知」是清淨無垢又靈明不昧的智慧。在答廬山簡法師問那一段話裡，他用佛教最常見的「明鏡」喻做了一個說明，他認為「明鏡高台，能照萬像，萬像即悉現其中」這個古德一直以為高妙的比喻，其實並不精彩。為甚麼呢？他沒有直接說，

---

① 宗密《禪源諸詮集都序》卷下之一，《大正藏》第 48 冊，406 頁。
② 《宗鏡錄》卷二，《大正藏》第 48 冊，427 頁。
③ 《南陽和尚問答雜徵義》，《神會和尚禪話錄》，67 頁。
④ 《南陽和尚問答雜徵義》，《神會和尚禪話錄》，84 頁。

只是自説自話地另説了一套：如果明鏡「能鑒萬像，萬像不現其中，此將為妙」。這裡他才説了原因，「如來以無分別智，能分別一切。豈有分別之心，而能分別一切」①。就是説，這個能了知一切而又不存住一切，能分別一切而又無分別之心的明鏡，才是荷澤之「知」。

「知」在佛教中本來曾是「心」的一種説法，支謙譯《大明度經》卷三中説，曠大心是「知」，無邊幅心是「知」，虛空不可計如是「心知」。但是，這個「知」既是純粹清淨的心靈，又是包含慾念的心靈，所以既説「亂心即知」「疾心即知」，又説「本經不疾不亂即知」②。不過，當神會用這個「知」字時，他的意思是「知」既是超越染、淨兩端的「眾生本性」，也是直追靈明本原的「本覺之智」③。他説：「本空寂體上，自有般若智能知，不假緣起」④，他一則説「眾生本有無師智、自然智。眾生承自然智得成於佛，佛將此法展轉教化眾生，得成等正覺」⑤；再則説「般若波羅蜜體自有智，照見不可得體，湛然常寂，而有恆沙之用」⑥；三則説「眾生有無師智自然智，此是自然義」⑦；四則説「眾生承自然智，任運修習，謂寂滅法，得成於佛」⑧。顯然，在神會這裡，「知」其實既是人與生俱來的自然的內在本性，也是人生而有之的體驗和反思能力。換句話説，「知」

---

① 《南陽和尚問答雜徵義》，《神會和尚禪話錄》，88 頁。
② 《大明度經》卷三，《大正藏》第 8 冊，491 頁。
③ 《南陽和尚問答雜徵義》，《神會和尚禪話錄》，90 頁。
④ 《南陽和尚問答雜徵義》，《神會和尚禪話錄》，67 頁。
⑤ 《南陽和尚問答雜徵義》，《神會和尚禪話錄》，95 頁。
⑥ 《南陽和尚問答雜徵義》，《神會和尚禪話錄》，84 頁。
⑦ 《南陽和尚問答雜徵義》，《神會和尚禪話錄》，91 頁。
⑧ 《南陽和尚問答雜徵義》，《神會和尚禪話錄》，98 頁。

是「智慧」，既是發慧生智的來源，又是反身洞察的感悟，這既是人的自然本性，又是每一個人成佛的可能所在。宗密解釋得很清楚，也就是心如銅鏡，銅之質是自性體，銅之明是自性用，而鏡中之影像乃是隨緣之用。

到此為止，神會思想似乎開始越出傳統籠罩。他特意拈出的這個「知」字，作為人的精神本原與反思基礎，與《楞伽》所謂「如來藏」是善不善因、《起信》所謂「一心開真如生滅二門」、達摩所謂「含生同一真性」，並無多大差異。他的「知」說來說去還是那面能鑒萬象，而萬象不現其中的鏡子，就是他所說的眾生與佛沒有差別的心靈。雖然如此，不同的是，他在內心自性與外在現象之間，加上了一個「知」，這個「知」字成了自然替人阻隔心體與外在塵緣的門戶，使得心體有了絕對清淨的境界，不再受種種塵埃的污染。這讓我們想到惠能的那句偈語：「佛性常清淨，何處有塵埃。」有的學者說得很好：「此心之『知』運用於內返照自身時，它是般若之智，此心之『知』運用於外去分別世間事物時，它又是妄念煩惱的總根源。而所謂清淨涅槃境界，則不過是此心之『知』，在未加運用時的空寂狀態。」[①]

這個人人心中皆備而個個實則難有的本原之「知」，的確如「眾妙之門」一樣玄而又玄。用神會的形容詞來說，它的特點就是「空寂」。宗密《圓覺經大疏鈔》卷三之下稱荷澤宗為「寂知指體」是很不錯的。神會所謂「本空寂體上，自有般若智能知，不假緣起」，就是說，這個靈明本原既是寂然不動、寥然空廓的一片渾沌，又是無所不覺、洞察一切的一面明鏡，與外在現象界既相關聯又無牽惹。

---

① 樂九波《論神會的佛學思想》，載《世界宗教研究》(北京) 1988 年第三期。

白居易為荷澤弟子神照寫塔銘時說，「其教之大旨，以如然不動為體，以妙然不空為用」，其實就是這個意思 ①。宗密在《圓覺經略疏鈔》卷四中說得很清楚：

知即心體，了別則非真如，故非識所識，瞥起亦非真知，心體離念無念，非有念可離可無，故云：性本清淨，眾生等有，惑翳不知，故佛開示，皆令悟入。諸菩薩以即體之用，故問之以知，文殊以即用之體，故答之以性淨。知之一字，眾妙之門，若虛己而會，便契佛境。

宗密這段話的意思是：第一，「知」本是處於無分別境界的空寂之心，這個空寂之心沒有受到理念與慾望的熏染，「空寂之知，無念無形」，是人的一切意念的本原，但又與理念與慾望無關，它是一個永恆的純粹的「空」。儘管它常常為種種陰雲所翳蔽，為種種意念所惑亂，但它本身卻不曾垢染。所以，他在《中華傳心地禪門師資承襲圖》用明珠喻心時說，荷澤一宗是「認得明珠是能現之體，永無變異」。第二，「知」與「清淨之性」是一非二，只是「性」是指其體，「知」是說其用，人的清淨之「性」是靜伏蟄處的「知」，人的廣大寥廓之「知」是洞察秋毫之「性」，一體一用乃是「知」的全體。所以《中華傳心地禪門師資承襲圖》中又說，「荷澤直云心體能知，知即是心」。第三，這個「知」雖然人人本有，與佛無異，但又必須用心體驗，只有在意識的空寂狀態中，才能虛室生

---

① 《唐東都奉國寺禪德大師照公塔銘並序》，《白居易集》卷七十一，1499—1500 頁，顧學頡校點本，北京：中華書局，1979。

白，趨近佛境，這當然就說到禪門的本色當行了，而神會的法門是「無念」。

從上引「諸菩薩以即體之用，故問之以知，文殊以即用之體，故答之以性淨」一語中，我們知道，神會是熟悉並信奉《文殊師利所說摩訶般若波羅蜜經》的。這部經典的「無相」「一行三昧」都是禪宗的重要法門。神秀也好、惠能也好，南、北兩宗都屢引其說，其經卷下有一段關於「知」的話，則很可能就是神會說「知」的依據與來源。這段話說：「無知無著，是佛所知，不可思議。無知無著，即佛所知，何以故？知體本性，無所有相。……不取生滅，及諸起作，亦不斷不常，如是知者，是名正智。」[1] 看上去，神會說「知」正是取般若系經典的這一思想，但作為一個實踐性的宗教流派，他又必須回答一個問題，即這個絕對純粹聖潔的「知」，是如何抵抗世俗之念的？既然它永無變異，那麼是否修行者可以不必苦修苦行，只要回到它那裡去，或死守住它就可以解脫？如果苦修苦行可以從世俗之心回歸到清淨之心，那麼這個「知」與「不知」豈不是對立？又如何成為「眾妙之門」？

所以說，染、淨二分，在理論上也許不甚玄妙深邃，但卻易行明白。而在染、淨之上疊床架屋，設一「知」字並過分強說，反而難解難行。那麼，神會是如何解決這一難題的呢，他是否能解決這一難題呢？

我們先不必急於回答，且讓我們再接下去看他的「立無念為宗」。

---

① 《文殊師利所說摩訶般若波羅蜜經》，《大正藏》第 8 冊，730 頁。

三、立無念為宗

按照圭峰宗密充滿後見之明的説法，神會思想和北宗禪是很不同的，神會認定一個更超越更純粹更聖潔的心靈，即所謂「認得明珠是能現之體，永無變異」；而北宗禪則把超越心靈與世俗人性混為一談，認為這清淨心靈有可能被五陰重雲遮蔽，於是只能「離黑覓珠」。其實依我看來，這兩者的思路大同小異，都還是「清淨禪」的路數，都是在追尋一個絕對純明的、完全內在的心靈境界。

最能説明這一點的，就是許多前輩學者都曾拈出的「立無念為宗」。神會在答嗣道王問「無念法是凡夫修還是聖人修」時説：

> 無念（法）者是聖人法，凡夫若修無念（法）者，即非凡夫也[1]。

那麼，「無念」究竟是一種甚麼樣的狀態呢？他在《荷澤和尚與拓拔開府書》中説得很簡要：

> 不作意即是無念[2]。

而「不作意」又是一種甚麼樣的境界呢？他在答張説的話裡，也講得十分簡要：

---

① 《南陽和尚問答雜徵義》，《神會和尚禪話錄》，79 頁。
② 《南陽和尚問答雜徵義》，《神會和尚禪話錄》，119 頁。

無念法不言有，不言無①。

這就是他在另一處所說的「不念有無，不念善惡，不念有邊際無邊際，不念有限量（無限量），不念菩提，不以菩提為念，不念涅槃，不以涅槃為念，是為無念。是（無念）者，即是般若波羅蜜。般若波羅蜜者，即是一行三昧」。前一句簡單得彷彿拍電報的話，和後一段囉唆得近乎繞口令的話，說來說去是一個意思，就是使心靈處於一種無思無慮無善無惡的空寂境界。所以，他又說「無念者，無一切境界。如有一切境界，即與無念不相應」②。

毫無疑問，神會在從《楞伽》向《般若》轉軌之中，比他的前輩神秀要走得遠。他反覆強調一種無目的性、無功利性的修行方式。修學空，但不以空為證，修學無作，不以無作為證，因為「修空住空，即被空縛。若修定住定，即被定縛。若修靜住靜，被靜縛。若修寂住寂，被寂縛」③。在任何時候，人只要有一念執着，那就不可能達到自由境界。用神會的說法就是，一有用心，就是作意，一有作意，就是有得，一有所得，就有繫縛。他追問道，如果這樣，「何由可得解脫？」顯然，在他的思想中，有一種近乎空無的意識狀態，才是他的追求與指向，而這一狀態是不可言說不可思議的，他把這一狀態看成是「空寂」。宗密《圓覺經大疏鈔》卷十二之下有一句話極重要，但歷來很少有人注意。宗密說，「靜慮是禪，唯靜是定，涅槃者，文云：生滅滅已，寂滅為樂。故荷澤云：空寂是心，不云空靜也」。依我的理解，「空寂」與「空靜」之間，就有荷澤神

---

① 《南陽和尚問答雜徵義》，《神會和尚禪話錄》，68 頁。
② 《南陽和尚問答雜徵義》，《神會和尚禪話錄》，73 頁。
③ 《南陽和尚問答雜徵義》，《神會和尚禪話錄》，72 頁。

會與北宗神秀的差異，空寂是一切泯滅無跡無差別相的境界，空靜是外緣塵埃掃盡唯存靈明的狀態。

但神會這種思想，似乎仍然未達「空」字要義。般若思想在於使人不執，彷彿不斷過河拆橋，一塊塊地抽去你腳下的墊腳石，將你逼入無可憑依的絕境，然後大悟一切均無自性。但是，神會卻在遙遙可望處，又為自己留了一個最後的空寂境界。雖然他也知道，有境界即與無念不相應，但他無可奈何地仍需要一個終極實在的安身之地，為他的「知」留一田地。當神會用「空寂」來安頓他的「知」的時候，他又不由自主地落入了「有」，被神會從前門趕出去的那些「空」「定」「淨」「寂」，便又從後門悄悄地回到了神會的屁股下面，使他不得不坐下來，否則他將無地安身。

我們讀《楞伽經》可以知道，楞伽思想的核心，是「三界唯是心」[1]。按《楞伽經》的解釋，「心遍一切處，一切處皆心」，而如來藏就「在於一切眾生心中」。這如來藏是自性清淨、具三十二相，一切人得以解脫成佛的根本。但是，這個如來藏卻因為「貪嗔癡不實垢染陰界入衣所纏裹」，就像一件無價之寶被污垢所包裹一樣，不能放出寶光。所以，人應當時時刻刻反省警惕，以禪定來清除污垢，回歸清淨的本性。這就是《入楞伽經》卷三《集一切佛法品二之三》所說的「獨處閒靜，觀察自覺，不由他悟，離分別見，上上升進，入如來地」的修行方法，也是從達摩以來直到北宗禪神秀一直奉行的禪家正宗法門。它所追尋的是那個清淨閒靜的心靈世界，

---

① 關於這一點，參看渥德爾《印度佛教史》，王世安譯，401 頁，北京：商務印書館，1987。他不僅指出《楞伽經》的唯心性質，還提到了它的內容中有與中觀派調和之處，這對於我們理解禪宗從楞伽向般若轉化，有一定的啟發。

那個心靈世界就是他們的出發點和落腳處①。但是，《般若經》的理論中心卻是「一切皆空」，這個「空」是瓦解一切的，就連這個「心」也不例外，它並不認為有甚麼清淨之心可以作為人生的依憑。神會熟悉的《文殊師利所說摩訶般若波羅蜜經》卷上就說，在修般若波羅蜜時，「不見法是應住是不應住，亦不見境界可取捨相……乃至不見諸佛境界，況取聲聞緣覺凡夫境界」②。般若系經典特別警惕的，就是有所「着」即執着，因而它經常不用「是甚麼」來表述它所追求的終極境界，而是用「不是甚麼」來暗示。它也不對一種事物、一種態度、或一種行為表示否定或肯定，因為任何否定或肯定都意味着另一種肯定或否定。像《放光般若經》卷二《五神通品第五》中的「不疑不犯不瞋不忍不進不怠不定不亂……」就是人們熟悉的例子；而卷四《問摩訶衍品第十九》中，佛所說的「令不入於諸法而觀諸法之性而無所倚，是為菩薩摩訶薩般若波羅蜜」，這裡所說的「無所倚」自應包括人心在內。所以，若依般若思想修行，就容易走向自然主義，因為即使是清淨之心，也並非真實，唯一的實在只是空幻假象，那麼，又何必執着於同是無自性的清淨之心？

神會顯然是在般若經典上用過功夫的。我們看他在回答無行問「色不異空，空不異色」的疑問時，對義學僧「析物以明空」的尖銳批評，就可以知道這一點。但是，他並沒有在申說「一切皆空」的時候，擺脫與「三界唯心」的糾葛。他也是極力向《金剛經》的「無住」靠近的，但在討論心性本原尤其是「知」的時候，無意中又

---

① 此處引用的《入楞伽經》以及下面所引的《楞伽阿跋多羅寶經》，均見於《大正藏》第 16 冊，不一一注明。
② 《大正藏》第 8 冊，727 頁，此處引用的各種般若系經典，均見於《大正藏》第 8 冊，不一一注明。

回到了《楞伽》的立場。四卷本《楞伽阿跋多羅寶經》卷二所謂禪定離妄入如來地的「自覺聖智相」、卷四所謂「正智如如者，不可壞故，名成自性」，倒是與他所說的「知」十分相似。神會以「無念」去追尋一顆空明之心的時候，彷彿忘記了《金剛經》裡所說的「是實相者，即是非相」，「諸心皆為非心，是名為心」。於是，上引「不念有無，不念善惡……」那一段出自般若經典的話，就在他「立無念為宗」這一句中，一下子失去了意義。既然要「立」，那麼就有所「執着」；既然要「無念」，那麼就要遠遠地避開「有念」；既然要以無念為「宗」，那麼就要苦苦地追尋死死地固守，追尋一顆無思無慮的心靈，固守一個無善無惡的本性。所以他說，「若以眾生心淨，自然有大智慧光，照無餘世界」，畢竟「心淨」是自然智的前提。為了心淨，他還是得要求人們修煉。蔣山義法師問他，既然眾生皆有真性，為何有人能見，有人不能見？他說：

> 眾生雖有真如之性，亦如大摩尼之寶，雖含光性，若無人磨治，終不明淨。差別之相亦復如是。一切眾生，不遇菩薩、善知識教令發心，終不能見。差別之相，亦復如是[1]。

這與前期禪師如慧可《答向居士詩》中「本迷摩尼謂瓦礫，豁然自覺是真珠」的說法又有多少不同？羅浮山懷迪禪師問他，既然一切眾生本來自性清淨，為甚麼他們不能出離三界？他說：

> 為不覺自體本來空寂，即隨妄念而結業，受生造惡之

---

[1] 《南陽和尚問答雜徵義》，《神會和尚禪話錄》，83頁。

徒，蓋不可說 [1]。

那麼，這與《楞伽》所說的「如無價寶，垢衣所纏」，又有甚麼差別？若按《般若》的說法，五陰是空，空是五陰，其實亦不生亦不滅，所以不必着不必斷，「以無所見，故無所入」[2]，又何必如此怒氣沖沖地作出一副教師爺的架勢讓人磨治心鏡？這倒又讓我們想起了神秀那首被惠能批評的偈語：「時時勤拂拭，莫使惹塵埃。」雖然神秀是教人「時時」修行，而神會似乎是叫人「刹那」悟本 [3]，其實在佛性論上、在修行方式上、終極境界上，他們還是五十步與百步之別。一個說的是實踐修行的過程，一個說的是意念轉換的關頭，其實本是一個修行理路上的兩個環節。

四、頓、漸之間

歷來研究者都把「頓悟」當作惠能、神會一系的標誌性口號。胡適《荷澤大師神會傳》曾專立一節《頓悟的教義》說，「神會的教義的主要點是頓悟」。又指出，頓悟說是佛教史的一大關節，「頓悟之說一出，則一切儀式禮拜懺悔念經念佛寺觀佛像僧侶戒律都成了可廢之物了」，他把神會這一頓悟說，與馬丁・路德的「良知」即「因信起義」說相提並論，馬丁・路德的思想使「羅馬天主教便坍塌

---

① 《南陽和尚問答雜徵義》，《神會和尚禪話錄》，84 頁。

② 《放光般若經》卷一《無見品第二》，《大正藏》第八卷，4 頁。

③ 其實，神秀所代表的北宗禪，也並不是抱殘守缺，死守《楞伽》的，神秀不僅奉《文殊說般若經》之一行三昧，而且兼採《楞伽》和《思益》，而《思益》與般若相近，參見前一章《北宗禪再認識》。

了半個歐洲」。言下之意是神會的頓宗風靡，那麼，舊佛教也要失去中國的半壁江山[①]。

　　但是，有時候人們會把口號當作思想的旗幟，而忽略了它常常是一種宣傳。也有時候人們會把口號的傾向當作思想的傾向，而忘記了思想比口號複雜得多。神會是主張「頓悟」，但並非神會一家能壟斷「頓悟的教義」，其實，他的對頭北宗也不反對「頓悟」。神會是高倡「頓悟」，但他的頓悟並不像後人所想像的那樣，是修行的總法門，而只是智慧之「知」訪問真如本性時「不立階級」的迅捷無間。神會是標榜「頓悟」，但在理路上他並不能使頓悟的教義從佛性論到境界論一氣通貫，於是，不得不時時又回轉到「漸修」中來。這使他與北宗禪始終藕斷絲連拉不開距離，這種思想上的糾葛，就使他的「頓悟的教義」一小半是思想，而一大半是口號，在這面似乎十分鮮亮的旗幟背後，彷彿掩藏着更多的是一種擁立師門的意圖，而不是一種捍衛師說的意思。

　　神會在與北宗爭勝中特別強調「頓悟」。如在答崇遠法師時，專門攻擊「凝心入定，住心看淨，起心外照，攝心內證」這一普寂、降魔藏的漸修法門是「障菩提」。的的確確，他也一直在凸顯自己的「頓悟論」，即獨孤沛集並序的《菩提達摩南宗定是非論》上那句偈語所說的「唯傳頓教法，出世破邪宗」[②]。不過，「頓悟」在佛教思想中是屬於修行的一種說法，問題是，這種說法必須與心性構成的理論、成佛境界的理論相貫通。例如，唯識學說以阿賴耶識、末那識等「八識」來闡明心性構成，那麼，它就必須以分析方式使人

---

① 《荷澤大師神會傳》，載《神會和尚遺集》卷首，37、39 頁。
② 《菩提達摩南宗定是非論》，《神會和尚禪話錄》，29、17 頁。

理解意識與感覺的構成層次，從而達到理智的「轉識成智」，獲得智慧，這是一個可以自我完足的理論與實踐體系。又例如，北宗禪承繼傳統禪說，以心性本淨，有五陰垢染而蔽，所以要時時拂拭，最終達成心靈清淨，這也是一個可以自我完足的理論與實踐體系。但是，相當多的學者都不曾再進一步往下看看這「頓悟」的內涵，也就是說在神會思想中，「頓悟」究竟是甚麼？它在神會的思想系統中，是否已經形成了與心性理論、終極境界相貫通的完整理路？如果沒有形成，那麼這「頓悟」是否能開出真正禪門的實踐方式？

　　神會的「頓悟」說也是建立在「心性本淨」的基礎上的，這一點與傳統禪思想並沒有任何差別。在他看來，如果心靈真的能夠達到「無念」，也就是達到了佛陀境界，這一點與傳統禪思想也沒有任何差別。但是，由於他特意拈出了一個「知」字，認為人有天生的一種返本復初、回歸初心的本來智慧，而且這種智慧就是人所要達到的佛陀境界，這就與傳統的說法有了不同。這是神會「頓悟」說的立足處，按神會的說法，正是因為人本來就有這種「知」，所以不必用種種凝心、住心、起心、攝心的方法，給它疊床架屋、畫蛇添足，只要一返本知，就是解脫，就可以得到如「布衣頓登九五」似的「不思議」效果。這就是他回答康智圓時所說的「心不生即無念，智不生即無知，慧不生即無見，通達此理者，是即解脫」。在神會與志德法師的對話中，他還一一列舉了九種「頓悟」：

　　　　自心從本已來空寂者，是頓悟。即心無所得者，為頓悟。即心是道為頓悟。即心無所住為頓悟。存法悟心，心無所得，是頓悟。知一切法是一切法為頓悟。聞說空不著空，即不取不空，是頓悟。聞說我不著（我），即不取無我，是頓

悟。不捨生死而入涅槃，是頓悟①。

　　顯而易見，這裡九種「頓悟」都是從般若一系思想中引申出來的，自心本空，一切皆空。所以無得無住，不必執着空我涅槃。正因為如此，傳統所謂禪定之「定」，也只是意念之間的空有轉換，這一悟入，即已達「知」，也就是智慧境界佛陀境界。所以，他繼承惠能的說法，叫「定慧等」：「念不起，空無所有，即名正定。以能見念不起，空無所有，即名正慧。若得如是，即定之時，名為慧體；即慧之時，即是定用。」換句話說，定即無念，無念即定，無念即慧，慧即無念，關鍵的語詞還是「無念」。它既是修行手段，又是終極境界，這一點神會比北宗禪走得要遠。

　　但是，神會雖然口口聲聲奉持《金剛經》，但正如我在前面所說，他在最後一處卻恰恰不能吻合《金剛經》等般若系的宗旨。般若思想的最後一個要緊處是「空亦是空」，也就是瓦解人所憑依的最後一個落腳處，到這種無所歸依的境界時，便是「色不異空，空不異色，空即是色，色即是空」的渾然一片。所以，《金剛經》才倡「無住」。神會雖然理智上也明白這一道理，但常常不能將這一理路，從終極理論貫穿於具體實踐，因為這一理路的最終落腳處，恰恰是最沒有落腳處的「順其自然」。可是，由於神會「立無念為宗」，追索一種空寂之心性境界，而這種境界的追索，恰恰也是一種「執着」。於是，「空」即「不空」，倒正好落入他所譏諷的「修空被空縛」。他曾批評澄禪師「因定發慧見性」的說法，極尖銳地問道：「修

①《南陽和尚問答雜徵義》，《神會和尚禪話錄》，80頁。

定之時，豈不要須作意否？」[①]一下子就把澄禪師逼上難堪境地，因為「作意」即不能至絕無纖塵之空明，那麼，我們也可以追問神會，「立無念之時，豈不要須作意否？」這也許同樣會使神會感到難以回答，因為立無念之「立」字就是「作意」，也是使心中有了固執的「念頭」，這是其一。

其二，神會雖然也曾接近了「以不修為修」的隨處解脫，但這一「頓悟」學說卻在最後關頭剎車，又悄悄轉回了漸修一路。按照神會的思路，頓悟的原動力是人的「知」，但是神會並沒有說明這種「知」是如何自行回歸清淨本性的，也沒有說明人的世俗意念是如何從這種本來之「知」裡逃逸出來，造成人在「迷」中沉溺的。換句話說，你怎麼使人的「知」只是向內訪問清淨心靈，而不向外窺探世俗慾念？這裡僅僅一個「無念」是解決不了問題的。如果不能說明這一點，那麼「頓悟」又如何悟起？如果「頓悟」的原動力來自「無念」，那麼，人怎麼樣才能無念？是對佛性清淨的仰慕，還是對世俗生活的厭惡？是出於對永恆精神的嚮往，還是出於對人生意義的思索？對「無念」的清淨境界的尋求，是信仰者原本就有的精神動力嗎？如果他們並不是「生而知之」的聖人，那麼，怎麼能使他們的靈明之「知」，一下子就閃現在他們心中呢？所以，神會無可奈何地承認，人有「中下根人」與「上根人」的差異，而且無可奈何地承認人「迷悟有殊」，「人有利鈍故，即有頓漸」。這就等於承認「北宗漸修」是為大多數眾生，因為眾生還必須遇到「真正善知識指示」，就像煉礦成金一樣需要「烹煉」。於是，他在答蔣山義法師問「眾生為何有見佛性不見佛性」差異時，就只好轉回「漸修」一路，

---

① 《南陽和尚答雜徵義》，《神會和尚禪話錄》，79、71頁。

説「眾生雖有真如之性……若無人磨治，終不明淨」[①]。

其三，就是「上根之人」，是不是能「一念而至佛地」呢？我們知道，觀念層面的理路與實踐層面的道路是不一樣的。從理論上說，神會所説人天然具有的「知」，如果真的存在，人當然可以憑藉自身的「知」，一下子進入「無念」境地。但是，這種「知」只是理論上的設想，而不是生活中的實在，一個人的「知」彷彿一扇門，它可以關上，隔開世俗慾念與清淨心靈，但也可以打開，溝通五陰重雲與空無本性。神會只説這一「知」字，是防護心靈的「眾妙之門」，但他怎麼保證這扇門只關不開？用神會曾説過的「明鏡」為例，他説「終不對像，鏡中終不現像」，這當然可以，但「知」難道就是鏡子上的罩布，使它永不對世俗之「像」？如果對「像」，那麼，這個「知」又怎麼能使心鏡不遭外界塵埃污染？神秀是把這塊罩布當作抹布來使用的，那麼，神會又是怎麼使用的？按他的説法，這塊東西不是罩布，而是鏡面，它是銅體的「用」。但這鏡面上的灰塵用甚麼來擦，這鏡面時久模糊又怎麼來磨？如果「知」中依然包含了知善、知惡兩種可能，那麼它又如何稱得上是澄明的「般若之智」？説某某是體、某某是用，其實很容易，在理路上也很方便貫通，但落實到實踐上就不那麼簡單。宋代天台僧人知禮《十不二門指要鈔》卷下就曾批評「藉知日修」説：「尚將一念因心陰識，直作真知解之」，並追問道：「今問此之『知』字，為解為行？」他説，宗密所説（即神會所奉）的「靈知」，「既非即陰而示，又無修發之相」，既不能代替智慧妙解佛理，以期「理入」，又不能代替禪定摒除思

---

① 《南陽和尚問答雜徵義》，《神會和尚禪話錄》，83 頁。

慮，從而「行入」，顯然只是一種純粹理論上的玄想①。以神會答神足師的一段話為例，他說，「我心本空寂，不覺妄念起。若覺妄念者，覺妄自俱滅，此即識心者也」②。《圓覺經略疏鈔》卷十一曾說，這「妄起即覺，妄滅覺滅」是荷澤大師教人的一句話頭。但是，這種覺知真的這樣靈驗？而由知生覺的緣由又是甚麼？而心中既然覺察妄念生起，那麼，此心又如何歸於空寂？妄念生起後，是否一經覺知，就能「妄滅覺滅」，心靈重新歸於平靜？顯而易見，這裡的「知」之用，似乎還需重加界說。如果說，神會一系像後來的馬祖一系那樣，承認「人性即佛性」倒也罷了，因為如果是這樣，人性中的善不善因，都是自然，覺知中的淨不淨感，也都是合理，體（心）與用（知）也不存在矛盾。然而，偏偏神會一系與北宗禪一樣，特別講究「清淨」，他所說的「以無念為宗」，其實，仍舊使他走上了染、淨二元的老路。

其實，從人的實際生活來看，大千世界燈紅酒綠，滾滾俗塵挾天裹地，人要生存就有慾念，人若處世必有思索，作為終極境界的清淨心性，固然是渴望精神永恆的修行者之追求，但它可能永遠是懸在近處卻永難達到的邈遠境界。神會給信仰者提供了這個終極境界，這當然極是，但他所給出的通向終極境界的「頓悟」之路卻並不那麼可行。為甚麼？因為「頓悟」彷彿給人一閃而過地看到了這個境界，但這個境界一閃而過，卻使人又回到世俗濁地，所以「頓悟」之後，神會無可奈何地依然要「漸修」。就是他在面對崇遠法師，針對北宗禪法大加抨擊時，也只好承認「頓悟漸修」。在實

① 知禮《十不二門指要鈔》卷下，《大正藏》第 46 冊，713 頁。
② 《南陽和尚問答雜徵義》，《神會和尚禪話錄》，72 頁。

際修行之中，他更無法用這種經驗所無的「頓」，來取代實踐所有的「漸」，「譬如其母，頓生其子，與乳漸養育，其子智慧，自然增長。頓悟見佛性者，亦復如是，智慧自然漸漸增長」[①]。那麼，我們也可以追問：其母生子，豈不是也要十月懷胎，才能一朝分娩嗎？人之「頓悟」，難道不要從道理上明白染、淨之分，從心理上積蓄悟入之意，從意識中去除世俗之念嗎？顯然，只要你還堅持最後的境界是絕對超越和清淨的，即使對「上根之人」來說，頓悟也只是在理論上的設想，而不是實踐上的行路。

上述幾方面的一個中心癥結，就是神會依然沒有放棄從前期禪思想以來一直奉為圭臬的「染」「淨」之分。「無念為宗」正是尋找一個「淨」，也就是清淨心靈境界。佛教自誕生以來就在這「清淨」上糾纏，早期經典《經集》中說，比丘「獨自靜坐，凝慮深思，控制自我，不讓思想外逃」，說如來「凝思靜慮，越過水流，洞悉正法，滅寂煩惱」[②]，其實就是讓人「無念」。它與瑜伽的八支實修法結合，就構成了後世禪思想和禪實踐的基本核心，也形成了後世習禪者的共同原則。從達摩禪到北宗禪，雖思想屢有變遷，經典時時變化，但這一點卻大體一以貫之。正因為在經驗上人心難清淨，所以，禪宗雖肯定人有佛性，但一直堅持修行之必須，神秀、普寂之「拂心看淨」正是禪宗正脈。神會雖與北宗爭勝逞強，更多偏向《般若》之「空」，但終究在這佛性清淨上，與其師六祖惠能一樣沒有能邁出更大的一步，依然屈從《楞伽》之「唯心」，留一個最後的心靈清淨境界讓人求索。也許，這與他先參北宗神秀，後參南宗惠能，受

---

① 《菩提達摩南宗定是非論》，《神會和尚禪話錄》，30 頁。

② 《經集》，郭良鋆譯，北京：中國社會科學出版社，1990，60 頁。

到兩家影響有關？

　　在《神會語錄》中，我們經常能看到「清淨」「空寂」的字樣，畢竟不是後來的南宗禪那種一切不拘、隨順自然的灑脫。為了尋找這個「清淨」心靈，神會不得不要求人「不作意」；為了求得人心的「不作意」，神會就不得不肯定「無念」；為了「無念」這種事實上極難達到的境界，神會就不能不退一步承認修行的必要。於是，「頓悟」說與「漸修」說就不能不妥協。當神會及其弟子在理路與實踐上向北宗禪妥協之後，南宗神會與北宗神秀就只有一牆之隔了。神會的頓悟漸修，好像是一下子照見明鏡，然後細細拂拭，而神秀的漸修頓悟，則好像是細細拂拭，然後照見明鏡。諸多研究者看到這兩派的爭論，就以為是針鋒相對，其實深入看去，原來是五十步與百步之爭[①]。《歷代法寶記》中雖然說，神會「破清淨禪，立如來禪」[②]，但這恐怕不過是黨同伐異的口號，算不得數。頓與漸，畢竟都要修要悟，都要從這一世俗生活世界超升另一純粹精神世界，終究不是一切皆空的百無禁忌。

　　也許，禪宗史在這個時代曾發生過爭正統的大動盪，但禪思想史上真正的大變局，卻並不是在這時發生的。

第三節　荷澤宗在禪思想史轉型期中的意義

　　歷史常常像一條環環相扣的鏈條，缺了任何一環，這根鏈條就

---

① 其實，前期的禪門也是講頓悟的，在《楞伽經》中就有頓悟的說法，北宗禪也講頓悟，參看《北宗禪再認識》一章的討論。

② 《歷代法寶記》，《大正藏》第 85 冊，185 頁。

會斷開。時代也常常像一條蜿蜒流淌的河流，極難在實際上畫出截然而止的界線。禪思想史其實從一開始就在逐漸變化之中，雖然我們能極明顯地感到前後的不同，但是，讓我明確地說出甚麼時候是前期禪思想，甚麼時候是後期禪思想，卻令我十分為難。當然，為了描述禪思想史的歷程，我不得不為讀者作一界定，但這一界定只能是寬泛的，甚至是含糊的。所以，我們把整個 7 世紀也就是幾乎兩代禪者的活動時期，作為前後禪思想史的轉型期。荷澤神會和他的老師六祖惠能就處在這個轉型期中，而他們的意義，也正是促進了傳統禪思想的變化。或者可以說，他們的思想正好顯示與引導了從印度禪轉為中國禪。

應該說明的是，在 7 世紀也就是弘忍之後，達摩禪門已經從眾多習禪者中，脫穎而出並開宗立派，形成了一個禪者集團。弘忍之後的所謂「十弟子」也各立門戶，形成了禪思想的各種宗風，西川之智詵、處寂、無相，南方之惠能、神會，中原之法如、神秀、老安、玄賾及其弟子，其實，都不同程度地開始離開舊禪學的傳統，禪思想史之轉型就在這時悄悄展開。前面我們雖然說到神會思想中有相當多的理路矛盾，但這些矛盾正說明他處在禪思想史的轉型期；由於前期禪思想自我圓足的理路逐漸瓦解，新的禪思想自我圓足的理路尚未完成，這些矛盾才如此集中地存在於神會的思想中。

所以，如果我們把他放置於整個禪思想史中來考察，那麼我們應當說，神會的荷澤禪正合了一個詞，叫「昭示丕變」。

一、昭示丕變

在神會及其老師惠能之前，般若思想只是作為禪實踐的理論

解釋，而在禪門流行的，就以一些學者認為是禪宗史上重要轉換的關鍵人物四祖道信來說，我們都知道，道信奉般若「一行三昧」，但其思想底蘊，卻是前期禪門以清淨自心為本，而「一行三昧」只不過是一種禪修行法門。《楞伽師資記》中說得極明白：

> 信禪師再敞禪門，宇內流佈，有菩薩戒法一本。及制《入道安心要方便法門》，為有緣根熟者說，我此法要依《楞伽經》「諸佛心第一」，又依《文殊說般若經》「一行三昧」，即念佛心是佛，妄念是凡夫[①]。

很顯然，在道信的心目中，以純明澄靜的人心，追索清淨無垢的佛心，是禪法的核心，而「一行三昧」則是追索佛心的一條道路。換句話說，「定」和「慧」是二非一，「一行三昧」只是手段，而求「諸佛心」才是目的。為了目的，手段在選擇上是可以權宜方便的。道信既奉「一行三昧」之定，又奉「菩薩戒法」求靜，再靠「常憶念佛」安心，其實都是為了消除妄念，趨向佛心，脫離凡夫，而入佛境，終究在他心中仍有一個終極境界[②]。在對這種境界的追索中，他可以用般若一行三昧，可以用律家種種戒條，可以用阿彌陀念佛淨心，根本不必深究其背後的理路來源，只需將修行指向心靈，而任

---

① 《大正藏》第 85 冊，1286 頁。

② 參看《從達摩到弘忍的時代》一章中的論述。關於道信在禪思想史中的意義，相當多的研究者都已經注意到了，但是，有時強調太過，而缺少歷史分析。例如印順《中國禪宗史》對道信思想，總結其特色是「戒與禪合一」「《楞伽》與《般若》合一」「『念佛』與『成佛』合一」，這是很對的，但還需要進一步探究其思想基礎是甚麼，否則抽象地說，似會過高估計其思想史意義。見 45—48 頁。

何一種修行方式，都必須使心如明鏡。「或可諦看心，即得明淨，心如明鏡。或可一年，心更明淨。或可三五年，心更明淨。」① 在道信這裡，依然是早期禪一以貫之的「染淨二分」的基礎，「以定除染」「回歸淨心」的步驟，依然是苦行漸修的途徑，依然是追尋清淨心靈的目標。他的弟子弘忍則對這一觀念、方法、境界做了更明確的論述，《宗鏡錄》卷九十七引他的話說，「欲知法要，『心』是十二部經之根本」②。敦煌本題為「忍和上」所撰，今人多認為是弘忍弟子所記的《導凡趣聖悟解真宗修心要論》中，他進一步說這個「心」需要「守」，「此守心者，乃是涅槃之根本，入道之要門，十二部經之宗，三世諸佛之祖」。為了「守心」，可以依《無量壽觀經》「端坐正身，閉目合口，心（前）平觀」，可以「念佛名，令淨心」，可以依《起信論》「但守一心，即心真如門」。只要使世俗雜念煩惱焦慮「返覆銷融，虛凝湛住……流動之識，颯然自滅」，就算禪家門徑，不必拘泥於一法，終極指向都在於得到心靈清淨 ③。後來的神秀即沿波而下，「時時勤拂拭，莫使惹塵埃」，拭鏡的抹布是絲是棉是錦是緞無關緊要，抹布與明鏡畢竟不是一回事，所以「念佛」也罷、「持戒」也罷、「一行三昧」也罷，都是可以運用的手段，只要它能使焦慮不安的心靈平靜。

　　從道信到神秀，這一思路一直在緩緩伸展，但總的說來並無大的突破。直到惠能出來，神會開始與北宗分庭抗禮，這思路才在「定慧等」這一口號下有了改變，神會在答哲法師問時說：

---

① 《楞伽師資記》引，《大正藏》第 85 冊，1287 頁。
② 延壽《宗鏡錄》卷九十七，《大正藏》第 48 冊，940 頁。
③ 《最上乘論》，又稱《導凡趣聖悟解真宗修心要論》，見《大正藏》第 48 冊，379 頁。

念不起，空無所有，即名正定。以能見念不起，空無所有，即名正慧。若得如是，即定之時，名為慧體；即慧之時，即是定用。即定之時不異慧，即慧之時不異定。即定之時即是慧，即慧之時即是定。即定之時無有定，即慧之時無有慧。何以故，性自如故，是名定慧等學[1]。

在答王維問時，又針對惠澄禪師的「先修定以後，定後發慧」的理論說：

《涅槃經》云：定多慧少，增長無明。慧多定少，增長邪見。若定慧等者，名為見佛性。故言不同。……言定者，體不可得。所言慧者，能見不可得體，湛然常寂，有恆沙巧用，即是定慧等學[2]。

他的意思是，「禪定」的「定」，與「智慧」的「慧」，是一非二，定即無念，無念即慧，定是清淨心性，慧是心性清淨，當修行者進入「空無所有」「湛然常寂」境界，就已是定慧等無異的狀態，也是定慧俱無有的境界。

我們知道，佛教的戒、定、慧三學，雖然在各宗中自有側重，在唐代已分別出律師、禪師、法師三流，分別以授戒、習禪、義解為業。但是總的說來，都是把「成佛」作為終極目標。戒律是以外在的約束使人遵守一種道德的準則，從而使人收斂心中的慾望，最

---

① 《南陽和尚問答雜徵義》，楊曾文編校《神會和尚禪話錄》，79 頁。
② 《南陽和尚問答雜徵義》，楊曾文編校《神會和尚禪話錄》，85 頁。

終進入一種無思無慮的純明境界；禪定是以內在的自覺使人平息心中的情感波瀾，在古井無波的心境中體驗到一種無思無慮的純明境界；義解是以自己的知識和理智，對內在意識與外在世界進行細密的分析，在心裡理解這一切無非是虛妄幻相，從而背妄即真，進入一種無思無慮的純明境界。但是，無論是律也罷、禪也罷、法也罷，都只不過是通向那種純明境界的「路」，路是很長的，要苦苦修行，不斷跋涉，然而是否能到達那個境界還未可知，人只能「不問收穫，只問耕耘」。不過，如果不能見到成佛的前景，跋涉的信心就很難樹立，特別是對於文人士大夫來說尤其如此。神會的「定慧等」把終極境界與修行實踐畫上了等號，就是說終極的意義就在修行的過程中，一旦人進入了「禪定」，就已經獲得了「智慧」。這樣，就把過去那扇凡人進一步它就退一步的終極之門，從玄而又玄的遙遠處拉到了人們面前，使人意識到，你只要跨出一步，就可以邁進終極之門。於是，苦修苦行的漫漫西天路，就一下子被縮短成了心靈中的一念之轉，「頓悟」就有了一種理論上的可能性。儘管我們說，神會的禪理路還有難以貫通的地方，但他畢竟為最簡截明快的修行方式奠定了基石。

由於把修行方式與終極境界劃上了等號，般若的「一行三昧」就不再僅僅是手段，而兼有了目的的意味。它所進入的「真如法界平等一相」的意識狀態，既是禪定修心的方法，也是禪定修心的境界，於是，般若思想就有了取代楞伽思想的基礎。

本來，楞伽思想在禪宗這裡，主要是心性理論的一個支撐點，在《楞伽經》中，人的心靈深處有一個永恆不變、清淨純明的「成自性」在，但又由於有妄想自性及緣起自性，所以，這個「正智如如，不可壞」的成自性不能彰顯，為了回歸這一清淨純明的境界，

人只能走一條路，就是「淨除一切眾生自心流現」。這就是 ——

　　獨一靜處，自覺觀察，不由於他，離見妄想，上上升進，
入如來地，是名自覺聖智相①。

用那首人們十分熟悉的偈語來說，這個過程即「如水大流盡，波浪
則不起，如是意識滅，種種識不生」，到了這「種種識不生」的境
界，才到了佛陀的門前②。禪宗前輩從般若經典中順手牽來「一行
三昧」，其實本來就只是為了實現「種種識不生」。但是，按《放光
般若經》卷四《問摩訶衍品第十九》，以及《陀鄰尼品第二十》的說
法，「三昧」有各種各樣，並非只是「不見諸法有二」這一種「一行
三昧」，其他還有「無住三昧」「眾生所入三昧」「空三昧」「無相三昧」
「無願三昧」等。這些「三昧」絕不僅是入道之途，而且是道本身，
因為它們所包含的是一種無覺無觀的「空」。像「一行三昧」所說的
「不見諸法有二」的「一相」，在般若思想體系中就意味着「非相」，
《放光般若經》卷三就說「一相者，則為非相」，因為它的底牌是般
若「一切皆空」③。特別是所謂「空三昧」，這是一個來歷久遠而又相
當關鍵的觀念，《增一阿含經·高幢品第二十四之三》說：

　　云何名為空三昧？所謂空者，觀一切諸法，皆悉空虛，
是謂名為空三昧。

---

① 《楞伽阿跋多羅寶經》卷二，《大正藏》第 16 冊，492 頁。
② 《楞伽阿跋多羅寶經》卷二，《大正藏》第 16 冊，496 頁。
③ 上引《放光般若經》，見《大正藏》第 8 冊，24、18 頁。

同上《馬王品第四十三》又説，空三昧為最重要，在它看來，只要得空三昧，就可以成菩提，了死生，所以説「知空三昧者，於諸三昧最為第一三昧，王三昧者，空三昧是也」[①]。這裡所説空三昧之所以重要，就是因為它不只是「用」，而且是「體」，不僅是修心要道，而且是心體本身，也就是那個沒有自性、沒有落腳處、沒有繫着點的「空」。

禪思想史上般若思想的滲透，並不始於惠能、神會，甚至不始於道信。但是，在神會及其老師惠能之前，般若思想卻只是「用」而不是「體」，因此禪門雖也説「空」，但多是指心靈的清淨無垢，意識的澄明不亂。但是，當惠能與神會以「定慧等」即《壇經》十三則所説的「定慧體一不二」的「一相」，破先定後慧的「二相」後，「定」或般若中的「一行三昧」就有了「體用一如」的意味。因為當修行者真的進入「一行三昧」，如果這狀態本身就是「非相」的「空」，而並無一個實在的清淨心別在另一處，這樣就不會「有所住」「有所着」「有所泥」，就已經是終極的超越境界。所以惠能説「但行直心，於一切法，無有執著，名一行三昧」[②]，而無所執着的「一行三昧」，就已經是《金剛經》的「無所住」境界了。

當然，正像我們前面反覆所説的，神會及其老師惠能在這一禪思想史的轉軌中，並沒有走到終點，他們看到了「空」，他們追求心性的空無狀態，排除人心的執着，並為這種修行方式與終極境界搭起了一條最短的橋樑，這就是「無念頓悟」。不過，最短的橋樑也還是橋樑，人還是要從此岸到達彼岸，既然彼岸的意識依然存

---

① 《增一阿含經》，見《大正藏》第 2 冊，557、559 頁。
② 《壇經校釋》，26、28 頁。

在，那麼，他們還是不曾進入真正的「空」，用《莊子‧知北遊》裡光曜的一句話來說，就是「予能有無矣，而未能無無也」[①]。《維摩詰所說經》早就說過了，「以何為空？以空空」[②]。任何「分別」都不是真的「空」，如果他們不能捨棄最後那一個落腳處，不能消解一個和世俗世界對立的清淨之心，那麼，他就始終不能徹底地「無無」或「空空」。

但從大趨勢來說，仍然應當承認，他們的確把禪宗引向了自然主義的起點。惠能把「直心」、神會把「無念」說得那麼重，他們的「定慧等」把禪修行（習定）與禪境界（發慧）直接等同起來，無形中凸顯了「定」的過程意義而消解了「慧」的終極意義。這樣，那個讓修行者夢魂縈繞而終究難尋的佛陀境界，《楞伽》一系苦苦尋覓的清淨自心，也就漸漸納入了「空」或「無」。當他們的後輩禪者沿着這一理路，把「定」之修行、「慧」之境界，也依着「空」來消解的時候，禪思想史那驚世駭俗的大變局也就將隨之而至。

關於這一點，請看下一章《禪思想史的大變局》。

二、禪宗士大夫化的肇始

神會的「無念」與「頓悟」，在某種意義上說，是給予文人士大夫的權宜方便，前引《南陽和尚問答雜徵義》中，他曾對給事中房琯說，「經云佛為中下根人說迷悟法。上根之人，不即如此」。那

---

① 《莊子‧知北遊》，郭慶藩《莊子集釋》卷七下，760 頁，北京：中華書局，1961。
② 《維摩詰所說經》卷中《文殊師利問疾品第五》「問：以何為空？答曰：以空空。又問：空何用空？答曰：以無分別空故空。又問：空可分別耶？答曰：分別亦空」，《大正藏》第 14 冊，544 頁。

麼，上根之人的入道之途，應當是如何的呢？他說：「經云菩提無去來今，故無有得者。望此義者，即與給事見（指房琯所說的『煩惱即菩提』）不別。如此見者，非中下根人所測也。」[1] 這裡的意思是，上根之人能夠意識到「煩惱即菩提」，是因為他們知道煩惱也罷、菩提也罷，都是虛妄假象，所以不必倉惶躲避煩惱，而執着追求菩提。他們盡可以在心裡安放一個「空」字，而以這一「空」字應付一切，以不變應萬變。這就是他所說的，「有無雙遣中道（亦）亡者，即是無念。無念即是一念。一念即是一切智。一切智即是甚深波若波羅蜜。波若波羅蜜即是如來禪」。這一連串的類等推論，在思想的實踐中，實際上只是一刹那的電石火花之閃，只要上根之人「有無雙遣」，無所繫懷，就一悟而至如來地，這就是所謂「無念」的「頓悟」。因此，神會在對著名詩人王維的談話中說：

> 眾生本自心淨。若更欲起心有修，即是妄心，不可得解脫[2]。

這是對文人士大夫說的。至於中下根人則不然，他們不能悟到諸法空相，也不知自體本來空寂，所以「即隨妄念而起結業」，這是受生造惡之人。用神會答禮部侍郎蘇晉的話來說，前一種人是「本空寂體上，自有般若智能知，不假緣起」的上智，後一種人是「若立緣起，即有次第」的下愚，而「無念」與「頓悟」，看來是為前一種人而設的入佛門之捷徑[3]。

----

① 《南陽和尚問答雜徵義》，《神會和尚禪話錄》，94 頁。
② 《南陽和尚問答雜徵義》，《神會和尚禪話錄》，97、85 頁。
③ 《南陽和尚問答雜徵義》，《神會和尚禪話錄》，67 頁。

世俗生活對於古代中國的文人士大夫來說，總是有雙重意味的。一方面是責任與義務的完成，責任與義務使他們積極入世參與政治，很多文人其實都是不能那麼瀟灑的，為了生前事業身後聲名，他們要埋頭案牘，與種種世俗瑣事打交道。在這些瑣事中實現自己在社會上的價值，這個時候儒家學說常常是他們的精神動力。一方面是精神上對自由與超越的追求，這使他們總是試圖尋找一種思想與實踐，在這種思想裡找到擺脫俗務的依據，在這種實踐中尋覓人生的輕鬆與瀟灑，從一開始起，佛教就是在這一心理背景下成為士大夫的信仰的，這與下層民眾為現世具體問題與來世生活狀況而信仰佛教，其實大不相同。

　　但是，從我們現在所看到的資料來看，真正能夠意識到佛教各宗派思想細微差異的文人士大夫，是中唐之後才逐漸多起來的。即使在盛唐時期，大多數人對於佛教的了解也還未必那麼深刻，雖然大抵都知道一些「火宅煙焰，起滅相尋」等普通的佛理，但是，像過去殷浩、郗超、謝靈運那樣精通佛理的人並不多。大多數對佛教有興趣的士人盼望的，不過是「知勞生之有涯，設津樑於彼岸」的人生解脫 [①]。那個時代，只有少數深入佛理的文人士大夫，才略知一二，如王維，如李邕，如李華，如房琯。但是，他們未必對佛教各宗派的細微差異有多少興趣，他們更多的是從自己對人生與宇宙的體驗上，從心理與情緒的感受上來領悟佛理的。像王維，《舊唐書》本傳中說他晚年「日飯十數名僧，以玄談為樂。齋中無所有，唯茶鐺、藥臼、經案、繩床而已。退朝之後，焚香獨坐，以禪誦為

---

① 李華《杭州餘姚縣龍泉寺故大律師碑》，《全唐文》卷三一九，1429 頁；梁高望《雲居寺石浮屠銘》，《全唐文》卷三○五，1371 頁。

事」[1]，算是一個極誠心的佛教徒。他也曾與神會在南陽有過長談，並為神會寫了六祖惠能的碑文，似乎是一個南宗的信仰者。但是，他依然為北宗的法舜作《謝御題大通大照和尚塔額表》，為玄賾的弟子即《楞伽師資記》的撰人淨覺作塔銘[2]。他對南、北兩宗都不存芥蒂，於禪、律兩行都極表讚賞。在他的《夏日過青龍寺謁操禪師》一詩中說：「欲問義心義，遙知空病空。」前一句出自《楞伽》，乃是說「第一義心」；後一句出自《維摩》，意思接近《般若》「空空」。但他並不覺得這有甚麼矛盾，因為他信佛並不是為了分辨義理與宗派，而是為了自我心靈的自由與解脫。

為了贏得這種自由與解脫，最初他們相信要付出一定的代價，既然心靈是根本，而心靈是會受到污染的，那麼當然要遵守戒律，要除盡妄念，要理解經論，要敬仰佛陀，要積德行善，要念佛淨心。既然終極是空寂，而空寂是難以把摸的，那麼，當然要坐禪體驗，要念佛淨心。於是，律、禪兩端，便是進入自由清淨、虛靈純明之境的兩條必經之路。所以張說《唐陳州龍興寺碑》說，「聖人有以見三界成壞皆有為殼，故剖之以戒觜，聖人有以見六趣輪迴是無明網，故決之以定刃」[3]；稍後的李華《杭州餘姚縣龍泉寺故大律師碑》也說，「啟禪那證入之門，立毗尼攝護之藏」；在《揚州龍興寺經律院和尚碑》中，他又反覆強調這一律禪雙修的說法：「調伏心者為定慧，調伏身者為律儀⋯⋯禪律二門如左右翼。」[4] 就連王維，也在《請施莊為寺表》中表彰自己的母親「持戒安禪，樂住山

---

① 《舊唐書》卷一九〇下《王維傳》，5052 頁。

② 見《王右丞集箋注》，312、434 頁。

③ 《全唐文》卷二二六，1008 頁。

④ 《全唐文》卷三一九、卷三二〇，1429、1434 頁。

林，志求寂靜」；在《大唐大安國寺故大德淨覺師塔銘》中表彰北宗禪師淨覺「至於律儀細行，周密護持，經典深宗，毫釐剖析，窮其二翼，即入佛乘」①。

顯然，大多數文人士大夫對佛教的道理還是在一般佛教知識水平上來理解的，就是要「背妄即真」，必須「調伏身心」，這好像是一種預支或還債。北宗禪就是在這種知識背景下為人們所接受的。「慧念以息想，極力以攝心」的神秀禪法，實際上已經把這張入門券降到了最低價，但他畢竟還不到免費入場的地步。所謂「時時勤拂拭，莫使惹塵埃」，實際上，還是讓人在擁有清淨本心的同時，還要堅持修行磨煉，包括對戒律的自覺遵守與對經典的精心研讀。李邕為北宗禪所作《嵩嶽寺碑》就說：「湛然觀心，了然見性……開頓漸者，欲依其根，設戒律者，將攝乎亂。」②而郭湜為北宗禪師同光所作的《唐少林寺同光禪師塔銘》就說：「修行之本，莫大於律儀，究竟之心，須終於禪寂。」③

如果僅僅如此，那麼北宗禪就已經滿足了他們。段成式《酉陽雜俎》續集卷四中引鄭符的話說了一個有些神秘色彩的故事，說柳中庸善於易學，能測人之心，但是，他在北宗普寂大師的面前，卻無所用其技。一次，他「嘗詣普寂公，公曰：筮吾心所在也……柳久之，瞿然曰：至矣，寂然不動，吾無得而知矣」。這就是說，在修行到家的禪者那裡，心靈中已經沒有了煩惱與痛苦，也沒有了負擔與焦慮，它好像止水一樣平靜，彷彿不動的風一樣無法察覺，這樣它就與宇宙融為一體，進入了空靜寥廓的境界，從世俗的喧嘩

---

① 《王右丞集箋注》，320、435 頁。
② 《文苑英華》卷八五八，4531 頁。
③ 《全唐文》卷四四一，1990 頁。

的世界到了那種超脫的寧靜的世界 ① 。文人如果能夠如此，當然也就是解脫。裴休所撰《唐故禪大德演公塔銘》記載了中唐之初有一個姓柳的文人，曾當過濮陽丞，據說很有才能，「芳名振於齊魯之間」，但有一天與僧人談及「無生」的話題，便突然醒悟，「喟然歎曰：萬法歸空，一身皆幻，瑣瑣名位，何足控搏」，於是棄官為僧，「洞達五方便，探賾修多羅」，成了北宗禪師。可是，對於唐代文人來說，似乎這中間還有所不足，他們似乎還在尋求更大的自由與更多的輕鬆，他們還希望尋覓一種與中下根人不同的，出自內心自覺的超越之道。

在唐代佛教流傳過程中，「迷悟」或「覺妄」的分別，總是一個常見的話題，敦煌卷子《心海集・菩提篇》中有「悟人心裡證，迷子歷諸方」，《心海集・迷執篇》則批評迷子持戒、禮佛、修禪是「還沉苦海入泥渦」，是「輕欺含識長貪癡」，還有一首詩偈說得極分明：

上士一決一切了，中下多聞多不信。
但自懷中解垢衣，何勞向外誇精進？

就是說，一個文人士大夫如果是有慧根的聰明人，那麼，他無須向外求索，靠種種外在的行跡來換取解脫，一念發動，其實在心。《心海集・解悟篇》說得好，「解悟成佛易易哥，不行寸步出娑婆。觀身自見心中佛，明知極樂沒彌陀」。然而，中下之人一味靠精進、忍辱、禮佛、持戒求入佛境，其實，都是走的依賴他力救助的偏路，這就是《心海集・迷執篇》所說的「迷子常學修禪戒，晝夜披

---

① 段成式《酉陽雜俎》續集卷四，北京：中華書局，1981，236 頁。

尋聖教文。勤苦虔誠求至道，自心不肯斷貪嗔」了 [1]。換句話說，迷與悟之間，並不在外在的苦修苦行、精進禪戒、念佛誦經，而只在於人能否反身向內發掘自己的清淨本性。一個有慧根的士大夫應該是可以在一念之間實現這種轉換的，他不必靠外力索求，也不必為內心煩惱。因為正如《南宗定邪正五更轉》中所說的，「迷則真如是妄想，悟則妄想是真如」[2]。神會的那種「無念」「頓悟」，似乎更符合上根之人也就是士大夫的口味。

從學理上來說，「無念」與「頓悟」這種簡捷痛快的方式是建立在「一切皆空」的基礎上才能說得通。只有染、淨兩空，才能一悟即入佛地，若是追求清淨心，則另有一個終極境界在彼岸，既不可能「無念」，又不可能「頓悟」。所以，般若之「空」是這一禪法的基礎，而文人士大夫對般若「空」的理解，是這一禪法傳播的條件。但是，在政治氛圍相對自由、社會環境相對優渥的時代，人生更多需要的是一種無須多慮的體驗，而不是需要一種精深入微的思考。學理的思考雖然深刻而細膩，但作為信仰，卻遠遠比不上內心的體驗，因為體驗來自心靈對宇宙與人生的切膚感受，它往往對人產生巨大的影響。所以，儘管盛唐士大夫並不見得一下子就能接受南宗禪這種「無念」與「頓悟」的方式，但是，他們心裡卻對這種方式並無抵觸。這不僅僅是因為這種方式迎合了他們的生活興趣，順應了他們的心理需要，還因為這一方式所依憑的般若「空」觀，與六朝以來作為人生趣味底色的老莊玄學，又恰好水乳交融、絲絲入扣。士大夫藉助對老莊思想的理解，很容易在「空」之一字中體驗到人

---

① 《心海集》諸詩偈，見徐俊《敦煌詩集殘卷輯考》，北京：中華書局，2000。

② 《南宗定邪正五更轉》，參看敦煌卷子本（S.4654、S.6038、S.6923、P.2045、P.2270），現據楊曾文《神會和尚禪話錄》錄出，128頁。

生最深處那種超越凡俗的境界。

我們不必把佛教徒與士大夫分得那麼清楚。「芒鞋直裰儒生巾」，有不少佛教徒在未出家時就是士大夫，而士大夫出家之後就是佛教徒。禪門有相當多的高僧本來就是習儒業、好老莊的文人。像神秀「少為諸生，遊問江表，老莊玄旨書易大義……爛乎如襲孔翠，玲然如振金玉」；神會「從師傳授五經，克通幽賾，次尋莊老，靈府廓然」[1]。而士大夫中，也有許多人特別習慣於從老莊玄學的角度來觀察佛學，所以，對般若空宗尤其能夠從心靈中體驗。「空」與「無」在他們這裡，本不必分出是佛是道，像盛唐一個叫崔琪的士大夫，在說到法如一系的靈運禪師時，就很自然地從佛到玄兩端來回移動：「幻境非真，泡身是妄，五色令人昏，五音令人聾，五味令人爽，噫！輪彼生滅，無時息焉，吾將歸根，以復於正。」[2] 這裡「空」「無」兩端，佛、老之間，幾乎毫無縫隙地合卯接榫。

也許正是這一緣故，盛唐時代般若之學開始風靡。像張說《石刻般若心經序》論「知心無所得，是真得，見一無不通，是玄通」；王維《能禪師碑》論「無有可捨，是達有源，無空可住，是知空本」；陽伯成《大智禪師碑陰記》論「夫道非言，言以明道也，空非相，相以泯空也」[3] 等，都頗得般若學的要領。特別是，當開元年間唐玄宗李隆基御注《金剛經》頒行天下之後，更是推波助瀾，使文人士大夫對般若之說，越來越有興趣，不管他們對此有多少理解，都異

---

① 《文苑英華》卷八五六載張說《荊州玉泉寺大通禪師碑》，4521 頁；《宋高僧傳》卷八《唐洛京荷澤寺神會傳》，179 頁。

② 崔琪《唐少林寺靈運禪師碑》，《全唐文》卷三〇三，1361 頁。

③ 分別見於《全唐文》卷二二五，1002 頁；《王右丞集箋注》，446 頁；《全唐文》卷三三一，1483 頁。

口同聲地稱讚般若之學：

> 夫般若者，乃諸佛之智母，至道之精微。
>
> 宿宿圓機，如如至理。
>
> 顯如來之性，明下解脫之門，非智能知，非言可測[1]。

在《全唐文》中，收錄了好幾篇中唐之初文人寫的《空賦》，當他們用文學的筆調來描述「空」的時候，那「空」就彷彿老莊的「無」。如卷四五八所載林琨的《空賦》、卷四〇八趙自勤的《空賦》，裡面的老莊話語排衙結隊而來。這時，老莊之「無」包裹着般若之「空」，使士大夫感到親切，對人生的不滿，使他們在般若的「空」中盡力地體驗出超越與解脫。神會比北宗禪更多地偏向般若空宗，其實既是荷澤宗向士大夫的靠攏，也是時代對荷澤宗的影響。

三、從清淨無垢的禪到自然適意的禪

如果神會一系禪思想到此為止，那麼依然與北宗禪難分伯仲。

我們在《北宗禪再認識》等章都曾說到，北宗禪也是在從「三界唯心」的楞伽禪向「一切皆空」的般若禪轉化之中。雖然他們一直在強調對清淨心靈的追求，但在理論上，也是承認「空」觀的。外在世界的虛假與內在意識的空幻，都是他們的口號與旗幟，只是他們還沒有徹底到連清淨無垢的「心」都不存在而已。因此，他們

---

① 分別見於孟獻忠《金剛般若經集驗記序》，《續藏經》第 149 冊，75 頁；盧季珣《金剛般若經贊》、貞一《金剛般若波羅蜜經後序》，見《全唐文補編》卷二九，344 頁。按：孟為開元間梓州司馬，盧為開元間復州刺史，貞一不詳，亦開元中人。

還在人生中保存了一個最後的實踐落腳處，讓人們還能有一個終極的追求目標。在這一點上，神會與北宗禪並無多大差異，我們在前面也說了，這是「五十步與百步」之別。

但是，神會一系比起北宗來，它的「空」更多一些自然適意色彩。正像我們前面所說的那樣，雖然北宗禪與南宗禪都講「空」，而且都偏向於心靈的澄澈，但北宗之心空，多偏於「空靜」，是追求心靈的安靜狀態，這種「空」是與「有」相對而存在的。這個「空」與「有」換個說法，就是「淨」與「染」，為了離「有」尋「空」，為了背「染」覓「淨」，難保不落入一個「執」字之中，在實際修行裡也難保不落入一個「漸」字之中。但是，神會之心空多偏向「空寂」，這「寂」不是「靜」，而是一種無差別境界，萬事萬物，苦樂染淨，凡俗人我，都在這裡消解無痕。只要一入這種空寂之境，便一切都了；只要在意識中泯滅有、無、染、淨之分別，他就不必離「有」尋「空」，背「染」覓「淨」。因為這一切有無和染淨也只是「空」，這就給修行者以極大的自由。前引神會與房琯的對話中說到的「煩惱即菩提」，以及與僧俗所說的「立佛性為自然」，就是在這一思想背景下提出的一個命題。

煩惱如何即是菩提？在傳統佛教的經典中，煩惱就是煩惱，它是人生不能超越的原因。它來自人的無明，無明使人有情有慾有愛有恨，這些情慾愛恨，又使人心擾擾不得清淨，所以才要用種種方法驅除這些惱人的情慾愛恨，回歸到無思無慮的清淨心靈世界。這清淨的心靈世界才是菩提，才是覺智[1]。這煩惱與菩提之間判若雲

---

[1] 《大智度論》卷四：「一切諸佛法，智慧及戒定，能利益一切，是名為菩提」，又說，「菩提名諸佛道」。《大正藏》第 25 冊，86 頁。

泥，所以他們依然要人「離黑覓珠」，也就是割斷煩惱，尋找真心，通過「定」來求得「慧」。但在神會這裡，雖然還沒有徹底填平這二者之間的鴻溝，但已經開始談論這二者的一致性了。除了他與房琯的這段議論外，如與僧俗所說的「無明與佛性俱是自然而生」；與王維論「起心有修即是妄心」；與乾光法師論「眾生心與佛心，元不別」等，都是這一類話頭①。因為一切是幻相，所以才能在「空」的背景中，把一切差別都通通泯滅；既然一切都是空幻，那麼還有甚麼煩惱與菩提的分別要執着的呢？《荷澤和尚與拓拔開府書》中說「大乘定者，不用心，不看淨，不觀空，不住心，不澄心……無怖畏，無分別，不沉空，不住寂，一切妄相不生，是大乘禪定」②。這一連串的「不」和「無」，解開了文人士大夫學佛時的種種約束，給了他們一個自由伸展的天地。雖然最後一句「一切妄相不生」，仍然給這種自由留下了最後一個限制。

這種「煩惱即菩提」的說法雖然激進，但依然不能說是神會一系的獨家專利。我們注意到，在稍晚些時候，連北宗禪師也有這種說法。永泰二年（766）即安史之亂之後，李華為一個北宗禪師撰碑時也曾說道：

> 佛性在煩惱之中，佛身即眾生之體，大法平等，無所不同。

不過，他沒有提到為甚麼「無所不同」，這大概是北宗的底線，在

---

① 均見《南陽和尚問答雜徵義》，《神會和尚禪話錄》，75、85、90 頁。
② 《南陽和尚問答雜徵義》，《神會和尚禪話錄》，122 頁。

這篇《潤州天鄉寺故大德雲禪師碑》中，他提到了這個法雲禪師的兩句話，說是有「有志於道」的人來請教，他說「飲甘露者，當淨其身」；有「涉道未宏」的人來請教，他說「菩提為寶耶，無知無德，涅槃為空耶，常樂我淨」[①]。顯而易見，還是要「佛性常清淨」的。然而，神會一系的禪師則開始傾向「自然」，神會在答揚州長史王怡時就說，「性不離妄」[②]。這就是說佛性與常人所謂的「妄心」並無差異。為甚麼？因為從空宗的看法來觀察，一切都是幻象，並無自性，所以，不必執着於佛性與煩惱、淨相與染相的差別。「得無住心，即得解脫」，這個「無住心」，就是了達一切皆空之後，不在任何處住的自由心靈。在這種境界中，「眾生心即是佛心，佛心即是眾生心」，這就是神會所謂的「僧家自然」，而這種「自然」在神會看來，本是「眾生本性」[③]。

那麼，又如何「立佛性為自然」？如果佛性就意味着在意識深處是無思無慮的一片空淨，「落了片白茫茫大地真乾淨」，那麼它只能是現實所無的虛玄境界。因為在現實世界中生活的人，大多很難達到這種無思無慮。作為一個文人士大夫，他個體生命的價值常常需要社會的肯認才算實現，作為一個世俗世界的參與者，他又不能不面對種種瑣事以求生存。可是，傳統佛教總是把此岸與彼岸分開的做法，給人們出了一個很大的難題，要自然就不能清淨，要清淨就不能自然。雖然也有許多佛教中人一再說「空」，但這「空」彷彿是「有」的反義詞，就好像「清淨」是「污染」的反義詞一樣。如果一個人把「此岸」與「彼岸」混為一談，如果一個人把穿髒了的衣

---

① 《全唐文》卷三二〇，1434 頁。
② 《南陽和尚問答雜徵義》，《神會和尚禪話錄》，100 頁。
③ 《南陽和尚問答雜徵義》，《神會和尚禪話錄》，75、91 頁。

服，說成是新從洗衣店裡拿出來的乾淨衣服，那麼他非被人說成是瞎子不可。明鏡有灰當須拭，這似乎是天經地義，因為明眼人一眼就能看到灰塵。但是，按照神會等禪師的說法，這些人都沒有想到的是，人的眼睛真的是明察秋毫的嗎？

神會和其他一些禪者，恰恰從般若思想中得到了一個啟示，既然「一切皆空」，那麼，還有甚麼是「真有」？既然「空」也是空，那麼「真無」也應當與「真有」無別。這樣，此岸與彼岸，究竟哪一個是「此」，哪一個是「彼」？乾淨與骯髒究竟哪一個是「淨」，哪一個是「染」？灰是否真的在鏡上，這都成了疑問，鏡子是否真的存在，也一樣有疑問，那麼，我們為甚麼一定要去拂拭？也許那灰塵並不是像我們眼睛看到的那樣，真的在鏡上，而是我們心中的妄想幻化成一片污垢。就連我們自己，也可能只是像莊周夢蝶那樣，並沒有甚麼真實的自性，我們何必執着地追問不休？所以，神會答房琯說：

> 虛空本來無動靜，不以明來即明，暗來即暗。此暗空不異明（空），明空不異暗空。明暗自有來去，虛空元無動靜。煩惱即菩提，其義亦然。迷悟雖即有殊，菩提心元來不動[1]。

既然沒有煩惱用悟，當然可以在塵世瀟瀟灑灑地過一種輕鬆而自由的生活，在自然適意中就回歸了佛性。

把「眾生本性」與「僧家自然」相聯繫，是神會思想中的一個大關鍵。雖然他並沒有走得那麼遠，但在他充滿矛盾的思想中，確

---

[1] 《南陽和尚問答雜徵義》，《神會和尚禪話錄》，94 頁。

實潛含了這種「自然適意」的內涵，而這又確實與他從「楞伽禪思想」向「般若禪思想」轉軌有關。從字面上說，「自然」二字當然是中國老莊一流的思想，在《老子》中「人法地，地法天，天法道，道法自然」，自然即自然而然，乃是最終極的境界。這種自然意味着，沒有設計者，沒有監督者，沒有目的地，沒有出發點，是一種極其自由的狀態。《莊子·逍遙遊》中所說的「無待」，也是這種極其自由的狀態。但在《般若》的思想敘述中，也有很多涉及「自然」的地方，例如《摩訶般若經》卷三《地獄品第五》：

> 佛語須菩提：色無著無縛無解，何以故？色之自然為色。痛癢思想生死識無著無縛無脫，何以故？識之自然為識。……用是故須菩提，般若波羅蜜甚深，少有信者。[①]

又如《光讚經》卷二《行空品》三之二：

> 自然之空自然寂寞，其自然者，則無所起、亦無所得、亦無所念、亦不自念，我得天耳，唯以志於諸通事。[②]

這裡所說的「無著無縛無解」和「無起無得無念」的自然，和老莊一流道家所說的大化流動的「自然而然」還是有些細微差異，老莊思想中的「自然」，與宇宙萬物的流轉秩序更相關，而般若思想中的「自然」，則更偏向於宇宙萬物的無差別境界，但是兩者確實可以溝

---

① 《大正藏》第 8 冊，523 頁。
② 《大正藏》第 8 冊，159 頁。

通。《文殊說般若經》卷上說,「修般若波羅蜜,則不捨凡夫法,亦不取聖賢法」,只要你「不見法是應住是不應住,亦不見境界可取捨相」,甚至於「不見諸佛境界」,你就修到了甚深般若波羅蜜,這就是自然,這就是適意 ①;而這種放下一切,自然適意的狀態,也恰好符合老莊對大化流轉自然而然生活狀態的想像。在神會等禪者看來,上根之人的佛性呈現的境界,就是「自然適意」。因此,在中唐禪宗信仰者的心目中,生存狀態的「自然」與宇宙狀態的「空」有關,這個從宇宙到人生的思想理路,可以外化為一種享受人生的態度。神會的「立佛性為自然」,就是建立在這一基礎上,為文人士大夫暗示了一種超越而自由的人生態度。在他看來,眾生本性是本來清淨,僧家自然是一無繫縛,前者是體,後者是用,體用本來就是一。所以,修行者只要悟出這一根本道理,稟承其與生俱來的「自然智無師智」,就可以知道,心體本來「無著無縛無解」,修行本來「無起無得無念」,生活中不必拘泥執着,只需隨順本性而行,因為人天生就有那種「知」。而他所看重的這個「知」,就是「眾生本性」,也是「僧家自然」。

當然,正如我們前面反覆說過的那樣,神會思想中的理路矛盾,使他並沒有走到那麼遠,這裡所說的,無非是神會思想中可能的資源和潛在的趨向。說起來,有所限制的修行,是宗教得以存在的基礎,而過分的行為自由,是宗教瓦解的先兆,這在任何一個宗教都一樣。不能想像一個宗教不設立一個目標,不制定一套方法,不建立一種規範。北宗禪以「清淨」為目標、以「攝心息念」為方法、以「坐禪持戒」為規範,這是無可非議的宗教家數。但是,神

---

① 《大正藏》第 8 冊,727 頁。

會的「僧家自然者，眾生本性也」的思路，卻有可能導致目標、方法、規範的瓦解。既然「眾生本性」是天然合理的根本，那麼，只要不落入種種後來的知識和意識之中，被理智與情慾所驅動，而是用自己本性去行動，就合符了自然。不過，這「自然」極有可能是「隨心所欲」或「任性而行」，這「本性」極有可能是對宗教目標、方法和規範的破棄。可是，中國文人士大夫的宗教思想後來的走向，恰恰是沿着神會這一思路來的。於是，宗教逐漸轉化為思想，信仰逐漸演變為興趣，文人把宗教修行轉化為生活體驗，把終極境界轉化為藝術境界。在這裡，「自然」二字起了相當大的作用，因為中國古代文人一直在心裡追求着無拘無束的自由，他們的這一追求在某種意義上説，就是佛教思想嬗變的背景①。

在盛中唐之間，南宗禪一直在發展着這種與文人士大夫互相協調的思想。不止是荷澤一系，如南嶽懷讓對馬祖道一所説的「磨磚既不成鏡，坐禪豈得作佛」；崛多三藏對坐禪僧人所説的「兀然空坐，於道何益」；南陽慧忠對紫璘供奉所説的不必覺、無虛實；司空山本淨對中使楊光庭所説的「即心是佛」「無心是道」②，其實，都和荷澤宗走得一樣遠，只是他們都沒有成批的資料傳世，我們無法了解更多而已。

---

① 山崎宏《荷澤神會禪師考》曾經指出，神秀一系北宗禪和荷澤一系的南宗禪之間的衝突，與則天武后時代希望保守的舊官僚和參與改新政治的新官僚勢力之衝突有關，這一點需要我們仔細考慮和研究，但是，由於史料問題，無法僅僅就趨新和守舊的邏輯來確認北、南宗的迭變，同氏編《中國の社會と宗教》（東洋史學論集第二），450—451頁，東京：不昧堂書店，1954。

② 均見《祖堂集》卷三，166、176、179、191頁；參看《五燈會元》卷二、卷三有關記載。

第五章

禪思想史的大變局

引　言

　　中國禪思想史上一個重大關節，過去似乎研究得還不夠，這便是六祖惠能再傳弟子馬祖道一（709—788）所創的洪州宗一系在中唐的特別興盛，及其在整個禪思想史上的巨大影響[①]。禪思想史敘述上這一環節的闕略，一方面自然與禪宗燈錄系統資料經過「層層積累」而失真，有一定關係，正如前輩學者所發現的那樣，《傳燈錄》系統的文獻對於中唐禪史的記載中，有不少偽造的東西，這些偽造的東西在一定程度上，又把史實混淆與淹沒了，以至於我們不得不先花大力氣進行考辨。另一方面，則是由於大量新的禪宗文獻被從敦煌卷子中發掘面世，欣喜若狂的研究者立刻被它吸引，從胡適開始就是這樣。於是，敦煌卷子剛好較多涉及的神會一系禪法，登時佔據了研究者過大的視野，激發了研究者過多的熱情，而珍貴的傳世史料如禪宗燈錄及同樣珍貴的藏外散見碑傳序跋等，則在相形之下黯然失色。資料的偏愛造成視點的焦距偏移，視點的焦距偏移又引起評價上的心理傾斜，對於神會在禪思想史上意義的評價，從燈錄的淡漠一變而為熱烈，至今仍有水漲船高之勢，而中唐南宗禪的其他流派及北宗禪，都被有意無意中忽略或看低。顯然，燈錄

[①] 這種情況現在有所改觀。在本書初版的 1995 年以前，有何雲撰《馬祖道一評傳》，載《世界宗教研究》（北京：中國社會科學出版社）1989 年第一期；潘桂明《中國禪宗思想歷程》（北京：今日中國出版社，1992）一書，也為馬祖道一專立一章；在 1995 年本書出版以後，關於馬祖道一及洪州宗的研究有了更多的論著，但在這些研究中尚存在相當多問題，在文獻考證以及思想解釋上還不能令人滿意，所以，對馬祖禪之於禪思想史的意義，仍未有更深入的認識。補注：在我再次修訂增補這一新版的時候，對於馬祖道一的洪州宗又有更多的研究，這裡無法一一列出。

系統的禪史著作由於門戶之見抹殺神會的意義是不公平的，但是，由於敦煌資料的成冊面世，過高地估計神會的意義卻無視燈錄，則是以不公平對不公平^①。

近來，我系統地考查藏內藏外的禪史資料，便逐漸感到燈錄類史書由於門派之見，固然有出主入奴篡改偽造禪宗歷史的嫌疑，但是，現代禪宗史家由於心理傾斜，也會有矯枉過正以偏糾偏，誤解禪宗歷史的可能。如果從禪宗史和禪思想史兩方面綜合考察各種資料，我們也許會注意這樣一個結論，即馬祖道一及其門下弟子，與神會及荷澤宗一樣，是六祖惠能之後南宗禪史上最重要的人物和派系，而馬祖禪所活動的中唐，才應該是禪思想史上真正大變局的時期。

第一節　中唐南宗禪史實考辨

開元二十八年（740），青原行思圓寂^②；天寶三載（744），南嶽懷讓圓寂^③；乾元元年（758），荷澤神會圓寂^④；上元二年（761），司空山本淨圓寂^⑤。

過去習慣上把安史之亂（755—763）以後叫作中唐。在中唐初

---

① 參見《重估荷澤宗》一章。

② 《祖堂集》卷三《靖居和尚》，110 頁。

③ 《全唐文》卷六一九張正甫《衡州般若寺觀音大師碑銘並序》，2767 頁。

④ 《神會塔銘》，碑文見於洛陽市文物工作隊《洛陽唐神會和尚身塔塔基清理》，《文物》1992 年第三期，67 頁。

⑤ 《祖堂集》卷三《司空山本淨和尚》作上元三年（762），上元三年即寶應元年。但《景德傳燈錄》卷五、《宋高僧傳》卷八則記其卒於上元二年（761）五月五日。

期，六祖惠能的重要弟子中，只剩下一個師承與思想都有疑問的南陽慧忠，還活躍在僧俗兩界[①]。雖然神會、本淨先後都為張大南宗進行過不懈的努力與抗爭，但事實上在盛唐時代，中心地區並沒有出現過「曹溪了義大播於洛陽，荷澤頓門派流於天下」的盛況[②]。因為直到大曆五年（770），獨孤及撰《舒州山谷寺覺寂塔隋故鏡智禪師碑銘》時還說，「忍公傳惠能、神秀，能公退而老曹溪，其嗣無聞焉」[③]。特別是在安史之亂中，佛門大遭劫難，不僅「幽陵肇亂，伊川為戎，憑凌我王城，蕩焚我佛刹」[④]，而且官軍也大肆劫掠，使佛教各宗僧侶都處在蟄伏自保之中。當時「諸長老奉持心印，散在群方」[⑤]，在戰禍中，無論北宗還是南宗都難以自全，更不消說弘法傳宗廣開門戶張大一軍了。像荷澤一系的慧堅，雖然毅然冒死前往長安，但其弘法的影響，也要到大曆時代才能有所顯現，何況戰亂中朝廷也根本無暇顧及佛教。

中唐之初，北宗、牛頭宗、荷澤宗三足鼎立，各自贏得一塊地盤。不過，這種局面也只是維持了很短一段時間，到貞元（785—805）、元和（806—820）年間，情況突然大變，南宗禪以令人驚訝的勢頭迅速崛起，在禪宗中一枝獨秀。不過，這時崛起的南宗並不是早已聞名的荷澤宗，而是以馬祖道一禪師為首的洪州宗。自從馬祖弟子鵝湖大義禪師到長安使「兩宮崇重，道俗宗仰」之後[⑥]，興善

---

① 《祖堂集》以下禪宗各種燈史均記載，慧忠為六祖弟子，但《宋高僧傳》卷九稱其「法受雙峰」，204 頁。
② 宗密《圓覺經大疏鈔》卷三下，《續藏經》第 14 冊，553 頁。
③ 《文苑英華》卷八六四，4562 頁。
④ 前引徐岱《唐故招聖寺大德慧堅禪師碑銘並序》。
⑤ 《全唐文》卷三一六李華《故中嶽越禪師塔記》，1419 頁。
⑥ 《全唐文》卷七一五韋處厚《興福寺內道場供奉大德大義禪師碑銘》，3258 頁。

惟寬、章敬懷暉也來到了王朝中心長安。《宋高僧傳》卷九《南嶽觀音台懷讓傳》末，特筆記載這一事件：

> 元和中，寬、暉至京師，揚其本宗，法門大啟，傳千百燈。京夏法寶鴻緒，於斯為盛。

寬即興善惟寬禪師，暉即章敬懷暉禪師，與鵝湖大義一樣，是馬祖道一門下。據白居易《傳法堂碑》，惟寬在貞元年間曾行遍閩越江西及洛陽，元和中，曾被唐憲宗召入麟德殿問法，「徒殆千餘」[①]。又據權德輿《故章敬寺百岩大師碑》及智本《百岩寺奉敕再修重建法堂記》的記載，懷暉在貞元中已名聲大噪，「凡其所止，道俗如市」，曾在今河北、山西等地傳授馬祖禪法，元和年間，也被憲宗以國師之禮召至長安，「每歲召入麟德殿講論」，時人稱為一代「導師」[②]。在鵝湖大義禪師之後，惟寬和懷暉先後深入長安和朝廷，這才使南宗禪頓時成了當時南北方首屈一指風靡一時的佛教宗派，也使得馬祖一系的禪法成了南宗禪的不二法門。

　　但是，這一南宗禪史上的重要史實，卻在後世禪宗燈錄中被逐漸淡化，在後世研究著述中被輕易忽略，以至於禪思想史中竟缺掉了對中唐禪史上這一大變局的描述與研究。

---

① 《傳法堂碑》，《白居易集》（顧學頡校點本，北京：中華書局，1979）卷四十一，911 頁。

② 《故章敬寺百岩大師碑銘並序》，見《文苑英華》卷八六六，4568 頁；又見《全唐文》卷五〇一，2260 頁；《百岩寺奉敕再修重建法堂記》，見《唐文續拾》卷八，《全唐文》後附，36 頁。

一、燈史馬祖、石頭兩系分派之辯證

傳統的禪宗燈史如《景德傳燈錄》《五燈會元》等，均記載馬祖道一上承南嶽懷讓，石頭希遷上承青原行思，身後分別派生南宗兩大支。馬祖門下，則以百丈懷海、南泉普願、大珠慧海為首，其中尤以百丈一脈為盛，後世更衍生溈仰、臨濟二宗；石頭門下以天皇道悟、藥山惟儼、丹霞天然最為著名，天皇、藥山之後，分出雲門、法眼、曹洞三宗。這就是所謂南宗禪史上的兩派五宗，也叫「一花五葉」。

可是仔細考察各種資料卻可以察覺，其中頗有疑竇。這種脈絡分明、傳承清楚的傳燈系統，按照胡適的說法，多半是在宗派分立之後，各自「攀龍附鳳」地上溯出來的。換句話說，就是這種傳燈系統，多半是後代禪師為了分清師資承襲，而硬性劃分的「偽史」，究竟有多少可信，尚需要細細考證。

從一些資料來看，馬祖道一與石頭希遷的關係頗為密切，本來並無宗派之分野，門下弟子也互相參訪，其實並無門戶的偏執[1]。這是南宗禪初期的常事，即多方參訪、不主一家。如南嶽懷讓除參六祖外，還向荊州的律宗和尚弘景、嵩山的北宗禪師安和尚請益[2]；荷澤神會先參北宗神秀，後參嶺南惠能[3]；而出身四川的馬祖道一，

---

[1] 也有人如日本學者川口豐司《石頭の思想 —— 馬祖との對比について》仍認為，石頭與馬祖思想雖有相同處，都繼承惠能的無念、無住、無想，但是「石頭看來傾向絕對否定，以現實生活為虛幻，而馬祖則看上去傾向絕對肯定，以及現實生活即禪」，載花園大學《禪學研究》(京都，1997 年 3 月) 75 號，86 頁。

[2] 《祖堂集》卷三《懷讓和尚》，190 頁。

[3] 宗密《圓覺經大疏鈔》卷三之下，556 頁。

據説「先是劍南金和尚弟子」[①]；而石頭希遷則與南嶽懷讓頗有淵源[②]。這本來很平常，也無須隱諱。但是由於後來門戶漸嚴，形成祖燈單傳，系不旁挑的風氣，便常常以訛傳訛，篡改刪削。因此，後世燈史便對祖師廣參博訪之事，或不甚了了，或有意掩飾。比如，除較早的《祖堂集》外，《景德傳燈錄》卷十四、《五燈會元》卷五都刪除了石頭希遷與南嶽懷讓交涉的一段史實，也許，這一方面是為了掩蓋祖師錯認家門，一方面是為了否認祖師看走了眼。只有不屬禪門一家一派的宋贊寧撰《宋高僧傳》卷九中，還剩下一段「（南嶽）有固、瓚、讓（即懷讓）三禪師，皆曹溪門下，僉謂其徒曰：彼石頭，真獅子吼，必能使汝眼清涼」，還略微透露其中消息。

如果説，在石頭希遷與南嶽懷讓的師承上，禪宗燈史只是略有隱諱，而並無大的變亂，那麼，在石頭希遷與南嶽懷讓下一代弟子的史傳中，由於直接涉及傳承譜系，其中的問題就比較多了。其中，最重要的恰恰就是石頭門下丹霞天然、天皇道悟、藥山惟儼這三大弟子的師資承襲。由於這三位禪師的師承，不僅牽涉到馬祖、石頭在當時是否平行的兩派，而且還關係到後世禪宗主流五家（溈仰、臨濟、雲門、法眼、曹洞）的宗脈淵源及思想傳承，因而不能不進一步辯證。

丹霞天然（738—832）在燈史中是石頭門下的大弟子之一，本是「少親儒、墨，業洞九經」的文人，後出家為僧，以燒木佛取暖一事最為著名。他曾寫有《玩珠吟》《孤寂吟》《驪龍珠吟》等頗有文學色彩的作品。據《祖堂集》卷四、《景德傳燈錄》卷十四、《五

---

① 宗密《中華傳心地禪門師資承襲圖》，《續藏經》第 110 冊，867 頁。
② 《祖堂集》卷四《石頭和尚》，198 頁。

燈會元》卷五等記載，他是在赴科舉途中，先投入馬祖門下，又由馬祖轉薦於石頭門下的。但是，《宋高僧傳》卷十一所記剛好相反，說他是先參見石頭，後「造江西大寂（馬祖）」的。如果按照禪宗歷史記載的慣例，最後參拜並獲啟悟者為師，那麼丹霞天然的師承就成了疑問。特別是與他開悟極有關係的一件事情，即「天然」法名之命名，以及他悟入禪機時的啟蒙者究竟是誰這一關鍵問題上，更有着不同説法。《祖堂集》卷四記石頭希遷為丹霞落髮：

> 師（丹霞）有頂峰突然而起，大師按之曰：「天然矣。」落髮既畢，師禮謝度，兼謝名。大師曰：「吾賜汝何名？」師曰：「和尚豈不曰天然耶？」石頭甚奇之，乃為略說法要。師便掩耳云：「太多也！」和尚曰：「汝試作用看！」師遂騎聖僧頭。大師曰：「這阿師！他後打破泥龕塑像去。」[1]

但是，《景德傳燈錄》卷十四卻記此事是在馬祖道一處：

> （丹霞）往江西再謁馬師，未參禮便入僧堂內，騎聖僧頸而坐，時大眾驚愕，遽報馬師，馬躬入堂視之，曰：「我子天然。」師即下地禮拜曰：「謝師賜法號。」因名天然。

偏石頭一脈的《祖堂集》和偏馬祖一脈的《景德錄》之間，為何有此差異？史料缺乏，已無從判斷。但《續傳燈錄》卷四有一段《傳燈錄》編者之一楊億的話，倒頗堪玩味。他説，古代禪師「率多參

---

[1] 《祖堂集》卷四，209—210頁。

尋」，並不嚴守門戶只參一家，他舉了雪峰、臨濟、雲岩及丹霞四人為例，說明所謂「師承」並非絕對的思想上的繼承關係，這類現象「在古多有，於理無嫌」，所以，「丹霞親承馬祖印可，而終作石頭之裔」[1]。這前一句自然是師承馬祖門下臨濟宗的楊億，不甘於史實而為自家祖師搶弟子的爭鬥面話；而後一句，則是門戶既定之後無可奈何，只好把丹霞讓出去的喪氣話。但是，這是否說明丹霞天然的師承譜系，還是多少有些疑問呢？我想，說丹霞雙祧馬祖與石頭兩人也許更合理些，從丹霞天然《玩珠吟》等思想、燒木佛等行為所體現的禪風，「放曠情懷」「去住逍遙」等態度所表現的人生觀念，以及他與馬祖一系禪師、居士如伏牛自在、龐居士等的交往上來看，至少把他單承石頭而不與馬祖，是不那麼可信的[2]。

如果說，丹霞天然的師承問題還比較簡單，那麼，天皇道悟（748—807）的情況就有些複雜了。由於他是後來開出雲門、法眼兩宗的禪師龍潭崇信、德山宣鑒、雪峰義存等的祖師，因而他的師承從北宋起，就是一樁聚訟不已的公案。在一般的禪宗燈史中，他承襲石頭希遷的記載彷彿是一致的，《祖堂集》卷四因「未睹行狀，不決終始之要」而記錄頗為簡略，只說他「嗣石頭，在荊南」；《景德傳燈錄》和《五燈會元》則都記載他的學禪經歷，是初參徑山國一，次參馬祖道一，最後參石頭希遷。當然，按照慣例，最後所參並悟禪法的那一位，就應是他的師承所在。

---

① 《續傳燈錄》卷四，《大正藏》第 51 冊，262 頁。
② 參見《祖堂集》卷四，211 頁。又《景德傳燈錄》卷八《古寺和尚》記：「丹霞參師，經宿至明，旦煮粥熟，行者（古寺和尚）只盛一缽與師，又盛一碗自吃，殊不顧丹霞」，這裡記的就是丹霞在馬祖門下的事，「師」即馬祖道一，《大正藏》第 51 冊，262 頁。

但是，唐丘玄素《天王道悟禪師碑》卻記載，龍潭崇信的師承
確實是道悟，可是這道悟不是天皇寺道悟，而是天王寺道悟。這個
天王寺的道悟雖先參石頭希遷於乾元二年（759），但「頻沐指示，
曾未投機」，隨後又去拜訪南陽國忠，在乾元三年（760）最後參拜
的卻是馬祖道一：

> 祖曰：識取自心，本來是佛，不屬漸次，不假修持，體
> 自如如，萬德圓滿。師於言下大悟。祖囑曰：汝若住持，莫
> 離舊處。師蒙旨已，便反荊州 ①。

最後，他住在荊州城西的天王寺。因此，這個天王道悟（727—808）
以及龍潭崇信，乃至以後的雲門、法眼二宗，就應當出自馬祖門
下。而另外那個天皇寺的道悟（748—807），據唐代符載《荊州城東
天皇寺道悟禪師碑》，他確實初參國一，又參馬祖，後參石頭。但
是，他住在荊州城東天皇寺，而且只有慧真、文賁、幽閒三弟子，
並沒有龍潭崇信 ②！《宋高僧傳》卷十在記載天皇道悟時，顯然看到
了這一歧異，於是在採用符載碑記載其弟子時，既登錄了碑中的慧
真、文賁、幽閒，又根據門派中的說法，把龍潭崇信也附記在後，
造成了合二為一均屬石頭系的結論。於是，北宋張商英、呂夏卿，
以及達觀曇穎（989—1060）的《五家宗脈》、覺範慧洪（1071—1128）
的《林間錄》均引上述二碑，批評《景德傳燈錄》等拘泥舊說，《人
天眼目》卷五所載《夢覺堂重校五家宗脈序》更是直截了當地指出：

---

① 丘玄素《天王道悟禪師碑》，見《全唐文》卷七一三，3244 頁。
② 《全唐文》卷六九一，3137 頁。

今《傳燈》卻收雲門、法眼兩宗歸石頭下，誤矣！……
自景德至今，天下四海，以《傳燈》為據，雖列剎據位立宗
者不能略加究辨①。

直到明清間，禪門仍在為此爭論不休。清人劉獻庭撰《廣陽雜記》，
其卷五便有《天王天皇考》，他指出《傳燈錄》這一訛誤使「雲門、
法眼（兩宗），相隨而去，是故混淆之始，由於道源，百世而下，競
起而爭，亦始於《傳燈》也」。他還針對所謂唐代無丘玄素此人，故
《天王碑》應為偽造的說法，以石刻證明丘玄素的確是中唐人：

　　或謂傳史無玄素之名，殊不知宋儒避國諱玄素為元素，
歐陽□貶夷陵令，嘗集《神女廟》詩，李吉甫一首、邱元素
一首，貞元十四年石刻黃牛峽下，夔州巫山界石刻亦然。可
考也②。

但是，舊說先入之見的影響極深，這一說法始終不曾為人接受。如
《大元延祐重刊人天眼目序》就一口咬定丘玄素碑為「偽」，但是並
沒能拿出真憑實據③。奇怪的是，現代禪宗史研究者也沿用舊說而
不辨，如湯用彤《隋唐佛教史稿》隻字不提此事，仍舊依《傳燈錄》

---

① 《大正藏》第 48 冊，328 頁。
② 劉獻廷《廣陽雜記》（北京：中華書局，1957）卷五，239 頁。
③ 《大正藏》第 48 冊，333 頁；關於這一爭論在明清間的延續，請參見陳垣《清初僧
　諍記》（北京：中華書局，1962）；陳垣先生依然堅持傳統的說法，儘管徵引資料
　極為豐富，但我仍然覺得舊案難斷。

之説敍述禪門宗派[1]；周叔伽《中國佛教史》曾專敍天皇門風，卻還是依舊稱「希遷之門有惟儼、道悟」，根本不理會另一種說法是否有據[2]；呂澂《中國佛學源流略講》倒是提及兩個道悟之事，但未加細辨就匆匆下一判斷，說「並無這樣一個天王道悟，碑文也是假的」，並認定這是臨濟宗後人為貶低雲門而偽造[3]；印順的《中國禪宗史》則避而不談，仍將「荊州的天皇道悟」當作一人，歸屬於石頭「門下的法嗣」，似乎一筆帶過[4]。一直到 1988 年，顧偉康撰《禪宗：文化交融與歷史選擇》，仍恪守舊説而不查，進一步指責天王、天皇之分及雲門、法眼二宗出自馬祖，是洪州宗有意作偽，反倒弄巧成拙，「道悟為石頭門下，反成定論」[5]，可依然提不出這一定論的肯定證據和關於丘玄素碑的否定證據。

其實，以上大體均為沿襲燈錄舊説，或遵循日本學者忽滑谷快天《禪學思想史》與宇井伯壽《第二禪宗史研究》的考證。但是，二氏的考證並沒有提出特別有力的論據，只是依據傳燈舊説而已[6]。問題是，為甚麼這一舊説成立，而那一舊説就不能成立呢？這裡我想強調的是，道悟之為馬祖道一門下，並非只有丘玄素碑一個孤證！權德輿撰《馬祖塔銘》中，列其重要弟子十一人，其中就有道

---

① 湯用彤《隋唐佛教史稿》（北京：中華書局，1982）第四章第六節，189—190 頁。

② 周叔伽《中國佛教史》第五章第十三節，《周叔伽佛學論著集》（北京：中華書局，1991）上冊，214 頁。

③ 呂澂《中國佛學源流略講》（北京：中華書局，1979）第九講，243 頁。又，參見同書，380 頁。

④ 印順《中國禪宗史》（南昌：江西人民出版社，1990）第八章，272 頁。

⑤ 顧偉康《禪宗：文化交融與歷史選擇》（上海：知識出版社，1990），140 頁。

⑥ 參見忽滑谷快天《禪學思想史》（東京：玄黃社，1923）上冊，448—517 頁；宇井伯壽《第二禪宗史研究》（東京：岩波書店，1941），457—459 頁。

悟；據《林間錄》記載，唐人歸登撰《南嶽懷讓碑》中列其再傳弟子，其中也有道悟[1]；宗密《中華傳心地禪門師資承襲圖》開列馬祖門下五個重要弟子，其中赫然也有「江陵悟」[2]。顯而易見，要否定丘玄素碑所記的馬祖、道悟、崇信這一師承淵源，恐怕還須進一步拿出證據來。

丹霞天然、天皇道悟的師承疑問，當然還只是疑問，不能斷然便下結論，這主要是因為資料複雜而且歧異。然而，藥山惟儼（745—828）的師承也成了疑問，卻真是一件很奇怪的事。《祖堂集》卷四、《宋高僧傳》卷十七、《景德傳燈錄》卷十四似乎同出一源，均記其「謁石頭大師，密領玄旨」，似乎沒有問題，後世所有的禪宗燈史和禪宗研究著作都無異詞。可是，《全唐文》卷五三六唐伸所撰《澧州藥山故惟儼大師碑》，卻明明白白地記載說他是馬祖道一的弟子！碑文曰：

> 是時，南嶽有遷，江西有寂，中嶽有洪，皆悟心契……自是，寂以大乘法聞四方學徒，至於指心傳要，眾所不能達者，師必默識懸解，不違如愚。居寂之室，垂二十年。寂曰：爾之所得，可謂浹於心術，佈於四體。……由是陟羅浮，涉清涼，歷三峽，遊九江。貞元初因憩藥山。……後數歲而僧徒葺居，禪室接棟鱗差，其眾不可勝數……有以見寂公先知之明矣[3]。

---

① 權德輿《唐故洪州開元寺石門道一禪師塔銘》，《全唐文》卷五〇一，2262頁；又，石門洪覺範《林間錄》卷上，《續藏經》第 148 冊，585—647 頁。
② 宗密《中華傳心地禪門師資承襲圖》，《續藏經》第 110 冊，867 頁。
③ 《全唐文》卷五三六，2411 頁。

「寂」就是馬祖道一。這一碑是藥山惟儼去世八年後,「門人持先師之行(狀)」來請唐伸特意撰寫的,自然不會有大誤。《祖堂集》《景德錄》都悄悄地從這裡抄撮了一些文字及史料,但是,卻把藥山參馬祖「居寂之室垂二十年」這關鍵一段,全部刪改,換成了「即謁石頭,密領玄旨」。不知這究竟是為甚麼,是早期撰禪宗燈錄者未曾細看此碑,還是石頭系禪師有意作偽,這就很難説了。也不知為甚麼,後來研究禪史的學者,都視而不見或見了也斷然否認,如日本學者忽滑谷快天的名著《禪學思想史》第三編第十三章採取的是調和的方法,認為藥山惟儼與丹霞天然一樣,出入於馬祖、石頭二家門下。但是,宇井伯壽《第二禪宗史研究》第五《藥山惟儼と天皇道悟》則拈出一些似是而非的證據,指斥此碑是馬祖一系後輩甚至是宋代大慧宗杲之後的禪師為「諂於祖師,自矜法系」而偽造的 [1]。但是,他的證據並不確鑿,特別是一些關鍵的證據,更經不起推敲。例如他認為撰碑人唐伸是「烏有先生」,所以碑文亦為偽造。但是,唐伸其人並非「烏有先生」,而是實有其人,不僅《全唐文》有傳,《冊府元龜》《唐會要》中,也明明記載他是寶曆元年(825)賢良方正能直言極諫科入第三等的文人。唐敬宗此年詔書中,還明明白白地提到了他的名字 [2]。也許,正是因為發覺此中有破綻的緣故,所以早在宋代的《聯燈會要》卷十九及《五燈會元》卷五,就已經採取了彌縫補漏的方法來調和,在參拜石頭一段之後,又加上參拜馬祖的一段,這倒與忽滑谷快天的方式不謀而合。但是,如果我們承認唐伸不是「烏有先生」,就不能把這份碑文斥為「偽作」,如

---

[1] 宇井伯壽《第二禪宗史研究》,426—427 頁。

[2] 《冊府元龜》卷六六四,7118 頁;《唐會要》(北京:中華書局校點本,1990)卷七十六;又,徐松《登科記考》(北京:中華書局,1984)卷二十亦可參考。

果我們不認為唐伸碑為偽作，那麼，我們只好承認藥山正是馬祖的弟子。

其實，我的辨析並無意於重新為馬祖、石頭劃分傳燈譜系，而是為了說明中唐之初的禪門實相。在傳統所謂「石頭系」的禪者中，丹霞天然是其大弟子之一，以「燒木佛」而著稱，後世多標其為清狂自然的「丹霞門風」；天皇道悟則以門下有德山宣鑒（782—865）、雪峰義存（822—908）等傑出後裔，儼然為南宗禪的大枝，雲門、法眼兩宗為其所出；藥山惟儼門下，則支脈眾多而且開出源遠流長的曹洞一宗，他更因為與李翱對話而廣為研究者注意，被視為影響理學之關鍵人物。但是，這三人竟都與馬祖道一有關，這不能不令人深思，重新勾勒中唐禪史的面貌。印順《中國禪宗史》第八章《曹溪禪之開展》中曾說：

> 在會昌法難（854）以前，石頭一系的興盛，是比不上荷澤與洪州的，石頭一系的思想，也沒有被認為曹溪的正宗。

同書並引韋處厚《興福寺內道場供奉大德大義禪師碑銘》、賈餗《揚州華林寺大悲禪師碑銘》、白居易《西京興善寺傳法堂碑並序》、宗密《圓覺經大疏鈔》卷三之下，證明石頭一系在會昌之前「默默無聞」。

現在看來，這個判斷要做一點修正，中唐前期，石頭一系的確「默默無聞」，但是，這並非因為它不興盛，而是因為它根本還沒有開宗立派，當時石頭一系根本不存在，或者說，在當時石頭一系與馬祖一系本來就是一回事！只是很快門戶之風大開，後學禪師為了自立門戶就逐漸把石頭一系單獨分開，造成「系不旁挑」的宗脈傳

説。所以，論述中唐前期所謂「洪州宗」的思想，本應包括石頭門下在內，而後世五家的宗風，也均與馬祖道一有極深的淵源。

二、洪州門下各弟子的地位問題

向來禪宗史均沿襲燈錄的傳統説法，在馬祖弟子中以百丈懷海（720—814）為最重要者論述[1]，但這又是一個誤會。

在《祖堂集》《景德傳燈錄》《五燈會元》中，都看不出懷海在禪思想史上有任何獨特之處，除了「一日不作，一日不食」這種拘謹的禪風，以及他為規範弟子行為而制定的《清規》外，他最重要的業績，大概是培養了黃檗希運、溈山靈祐等著名禪師。由於希運（？—855）與政界名人頗有交情，並且門下有臨濟義玄（？—866）創臨濟宗；溈山靈祐（771—853）及其門下仰山慧寂又創溈仰宗，後世宗風大盛，所以，師以徒顯，不斷被附益各種故事和語錄，百丈懷海才儼然成了馬祖的衣缽傳人，幾乎所有燈錄系統禪史都把他放在中唐最顯要的地位。比如，《景德傳燈錄》卷六稱，他與西堂智藏在馬祖門下「同號入室，時二大士為角立焉」；《五燈會元》卷三則説，他與西堂智藏、南泉普願「同號入室，時三大士為角立焉」。但是，撰於五代末的《祖堂集》，時代比各種燈錄早些，裡面卻根本沒有這種説法，而且記載他的事跡也很簡略。特別是，更早的撰於中唐的權德輿《唐故洪州開元寺石門道一禪師塔銘》，歷數馬祖道一門下有慧海等十一名大弟子，其中竟沒有懷海的名字在

---

[1] 如宇井伯壽《第二禪宗史研究》認為懷海是馬祖門下最重要的人物，327 頁；阿部肇一《中國禪宗史の研究》（東京：誠信書房，1963）第二章在敘述南宗禪史的時候，即專立一節為「馬祖、百丈の系統」，直以懷海為馬祖的嫡系傳人。

內！所以，後來陳詡為百丈懷海撰碑時提到這一點，只好特意為他辯解一番：

（懷海）居常自卑，善不近名，故先師碑文獨晦其稱號[①]。

但是這恰恰是欲掩彌彰。通常，撰碑文者是會仔細搞清師資傳承的，所以，這種說法不過是懷海的撰碑人為了替碑主粉飾所作的掩耳盜鈴而已。顯然，在馬祖在世時，百丈懷海的地位遠不如慧海、智藏、惟寬、懷暉，碑文不列其名，豈是因為他的謙虛！可以順便提到的是，有關他與馬祖道一著名的「野鴨子」對話，應當是他在馬祖門下最重要的開悟記錄，《五燈會元》卷三、《古尊宿語錄》卷一、《碧巖錄》卷六第五十三則等等，都是把它當作懷海開悟的重要契機來記載的。可是，據早於這些文獻的、五代末成書的《祖堂集》卷十五《五泄和尚》條，這明明是百丈惟政的故事[②]！我想，大概是後學為尊崇先師，未加細考就把這百丈當成了那百丈，以至於有意移花接木，或者無意張冠李戴認錯了人。

從中唐人的記載來看，貞元、元和年間（785—820），馬祖門下最著名的禪師是西堂智藏、興善惟寬、章敬懷暉，這與後來的燈錄系統全然不同。西堂智藏（738—817）是馬祖道一的貼身弟子，也是馬祖圓寂後，在龔公山收束門下眾僧的繼承人。《祖堂集》卷十五所記頗為簡略，並稱「未睹行錄，不決終始」。《景德傳燈錄》卷七所記稍詳，但頗有誤處，幸好現存有唐技所撰《龔公山西堂敕

[①] 《全唐文》卷四四六《唐洪州百丈山故懷海禪師塔銘》，2014 頁。
[②] 《祖堂集》卷十五，670 頁。

謚大覺禪師重建大寶光塔碑銘》，碑中記載：

> 大覺禪師，廖姓，智藏號。生南康郡，年十三，首事大
> 寂於臨川西里山，又七年，遂受之法。大寂將欲示化，自鍾
> 陵結茅龔公山，於門人中益為重。大寂歿，師教聚其清信
> 眾，如寂之存[①]。

這與《景德傳燈錄》卷七所記「連帥路嗣恭延請大寂居府，應期盛
化，師（智藏）回郡，得大寂付授納袈裟，令學者親近」一段互相參
照，可以證明智藏在馬祖門下確屬指定的接班人。貞元四年（788），
馬祖去世，三年後（791）智藏應大眾再三堅請，開堂說法，虔州刺
史李舟，「天下名人也，事師精誠，如事孔顏」[②]，又一次在南方弘傳
了馬祖的禪風。所以，唐技碑銘中稱他之於馬祖，馬祖之於佛陀，
如董仲舒之於孟子，孟子之於孔子，是一脈相承的大師，於是「覺
（智藏）之巨名，江南眾師，在昔生存，厥後巍巍」。元和十二年
（817）他以八十高齡圓寂後，唐憲宗詔謚「大宣教禪師」，賜塔名「元
和證真之塔」。數年之後（824），唐穆宗再次詔謚「大覺禪師」，賜
塔名「大寶光之塔」。他的弟子有虔州處微及國縱等[③]，都不甚出名，
以致連累了他的名聲在後世也不大響亮。不過，由於他在中唐為洪
州禪的正宗傳人，倒也有好些來自異域的學生，像被稱為「新羅國

---

① 此碑原收於《同治贛州志》卷五十，現已收入陳尚君輯校《全唐文補編》卷七七，
　　952—953 頁。
② 李舟，《景德傳燈錄》中誤為李翱。
③ 處微，見《景德傳燈錄》及《五燈會元》；國縱，僅見於前引唐技之碑文。

禪宗初祖」的元寂道儀及實相洪直、桐里慧徹 [①]，這又使他在東國名聲遠揚 [②]。

　　馬祖一系出名的另一個禪師是章敬懷暉（756—815）。他曾「抵清涼，下幽都，登徂徠，入太行」，將馬祖一系的禪思想擴及北宗及荷澤宗的地盤，特別是，他還最終佔據了文化中心長安的講壇 [③]。據資料說，這個號稱「百岩大師」的懷暉「凡其所止，道俗如市」 [④]。可是，他的事跡從《祖堂集》《景德錄》到《五燈會元》竟越來越少，尤其是關於他在長安受唐憲宗徵召入對一事，《祖堂集》卷十四載：

　　　　師（懷暉）契大寂（馬祖道一）宗教，緇儒奔趨法會，自以道響天庭，聞於鳳闕。元和初，奉徵詔對，位排僧錄首座已下。聖上顧問，僧首對曰：「僧依夏臘。」師當時六十夏（此處所記有誤，懷暉當時應當是五十三歲——引者），敕奉遷為座首，對聖上言論禪門法教，聖顏大悅，殷敬殊常，恩澤面臨，宣住章敬寺，大化京都，高懸佛日。都城名公、義學競集，擊難者如雲。師乃大震雷音，群英首伏，投針契意者

---

① 參見《唐文拾遺》卷六八金穎《新羅國武州迦智山寶林寺謚普照禪師靈塔塔銘》，卷七〇孫紹《唐高麗大安寺廣慈禪師碑銘》，《全唐文》後附，339、347 頁；又，處微、洪直、元寂、道儀等，參看《祖堂集》卷十七，627—629 頁。

② 參看《八世紀末至十世紀初南宗禪的東傳》。原載《歷史文獻研究》（北京新五輯，北京師範大學出版社，1994），現改題為《從〈祖堂集〉看 8—10 世紀初南宗禪的東傳》，作為本書附錄。

③ 章敬寺也是唐代佛教的重心之一，它雖然始建於唐代宗大曆元年（766），原為章敬皇后所建，但大曆年間，代宗多次光臨此寺，令佛道論辯，所以，中唐時期它香火鼎盛，有很多著名僧人在此住錫。

④ 《文苑英華》卷八六六權德輿《故章敬寺百岩大師碑》，4568 頁。

得意忘言[1]。

可是到了《景德傳燈錄》卷七只剩下寥寥數語：

> 唐元和初，憲宗詔居上寺，玄學者奔湊。

到了《五燈會元》卷三，竟一句也不提此事。而再到《古尊宿語錄》，就乾脆連懷暉之名也不出現了。但是，章敬懷暉在南宗禪尤其是馬祖禪的昌盛上，確實是第一大功臣。從《祖堂集》的記載來看，他不僅將馬祖禪引入京都長安，贏得了朝廷的尊崇，而且還與「名公義學」中的「擊難者」進行過激烈的論辯。關於他的禪史意義，不僅《宋高僧傳》卷十、智本《百岩寺奉敕再修重建法堂記》有所記載，權德輿所撰他的碑文也提到，他在「元和三年有詔徵至京師，宴坐於章敬寺，每歲召入麟德殿講論」的事跡，特別是，碑文還提到他曾撰有《法師資傳》一編，論次祖師世系及南能北秀分宗的歷史，並以「心本清淨而無境者也，非遺境以會心，非去垢以取淨」，這種痛快直截的馬祖式的「心要」，使「薦紳先生知道入理者多遊焉」，故而稱之「為代導師」[2]，這更證實《祖堂集》所記大體近實[3]。後世燈錄不斷淡化其禪史意義，似乎有挾門戶之見尊師門之私厚此

---

① 《祖堂集》卷十四《章敬和尚》，654 頁。

② 前引《文苑英華》卷八六六權德輿《故章敬寺百岩大師碑》，4568 頁。

③ 《祖堂集》卷十四《章敬和尚》一章，大約不是依照權德輿《故章敬寺百岩大師碑》撰寫的，而是依據另一中唐文人、曾當過僧人的賈島所撰的塔銘而作的，但賈島碑今已不存。《祖堂集》在此段末僅引了其銘文三十字：「實姓謝，稱釋子，名懷暉，未詳字。家泉州，安集里，無官品，有佛位。始丙申，終乙未」，賈島也是中唐人，所記應該可信。654 頁。

薄彼之嫌。

　　與章敬懷暉先後進入長安，並弘傳南宗馬祖禪思想的，還有另一個赫赫有名的大徹禪師，即興善惟寬（754—817）。《祖堂集》不知為何失收，由於白居易撰有《傳法堂碑》，所以《景德傳燈錄》卷七、《五燈會元》卷三均據以記載。根據《傳法堂碑》，我們知道他在馬祖道一禪師圓寂後，曾南下到閩、越等地弘傳禪法，貞元十三年（797）之後，又到了北方，在少林寺、衛國寺、天宮寺等處住錫。元和四年（809）繼懷暉之後，被唐憲宗召見於安國寺。次年（810），又被唐憲宗請到麟德殿問法，後來一直住在長安最重要的大興善寺①。從白居易的筆下我們還知道，他與懷暉一樣，在長安弘法時，一是以問答論辯的方式，在心性本淨、無修無念、禪離言說等問題上，傳播了南宗馬祖一系的禪思想，並贏得了不少文人士大夫的支持；二是特別分清了馬祖禪的傳承系統，並向大眾宣傳了馬祖為南宗嫡系正宗的思想，碑中載：

　　　　有問師之傳授。（惟寬）曰：釋伽如來欲涅槃時，以正法密印，付摩訶迦葉，傳至馬鳴；又十二葉，傳至獅子比丘。及二十四葉，傳至佛馱先那。先那傳圓覺達摩，達摩傳大弘可，可傳鏡智璨，璨傳大醫信，信傳圓滿忍，忍傳大鑒能，是為六祖。能傳南嶽讓，讓傳洪州道一，一諡曰大寂。寂即

---

① 鎌田茂雄《中國佛教史》（東京：東京大學出版會，1994）第五卷第二章《唐代佛教の展開》中說，唐代宗即位次年（763）十一月，不空建議在大興善寺置道場，以祈禱肅清邊境、聖壽無窮，這一建議得到代宗支持，置四十九大德。這件事情使得大興善寺的地位大大提高，被視為國家宗教的中心（原文為「總本山」）。104—105 頁。

師之師。貫而次之，其傳授可知矣。

　　有問師之道屬。（惟寬）曰：自四祖以降，雖嗣正法，有塚嫡，而支派者，猶大宗小宗焉。以世族譬之，即師與西堂藏、甘泉賢、勒潭海、百岩暉，具父事大寂，若兄弟然；章敬澄，若從父兄弟；徑山欽，若從祖兄弟；鶴林素、華嚴寂，若伯叔然；當山忠、東京會，若伯叔祖；蒿山秀、牛頭融，若曾伯叔祖。推而序之，其道屬可知矣[1]。

這裡的說法，雖然把禪宗整個兒地說成是一個大家庭，好像維護了彼此血緣親情，但實際上卻是在普遍的親緣認可中，特別凸顯了馬祖一系的正宗地位。「有塚嫡，而支派者，猶大宗小宗焉」，大宗小宗，這在講究宗法關係的中國非同小可，那麼，誰是塚嫡誰是支派？誰是大宗誰是小宗？當然，在興善惟寬這裡，馬祖道一及其門下就是禪宗的塚嫡大宗傳人。這種爭正統的說法，也許是第一次在唐王朝的政治文化中心向文人士大夫們宣說，它打破了那裡所習慣的，來自禪宗北宗或荷澤宗的師承傳說，必然會引起石破天驚的震撼，挑起激烈尖銳的論爭。

　　馬祖道一不僅禪風簡截便利，門下弟子也極多，《五燈會元》卷三稱「入室弟子一百三十九人，各為一方宗主，轉化無窮」[2]，這就是馬祖一系在貞元、元和間大盛的原因。不過，從現存史料來考察，西堂智藏、章敬懷暉、興善惟寬三人，應當是當時最重要的人物。前引唐技所撰《智藏碑銘》中有一段話值得注意：

---

① 《傳法堂碑》，《白居易集》卷四十一，911 頁。
② 《五燈會元》卷三，130 頁。

上都與善寺禪老曰惟寬，敕謚大徹，亦大寂之門弟子也。與師（智藏）名相差，惟寬宗於北，師宗於南，又若（惠）能與（神）秀分於昔者矣。

這裡用惠能與神秀分宗南北來比喻惟寬與智藏，並不是說他們又把馬祖禪思想一分為二，而是說他們在南北弘法傳禪的名聲，已經使馬祖禪籠罩了大江南北[1]。其實，南方本來就是南宗禪尤其是馬祖洪州宗的「基地」，馬祖門下除智藏外，鵝湖大義在信州，東寺如會在長沙，大珠慧海在越州，五泄靈默在婺州，麻谷寶徹在蒲州，茗溪道行與藥山惟儼在澧州，龜洋無了在泉州，杉山智堅、魯祖寶雲與南泉普願在池州，芙蓉太毓在常州，無等禪師在鄂州，石鞏慧藏在撫州，南源道明在袁州，歸宗智常在江州，鹽官齊安在杭州，大梅法常在明州，百丈懷海在奉新。大體上，以江西為中心，輻射到今湖南、湖北、安徽、浙江、江蘇、福建，幾乎籠罩了南部中國。但更有歷史意義的是，馬祖一系即洪州宗的勢力，已經擴展到了北方並滲入北宗禪及荷澤宗的中心地帶，如盤山寶積在幽州，永泰靈瑞在青州，汾陽無業在汾州，隱峰和尚在五台，黑澗和尚、佛光如滿、伏牛自在在洛陽。特別是在大曆至貞元年間（766—805），鵝湖大義到長安，在北宗、荷澤宗的地盤，打下洪州宗的第一根楔子，使皇室承認了惠能、懷讓、道一這一系統的正宗地位。元和年間（806—820），懷暉、惟寬雙雙進入長安，並住於當時最著名的大寺院即大章敬寺與大興善寺，更標誌着馬祖道一禪法的勝利，也

---

[1]　惟寬門下的弟子很多，《傳法堂碑》中說「徒殆千餘，達者三十九人」。但是，北宋時所修《景德傳燈錄》，其卷十僅錄六人，不僅漏掉了「入室受道」的義崇和圓鏡，而且入錄的六人，也只有一個名字而已，沒有留下任何事跡。

使這兩個禪師在當時成了洪州宗的代表人物。如張正甫《衡州般若寺觀音大師碑銘並序》就特意兩次提到,「一公(道一)丕承,峻其廊廡,(惟)寬、(懷)暉繼起,重規疊矩」;「一公見性同德,宏教鍾陵……施及寬、暉,繼傳心燈,共鎮國土」[①]。而唐伸《澧州藥山故惟儼大師碑銘》在説到大崇敬寺大德的聲名鼎盛時,也提到這種盛況是在「興善寬、(章敬)暉示滅」後[②],可見惟寬與懷暉在生前的威望。

這種威望的獲得絕非僥倖,而是因為他們進入政治文化中心與皇帝對話,因為他們在文人士大夫中弘傳了新的禪思想,因為他們清理門戶爭得了正宗血脈的地位。就是這三點,使得馬祖禪在貞元、元和間迅速崛起,並成了南宗禪的主流。

三、洪州宗與荷澤宗關係試測

在禪思想史上,荷澤宗衰微之緣故,是一個常常被研究者迴避的問題。曾經十分活躍的神會一支在中唐之初突然崛起,但是,不久卻逐漸銷聲匿跡,這是為甚麼?這是否與馬祖一系的興盛有關?

雖然年代久遠史料匱乏,使我們難以對此做十分精細的分析與得出確鑿的結論,但現存的少許線索,卻可以讓我們對此作一個大致的推測。在前面《重估荷澤宗》一章中,我們已經對荷澤宗的衰微過程作了一些敍述,這裡從洪州宗與荷澤宗的交涉角度,再做一番分析。

---

① 《全唐文》卷六一九,2767 頁。
② 《全唐文》卷五三六唐伸《澧州藥山故惟儼大師碑銘》,2411 頁。

禪宗史研究者都注意過圭峰宗密的《禪源諸詮集都序》《中華傳心地禪門師資承襲圖》和《圓覺經大疏鈔》，但似乎並不注意《禪源諸詮集都序》卷上之一中那句話：

　　　　何以南能北秀水火之嫌，荷澤洪州參商之隙[①]？

這句話中透露了一個消息，即中唐南宗禪的兩大派，在當時的矛盾是很尖銳的。在燈錄系統的史籍中，記載神會一系門人的極為寥寥，《祖堂集》卷六也只是抄撮宗密的敘述，為神會開列了「磁州如」「益州惟忠」「遂州圓」，一直到宗密一線單傳的四世弟子；《景德傳燈錄》卷十三雖然登錄了神會弟子十八人，但十六人有名無錄，只剩下黃州大石山福琳禪師和沂水蒙山光寶禪師存少量事實，彷彿神會之後，荷澤一宗就已式微。其實，這與中唐禪宗的歷史不符，這一點我在《重估荷澤宗》一章中已經有了詳細考證，這裡不再多說。只是應該說明，在中唐之初荷澤宗還是當時最有影響的禪門。

　　不過，荷澤宗在中唐之初沒有達到開元、天寶時期北宗禪一枝獨秀的那種盛況，雖然它是禪門大宗，但已經不是南宗唯一的代表，除了依然瘦死駱駝比馬大的北宗禪、固守於東南的牛頭禪外，南宗中的馬祖一系也已迅速崛起，虎視眈眈要與荷澤分一杯羹了。儘管馬祖系的洪州宗與神會系的荷澤宗，原本同出自南宗曹溪門下，但他們一方面是並肩作戰的友軍，一方面又是彼此爭鋒的對頭。這四派在中唐之初成了並立的局面。《全唐文》卷七一五韋處厚《興福寺內道場供奉大德大義禪師碑銘》說到五祖弘忍之後禪宗

---

① 宗密《禪源諸詮集都序》卷上之一，《大正藏》第48冊，399頁。

的大體形勢是——

> 脈散絲分，或遁秦，或居洛，或之吳，或在楚。秦者曰
> （神）秀，以方便顯，普寂其允也；洛者曰（神）會，得總持
> 之印，獨耀瑩珠……吳者曰（法）融，以牛頭聞，徑山其裔
> 也；楚者曰（馬祖）道一，以大乘攝……①

這與裴休《釋宗密禪源諸詮序》歷數眾家時的説法，即「荷澤直指
知見，江西一切皆真，天台專依三觀，牛頭無有一法」互相參照，
大體可以明白中唐前期禪宗的大體狀況，就是分為四大系，即北宗
普寂門下，牛頭徑山門下，荷澤神會門下，洪州道一門下。其中，
北宗早與南宗分道揚鑣，牛頭在南宗眼裡，是屬於四祖道信「旁
出一枝」，都可以不算在內，因此中唐南宗禪就是荷澤與洪州的對
峙，以爭奪南宗曹溪的「塚嫡」。賈餗《揚州華林寺大悲禪師碑銘》
中説道：

> 曹溪既沒，其嗣法者，神會、懷讓，又析為二宗②。

可見，在中唐初期南宗禪舞台上唱主角的，就是荷澤與洪州（並沒
有石頭系），而兩雄不並立的彼此敵視心理，以及爭奪禪門正宗的
門戶陋習，便造成了「荷澤、洪州參商之隙」。

雖然沒有很多資料來證實荷澤與洪州之間的交惡詳情，但從

---

① 《全唐文》卷七一五，3258 頁。
② 《全唐文》卷七三一，3344 頁。

宗密《圓覺經大疏鈔》等著作中對馬祖一系思想的批評，仍可以看出荷澤宗對洪州禪法的不滿。宗密站在荷澤宗的立場上，把廣義的禪宗分為七派，認為只有荷澤一家是「自然本有之法」，而按照荷澤之法才能將各派「圓融為一」[①]。《中華傳心地禪門師資承襲圖》中，他又以「明珠」喻心靈，說洪州「云黑是珠」，北宗「擬離黑覓珠」，牛頭「明黑都無」，都是偏執狹隘，只有荷澤「認得明珠是能現之體，永無變異」，所以最高明。因此他特意指出，雖同出曹溪，馬祖一系是「六祖下旁出」，不是正宗嫡傳，而荷澤才是曹溪正脈。就連荷澤之所以以「荷澤」為名，也只是一椿不得已的事：

> 荷澤宗者，全是曹溪之法，無別教旨，為對洪州傍出，故復標其宗號。

言外之意就是說，荷澤是六祖嫡傳，洪州是曹溪庶出，神會是名門大宗，馬祖是左道旁門。所以，他有意無意地暗示讀者，馬祖是「劍南金和尚弟子」，並注明「金（和尚）之宗源，即智詵也，亦非南北」[②]，好像要把馬祖從南宗門內除名削號，似乎他忘了神會的出身也不很純正，曾是北宗神秀的弟子。信奉宗密又崇拜希運（馬祖門下再傳弟子）的裴休，在為宗密《禪源諸詮集》作序時，就好像忘

---

① 宗密《圓覺經大疏鈔》卷三之下，《續藏經》第 14 冊，558—559 頁。
② 《圓覺經大疏鈔》卷三之下也說「因有劍南沙門道一，俗姓馬，是金和上弟子」，但據宇井伯壽《禪宗史研究》考證，馬祖道一並非金和上（無相）門下，而是在唐和尚處落髮的。落髮是受具戒，但為之授戒者不一定就是他思想的師承所在。又，唐和尚在法系上，比金和尚高一輩，不知宗密將馬祖派在金和尚門下是記憶有誤還是有意貶抑。

了馬祖一系的好處似的聲色俱厲地批評道：

> 諸宗門下，通少局多。故數十年來，師法益壞。以承稟為戶牖，各自開張；以經論為干戈，互相攻擊。情隨函矢而遷變，法逐人我以高低。是非紛挐，莫能辨析[1]。

好像是在幫宗密罵洪州宗似的。其實，「以承稟為戶牖」的並非洪州一宗，荷澤門下豈非如此？到了宗密的時代，才作出一種總括各家的樣子，其實他褒貶各家，本身就是門戶之見。他在《中華傳心地禪門師資承襲圖》中批評馬祖門下與北宗門下針鋒相對而不能超越圓融，指責洪州與北宗「互相詆訾，莫肯會同，且所見如此相違，爭不詆訾？若存他則失己，爭肯會同？」就有些得便宜賣乖，忘了神會本身也是藉和北宗針鋒相對起家的。

同樣，馬祖門下也並不示弱。從韋處厚《興福寺內道場供奉大德大義禪師碑銘》中一段話中也可以看出洪州宗對荷澤門下的鄙夷，韋處厚此碑為馬祖弟子鵝湖大義所作，全是洪州思想，他在敘述中唐之初禪門四派時，對北宗、牛頭都無貶詞，偏偏對同出曹溪門下的荷澤不假辭色，在對神會略加讚揚後，筆鋒一轉就嚴厲批評神會的後人：

> 習徒迷真，橘枳變體，竟成檀經傳宗，優劣詳矣[2]。

---

[1] 裴休《敘》，載《禪源諸詮集都序》卷首，《大正藏》第 48 冊，398 頁。
[2] 《全唐文》卷七一五，3258 頁。

這段話中還有一些不很清楚的地方，但口吻中的輕蔑之意是顯而易見的。

從現存資料來看，神會一系自從盛中唐之際逐漸坐穩了名門大派的交椅之後，常常以超越各家的姿態出現，南宗禪銳利簡截的特色反不明顯。舉三個最明顯也是最重要的人物為例，比如西京慧堅，他雖在貞元中奉詔與各派論難，「定南北兩宗」，但他又融合頓漸兩義，提出「開示之時，頓受非漸，修行之地，漸淨非頓，知法空則法無邪正，悟宗通則宗無南北」之說，因而頗受歡迎[①]。又如楊岐乘廣也試圖持調和之論高踞眾家之上，稱「分二宗者，眾生存頓漸之見；說三乘者，如來開方便之門。名自外得，故生分別；道由內證，則無異同」[②]。此外，宗密本人更是禪教合流，失去了南宗禪的本來面目，反而不如提倡「即心是佛」「非心非佛」「一切皆真」「觸類是道」，並逐漸走向「平常心是道」的馬祖一系來得簡明痛快，更能保持自己的獨特風貌。

因而荷澤一宗最後竟在這十分高超的圓融中，消融了自己，在來勢兇猛的馬祖禪的比照之下，他們相形見絀，每況愈下，逐漸地盤縮減，終於式微，連神會的再傳弟子，楊岐乘廣的首席弟子楊岐甄叔（？—820），都改換門庭轉投洪州門下成了馬祖道一的弟子[③]。

---

① 慧堅碑銘，載陳尚君輯補《全唐文補編》卷五九，722—724 頁。

② 劉禹錫《袁州萍鄉縣楊岐山故廣禪師碑》，《劉禹錫集》（北京：中華書局，1990）卷四，57 頁。

③ 前引劉禹錫《袁州萍鄉縣楊岐山故廣禪師碑》記載乘廣弟子，說甄叔是「服勤聞法之上首」。但據《宋高僧傳》卷十、《全唐文》卷九一九至賢《楊岐山甄叔大師碑銘》、《景德傳燈錄》卷八，他卻是「扣大寂（馬祖）禪門，一造玄機，萬慮都寂」，成了馬祖的弟子。宇井伯壽《禪宗史研究》認為，他是先在荷澤，後投洪州的，此說近是。253 頁。

四、洪州宗與牛頭宗

中唐另一支禪門大宗，是以慧忠（683—769）、玄素（668—752）的弟子佛窟遺則（713—770）、徑山法欽（714—792）為首的牛頭宗。

在遺則與法欽的時代，牛頭一系頗為興盛，正像我們前面說的那樣，它是與北宗、荷澤宗、洪州宗並列的中唐初期的四大門派之一。法欽曾於大曆初年被唐代宗李豫請到長安，李吉甫《杭州徑山寺大覺禪師碑銘並序》記載當時盛況，「授以肩輿，迎於內殿，既而幢幡設以龍象圖繞，萬乘有順風之請，兆民渴灑露之仁」。據說，當時「自王公逮於士庶，其詣者日有千人」，甚至於傳說信仰者如果「不踐門閥，恥如喑聾」，他似乎得到了上至天子下至百姓的崇敬[①]。更有大批文人士大夫對他佩服得五體投地，《宋高僧傳》卷九稱他在京師與浙江時，都有許多「令僕公王節制州邑名賢」執弟子禮，如崔渙、裴度、第五琦、陳少游等；而遺則雖然沒有法欽那麼轟動的影響，但他似乎在禪理上頗有造詣，他整理過法融的遺文，撰寫過不少著作，如《宋高僧傳》卷十所說的「為《寶志釋題》二十四章，《南遊傳大士遺風序》，又《無生等義》」，所以，元和年間甚至有「佛窟學」的名稱[②]。據說，遺則到天台宗大本營傳法，居然與一直在天台的國清寺分庭抗禮，不分上下。《宋高僧傳》卷十六《唐天台山國清寺文舉傳》就說，文舉很得信徒崇敬，聽他說

---

① 《文苑英華》卷八六五，4564 頁。
② 《宋高僧傳》卷九《唐杭州徑山法欽傳》，211 頁；卷十《唐天台山佛窟岩遺則傳》，229 頁。

法者很多，但也不過是「與佛窟（遺）則公禪道並驅而相高也」[1]。據《全唐文》卷七二一胡的所撰《大唐故太白禪師塔銘並序》說，在中唐牛頭宗禪師觀宗得的時代，「牛頭法眾，欲近萬人」[2]。

前面第二章中我曾經指出，牛頭宗之成為達摩一系，牛頭法融之被認為是四祖道信門下，這種說法最早只見於盛中唐的一些資料。比如李華《潤州鶴林寺故徑山大師碑》、李吉甫《杭州徑山寺大覺禪師碑》、白居易《傳法堂碑》、劉禹錫《牛頭山第一祖融大師新塔記》等。這種說法很可能是在法欽、遺則的時代被造出來的[3]，因為牛頭宗在禪宗大盛時，攀龍附鳳成為達摩一系正統禪門，對它在江南一帶的傳法自然大有裨益。不過，法欽他們的禪法的確與南宗較為相近，所以，也有人把他們劃歸到南宗一脈中去，如《宋高僧傳》卷五《唐五台山清涼寺澄觀傳》中就說著名僧人澄觀，在大曆十年（775）以後，「謁牛頭山忠師、徑山欽師、洛陽無名師，諮決南宗禪法」[4]。

洪州宗與同出一門的荷澤宗，關係有些緊張，但與血脈傳承不清的牛頭宗，反而關係頗為融洽。我們可以從《宋高僧傳》《祖堂集》《景德傳燈錄》中，找出許多洪州門下與牛頭宗禪師的交涉資料，比如：

> 芙蓉太毓，「禮牛頭山忠禪師而師事焉，於是勇猛精進，

---

① 《宋高僧傳》卷十六，395 頁。

② 《全唐文》卷七二一，3288 頁。

③ 參見宇井伯壽《禪宗史研究》第二《牛頭法融と其傳統》，96 頁。

④ 《宋高僧傳》卷五，105 頁。

求其玄旨」①。

西堂智藏，「隨大寂移居龔公山，後謁徑山國一（法欽）禪師，與其談論周旋，人皆改觀」②。

天皇道悟，「投徑山國一禪師，悟禮足始畢，密受宗要，於言語處，識衣中珠，身心豁然，真妄皆遣」③。

伏牛自在，「投徑山出家，於新定登戒，及諸方參學，從南康道一」④。

東寺如會，「大曆八年，止國一禪師門下，後歸大寂法集」⑤。

丹霞天然，「造江西大寂會……次居天台華頂三年，又禮國一大師」⑥。

超岸，「先遇鶴林（玄）素禪師，處眾拱默而已」⑦。

明覺，「復於徑山留心請決數夏，負薪，面黖手砥」⑧。

其中，洪州宗的重要人物西堂智藏與徑山法欽及另一牛頭宗禪師制空都有來往，《景德傳燈錄》卷四說，他曾奉馬祖之命，到徑山法

① 《宋高僧傳》卷十一，251 頁。《景德傳燈錄》卷七稱，他「年十二，禮牛頭山第六世忠禪師落髮」。
② 《宋高僧傳》卷十，223 頁。《祖堂集》未載，《景德傳燈錄》卷七說，是奉馬祖之命往送書信，同書卷四徑山法欽條下，有智藏與法欽的對話。
③ 《宋高僧傳》卷十，231 頁。又見《祖堂集》卷四《天皇和尚》，206 頁。
④ 《宋高僧傳》卷十一，245 頁。又見《景德傳燈錄》卷七。《祖堂集》未載。
⑤ 《宋高僧傳》卷十一，249 頁。又見《景德傳燈錄》卷七。《祖堂集》卷十五載「大曆八年止國一禪師門下」，678 頁。
⑥ 《宋高僧傳》卷十一，250 頁。
⑦ 《宋高僧傳》卷十一《唐南嶽西園蘭若曇藏傳》附，253 頁。
⑧ 《宋高僧傳》卷十一，254 頁。

欽處詢問：「十二時中，以何為境？」法欽道：「待汝回去時有信。」智藏答：「如今便回去。」法欽則說道：「傳語卻須，問取曹溪。」大概他對徑山的心法也頗有感悟處，所以，後來有一人向他說：「某甲曾參徑山和尚來」時，他追問道：「徑山向汝作麼生道？」那人說：「他道一切總無。」智藏便教訓這人一番，說徑山可以說「無」，但你卻不能說。也許，在他的理解中，是因為徑山早已心境透脫不滯於物的緣故。

牛頭宗的思想以說「空」道「無」為終極，其修行以「直行放任」為方便，這在前面我們已經有過論述。在盛唐慧忠、玄素、玄挺的時代，以及中唐法欽、遺則的時代，這種思想與方法，已經越發向追求自由心境的一面發展。《宗鏡錄》卷九十八引慧忠語有「任心自在，不須制止，直見直聞，直來直去，須行即行，須住即住」的說法，同卷引遺則語又有「只了眾生自性，從本已來，無有一法可得，誰縛誰脫？」[1] 這可能就是李華《潤州鶴林寺故徑山大師碑》裡所說的，牛頭法融從達摩那裡得來的「自然智慧」。在這一點上，他們比南宗惠能一系走得還遠一些。馬祖禪後來逐漸與這一思想接近，終於走上了「非心非佛」，完全以精神與行為的自由為追求目標，以輕鬆隨順的自然適意為修行手段，用般若空觀所描述的無差別境界為終極境界，是否與牛頭禪有着直接的關係呢？

---

① 延壽《宗鏡錄》卷九十八，《大正藏》第 48 冊，945、946 頁。

第二節　從「即心即佛」到「非心非佛」

貞元、元和年間（785—820），馬祖道一所開創的洪州宗，逐漸取代荷澤門下成了南宗禪的主流，江西也成了曹溪之後又一處禪宗聖地而被人稱為「選佛場」[1]，正如陳詡《唐洪州百丈山懷海禪師塔銘》所說的「大寂之徒，多諸龍象，或名聞萬乘，入依京輦，或化洽一方，各安郡國」[2]。因此，《傳法正宗記》卷七說馬祖道一：

> 以其法歸天下之學佛者，然當時之王侯大人慕其道者，北面而趨於下風，不可勝數[3]。

不過，馬祖禪之成為中唐之後的南宗禪正脈，並不僅僅在於他門下

---

[1] 《祖堂集》卷四《丹霞和尚》說：「江西馬祖今現住世說法，悟道者不可勝記，彼是真選佛之處。」209 頁。江西禪宗之盛況，可以從嚴耕望《唐代佛教之地理分佈》一文的統計中，看到一些痕跡。他在統計了禪宗分佈情況之後，指出「今江西（禪師）最多，浙江次之」。其中，江西的 206 人中，「洪州七十五，幾佔三分之一」。載《中國佛教史論集・隋唐五代篇》，收入《現代佛教學術叢刊》（台北：大乘文化出版社，1977）之六，86—87 頁。鈴木哲雄《唐五代禪宗史》（東京：山喜房佛書林，1985）第五章第二節《江西地方における各派の展開》也指出，「唐至宋初之間，江西禪宗的發展極其引人矚目，禪門影響後世的人物輩出……五家中的三家，七宗中的五宗來自江西，盛唐以來，以都城長安為中心的禪宗，因而逐漸成為向地方擴散的禪宗」，308 頁。又，江西禪宗之盛，或許與江西人口增長、經濟穩定有關。周振鶴《唐代安史之亂和北方人民的南遷》中指出，安史之亂後全國人口下降，只有十一個州有所增加，其中贛北佔了三個，即饒州、洪州、吉州。洪州即馬祖禪之基地，天寶時僅五萬五千餘戶，元和時已增長到九萬一千餘戶。載《中華文史論叢》（上海：上海古籍出版社）1987 年第二、三期合刊，115—137 頁。

[2] 《全唐文》卷四四六，2014 頁。

[3] 《大正藏》第 51 冊，750 頁。

禪師眾多，廣佈四方，還因為他的禪思想是對惠能、神會以來「立無念為宗，無相為體，無住為本」的進一步修正，以及對南宗禪「令自本性自悟」這一觀念的進一步確認[1]。在馬祖道一這裡，南宗禪思想才最終消解了禪思想內在理路中一直存在的矛盾。而這一在中唐具有重大意義的思想轉換，即表述在過去禪史研究者都不太重視的一段話裡。這段話見於《景德傳燈錄》卷六：

僧問：「和尚為甚麼說即心即佛？」師（馬祖）云：「為止小兒啼。」僧云：「啼止後如何？」師云：「非心非佛。」[2]

有資料表明，馬祖道一早年是主張「即心即佛」的，直到大曆、貞元年間，才衰年變法而提倡「非心非佛」。《祖堂集》卷三載伏牛自在禪師為馬祖給慧忠傳遞書信，慧忠曾問道：「馬師說何法示人？」自在答：「即心即佛。」慧忠又追問：「更有甚麼言說？」自在又答：「非心非佛。」慧忠圓寂於大曆十年（775），對話應在此前。又，《五燈會元》卷三記載，大梅法常禪師初參馬祖，曾問：「如何是佛？」馬祖答：「即心是佛。」法常在貞元年間（應在 785—788 年之間）住四明大梅山時，馬祖曾令僧人去問訊，此僧告訴法常，「大師近日佛法又別……又道非心非佛」[3]。馬祖圓寂於貞元四年（788），可見「非心非佛」是馬祖生命最後十來年的深思熟慮。而正是從「即心即佛」到「非心非佛」的命題轉換，使中唐禪思想發生了重要的變化，並使馬祖禪法超越了惠能、神會，奠定了徹頭徹尾的中國禪

---

① 《壇經校釋》，31—32 頁。

② 《景德傳燈錄》卷六，《大正藏》第 51 冊，246 頁。

③ 《五燈會元》卷三，146 頁。

「自然適意」的思想基調。

一、「即心即佛」說的淵源與傳承

通常，禪思想史的研究著作都把「即心即佛」看成是馬祖道一及其門下的思想命題[①]，這當然也不錯。因為，就連馬祖道一門下當時也有這一感覺。例如，馬祖在世時，汾陽無業（762—823）前往參拜，見面就提問，問的就是「三乘至教，粗亦研窮，常聞禪門『即心是佛』，實未能了，伏願指示」[②]。馬祖圓寂後，大多數參學者仍多記此語，據說「門徒以『即心即佛』之譚，誦憶不已」[③]。所以，釋延壽《宗鏡錄》卷二分述各派要旨時，就把這一命題算在馬祖道一身上，說「馬祖即佛是心」[④]。所謂「即心即佛」，就是《祖堂集》卷十四中記載馬祖道一所說的「汝今各信自心是佛，此心即是佛心」。

不過，這一思想並非馬祖道一的首創，而是禪宗早已有之的東西。敦煌本《壇經》中六祖惠能說過的「我心自有佛，自佛是真佛」；宗寶本《壇經·懺悔品第六》中六祖惠能說過的「自心歸依自性，是歸依真佛」[⑤]。這就是「即心即佛」的意思。如果日本所藏中

[①] 如忽滑谷快天《禪學思想史》上冊就專立了第七節《即心即佛》，428—429 頁；宇井伯壽《禪宗史研究》第七《馬祖道一石頭希遷》則認為「即心即佛」等，是馬祖、石頭兩系的共同思想，412 頁；印順《中國禪宗史》也認為「即心即佛」是洪州宗的「原則」，見 346—347 頁。

[②] 《祖堂集》卷十五《汾陽和尚》，690 頁。《景德傳燈錄》卷八所記文字略有不同，但大意相近，《大正藏》第 51 冊，257 頁。《五燈會元》卷三與《傳燈錄》同，164 頁。

[③] 《景德傳燈綠》卷七《東寺如會禪師》，《大正藏》第 51 冊，255 頁。

[④] 《大正藏》第 48 冊，427 頁。

[⑤] 見《壇經校釋》，109 頁；宗寶本《壇經》，見《大正藏》第 48 冊，354 頁。

唐抄本《六祖惠能傳》中所收唐中宗李顯《召曹溪惠能入京敕》可信的話，那麼惠能早就用過「即心即佛」的話了。據說，他在曹溪就是「示悟眾生，即心是佛」[1]。用現在的話說，這一命題所表述的是，人的清淨自性即是佛性，人一旦悟到並歸依自己的清淨本性，也就與佛性沒有甚麼差別了，所以叫「即心即佛」。

其實，這種把「自性」或「自心」與「佛性」或「佛心」等同起來的說法，在大乘經典中常可見到。如《華嚴經》之「心、佛與眾生，是三無差別」[2]；《維摩詰所說經》之「隨其心淨，則佛土淨」[3]，都指示了心與佛不二的路數。這在六祖惠能的時代，大約已經是很多禪者的共識，據說，法海禪師初見六祖時，所提的第一個請求就是：

即心即佛，願垂指喻[4]。

因此，宋釋契嵩《鐔津文集》卷三《壇經贊》裡，就以這個命題為「《壇經》之宗，尊其心要」，並批評那些「謂『即心即佛』淺者」，是「以折錐探地而淺地，以屋漏窺天而小天」[5]。也許正是因為六祖惠能已有這一說法，所以六祖門下第一代弟子中也常用這一說法。如南陽慧忠（？—775）在回答「阿那個是佛」一問時，就說「即心即

---

[1] 《全唐文補編》卷二十二，261 頁。

[2] 澄觀《大方廣佛華嚴經疏》卷二十一，《大正藏》第 35 冊，658 頁。

[3] 《維摩詰所說經・佛國品第一》，《大正藏》第 14 冊，538 頁。

[4] 《景德傳燈錄》卷五，《大正藏》第 51 冊，237 頁。

[5] 《大正藏》五十二卷，663 頁；此外，傳說梁寶志《大乘贊》中也有「不解即心即佛，真似騎驢覓驢」，傳傳大士《心王銘》中也有「是佛是心，是心是佛」「即心即佛，即佛即心」等等，但這兩篇作品是否寶志與傅大士的手筆，實在很可疑。

佛」[1]；司空山本淨（667—761）在回答中使楊光庭問時，也說「若欲求佛，即心是佛……若欲會道，無心是道」[2]。荷澤神會雖然沒有直接使用這一詞，但也有過類似的說法，他在答魏郡乾光法師問「何者是佛心，何者是眾生心」時，便說「眾生心即是佛心，佛心即是眾生心……若其了者，眾生心與佛心元不別」[3]。

前面我曾經說過，在佛教思想中有三個彼此相關的問題最為重要，一是佛性問題即人的自性究竟如何，二是成佛途徑即修行方式究竟如何，三是佛陀境界即真正解脫的境界究竟如何。作為一個簡約化的命題，「即心即佛」雖然只有四個字，卻涉及了上述所有的三個方面：

首先，「即心即佛」說，必須預設人的心靈本來就是清淨的，人的自性本來就與佛性無二，這也是惠能說過的「本性是佛，離性無別佛」，「佛是自性，莫向身外求」。

其次，當人領悟到自心是佛，而回歸自己的本性，就能脫胎換骨似的進入超越境界，彷彿「移西方於剎那間，目前便見」，這就是惠能說的「起正真般若觀照，一剎那間妄念俱滅，若識自性，一悟即至佛地」的頓悟方式。

再次，人們一旦覺悟，回歸自心，這時心中便是一片空明，有如水月朗照，纖塵不生。而這一境界是不可言傳的，這就是惠能所說的「內外明澈，不異西方」的佛陀境界，佛境即是心境，心境即是佛境。

顯而易見，「即心即佛」與要求持戒、誦律、析理、修心而漸

① 《景德傳燈錄》卷五，《大正藏》第51冊，244頁。
② 《祖堂集》卷三《司空山和尚》，179頁。
③ 《神會和尚禪話錄》，75頁。

入佛境的傳統佛教流派不同，傳統佛教一般傾向於認定人有「無明」、有「業因」、有「煩惱種子」，因此，人們或者通過嚴格地持戒，收束心性，使心性不至於如猿如馬奔逸放縱；或者通過堅持不懈地坐禪、念佛、數息、止觀，使精神集中專一，不被外在塵緣和內在慾望驅使；或者通過嚴格複雜的邏輯分析和義理學習，在理智上了知「一切皆空」或「三界唯心」。無論是戒、定、慧，基本上都是「漸修」的路數。前期的達摩禪雖然據《楞伽》「如來藏自性清淨」之說和《涅槃經》「一闡提有佛性」之說，認定「含生凡聖同一真性」，但又據《楞伽經》「雖自性淨，客塵所覆故，猶見不淨」之說，認定自性「為客塵妄覆，不能顯了」，所以要通過「二入四行」，或「藉教悟宗」或「凝住壁觀」[①]。就連道信也依然堅持修行者要「常憶念佛」，令「攀緣不起」；弘忍也仍舊要求修行者要「凝然守心，妄念不生」[②]。正如我們前面說過的那樣，這一理路承認了「自心」與「客塵」、「清淨」與「污染」的二元分立，所以，才引出了神秀那一首著名的偈語：

> 身是菩提樹，心如明鏡台。時時勤拂拭，莫使惹塵埃。

既然要「時時勤拂拭，莫使惹塵埃」，那麼眾生自心就一定不等於清淨佛性，眾生入禪的途徑就只能是不斷漸修，至於超越境界，也就只能是漸次接近的未來之事。

但是，「即心即佛」的「即」字，卻有一種「不假修證，當下即

---

① 《二入四行》，見《楞伽師資記》，《大正藏》第 85 冊，1285 頁。

② 傳道信《入道安心要方便法門》，見《楞伽師資記》，《大正藏》第 85 冊，1287 頁；傳弘忍《最上乘論》，《續藏經》第 110 冊，829 頁。

是」的迅疾之意。「心」與「佛」對舉，使人領悟到自心本來清淨如同佛性，不必漸修苦行，只須反身內省就能獲得解脫。所以，前引《祖堂集》卷三記載，中使楊光庭聽了司空山本淨禪師的「即心即佛」論就恍然大悟，說：

> 京城大德皆令佈施、持戒、忍辱、苦行等求佛，今和尚曰：無漏自性，本自具足，本來清淨，不假修行，故知前虛用功耳。

這樣就與傳統佛教、前期禪門以及北宗神秀一系，都劃開了界限。前引圭峰宗密論說禪門諸宗時，曾以明珠比心，說北宗是「離黑覓珠」，就是說直到北宗時代，禪宗仍然是在向外尋覓清淨心性，因此要苦苦掃除「客塵」「黑雲」，但是，「即心即佛」說則使南宗禪只需在一悟之間，就可以明珠在握。正如神會在《大乘開心顯性頓悟真宗論》中所說的，「分別是妄心，不分別是自心」，也就是從「妄心」到「自心」，只需要一念之轉，就可以超三界、登彼岸。所以說，是「其漸也，積僧祇之劫猶處輪迴，其頓也，如屈伸之臂頃旋登妙覺」[①]。正如馬祖門下的大珠慧海禪師解釋「即心即佛」時所說「見性者即非凡夫，頓悟上乘超凡越聖」，對於修行者來說，關鍵就在那剎那間的意識轉換，如果能夠在意識中轉換到自心本來清淨，並體驗到這種清淨，那麼就頓時悟道，如果不能，那麼就始終沉淪。這

---

① 慧光集《大乘開心顯性頓悟真宗論》，《大正藏》第 85 冊，1278—1279 頁，一般都認為這是神會的思想資料，文內載李慧光（大照）居士與會和尚（神會）的對話。但經學者考證，這一卷應是北宗禪的作品；又，上引後二句出自佚名《大乘頓教頌》。

就叫「達即遍境是，不悟永乖疏」[1]。正因為「即心即佛」簡約而直接地表達了「頓宗」在佛性論、修證方式、終極境界三方面的獨特思想，因而它逐漸成了南宗禪常用的著名命題。

我還要再次說明，在中唐南宗禪兩大系即荷澤、洪州兩支中，「即心即佛」這一命題都是被接受的，像自稱荷澤門下的宗密即一再說到過它。《圓覺經大疏》稱，「或有眾生，朝發道心，即得成佛……達摩禪宗『即心即佛』，是斯意也」；《圓覺經大疏鈔》卷三之上也說，「即心本是佛，妄起故為眾生，一念妄心不生，何為不得名佛」[2]。所以，他十分不滿於人們將這一思想劃歸某一宗，而認為它是佛教的普遍真理。《禪源諸詮集都序》卷上之一就批評「今時弟子彼此迷源」，並鄭重指出人們「聞說『即心即佛』，便推屬胸襟之禪，不知心、佛，正是經論之本意」[3]。而禪宗以外的人批評禪宗「即心即佛」之說，也是把它當作南宗禪全體的思想來看待的。像永泰年間（765—766）普門子敬為湛然《止觀輔行傳弘決》作序時，就批評「或謂即心是佛，悟入之門。色不異空，本末誰跡。將冥絕待，章句何施」[4]，顯然決非單指洪州一家。而中唐的澄觀在《答皇太子問心要書》中，更委婉批評「雖即心即佛，惟證者方知。然有證有知，則慧日沉沒於有地，若無照無悟，則昏雲掩蔽於空明」[5]，顯然也是在總體上指責南宗。因此，儘管馬祖及其門下多談「即心即佛」，但「即心即佛」卻並不能說是馬祖禪的專利，而只能是惠能

---

① 分別見於《景德傳燈錄》卷二十八、卷六；《大正藏》第 51 冊，441、247 頁。

② 《續藏經》第 14 冊，306、524 頁。

③ 《大正藏》第 48 冊，400 頁。

④ 《大正藏》第 46 冊，141 頁。

⑤ 《全唐文》卷九一九，4247 頁。

以來南宗禪的思想。

二、「即心即佛」說在理路上的缺陷

在考察「即心即佛」這個南宗禪思想的命題時，我們會逐漸發現，甚至在馬祖道一本人的早期，也並沒有意識到它存在的重大問題，這個問題就是前面我們一再提到的，「心」究竟是指清淨無垢絕對空明的佛性，還是人人均具備的自然的人性。如果是佛性，那麼，如何解釋人人心中存在的種種慾念與分別？人是否要拋開這些慾念與分別以超越俗塵，將自己提升到「無念」境界，才算是「即心即佛」？假如是人性，那麼為甚麼還要反覆強調「不作意」的「無念」？如果「有念」與「無念」同出於人的本性，人性的種種慾念與分別是否還是合理的存在？如果是合理的存在，當然可以「即心即佛」，但存在了慾念與分別的人性，又怎能是清淨的佛性全體？如果是不合理的存在，那麼，要清除這些慾念與分別，又怎能一步登天似的「即心即佛」？

至少在惠能和神會時代，這一理路還是存在着混亂和矛盾的，像敦煌本《壇經》中惠能那兩首著名的偈語：

> 佛性常清淨，何處有塵埃。
> 明鏡本清淨，何處染塵埃。

可是，既然說「佛性常清淨」，那麼，又何須「於一切境界上念不起為坐，見本性不亂為禪」的「坐禪」？又何須「無念為宗，無相為體，無住為本」的修行法門？既然人性就是佛性，那麼佛性又怎能

「於外著境，妄念浮雲蓋覆，自性不能明」，而且要奉「無相懺悔」、受「無相三歸依戒」呢？神會在答問「佛性自然」時，雖然非常肯定地說：

> 無明依佛性，佛性依無明，兩相依，有則一時有，煩惱與佛性，一時而有。[①]

但是仔細一看，他還是把人心中的「無明」和「佛性」分別看待的。在《荷澤和尚與拓拔開府書》中，他一方面說「不作意即是無念，無念體上自有智命」；一方面又說人們「知解久薰習」而有「攀緣妄想」；在答人們「斷煩惱非本」時，他又用「金」和「礦」比喻佛性與煩惱，一則說「金則百鍊百精」，一則說「礦則再煉變成灰土」[②]。所以，「心」之一字在他這裡，還是有「真心」與「妄心」的分別。「心」既然有二，那麼「即心即佛」的「即心」，就只能即「真心」「清淨心」，而不能即「妄心」「分別心」。這樣一來，「即心即佛」就首先要分別這兩種全然不同的方向，然後從世俗之心出發到佛陀之心。換句話說，修行者必須天然是金而不能是礦，如果是礦，則需要經過烈火鍛煉才能成金，即先學無念，再體驗這無念之心。可是這樣一來，就出現了兩個令南宗禪難以躲避的麻煩：第一，靠「頓悟」的方式「即心即佛」並不可靠，因為「心」如果要分為清淨之心與污染之心，那麼，即心即佛就不能成立，現實中的每一個人都不可能是天生的無慾無念，當他無分別地回歸自心時，究竟應該回歸

---

① 《神會和尚遺集》，98—99 頁。

② 《神會和尚遺集》，101—102、105 頁。

哪一個心？如果説他要回歸那個清淨之心，那麼，他又怎麼捨棄他心中早已存在的慾念與分別？按惠能與神會的説法，要無念、無相、無住，要於一切境界上念不起，可是那豈是一朝一夕，説「即」就可以「即」的？第二，這種對「心」的理解就與般若的「空」發生了衝突，按照般若的思路，人心的最終境界應該是不垢、不淨、不住、不亂，一切在般若空的籠罩下，都是無自性的幻相，心也罷、佛也罷，都不是終極的東西，「即心即佛」只不過是説心、佛無別而已。之所以心、佛無別，也只是因為它們都是「空」，但惠能與神秀卻把「心」尤其是清淨之心，當作了追尋目標，並把這個「心」當成了實在的「佛」，讓人苦苦追求，這樣就有了「執」。特別是，他們還把「心」又分成清淨的一半和污染的一半，無疑還是要人從這一半向那一半轉移，這就不僅有「執着」而且有了「分別」，這就不是「空」。那麼，南宗禪所謂的「常清淨」又如何清淨得了？如果按照這種思路推衍下去，倒是北宗「明鏡有塵埃」的佛性論和「時時勤拂拭」的漸修論更能自圓其説，更為合理合情。

正像我們在前幾章中反覆提到的，追根溯源説來，南宗禪這一理路的內在矛盾，其實來自前期禪門思想的延續。從經典依據上來説，南宗禪這一思想的內在矛盾其實仍然來源於宗奉《楞伽》與宗奉《般若》的雜糅，《楞伽》的如來藏學説把人的自性（藏識）看成是「善、不善」的共同本源，稍後《大乘起信論》更以「一心法有二種門」，在抽象肯定「心」本體的同時，承認了「心真如門」與「心生滅門」的二元對立。由於這種「淨」與「染」或「真如」與「生滅」的對立，所以他們不能不承認，人從不覺到覺，從有念到無念，從染到淨，從生滅門回真如門，除了「諸佛如來」之外，一般人還是須要「在寂靜處，獨坐思惟，自內智慧，觀察諸法」的，這就是所

謂「漸次清淨，非為一時」[①]。顯而易見，神會所説從礦到金的過程，也同樣「不以方便種種，終無得淨」。可見，只要持心真如與心生滅、淨與染的二元對立觀，只要沿着《楞伽》《起信》的內在理路順流而下，就只能走到類似北宗禪「漸修」的思路[②]。

　　但是，把一個人人具有的心靈分成兩半，其後果是再度在心中製造了一個「彼岸世界」。本來，中國的宗教在「此岸」與「彼岸」、「心靈」與「神靈」、「自覺」與「他覺」之間，一直就有一種偏向前者與背離後者的思路，儒家所謂「道不遠人」，道家所謂「聖人之心靜」及佛教所謂「聖遠乎哉，體之即神」[③]，都顯示了中國思想世界偏向將超越境界內在化的趨勢。可是，傳統禪門到北宗的一心二門的漸修方式，由於需要「凝心入定，住心看淨」，畢竟在心靈中又割出了一塊「淨土」或「彼岸」。為了登上那「心色俱離即無一物」的彼岸，又得以全身心地抑制思慮為筏去苦苦掙扎，為了使心靈達到清淨無垢的境界，又得用「打坐」靠「念佛」來自我調節。這樣，就不可能做到將現實生活的此岸當作理想境界的彼岸，純粹以心靈自覺來實現解脱。特別是當「自然」成為文人士大夫的最高理想的時候，這種以理念把心靈分別為二的方法，就對追求自然的文人士

----

① 此引《楞伽阿跋多羅寶經》據宋譯四卷本，《大正藏》第 16 冊，479—586 頁，《大乘起信論》據梁譯本，《大正藏》第 32 冊，575—583 頁。

② 如弘忍所説的「但守一心，即心真如門」，就是《起信論》的説法，見《宗鏡錄》卷九十七引；如《大乘無生方便門》中所説的「性心瞥起即違佛性，是破菩薩戒，護持心不起即順佛性，是持菩薩戒」，就是染淨二元論的説法，見《大正藏》第 85 冊，1273 頁。

③ 《禮記·中庸》，《十三經注疏》(北京：中華書局影印本，1979)，1627、1625 頁；《莊子·天道》，陳鼓應《莊子今注今譯》(北京：中華書局，1983)，337 頁；僧肇《不真空論第二》，轉引自《中國佛教思想資料選編》(北京：中華書局，1981) 第一卷，146 頁。

大夫造成了障礙，他們不得不用心力從此岸到彼岸，用修行把此心換彼心，小心翼翼地繞開生滅，背離妄念，於是處在一種被撕裂的痛苦之中。惠能和神會曾一再批評這一思路是「障道因緣」：

> 起心看淨，卻生淨妄。
>
> 淨無形相，卻立淨相，言是功夫，作此見者，障自本性，卻被淨縛[1]。
>
> 聲聞修空被空縛，修定住定被定縛，修靜住靜被靜縛，修寂住寂被寂縛[2]。

就是說，當人們想到要解脫繫縛，就有一個「解脫繫縛」的念頭存在，當人們一旦想到要尋找清淨時，就有一個「尋找清淨」的理念在思維中纏繞，都不能算真正的「無念」「無相」「無住」。

惠能和神會時代的南宗禪並沒有真正把這一思路貫徹到底，「即心即佛」說的關鍵立腳處，在於徹底消解心靈本原的二元分立，用般若思想把煩惱與清淨，即世俗雜念與清淨佛性的鴻溝徹底填平。但是，惠能和神會一方面引入般若思想試圖解釋煩惱與清淨的同一、人性與佛性的同一、有與無的同一，讓人不要執着、不要用心、不要偏愛，在一種自然的心態下體驗解脫；但另一方面又延續傳統說法承認邪正、迷悟、明暗、垢淨即此岸與彼岸的實在。儘管神會說「眾生心是佛心，佛心是眾生心」，但當人進一步追問它們既然沒有分別，「何故眾生不言佛」時，他還是要分別「了」與「不

---

① 《壇經校釋》，36頁。
② 《神會和尚遺集》，118頁。

了」的差別,「不了人論眾生有佛,若其了者,眾生與佛元不別」[1]。於是從「不了」到「了」還是有一段很漫長的距離,「不了」與「了」雖然只是一字之差,但卻是從凡到聖的過程,並不可能即心即佛。因此,他們的理路就有了自相矛盾。

從前期禪師到惠能、神會,這一內在理路的矛盾始終未曾消解。宗密在《中華傳心地禪門師資承襲圖》中曾為荷澤宗辯解,說神會強調的是「自性本用」,就像銅鏡的明淨,洪州宗強調的是「隨緣應用」,就像銅鏡的照物。前者「現有千差,明即自性常明」,後者卻隨相變形。所以,前者是「現量顯」,後者是「比量顯」,前者當然高於後者。但是,生活在世俗社會中,心怎麼能應物現形,而心仍不動呢?這雖然在理論表述中可能存在,但在生活實際中卻是虛玄。所以,當他們提倡「即心即佛」時,人們就會質疑,既然即心就可以即佛,那麼這「心」就應該是「佛」,那為甚麼還要「不作意」或「無念無相無住」?如果說「佛性常清淨」本來就沒有甚麼客塵污染,禪師為甚麼還要我們受無相戒、習菩薩禪,而不能隨心所欲?倘若分別、執着,都是「心」之妄念,那麼我們還要用理智來提醒自己不要分別和執着嗎?當我們用了理智使我們警惕分別與執着時,我們豈不是又落入了分別與執着的理智?

宗密在《禪源諸詮集都序》卷下之一有一段記載,說「今時學人多疑云:達摩但說心,荷澤何以說知?」所謂「知」就是理智,理智不是自然的、直覺的、當下即是的感悟,而是艱苦的、自覺的、須待修習的理念,它不可能是「即心即佛」的頓悟,而是回歸理智的漸修。神會不說「心」而說「知」,其弟子摻和「頓」與「漸」,

---

① 《神會和尚遺集》,125 頁。

就透露了他們內在理路上的這一矛盾。

三、「非心非佛」說與中唐禪風巨變

對於宗教家來說，人生常常是一幅有待設計的交通地圖。傳統佛教告誡人們，這幅地圖上的每條道路都不能通行，因為處處都有難填的慾壑，成為人生的陷阱。只有持戒、修定、達慧那一條路，勉強可以讓人步履蹣跚地前行。前期禪門及北宗禪，則彷彿把這張地圖畫成了兩半，從這一半到那一半，必須「屈、曲、直」地走很久，才能從「五陰黑雲」籠罩的地方脫身而出，踏上清淨佛土。惠能和神會則把這分成兩半的地圖轉了個九十度角，彷彿一開步一抬腿那瞬間起，就可以從這半到那半，或者兩腳一隻在這半，一隻在那半，從這半到那半很簡單，只在你一念之間的頓悟與否，理智一動就可以棄暗投明。但是，到了馬祖道一這裡，這幅地圖沒有了路，也沒有了明、暗、淨、染的分別，成了「白茫茫大地真乾淨」。而這沒有了路徑的大地，恰恰可以不必理會路徑縱橫，只須自由自在地漫步而行，無論你怎麼走，都通向涅槃、解脫或超越，因為這超越境界就是日常境界。

《景德傳燈錄》卷八載汾陽無業禪師（762—823）初參馬祖道一禪師時的情景：

問曰：三乘文學，粗窮其旨，常聞禪門「即心是佛」，實未能了。

馬祖曰：只未了底心即是，更無別物。

又，卷六載大珠慧海禪師（生卒年未詳）初參馬祖時，馬祖問：「來此擬須何事？」慧海答：「來求佛法。」馬祖當即喝道：

> 自家寶藏不顧，拋家散走作甚麼？我這裡一物也無，求甚麼佛法。

慧海又問：「阿那個是慧海自家寶藏？」馬祖便說：「即今問我者是汝寶藏，一切具足更無欠少，使用自在，何假向外求覓？」於是，大珠慧海頓悟「本心不由知覺」，歡喜踴躍，便師事馬祖道一①。

在這裡，馬祖道一與傳統禪門，甚至與六祖惠能、荷澤神會等南宗禪門的理路差異，已經初現端倪，「即心即佛」的「心」，不再單純是「了心」或「無念之心」，而是「未了心」或者說是雜糅了「煩惱」與「正智」、「無明」與「智慧」的世人之心。按照馬祖道一的說法，人人都有的心靈就是「自家寶藏」，它「一切具足」，與佛心沒有差別。不必再用心思向外苦苦覓求，也不必死死守住所謂「真如」那一道並不堅固的防線。於是，世俗世界就是佛國淨土，尋常意思就是佛法大意，人在隨順自然時的揮手舉足、揚眉瞬目之間，便顯示了生活真諦，在心識流轉、意馬心猿中，也可以有心靈自由。人生的頓悟不再由「知」的追蹤尋繹，而只是由「心」的自然流露，這就是圭峰宗密《圓覺經大疏鈔》卷三之下裡總結的「觸類是道而任心」：

> 起心動念、彈指磬咳揚扇，因所作所為，皆是佛性全體

---

① 《景德傳燈錄》卷八、卷六，《大正藏》第 51 冊，257、246 頁。

之用，更無第二主宰，如麵作多種飲食，一一皆麵，佛性亦爾①。

宗密的這段概括非常正確，但他以為這一思路出自《楞伽》「如來藏是善不善因，能遍興造一切，起生受苦樂與因俱」，這卻是誤會。他的依據大概是馬祖道一的一段話，這段話在《祖堂集》《景德傳燈錄》中都有記載，現據較詳細的《宗鏡錄》卷一引錄如下：

> 達磨大師從南天竺國來，唯傳大乘一心之法，以《楞伽經》印眾生心，恐不信此一心之法，《楞伽經》云：佛語心為宗，無門為法門。何故佛語心為宗？佛語心者，即心即佛，今語即是心語，故云：佛語心為宗；無門為法門者，達本性空，更無一法，性自是門，性無有相，亦無有門，故云無門為法門②。

但是，宗密並沒有看出，馬祖道一雖然沿用了傳統禪門奉《楞伽》強調「心」的話頭，來支持「即心即佛」的命題，但他所說的「無門為法門」，卻恰恰將《楞伽》的「心」瓦解為「空」，使它變成了《般若》的內涵。換句話說，馬祖道一的「楞伽」學說實在是似是而非。

本來，《楞伽》中就有「無相之虛宗」的因素，湯用彤先生曾說它「雖為法相有宗之典籍，（中已有八識義）但其說法，處處着眼在破除妄想，顯示實相」③。在前期禪門那裡，這實相在「一行三昧」的

---

① 《續藏經》十四冊，557 頁。

② 《宗鏡錄》卷一，《大正藏》第 48 冊，418 頁。

③ 湯用彤《漢魏兩晉南北朝佛教史》(北京：中華書局，1983)，564 頁。

消解下，唯是一相，而這一相即是非相，所以很容易轉向空相。但是，畢竟它是守住最後一道壁壘的，所以它仍與瓦解一切、歸之於「空」的《般若》不同：

首先，《楞伽》雖標誌「佛語心」，但在抽象的「心」這裡，「心」是非常虛玄的，在真實的「心」這裡，「心」卻是有分別的。「如來藏自性清淨」，「常住不變」是思辨中的認識，但卻不是現實中的真有，在現實人心中，如來藏則為「垢衣所纏」，「貪慾恚癡不實妄想塵勞所污」，所以不得不自我抑制。然而，在馬祖這裡卻不加分別，「心」就是心，無論垢、淨，都是自家寶藏，所以他說，「心外無別佛，佛外無別心，不取善，不取惡」，「凡所見色，皆是見心」①。

其次，《楞伽》由於認定現實人心有障礙，所以還是要強調修行，它說「雖自性淨，客塵所覆故，猶見不淨，非諸如來」。但馬祖卻並不強調人的具體修行，而看重人的自然，「知色空故，生即不生，若了此心，乃可隨時着衣吃飯，長養聖胎，任運過時，更有何事？」②

再次，《楞伽》是承認「心」本有的，由於「真心」是唯一真實的存在，所以要分別迷、悟，要收心斂性，要修習禪法。但是，馬祖則是依據《般若》思想，把「心」也看成是「空」的，所以他說「達本性空，更無一法」。並不要分別，也無須修習，所謂「無門為法門」的「無」，就是雜糅了老、莊之「無」與般若之「空」的一個詞。本來就在「空」中，人無須尋覓「空」，就好像魚在水中無須尋覓水，騎驢覓驢，畢竟多此一舉。本來就在無門中的人，也無須入門或出

---

① 《歷代佛祖通載》卷十四引馬祖，《大正藏》第 48 冊，608 頁。
② 《景德傳燈錄》卷六，《大正藏》第 51 冊，245 頁。

門，因為這裡自由無礙，本來就沒有門，到處覓門有可能倒是畫地為牢。所以，有人問章敬懷暉禪師「心法雙亡，指歸何所？」懷暉道：「郢人無污，徒勞運斤。」[1] 又有人拿這個意思去問南泉普願禪師，南泉道：「心尚無有，云何出生諸法？猶如形影，分別虛空。」[2]

至此，「即心即佛」的命題終於理路貫通毫無矛盾，但「即心即佛」之說也終於走到了盡頭，而面臨大變！既然「心」「佛」都只是「空」「無」，那麼，有人會追問，何必去「即」去「求」？按照《般若》的思路，一切都應當消解，依着禪師的說法，有「心」即被「心」所縛，有「佛」即被「佛」所纏，心靈中若有「心」「佛」這兩個字，即不可能自由無礙。口頭上有「心」「佛」這兩個字，就只是口頭禪。禪師們常引述的鳩摩羅什譯《小品般若波羅蜜經》卷四《歎淨品第九》說：

> 分別色空，即名為著，分別受、想、行、識、空，即名為著，分別過去法、未來法、現在法，即名為著[3]。

同樣，一旦有了「心」「佛」二字，也是一種「着」，就是偏執與分別。真正的徹底的無分別境界，在《般若》思想中只有「空」。只有這「無有形，不可見，無有對一相」的虛空幻相，才是唯一的存在。般若系經典中常見的「不……不……」否定語式，便是通向「空」的唯一途徑。也就是說，在不斷地瓦解理念立足處，在步步後撤的盡頭，在那個一無所住的幽冥處，才是心靈的唯一棲息之地。這樣，「即

---

① 《五燈會元》卷三《章敬懷暉禪師》，153 頁。
② 《五燈會元》卷三《南泉普願禪師》，137 頁。
③ 《小品般若波羅蜜經》卷四《歎淨品第九》，《大正藏》第 9 冊，551、552 頁。

心即佛」終於向「非心非佛」轉化。在大曆、貞元之間，馬祖道一禪師首次在禪思想史上提出了這個看似狂悖的命題。

這是一個禪宗史上相當大的轉折點。前引《景德傳燈錄》卷六中記載，馬祖道一說，「即心即佛」是「為止小兒啼」，也就是說「即心即佛」的「即」，只是為了防止人們「向外馳求」的權宜方便，彷彿是哄哄小孩子，讓他不要哭而已。《祖堂集》卷十六中記載，南泉普願禪師為此解釋道，「江西和尚（馬祖）說『即心即佛』，且是一時間語，是止向外馳求病，空拳黃葉止啼之詞」。「空拳」一語，見《大寶積經》卷九十「如以空拳誘小兒，示言有物令歡喜，開手空拳無所見，小兒於此復號啼」[1]；「黃葉」一語見《大般涅槃經》卷二十「如彼嬰兒啼哭之時，父母即以楊樹黃葉而語之言：莫啼莫啼，我與汝金，嬰兒見已，生真金想，便止不啼，然此楊葉實非金也」[2]。可見，那只是一時的權宜方便，並非真的能使人成佛性，當人們一旦停止向外馳求而反觀內心時，馬祖道一說，這時就應該「非心非佛」。

「非心非佛」立即得到馬祖門下一些弟子的響應。南泉普願（748—834）曾對其門人說：「江西馬祖說『即心即佛』，王老師（南泉俗姓王）不恁麼道，不是心，不是佛，不是物，恁麼道還有過麼？」[3]當有人懷疑他這種與祖師相悖的否定式話語，並提出質問時，他竟「抗聲答曰：爾若是佛，休更涉疑，卻問老僧何處有恁麼傍家疑佛來。老僧且不是佛，亦不曾見祖師，爾恁麼道，自覓祖師

---

① 《大正藏》第 11 冊，519 頁。
② 《大正藏》第 12 冊，485 頁。
③ 《景德傳燈錄》卷八，《大正藏》第 51 冊，257 頁。

去」①。他以此來顯示「非心非佛」甚至於非祖師的無所依傍精神；伏牛山自在（生卒年不詳）禪師曾對門人說，「『即心即佛』是無病求病句，『非心非佛』是藥病對治句」。所謂「無病求病」，就是説人們自心本來具足圓滿，覓心覓佛等於畫蛇添足，是沒病找病；所謂「藥病對治」，就是説不僅可以治療人們將心覓心、騎驢找驢的病，而且可以救拔那些無病呻吟飲鴆止渴者所中藥石之毒②；馬祖的另一個著名弟子東寺如會（744—843）則在馬祖圓寂後，針對那些死守「即心即佛」一句的門徒，尖鋭批評道，「心不是佛，智不是道，劍去遠矣，爾方刻舟」③，所謂「心不是佛」，自然是説心佛皆空，一切都是空幻假相，所謂「智不是道」，則是批評那些誦習「即心即佛」者，鑽頭覓縫地以理智追蹤虛幻的清淨之心，糾纏不清地用理智分別這心是淨、那心是染，由於他們不能以自然態度對心佛，於是縛手裹腳，被心佛二字妨礙了自由；特別是大梅法常禪師的説法更有趣，他在馬祖門下因聽「即心即佛」而悟，後住大梅山，馬祖道一讓一僧人去詢問法常：

（僧）問云：和尚見馬師得個甚麼便住此山？師（法常）云：馬師向我道即心是佛，我便向遮裡住。僧云：馬師近日佛法又別。師云：作麼生別？僧云：近日又道，非心非佛。師云：遮老漢惑亂人未有了日，任汝非心非佛，我只管即心即佛④。

① 《景德傳燈錄》卷二十八，《大正藏》第 51 冊，445 頁。
② 《景德傳燈錄》卷七，《大正藏》第 51 冊，253 頁。
③ 《景德傳燈錄》卷七，《大正藏》第 51 冊，255 頁。
④ 《景德傳燈錄》卷七，《大正藏》第 51 冊，254 頁。又《五燈會元》卷三，146 頁。

切莫以為大梅法常是在堅持「即心即佛」的命題，他不過是用另一種連同「非心非佛」也一起否定的方式，來顯示心靈的自由無礙。既然一切都只是虛妄假象，那麼就連「非心非佛」也是多此一舉。既然色即是空，那麼「即心即佛」也無可無不可，絕對的否定背面傅粉，恰恰也是絕對的肯定。一旦承認一切皆空，那麼所有一切就無須視為清淨或污垢，這樣才能凸顯心靈自由和超越。正如《五燈會元》卷三裡馬祖另一個弟子盤山寶積所說，「若言即心即佛，今時未入玄微。若言非心非佛，猶是指蹤極則。向上一路，千聖不傳，學者勞形，如猿捉影」[①]。甚麼才是「向上一路」？就是一切不拘，一切不問，不捨惡，不取善的「平常心」，既不是苦苦地「凝心入定，住心看淨」，也不是追尋「不作意」以達到「無念」而「頓悟」，而是「飢來即食，困來即眠」，「熱即取涼，寒即向火」的平常心，無論是即心即佛的即，還是非心非佛的非，都不應該是固執的追求目標。所以，當馬祖道一聽得大梅法常的回答後，明白他已經深得其中三昧，便讚歎道：「梅子熟也。」

從僧肇《不真空論》的「道遠乎哉，觸事而真」，到馬祖及其門下的「非心非佛」「平常心是道」，大乘的般若思想中不斷瓦解的執着的「空」，終於與中國文人士大夫心中最嚮往的「無」交匯，「自然」真正成了指導人生態度的一般性原則和宇宙論基礎。禪宗也終於實現了「般若的生活化」[②]，從而以簡截痛快、方便高雅的方式，贏得了文人士大夫的歡迎。中唐時期以後，馬祖一系禪風大盛，使得禪宗的宗風，由峻潔迅疾轉向自然適意，使禪宗的理路由《楞伽》

---

① 《五燈會元》卷三，149 頁。

② 常盤大定語，參見第二章。

《般若》混雜，轉向《般若》與老莊交融，使禪宗的修習，由理智追索、直覺內思，逐漸轉向自然體驗，使禪宗的思想從自我約束與自我調整，轉向自由無礙與隨心所欲。

於是，禪思想史從此翻開了新的一頁。我們看馬祖影響下的第二代，無論是影響巨大的西堂智藏、興善惟寬、章敬懷暉，還是南泉普願、大梅法常，還是後來被劃在石頭門下的丹霞天然、天皇道悟、藥山惟儼，以及更後來的趙州從諗、溈山靈祐、臨濟義玄等，他們那些自由奔放的對答、隨心所欲的行為、蔑視束縛的風氣和「平常心是道」「佛法無用功處，只是平常無事」「不費心力作佛去」的思想，我們會發現，那已經是另一個時代的禪風了。

第三節　南宗禪的最後勝利及其他

李肇《唐國史補》卷下曾寫到，「天寶之風尚黨，大曆之風尚浮，貞元之風尚蕩，元和之風尚怪也」[①]，這雖然講的是文學風氣的轉移，但也可以挪借來形容思想文化的變遷。由大曆經貞元而元和間這半個世紀（766—820），在唐代乃至整個中古文化史上是一個極為重要的轉型時期[②]。釋、道、儒這三個在古代中國文化中舉足

---

① 李肇《唐國史補》（上海：上海古籍出版社，1979），卷下，57 頁。

② 關於這一文化轉型期，日本學者如內藤湖南、宮崎市定在討論「唐宋變革」問題時，常常會涉及，因為這是唐宋之間文化和社會發生轉化的關節點，美國學者包弼德（Peter Bol）在《斯文：唐宋思想的轉型》（*"This Culture of Ours": Intellectual Transitions in T'ang and Sung China,* 中譯本，劉寧譯，江蘇人民出版社，2001）一書中也有所涉及，1987 年，我在《道教與中國文化》（上海人民出版社，1987）一書中編裡也有較為詳細論述，雖然已經較為陳舊，但亦可以參看。

輕重的宗教與思想流派，似乎都在「漁陽鼙鼓」停息後，悄悄開始了轉向。在這一轉向之中，就出現了讓那些習慣於舊思想、舊理路的人感到駭怪的「浮」「蕩」「怪」的行為、口號、命題和風氣。前面我們所說馬祖道一及其弟子在中唐的崛起與大盛，他們的思想從「即心即佛」到「非心非佛」的轉化，就屬於大曆、貞元、元和這一文化轉型的一個側面。

洪州禪所代表的南宗禪，8 世紀末至 9 世紀初在思想世界的崛起與興盛，禪思想從心靈清淨到自然適意的演變與轉化，其意義與影響絕對不是三言兩語能說清楚的，其缺陷與後果也不是一時一事能顯示出的。如果可以簡單概括的話，那麼，一方面最令人矚目的可能是，禪思想逐漸滲入世俗，成了文人士大夫人生理想與生活情趣的一個支點，把本來只屬於宗教世界的生活態度，逐漸擴展到了宗教世界之外，使過去很難被文人接受的宗教修煉形式，脫胎換骨地成了人人都容易把握的日常生活經驗。但另一方面，最令人擔憂的也是這一趨向，當般若思想的瓦解性與日常經驗的自主性成了禪修行的基石時，那種宗教用來維繫信仰與敬畏的支點還能否存在？一旦這種宗教性的約束力完全被內在化心靈化的「自然」二字融解為個人的感受和體驗，那麼，是否會造成宗教及信仰本身的消失？

一、南宗禪與文人士大夫生活情趣

《全唐文》卷四九二載權德輿《送道依闍黎歸婺州序》中，曾經很感慨地說道：「予嘗欲黜健羨，遺名聲，不使塵機世相滑溷靈府，故每隨縉紳士則神怠，與依、惠遊則性勝。蓋循分而動，亦境所由

然。」①「循分」是説他依自然本性,「境」則是指禪僧話語與禪寺幽境。愛好自然清淨的他,在面對禪境時就有超凡脱俗的感覺,這話也許有些矯情做作,彷彿自我表白,不過,倒也説到相當多中唐文人士大夫的興趣。在世俗瑣事並不順心並導致自己有束縛感時,他們是很願意到佛教那裡去尋找一份寧靜與輕鬆的。寺院也罷,僧人也罷,都能讓久在樊籠裡的文人士大夫,靜心地想一想在世俗之外的人生意味。「見僧心暫靜,從俗事多迍」②,特別是當他們感到前途充滿了坎坷,人生充滿了悲辛的時候,「如今刀筆士,不及屠沽兒,少年無事學詩賦,豈意文章復相誤,東西南北少知音,終年竟歲悲行路」③,他們更相信真的是「浮世今何事,空門此諦真」④,更希望真的是「真源了無取,妄跡世所逐」⑤。在日常生活中,他們常常企盼着「因過竹院逢僧話,又得浮生半日閒」,使自己還有一點兒心情上的自由⑥。

安史之亂後的中唐,世事多變,文人士大夫的心情常常就是這樣。不過,我願意指出一點,其實相當多文人士大夫對佛教的理解並不那麼深入,沈亞之《送洪遜師序》曾説到,「自佛行中國以來,國人為緇衣之學多,幾與儒等,然其師弟子之禮傳為嚴專,到於今世……其流亦有派別焉,為之師者,量其性之高下而有授説,故有

① 《全唐文》卷四九二,2226 頁。
② 賈島《落第東歸逢僧伯陽》,《全唐詩》(北京:中華書局,1960) 卷五七三,6666 頁。
③ 戎昱《苦辛行》,《全唐詩》卷二七〇,3007 頁。
④ 耿湋《春日遊慈恩寺寄暢當》,《全唐詩》卷二六八,2985 頁。
⑤ 柳宗元《晨詣超師院讀禪經》,《全唐詩》卷三五一,3929 頁。
⑥ 李涉《題鶴林寺僧舍》,《全唐詩》卷四七七,5429 頁。

暝坐而短行，毀刑而鼓談之道，歧於是也」[1]。這是說佛教的學說因人而異，由於師承學脈而理論紛歧，流派互異。但是，很少有文人真正地分派析流，鑽研各家義理的細微差異，也未必有所謂宗派之間的成見，他們常常會霧裡看花，把佛教看成是「一個」，而又把這「一個」佛教，約化地理解成生死的超越和生活的灑脫。比如像耿湋的《詣順公問道》一詩，就對僧人直截了當地提出，「何法住持後，能逃生死中？」為了這一目標，他並不在乎門派之分。所以下面請求順公說：「方便如開誘，南宗與北宗。」[2]因為他們不是佛教中人，也不以思想鑽研和宗教傳播為職業，而是在生活上的佛教思想接受者，所以他們只關心與自己生活經驗冥合的說法，並用它來撫慰自己的心靈。因此，他們特別多地接受的是一些對人生對俗世的批評，與對寧靜對空寂的讚揚。這種人生觀很簡單，也很吻合他們的期待。像李端《同苗發慈恩寺避暑》裡說：

　　若問無心法，蓮花隔淤泥。

這裡說的蓮花即指心靈，淤泥指的是俗塵，心靈的清淨，是以俗塵的清除為前提的，而俗塵的清除，就是靠「無心」。當人把自己的心靈與紛紜的世界隔開，他才能得到寧靜，「月明潭色澄空性，夜靜猿聲證道心」[3]，不艱苦地約束自己，是不能達到這種境界的，不依靠外在的環境與內在的定力，也是不能回歸本心的。同樣的，還

---

① 沈亞之《送洪遜師序》，《全唐文》卷七三五，3365 頁。

② 耿湋《詣順公問道》，《全唐詩》卷二六八，2993 頁。

③ 李端《同苗發慈恩寺避暑》，《全唐詩》卷二八五，3257 頁；《寄廬山真上人》，《全唐詩》卷二八六，3271 頁。

有如錢起《同李五夕次香山精舍訪憲上人》：

> 泠泠功德池，相與滌心耳[①]。

顧況《鄱陽大雲寺一公房》：

> 定中觀有漏，言外證無生[②]。

這些佛教的話頭是一些常識，無非是以定觀心，去除雜念，用在佛教任何宗派上都沒有異義，所以很多文人都只是在這一水平上理解佛教的，故而他們與律師交往講持戒，與法師交往談義理，與禪師對話論禪定，並不去深究差異。在他們看來，這裡說的都是一個「佛」字，在他們心中都是一個「靜」字。「一從方外遊，頓覺塵心變」[③]，佛寺小息、逢僧夜話、靜中沉思，是他們暫息塵勞的調心法門，即所謂「高人留宿話禪後，寂寞雨堂空夜燈」[④]。

但是，大曆、貞元、元和年間，南宗禪尤其是洪州宗迅速崛起，在上層社會及文人中引起的反響非同小可。他們與傳統佛教不同的自然主義趨向，在上層社會頗受青睞。在重要的文人中，大概除了梁肅之外，對佛教有了解的文人大多很喜歡南宗禪。權德輿

[①] 錢起《同李五夕次香山精舍訪憲上人》，《全唐詩》卷二三六，2609 頁。

[②] 顧況《鄱陽大雲寺一公房》，《全唐詩》卷二六六，2951 頁。

[③] 張匯《遊棲霞寺》，《全唐詩》卷三六八，4142 頁；《新唐書》卷三十五《五行二》曾說到過這樣一個現象，「天寶後，詩人多為憂苦流寓之思，及寄興於江湖僧寺」，921 頁。

[④] 周賀《過僧竹院》，《全唐詩》卷五〇三，5732 頁。

《酬靈徹上人以詩代書見寄》云：

　　　　蓮花出水地無塵，中有南宗了義人 [1]。

賈島《送宣皎上人遊太白》云：

　　　　得句才鄰約，論宗意在南 [2]。

白居易《答戶部崔侍郎書》更說到，他與崔侍郎「在禁中日，每視草之暇，匡床接枕，言不及他，常以南宗心要，互相誘導」。又說他自己此後「隨分增修，比於曩時，亦似有得」[3]。而當他們接受了南宗禪尤其是洪州一系思想的時候，洪州宗那種追求「自然適意」的人生，就成了他們的終極理想。

　　在這裡可以提出來的有權德輿。據他自己說，他年輕時曾與陸公佐「息偃於江湖間，練塘鏡溪，樂在雲水，師心自放」[4]。入仕之後，也只是用「道不遠人」的箴言「虛以順外」，所以在《送渾淪先生遊南嶽序》中歎息，「予，風波之人，未脫世累」。他深信佛法，與天竺寺元禪師、詩僧皎然、靈澈（徹）、信州草衣禪師等都有交往，特別是與洪州宗兩大禪師有很深的關係。一個是洪州宗的創始人馬祖道一，權德輿雖是天水人，但從他父親時，權氏就安家洪州，在貞元初年，他作為江西觀察使李兼的判官又到洪州，

────────────

① 權德輿《酬靈徹上人以詩代書見寄》，見《全唐詩》卷三二一，3618 頁。

② 賈島《送宣皎上人遊太白》，見《全唐詩》卷五七三，6656 頁。

③ 《白居易集》卷四十五，968 頁。

④ 權德輿《送歙州陸使君員外赴任序》，《全唐文》卷四九一，2219 頁。

李兼與馬祖道一關係極好。《宋高僧傳》卷十《唐洪州開元寺道一傳》記載李兼對馬祖「素所欽承，於以率徒依歸，緬懷助理……輟諸侯之旌旗，資釋子之幢蓋」[1]。據權德輿為馬祖所撰碑文來看，李兼對馬祖的禪思想有很深的理解，按權氏的說法，他曾經「承（馬祖）最後之說」，特別是「佛不遠人，即心而證，法無所著，觸境皆如」的思想。而權德輿跟隨李兼，大概也對這種「如利刃之破絹索」的自然迅捷禪法相當有體會。直到三十年後，他為章敬懷暉撰碑，還回憶起這段經歷[2]。第二個就是章敬懷暉，在隨李兼參拜馬祖之後三十年，他已經是權傾一時的禮部尚書平章事，但他對洪州禪門的信仰仍然如故，他與懷暉交往甚密，在元和十年（815）懷暉圓寂後，他撰碑文說，「德輿三十年前，嘗聞道於大寂（馬祖）」，等到來京師後，又聽懷暉說法，「因哀傷似獲悟入，則知煩惱不遠菩提」。從他引述懷暉的語要，即「心本清淨而無境者也，非遺淨以會心，非去垢以取淨」來看，他對洪州宗自然適意、不假修證的思想，是很熟悉的。正是因此，他對於禪僧與佛寺總感到很親切，對於人生與生活總有「靜每造適」的追求[3]。

在這裡可以提出來的還有白居易。白居易與馬祖門下的幾位禪師都有交往，如佛光如滿和興善惟寬，《景德傳燈錄》卷十、《五燈會元》卷四，都是把他算在如滿門下的，他自己所作的《醉吟先生傳》也說自己「與嵩山僧如滿為空門友」，《佛光和尚真贊》更稱

① 《宋高僧傳》卷十《唐洪州開元寺道一傳》，222 頁。
② 權德輿《唐故洪州開元寺石門道一禪師塔銘並序》，《全唐文》卷五〇一，2261 頁；關於權氏的經歷，可參見《舊唐書》卷一四八，4002 頁，《新唐書》卷一六五，5076 頁；又，權德輿《故章敬寺百岩大師碑》，《全唐文》卷五〇一，2260 頁。
③ 權德輿《送渾淪先生遊南嶽序》，《全唐文》卷四九三，2227 頁。

佛光如滿的「福智壽臘，天下一人」①。但是，《傳法堂碑》所記他與興善惟寬的對話，則更能表現他對禪思想的理解。他是從一個最一般的問題開始的。他說，「既曰禪師，何故說法？」然後又進一層問，「既無分別，何以修心？」然後再接着追問：「垢即不可念，淨無念可乎？」最後更追問，「無修無念，亦何異於凡夫耶？」這四問正好使興善惟寬由淺而深，徹底地闡發一遍洪州禪的思想。惟寬說，戒、定、慧和律、禪之法，用起來是三，實際是一；不必作繭自縛，妄起分別，心本來就是清淨渾然的；不必修理，修理反而是對它的損傷，對於傳統所說的垢與淨，都不必在意；如果專注於淨，則好像眼中有了金屑，金屑雖然珍貴，但在眼中卻是病根，無修無證好像是凡夫，但正是心中沒有執着念頭才算是真正的修行；當你把一切清淨與污染都拋在腦後，這就是悟到禪意②。這種思想使得白居易大為傾倒，他在很多詩中，都曾流露過這種不須修證，不必執着的南宗禪思想。《感悟妄緣題如上人壁》中說，自己從小到老時而為世事而忙，時而為拜佛而忙，其實「彼此皆兒戲，須臾即色空。有營非了義，無著是真宗。兼恐勤修道，猶應在妄中」③。這就是說，有追求清淨的心思，有求佛的念頭，其實都是有所執着，就是勤苦修道，也可能落入有求有營的妄想之中。「須知諸相皆非相，若住無餘卻有餘。言下忘言一時了，夢中說夢兩重虛。空花豈得兼求果，陽焰如何更覓魚。攝動是禪禪是動，不禪不動即如

① 《醉吟先生傳》《佛光和尚真贊》，分見《白居易集》卷七十、卷七十一，1485、1503 頁。
② 《傳法堂碑》，《白居易集》卷四十一，912—913 頁。
③ 《白居易集》卷二十五，555 頁。

如。」這是他所作的《讀禪經》①，末句「不禪不動即如如」，頗得洪州宗思想真髓。在洪州宗看來，真正的自覺和自由，即在自然心態之中，就像凡夫日常所行所為，處處都是禪意。白居易與崔侍郎以南宗心要互相誘導，可能就是在尋求這種自然適意？他的《重酬錢員外》云，「本立空名緣破妄，若能無妄亦無空」②，這話說得很徹底，空也是空，既然如此，就不必為空而空，如果為空求空，則被空字束縛不能放鬆，若要有營有求，就好比有心有佛即心有所礙，非心非佛即一無所有真正達空。在洪州宗看來，人生應該是自然適意，在白居易看來，心靈也一樣應該是自然適意，所以他說，「人心不過適，適外復何求」③。

在有限的資料中，能發現中唐許多文人與洪州宗禪師的往來。除了權德輿與白居易之外，如紫玉山道通與于頔，黃檗希運與裴休，西堂智藏與李舟，藥山惟儼與李翺，芙蓉山太毓與崔群等。在馬祖道一所開創的禪風影響下，中唐文人追求自然和自由的人生情趣，有了理論化的支持，這使得他們更容易偏離主流儒家規定的

① 《白居易集》卷三十二，716頁。
② 《白居易集》卷十四，276頁。
③ 《適意二首》，這首詩撰於元和六年（811），正是他與興善惟寬禪師對話之後，《白居易集》卷六，111頁。當然，應當說明，實際上中唐以後的佛教還有一個潛流是禪和律的合流，這對文人也有影響。在外在生活中，實踐性的戒律很有影響，而在內在心靈裡，體驗性的習禪則相當有影響，很多文人都兼與律師和禪師有交往，比如在白居易的資料中，除了他與禪師的往來之外，還可以看到他與神湊（744—817）、智如（749—834）、如信（750—824）、上弘（739—815）、明遠（765—836）等佛教律師的交往，參看《白居易集》卷四十一《唐江州興果寺律大德湊公塔碣銘》、卷六十九《東都十律大德長聖善寺缽塔院主智如和尚茶毗幢記》、卷六十八《如信大師功德幢記》、卷四十一《唐故撫州景雲寺律大德上弘和尚石塔碑銘》、卷六十九《大唐泗州開元寺臨壇律德徐泗濠三州僧正明遠大師塔碑銘》等文的記載，此處不一一注明頁碼。

人生理想，在世俗責任和道德壓力下，得到一些自我心靈的自由空間。僧人中的文人如皎然，有《山居示靈澈上人》一詩，其中說到，「身閒始覺隳名是，心了方知苦行非」[①]；又有《禪思》一詩，說到「空何妨色在，妙豈廢身存。寂滅本非寂，喧嘩未曾喧」[②]。世俗文人如與白居易關係甚好的元稹，也曾有《悟禪三首寄胡杲》，其中說到「有修終有限，無事亦無殃」，「晚歲倦為學，閒心易到禪」[③]，而在《酬知退》中也說道「莫着妄心銷彼我，我心無我亦無君」[④]。這些都明顯地表現了文人對於苦修漸悟的背棄和對自然閒適的嚮往。而這種閒適自在生活的合理性，正是因為般若思想所謂「色即是空，空即是色」的無差別，和「相即非相，非相即相」的徹底「空」。一切都被否定，也恰恰是一切都被肯定，被視為污濁的世俗生活和世俗慾望，被視為清淨的僧伽生活和空寂心靈，它們之間的差異都被「空」所否定，污濁和清淨，世俗與超越就沒有了差別，一切都成了合理。貞元、元和之間，在禪僧方面已經開始出現放蕩無拘之風，如《酉陽雜俎》前集卷三曾記貞元中荊州「狂僧」些師「善歌《河滿子》」，吳郡義師「狀如風狂」，常於廢寺中「壞幡木像悉火之」，又好活燒鯉魚「不待熟而食」，安國寺僧熟地「常燒木佛」[⑤]；《宋高僧傳》卷十九記載揚州孝感寺廣陵大師「真率之狀與屠沽輩相類……或狂悖性發，則屠犬彘，日聚惡少鬥毆，或醉臥道傍」，

---

① 見《全唐詩》卷八一五，9183 頁。

② 見《全唐詩》卷八二〇，9250 頁。

③ 見《元稹集》(北京：中華書局，1982) 卷十四，159 頁；「胡杲」，《全唐詩》卷四〇九作「胡果」。

④ 見《元稹集》卷二十，227 頁，「彼我」，原作「被我」，據《全唐詩》卷四一五改。

⑤ 段成式《酉陽雜俎》(北京：中華書局，1981) 前集卷三，40 頁。

卷二十則記載普化以驢鳴對禪語，「有時歌舞，或即悲號」①；《全唐文》卷五一〇收有陸長源《僧常滿智真等於倡家飲酒烹宰雞鵝判》，其中也說他們是「口說如來之教，在處貪財，身着無垢之衣，終朝食肉」②。

在文人士大夫方面呢？正如有的學者所指出的那樣，「受洪州禪任心、天真的宗風影響……實際上已經將南宗湛然常寂的知體架空，他們不再一味向上尋求內心的空寂清淨，而處處在生活中感受着活潑潑的情趣，不再講究持之以恆的植德與保任，而是一任我心，即事成真」③。洪州宗所代表的南宗禪，將本來只屬於宗教世界的生活態度，擴展到了宗教世界之外，使得過去很難被人接受的宗教修煉形式，脫胎換骨成了人人都容易把握的日常生活經驗，即所謂「般若智慧的生活化」和「終極意義的日常化」。隨着禪宗對世俗心靈的徹底承認，原來懸浮在人性之上的「三昧境地」便成了人們時時會有的感悟與興會，而不再是久覓不得的彼岸景致。「空」這個看上去玄而又玄的終極概念，不再是鏡花水月似的遠離人類，而是存在於人類心中的某種清澈感受。唐人詩中說，「水止無恆地，雲行不計程。到時為彼岸，過處即前生」；又說，「雲身自在山山去，何處靈山不是歸？日暮寒林投古寺，雪花飛滿水田衣」④。

在元和文人呂溫和熊孺登的這兩首詩裡，我們就能感到這種

---

① 《宋高僧傳》卷十九，491 頁；卷二十，511 頁。
② 陸長源《僧常滿智真等於倡家飲酒烹宰雞鵝判》，《全唐文》卷五一〇，2295 頁。
③ 趙昌平《從王維到皎然》，《中華文史論叢》（上海：上海古籍出版社）1987 年二、三期合刊，237 頁。
④ 呂溫《送文暢上人東遊》，《全唐詩》卷三七一，4167 頁；熊孺登《送僧遊山》，《全唐詩》卷四七六，5419 頁。

「自然適意」的人生情懷。

二、文人士大夫對禪思想的選擇

　　儘管我們說，洪州宗為代表的南宗禪在中唐以後影響極深，但並不是說中國文人士大夫就全盤接納了它的思想。其實，當南宗禪思想從禪門內走向禪門外，它實際上已經發生了變異。因為文化傳播是一種雙向的選擇，如果一種思想與文化的發出者與接受者，都是有思想與文化傳統的人，那麼，接受者在接受一種思想與文化的時候，原有的傳統就是一種對新思想文化進行篩選與分解的基礎。宗教傳播也不例外，儘管它傳播的是一種信仰，而信仰本來是不容置疑的。在宗教始終沒有贏得世俗政治權力與意識形態權力的古代中國，宗教由於並不擁有「權力」，所以，在傳播中就更是常常被分解與誤讀。當然這裡我們用「分解」並不意味着這種分解是惡意的肢解或有意的曲解，用「誤讀」也不意味着這種誤讀是粗心的誤會或淺陋的誤解。我只是說，潛藏在文人心中那層傳統的「篩子」，常常使宗教脫離了原來的宗教軌道，而成為中國思想世界的某種資源。

　　首先，中唐時代佛教宗派門戶極多，彼此間也黨同伐異，但文人士大夫一般很少介入這種紛爭，他們並不是堅定而虔誠的宗教徒，也不承擔對某一宗派的責任，在宗教信仰上他們是自由的。因而，佛教禪宗對於他們來說，只是一種思想與人生的興趣，而不是崇拜與信仰的絕對對象。所以，除了極少數已經深入其中的人之外，大多數文人對於佛教是兼容並蓄的，就像我們前面說過的那樣。下邊，不妨再看幾個當時最深入禪思想的文人，即使是他們，

也不像宗門中人那樣膠柱鼓瑟。比如裴休，既是自稱荷澤後人的圭峰宗密的信徒，又與荷澤宗的對頭洪州一系來往頗多。在他為宗密所作碑文中，曾奉荷澤為正宗，以馬祖為支脈，說「（裴）休與大師於法為昆仲，於義為交友，於思為善知識，於教為內外護」[1]。但真的在「護教」上，卻要比宗密寬鬆得多，絕不像宗密評點禪門七派時那樣，只護荷澤一家而貶斥其他各家。比如，他與洪州一系的黃檗希運禪師過往甚密，在他為希運《傳心法要》作序時，就仍然盛讚馬祖一系思想是「獨佩最上乘，離文字之印，唯傳一心，更無別法」。並說這一系的思想是「證之者無新舊，無深淺，說之者不立義解，不立宗主」[2]；又比如像劉禹錫，他為六祖惠能撰碑，為荷澤門下的楊岐乘廣撰碑，也為牛頭宗法融撰碑。在為南宗禪撰碑時說，「自達摩六傳至大鑒（惠能），如貫意珠」[3]，而在為律師智儼和牛頭法融撰碑時則說，「一為東山宗，（惠）能、（神）秀、（普）寂其後也」[4]，「言禪寂者宗嵩山」[5]。顯然心裡並沒有那麼森嚴的南北宗壁壘，也沒有那麼清楚的南北宗不同的祖傳世系表；再比如李華，他在為天台宗惠真禪師、玄朗禪師、牛頭宗玄素禪師等撰碑敘述血脈傳承時，並不那麼專注於正宗旁枝的分別，而是比較留心各宗之同源。《故左溪大師碑》中就曾從佛陀傳大伽葉數起，把北宗、南宗、牛頭、天台都算成了兄弟；在《荊州南泉大雲寺故蘭若和尚碑》中又特意引用了惠真的一段對話，「或問：南北教門，豈無差

---

① 裴休《圭峰禪師碑銘並序》，《全唐文》卷七四三，3409 頁。

② 裴休《黃檗山斷際禪師傳心法要序》，《全唐文》卷七四三，3407 頁。

③ 《大唐曹溪第六祖大鑒禪師第二碑》，《劉禹錫集》卷四，51 頁。

④ 《牛頭山第一祖融大師新塔記》，《劉禹錫集》卷四，55 頁。

⑤ 《唐故衡嶽律大師湘潭唐興寺儼公碑》，《劉禹錫集》卷四，53 頁。

別？對曰：家家門外有長安道」。不加分別也不論高下，這恐怕是他自己的想法 ①。同樣，就是我們前面所說與洪州宗最親近的權德輿和白居易也不例外。權德輿最鍾情於洪州一系是沒有問題的，但這並不意味着他就真的完全入了洪州的門戶而排斥其他，他所交往的佛教徒中，除了馬祖道一與章敬懷暉外，還有惠公、皎然、靈澈、草衣、虛上人，甚至還有北宗契微等人。其中，皎然是南北宗兼修的僧人，草衣是恪守傳統禪法的禪僧，契微是「外示律儀，內循禪悅」，既通義學，又守禪定的北宗和尚，顯然他不像洪州宗或荷澤宗的禪師那樣墨守成規。白居易比起權德輿來，雖與洪州宗交往更多，但也更無門戶之見，他所來往的僧人中，除了洪州宗的興善惟寬、佛光如滿之外，更有大批的持律僧人，如神湊、明遠、如信、上弘等等，很多注意到白居易佛教思想的學者，其實都看到了他在「以南宗心要互相誘導」的同時，還是一個念佛修淨土的居士 ②。

其次，中國古代的文人士大夫，也常常對老莊與佛禪不加分別，對「心靈的清淨」與「人生的自然」等同看待，並不去細細分辨其中更深層哲理理路的差異。「達磨傳心今息念，玄元留語遣同塵」，正像白居易《拜表回閒遊》所說的一樣，他們一直是把人生的自然適意、心靈的清淨無垢看成極致境界的 ③，所以他們對老莊的「無」、般若的「空」、北宗禪的「清淨心」、南宗禪「平常心」都有着

---

① 李華《衢州龍興寺故律師體公碑》《荊州南泉大雲寺故蘭若和尚碑》《潤州鶴林寺故徑山大師碑銘》《故中嶽越禪師塔記》《故左溪大師碑》等，分別見於《文苑英華》卷八六〇、卷八六一、卷八六二等，此處不一一注明頁碼。
② 關於這一點，可以參看《樂邦文類》中所收白氏的各種贊文，《大正藏》第 47 冊。
③ 《白居易集》卷三十一，711 頁。

極大的興趣，往往混成一片，並把它們都當作理想境界。一方面，在他們的理想世界中，那種只存在於心靈體驗之中，不可觸摸、不可言說、不可思議的「自然」，總是他們企盼到達而永不能到達的境界。在他們的感受中，「自然」是一種最超越最高明的哲理，似乎呈現着一種玄妙意味，在他們的生活中，「自然」也是一種最瀟灑的狀態，儘管這種瀟灑生活可能是實所未有的，但它卻是夢寐以求的。正是為了這種境界，他們總是在詩歌中低吟淺唱。「僧家亦有芳春興，自是禪心無滯境。君看池水湛然時，何曾不受花枝影。」呂溫這首《戲贈靈澈上人》雖然是一首偶然之作，倒也可以看出，他對南宗禪一直嚮往的自然之境很有領悟。「色即是空」，何必苦苦尋空，「隨處是禪」，何必看淨為禪，「無滯無著」，不妨有遊春之興，「隨意方便」，不必枯守空寂 ①。但是另一方面，當他們把目光轉回現實世界時，他們就被理念引到了另一端，他們會感到徹底的「自然」可望不可即。他們明白，現實世界的喧嘩與紛擾，使人充滿焦慮和不安，完全採取自然而且自流的態度並不能解決心中的煩惱。作為文化的承擔者和指導者，他們心中總是有一個終極理想在，這理想背負着道德良心，驅使他們不能和光同塵，與世俗總要隔開一層。正像柳宗元《送僧浩初序》所說，由於僧人之道「不愛官，不爭能，樂山水而嗜閒安者為多」，與俗世那種「逐逐然唯印組為務以相軋」恰恰相反，所以當他們在禪思想中尋找資源時，更多地從那裡找到的是「暫息塵勞」。張祐《題萬道人禪房》所謂「世事靜中去，道心塵外逢」，《贈廬山僧》所謂「便知心是佛，堅坐對寒

———————

① 呂溫《戲贈靈澈上人》，見《全唐詩》卷三七〇，4162頁。

灰」，就是追尋心靈的寧靜[1]；柳宗元《晨詣超師院讀禪經》所謂「澹然離言說，悟悅心自足」，《巽公院五詠（禪堂）》所謂「萬籟俱緣生，窅然喧中寂」，也是追尋心靈的清淨[2]。而這種「靜」與「淨」，恰恰是傳統佛教的基石。所以，他們不必專門在南宗禪中尋找，當他們與洪州宗所代表的南宗禪遇合時，他們會把南宗越來越明顯的自然趨向，和傳統佛教一貫提倡的求靜思想，隨意地捏在一起。就在這一混合中，南宗禪思想成了傳統佛教的中介，文人士大夫通過南宗禪學到的，也許並不是原色原味的南宗禪。

再次，作為傳統文化的承負者，當文人士大夫在考慮社會問題時，他們也不可能按原樣照搬佛教的思想，使中國思想世界來個大換班。中唐以後的文人士大夫當然明白，現實世界終究是需要秩序來整理，整理秩序是他們的責任。但是，在藩鎮割據，內政混亂的時代，僅僅靠傳統儒學的禮法之制，已經不能維繫這個世界，他們也確實相信自己所鍾情的佛教，也許能夠給予他們新的思想資源。劉禹錫《袁州萍鄉縣楊岐山故廣禪師碑》所謂「儒以中道御眾生，罕言性命，故世衰而浸息」，或許正是看到了儒學意識形態的缺陷，所謂「佛以大悲救諸苦，廣啟業因，故劫濁而益尊」，也許正是看到了佛教對重新整頓人倫秩序的意義[3]。他說，儒、佛雖然不同，但就像「水火異氣，成味也同德；輪轅異象，致遠也同功」。比如佛教讓人「即清淨以觀空」，讓喜歡崇拜偶像的人「怖威神以遷善」，都是「陰助教化，總持人天」。這在中唐，也許是相當多文人士大夫的想法。

---

① 見《全唐詩》卷五一〇，5816、5821 頁。

② 《柳宗元集》卷四十二，1134 頁；卷四十三，1235 頁。

③ 《劉禹錫集》卷四，57 頁；又參《文苑英華》卷八六七所收此文，文字略有差異。

但這並不意味着文人對佛教要全盤挪用，他們心中根深蒂固的傳統思想，使他們總在尋找儒、佛之間的契合處。前引柳宗元《送僧浩初序》中說到，韓愈批評他愛與佛教來往而不維護儒家，他反駁道：

> 浮屠誠有不可斥者，往往與《易》《論語》合，誠樂之。其於性情奭然，不與孔子異道。……吾之所取者與《易》、《論語》合，雖聖人復生不可得而斥也[①]。

這裡他所謂「與《易》《論語》合」的佛教思想，就是他們在直面社會時，對佛教進行選擇的根據所在，而與儒家契合的佛教思想，就是關於心靈寂靜的學說。《禮記·樂記》中說，「人生而靜，感於物而動」，性本靜而情則動，似乎在儒家那裡已經是無須論證的事實，而人性作為存在的根本依據與正確方式，似乎在儒家那裡也是無須爭論的真理。但問題是，人性怎麼樣才能處於「無思無慮」「寂然不動」的狀態呢？在這一點上，儒家卻不如佛教。佛教種種思辨、分析和方法，大都聚焦於此。例如，三論宗論三中二諦，說一切皆空，說不執無著，就是為信仰者「破妄即真」，達到心中無有牽掛；唯識宗破二執顯二空，論八識三性五位，也是為信仰者設立階梯，使之漸漸心中明白「萬法唯識」；華嚴宗以「金獅子」為喻，明緣起，辨色空，約三性，顯無相，也是要使信仰者將「一切歸一」，達到心安如海、妄想都盡；天台宗論一心三性，講染講淨，倡止觀修行法門，更是為破分別而歸真如，使信仰者心中「無所罣礙」。

---

① 《柳宗元集》卷二十五，673—674 頁。

禪宗當然更不必說，《酉陽雜俎》續集卷四引鄭符語說到北宗七祖普寂的一個故事：

　　　柳中庸善《易》，嘗詣普寂公，公曰：「筮吾心所在也。」……柳久之，瞿然曰：「至矣，寂然不動，吾無得而知矣。」

又引《誋禪師本傳》說了弘忍門下淨眾宗開山祖師智誋的一個故事：

　　　日照三藏詣（智）誋，誋不迎接，（日照）直責之曰：「僧何為俗人入鬝漱處？」誋微瞋亦不答，又云：「夫立不可過人頭，豈容摽身鳥外？」誋曰：「吾前心於事，後心剎末，三藏果聰明者，且覆我。」日照乃彈指數十，曰：「是境空寂，諸佛從自出也。」[①]

本來追求空寂，就是佛教也是禪門的中心，傳統禪思想都把這種「空寂」和「清淨」當作心性根本，而把「妄念」「波動」當作心性的污染，所以才有種種由動歸靜，從俗返真的禪法。在這一點上，除了「觸事而真」的洪州宗外，各派幾乎一致。而文人士大夫恰恰對此別有心會，正像權德輿《送元上人歸天竺序》所說的，「度門之教，根於空寂」。無論是接觸洪州宗的，還是接觸其他宗派的都是如此。中唐僧人清晝《唐石圯山故大禪師塔銘並序》中講了一個故事，有一次李華、崔益曾向神悟禪師（749—811）請教三教的優劣，神悟回答，「路伽（梵語，世間之意）也，典籍皆心外法，味之者勞

_____

① 段成式《酉陽雜俎》續集卷四，236 頁。

而無證，其猶澤朽思春，乾水取月之相，去天何遠乎」[1]，意思就是說，儒道佛三家都一樣，在面對世間時，如果不能直探心源，而泥於經典，那麼，就不能有任何作為，就好像倒在沼澤中的朽木盼望春天，想從月中取水一樣。他的話翻過來理解，就是只能用禪家「直指本心」的方法，解決世間的問題。而禪家直指本心的方法，恰恰就與儒家「復歸本性」的思想，有異曲同工之處。當他們把這心靈的終極狀態定義為「寂靜」的時候，和南宗禪接觸密切的文人常常並沒有堅持洪州宗為代表的南宗禪「性情自然」的思想，反而轉過去接受了北宗所代表的傳統佛教的性情兩分思想。

說實在話，「性情自然」固然超絕，但是它並不吻合人的思考習慣，就像「善惡一律」一樣很難讓人接受。儘管從般若空觀的理路上，很順利地可以推導出這一結果，但在現實中人更容易接受「性情兩分」的舊說，因為這是生活中常見的現象。之所以要說明這一點，是因為過去學者論佛教影響時，常常拘泥於文人與僧人的直接關係，似乎某個文人接觸了某個禪師，就一定受到了某種理論上的影響。但是，這沒有考慮到，作為一個思想的接受者，他本來也是有思想的，他本來的思想就像一道篩子，使新思想變形轉身。特別是，中國古代強大的儒家思想，作為一種擁有權力的意識形態，在文人的心中實在是積澱太深太厚，每當異己思想進入，它總是會對這種思想進行再選擇和再解釋。儘管我們前面說到，中唐南宗禪對文人士大夫影響甚大，但這種直接的影響，大多是在個人的人生態度與生活情趣上，一旦它進入文人的理智抉擇，那道篩子就只容「合於《易》《論語》」的內容通過了。

---

[1] 《全唐文》卷九一七，4238 頁。

我們以權德輿和李翱為例，比人們都很注目的李翱更早，權德輿就開始用《周易》和《中庸》來解讀禪思想了，他在《故章敬寺百岩大師碑銘並序》中引述了懷暉的「心要」——

　　心本清淨而無境者也，非遺境以會心，非去垢以取淨，神妙獨立，不與物俱[①]。

這幾句話的中心，本來是「非遺境以會心，非去垢以取淨」。就是說，心在任何情況下都是純明澄澈的，根本不必排除雜念清除污染，這是洪州禪的思想。但是，權德輿在下面又加上一段解說：「以《中庸》之『自誠而明』，以盡萬物之性，以《大易》之『寂然不動』，感而遂通，則方袍褒衣，其極致一也。」

其實，《中庸》的「自誠明」是指「由誠而明」，本身是一種包含了善惡道德在內的自覺理性，並不是無善無惡超越道德倫理的清淨本性；《易·繫辭》的「寂然不動」，是指操易者無思無為，以神與天地相通的冥合狀態，它不是指人心清淨的意思[②]，但是，經權德輿這一解釋，它們成了一回事兒，成了人之為人的基礎，成了人安身立命的所在，成了人的原初起點與終極境界。於是，回歸這「寂靜不動」的本性，就成了人所追尋的終極目標。在《信州南岩草衣禪師宴坐記》中他又說道，人心本來應當「萬有囂然，此心不動」，但是「世人感物以遊心，心遷於物，則利害生焉，吉凶形焉，牽攣

------

① 《故章敬寺百岩大師碑銘並序》，見《文苑英華》卷八六六，4568 頁；又見《全唐文》卷五〇一，2260 頁。
② 《禮記·中庸》及鄭玄注，《十三經注疏》，1632 頁中；《周易·繫辭》及王弼注，《十三經注疏》，81 頁中。

羈鎖，蕩而不復」，所以要成為一個真正的超越者，就要「復」，通常人是「返靜於動，復性於情」，於是有對「夭壽仁鄙之殊」，然而真正的修道者就應當反其道，由情復性，從動歸靜。他引草衣禪師語説，由情復性，從動歸靜的方法就是「拂拭纓塵，攜手接足，洗我以善，得於儀形」[①]。這裡讓我們想起了北宗神秀的偈語「時時勤拂拭，莫使惹塵埃」。與洪州宗兩代大師交往最密的文人權德輿，竟兜了一個圈子又回到北宗禪所代表的傳統思想中，不是瀟灑地以「自然」為旗幟而是拘謹地以「清淨」為目標，這真是有些不可思議。

在權德輿之後，李翱更寫了人所共知的《復性書》來闡發這一思想。李翱與藥山惟儼有過交往，也留下過傳説是他悟道後所作的偈語，但是，他到底受了藥山惟儼多少影響還很難説。從《宋高僧傳》卷十《唐荊州天皇寺道悟傳附崇信傳》可以知道，他倒是對龍潭崇信頗為稱道；從同卷《唐唐州紫玉山道通傳》可以知道，他對紫玉道通也很是禮重；從卷十一《唐長沙東寺如會傳》還可以知道，他對於東寺如會也很尊重。這幾位禪師都是中唐南宗禪洪州一系最有名的人物，當然會對李翱的「復性」思想有一定影響。可是，李翱又是一個極為堅定的儒家學者，在接受禪思想影響時無疑會嚴加甄別和篩選，這種甄別和篩選的結果，偏偏又是與南宗禪不太一樣，倒與北宗禪極其合拍的所謂「由情復性、從動歸靜」之説。首先，《復性書》中認為性是天之命，情是性之動，雖然與權德輿一樣用了《周易》「寂然不動」的語詞，但實際上卻與早期禪門信奉的《楞伽》《起信》站在了一個起點上。其次，表面上他把「性」與「情」當作「體」和「用」，主張「情由性而生」，但實際上卻把性、情對立，

---

① 《全唐文》卷四九四，2234 頁。

説聖人之所以為聖人，是因為他依據「性」，俗人之所以是俗人，是因為他順隨「情」，情令性被惑，「情既昏，性斯匿矣」，這又與《楞伽》《起信》及前期禪門走到一路上去了。再次，他在《復性書》中所設立的回歸人性之路，是消滅妄情、恢復本性。也就是說，要通過「弗思弗慮」達到「寂然不動」，所謂「人生而靜，天之性也」。這又與《楞伽》《起信》、與前期禪門一樣，只是他不說坐禪入靜，而多說了一些儒家的人倫禮樂罷了。最後，他要達到的「廣大清明」的心理境界，是「動靜皆離，寂然不動」，依然是傳統佛教追求的空寂澄澈的心靈境界。如果我們用北宗的「凝心入定，住心看淨」，用《起信論》的「心性不起，即是大智慧光明義」，用《楞伽經》的「如來藏是清淨相，客塵煩惱垢染不淨」來比照，倒真是絲絲入扣。然而用李翱所接觸過的南宗禪師思想，如藥山惟儼「無境惑我」[①]、龍潭崇信的無真如般若[②]，及前引東寺如會的「非心非佛」來比照，卻有些格格不入。他曾說過這樣一段話，佛教「論心術雖不異於中土，考教跡實有蠹於生靈」。可見，他只是對佛教的「心術」網開一面，他歎息道，「天下之人以佛理證心者寡矣」，但當他用「佛理」來「證心」時，他心裡的儒學積澱已經先對佛理進行了一番改造和論證了[③]。

可能，南宗禪思想對後來的陸王心學也曾有過直接影響，不

---

① 《景德傳燈錄》卷十四《藥山惟儼章》，「僧問：如何不被諸境惑？師曰：聽他何礙汝？曰：不會。師曰：何境惑汝？」《大正藏》第 51 冊，311 頁。

② 《景德傳燈錄》卷十四《龍潭崇信章》，「李翱問：如何是真如般若？師曰：我無真如般若。翱曰：幸遇和尚。師曰：此猶是分外之言」。《大正藏》第 51 冊，313 頁。

③ 李翱《再請停率修寺觀錢狀》《與本使楊尚書請停率修寺觀錢狀》，《全唐文》卷六三四，2837 頁。

過，從中唐到北宋的思想史看來，在南宗禪最盛的時代，它更多地起了一個為儒、佛思想「搭橋」的作用。不過，在儒、佛思想的互滲中，它那種過分自然與自由的思想，並不能成為儒家意識形態中的有機成分，只能成為文人個人生活情趣的最高理想。所以，在中唐的大變局中，儘管南宗禪尤其是洪州宗對文人的影響很大，但我們不必過於把影響都算在一個禪門身上，而應該把眼光顧及整個佛教；也不必把這變化全看成是思想發出者的輸出，也應該稍稍注意思想接受者對它的甄別、篩選與變形。

三、南宗禪的非宗教化

維繫虔誠的宗教信仰，需要有強大而堅固的力量。這裡所說的「力量」可以分為內、外兩種。外在的是世俗政治權力和意識形態權力，依靠這種權力迫使人們接受並保持某種宗教信仰，按照它的教誨行事，遵循它的規矩做人，無條件地對它的一切頂禮膜拜；內在的是宗教自身信仰的支點，這一支點是絕對的權威的，就好像一個軸心，無論離心力多大，信仰始終在圍繞着軸心，這個軸心是信仰者人生的終極意義所在，無論它是「上帝」，是「佛陀」，還是「天尊」，無論它是「道」，是「心」，還是「理」，它必須有一個與世俗世界與日常生活不同的「定點」，讓信仰者安頓自己的追求。只有這樣，宗教才擁有對世俗的指導力量，信仰者才擁有對宗教的明確義務，終極意義才有所依附，追尋真理才有目標。

可是，在中國古代思想世界中，政治的影響力太大，而宗教的約束力很小。佛教尤其是禪宗，充當不了世俗社會的意識形態，所以只能匍匐在皇權之下以求生存，只能在文人士大夫的情感世界與

生活態度上發生影響，並沒有強制性的力量來維繫信仰者的信仰，只是靠思想的魅力吸引信仰者的感情。特別是，當禪思想走到了以「一切皆空」為體，以「觸處皆真」為用的洪州宗時代，那內在的宗教凝聚力就更不斷地被瓦解。原因很簡單，因為「一切皆空」與「觸處皆真」實在是極鋒利的雙刃劍，一方面消解了所有的崇拜與追求對象，使信仰無所附麗，成為禪宗自己所說的「不繫之舟」，也就是雖然很自由，卻永遠也沒有停靠的港灣；一方面凸顯了所有世俗現象與日常生活的合理性，使信仰擴展、泛化，彷彿把原來的唯一支點，變成了處處是支點，其結果倒是無所謂支點。這將導致終極意義的消失，信仰對象的消失，宗教規範的消失甚至是真理的消失。

我們不妨看一個例子。馬祖門下並不很激進的大珠慧海禪師曾在《頓悟入道要門論》中說「心為根本」，又引經據典地說：

> 聖人求心不求佛，愚人求佛不求心，智人調心不調身，愚人調身不調心[①]。

看上去，這還是「即心即佛」的思想的表述，他把外在的崇拜對象與理想神格都拋在一邊，但還留下了一個最後的支點「心」。於是，信仰者還有一點可以維持信仰的目標，所以他要人以「無念為宗，妄心不起為旨，以清淨為體，以智為用」。可是，這一目標太虛玄，對一般的信仰者來說，究竟何為「心」，是一個難以界定的標準，是清淨的與世俗雜念無緣的心？還是自然的與世俗同塵的心？如果是前者，則在現實人生中又需要艱苦的修煉，而修煉就要按照佛

[①] 大珠慧海《頓悟入道要門論》，《續藏經》第 63 冊，18 頁。

陀的教誨、佛法的規矩、僧人的方式來規範自己。如果是後者，則在現實人生中可以一切不拘，隨心所欲，無所謂甚麼佛陀、佛法、僧人。表面上看來，大珠慧海還是要前者的，但南宗禪瓦解一切的理路，卻使這最後一道防線也形同虛設，在消解一切差別的「空」中，任何執着的目標與理性的限制，似乎都是虛妄。於是，這「心」就漸漸向「空」傾斜，走到「非心非佛」一路上去。當大珠慧海沿着《金剛經》的理路再向前邁出一步，就開始發現，不能落入任何一種規定性中去，於是只能説「無一相可得者，即是實相」，「無法可説，是名説法」，「無淨無無淨，即是畢竟淨」，「無得無無得，是名畢竟得」。因為一旦落入任何實在而明確的名相之中，他就不能超乎其上，做到不着不執了。所以，就連大珠慧海都在《諸方門人參問語錄》中説，「汝若能謗於佛者，是不着佛求；毀於法者，是不着法求；不入眾數者，是不着僧求」[1]，把傳統佛教所謂三寶「佛法僧」統統放棄，終於引出「直用直行，事無等等」，「飢來吃飯，困來即眠」，「用妙者動寂俱妙，心真者語默總真」等充滿了自然色彩的話語。

但是，在信仰中沒有了崇拜與模仿對象，信仰的情感就無所依附並缺乏方向，在宗教中沒有了義理與信條，宗教的思想就不會清晰而有條理，在修行中沒有了規矩與紀律，宗教的生活就無法維持而導致自由放縱。宗教收拾的是散亂的人心，它彷彿木桶需要一道桶箍才能把片片木板聚合起來，才能盛起那一桶容易四溢的水。可是，如果「佛、法、僧」三寶都被當作無須崇敬的「乾屎橛」「拭疣紙」，那麼，這個時候還有甚麼可以維繫信仰者的信心？一旦「非

_____

① 《諸方門人參問語錄》，見《大珠禪師語錄》卷下，《續藏經》第 63 冊，26 頁。

心非佛」到了無所顧忌的時候，連「心」也不須維繫的時候，那麼「信」也就隨之而去。南宗禪最終走上這種宗教性自我瓦解的歷程，正是它們的理路發展的必然趨勢。

這形成了兩方面結果。一方面這種感受破壞了「理性中心主義」的權威與「宗教中心主義」的權威，因人而異的感受和體驗，樹立了個人的自主性，使人有可能從重重束縛中解脫出來；但是，另一方面是這種感受與體驗，也瓦解了理智與道德的規範，隨心所欲的感受一旦衝破規範的界線，自然適意就有可能變成自由放縱，從而導致「狂禪」之風的泛濫。我過去曾經說到，從清淨到適意，從適意到自然，從自然到自由，從自由到放縱，前一步與下一步只隔一層紙。當禪宗引發的取向從清淨走向自然，從自然走向放縱，一切外在的束縛如偶像與經典似乎都是對心靈的桎梏，傳統的途徑如持戒禁慾坐禪也只是畫蛇添足，禪宗不知不覺刺激了人的個性意識，承認了個人思考的至上權威，並演出了一場「呵佛罵祖」、反叛一切教條的運動，在「自然適意」「平常心」的旗號下，給七情六慾的放縱開一個方便之門[1]。正是因為如此，它也遭到了來自各方面的激烈批評，就連他們自己，可能也察覺到了這一點。以百丈懷海為代表的另一些馬祖弟子，極力主張「心如木石」式的清淨境界，提倡修行悟入後的「保任」，建立約束行為的「清規」，出現了向傳統佛教思想回歸的轉向。這正是對南宗禪尤其是洪州宗理路的一種補救，也正是因為這一補救，使百丈懷海這一支比較傳統的僧人集團，倒有了一定的凝聚力，從而漸漸地成為南宗禪的主脈。

洪州宗為代表的南宗禪在中唐以後的勝利，對於禪宗來説有幸

---

[1] 參看葛兆光《禪宗與中國文化》（上海：上海人民出版社，1986），107—108 頁。

有不幸。所幸的是，它終於完成了禪思想的中國化歷程，使它的理路有了一個終結，把「般若之空」與「老莊之無」，融會貫通成一種自然的人生境界，進入了中國中古文人士大夫的生活。不幸的是，它也淡化了宗教對意識形態層面的影響，成了佛教的宗教性因素瓦解的內在因素，從而無法收拾中唐以來散亂的人心。當歷史需要一種思想來約束人心，時代需要一種意識來重建秩序，它就無法起到宗教意識形態的作用。於是，倒是從它那裡轉手接受了傳統佛教思想的宋代新儒家思想，逐漸成了歷史與時代的選擇。回顧中唐到北宋那段思想史，我們會發現，除了外在的種種原因之外，禪宗內在理路的缺陷與儒家內在理路的變化，也是決定這一時代選擇的很重要的原因。因為儒家還必須堅守倫理的最後、也是最重要的防線，心靈有了這一道防線，個人就有道德的安身立命處，個人有這一個安身立命處，就要時時修身養性防微杜漸，人類有修身養性防微杜漸的要求，社會才有一種可以共存的秩序。

但是，當南宗禪特別是洪州宗在觀念上走向瓦解一切的「無心是道」，實踐上走向所謂「平常心是道」，把佛教的清淨境界轉化為生活的日常世界時，這種宗教性功能卻消失殆盡。雖然它給文人士大夫留下了人生與藝術方面相當多的精彩思想，但是，它畢竟充當不了重視政治意識形態和社會等級秩序的古代中國思想的主流。

第六章

9—10世紀禪思想史的轉型

引言　進入所謂「五宗」時代

　　從元和十年（815）章敬懷暉去世、元和十二年（817）西堂智藏和興善惟寬去世，到大和八年（834），南泉普願、藥山惟儼相繼圓寂，二十年間，南宗禪惠能一系的傳承者中，最風靡的第三代禪師漸漸成為歷史，那個把「自然」的生活和「自由」的心靈寫在自己旗幟上的佛教思潮，似乎已經漸漸養成了當時文人士大夫中的普遍時尚。

　　也許是所謂盛極必衰。南泉、藥山去世十年之後，就出現了唐武宗會昌五年（845）的滅佛事件。在這一年的夏天，據說，有四千六百座寺廟及四萬多處佛教蘭若、招提被毀，二十六萬多僧尼被迫還俗 ①。那些不願還俗而堅持信仰的禪宗僧侶，無論是哪一系的禪師，都只好採取各種逃避隱匿的方式，延續他們的宗教活動。像杭州大慈山寰中（780—862）「屬武宗廢教，（寰）中衣短褐，或請居戴氏別墅焉」；昂頭峰日照，「會昌武宗毀教，照深入岩穴，飯栗飲流而延喘息」；洛京廣愛寺從諫（？—866）「屬會昌四年詔廢佛塔廟，令沙門復桑梓，亦例澄汰。乃烏帽麻衣，潛於皇甫氏之溫泉別業」；徑山洪諲，則在會昌年間躲在長沙信仰者羅晏家中，《宋高僧傳》中所謂「例從俗服，寧弛道情，龍蛇伏蟄而待時，玉石同焚而莫救」，大概是這些僧人的共同方法 ②。

---

① 《資治通鑑》（北京：中華書局，1956）卷二四八，8015—8017 頁。

② 參看《宋高僧傳》卷十二，273、274、278、284 頁。又，卷十七，428、430 頁。又，關於會昌滅佛，可參考道端良秀《唐代佛教史の研究》（京都：法藏館，1957，1981）第一章第四節，161—177 頁；鈴木哲雄《唐五代禪宗史》（東京：山喜房佛書林，1985），390—393 頁。

在劫難漸漸過去之後，不僅需要經疏典籍、論辯場所的義學，以及依賴僧團、需要壇場的律師漸漸衰落，相當多的習禪宗門也都先後凋零。北宗禪的最後一位著名僧人日照在咸通三年（862）辭世；而荷澤一系在這個時代，也只剩下圓紹一人活到了乾寧二年（895）[①]；牛頭一系在會昌（841—846）以後，已經不再有出名的僧人[②]；天台一系在會昌之前的道邃和廣修時代，就已經漸漸式微，而在廣修會昌三年（843）圓寂之後，物外、元琇和清竦等人，雖然還維持着局面，但就連《佛祖統紀》也承認，「會昌之厄，教卷散亡，外、琇、竦三師，唯傳止觀之道」[③]。

佛教禪門中，真正能夠從廢墟重新崛起的，是南宗惠能一系第四代的黃檗希運（？—855）、溈山靈祐（771—853）、趙州從諗（778—897），以及第五代的臨濟義玄（？—866）、洞山良價（808—869）、仰山慧寂（807—883）等[④]。雖然也經歷了會昌滅佛的劫難，以及中和元年（881）以後的戰亂，但是，他們以及他們的弟子，或弟子的弟子，依然先後繼起，使南宗禪門再度風靡南北。其中，著名的有如第六代禪師雪峰義存（822—908）、曹山本寂（840—901），第七代禪師雲門文偃（864—949），以及第九代禪師清涼文益（885—958）等，這時，中國禪思想史進入了通常被稱作「五宗時代」的 10 世紀。

---

① 參見宇井伯壽《禪宗史研究》第六《北宗禪の人人と教說》。參看本書第三章《北宗禪再認識》。

② 《祖堂集》卷三是以鳥巢和尚（741—824）為徑山國一的直系傳人的，但他終於長慶四年（824），145 頁。《景德傳燈錄》卷四記載他的弟子杭州會通，但他在會昌四、五年間也不知所終，此後就很少有記載了。《大正藏》第 51 冊，231 頁。

③ 《佛祖統紀》卷八，《大正藏》第 49 冊，189 頁。

④ 《宋高僧傳》卷十三說「咸通之初，禪宗興盛，風起於大為也」，308 頁。

關於 9—10 世紀間，潙仰、臨濟、曹洞、雲門、法眼五宗成立前後的歷史，其中有相當多的疑問①，後來的禪宗信仰者為了開宗立派或張大旗幟，常常逆向上溯，攀附顯赫的先輩，這使得禪史中常常充滿了疑竇。不過，考證禪宗史文獻的層層虛構和處處設伏，需要更細緻的文獻學和歷史學的努力，在這裡並不是我們討論的中心內容。禪思想史應當注意的是，在各種文獻中記載下來的晚唐五代各種禪宗資料中，可以察覺的一個變化，也就是當佛教思想在禪門中被日常化、生活化之後，佛教知識、思想與信仰世界，也恰恰有一個深刻的「轉向」(turn)，尤其是，禪僧闡發和傳播禪思想的途徑在變化中。首先，從形式和手段上看，是經典中的書面語言，被生活中的日常語言所替代，生活中的日常語言，又被各種特意變異和扭曲的語言所替代，這種語言又逐漸轉向充滿機智和巧喻的藝術語言。其次，從思想史的角度看，這意味着語言從承載意義的符號，變成了意義本身，從傳遞真理的工具變成了真理本身。傳統佛教關於真理不在語言中的傳統思路，在這時轉了一個很大的彎子，似乎真理恰恰就在語言之內。於是，各種暴虐、怪異、矛盾、充滿機鋒以及有意誤解的對話紛紛出現，似乎在這種看似奇特的禪宗語言中，凸顯着更深刻與更直接的真理。最後，中國特殊的知識語境與社會背景，又使這一思想領域內的宗教語言，漸漸演變成了文學中的語言藝術與語言遊戲，對於宗教真理的深刻思考，變成了生活中的機智與巧思。

因此，9—10 世紀之間，在詮釋真理或凸顯感悟的禪宗語言中

---

① 即使從清涼文益的《宗門十規論》中關於惠能以後禪宗的流派描述也可以看出，在文益所在的 10 世紀中葉以前，五家的說法並不成立，連德山、雪峰也可以算是獨立的宗門，所謂「五家」的劃分，顯然是由於後人逆溯而成立的。

所表達禪思想的新變，需要思想史給予特別的注意 ①。

第一節　經典與真理：「不立文字」的傳統如何堅持

　　在 9 世紀中葉以前的禪思想史中，對語言的抨擊、對經典的毀棄和對真理的輕蔑，從表面上看，似乎成了南宗禪不言而喻的取向 ②。理論似乎很難再激起信仰者的興趣，分析也只能剝開思想的外殼，卻不能觸及真理的本原。這使得很多禪思想史的研究者記住了「呵佛罵祖」的故事，卻不再注意這些故事背後潛藏的佛教理論思考。當這些故事被禪門中人簡單模仿後，背後的含義在淡化，關於信仰的深入思索、層層推理與理性理解，被痛快的直覺感悟所替代，這使得「剎那頓悟」成了從思想中逃逸的遁詞，也使宗教修煉成了生活藝術。

　　確實從表面上看，對於理論的嘲諷和對文字的輕蔑，在禪籍中處處可見，像溈山靈祐問其弟子仰山慧寂說，「《涅槃經》四十卷，多少佛說，多少魔說？」仰山答道：「總是魔說。」而趙州從諗則諷刺那些爭論文字差異的弟子，只能當「判官」而不能解脫，是「為

---

① 思想史應當重視這一次在思想領域中的語言學轉向，雖然這種轉向只是在語言上兜了一個圈，很快就又轉了彎，但是至少，自公元前 4—前 3 世紀出現過墨學以及惠施、公孫龍以後，在中國知識、思想與信仰世界中，一千多年裡就再也不曾出現過這樣對語言的自覺。

② 比如，中唐僧人神清在元和元年（806）撰成的《北山錄》（富世平校注本，北京：中華書局，2014）卷六《譏異說第十》中，就曾經這樣描述過當時流行的禪門異說，是「除像設，去經法，方稱曰頓門。如有所說自我襟臆，臨文裁斷，何俟章句疏論耶」，514 頁。

汝總識字」①。香嚴智閑（？—898）在潙山，一天應對茫然，就「將諸方《語要》一時煨盡，曰：『畫餅弗可充飢也。』」②甚至連士人中的信仰者也接受了這種風氣的暗示，9世紀上半葉，江州東林寺曾經有法師長講《維摩經》和《肇論》，受到歸宗禪師的調侃和嘲弄後，他只好置狀於江州。可是江州刺史李渤非但沒有撫慰他，反而批評他是「將智辯智，枉（原作狂）用功夫，將文執文，豈非大錯？」還說，你既然精通《維摩》和《肇論》，難道不明白「青青翠竹，盡是真如；鬱鬱黃花，無非般若」的道理？既然不明白，「如斯之見，何用講經？高座宣揚，欺他中下」。最後批評他是「空門弟子，不會色空，卻置狀詞，投公斷理。只如儒教，尚有不出戶而知一切事，不窺窗而知天下明。知之為知之，不知為不知，俱歸智也。辯智之義，尚以如斯；學佛之人，何迷佛性」③。

但是，實際上相當多的禪者恰恰都很精通佛教經典，也常常使用文字語言，比如南泉普願（748—834）曾經向嵩山暠律師「習相部舊章，究毗尼篇聚之學」，還到華嚴義學講寺中，「抉中百門觀之關鑰，領玄機於疏論之外。當其鋒者，皆旗靡轍亂」④；稍後，著名的臨濟義玄也對那種深奧複雜的哲理下過功夫，據說臨濟曾經訪問大愚，夜間曾在大愚面前「說《瑜珈論》、譚《唯識》，復申問難」⑤；而香嚴智閑也很善於理論表達，據《祖堂集》記載他在潙山面前對答如流，而潙山雖然知道他「浮學未達根本」，但當時卻「未能制其

---

① 《景德傳燈錄》卷九，《大正藏》第51冊，266頁。
② 《宋高僧傳》卷十三，303頁。
③ 《祖堂集》卷十五《歸宗和尚》，687—688頁。
④ 《宋高僧傳》卷十一，255—256頁。
⑤ 《祖堂集》卷十九《臨濟和尚》，856頁。

詞辯」①。而投子大同（819—914）早年在保唐滿禪師下學安般觀，又求《華嚴》性海，直到後來到翠微山法會，與伏牛元通「激發請益」，才改弦更張地捨棄了經疏講論之義學②。至於法眼一系的清涼文益，不僅撰《三界唯心論》，寫《華嚴六相義》、還作《宗門十規論》；而他的弟子天台德韶（891—972）和靈隱清聳，一個勸南漢主到新羅抄散失的天台舊典，一個琢磨「滴滴落在上座眼裡」一句時，覺得要去讀《華嚴經》才能理解真義③。

可見在整個南宗禪史上，典籍與文字的重要性，並沒有像禪師當時宣稱的那樣，被徹底拋在九霄雲外。各種禪師說解佛法的「語本」「語要」「別錄」仍在到處流行，就連最激烈地破棄文字的馬祖，其語錄也被到處傳抄，以至於東寺如會非常擔心「好事者錄其語本，不能遺筌領意，認即心即佛，外無別說」④。他的弟子丹霞天然更是撰有很多文字，如《玩珠吟》《驪龍珠吟》《弄珠吟》等，那顆心珠雖然「妙難測」，但卻被他用文字反覆吟來吟去⑤。至於9—10世紀的禪思想中，所謂「四賓主」「五位君臣」「三玄三要」等，其實，

① 《祖堂集》卷十九《香嚴和尚》，827 頁。而為山本人也研讀華嚴理論，常說「理事不二即如佛」，見《景德傳燈錄》，264—265 頁；《為山語錄》，《大正藏》第 47 冊，577 頁。

② 《宋高僧傳》卷十三，304 頁。

③ 《五燈會元》卷十，567、578 頁；又，同卷記載永明道潛與清涼文益的對話中，也有關於華嚴六相即總別、同異、成壞的問答，581 頁。所以，忽滑谷快天《禪學思想史》下卷第四編《禪道爛熟時代（前期）‧概說》就指出法眼一系是「以華嚴圓融妙諦為禪思想的中心，圓融化流而為混融化」，下冊，1—2 頁。

④ 《祖堂集》卷十五《東寺如會》，679 頁；參見張伯偉釋譯《臨濟錄》（高雄：佛光山，1997）後附錄《源流》，276 頁。

⑤ 《祖堂集》卷四《丹霞天然》，211—219 頁。又，卷十八《仰山和尚》記載，「自餘《法要》及化緣之事，多備《仰山行錄》」，823 頁。

也都有相當深奧和複雜的知識背景。細細看來，禪門並不是那麼絕對地排斥經典、廢除理論和破棄文字。

不過，應當指出的是，傳統的經典閱讀與語言使用形式，也確實開始被禪門所改變。如果我們回憶佛教歷史，在佛教經典思想的詮釋、闡揚與傳播中，除了佛經的直接翻譯與閱讀外，有兩種語言形式，本來就是在傳統中常常被採用的。

第一種是轉讀唱導。所謂「轉讀」是用抑揚頓挫的聲調吟誦佛教典籍，而「唱導」則是以通俗的形式說唱佛教教義^①。據《廣弘明集》卷二十七說，「造經流法教，燃燈發慧明。習誦及轉讀，決了諸義趣」^②，《南海寄歸內法傳》卷四記載，「每俯澗誦經，便有靈禽萃止，堂隅轉讀，則感鳴雞就聽」^③，這是「轉讀」。它強調聲音對意義的輔助性，正如《高僧傳》卷十三《經師傳論》所說，是「若唯聲而不文，則道心無以得生；若唯文而不聲，則俗情無以得入」。這是用聲音技巧提高聽眾對佛法的注意力，《續高僧傳》卷三十《雜科聲德篇論》所說，「清夜良辰，昏漠相阻，故以清聲雅調駭發沉情」^④。比如，南朝僧人立身登座轉讀，就使得聽眾「道俗斂襟，毛竪自整」。這種語言形式主要以它的聲音效果感染信仰者；而所謂「唱導」，根據現存各種變文的情況來判斷，是有設問解答，有敷演解說，又有韻文吟唱，把佛法用通俗語言一一細說，把道理用各種

---

① 《高僧傳》卷十三《經師》「論曰」裡說：「天竺方俗，凡是歌詠法言，皆稱為唄。至於此土，詠經則稱為轉讀，歌贊則號為梵唄。」508 頁。
② 《大正藏》第 52 冊，320 頁。
③ 《大正藏》第 54 冊，232 頁。
④ 《高僧傳》卷十三，508 頁；《續高僧傳》卷三十，706 頁。參見葛兆光《關於轉讀》，載香港浸會大學中文系編《人文中國學報》(1998) 第五期。

比喻或寓言説出，把佛經鋪演成長篇故事，在故事中加上韻文的演唱，「蓋以宣唱法理，開導眾心也」。在這些講唱中，被看重的是使「四眾驚心」的聲音韻調，能「適會無差」的道理闡述，顯示「文藻橫逸」的詞采表現，以及「採撮書史」的廣徵博引。特別是，還要選擇不同的方式，對於出家人，要「切語無常，苦陳懺悔」，對於上層人士，要「兼引俗典，綺綜成辭」，對於普通平民，則要「指事造形，直談聞見」，而對於山野之人，則要「近局言辭，陳斥罪目」。

第二種是章句注疏。牟潤孫先生的研究表明[1]，早在東晉南北朝時代，佛教經論就已經有了一些注疏。《出三藏記集》卷八引僧睿《毗摩羅詰堤經義疏序》記載，「因紙墨以記其文外之言，藉眾聽以集其成事之説」[2]，就是把他們理解的經典意思寫下來，並對文句進行疏通。這種知識主義的風氣特別在義學盛行的南方很普遍，到 7 世紀時，《法華》《般若》《維摩》《涅槃》《十地》《成實》等相當多的佛教經典都有了相當細緻的注與疏。有的經論，注外有疏，甚至多種疏本同時流行。注疏或越來越細密，把道理分析再分析，或越來越深入，把各種道理綜合再綜合。閱讀注疏的方式成了信仰者理解佛教的門徑，撰造注疏的方式則成了佛教中人知識多寡的表徵。在唐代初期，「外義伏文，非疏莫了」，似乎成了相當多佛教信仰者的共識，彷彿掌握疏解的義理就掌握了真理的權力[3]，而能夠撰疏則表明知識與地位。像 7 世紀時，圓測通過偷師學藝的方法，得到對《唯識論》的疏解，就使窺基因為「慚居其後，不勝悵快」，

---

① 牟潤孫《論儒釋兩家之講經與義疏》，載其《注史齋叢稿》（北京：中華書局，1987），248—259 頁。

② 《大正藏》第 55 冊，59 頁。

③ 《續高僧傳》卷十三《道岳傳》，527 頁。

而後來窺基得到玄奘傳授，成了「百部論主」，就意氣洋洋，這正是當時佛教知識狀況的一個例子[1]。而唯識系與華嚴系的各種注疏也確實很多，除了窺基之外，圓測所撰疏解十餘種近五十卷，包括了《唯識論》《解深密經》《仁王經》等；法藏所撰疏解二十餘種，包括了《華嚴經》《密嚴經》《大乘起信論》等；而稍後的澄觀，一部《華嚴經疏》即六十卷，一部《華嚴經隨疏演義鈔》則有九十卷；至於再後面的宗密，對一部《圓覺經》就有《大疏》《略疏》，而對於《涅槃》《唯識》《起信》也都有注疏[2]。

不過總的說來，「轉讀」大體是就經典文句誦讀，並不加以解說和發揮，它本身並不能增添佛經的意義內涵，更不能取代經典文本[3]；而「唱導」雖然增加了解釋、發揮和通俗化的比喻、故事與韻文演唱，語言似乎變得相當複雜而且變化多端，但是在這種傳播形式中，語言的意味依然是如何更巧妙地傳達佛教的思想，形式本身卻並沒有自己的意義[4]。至於注疏說解，它只是佛典內涵與思想的延長，雖然注釋也可以通過解說增長知識，但注釋如果始終在經典意義的範圍內，那麼，經典文本恰恰就成了限制它擴張的邊界，它必須圍繞着經典文句生產知識，卻不能脫離經典文句創造思想。雖然疏文可以通過再解釋把經典的意思疏通，但是疏文在古代那種「疏不破注」的限制下，始終只是在進行思想複製，彷彿在可以

---

① 《宋高僧傳》卷四《唐京兆大慈恩寺窺基傳》，64 頁。
② 參見湯用彤《隋唐佛教史稿》（北京：中華書局，1982）第四章，149－173 頁。
③ 《出三藏紀集》卷十五《道安法師傳》中說，「每至講說，唯敘大意，轉讀而已」，《大正藏》第 55 冊，108 頁；可見，轉讀就是《釋氏要覽》卷下「都講」條裡說的「但舉唱經文，而亡擊問也」。《大正藏》第 54 冊，295 頁。
④ 《高僧傳》卷十三，521 頁。

放大的複印機上拷貝文本一樣。總而言之,雖然注疏文字越來越龐雜,但意思卻並沒有增加太多,更沒有越出經典的邊界。所以,在這樣的注疏中,語言也還不是意義,它只是意義的傳遞符號。

也許正是這樣的原因,佛教中主流的語言觀念中,還是把語言看成是「障」,它雖然能夠傳遞意義,但是也能夠遮蔽意義。所謂「捨筏登岸」和「得魚忘筌」還是適當的比喻,從般若學與玄學兩方面得到凸顯的這一理論,仍然把語言放置在意義之外。這就是禪宗從一開始就「不立文字」的緣故,所謂「不立」,就是不確立文字的真實性,因為「文字性離」,它並不是意義,有時,它還會遮蔽意義[1]。

第二節　不落空與不滲漏的「活句」:
禪宗藉語言表現真理的新策略

《祖堂集》卷十八《仰山和尚》記載仰山在回答菀陵道存的問話時,說了一個故事,說惠能在曹溪說法時,曾說,「我有一物,本來無字,無頭無尾,無彼無此,無內無外,無方圓,無大小,不是佛,不是物」。於是,問大家道:「此是何物?」眾人無話,唯有神

---

[1] 不過,這並不意味着禪放棄語言,有時候人們會把禪與文字的對立看得太嚴重,如鈴木大拙在多種著作中的敘述,常常就刺激了這種誤解的生成,他在《禪の見方と行ぅ方》(東京:大東出版社,1941)中說,「所謂不立文字,乃是因為禪非概念、非知識、非認識對象、也無對應範疇,意味着它是一種前思維狀態,積極地說,它是一種直觀」,7頁。在《禪思想史研究》第一《盤珪禪》第三關於「悟」的解說中也說,「悟的直敘就是言語的抹殺」。見《鈴木大拙全集》(東京:岩波書店,1968—1970)第一卷,93頁。

會説，「神會識此物」。惠能就喝叱他，「這饒舌沙彌！既云識，喚作甚麼物？」神會就説，「此是諸佛之本源，亦是神會佛性」。惠能索杖打沙彌數下，説「我向汝道無名無字，何乃安置本源佛性？」仰山解釋這個故事時説，自從佛教傳到中國，「前王後帝翻譯經論可少那？作摩？達摩特來，為汝諸人貪著三乘、五性教義，汩沒在諸義海中，所以達摩和尚救汝諸人迷情」①。

不過話説回來，思想的傳遞畢竟需要語言，問題只是不要把自然本性「汩沒在諸義海中」，被經論文字語言束縛。因為，經論上的語言文字只是在傳遞意義，它本身並不是意義。就像「指月」故事所説的那樣，「指」不是「月」②。大珠慧海曾經説，「經論是紙墨文字，紙墨文字者，俱是空設於聲上，建立名句等法，無非是空」③。但是，畢竟「以心傳心」並不能僅僅在心靈之間「傳音入密」，鏡清道怤曾經問雪峰義存説，「只如不立文字語句，師如何傳？」雪峰也無話可答④。特別是，在禪宗成為 9 世紀以後佛教主流之一後，它需要一種制度化的形式，來維持佛教知識的再生產，僅僅是那種宗主與弟子之間的默契與感會，並不能保證思想的傳遞和宗脈的延續。所以，禪宗中也有一些人承認經典中語言所負載的思想的重要，甚至也能夠承認語言本身就具有意義。像那個輕蔑地説「紙墨文字者，俱是空設於聲上」的大珠慧海，就曾經轉過來説，自己的文字「皆從智慧而生，大用現前，那得落空」。而那個創建曹洞宗

---

① 《祖堂集》卷十八，819 頁。
② 參見《五燈會元》卷十關於清涼文益的記載，562 頁。
③ 《五燈會元》卷三《大珠慧海》，156 頁。
④ 《景德傳燈錄》卷十八，載《大正藏》第 51 冊，349 頁。《五燈會元》卷七《鏡清道怤》，413 頁。

的著名禪師洞山良價，則在批判「三滲漏」時，顯然在期待一種由智慧呈現的，也就是沒有「滲漏」的語言 [1]。

語言文字不「落空」，就是說語言文字就是真理和意義本身；語言文字不「滲漏」，就是說語言文字沒有誤將人心引入歷史與理性建構的常識世界中。本來，在 8—9 世紀的禪門中，禪師常常是用一種自然的日常語言來說話的，他們這種自然的「白話」不僅改變了典雅的「文言」在意義傳遞上的「阻隔」，而且本身也是在暗示，語言與心靈應當都回到日常生活狀態，這樣才可以避免「扭曲」與「造作」。因為「扭曲」與「造作」，就是違背自然，使心靈受到束縛。但同時的另一個問題是，當人們在相當樸素和自然地使用日常語言時，當日常語言平易地說出一個事實或者意義時，人們往往記住了它所說的，而忘記了它是怎麼說的，所謂「順耳」「平常」，實際上就是習慣，習慣成為自然，自然就會被忽略。於是，語言文字總是意義之筏，免不了「登岸捨筏」的命運。特別是，日常語言表達的，如果是日常經驗與日常現象，那麼，佛教真理的深刻意味，就不能凸顯並引起思索，甚至會被這種平淡無奇的語言消解，當這種真理被所謂自然平常所消解時，佛教的存在也就失去了意義。這時，日常語言也同樣「落空」，免不了「得魚忘筌」的結局。按照雲門的弟子德山緣密的話說，這就是「死句」。因此，要使語言文字本身成為意義，就必須使語言文字有異於日常，並使這種異常的語句，引起信仰者對語言本身加以關注，這就是「活句」。所以，德

---

[1] 《五燈會元》卷十三《洞山良價》：「一曰見滲漏，機不離位，墮在毒海；二曰情滲漏，滯在向背，見處偏枯；三曰語滲漏，究妙失宗，機昧終始，濁智流轉。」785 頁。

山緣密禪師説，「但參活句，莫參死句」①。於是，9—10 世紀的禪師在這種語言的運用中，創造了好幾種有異於日常語言的「活句」。

下面我們就來看三種例子。

第一種「活句」是自相矛盾②。這種看似矛盾的話語，在 9—10世紀的禪門中非常流行，如「面南看北斗」(雲門文偃)、「兔角不用無，牛角不用有」(曹山本寂) 等。通常，語言是理智的語言，用符合人們思考習慣的句法與思路，描述一種與現象世界或意義世界切合的心理感覺，於是，人們在接受語言的時候，實際接受的是它傳遞的那個現象或意義。所謂「名者想也」，就是説語言引起人的聯想、想像或思想，這種想像背後，是人們的所有歷史和知識。説是「東」就往日出處看，説是「西」就往日落處尋，這就是對「東」「西」兩個詞的執着，這彷彿姓名之於人，本來是任意命名，卻成了人本身。一次，為山靈祐(771—853) 叫「院主」，院主答應，而為山卻説，「我喚院主，汝來作甚麼？」③ 就是説，「院主」稱呼與院主本人是兩回事，院主應聲而來，正是所謂「死於句下」，這種理解視野中的常識性語言，就是德山緣密所謂的「死句」。那麼，甚麼是活句？看似不通的矛盾語，就是一種活句，當有人問德山緣密「如何是活句」的時候，他説的就是「波斯仰面看」，而不按照常理説「波斯向西看」。其實「東」和「西」與「EAST」和「WEST」、「ひがし」和「に

① 《五燈會元》卷十五《德山緣密》，935 頁。

② 矛盾語（paradox）對於體驗的意義，其實在西方宗教中也有，詹姆士（William James）《宗教經驗之種種》（*Varieties of Religious Experience*，唐鉞譯，上海：商務印書館，1947）中曾經指出西方神秘主義傳統中也有如「炫耀的暗昧」「繁榮的沙漠」「永世是無時間的」「靜默的聲音」等等，439—441 頁。

③ 為山還用同樣的方式呼喚過「第一座」，當第一座來後，他也說，「我喚第一座，汝來作甚麼」，《景德傳燈錄》卷九，266 頁。

し」並沒有甚麼不同，只是兩個約定俗成的符號，在北極四處望，哪裡是東西南北[1]？同樣，洞山良價給弟子出的一個問題就是，「有一人在千萬中，不向一人，不背一人，此喚作什摩人？」其實，「向」和「背」也同樣如此，如果超越了固定／固執的視覺位置，哪個是正，哪個是反？如果人沒有面目，哪方是向，哪方是背？所以，正解就是匪夷所思的「無面目（人）」[2]。

可是，正由於人們習慣性地執着於東西南北或正反向背，人的想像力就被限制和確定在一個固定的位置上，就不得超越和自由。也許更極端的例子是，曹山本寂禪師（840—901）問強上座，「佛真法身猶若虛空，應物現形如水中月」的道理，強上座用了一個比喻「如驢覷井」。然而曹山卻說他只說到「八成」，而強上座問他應當如何說時，他說，應該是「如井覷驢」[3]。驢可以看水井，水井如何看驢？這明明是有違常識，但曹山禪師的意思正是在提醒人們，人是否忽略了追問，常識究竟憑甚麼是「常識」？人們為甚麼一定要相信「常識」？「常識」是從甚麼時候開始成了不言而喻的真理的？

第二種「活句」是有意誤讀。這種有意識地誤讀問話，有的彷彿現在我們常說的「驢唇不對馬嘴」。仰山慧寂曾問來者，「官居何位？」回答是「推官」。他便竪起拂子來，追問：「還推得動這個

---

[1] 所以，《祖堂集》卷十八《趙州和尚》中那個老婆回答人問「趙州路甚麼處去」時，就是說東也不是，說西也不是，而是「驀底去」，793 頁。

[2] 《祖堂集》卷六《洞山和尚》，311 頁。按：《五燈會元》卷十三略有不同，781 頁。

[3] 《五燈會元》卷十三，792 頁。關於這一則禪語錄的意義，鈴木大拙在《禪の思想》第二篇《禪行為》中有一個解釋，說「這一語瓦解意味，亦瓦解分別，而禪者卻在其中讀出意味，即分別本無分別的世界的，就是我們的意識」。見《鈴木大拙全集》（東京：岩波書店，1968—1970）第十三卷，125 頁。

麼？」① 他把這個作為官名的「推」與作為動作的「推」有意混淆，便越過了語言上名詞與動詞的界限，也越過了理念中「事物」與「行為」的差別；有的彷彿我們常說的「順水推舟」。比如有人問玄沙師備「如何是無縫塔？」原來，是希望他對佛教的「無漏」概念作一番解釋。但玄沙師備卻順着「無縫」一語說「這一縫大小？」② 另一個人也問悟真禪師，「如何是無縫塔」，可是悟真並不隨着他的問題順勢入轂，卻反問：「五尺六尺？」③ 頓時便打消了那種追問佛理的執着，破除了對於有問必有答的期待。也有的彷彿我們常說的「裝瘋似傻」，把暗寓深奧的問題當做日常的白話。如有人問招慶道匡說，「法雨普沾，還有不潤處否？」道匡說有，人追問道「如何是不潤處？」意思自然是問，既然佛光普照，為甚麼還有黑暗處？這是對人心深處仍有世俗慾念的追問，但道匡卻說，「水灑不着」④。又有人問趙州和尚，「如何是佛？」如果通常的回答，當然應當解釋，佛是一個自覺覺他覺行圓滿的大智慧者，以此來開導信仰者的信心。但是，趙州的回答卻是「殿裡底」，佛是神聖的佛陀也是泥雕木塑的佛像，這裡就有深刻的意思在。還有人問趙州，「如何是趙州橋」，原來，問話者是指望趙州和尚能深一步解說解脫之道，沒想到趙州卻說，「度驢度馬」⑤。當然，也許是「超度」的「度」，但

---

① 《祖堂集》卷十八《仰山和尚》，804 頁。類似的例子還有如咸澤禪師，保福展和尚問他「汝名甚麼？」他答「咸澤」，保福又問「忽遇枯涸者如何？」他反問「誰是枯涸者」，保福說「我是」。《景德傳燈錄》卷二十一，377 頁。

② 《景德傳燈錄》卷十八，347 頁；《五燈會元》卷七，400 頁。

③ 《五燈會元》卷十又記載人問齊雲遇臻「如何是無縫塔？」遇臻的回答也是「五六尺」，617 頁。

④ 《景德傳燈錄》卷二十一，375 頁。

⑤ 《景德傳燈錄》卷十，278 頁。

也許就是「度過」的「度」，他把一個深奧的道理變成了生活常識，卻在這看似生活常識的話語中，暗寓了破棄理念、禪在生活的深奧道理。

第三種「活句」是答非所問。這在禪語錄中是俯拾皆是的語言現象，如問「如何是超佛越祖之談？」回答是「蒲州麻黃，益州苻子」（雲門文偃）。問「如何是古佛心？」回答是「牆壁瓦礫是」（洞山引南陽忠國師）。問「如何是祖師西來意？」回答是「亭前柏樹子」（趙州和尚）。問「萬法歸一，一歸何處？」回答是「老僧在青州作得一領布衫重七斤」（趙州和尚）[①]。這種令人非常不習慣的答非所問中，也包含着一種深刻的意義。通常，人們是有問有答，問話與答話之間，有一種連綴的關係，對佛理的問話中，期待着對佛理的解釋，對修煉的問話中，期待着對修煉的解釋，這是一般的思路。但是，禪卻要瓦解這種慣常的思路，所以，首山省念（926—993）曾説，「要得親切，第一莫將問來問」。為甚麼？因為「問在答處，答在問處」[②]。如果發問者不能接收到期待的回答，發問者會感到很彆扭，但是所謂「彆扭」，正好就是它與人們的理性習慣相背離，而禪追求的恰恰就是反常。只有「反常」才能「合道」，當你在百思不得其解中，你才可能會反身尋找超出理性、邏輯和習慣的新境界，這就是後世禪門所謂參話頭究公案，何以能夠幫助開悟的原因。

本來，由語言構擬的世界，並不是真實的現象世界和意義世

---

① 分別參見《祖堂集》卷十一《雲門和尚》，516 頁；《五燈會元》卷十三，777 頁；《祖堂集》卷十八，789 頁；《景德傳燈錄》卷十，279 頁，《五燈會元》卷四，205 頁。
② 《五燈會元》卷十一。後來的芭蕉繼徹也說，「莫將問來，我也無答。會麼？問在答處，答在問處」。《五燈會元》卷九，555 頁。又，歸宗義柔也說，「一問一答，也無了期」，見《五燈會元》卷十，579 頁。

界。只是由於這個語言世界是由人類的理性歷史地建構起來的，它符合人們已經習慣和認同的知識，而且人們的心智有史以來就生活在這個知識世界中，絲毫不覺得彆扭，於是普遍地接受和認同這個由語言傳達的世界。當語言表達使這個世界凸顯在人們的意識中時，人們就立即有了「想」，在這種聯想、想像和思想中，語言和理性所建構的一套知識，就成了人們不必置疑的理解框架，甚至還會取代真實的世界。在這種「常識」框架中，原本應當自由與超越的心靈，就不自覺地束縛在被設定的「常識」中。而在這個日用而不知的常識中，人們以假為真、以虛為實，就會沉淪在海市蜃樓般的世俗慾念中，被各種虛幻的妄念所束縛。

佛教從一開始就試圖用各種深刻細密的道理瓦解這種虛幻與束縛，他們不斷地誘使信仰者反身步步追問，這種虛妄幻相是如何產生的，產生的緣由何在，人的心靈何以會被誘發出這些俗塵妄念，人的心靈本原如何，宇宙的本原又是甚麼。這種追問是使信仰者的心靈超越的一個途徑，信仰者或許可以憑藉理智與分析領悟佛理。但是，禪宗始終很警惕的現象，恰恰是人們會沉溺於這種對佛理的無休止追問中，在不斷追問中，反而可能忘記追問的意味，把佛教的真正指向變成智力訓練或理論競賽。他們嘲笑的「在冊子上討」或「在文字中尋」，就是這樣的誤入歧途 [1]。同時他們也明白，當人們習慣於這種通過理性和語言的追問時，他已經很難從中脫身，

---

[1] 鼓山神晏（雪峰弟子）就說，「經有經師，論有論師，律有律師，有函有號有部帙，各有人傳持，且佛法是建立教，禪道乃止啼之說，他諸聖興來，蓋為人心不等，巧開方便，遂有多門，受疾不同，處方還異，在有破有，居空叱空，二患既除，中道須遣，鼓山所以道：句不當機，言非展事，承言者喪，滯句者迷」，《景德傳燈錄》卷十八，352 頁。

離開了語言文字和對語言文字的理解，他們很難傳達和理解這個世界。

　　有一次，首山省念拈起竹箆問：「喚作竹箆即觸，不喚作竹箆即背，喚作甚麼？」[①] 也就是說，把竹箆叫作竹箆，就是落入語言的陷阱，不把竹箆叫作竹箆，則違背常理而無法理解，這真是人類的理解困境。因而，9—10世紀間的禪師常常用這種看似「聾子亂打岔」的方法，憑藉語言來破壞語言，在表面的矛盾、誤讀與錯答中，瓦解人們接受話語和理解問題的理智，打亂有問有答的習慣，阻斷人們期待解釋的思路[②]。這裡的道理很簡單，如果人們聽到語言傳遞的是自相矛盾的、完全陌生的、無法解釋與理解的現象，便只能反身向源頭搜尋；如果在對話中，自己習慣的聯想、想像和邏輯突然被阻斷，人就會去反覆琢磨語言本身，注意這種矛盾究竟如何化解；如果人們聽到的回答是與自己期待完全相背的異常結果，就逼迫人們去追問：這種異常是否反而是正常？如果人們聽到的回答完全違背習慣的期待，甚至粗暴地打斷了信仰者的善意希望，使人在震驚之餘感到一種不可思議，那麼，他就不得不越出約定俗成的語言習慣，去追問這種習慣的來源。而追問和思考一旦橫亙在信仰者心中，那些自相矛盾、有意誤解和答非所問的意義，也就在語言

----

① 《五燈會元》卷十一《葉縣歸省》，688頁。

② 語言學家其實也指出，「語言是一連串的暗示……人們聽到一個東西老是直來直去地那麼一個說法，就會感到厭倦；而那種需要聽話人費力去想像或思考的引喻說法，則往往使他感到興奮」，L.R. 帕默爾《語言學概論》（李榮、王菊泉、周煥常等譯，北京：商務印書館，1983）第五章，72頁。李澤厚在《莊玄禪宗漫述》對《壇經》的分析中，指出禪宗把「語言的多義性、不確定性、含混性作了充分的展開和運用，而且也使得禪宗的語言和傳道非常主觀任意，完全不符合日常的邏輯和一般的規範」，《中國古代思想史論》（北京：人民出版社，1985），203頁。

中凸顯了。為甚麼？因為它就是在用語言瓦解人們對語言的習慣性執着，而在對語言的習慣性執着中，就有人類對理智、對分別、對名相的真實性執迷不悟的歷史。

所以說，禪宗的這些看似奇怪的話頭，都是試圖用語言文字本身打破語言文字，超越語言中的歷史與理性。正如久松真一在《禪の現代意義》中說的，在這時，「歷史製造的人類正好擺脫了歷史，成了人類製造歷史」[①]。在這個時候，人們不再追究語言是否真實地傳達了事情，而是關心語言本身有甚麼意義；不再追究語言表述是否對真理有扭曲，而是關心這種不可避免的語言扭曲中，究竟意義何在？於是，語言本身也具有了意義，語言中就有真理。傳說，雲門文偃一系有著名的「雲門三句」，即「函蓋乾坤句」「截斷眾流句」和「隨波逐流句」[②]。如果勉強聯繫的話，也許，正可以對應自相矛盾、有意誤讀和答非所問。而西方現代哲學中所謂的「用自相矛盾超越相對而趨於絕對」，「用遊戲逃避決斷的嚴肅性」，「用玩笑瓦

---

① 載鈴木大拙、宇井伯壽監修《現代禪講座》（東京：角川書店，1956）第一卷《思想と行為》，318 頁。

② 據說，是雲門文偃的弟子德山緣密，把雲門文偃「函蓋乾坤、目機銖兩、不涉世緣」變成三句，即「函蓋乾坤句」「截斷眾流句」和「隨波逐流句」。見《景德傳燈錄》卷二十二，385 頁；《五燈會元》卷十五，935 頁。但從《五燈會元》的記載看，後來的各個弟子之間，對它的理解和解釋並不同，緣密的同門信州西禪欽禪師對這三句是這樣解釋的：「天上有星皆拱北」「大地坦然平」「春生夏長」，見《五燈會元》，962 頁。再傳弟子鼎州普安道禪師的解釋則分別是，「乾坤並萬象，地獄及天堂，物物皆真見，頭頭用不傷」「堆山積嶽來，一一盡塵埃，更擬論玄妙，冰消解瓦摧」「辯口利舌問，高低總不虧，還知應病藥，診候在臨時」，《五燈會元》，971 頁。再下一代的日芳上座則是用三個動作，「豎起拄杖」「橫按拄杖」「擲下拄杖」，《五燈會元》，999 頁。而更後來的雲居文慶禪師說，是「合」「窄」「闊」，《五燈會元》，1013 頁。歸宗慧通禪師則說，「日出東方夜落西」「鐵山橫在路」「船子下揚州」，《五燈會元》，1032 頁。

解判斷的確定性」，其實，也正與這些禪語錄的意思相彷彿 ①。

第三節　是公案、是機鋒也是詩歌：
當宗教信仰成為藝術遊戲

　　禪對於語言的思考和運用，也許是相當深刻的 ②。據說，後來的「參公案」就是這樣通過語言觸摸真理 ③。因為，當信仰者在這些自相矛盾、有意誤讀和答非所問的話語中，反覆思索、苦苦參究時，他會陷入一種前所未有的思想困境之中。如果他是禪門信仰者，確

---

① 施太格繆勒（Wolfgang Stegmuller）在《當代哲學主流》（王炳文、燕宏遠、張金言等譯，北京：商務印書館，1986）上卷中討論「超越世界」時曾經提到，這個「絕對者」應該通過「邏輯上的矛盾、循環論證、以及取消（範疇），也就是通過失敗的思想活動，間接地闡明絕對者，並且使它在一瞬間出現在面前」。他還用雅斯貝斯為例，指出「只要一被追求，它就成為荒謬的」。240、242 頁。這個取向，其實與海德格爾（Martin Heidegger）的問題取向也是相同的，海氏曾經說：「為了超越語言表達而返回到事情那裡，我們必須指出，如何去體驗和觀看這一『有』。」見《面向思的事情》（陳小文、孫周興譯，北京：商務印書館，1996，5—6 頁）。又，關於矛盾語，可參見錢新祖《佛道的語言觀與矛盾語》，《當代》（台北，1987）第十一期、第十二期。
② 見《五燈會元》卷十一葉縣歸省關於「句到意不到」「意到句不到」「意句俱到」和「意句俱不到」的說法，689 頁。同卷汾陽善昭關於「一句中須具三玄門，一玄門須具三要」的論述，685—686 頁。卷十瑞鹿本先關於問話、揀話、代語、別語、經論中奇特言語、祖師奇特言語的分別，618 頁。
③ 「公案」本來是指官府的案牘，後來禪門用來指稱禪宗啟迪信仰者的常用話頭。鈴木大拙說，公案是「我們用來擺脫分別性認知的糾纏，確立自心本原的光明的一種工夫」，並把它與淨土宗的名號、天台宗的題目和密宗的阿字觀等相提並論。見《禪思想史研究》第四《公案論》，《鈴木大拙全集》（東京：岩波書店，1968—1970）第四卷，177 頁。

信禪師這種違背常識的話語一定有其意義，那麼，在平時用於理解的歷史資源、理智判斷和語言習慣統統突然失效時，他就只能沉潛在深深的黑暗之中，重新尋找一條心靈超越的生路。正如芭蕉慧清所說，彷彿人在旅途，「忽遇前面萬丈深坑，背後野火來逼，兩畔是荊棘叢林。若也向前，則墮在坑塹；若也退後，則野火燒身；若也轉側，則被荊棘林礙。當與麼時，作麼生免得？若也免得，合有出身之路。若免不得，墮身死漢」[1]。也就是說，如果他能夠反身回到歷史、理智和語言尚未籠罩人類的原初之思處，尋找到「父母未生前，自己的本來面目」，領悟禪門破棄語言的深意，他就可能在這種看似違背語言的語言中，既凸顯自心，也使真理凸顯。只要在這種語言中可以領悟佛法真諦，那麼，語言不再僅僅是捕魚的「筌」而是「魚」本身，語言就是真理和意義[2]。

　　問題是，語言既有凸顯真理的時候，也有遮蔽意義的時候。本來，充滿了深刻意蘊的語言需要從心裡湧出，而不能是模仿的結果。機智和巧思常常只屬於首創者，對於模仿者來說，卻只是顯示它的笨拙和迂闊。可是在 10 世紀，很多機智和風趣的對話，已經變成了後學模仿的樣本，在反覆使用中，它成了「公案」。其中，有的話頭被三番五次地使用，如「面南朝北斗」，在第一次被提出時，它也許蘊涵着一種對空間方位的質疑，也蘊涵着對這些方位概念的固執習慣的困惑，它的提出本身，就是對人的困境的掙脫。但

---

① 《五燈會元》卷九，551 頁。

② 趙州曾經說，語言是「揀擇」和「分別」，所以，並不能使人領悟至道。當有人問「如何是不揀擇」時，他說，「天上地下，唯我獨尊」。這意思就是凸顯自心的獨斷性，不拘泥於語言的規定性。見《五燈會元》卷四，203 頁。

是第二次、第三次反覆被重複時 ①，禪師就又一次落入了「在死句中討生活」的窠臼，因為重複就不是來自自心的體悟，而是「尋指而亡月」。同樣，第一個以「七顛八倒」回答「如何是佛法大意」的人，也許是在瓦解佛法中那些整齊理論，暗示生活世界本身並不是像理論那樣被切得方方正正。但第二個依葫蘆畫瓢說「七顛八倒」的禪師，可能就是刻舟求劍，他只記得了這四個字，而可能丟掉了這四個字後面的深刻意義 ②。

禪在瓦解理論語言對心靈的遮蔽時，曾經引用「青青翠竹，俱是法身，鬱鬱黃花，無非般若」的思想，它用「觸目而真」和「即事而真」的道理，把許多表述自然與生活的文學語言，引進了禪的對話，這曾經使禪的對話充滿了生機，也使禪的對話彷彿藝術語言。他們不僅把唐代文人參禪有悟的詩句如「雲在青天水在瓶」，寫自然山水的詩句如「一條界破青山色」，古人的成句如「相逢欲相喚，脈脈不能語」當做參禪啟悟的話頭，而且自己還常常把對話和說解，寫成富於文學意味的詩。像大龍智洪的警句「山花開似錦，澗水湛如藍」，像永明延壽的詩偈「孤猿叫落中岩月，野客吟殘半夜燈。此境此時誰得意？白雲深處坐禪僧」③。從禪語錄中看，這種充滿深刻智慧的語言，後來卻真的逐漸成了一種文學語言。當禪師不再是經過自心體驗和深思熟慮，只是模仿前輩開悟的話頭，並把

---

① 如白馬行靄，《五燈會元》卷八，493 頁；芭蕉慧清，《五燈會元》卷九，551 頁。

② 第一次使用這句話的，可能是招慶道匡，而模仿者中有大寧可弘，見《五燈會元》卷十，605 頁。

③ 分別見保福可儔，《五燈會元》卷八，469 頁；紹宗圓智，《景德傳燈錄》卷二十一，376 頁；歸宗義柔，《五燈會元》卷十，579 頁；大龍智洪，《五燈會元》卷八，493 頁；永明延壽，《五燈會元》卷十，604 頁。

它作為一種精緻的「公案」來使用時，這種異於日常的語言，就成了反覆複製的教條，禪者在反覆複製這種話頭的時候，只是把它當作一種智力較量而不是智慧湧現，於是，常常費盡心力地在語言詞彙上琢磨；當更多的知識人並不是出於對純粹心靈的超越與自由的深刻認同，而是對禪的藝術生活方式有本能的喜愛，而進入禪的行列，他們就把文人天然的藝術追求和文學偏好帶進了對話，這種本來應當擁有深刻哲思的對話，就被當成了表現機智與巧思的文學操練；當禪師與信仰者不能真正地把它當作嚴肅的思想問題，而誤把這種看似遊戲的語言機鋒當作真正的遊戲，它就只能大量地充當文學家的藝術寫作素材，而不能對宇宙和人生的思考給予真正的啟迪。正如鈴木大拙所説，禪宗將漢語文學所具有的一切特徵都囊括進來，比如，有意地瓦解邏輯和語法，運用警句，將話語説得很扭曲很含蓄，把意思説得很尖鋭很深刻，這是禪與漢語共有的。本來，漢語的魅力就在不拘語法，語詞之間關係的鬆散和自由，使語言富於暗示性，朦朧而恍惚，從中產生一種縹緲感，這與禪恰恰是吻合的 [1]。這説得都很對，但這種吻合也正好使禪的語言轉向了詩的語言。

　　齊己在給龍牙和尚的偈頌集作序時，提到禪門寫作詩偈的風氣。他説，「咸通初，有新豐、白崖二大師所作，多流散於禪林」，而龍牙和尚的頌偈更是富於藝術意味 [2]。禪的文學化風氣是否就是在這個時候開始的，當然還需要深入研究，不過，9—10 世紀的禪

---

[1] 《禪思想史研究》第四《日本禪思想史の一斷面——大燈百二十則に因みて著語一般のもつ意味》，《鈴木大拙全集》第四卷，9—10 頁。

[2] 《禪門諸祖師偈頌》卷一齊己《龍牙和尚偈頌序》，此文收入《全唐文補編》卷一一九。

者中，確實有很多具有很好文學才能的人。在後世有影響的禪師中，比如香嚴智閑「有偈頌二百餘篇，隨緣對機不拘聲律，諸方盛行」[1]；曹山本寂注釋《對寒山子詩》「流行宇內……文辭遒麗，號富有法才」；清涼文益「好為文筆，特慕支湯之體，時作偈頌真贊」[2]。據說，南唐國君曾與清涼文益一同賞玩牡丹花，令其賦詩，文益即作「擁毳對芳叢」一首[3]。而在他們的對話中，也常常可以看到相當華麗或清雅的文辭，如「翠竹搖風，寒松鎖月」「一塢白雲，三間茅屋」「幽澗泉清，高峰月白」「雲生碧岫，雨降青天」「一塔松蘿望海青」「雪夜觀明月」等[4]。特別是他們身在山林幽深處，閒適的心境也更使他們富有詩的情趣，於是，在他們用來形容自己的心境與處境的語言中，常常有各種很有詩意的語詞，或者本來就是詩歌。僅僅以玄沙師備、長慶慧棱等人弟子輩的話語為例，如「三聲猿屢斷，萬里客愁聽」「鵲來頭上語，雲向眼前飛」「獅子石前靈水響，雞籠山上白猿啼」「谷聲萬籟起，松老五雲披」「塵中人自老，天際月常明」「惆悵庭前紅莧樹，年年生葉不生花」「城上已吹新歲角，窗前猶點舊年燈」「萬里白雲朝瑞嶽，微微細雨灑簾前」「風送水聲來枕畔，月移山影到床前」等，哪一句不是很好的詩歌？[5]

---

① 《景德傳燈錄》卷十一，286 頁；又，《宋高僧傳》卷十三說，他「冥有所證，抒頌唱之」，304 頁。

② 分別見於《宋高僧傳》卷十三，308、314 頁。

③ 《五燈會元》卷十，565 頁。

④ 以上是龍華契盈、廣嚴咸澤、報慈文欽、萬安清運、鳳凰從琛語，分別見於《五燈會元》卷八，468、643、470、471 頁。

⑤ 以上是仙宗契符、傾心法瑤、廣嚴咸澤、祥光澄靜、後招慶、建山澄、瑞岩師進、大龍智洪的對話中語，分別見於《五燈會元》卷八，451、462、467、473、474、481、493 頁。關於禪師的頌偈情況，請參見鈴木哲雄《唐五代禪宗史》（東京：山喜房佛書林，1985）後編第五章的統計，535—542 頁。

並不是説詩歌式的藝術語言就不能表達和呈現哲理，就是在現代西方哲學中，也有用詩歌、藝術來凸顯不可言説之絕對的取向，像海德格爾對荷爾德林的詩的分析就是一例。施太格繆勒在《當代哲學主流》也説到，「真理的完成是經由宗教、藝術和詩歌之中的原初直觀而實現的」[①]。問題是，這裡的前提條件是詩歌的寫作與閱讀者，都必須在心底裡預存一個理解取向，當詩歌語言出現在面前，它就會引導人們對宇宙與人生的深刻問題進行反思，而不是把它當作文學的情景表述或單純感懷。像「落花隨流水，明月上孤岑」一句[②]，是把它當作隨順自然和自心凸顯的意味來理解，還是把它當作寧靜清幽的自然風景來欣賞？雖然説，在詩歌語言中欣賞自然風景也可以感受宇宙與人生，但是這與宗教語言之間是相當不同的。作為一種宗教語言，它總是試圖將信仰者引向對於超越和絕對的思考。前引齊己《龍牙和尚偈頌序》中，雖然一再提醒閱讀者，禪的偈頌「體同於詩，厥旨非詩」，但是，恰恰就因為語言的相似，人們很容易就把禪思當成詩意，於是，把體驗和思緒引向了對人生、自然與生活的一般性感慨。

前面我們曾説到，理論興趣的衰退，是從 8 世紀以來中國佛教的一個很明顯的趨向，對於過分煩瑣的概念定位、過分複雜的層次分析、過分抽象的符號運算，信仰者已經表現出相當的厭倦，唯識學與華嚴學的命運就是例證。而通過把宗教生活轉變為日常生活，把宗教語言當作藝術語言來體驗，把包含着深刻哲理的語句轉化為詩歌，禪宗也再一次瓦解了宗教的嚴肅性和理論的深刻性[③]。

---

① 前引施太格繆勒（Wolfgang Stegmuller）《當代哲學主流》上卷，255—256 頁。

② 洞山弟子白水本仁禪師語，見《五燈會元》卷十三，804 頁。

③ 參見鈴木大拙《禪と念佛の心理學的基礎》第十章《看話功夫に關する（轉下頁）

結語 晚唐五代禪宗的文人化和禪思想的文學化

　　大中年間以後，禪門不僅逐漸從武宗滅佛的隱忍蟄伏狀態中恢復過來，而且與中央的皇權或地方的諸侯之間，逐漸有了相當的默契，成了佛教的主流，吸引了相當多的信仰者，很多的文人士大夫與官僚貴族都對禪表現了異乎尋常的熱情。比如，雪峰義存自咸通十一年（870）至乾符二年（875）開闢雪峰山後，「天下之釋子，不計華夏，趨之若召」，而且得到一系列官員甚至天子的青睞 [①]。此後，北方的後唐、後晉、後漢，以及南方諸國的錢氏、李氏、劉氏，都曾經對禪很有興趣 [②]。他們在參禪訪師的時候，與禪師進行智力和語言的較量，與禪師鬥機鋒參公案，把話說得富於機巧和幽默，人們的精力集中在語言的暗示性、豐富性和包容性上。他們充分地運用漢語的特徵，在生活中講述一些意味深長的話語，或寫出一些含蓄幽默的詩句，這越來越成為上層文化人的業餘愛好。在這種時候，它的宗教性就在這些信仰者心中，越來越淡化，倒是它的語言藝術和生活趣味，日益成為信仰者關注的中心。於是，那些精彩絕倫的對話和富於哲理的機鋒，也漸漸失去了它對常識和理性的超越性和批判性，成為文人表現生活情趣和文學智慧的語言技巧。

　　（接上頁）諸種の一般的敘述》，他舉出「一即一切，一切即一」為例，認為與印度的表述比起來，我們能夠感到中國禪的表述是如何地平常。《鈴木大拙全集》（東京：岩波書店，1968—1970）第四卷，278 頁。他常常把這種選擇歸之於中國人的思維方式和生活方式，但是，這種不喜愛抽象思考的習慣本身，也是被歷史建構起來的，實際上，7—8 世紀間在中國曾經風行的唯識華嚴思想，其實也是很抽象、細緻和煩瑣的。

① 《宋高僧傳》卷十二，287 頁。

② 如玄沙師備、清涼文益、天台德韶、華嚴休靜、天龍重機、清涼泰欽、龍興宗靖等，都曾經得到南唐、南漢、閩和後唐等政權的支持。

附錄

從《祖堂集》看8—10世紀初南宗禪的東傳[1]

---

① 這篇附錄最早以《八世紀末至十世紀初南宗禪的東傳》為題，發表在《歷史文獻研究》（北京新五輯，北京師範大學出版社，1994），127頁以下。這是當年撰寫《中國禪思想史》和注釋《祖堂集》（台灣：佛光山，1996）的副產品，那時，有關這個問題的討論還不多，當然，那時我對韓國的研究情況了解也不多，因此只能依賴中國史料，不免有考證不周處。這次收入本書，作為「附錄」。

引　言

　　比起懸隔海外的日本來，百濟、新羅和高麗與華夏帝國的距離更近，由於沒有大洋懸隔，它們與中國在文化上的交往更為直接，從 8 世紀末至 10 世紀初，中國剛剛興起的南宗禪立即東傳便是一例。正如人們所知道的，南宗禪文獻傳入日本的時間雖然很早，但日本真正形成自己的禪宗團體，卻是在 12 世紀末，也就是相當於南宋的榮西禪師時代 ①。然而在新羅，卻早在中晚唐時代，就已經有了自己的南宗禪流派與大師了。

　　《祖堂集》是一部至少在宋初就傳入東鄰，並一直保留在那裡的禪宗文獻。其中記載了相當多的海東禪師，如桐里慧徹、實相洪直、慧目山玄昱（787—868）、陳田寺無寂（？—821）、通曉大師梵日（810—889）、聖住寺無染（799—888）、瑞雲寺順之等。我現在不能判斷，這究竟是《祖堂集》撰者原來的記錄，還是在東鄰重新刻印時，由海東人士增補。但是，《祖堂集》裡記錄的海東禪師確實不少，可以略補當時海東禪史之缺憾。當然，僅僅憑《祖堂集》來敘述海東禪史還不完備，如果仔細翻檢《全唐文》《唐文拾遺》，還有若干碑誌可以補充稍後的一長串名單。例如，雙溪寺慧昭（774—850）、鳳岩山寺智證（824—882）、寶林寺體澄（804—880）、朗空大師行寂（833—916）、地藏院開清（835—930）、審希（855—924）、廣照寺利嚴（870—936）、五龍寺慶猷（871—920）、菩提寺麗嚴（861—929）、淨土寺元暉（879—941）等。

　　當然，新羅與禪宗有關的人士中，還有一些時代更早。例如著

---

① 參見木宮泰彥《日中文化交流史》（胡錫年譯，北京：商務印書館，1980），337 頁。

名的金和尚，也就是淨眾寺無相（680—756，一説 684—762）。據説，他以「無憶、無念、莫忘」三句法門教弟子，並用引聲念佛之法令人定心，光大了智詵（609—702）、處寂（646—734）的四川淨眾寺一派。《歷代法寶記》《圓覺經大疏鈔》都有關於他的資料。只是他這一派直接源自五祖弘忍門下，並非我們要討論的惠能以下的南宗禪。另外，《全唐文》卷七一八載金獻貞《海東故神行禪師碑》又記有神行禪師（704—779），但他是志空和尚的弟子，志空乃是「大照（普寂）禪師之入室」，屬於神秀北宗禪一派，也不是我們要討論的惠能南宗禪[①]。因此，從現存漢文文獻來看，惠能一系南宗禪的東傳，最早大約在 8 世紀末 9 世紀初，也就是南宗禪在唐王朝剛剛開始興盛的時代。

一　初傳海東：馬祖的影響

本書有《禪思想史的大變局》一章，在這一章裡我討論了南宗禪的真正興盛，其實並非在盛唐神會時代，而是在貞元、元和年間。代表這一時代成熟的南宗禪思想的是馬祖道一（709—788）及其門下的若干禪師。我也特意指出，石頭希遷（700—790）一支，原本與馬祖實為一派，只是後來弟子越來越壯大，為了各尊祖師才另分門戶。如果我的考證可信，那麼在貞元、元和年間，南宗禪剛剛嶄露頭角時，海東就已經有禪師學了這一派禪思想，尤其是馬祖

---

① 金獻貞《海東故神行禪師之碑並序》，載《全唐文》（北京：中華書局，1983）卷七一八，7381 頁。

道一的禪思想。例如，西堂智藏（738—817）是馬祖門下第一大弟子，也是江西洪州禪門的嫡系傳人，他的門下即有：

> 陳田寺元寂（即道儀大師）
> 桐里慧徹
> 實相洪直 [1]

章敬懷暉（756—815）是馬祖道一門下率先取得朝廷認可，並在京都長安弘傳馬祖禪的重要人物。而他的門下有：

> 慧目山玄昱 [2]

佛光如滿和麻谷寶徹也是馬祖門下重要禪師，如滿是白居易的朋友，寶徹則與另一大師丹霞天然是朋友，他們的門下則有：

> 聖住寺無染 [3]

藥山惟儼（745—828）歷來都以為是石頭希遷門下，但據唐伸《灃州藥山故惟儼大師碑銘》，他卻也是馬祖的弟子 [4]，他的門下有：

---

[1] 靜筠二禪師編撰，孫昌武、衣川賢次、西口芳男點校《祖堂集》（北京：中華書局，2007）卷十七《雪嶽陳田寺元寂禪師》《東國桐里和尚》《東國實相和尚》，749、751頁。

[2] 《祖堂集》卷十七《東國慧目山和尚》，752頁。

[3] 《祖堂集》卷十七《嵩嚴山聖住寺故兩朝國師》，761頁。

[4] 藥山惟儼的師承，歷來均以為是出自石頭希遷一系，日本宇井伯壽等學者也一直否認有關他的唐伸碑文的真實性。但據我考證，唐伸碑是真實無疑的，（轉下頁）

通曉大師梵日 ①

此外，還有法系不明的慧昭。《唐文拾遺》卷四四崔致遠《有唐新羅國故知異山雙溪寺教諡真鑒禪師碑銘》説，他元和五年（810）於嵩山受具戒，大和四年（830）返回新羅，自稱「曹溪之玄孫，是用建六祖影堂」②，可見與上述諸人是輩分相同的一代禪師。

其實，當時來華參禪於馬祖各弟子座下的，可能還不止這上述數人。《景德傳燈錄》卷九在章敬懷暉名下尚錄有「新羅國覺體禪師」③；卷十在南泉普願名下尚錄有「新羅國道均禪師」；鹽官齊安名下尚錄有「新羅品日禪師」（疑即梵日禪師）；大梅法常名下尚錄有「新羅國迦智禪師」「新羅國忠彥禪師」，在歸宗法常名下還錄有「新羅大茅和尚」等 ④。可惜大多數有名無錄，也無從得知他們的蹤跡與思想。

在這些禪師中，最值得重視的是陳田寺元寂，也就是道儀大師，他是最早與南宗禪有交涉的海東禪師。據《祖堂集》卷十七記載，他於「建中五年歲次甲子」，也就是唐德宗興元元年（784）過海入唐，先後參西堂智藏與百丈懷海兩大師 ⑤。此時，馬祖道一尚未圓

<hr />

（接上頁）宇井氏的否定論證並不可靠。參見宇井伯壽：《第二禪宗史研究》之五（東京：岩波書店，1941），426—427 頁；參看本書《禪思想史的大變局》一章。

① 《祖堂集》卷十七《溟州崛山故通曉大師》，756 頁。梵日先參鹽官齊安，後參藥山惟儼，故可視為雙桃兩家。

② 崔致遠《有唐新羅國故知異山雙溪寺教諡真鑒禪師碑銘並序》，載陸心源輯：《唐文拾遺》（北京：中華書局，1983）卷四四，10866 頁。

③ 《景德傳燈錄》卷九，《大正藏》第 51 冊，《史傳部三》，264 頁。

④ 《景德傳燈錄》卷十，《大正藏》第 51 冊，《史傳部三》，273 頁。

⑤ 《祖堂集》卷十七《雪嶽陳田寺元寂禪師》，750 頁。

寂，南宗禪也尚未大盛，所以，他歸國後一度頗受冷遇。據《唐文拾遺》卷六八金穎《新羅國武州迦智山寶林寺謚普照禪師靈塔碑銘》記載，道儀歸國後，演說其禪理，但「時人雅尚經教與習觀存神之法，未臻其無為任運之宗，以為虛誕，不之崇重」，所以他隱居山林多年。但他傳法於廉居（？—844），廉居又傳法於體澄，體澄又傳法於回微（864—917），到了體澄、回微時代，這一系逐漸昌盛。所以，實際上他是海東南宗禪門開創者。前引碑文中説：

> 達摩為唐第一祖，我國則以（道）儀大師為第一祖，（廉）居禪師為第二祖，我師（體澄）為第三祖矣[①]。

體澄之後的回微，是「早閑莊老，□愛琴書」的文人，在 9 世紀末 10 世紀初與慶猷、麗嚴、利嚴並稱海東「四無畏大士」[②]。由此也可見，道儀應當是新羅以及高麗南宗禪首屈一指的開創者。

道儀而下，值得重視的是慧目山玄昱，他於長慶四年（824）入唐。這時正值章敬懷暉和興善惟寬二禪師在長安大倡馬祖禪風，並得到朝廷認可之後，他並沒有直接承教於章敬懷暉（懷暉於他入唐前已圓寂），顯然是在章敬門風極盛時自認家門的私淑弟子。但他在開成二年（837）隨金義宗歸國後，極受當時新羅朝廷重視，《祖堂集》卷十七曾説，敏哀大王、神武大王、文聖大王、憲安大王「並

---

① 金穎《新羅國武州迦智山寶林寺謚普照禪師靈塔碑銘》，載《唐文拾遺》卷六八，11134—11135 頁。

② 參見崔彥撝《晉高麗先覺大師遍光靈塔碑》，載《唐文拾遺》卷七〇，11150—11152 頁；及闕名《有晉高麗國踴岩山五龍寺故王師教謚法鏡大師普照慧光之塔碑銘並序》，載《唐文拾遺》卷七〇，11154—11155 頁。

執師資之敬，不徵臣伏之儀」[①]。而《唐文拾遺》卷四四崔致遠《大唐新羅國故鳳岩山寺教諡智證大師寂照之塔碑銘並序》歷數東歸大師，也曾提到「慧目育（昱）」[②]，後來他的傳法門人審希，也是新羅極有名的禪宗大師。[③]

　　玄昱而下，則應當提到通曉大師梵日。梵日於大和年間（827—835）隨金義宗入唐，先參鹽官齊安，後參藥山惟儼，深得馬祖一系「平常心是道」的宗旨。會昌六年（846）歸國，在溟州崛山寺（今韓國江原道）四十餘年。據《祖堂集》說，景文大王、憲康大王、定康大王都曾徵召他入京，「擬封國師」，但他始終未曾奉詔[④]。在他的弟子中，除了親到大唐五台山參謁他的開清禪師[⑤]，還有被封為兩朝國師的行寂禪師。據《全唐文》卷一千崔仁渷《新羅國故兩朝國師教諡朗空大師白月棲雲之塔碑銘》記載，行寂在新羅曾名盛一時，「孝恭大王遽登寶位，欽重禪宗，以（行寂）大師獨步海東，孤標天下」，所以，特遣使迎入皇居，成為兩朝帝師[⑥]。

---

① 《祖堂集》卷十七《溟州崛山故通曉大師》，758 頁。
② 崔致遠《大唐新羅國故鳳岩山寺教諡智證大師寂照之塔碑銘並序》，載《唐文拾遺》卷四四，10875 頁。
③ 朴升英《有唐新羅國故國師諡真鏡大師寶月凌空之塔碑銘並序》，載《唐文拾遺》卷六八，11128 頁。
④ 《祖堂集》卷十七《東國慧目山和尚》，752 頁。
⑤ 崔彥撝《高麗國溟州普賢山地藏禪院故國師朗圓大師悟真之塔碑銘》，載《唐文拾遺》卷七〇，11148—11150 頁。
⑥ 崔仁渷《新羅國故兩朝國師教諡朗空大師白月棲雲之塔碑銘》，載《全唐文》卷一千，10358—10360 頁。

二 會昌之後：分系馬祖與石頭

8世紀末9世紀前半葉海東僧人來華參禪問學的高潮，在會昌年間唐武宗滅佛時被迫中止。梵日和無染均於會昌六年（846）被迫回國便是例證[①]。不過，隨着「武宗滅佛」成為歷史，佛教再度復興，這種禪文化交往在9世紀末10世紀初又出現一次高峰。

不同於前次的是，由於石頭一支後學逐漸昌盛，石頭希遷在這時被尊為一派祖師，而標榜自家出自石頭的禪師，也不再承認與馬祖有任何瓜葛，於是便形成了當時馬祖、石頭分為兩系的傳說。海東來華的禪師也遵從這種說法，便有了承襲馬祖和承襲石頭的兩枝。其中，參學於馬祖一系的禪師如體澄、開清、審希等。參學於石頭一系的禪師則有元暉、慶猷、利嚴、麗嚴。除元暉參拜的是石霜慶諸（809—888）的弟子九峰道虔外，慶猷、利嚴、麗嚴參拜的都是洞山良價（808—869）的弟子雲居道膺（835—902）[②]。

還值得特別注意的一點是，馬祖門下傳人，此時在海東似乎已經自成體系，故而傳燈續法之中，弟子多由新羅自己的禪師傳授，如廉居傳體澄、體澄傳回微、玄昱傳審希、梵日傳開清、梵日傳行寂。即使是西至唐土，也不過是多方參學之意。只有五冠山順

[①] 《祖堂集》卷十七《溟州崛山故通曉大師》記梵日「值會昌四年沙汰僧流，毀坼佛宇，東奔西走，竄身無所」，757頁。

[②] 分見崔彥撝《有晉高麗中原府故開天山淨土寺教謚法鏡大師慈鐙之塔碑銘並序》，載《唐文拾遺》卷六九，11143頁；闕名《有晉高麗國踴岩山五龍寺故王師教謚法鏡大師普照慧光之塔碑銘並序》，載《唐文拾遺》卷七〇，11154頁；崔彥撝《高麗國彌智山菩提寺故教謚大鏡大師玄機之塔碑銘並序》，載《唐文拾遺》卷六九，11146頁；崔彥撝：《有唐高麗國海州須彌山廣照寺故教謚真澈禪師寶月乘空之塔碑銘》，載《唐文拾遺》卷六九，11139頁。

之，是馬祖門下四世仰山慧寂（807—883）的弟子。然而，自稱石頭一系的，則多是新近參學東土的禪師，故而傳法統系多直接由中國而來。其中，尤多出自洞山良價門下的雲居道膺。所謂海東「四無畏大士」中，除回微外，慶猷、利嚴、麗嚴均出於雲居門下，又均於雲居圓寂後的天祐年間（約在904—911間）陸續歸國，故而曹洞一系宗風在新羅高麗大有後來居上之勢，這是後話。

從現存漢文文獻來看，大約在10世紀初，也就是唐末五代戰亂時期，禪文化交流似乎再一次停滯。不過，這時的新羅已經有了自己的禪門，完全可以薪火單傳而不需要西來唐土了。

順便可以說到，新羅（以及高麗）與唐朝（以及五代及宋朝）的文化交往，始終是很密切的，新、舊《唐書》都記載了許多這方面的資料。它使我們了解到在一千多年前，新羅就已經流傳「五經及《史記》、《漢書》、范曄《後漢書》、《三國志》、孫盛《晉春秋》、《玉篇》、《字統》、《字林》」等典籍，還讓我們知道新羅和唐王朝一樣，對《文選》特別偏愛，並從唐王朝這裡攜去了《吉凶要禮》《文館詞林》等書①。但是，應當說這只是官方對文化交往的記錄，也只是官修史書對正統文化傳播的關注。實際上民間的文化交往，要比史書記載頻繁得多，交往的內容也絕不限於正統文化範疇，南宗禪的東傳正是一例。還應該指出的是，這種文化傳播與交流儘管一開始並不屬於官方，但很快就被新羅朝廷認可，而官方認可更促進了民間交往的昌盛，並保證了這種文化交往的生根、開花與結果。

正如前面我們提到的，在8世紀末，新羅「雅尚經教與習觀存

---

① 見《舊唐書》（北京：中華書局，1975）卷一九九《高麗傳》及《新羅傳》，5320、5336頁；《新唐書》（北京：中華書局，1975）卷二二〇《新羅傳》，6204頁。

神之法，未臻無為任運之宗」，大概是佛教義理之學與道教養生之術比較盛行。但是到 10 世紀初，南宗禪在海東已經極其昌盛了。前面提到，玄昱曾是實際上的四朝帝師，而無染（799—888）則座下「僧徒千眾，名震十方」。《祖堂集》卷十七曾記載，「兩朝聖主，天冠傾於地邊；一朝臣僚，頭面禮於足下」，也可以說盛極一時[1]。但稍晚一些的體澄和行寂等禪師，則似乎更加自覺地藉助官方政治力量來弘大禪門。《唐文拾遺》卷六八金穎所撰體澄塔銘記載，開成五年（840）他隨平盧使歸新羅後，「檀越傾心，釋教繼踵」，並於大中十三年（859），被剛即位兩年的憲安大王請到京城，此後又屢次遣使請教。達官金彥卿也持弟子禮，出資鑄佛，「以壯禪師所居梵宇」，於是，他所在的武州迦智山寶林寺成了當時海東禪宗一大叢林[2]。《全唐文》卷一千崔仁渷所撰行寂塔銘也記載，行寂中和五年（885）歸國後，受到孝恭大王禮遇，他也悟到「自欲安禪，終須助化，吾道之流於末代，外護之恩也」的道理，於是毅然入京，為帝王「尊道說羲軒之術，治邦談堯舜之風」。使得孝恭大王、神德大王非常欽佩，兩番詔請入京，並安置於南山實際寺[3]。《唐文拾遺》卷六九崔彥撝所撰利嚴塔銘又記載，利嚴於天祐八年（911）歸國後，曾以「道在心不在事，法由己不由人」一語勸誡帝王，「以四海為家，萬民為子，不殺無辜之輩」。他同樣深明政治力量的重要，曾對大眾說：「居於率土者，敢拒綸音，儻遂朝天者，須沾顧問。

---

① 《祖堂集》卷十七《嵩嚴山聖住寺故兩朝國師》，762 頁。

② 金穎《新羅國武州迦智山寶林寺諡普照禪師靈塔碑銘》，載《唐文拾遺》卷六八，11134—11135 頁。

③ 崔仁渷《新羅國故兩朝國師教諡朗空大師白月棲雲之塔碑銘》，載《全唐文》卷一千，10360 頁。

付囑之故，吾將赴都」，果然得到朝廷重視，於海州須彌山創廣照寺，「禪客滿堂……其眾如麻，其門若市」[①]。

禪師與政治力量的聯姻，也許有違禪宗思想追尋清淨之本義，但卻是弘揚禪風、保全禪脈的最佳策略。海東禪師正是以這一策略，使新羅以及後來高麗的禪宗大大興盛起來。反觀唐王朝禪宗的命運，也許正是世難勢危的緣故，唐王朝南宗禪的一些禪師，心中都有些惴惴不安的憂患，他們曾把弘法傳宗的希望寄託在海東，如百丈懷海曾對道儀說：「江西禪脈，總屬東國之僧歟？」[②] 麻谷寶徹曾對無染說，馬祖當年有識，禪脈東流，「彼日出處，善男子根殆熟矣」，「我當年作江西大兒，後世為海東大父」[③]。尤其是身處末世的雲居道膺，更是一而再再而三地寄希望於東國後人，先稱讚慶猷，「吾道衰矣，慶猷一人，起予者商」[④]；又稱讚麗嚴（861—929），「飛鳴在彼，且莫因循，所冀敷演真宗，以光吾道，保持法要，知在汝曹」[⑤]；再讚揚利嚴（870—936），「東山之旨，不在他人，法之中興，唯我與汝，吾道東矣」[⑥]。真是拳拳之心，三致意焉。

而他們的願望，還真在海東得到了實現。

---

① 崔彥撝《有唐高麗國海州須彌山廣照寺故教謚真澈禪師寶月乘空之塔碑銘》，載《唐文拾遺》卷六九，11140 頁。

② 《祖堂集》卷十七《雪嶽陳田寺元寂禪師》，750 頁。

③ 崔致遠《有唐新羅國故兩朝國師教謚大朗慧和尚白月葆光之塔碑銘並序》，載《唐文拾遺》卷四四，10869—10870 頁。

④ 闕名《有晉高麗國踴岩山五龍寺故王師教謚法鏡大師普照慧光之塔碑銘並序》，載《唐文拾遺》卷七〇，11154 頁。

⑤ 崔彥撝《高麗國彌智山菩提寺故教謚大鏡大師玄機之塔碑銘並序》，載《唐文拾遺》卷六九，11146 頁。

⑥ 崔彥撝《有唐高麗國海州須彌山廣照寺故教謚真澈禪師寶月乘空之塔碑銘》，載《唐文拾遺》卷六九，11139 頁。

三 平常心是道：新羅的南宗禪思想

新羅的禪思想，大體繼承的是馬祖、石頭一系「平常心是道」的路數，除五冠山順之襲潙仰宗風，以四對八相繞路説禪而外[①]，大多禪師均簡截明快，生動活潑。

正如前面所説，南宗禪發展到了馬祖道一時代，出現一個巨變時期，這一時期禪思想已超越了《楞伽》《起信論》的「一心二門」的局限，引入了《般若》和老莊，消除了人性（染）與佛性（淨）之間難以逾越的天塹，從而得到了一個簡截方便的修行途徑。在馬祖一系禪師看來，既然人心即是佛心，人性即是佛性，那麼，只要心靈不執着於某種理念或某種慾望，它的活潑潑的跳動，就是佛性的自然顯現，而外在的戒、定、慧都是次要的。如果它們妨礙了心靈的自由，那麼統統可以拋在一邊。反之，無論甚麼煩惱、愁悶、惱怒，如果它們是心靈的自然，那麼也是佛性的表現，這就叫「心、佛、眾生、菩提、煩惱，名異體一」[②]。所以石頭希遷説「不用聽律」，「亦不用念戒」[③]。馬祖道一説「此心即是佛心……隨時着衣吃飯，長養聖胎，任運過時，更有何事」[④]。於是，無論在佛性理論、修行實踐和終極境界上，都與傳統佛教甚至禪門大為不同。在佛性理論上他們把基點從追尋佛性，轉移到了追尋人性。他們反覆凸顯的「心」，已不再是早期禪宗那種絕對清淨無垢，絕對神聖莊嚴的佛陀

---

① 《祖堂集》卷二十《五冠山瑞雲寺和尚》，876 頁。

② 《景德傳燈錄》卷十四引石頭希遷語，《大正藏》第 51 冊，《史傳部三》，309 頁。

③ 《祖堂集》卷四《石頭和尚》，197 頁。

④ 《祖堂集》卷十四《江西馬祖》，610 頁；《景德傳燈錄》卷六，《大正藏》第 51 冊，《史傳部三》，246 頁。

之心，而是自然活潑、自由無礙的普通人心了；在修行方式上，就與守戒、坐禪、解經的傳統方式徹底脫離，真正實現了惠能以來一直追尋的「頓悟」。因為他們認為，只要領悟了自心即是佛心的道理，就可以一切不拘地依從人的自然本性，「飢來吃飯，困來即眠」「熱即取涼，寒即向火」；而他們的終極境界也不再是「無念無慾」「清淨無垢」的純淨境界，而是一種自然適意、任性逍遙的生活境界，這個境界用他們的話來說就是「平常心是道」。

新羅禪宗深受這一系思想的影響，《祖堂集》卷十七載梵日與鹽官齊安對話：

梵日問曰：如何即成佛？

大師答道：道不用修，但莫污染，莫作佛見、菩薩見，平常心是道。

梵日言下大悟[①]。

從鹽官的話中，可看到兩重含義：一是平常心即是道心，不必修證；二是佛見菩薩見雖然高明，但那是他人的理性，切不可忘了自心感受而用他人理性規範自己，若如此便是污染，因為「金屑雖貴，着眼成翳」（臨濟義玄語）。這兩重涵義其實互為表裡，尊重自心流露，破棄理性約束是馬祖禪的大特徵，梵日顯然深明此義，故而歸國後有人問他：

如何是衲僧所務？

---

① 《祖堂集》卷十七《溟州崛山故通曉大師》，757 頁。

他的回答是：

莫踏佛階級，切忌隨他悟 ①。

這種凸顯自心、不假權威的思想，在無染那裡也表現得極為充分。
《祖堂集》卷十七記載無染歸國後，有人問無染，既然禪宗強調自
心，不假外力，那麼，為甚麼西天二十八祖到東土六祖「傳燈相照，
至今不絕？」無染乾脆回答，這些傳燈的故事：

皆是世上流佈，故不是正傳 ②。

那麼，祖師又是怎麼傳遞禪旨的呢？他引仰山語說，「兩口一無舌，
即是吾宗旨」③。甚麼是「兩口一無舌」？就是兩人相對，以心傳心，
全憑自心感悟，不假言語相授。故而不涉理路，不落言詮，更不靠
外在理念的推動。

　　《唐文拾遺》卷七十收有孫紹所撰的一篇殘缺不全的《唐高麗
大安寺廣慈禪師碑銘》，碑主允多（864—945）是馬祖弟子西堂智藏
門下的禪師，他有幾句話也很能表現馬祖禪思想的特點：

道非身外，即佛在心 ④。

---

① 《祖堂集》卷十七《溟州崛山故通曉大師》，758 頁。
② 《祖堂集》卷十七《嵩嚴山聖住寺故兩朝國師》，762 頁。
③ 《祖堂集》卷十七《嵩嚴山聖住寺故兩朝國師》，762 頁。
④ 孫紹：《唐高麗大安寺廣慈禪師碑銘》，載《唐文拾遺》卷七十，11153 頁。

這其實就是馬祖道一「即心即佛」的意思。在馬祖看來，人之所以不能得到解脫，並不是種種外在的苦難和生死在束縛他，也不是種種內在的思慮與情慾在限制他，而是人自己沒有勘破我心即是佛心的道理。一旦勘破這一層，認識到自我心靈的合理性，實際上就解開了心靈上的種種繩索，人可以不再為生死而煩惱，不再為染淨而費心。自然的情感流露是天性必然，而各種清規戒律原則理念才是束縛自然心靈的桎梏。如果人能做到自然適意，人就已經在超越境界，獲得了內心的寧靜和意志的自由，可以在剎那間感到愉悅。所以説，是「任性逍遙，隨緣放曠……但盡凡心，別無聖解」[1]。而允多也説：

不戶不牖是大道，不崑不崙是神（仙）[2]。

為甚麼？因為「戶」「牖」是理念穿鑿而成的邏輯理路，一個凸顯自心的人，根本不必按他人設計的理路行走，只要隨順自心自然，就處處是大道坦蕩。所謂「崑崙」只是可望不可即的縹緲仙境，是遠離人間的彼岸世界。按禪家的見解，一個人若能平常心，不執泥，「不費心力作佛去」，他就保持了完整而健全的人性，他就已是神仙了。臨濟義玄説得一針見血：

佛法無用功處，只是平常無事[3]。

---

① 《祖堂集》卷五《龍潭和尚》，247 頁。
② 孫紹《唐高麗大安寺廣慈禪師碑銘》，載《唐文拾遺》卷七十，11153 頁。
③ 慧然集《鎮州臨濟慧照禪師語錄》卷一，《大正藏》第 47 冊《諸宗部四》，498 頁。普濟《五燈會元》（蘇淵雷點校本，北京：中華書局，1984）卷十二《雲（轉下頁）

若是一個人大道不肯走，偏要鑽戶鑿牖，一個人平常生活不肯過，偏要無事生非，又豈能達到超越境界！

　　新羅及高麗初期禪思想的研究，乃是一個大課題，我這裡只是依據漢文文獻作一個簡略的介紹，免不了以偏概全，以淺測深。不過，我想有一點是應該提出來的，即晚唐五代的禪思想也罷，新羅及高麗初期的禪思想也罷，它們都是中唐禪思想的延伸。因此，中唐禪思想正反兩方面理路也同樣存在於它們之中。甚麼是中唐禪思想的出發點？即圭峰宗密所説的「一切皆真」，由於肯認人性與佛性的一致，所以，他們強調「起心動念，彈指動目，所作所為，皆是佛性全體之用」[1]。從這一出發點，產生了正反兩種必然的理路：一是承認人的自由心靈及其合理性，承認人性自然流露的偉大與正當，並肯定人類現實生存的意義。這樣，人不再為自己的生活與情感而自卑自責，因為「平常心是道」，於是人們對生活充滿自信，對世界充滿喜悦。一是由於心靈的解放與生存的肯定，凸顯了人的情感意志，從而消解了宗教生活中自我約束、追求完美的力量，使宗教信仰的神聖意味日益瓦解，於是導致了放縱狂禪的出現。

　　這正反兩種理路都是從「平常心是道」中衍生而來的，中唐之後的南宗禪歷史證明，這兩種理路都曾在中國禪宗內部滋生過，那麼，新羅及高麗的南宗禪是否也有這兩種趨向呢？

　　（接上頁）峰文悦禪師》記一人問：「如何是佛？」雲峰文悦答：「着衣吃飯量家道」，也是這個意思。746 頁。

[1]　圭峰宗密《中華傳心地禪門師資承襲圖》，《續藏經》（台北：新文豐出版公司，1979）第 110 冊，870 頁。

主要徵引文獻

【基本文獻】

《大正新修大藏經》，台北，新文豐出版公司再影印本，1983。

《續藏經》，參用新文豐出版公司影印本，1983；河北省佛教協會影印本，2006。

《高僧傳》，（梁）釋慧皎編，湯用彤校注本，中華書局，1992。

《臨濟錄》，張伯偉釋譯，高雄，佛光山，1997。

《入唐求法巡禮行記校注》，〔日〕釋圓仁原著，白化文、李鼎霞、許德楠修訂校注，花山文藝出版社，1992。

《神會和尚禪話錄》，楊曾文編校，中華書局，1996。

《神會和尚遺集》，台北，胡適紀念館，1970。

《宋高僧傳》，（宋）贊寧撰，范祥雍點校，中華書局，1987。

《壇經校釋》，（唐）慧能著，郭朋校釋，中華書局，1983。

《五燈會元》，（宋）普濟著，蘇淵雷點校本，中華書局，1981。

《祖堂集》，（南唐）靜筠二禪師編撰，孫昌武、〔日〕衣川賢次、〔日〕西口芳男點校，北京：中華書局，2007。

《敦煌寶藏》，黃永武編，台北，新文豐出版公司。

《全上古三代秦漢三國六朝文》，（清）嚴可均輯，中華書局影印本，1958。

《全唐文》，（清）董誥等編，上海古籍出版社影印木，1990；中華書局縮印本，1983。

《全唐文補編》，陳尚君輯校，中華書局，2005。

《四庫全書存目叢書》，四庫全書存目叢書編纂委員會編，齊魯書社影印本，1997。

《文苑英華》，（宋）李昉等編，中華書局影印本，1966。

《續修四庫全書》，《續修四庫全書》編纂委員會編，上海古籍出版社影印本，2002。

《登科記考》，（清）徐松撰，趙守儼點校，中華書局，1984。

《南史》《北史》《魏書》《北齊書》《北周書》《宋書》《南齊書》《梁書》《陳書》《隋書》《舊唐書》《新唐書》，凡引用

二十四史，均用中華書局點校本。

《唐會要》，（宋）王溥撰，中華書局，1990。

《資治通鑑》，（宋）司馬光編著，（宋）胡三省音注，中華書局，1956。

《洛陽伽藍記校注》，（北魏）楊衒之撰，范祥雍校注，上海古籍出版社，1978。

《十三經注疏》，（清）阮元校刻，中華書局，1979。

《世說新語校箋》，（南朝宋）劉義慶著，徐震堮校箋，中華書局，1984。

《文子要詮》，李定生、徐慧君校注，復旦大學出版社，1988。

《莊子集釋》，（清）郭慶藩撰，王孝魚點校，中華書局，1961。

白居易《白居易集》，顧學頡校點，中華書局，1979。

程頤、程顥《二程集》，王孝魚點校，中華書局，1981。

杜牧《樊川文集》，上海古籍出版社，1978。

韓愈《韓昌黎文集校注》，馬其昶校注，馬茂元整理，上海古籍出版社，1986。

黎靖德編《朱子語類》，王星賢點校，中華書局，1986。

李商隱《樊南文集》，（清）馮浩詳注，（清）錢振倫、錢振常箋注，上海古

籍出版社，1988。

劉禹錫《劉禹錫集》，《劉禹錫集》整理組點校，卞孝萱校訂，中華書局，1990。

湯顯祖《湯顯祖全集》，徐朔方箋校，北京古籍出版社，1999。

王維《王右丞集箋注》，（清）趙殿成箋注，上海古籍出版社，1984。

李肇《唐國史補》，上海古籍出版社，1979。

段成式《酉陽雜俎》，方南生點校，中華書局，1981。

陳汝錡《甘露園短書》，《四庫存目叢書》子部 87 冊，齊魯書社，1995。

【論著類】

A

阿部肇一《中國禪宗史の研究》，東京，誠信書房，1963。中譯本有關世謙譯《中國禪宗史 —— 南宗禪成立以後的政治社會史的考證》，台北，東大圖書公司，1986。

阿部正雄（Masao Abe）：*Zen and Western Thought,* London: MacMillan, 1985；《禪與西方思想》，王雷泉、張汝倫譯，上海人民出版社，1989。

B

Brian Victoria: *Zen at War,*

Weatherhill, New York, 1997. 日文本《禪與戰爭：禪佛教は戰爭に協力したか》，東京，光人社，2001。

包弼德（Bol, Peter K.）：*"This Culture of Ours": Intellectual Transitions in T'ang and Sung China*, Stanford University Press, 1992；中譯本，《斯文：唐宋思想的轉型》，劉寧譯，江蘇人民出版社，2001。

保羅·蒂利希《文化神學》，「人人叢書」，陳新權、王平譯，工人出版社，1988。

彼得·貝格爾《神聖的帷幕——宗教社會學理論之要素》（*The Sacred Canopy: Elements of a Sociological Theory of Religion*），高師寧譯，上海人民出版社，1991。

C

蔡日新《中國禪宗的形成》，台北，雲龍出版社，2000。

川口豐司《石頭の思想——馬祖との對比について》，載花園大學《禪學研究》75 號，日本京都，1997 年 3 月。

陳寅恪《金明館叢稿二編》，上海古籍出版社，1980。

陳垣《清初僧諍記》，中華書局，1962。

D

道端良秀《唐代佛教史の研究》，京都，法藏館，1957，1981。

篠原壽雄《初期的禪語錄》，《講座敦煌》8，大東出版社，東京，1980。

杜普瑞《人的宗教向度：導論》，傅佩榮譯，載《中國文化月刊》（台北）1984 年 56 期，40 頁。

杜繼文等《中國禪宗通史》，江蘇古籍出版社，1993。

F

佛爾（或譯佛雷，Bernard Faure）：*Chan Insights and Oversights: An Epistemological Critique of the Chan Tradition*, Princeton University Press, 1993。

佛爾（Bernard Faure）：*The Will to Orthodoxy: A Critical Genealogy of Northern Chan Buddhism*, Stanford University Press, 1997；《正統性的意欲：北宗禪之批判系譜》，蔣海怒譯，上海古籍出版社，2010。

馮友蘭《中國哲學史》，中華書局重印本，1984。

傅偉勳《從西方哲學到禪佛教》，生活·讀書·新知三聯書店，1989。

傅柯（福柯，Michel Foucault）《知識的考掘》，王德威譯，台北，麥田出版，1993，1997。《知の考古學》，中村雄二郎譯日文本，東京，河出書房，1981，1994。

G

葛兆光《八世紀末至十世紀初南宗禪的東傳》，載《歷史文獻研究》（北京新五輯），北京師範大學出版社，1994。

葛兆光《關於轉讀》，載《人文中國學報》第五期，香港浸會大學中文系，1998。

葛兆光《道教與中國文化》，上海人民出版社，1987。

葛兆光《禪宗與中國文化》，上海人民出版社，1986。

龔雋《禪學發微——以問題為中心的禪思想史研究》，台北，新文豐出版公司，2002。

龔雋、陳繼東《中國禪學研究入門》，復旦大學出版社，2009。

顧偉康《禪宗：文化交融與歷史選擇》，知識出版社，1990。

關口真大《禪宗思想史》，東京，山喜房佛書林，1964。

郭朋《神會思想簡論》，載《世界宗教研究》1989年第一期。

H

海德格爾（Martin Heidegger）《面向思的事情》，陳小文、孫周興譯，商務印書館，1996。

忽滑骨快天《禪學思想史》，東京，玄黃社，1923；又，中文本《中國禪學思想史》（上）（下），朱謙之譯，上海古籍出版社，2002。

胡適《胡適文集》，北京大學出版社，1998。

胡適《胡適書信集》，耿雲志等編，北京大學出版社，1996。

胡頌平《胡適之先生年譜長編初稿》，台北，聯經出版事業公司，1984。

洪修平《禪宗思想的形成與發展》，高雄，佛光出版社，1991。

後藤大用《禪の近代的認識》，日文第二版，東京，山喜房佛書林，1935。

J

吉川忠夫《六朝隋唐時代における宗教の風景》，載《中國史學》第二卷，1992年10月。

吉川忠夫《中國六朝時代にぉける宗教の問題》，載《思想》1994年4月號，東京，岩波書店。

吉川忠夫《社會與思想》，載《魏晉南北朝隋唐時代史の諸問題》，東京，汲古書院，1997。

江燦騰《新視野下的台灣近現代佛教史》，中國社會科學出版社，2006。

久松真一、西谷啟治《禪の本質と人間の真理》，東京，創文社，1959。

久野芳隆《牛頭法融に及ぼせる三論宗の影響——敦煌出土本を中心として》，《佛教研究》三至六號，東京，1939。

K

卡爾·貝克爾《什麼是歷史事實》，中文本見《現代西方歷史哲學譯文集》，張文傑等編譯，上海譯文出版社，1984。

克羅齊《歷史學的理論和實際》，傅任敢譯，商務印書館，1982。

L

樂九波《論神會的佛學思想》，載《世界宗教研究》1988年第三期。

李澤厚《中國古代思想史論》，人民出版社，1985。

李學勤《禪宗早期文物的重要發現》，《文物》1992年第三期。

列維-斯特勞斯《野性的思維》，李幼蒸譯，商務印書館，1987。

劉果宗《禪宗思想史概說》，文津出版社，2001。

鐮田茂雄《中國佛教史》，東京，東京大學出版會，1994。

呂澂《禪學考原》，張曼濤主編《現代佛教學術叢刊》第四種《禪宗史實考辨》，台北，大乘文化出版社，1977。

鈴木大拙《禪の見方と行ぅ方》，東京，大東出版社，1941。

鈴木大拙《禪思想史研究》（一），《鈴木大拙全集》第一卷，東京，岩波書店，1968。

鈴木大拙《禪と念佛の心理學的基礎》，《鈴木大拙全集》第四卷，東京，

岩波書店，1968。

鈴木大拙《禪の思想》，《鈴木大拙全集》第十三卷，東京，岩波書店，1969。

鈴木大拙《通向禪學之路》，葛兆光譯，上海古籍出版社，1989。

鈴木大拙、宇井伯壽監修《現代禪講座》，東京，角川書店，1956。

鈴木哲雄《唐五代禪宗史》，東京，山喜房佛書林，1985。

羅厚立《文無定法與文成法立》，載《讀書》1997年第4期。

羅柏松（James Robson）《在佛教研究之邊界上》，復旦大學文史研究院編《佛教史研究的方法與前景》，中華書局，2013。

洛陽市文物工作隊《洛陽唐神會和尚身塔塔基清理》附慧空撰《大唐東都荷澤寺歿故第七祖國師大德於龍門寶應寺龍首腹建身塔銘並序》，《文物》1992年第三期，文物出版社。

柳田聖山《初期禪宗史書の研究》，京都，花園大學禪文化研究所研究報告第一冊，1967。

柳田聖山編《胡適禪學案》，台北，正中書局，1975。

呂澂《中國佛學源流略講》，中華書局，1979。

M

馬克瑞（John McRae）：*The*

Northern School and the Formation of Early Ch'an Buddhism, University of Hawaii Press, Honolulu, 1986。

馬克瑞（John McRae）：*Seeing Through Zen: Encounter, Transformation, and Genealogy in Chinese Chan Buddhism*, University of California Press, 2003。

牟潤孫《注史齋叢稿》，中華書局，1987。

P

帕默爾《語言學概論》，李榮、王菊泉、周煥常等譯，商務印書館，1983。

潘桂明《中國禪宗思想歷程》，今日中國出版社，1992。

潘重規《敦煌六祖壇經讀後管見》，載《中國文化》第七期，香港中華書局，1992。

平井俊榮《牛頭宗と保唐宗》，載《敦煌佛典と禪》，東京，大東出版社，1980。

Q

錢新祖《佛道的語言觀與矛盾語》，《當代》第十一期、第十二期，台北，1987。

R

冉雲華《中國禪學研究論集》，台北，東初出版社，1990。

任繼愈《禪宗與中國文化》，載《世界宗教研究》1988年第一期。

S

上田閒照《禪と世界》之二，《鈴木大拙全集》第十二卷所附「月報」第十二期，東京，岩波書店，1970。

山崎宏《荷澤神會禪師考》，載《中國の社會と宗教》（東洋史學論集第二），東京，不昧堂書店，1954。

山崎宏《中國佛教·文化史の研究》，京都，法藏館，1981。

沈曾植《海日樓札叢》，遼寧教育出版社「新世紀萬有文庫」本，1998。

松本文三郎《佛教史雜考》，創元社，大阪，1944。

斯特倫（F. J. Streng）《人與神：宗教生活的理解》（*Understanding Religious Life*），金澤、何其敏譯，上海人民出版社，1991。

施太格繆勒（Wolfgang Stegmuller）《當代哲學主流》，王炳文、燕宏遠、張金言等譯，商務印書館，1989。

史華茲（Benjamin Schwartz）：*The World of Thought in Ancient China*, The Belknap Press of Harvard University Press, Cambridge, Massachusetts, and London, 1985。

石井公成《アジア禪宗史という視點》，載福井文雅編《東方學の新視點》，東京，五曜書房，2003。

T

湯用彤《漢魏兩晉南北朝佛教史》，

中華書局，1983。

湯用彤《理學·佛學·玄學》，北京大學出版社，1991。

湯用彤《隋唐佛教史稿》，中華書局，1982。

湯用彤《湯用彤學術論文集》，中華書局，1983。

田中良昭《敦煌禪宗文獻研究》，第二版，東京，大東出版社，2006。

田中良昭等編《敦煌佛教と禪》，東京，大東出版社《敦煌講座》之八，1980。

W

王國維《最近二三十年中中國新發見之學問》，收入《王國維全集》第十四卷，浙江教育出版社、廣東教育出版社，2009。

王重民《敦煌變文研究》，載《中華文史論叢》1981 年第二期，上海古籍出版社。

溫玉成《讀「禪宗大師法如碑」書後》，載《世界宗教研究》1981 年第一期。

溫玉成《禪宗北宗初探》，《世界宗教研究》1983 年第二期。

沃爾克（Williston Walker）《基督教會史》（*A History of the Christian Church*），孫善玲、段琦、朱代強譯，中國社會科學出版社，1992。

吳立民主編《禪宗宗派源流》，中國社會科學出版社，1998。

吳汝鈞《佛學研究方法論》，台北，學生書局，1983。

渥德爾《印度佛教史》，王世安譯，商務印書館，1987。

X

夏普（Eric Sharpe）《比較宗教學史》，呂大吉、何光滬、徐大建譯，上海人民出版社，1988。

小川隆《初期禪宗形成史の一側面 —— 普寂と「嵩山法門」》，載《駒澤大學佛教學部論集》第二十號，東京，1989。

小川隆《神會 —— 敦煌文獻と初期の禪宗史》，京都，臨川書店，2007。

小川隆《語錄のことば》，京都，禪文化研究所，2007。

小川隆《語錄の思想史》，東京，岩波書店，2010；《語錄的思想史 —— 解析中國禪》，何燕生譯，復旦大學出版社，2015。

小尾郊一《中國文學中所表現的自然與自然觀》，邵毅平譯，上海古籍出版社，1989。

謝和耐（Jacques Gernet）《中國五—十世紀的寺院經濟》，耿昇中譯本，甘肅人民出版社，1987。

Y

嚴耕望《唐代佛教之地理分佈》，

載《中國佛教史論集・隋唐五代篇》，
《現代佛教學術叢刊》之六，台北，大
乘文化出版社，1977。

顏尚文《梁武帝》，台北，東大圖
書公司，1999。

楊曾文《唐五代禪宗史》，中國社
會科學出版社，1999。

楊曾文《宋元禪宗史》，中國社會
科學出版社，2006。

楊曾文《〈六祖壇經〉諸本的演變
和慧能的禪法思想》，《中國文化》第六
期，香港中華書局，1992。

楊曾文《中日的敦煌禪籍研究和敦
博本壇經、南宗定是非論等文獻的學
術價值》，見《中日佛教研究》，中國社
會科學出版社，1989。

伊吹敦《禪の歷史》，京都，法藏
館，2001。

印順《中國禪宗史》，江西人民出
版社，1990。

余英時《歷史與思想》，台北，聯
經出版事業公司，1976。

余英時《中國思想傳統的現代
詮釋》，台北，聯經出版事業公司，
1987。

宇井伯壽《禪宗史研究》，東京，
岩波書店，1939。

宇井伯壽《第二禪宗史研究》，東
京，岩波書店，1941。

宇井伯壽《第三禪宗史研究》，東
京，岩波書店，1943。

Z

增永靈鳳《中國禪の形成》，見鈴
木大拙、宇井伯壽監修《現代禪講座》
第二卷，東京，角川書店，1956。

趙昌平《從王維到皎然》，《中華文
史論叢》1987年二、三期合刊，上海
古籍出版社，1987。

詹姆士（William James）《宗教
經驗之種種》（*Varieties of Religious
Experience*），唐鉞中譯本，商務印書
館，1947；第2版，2002。

張曼濤主編《現代佛教學術叢
刊》，台北，大乘文化出版社，1976—
1977。

正果《禪宗大意》，中國佛教協會，
1986。

滋野井恬《唐代佛教史論》，京都，
平樂寺書店，1973。

周叔迦《周叔迦佛學論著集》，中
華書局，1991。

周振鶴《唐代安史之亂和北方人民
的南遷》，載《中華文史論叢》1987年
二、三期合刊，上海古籍出版社。

重要僧名及生卒年索引

234, 255, 263, 267, 287, 320, 358, 372

法玩（715—790）241, 246, 268

法顯（577—653）91

法現（643—720）157

法雲（？—766）241, 244, 376

福琳（704—785）322, 405

G

廣德（生卒年不詳）242-243, 245, 247, 321

廣敷（695—785）314, 322, 325

光瑤（716—807）322, 325-326

H

皓玉（約700—784）322, 325-326

恆月（702—780）241

弘忍（602—674）xu10, 16-17, 32, 35, 60, 92-94, 96, 107, 109, 111, 113, 115, 119-123, 132, 134, 140-141, 144-145, 148, 153-164, 166-167, 169-170, 173-174, 176, 178, 180-182, 185, 187-191, 195-197, 205-207, 216-217, 220, 234, 243, 255, 257-258, 265-267, 272, 280, 284, 307, 320, 334-335, 358-360, 405, 419, 425, 453, 493

宏正（生卒年不詳）242-243

懷海（720—814）33, 52-55, 297-298, 386, 396-397, 403, 414, 461, 495, 501

懷暉（756—815）239, 248, 328, 385, 397, 399-404, 432, 436, 442, 449, 455, 464, 494-496

懷讓（677—744）160, 168, 184-185, 196,

223, 304, 380, 383, 385-387, 393, 403, 406

寰中（780—862）464

惠能（慧能, 638—713）xu10, xu13, Xu14, xu18, xu20, xu24, 18, 23, 33, 37-38, 53-54, 60, 96, 153, 155-161, 163-164, 166, 168, 170, 173, 177-185, 187, 194, 197, 200-201, 210-226, 228, 233-235, 244, 268, 270, 274, 276, 283-284, 287-289, 296, 306-310, 312-313, 317, 320, 322, 333, 338, 341, 343, 349, 352, 356, 358, 360, 364-365, 368, 382-384, 386, 403, 413, 415-418, 421-422, 424, 426-429, 448, 464-466, 473-474, 493, 503

惠秀（生卒年不詳）233

慧初（457—524）76, 79

慧方（629—695）157

慧寂（807—883）396, 465, 467, 477, 499

慧堅（719—792）37, 237, 247, 288, 320, 322, 326-330, 384, 409

慧命（529—568）82, 82-83, 89, 335

慧思（515—577）72, 79-83, 103, 110, 335, 337

慧演（718—796）322, 325-326

慧忠（牛頭, 683—769）177, 209-210, 233, 410, 413, 415

慧忠（南陽, ？—775）179, 184-185, 215, 380, 384, 417

J

進平（699—779）314, 322, 325-326

1995年北京大學出版社初版後記

　　從1986年我出版了《禪宗與中國文化》以來，時間已經過去了八年，這八年中我雖然把精力轉向了道教的研究、文學的研究而沒有再寫禪宗的專著，但也零零星星地寫了一些關於禪的書評、雜文、隨感，翻譯了一本鈴木大拙的禪書，並編成了一本小品《門外談禪》，選譯了《祖堂集》。在這些零散斷續的工作中，有一個念頭始終困擾着我，甚至可以說像一個夢魘在糾纏着我，就是如何修正我那本《禪宗與中國文化》的過分情緒化、觀念化的立場和視角。這並不是「悔其少作」的意思，那個時代思潮所籠罩的人都會受到那種焦慮的影響，既不必後悔也毋庸諱言。但是，隨着年齡的增長，隨着周圍世界的變化，隨着知識和閱歷的豐富，心裡一種不安卻與日俱增，《禪宗與中國文化》的影響很大，我在不止一處看到它被人摘引、轉述、抄襲，可是，那些摘引、轉述和抄襲者卻往往沒有經過仔細思索，因而有可能只是把我情緒化、觀念化的評價與闡述拿來貽誤他人，這就是我在時隔八年之後再寫這本《中國禪思想史》的動機之一。說實在話，寫作與研究的一個目的就是孟子所謂「求其放心」，尤其是人文學科的著述，既不能轉化為實用技術，又不能外化為政策法律，著述的過程在相當大的意義上是著述者的思考過程，著述者在不斷思考中如果能夠使自己安心和滿意，他就已經完成了他的初衷，相反，如果他時時感到某種思想的缺憾使他不安，那麼著述者的責任就迫使他不停地修正他自己。我想後一種

心情在每一個嚴肅的研究者心中都會存在，這也許就是研究者的西西弗斯情結，不過，人文學者的愉悅彷彿正在這種無休無止推石上山過程的折磨之中，這也許就是命運。

在寫《禪宗與中國文化》之初，我本來只打算寫關於禪宗與中國文學的那一部分，這就是第三部分《禪宗與中國士大夫的藝術思維》，但是寫着寫着，思緒就溢出了這一領域。當時文化反思的風潮正挾裹着變革浪頭衝擊着每一個人，五四以來一直糾纏着中國人的中國文化優劣討論重新成了人文學科的熱點，我也不例外地捲入這一潮流之中。於是，為了說明影響中國士大夫藝術思維的文化心理，我就加寫了《禪宗與中國士大夫的人生哲學與審美情趣》，為了使讀者能更清楚禪宗的歷史與思想，也為了使士大夫的思想來源有一個歷史的線索，我又加寫了《禪宗的興起及其與中國士大夫的交往》，這樣就構成了那本小書。但是從整個結構上，很多人也還是能夠看出這本書的落腳處，還是我當時所關注的文學問題，而且我所關注的文學也還是士大夫文學，因此當時的書名是《禪宗與中國士大夫》。可是，1985 年春天我在復旦大學講學時，當時「中國文化史叢書」的常務編委朱維錚先生看到書稿後建議我交給上海人民出版社，為了與叢書名稱配套，就提議改為《禪宗與中國文化》，於是我就在全書之後又加上了一節《結束語：從中國文化史的角度研究禪宗》作為結語。這樣，我那本小書就有了一個過於龐大的名稱，也有了一個過分沉重的任務，文學膨脹成了文化，研究士大夫成了研究禪宗，視角、立場、領域乃至於觀念都在這一點點的轉移中與自己的初衷大相徑庭，彷彿小孩子戴上大帽子，連我自己都覺得有些虛張聲勢。

這裡隱含了一個當時我自己並未意識到的盲點，即本來我是

從中國文學出發,而去觀照中國文化的,這是一種從外緣切入的視角,又加上了一種從現實反思的立場,但是這本書的題目與章節次第卻標識着從禪宗到中國文化的理路。於是在這本書中,「倒着講」與「順着講」就出現了彼此糾纏,歷史與價值就出現了互相衝突,宗教本身與歷史影響就出現了二元混淆。就在我的心裡,對禪宗的體驗與感悟和對中國現實的理解與批評也常常難以協調,一方面禪宗思想中那種深幽清遠的意趣、單刀直入的體悟、自然適意的情調以及追尋永恆自由的超越精神,使我不知不覺地有一種同情與體察的意願,在書齋中品茗讀禪宗語錄那種會意在心的感受常常就在學術研究中形諸筆端;一方面中國現實中的外在環境與知識分子的內在心境,又使我難以認可傳統文人士大夫那種專注於「內在超越」的自我解脫,更不能認可他們在禪宗式的審美遊戲中贏得精神愉悅的立身方式,於是內心焦慮煎熬中那種「天下興亡匹夫有責」的心情就常常不自覺地滲透到研究之中變成呼籲吶喊。我們這一代人的困境常常就在這裡,它使得我們的研究總是在歷史與現實、事實與價值之間徘徊不定,影響着我們對研究對象的判斷。幾年後,在我為鈴木大拙《禪への道》一書中譯本寫《譯者序》時,雖然依然堅持了舊思路,但這一思路卻已經有了明顯的淡化,因為時間已經過去了幾年,「子在川上曰:逝者如斯夫」,隨着時間的流逝,外在環境與內在心境畢竟已經不同了。

不過,儘管這種思路已經淡化,但那種兩難的心境卻一直無法擺脫,自己意識到的自己未必能克服,就像人有時也意識到在做夢卻依然會為夢境出一身冷汗,前面所說的糾纏着我的夢魘就是如此。於是,在 1988 年為《門外談禪》寫《後記》的時候,我只好用了一個幾乎相當於耍滑頭的說法,來了一個模棱兩可為自己的「沒

有想清楚的思想」打圓場：

除了北美和非洲那些人為的國境線外，有哪個國家由歷史上形成的邊界是一條繃得筆直的直線？除了人工鑿成的之外，自然界又何曾有過一座正方體的山巒或「兩點一線」的河流？造物主既然沒有把人類造成一個長方形、圓柱形或圓錐形的幾何形狀，那麼「思想」這個東西又何必一定要規範得那麼整齊美觀、有條不紊？而思想的表達又何必一定要先行清理得那麼圓熟光滑、嚴謹精確？

其實，這只是一種逃避責難的遁詞，因為在這本小書中我仍然處在一種困惑之中，用其中第一篇《仙峰寺沉思》的末尾的話來說，就是「在這歷史的前進與心靈的寧靜之間，竟沒有一條小徑可走」。

幾年過去了，在思想的夾縫中歲月匆匆而過，這時我們才靜下心來，用同情與理解來審視我們的研究對象，發現了我們的偏激、我們的衝動來自一種「主觀的」「實用的」現實情懷。這種情懷是很正常的，但它使研究者很難冷靜與公正，於是不免讓歷史為現實承擔過多的責任，讓宗教對世俗包攬太重的義務，過去與現在有了更多的不必要的糾纏，其實，父債子還在思想史上並不是一個應有的公例，為現實的遺憾而到歷史中去清討債務實際上多少有一些避重就輕的嫌疑，特別是當我們把這種心思帶入文獻考證、思想尋繹、歷史解釋中去的時候，這些考證尋繹解釋就有可能變了模樣，因為鄰人竊斧的心理使人覺得歷史上的一切都是潛在的負債者。

因此，當我重新回到禪思想史的研究中來的時候，我為我的研究設立了一個目標，也為我的課題提出了一些問題，希望能在對這些問題的探討中建立一個禪思想史研究的框架，在這個框架中重建禪思想史的研究範型，這些問題是：第一，歷史文獻的考據在禪思

想史研究中應當如何切近事實與盡量公正，而禪思想史研究又怎樣正確理解歷史文獻的考據結果？第二，禪思想史的內在理路究竟應當怎麼清理，是否應當建立一種梳理時遵循的思想框架，而這種框架又怎麼保證它不是主觀臆構而是思想史的事實？第三，闡釋與解讀怎樣與禪思想史的敘述水乳交融，這些解釋的前提也就是理解的視角究竟應當是「現實」還是「歷史」，是隨意的還是有限制的？最後，在一部禪思想史中，歷史考據、理路追尋、思想闡釋三者究竟如何融匯為一，換句話說，就是怎樣撰寫一部資料、敘述、闡發兼容而又和諧的禪思想史並建立思想史的新範型？

我在前面所說的一切，其實都是試圖對這幾個問題進行回答，是否回答得圓滿，我不知道，現在完成的禪思想史研究是否實踐了這些要求，我也不知道，我只是在盡力而為。

1994 年 1 月於京西寓所

2008 年版序

　　沒有想到重新修訂這部十幾年前的舊作，竟然花費了我這麼長時間。2006 年年底從北京來到上海以後，原打算以一半精力投入新建立的復旦大學文史研究院，留一半精力在我自己原計劃的論著寫作和修訂上，可是，這「一半」對「一半」全然是事前的想像，到了事後才知道，在現行的教育和學科體制中，一個新建立的研究院，是多麼地牽扯精力，以至於修訂這部《中國禪思想史》，居然斷斷續續拖了近一年。

　　這部書原本在 1994 年寫畢，1995 年在北京大學出版社出版，這也許是我少有的，至今還不那麼慚愧的著作之一。現在回看起來，它的文獻基礎還算扎實，它的歷史敘述還算準確，它的思想闡述也還算深入。自從我 1986 年出版《禪宗與中國文化》以後，儘管我轉向其他領域的研究，但是，多年中我一直在反覆看禪宗的文獻和資料，也不斷地關注國際學術界對於「禪學」和「禪史」的研究。到 1994 年前後，自己關於禪宗歷史和思想的理解，已經比之剛進入這一領域的時候要成熟得多，加上 20 世紀 80 年代「文化熱」已經過去，對於禪宗文獻和歷史的研究也日漸深入，所以，正如我在 1995 年北京大學出版社那一版的《後記》中說的，為了「修正我那本《禪宗與中國文化》的過分情緒化、觀念化的立場和視角」，我重新寫了這部《中國禪思想史》，不過，由於關注重心和研究興趣轉移的緣故，從 6 世紀寫到 9 世紀，我就匆匆打住了。

這次修訂，我做了三件事情。一是重新修訂和補充注釋，舊版的注釋是放在每章之末的，前後翻看起來頗不方便，這次把它移到每頁之下，也許，這樣把注釋和正文參看，能夠清晰一些。同時，我儘量補充了很多文獻和論著的引證，近年來發現的碑刻史料不少，閱讀的國內外禪宗研究的論著增多，我適當地補充一些，既作為我十幾年讀書的憑證，也給讀者提供一些新資料，使這本「舊」作多少還有些像「新」著。二是對正文進行了一些修正和增刪，原來表述不清的，儘量重新說清楚，原來敘述簡單的，儘量把它說詳細，這樣，也許使讀者讀起來會順暢一些。三是補充了《尾聲》，這一節原來是收在我的《中國思想史》中的，但是，恰恰好它補上了 9 世紀到 10 世紀，即禪宗史上逐漸分「宗」的所謂「五宗」時代，也恰恰好說明了禪思想史上，由簡單地「不立文字」到聰明地「借用文字」的轉變，也正好呈現了一段信仰者由一般信眾逐漸上層士大夫化，禪佛教由宗教信仰逐漸轉向生活的藝術化的歷史，因此，就挪用到這裡來。最後的那篇《附錄》，原來曾以日文發表在日本東京大學的《東洋文化》雜誌上，現在也收在這裡，讀者可以看到我有關禪宗歷史和思想研究的方法論的一些思考。

　　禪宗歷史和思想的研究，現在已經是一個國際化的領域，在這個領域裡面，從內在體驗出發的禪思想探討，立足於後現代理論的闡發，堅持文獻考據學的研究，還有對禪宗歷史的藝術演繹和意義發揮，真是百花齊放得讓人目不暇接，正應了一句古詩，叫「曲徑通幽處，禪房花木深」。我這些年接觸過不少對禪有興趣的各方面學者甚至作家，也讀過很多相關的著作和論文，它們對我的重寫禪思想史有很多的啟迪。不過，也許是慣性難改罷，在這裡我仍然用的是自己熟悉的三板斧，就如這部書的每一章都分為三節一樣，

第一是文獻的考據，第二是歷史的敘述，第三是思想的解釋，所謂「禪思想史」，首先是歷史，其次是思想，當然最終它是禪宗的。

該說的話很多，該感謝的朋友也很多，只是意長紙短，無法一一細說，只好就此匆匆打住。

葛兆光
2007 年 11 月 1 日於上海復旦大學

再增訂本後記

這算是《後記》，也算是《説明》。

《中國禪思想史 —— 從 6 世紀到 9 世紀》(1995) 在北京大學出版社出版，距今已經四分之一個世紀，而經過大幅修訂的《增訂本中國禪思想史 —— 從六世紀到十世紀》(2008) 在上海古籍出版社出版，距今也已經超過十年。很多朋友都覺得此書還有價值，因此趁着有機會再版的時候，進行再一次的修訂和增補。

這次我主要做的工作是三項：

第一，增加了 2018 年新寫的一篇《仍在胡適的延長線上 —— 有關中古禪史研究之反思》，作為新版代序。這篇長文表達了我最近對禪史研究的新思考，也敘述了我所了解的禪史研究國際國內趨向，並對中國與西洋、東洋的禪史研究做了一些比較，提出了一些想法，也許對讀者還有一些意義。此外，刪去了原來的那篇附錄，換成另一篇，即《從〈祖堂集〉看 8—10 世紀初南宗禪的東傳》。這篇文章主要從《祖堂集》中整理了一些史料，討論 8—10 世紀，也就是和中國禪宗的興盛同時，禪宗尤其是馬祖系 (也包括石頭系) 禪宗，如何在朝鮮半島傳播和產生影響。這也許與我最近總是關注傳統中國周邊的歷史與文化有關。

第二，我對原來的注釋，尤其是史料徵引，做了較大的核對和修訂。讓我感慨的是，在 1990 年代上半撰寫此書時，各種文獻的收集和使用真不是那麼容易。像我用的《祖堂集》就是從韓國買來

的台灣影印本，後來有了日本花園大學的影印本，現在有了更好的中華書局整理校注本，這次我就全部改用了新標點校注本；像我當年用的《弘明集》《廣弘明集》《高僧傳》《續高僧傳》以及《宋高僧傳》，有的是《四部備要》本，有的是影印本，甚至還有的交錯地使用兩三種不同版本，這是當年條件有限造成的結果，這造成頁碼的複雜，這次我也都儘可能做了整理，儘可能統一起來。

第三，修訂過程中，我正在日本東京大學工作，由於疫情的緣故不能外出，反而使我有了一段最平靜和單純的工作時間，在這兩三個月裡，我從頭對原來的論述文字做了修訂，也做了一些補充和潤色，還刪去了不少段落。當年的文風不免繁蕪雜沓，也許稍稍刪改，能使現在的敘述和論證更加清晰和流暢一些。

人往往會「悔其少作」，我從來不如此。因為作為一個歷史學者，深切理解「逝者如斯夫」，因為歷史在變，人也在變。就像我這部禪思想史中反覆表達的那樣，任何思想都要放回歷史語境中。1990 年代，那時的學術界和思想界，正在從 1980 年代的激情中重新反思，思想也罷學術也罷，都開始有一個轉向，從《禪宗與中國文化》的寫作，到《通向禪學之路》的翻譯、《祖堂集》的選注，再到這部《中國禪思想史》的撰述，這本書呈現的，其實就是我在 1990 年代有關禪宗的知識、觀念和學術風格的變化。

當然，一部書，尤其是這樣一部有關禪思想史研究的學術書，在二十多年之後，還能夠一版再版，並且被人認為並不過時，甚至還有朋友稱讚這是研究禪宗史的經典之作，這就讓我足夠欣然了。

2020 年 5 月於東京大學

責任編輯　梅　林
書籍設計　彭若東
排　　版　肖　霞
印　　務　馮政光

書　　名　再增訂本中國禪思想史：從 6 世紀到 10 世紀

叢 書 名　文史中國

作　　者　葛兆光

出　　版　香港中和出版有限公司
　　　　　Hong Kong Open Page Publishing Co., Ltd.
　　　　　香港北角英皇道 499 號北角工業大廈 18 樓
　　　　　http://www.hkopenpage.com
　　　　　http://www.facebook.com/hkopenpage
　　　　　http://weibo.com/hkopenpage
　　　　　Email: info@hkopenpage.com

香港發行　香港聯合書刊物流有限公司
　　　　　香港新界荃灣德士古道 220-248 號荃灣工業中心 16 樓

印　　刷　中華商務彩色印刷有限公司
　　　　　香港新界大埔汀麗路 36 號中華商務印刷大廈

版　　次　2024 年 5 月香港第 1 版第 1 次印刷

規　　格　16 開（152mm×230mm）580 面

國際書號　ISBN 978-988-8869-32-9

本書由北京大學出版社有限公司授權本公司在中國內地以外地區出版發行。